牛津科学传播学手册

The Oxford Handbook of the Science of Science Communication

［美］凯瑟琳·霍尔·贾米森（Kathleen Hall Jamieson）
［美］丹·卡亨（Dan Kahan） **主编**
［美］迪特姆·A.舍费尔（Dietram A. Scheufele）

王大鹏　宋涛　谭一泓　张艺琼　**译**

徐奇智　田华　朱巧燕　**审订**

中国科学技术出版社
·北 京·

图书在版编目（CIP）数据

牛津科学传播学手册 /（美）凯瑟琳·霍尔·贾米森，（美）丹·卡亨，（美）迪特姆·A. 舍费尔主编；王大鹏等译.
-- 北京：中国科学技术出版社，2024.2
书名原文：The Oxford Handbook of the Science of Science Communication
ISBN 978-7-5236-0401-4

Ⅰ.①牛⋯　Ⅱ.①凯⋯　②丹⋯　③迪⋯　④王⋯　Ⅲ.①科学技术－传播学－手册
Ⅳ.① G206.2-62

中国国家版本馆 CIP 数据核字（2023）第 240942 号

The Oxford Handbook of the Science of Science Communication was originally published in English in 2017. This translation is published by arrangement with Oxford University Press. China Science and Technology Press is solely responsible for this translation from the original work and Oxford University Press shall have no liability for any errors, omissions or inaccuracies or ambiguities in such translation or for any losses caused by reliance thereon.

本书由牛津大学出版社通过 Andrew Nurnberg Associates International Ltd. 授权中国科学技术出版社有限公司独家出版，未经出版者许可不得以任何方式抄袭、复制或节录任何部分

著作权登记号：01-2020-4722

书　名	牛津科学传播学手册	
	The Oxford Handbook of the Science of Science Communication	
主　编	［美］凯瑟琳·霍尔·贾米森（Kathleen Hall Jamieson）	
	［美］丹·卡亨（Dan Kahan）	
	［美］迪特姆·A. 舍费尔（Dietram A. Scheufele）	
译	王大鹏　宋涛　谭一泓　张艺琼	
审　订	徐奇智　田华　朱巧燕	

策划编辑	单亭
责任编辑	向仁军
装帧设计	中文天地
责任校对	邓雪梅　吕传新　张晓莉
责任印制	李晓霖

出　版	中国科学技术出版社
发　行	中国科学技术出版社有限公司发行部
地　址	北京市海淀区中关村南大街 16 号
邮　编	100081
发行电话	010-62173865
传　真	010-62173081
网　址	http://www.cspbooks.com.cn

开　本	787mm×1092mm　1/16
字　数	810 千字
印　张	44.25
版　次	2024 年 2 月第 1 版
印　次	2024 年 2 月第 1 次印刷
印　刷	北京博海升彩色印刷有限公司
书　号	ISBN 978-7-5236-0401-4 / G·1031
定　价	128.00 元

目 录
CONTENTS

第六部分　在极化的环境中传播科学的挑战

引 言
为什么要做科学传播？

丹·卡亨（Dan Kahan）
迪特姆·A. 舍费尔（Dietram A. Scheufele）
凯瑟琳·霍尔·贾米森（Kathleen Hall Jamieson）

摘要： 这篇绪论界定了科学传播的科学，考察了推动该领域学术发展的努力，对本书中六个部分的内容进行了概述，并且阐明了寨卡病毒进行传播的方式与每个部分及其中的每一章的相关性。

关键词： 寨卡病毒；科学传播；科学传播的科学

具有讽刺意味的是，确定有效的信息是什么样的，如何让不同的受众参与到新兴技术中来以及让科学的声音被倾听到，针对这些问题，研究科学传播的人通常依赖的是直觉而非科学探究。数十年来，对这一状态的一种看似合理的解释就是，科学传播中实证研究的相对缺乏。这不再是一个问题了。如本书中的文章所证实的那样，政治科学、决策科学、传播学及社会学这样多元的领域中的研究人员已经考察了如何在不同的社会情境下更好地对科学进行传播，以及如何在对培养社会参与新兴技术的不同方法进行评估的过程中更好地对科学进行传播。本书的一个核心任务就是，提炼出这些研究人员对科学传播的科学知道多少，并且剖析一下他们是如何知道的。

关于科学传播的科学，我们指的是界定和理解受众、设计信息、绘制传播图景，以及最重要的是评估传播努力的有效性的一种实证方法。因而，科学传播的科学依赖的是显而易见且可复制的证据，它是理论驱动的，是可推广的。简言之，证据是由科学方法推导而来的，因而利用了不同学科的理论和方法，包括经济学、社会学、心理学、教育学以及传播学。使得科学传播与众不同的原因在于这样一种事实，科学的认知方式给传播施加的限制，而这些限制在其他形式的传播中是不存在的，比如政治学。科学传播的这种独特本质会在第一章进行讨论。

我们设想本书的读者包括：对理解科学传播方法的陷阱及前景感兴趣的学者和学生，以及（但不是主要的）那些在一线负责向决策者和公众传播复杂的、有时充满争议的科学的人，这些科学涉及从纳米技术与核能到疫苗接种的需要等一系列重要话题。

科学传播的科学

2012 年，美国国家科学院、工程院和医学院（National Academies of Sciences，Engineering and Medicine）把对科学传播的不同方面开展实证研究的社会科学家联合成一个群体。"科学传播的科学"的两届赛克勒学术讨论会（Sackler Colloquia）及美国《国家科学院院刊》（*Proceeding of the National Academy of Sciences*）的两期专题就是这个群体成立的成果（Fischhoff 和 Scheufele，2013，2014）。此群体的目标是提高实验科学家对以经验为基础的更好的科学传播方法的认识，并促进在不同（子）学科中研究与科学传播相关问题的社会科学家之间的思想交流。

在这些赛克勒学术讨论会奠定的基础上，本书提出了三个假设。首先，科学不是铁板一块。其次，科学的各个方面，正在被传播或被辩论的科学或其应用是科学本身性质的一种功能/函数，科学或它们的社会启示以及有关新兴科学的社会动力机制使得这种类型的应用得以成为可能。最后，传播是一个必然的过程，这个过程就是描述科学发现的特征，让科学家对科学发现进行参与，以及同决策者和不同公众分享这些科学发现。

本书的结构

本书将对科学传播的科学进行探索解析，包括 47 篇论文，在结构上分为六个部分：

第一部分：科学传播的科学

第二部分：在以攻击科学为特征的情况下找到并克服科学面临的挑战

第三部分：对科学进行传播的失败与成功

第四部分：精英中介在传播科学中的作用

第五部分：媒体在传播科学中的角色、权力和危险

第六部分：克服在极化的环境中传播科学的挑战

在这个框架所隐含的模型中，科学家和诸如学术性学会及政府机构这样的精英中介在网站以及学术出版物上直接地以及通过传播渠道间接地传播着科学规范、方法和调查

结果，同时新闻和娱乐媒体以及政治领袖和党派也会让他们的信息优先化并为其设定框架。公众通过广泛的偏见来处理这些交流（exchanges）以及精华信息和中介性信息，这些偏见可能会帮助他们理解什么是很重要的，也可能会曲解信息及其意义。在整个过程中，公众可以积极地参与进来，或者有时被无法预见的结果所绕过。

在我们准备把这些章节交给牛津大学编辑琼·波塞特（Joan Bossert）及她的团队时，正值 2016 年夏季寨卡疫情暴发。疫情对美国的威胁日益加剧，并且给里约夏季奥运会带来了风险，这都为我们提供了一个对本书六部分内容的实用性进行测试的机会。同时，这种情况也让我们去思考，本书中的素材是否提供了一些应用原则，以应对编辑委托我们撰写本书时这个并未被预料到的健康挑战（以及科学传播问题的结果）。简言之，科学传播的科学能提供一种响应吗，以增加科学指导的政策可能性、产生更好的行为结果，以及对不同解决方案的风险和收益进行知情的辩论而又不会引发对科学知识的两极否定？为解决这些问题，我们用寨卡病毒的故事调整了对本书内容的预测，这种病毒是如此隐秘，以至于那些被感染的大多数人都不知道他们被感染了。然而，感染这种通过蚊子和性行为传播的病毒与患格林 – 巴利综合征（Guillain–Barre）——暂时性瘫痪可能性的增加相关，并且与孕妇分娩小头症（比正常的头部要小很多且有大脑缺陷）婴儿概率的增加有关。让卫生官员沮丧的是，虽然有一种疫苗正在测试中，市场上还没有针对寨卡病毒的疫苗，同时也没有治疗方法。让这种传播的风险增加的事实是，超过 60% 的美国人（大约 2 亿人）居住在对寨卡病毒的传播敏感的区域，他们害怕雌性伊蚊的叮咬。在我们撰写这篇引言时，"该疾病有'爆炸性的'流行潜力，已经暴发于非洲、东南亚、太平洋岛国和美洲"（Lucey 和 Gostin，2016，E1）。那么如果本书的六部分可以为学者们提供帮助的话，会是什么帮助呢？这些学者正努力去理解在这种复杂的信息环境中发挥作用的传播动力学。

科学传播的科学概述

"科学传播环境"是过程与线索的相互作用，公民、机构、政府和一系列其他利益相关者利用这些过程和线索来识别有效的科学，并与他们的价值体系、对世界的理解以及最终的决策达成一致。本书第一部分的各个章节都隐含一个核心主题，即公众必须接受的科学总量会超过任何个人可以理解的科学总量，更不用说亲自去核实的数量了。为实现现代社会的成员有权处理的集体知识的效益，他们必须成为专家，不是任何决策相关科学的特定形式（更不要说所有形式了）的专家，而是能够可靠地辨别谁知道什么

（Kahan，2015，2010）。本书的第一部分明确地把科学传播的基本特征视为科学探究中的一个新兴领域。位于这部分核心的是希瑟·埃金（Heather Akin）和迪特姆·A. 舍费尔（Dietram A. Scheufele）对关于科学传播的科学已有研究的总结（第二章）。不同的章节有助于填补实证研究教给我们的内容。为了将注意力聚焦于科学传播者实际传递的线索种类，威廉·赫曼（William Hallman）讨论了公众实际上对科学知之甚少，以及为什么这通常对有效地利用科学知识来说不重要（第五章）。在寨卡病毒的案例中，科学传播者不能假定公众知道病毒感染和细菌感染之间的差异，或者意识到是雌性伊蚊的叮咬引发的。但是可以假定公众有可能会信任美国疾病控制与预防中心（Centers for Disease Control and Prevention，CDC）提供的建议。

在整顿清理的过程中，当传播思潮充满了各种问题时，这个事实尤其重要。"我们真的不知道这些蚊子位于美国的何处"，美国疾病控制与预防中心主任汤姆·弗里登（Tom Frieden）在 2016 年 3 月初呼吁国会为奥巴马政府请求就寨卡病毒开展研究而动用应急资金时说，"人们在我们网站的地图中非常清晰地标记的评论是，这些地图既不完整，又过时"（Branswell，2016）。"今天在对血液供应进行寨卡病毒筛查方面，我们没有什么可以利用的"，美国血液系统研究所（Blood Systems Research Institute）副主任布莱恩·库斯特（Brian Custer）说（Seipel 2016）。"几个星期、几个月过去了，我们对自己以前不知道的东西了解得越来越多，我们知道的越多，情况似乎越糟糕"，美国国家过敏和传染病研究所（National Institute of Allergy and Infectious Diseases）所长安东尼·傅奇（Anthony Fauci）在 2016 年 3 月 10 日对记者说（Sun，2016）。然而在几周之内，这两种担忧都得到了解决。到 3 月末的时候，美国疾病控制与预防中心在其网站上贴出了更新后的地图。并且到 2016 年 3 月 30 日，美国食品和药物管理局（Food and Drug Administration，FDA）宣布说已经同意了对献血的血液进行病毒检测，并且美国疾病控制与预防中心也为易受感染的城市提供了指导方针和行动方案。

通过讨论媒体结构如何影响科学新闻报道，迈克·S. 谢弗（Mike S. Schäfer）为这个视角增加了深度（第四章）。伴随着某些科学之声的建构一起出现的是，对新兴科学所带来的伦理问题或政治问题的必要辩论，有时甚至是争议。然而，对完善的、决策相关的科学持续存在的公共争议状态会损害科学传播的环境。防止其受到这种损害是科学传播的科学的目标之一。

这是丹·卡亨及阿什莉·兰德勒姆（Asheley Landrum）在有关疫苗的章节所表达的核心信息（第十七章），对这种科学传播环境的系统性忽视导致了美国对人类乳突病毒（HPV）的争议，以及如今在全球范围出现的儿童免疫接种所面临的类似争议。布鲁斯·卢恩斯坦（Bruce Lewenstein）通过把科学争议置于历史情境之中充实了这一信息（第六章）。

如何保护科学传播的环境是开篇第一章的焦点（对科学传播的科学的需求：对科学的价值和规范进行传播）。在这一章中，凯瑟琳·霍尔·贾米森认为"开展传播的科学家需要着眼于定义和语言选择，因为如果不这样做就会搞砸科学……（并且）混淆政策辩论"（第一章）。寨卡病毒的科学传播很容易说明这一点，即这篇论文自始至终地贯穿于本书中的一个核心关联——命名和框架很重要。寨卡是"流行病"还是"新兴的健康威胁"？根据 2015 年 12 月欧洲疾病控制与预防中心快速反应中心（Rapid Response Assessment of the European Center for Diseases Prevention and Control）的观点（"Rapid Response Assessment, 2016"），它是一种"流行病"，而根据美国国立卫生研究院（National Institutes of Health, NIH）主任弗朗西斯·柯林斯（Francis Collins）博士的博文，它则是"一种新兴的健康威胁"（2016）。

可以想见，这些特征对公众理解寨卡病毒会产生影响。当然，这种影响不太可能反映普通成员如何对这些特定的传播做出回应；普通公民对科学知之甚少，是因为他们听到科学家或基于机构的科学传播者所说的东西太少。但是最终到达公民手中的信息是从这些行动者的言论开始的。随着信息穿过构成科学传播环境的复杂中介、机构和过程，科学家和以科学家的名义发言的人如何表达会影响信息的进程。鉴于科学家不得不告诉公民的东西是十分有价值的，所以，如果不能利用科学传播的科学，不能用最有利于理解这些术语的方式来表达这些科学，就是有问题的。这个过程的每一步都能从下列章节中得出一些见解，这包括埃金和舍费尔对我们在科学传播的科学上知道什么进行综合的文章（第二章），赫曼对公众了解多少科学以及为什么这事关重要的评估（第五章），丹·卡亨对普通科学知识的报告以及为什么在极化环境中对科学传播会带来特殊的挑战（第三章），谢弗对媒体结构如何影响科学新闻报道的概述（第四章），以及卢恩斯坦重现了从处于历史情景下的科学争议中学到的教训（第六章）。

在以攻击科学为特征的情况下找到科学面临的挑战并加以克服

科学和科学家的总体公信力高于很多共同体（Scheufele, 2013），在 2014 年只有军事领袖获得了高于科学共同体的公众信任（*General Social Survey*, 2012）。然而，误导性的简化使得对科学家如何产生知识的通俗理解变得困难。人们认为科学是如何运作的与它实际上是如何工作的之间的差距本身就产生了一些困惑，而这种困惑损害了对科学的公共信任。

气候变化科学传播提供了一个很好的例子。"科学方法"这个通行的概念想象科学家通过得出结论的实验"证明"或"驳斥"了所主张的"事实"。然而，气候科学对决策做出的贡献与其说取决于实验上证实的基本气候机制，大多数这些机制都是众所周知的，不如说取决于它对这些机制之间彼此相互作用的确立。为获得这种理解，气候科学家采用了动态模型，在考虑新数据时，这个模型得以迭代进行完善和调整。模型预测与随后观测到的数据之间的差异是可想而知的——实际上，它们是在理解气候变化方面取得渐进改善的来源。从理论上来说，动态建模通过其失败的预测扩充了知识，就像通过成功的预测扩充了知识一样。不仅科学传播者没能跟公众讲明白气候科学的因素，而且在过去的十年间，很多科学传播者采用了省略这些因素的传播"策略"。为宣传行动的紧迫性，他们将政府间气候变化专门委员会（Intergovernmental Panel on Climate Change，IPCC）的预设（特别是第四次评估报告中的预设）描述为源于确定且无可争辩的科学发现的推论。但是因为这个框架是用来适应公众对科学的通俗理解的，即科学以被实验证实的事实为基础来保证人们对科学的信心，所以这使得当真正的数据偏离了气候科学模型的预测时，气候科学更容易受到那些想破坏公众对气候变化的信心的人的攻击，这也是科学家自己预测到了的。2001—2004年全球气温升高减缓就导致了这种效果，这是政府间气候变化专门委员会的第四次评估模型没有预测到的。可想而知，气候科学家自己对这一发现没有顾虑，而是把其视为用于改善他们模型的一种发展历程（Tollefson，2014）。然而，反对减缓或防范气候变化特定形式的党派把这种"失败的预测"凸显为基础气候科学无效的证据。同样的误解也会损害公众对寨卡病毒所带来的威胁的理解。和气候科学家一样，流行病学在对这种传染病的可能传播进行预测时也采用了迭代的、动态的建模。已针对寨卡病毒开发出了这种模型的第一代（Monaghan等，2016）。实际的传播模式也将不可避免且具有指导意义地与这些模型所预测的结果有所不同。由在质疑寨卡病毒的科学方面存在利害关系的互相冲突的企业家所强调的这种差异会损害公众信心吗？努力预防这一结果的出现并且避免从事它可能引发的行为是科学传播者的工作。就寨卡病毒的科学传播所带来的挑战以及未来类似的事件而言，本书的第二部分就是致力于促进实现这一目标的。如果这些文章中提出的建议可以被采用的话，那么公众将更有可能会对科学上的新发现做出反应，比如寨卡引发的小脑症与格林－巴利综合征之间的关联，即意识到科学是不断迭代且自我修正的，而非通过有色眼镜来看待科学，这包括夸大其原创性及个体研究的重要性（Peter Weingart，第十一章）、无法复制关键发现的普遍性和重要性（Joseph Hilgard 和 Jamieson，第八章）、出版过程中的偏见（Andrew，第九章）、对看似重要的工作进行撤回（Adam Marcus 和 Ivan Oransky，第十二章）以及曝光具有欺骗性的数据统计（John Ioannidis，第十章）。

失败与成功

寨卡病毒给科学传播带来的困难并不是独特的。实际上，有很多情况都存在着一系列这样的挑战，所有这些挑战的特征就是，它可能会破坏科学传播环境中的一种或另一种要素——制度、过程和线索的总和通常使得公众成员把他们的决策与科学上已知的东西保持一致。这种混乱的一个后果是，有效的、引人注目的且广为接受的科学证据无法最小化公众对风险和证据的争议。然而在这类风险问题中只有一个子集可能会面临这种曾经出现过的问题。实际上，正如卡亨和兰德勒姆所认为的那样（第十七章），从量级上来说，可能但实际上没有经历过他们所谓的"科学传播问题"的社会风险的数量要大于那些经历过这些问题的社会风险的数量。这在有关日常医用 X 光影像、接触高压输电线的磁场或者饮用氟化水的公共争议的程度上不具有任何意义。但是如果有意义的话，那似乎并不比有关核废料在地质学上进行隔离所带来的危险、各种杀虫剂或食品添加剂所带来的致癌效应、大麻的药用益处的争议更怪异。卡亨和兰德勒姆表明，美国公众在让青少年对 HPV（一种经性传播并会引发宫颈癌的病原体）免疫的风险和收益方面是（或至少过去是）高度两极化的，但是过去在普遍地让青年人对乙型肝炎（另外一种会引发癌症的性传播疾病，现在已要求婴儿必须注射疫苗）免疫方面并没有出现极化——而与此同时，人们正在对把强制进行 HPV 疫苗接种作为中学登记入学条件的议案进行着激烈的辩论。欧洲公众在转基因（GM）食品上存在着文化上的两极化观点现象；而在美国则没那么严重（见 Hallman，第五章）。因为他们精心设计了传播策略，这些策略将决定科学传播者如何和为何去解决不同公众对寨卡病毒的担忧，所以那些传递信息的人可以从现在和遥远的过去学习到一些跨国的经验教训。在本书中对失败和成功进行梳理的部分，作者简明地表达了公众可以从"疯牛病"危机暴发前和暴发期间对食品安全的传播（Matteo Ferrari，第十四章）、HPV 疫苗接种和乙肝疫苗接种（Kahan 和 Landrum，第十七章）、纳米技术的风险（Nick Pidgeon，Barbara Herr Harthorn，Terre Satterfield 和 Christina Demski，第十五章）、生物技术和转基因生物（Heinz Bonfadelli，第十六章）等方面成功或失败的科学传播中学习到什么。

作为科学传播者的精英中介

如前所述，公众从科学家的发言中了解到的信息可能不如中介传播给他们的信息多。这些中介中的一部分是具体负责对科学信息进行传播的机构，比如政府机构和专业科学传播者。为保护寨卡病毒的科学传播环境免受错误信息的损害，那些为科学家发声的人应该做什么呢？为避免过去的错误，他们应该做什么呢？当然，大多数公众成员不会直接从这些机构去了解寨卡病毒的相关科学知识。相反，他们会从其他普通公众成员那里或他们家庭医生那里获取这些信息（卡亨，第三章）。科学传播的科学告诉我们，这些互动是科学传播环境中的重要因素。比如，在寨卡病毒的案例中，科学家可能得出结论说，最有效的防护措施包括释放转基因蚊子或者对部分或全部人口注射寨卡疫苗。公众可能会对这些提议做出什么反应呢？有大量的实验证据表明，在那个阶段科学家或科学传播者所说的东西对公众产生的影响同共享基本观点和承诺的公众成员之间的互动一样不重要，而这些观点和承诺可能已经使他们倾向于拒绝那些权威所说的东西（Nyhan 等，2014；Gollust，2010；Kahan 等，2010）。类似的是，一旦有了疫苗的话，同意接受寨卡疫苗接种的可能性也可能取决于家庭医生的行为或信息（Smith 等，2006）。因此，如果公众想得到科学传播的最佳证据指引，那么负责科学传播的机构就不应该把自己局限于简单地向公众进行说明。这些机构应该在建构公众成员之间如何传播方面发挥更积极的作用。然而，志趣相投的共同体内部的人际传播渠道会给病毒般的错误信息和阴谋论的扩散火上浇油。在认定寨卡病毒是巴西和其他地方小脑症案例增加的原因方面缺乏结论性证据时，可以想见，这种理论就会愈加恶化。那些怀疑转基因生物的人利用公众对巴西小脑症暴发原因的早期不确定性的担心，散布了病毒式传播的谣言，把这归咎于已不再具有繁殖能力的转基因蚊子的暴发，这些蚊子是被培育出来以降低疟疾、登革热和现在的寨卡病毒的传播的。虽然事实上寨卡病毒的暴发与转基因蚊子的实验性释放是位于不同地点的，寨卡病毒与其他转基因蚊子的实验地点没有关联使得上述说法失去了信誉，但是 2016 年 7 月对美国居民进行的全国性随机抽样调查显示，当被问到转基因蚊子是否为寨卡病毒传播的原因时，20% 的受访者给出了肯定性的回答。并且，因为互联网上错误信息的碎片式传播，2016 年 5 月安纳伯格科学知识调查机构（Annenberg Science Knowledge Survey，ASK）发现 32% 的受访者接受的说法是，寨卡病毒暴发的真正原因是以前的疫苗接种导致的。本书第四部分讨论了精英中介在传播科学和实施科学中的作用，这部分涉及的人员就包括在如何向公众讲述寨卡病毒方面做出决定的那些人。本书这个部分包含的章节有学术出版社（Barbara Kline Pope 和 Elizabeth Marincola，第二十章）、政府机构（Jeffery Morris，第二十一章）、博物馆（Victoria Cain 和 Karen Rader，第二十二章）、基金会（Elizabeth Good Christopherson，第二十三章）以及学术协会（Tiffany Lohwater 和 Martin Storksdieck，第十九章）。这个部分的论文还建构了对科学的理解，并且评估了对它所提供的证据的反应。在决定是否可能在佛罗里达进行转基因蚊子的实验性释放，以及寨卡疫苗的最终发展和批准会被广为接受还是会遇到争议和抵制方面，公民参与发挥了关键作用。科学传播的科学所带来的见解是否可以为那些参与加强公众理解科学的过程中的每个人提供指导，并且确保这种科学在公众和决策者对类似于释放转基因蚊子这样的问题进行协商时发挥作用呢？如果可以的话，它会在何处以及如何发挥作用呢？以及是否应该要求学龄儿童进行免疫接种？本部分尾声的论文从通过公共协商（见 John Gastil 的第二十五章"在科学与公共政策交叉的地方设计公众协商"）以及社交网络（见 Brian Southwell 的第二十四章"通过社交网络促进公众对科学和健康的理解"）来传播科学的努力中提供了一些线索，并且还关注到我们在将科学转变为政策方面对科学了解多少（Jason Gallo，第二十六章）。

媒介景观

媒体是另外一种至关重要的中介性机构。此外，媒体的作用很可能是决定性的，这不仅体现在传播精确的信息方面，而且体现在反驳那些不精确的主张方面，那些有意误导公众对寨卡病毒看法的人将这些不精确的主张注入科学传播环境通道之中。让这些问题更为复杂的是，科学的媒介景观正因为新信息技术的发展而经历着巨大的变迁。一个人在报纸上搜索寨卡病毒信息的可能性要低于在网络上搜索。其中一种结果就是，无须传统媒体把关者的斡旋，科学家们就能更广泛地接触到直接形式的交流。比如，如今人们可以在网络上找到美国公共卫生协会（American Public Health Association，APHA）题为"有关寨卡病毒危机的最新发现"的在线研讨会上有关美国国家过敏和传染病研究所所长安东尼·傅奇的专题页面，以及美国国立卫生研究院院长发的题为"寨卡病毒：一种新兴的健康威胁"（Collins，2016）的博文，世界卫生组织（World Health Organization）手机应用程序上有关"世界卫生组织在应对寨卡病毒中为所涉及的机构和个体提供的指南汇总"（"世界卫生组织发布了寨卡手机应用程序"，2016）。网络还以包括基于网络的专题出版等形式为学者之间的沟通提供了渠道，比如就某个科学家在寻找答案这样的问题提供详细信息的今日医学新闻（Medical News Today，MNT），其问题包括"这种症状为什么在成人身上十分轻微？该病毒是如何进入正在发展的胎儿的神经系统的？一旦进入血液中，这种病毒是如何越过血脑屏障的？寨卡病毒是否会感染那些位于成人海马体脑干之上的一小部分神经干细胞？"（Brazier，2016）。那些对窃听行动中的科学感兴趣的人可以通过阅读今日医学新闻来得到答案，人们在今日科学新闻上可以找到一些结论，比如"虽然没有证明寨卡与小脑症之间的直接关联，但是目前的研究确实指出了该病毒对什么地方的损害最严重"（Brazier，2016）。未被回答的问题也同样很有特色。美国国立卫生研究院院长的博客注意到，科学家正努力发现"能够容忍相对较低温度的"亚洲虎蚊是如何容易"传播寨卡病毒的"（Collins，2016）。对于希望有一种有效的方式来跟踪正在进展的新闻报道的普通人来说，STAT 这个由《纽约时报》（*New York Times*）的政治版前编辑里克·贝尔克（Rick Berke）所创立的网络新闻渠道在"寨卡病毒 30 秒"（Zika in 30 Seconds）的标签下会定期地进行内容更新，其中包括对寨卡以及应对寨卡的努力方面经常问到的问题提供最新的视频回答。虽然在整本书中我们都在讨论这个话题，但是第五部分特别关注科学信息是通过哪种方式传递给媒体的。这个部分里的研究包括：科学家 – 媒体互动的（正在变迁的）本质：一项跨国分析（Sara Yeo 和 Dominique Brossard，第二十八章）、以知识为基础的新闻新模式（Matthew Nisbet 和 Declan Fahy，第二十九章）、公民理解科学问题：数字时代科学新闻和信息的供求因素（Michael Xenos，第三十章）、科学正在变迁的形象（David Kirby，第三十一章）、我们对娱乐产业刻画的科学知道多少？（James Shanahan，第三十二章）在传播科学上娱乐的叙事功能（Martin Kaplan 和 Michael Dahlstrom，第三十三章），以及讽刺新闻和深夜喜剧中对科学的假设（Lauren Feldman，第三十四章）。

在极化的环境中传播科学的挑战：在政治极化的时代克服有偏见的行为

人类是不完美的信息处理者。决策科学记录了干扰个人对有关风险的证据进行恰当评估的认知偏见（Slovic，2000）。理解这些偏见的本质以及如何抵消这些偏见是科学传播的科学的主要任务。这种偏见给像寨卡病毒这样的公共健康风险的信息进行有效传播带来了明显的阻碍。举例来说，情绪启发法和文化认知会结合起来为寨卡复现出同样的理性受到威胁的政治极化状态，这种政治极化的状态损害了公众在核能方面对科学的理解，并且抑制了对气候变化科学的有效参与。因而，本书的一些章节会问到：民主社会如何利用科学传播的科学来预防这种可能性的发生？让事情更为复杂的是，在对寨卡病毒进行科学传播、为可能的暴发做准备以及对疗法和疫苗进行探索方面，重新分配经费的政治斗争会迫使科学家和机构领袖在仍然不稳定的科学环境中对需求最强烈的领域进行预测。这个过程就发生于总统竞选年期间，参众两院的关键成员面临着改选的问题，他们就是否同意白宫于当年 2 月申请的批准 19 亿美元的应对寨卡病毒的经费而发生了纠纷。当这个辩论在用于计划生育（Planned Parenthood）的经费与共和党人提议的对美国国家环境保护局（Environmental Protection Agency）的农药监管进行常规性回溯的经费之间出现极化时，截至 2016 年 8 月，并没有任何额外的国会经费获得了批准。因为可以预见的是，对寨卡病毒的担心会被用到对移民、免疫接种、转基因生物、堕胎、进化论和气候变化的担心上（Kahan 等，2017）——在这些争议性问题中，意识形态派别硬化成了抵制证据的立场——所以极化的政治所带来的风险是真实的，它会破坏政策决策且阻扰美国疾病控制与预防中心、美国国立卫生研究院和世界卫生组织的努力。某些行动致力于扭转这种冲击。虽然在 1968 年教皇百科全书《人类生命通谕》（*Humanae Vitae*）禁止采用避孕措施，但是 2016 年教宗方济各（Pope Francis）调用了 20 世纪 60 年代因担心修女有被强奸的风险而出台的一种例外，并且宣布被寨卡病毒感染区域的孕妇可以公平地使用避孕措施，以防止感染这种病毒。即将来临的是三种其他的正在极化的问题。伊蚊正在对百灭宁——美国疾病控制与预防中心的网站督促人们用于自己的衣物以驱赶蚊子的一种杀虫剂——产生抗性的证据的出现让进化发挥了作用（Branswell，2016）。因为转基因蚊子为减少伊蚊的数量提供了一种可能的方式，所以有关转基因生物的辩论也脱颖而出。如新闻报道所说的那样，全球变暖也进入了随着时间的推移更高的气温将加速携带寨卡病毒的蚊子在北方的传播这样的对话中。丹·卡亨有关在"污染了的科学传播环境中"传播科学的论文（第四十四章）讨论了这样的问题。把在风险和事实上的立场转变成文化群体的成员资格和忠诚度的象征这种存在对立情绪的社会实践是科学传播污染的一种形式，因为它们损害了那些能够对可用的最好证据进行聚合的多元群体的能力。文化认知（至少在这种病理学的形式上）只是循环出现的有缺陷的信息处理过程的形式之一，这种信息处理过程扭曲了有关寨卡的风险评估（Kahan 等，2017）。其他因素——以及在对抗这些因素上可以做的事情——位于本书的最后一部分。凯特·肯斯基（Kate Kenski）的"在传播科学时克服证实偏见和盲点偏误"（第三十九章）以及纳塔莉·约米尼·斯特劳德（Natalie Jomini Stroud）的"在对科学进行传播时克服选择性呈现和选择性判断"（第四十章）总结了学者们在人类曲解信息以符合个人倾向的天生偏好方面了解多少。李楠（Nan Li）、斯特劳德和杰米森（Jamieson）在"克服错误的归因：揭穿麻风腮三联疫苗与自闭症之间关联的真相"（第四十五章）中概述了在这种情境中可用的传播策略。陈文培

（Man-pui Sally Chan）、克里斯托弗·琼斯（Christopher Jones）和多洛雷丝·阿尔巴拉辛（Dolores Albarracín）研究了"抵抗错误信念：对科学错误信息的撤销和更正的最佳实践的证据及建议的分析"（第三十六章）。迈克尔·西格里斯特（Michael Siegrist）和克里斯蒂娜·哈特曼（Christina Hartmann）于"在不同国家的情景下克服对不确定性进行传播的挑战"中谈到了对不确定性进行传播的方式。约翰·巴伦（John Baron）讨论了更一般的哲学取向如何使有效的科学传播变得复杂起来，以及如何满足那种独特的挑战。

这些章节为迅速处理因对寨卡病毒越来越多的焦虑而产生的阴谋论提供了有用的原则。因此，例如因感染寨卡病毒而出现神经系统问题的巴西婴儿的出生逐渐增加对这种病毒式传播的谣言来说可以说是火上浇油，这个谣言把病毒的暴发归咎于通过让其后代不再具有繁殖能力的转基因蚊子上，这些蚊子是被培育出来以降低疟疾、登革热和现在的寨卡的传播的。如前讨论的那样，安纳伯格公共政策中心的（Annenberg Public Policy Center）的安纳伯格科学知识调查所进行的全国跟踪调查结果显示，至少某些部分的公众接受了这些谣言。即使在科学家证实了寨卡病毒引发了小脑症并且驳斥了这源于转基因蚊子的新菌株的任何说法之后，对这些谣言的接受仍然持续地存在着。这一部分中的论文为下列问题提供了答案：媒体该如何对这些错误信息的形式进行回应？如何抵制它们成为科学传播环境污染的渠道？把那种环境与产生于其他地方的污染隔绝开来方面，它们可以发挥什么作用？同时，本书的第六部分分析了为科学内容有效地设置框架的方式（James Druckman 和 Arthur Lupia，第三十七章），克服公众成为科学盲的方式（Ellen Peters，第四十一章），对想象中的"不自然"的担心（Robert Lull and Dietram A.Scheufele，第四十三章），终点偏差（Bruce Hardy 和 Jamieson，第四十二章）以及不太受欢迎的标准化形式（Kahan，第四十四章）。

为什么"恰恰"是科学传播的科学？

如这篇绪论表明的那样，科学传播是科学家、决策者、记者、受众，以及媒体、博物馆、虚拟空间及其他地方中的从业者共享的一种兴趣。所以为什么要把我们在此处的焦点局限于如何对科学进行最好的传播的科学基础方面呢？该问题答案的第一个部分是，科学传播从业者（Baron，2010）、科学记者（Blum 等，2006）和实验科学家（Olson，2010）已经就最佳实践、困难以及有效的传播的日常实践撰写了一些发人深省且有用的图书了。其中一些作品利用了实证的社会科学研究，其他的一些则采用了这个领域中的一些经验。其中一些工作是本书的一种补充；其他一些工作则通过科学传播的科学进行了调整或质疑。然而，该问题答案的第二部分的前提是，本书是由安纳伯格公共政策中心有关科学传播的科学项目所监管的一系列出版物的第一本。后续的著作将对正在进展的应用研究进行综合和凝练，从而为科学传播的实践提供重要的、基于研究的经验教训。我们在这里解决的问题包括：某些传播原则是否适用于各种问题？我们如何利用科学传播的科学中那些现存的研究能力为更好地传播新兴技术的努力提供指导？为实现这些目标，本书每一部分的最后一章都是一个综合性的章节，这个综合性的章节强调了贯穿于本部分所有章节中的主题，并且为更广泛的科学传播提供了经验教训。每部分结尾的论文还考察了研究中缺失的部分以及一些重要的但未被回答的问题。我们希望这些观点和议程可以在四个领域为科学传播的科学的下一步工作提供指导，即塑造科学的语言、传播科学、对科学进行传播以及在极化的环境中对争议性问题的科学进行传播。

塑造科学的语言

科学家讨论他们的工作时所用的语言充满着假设和联想。所以，例如精神联想是由像"群体免疫"或"胚胎干细胞研究"这样的术语所触发的（见 Jamieson，第一章）。有关对技术的不同描述如何塑造初始的公众反应的研究（Anderson 等）表明，我们如何讨论新兴技术和我们所用的技术至关重要。意识到这一事实，资助申请者把他们的研究描述为"变革型的"而非"渐进性的"。在提交给期刊的论文中，研究结果会被描述为"新颖的"或"突破性的"。细微的文化差异在为新技术设定框架中不仅会影响不同的公众和政策受众如何在下游接近这些新技术，而且可能会阻碍或促进技术转移，对技术建立毫无根据的炒作，或者不必要地缩小或扩大公共辩论。那些正研究科学传播的学者所面临的一个关键问题是：从经验上来说，在科学家全方位的语言选择和其他潜在的可能性对公共辩论的影响上，我们知道什么？

科学的传播

当信息从科学共同体传播给非专家受众时，科学传播处于中心地位的第二个领域就会发挥作用。这种传播采取的一种形式就是，对某些问题上"确定的"科学或科学共识进行传播，比如气候变化，或者人类消费的转基因生物的安全性。但是它也扩展到对旨在让公民的行为与可用的最好的科学保持一致的传播方面，如同旨在增加或者在某些情况下维持对传染性疾病的预防接种的高比例一样，比如百日咳和麻疹。向特殊受众最好地传播科学的大多数研究都是以实验性设计为基础的。这使我们做出因果主张的能力获得最大化。然而，对实验性工作的严重依赖也会限制我们对一些机制在以相互竞争的信息环境、社会群体的影响以及实验室中保持不变的其他影响因素为特征的较大社会情境中有多大的扩展性做出清晰预测的能力。科学传播研究者也会对实验室中确立的某些过程在频繁地接触或不接触同样信息的情况下如何随着时间的推移能够维持或出现衰变采集更系统性的数据。

对科学进行传播

科学传播的第三个领域涉及对科学应该在其中发挥作用的边界进行协商。这种讨论以隶属于哲学领域而非科学领域的伦理问题、政治问题或监管问题为中心。公众在解决不断发展的技术的伦理、法律和社会影响（ELSI）中发挥作用的观点是作为 1990 人类基因组计划（Human Genome Initiative）的一部分而出现的（Watson，1990），并且被奥巴马政府视为负责任的发展：

在合理且可行的程度上……对相关信息进行的开发应该遵循为利益相关者的参与和公众参与提供大量机会的原则。公众参与对于提升公信力、改善决策、增加信任以及确保官员获得分布广泛的信息都非常重要（Holdren 等，2011，2）。

越来越多的实证研究开始探讨如何更好地对工作进行组织以让公众利益相关者参与到有关伦理、法律和社会启示问题的某些更广泛的辩论中来。很多这些工作依赖于共识会议，或者其他形式的公共会议（Scheufele，2011），并且还通常难以从详尽且具有代表性的利益相关者中获取意见（Binder 等，2012；Merkle，1996）。科学传播的科学这个领域所面临的挑战将为如何把负责任的创新的某些指令转化为有效的日常科学传播实践提供数据驱动的指南。

在极化的政策辩论中传播科学

当科研结果与党派监管和政策辩论不一致时，科学传播所涉及的第四个领域就会出现（Jasanoff，2017；Peilke，2007）。比如，其中的一个问题是，气候科学家何时参与政策讨论是恰当的？如果有参与的话，以及如果是这样的话，又该在何时参与？有些人认为，科学家应该作为信息的公正调解者并且把这些数据转化为政策。其他人则认为，科学家的角色应该局限在确保科学研究成果被清晰且精确地呈现出来，并且退一步说，把政策问题留给其他人。科学传播的这些不同领域既不是详尽的，也不是互斥的，实际上，它们是紧密相连的。贯穿于这篇绪论中的案例——跨大洲传播的寨卡病毒及其与小脑症及格林－巴利综合征的健康风险——阐述了这些相互联系的动力学机制中的一部分。在2006 年发表的一篇评论中，时任美国国家科学院院长拉尔夫·奇切罗内（Ralph Cicerone）提出了科学－公众界面上面临的很多问题。科学新闻版面的消失以及科学记者队伍的缩减让他把弥合科学－公众分歧的某些责任归因于科学家自身，他主张科学家"必须在向公众进行直接传播方面做得更加出色"。正如我们在绪论的开头所注意到的那样，作为社会科学家，我们在开展提供政策相关见解的研究时没有那么积极主动，这加剧了问题，并且我们也没能在我们的学科领域之外获取到受众。为解决这些过失，本书对与弥合科学－公众分歧相关领域的科学传播的社会科学进行了消化吸收，评估了其优势和局限性，并且识别了需要额外研究的领域。

参考文献

Anderson, Ashley A., Jiyoun Kim, Dietram A. Scheufele, Dominique Brossard, and Michael A. Xenos. (2013). What's in a name? How we define nanotech shapes public reactions. *Journal of Nanoparticle Research*, 15(2), 1–5. doi:10.1007/s11051–013–1421–z.

Baron, Nancy. (2010). *Escape from the Ivory Tower: a guide to making your science matter.* Washington, DC: Island Press.

Binder, A. R., D. A. Scheufele, and Dominique Brossard. (2012). Misguided science policy? The Pitfalls of using public meetings as surrogate gauges of public opinion. *The Scientist*, April 10, 2012.

Blum, Deborah, Mary Knudson, and Robin Marantz Henig. (2006). *A field guide for science writers.* New York: Oxford University Press.

Branswell, Helen. (2016a). Congress is blocking key efforts to fight Zika, top health official say. STAT, March 10. http://www.statnews.com/2016/03/10/zika–emergency–funding–anxiety/.

Branswell, Helen. (2016b). Zika–carrying mosquitoes developing resistance to top insecticide. STAT, March 10. http://www.statnews.com/2016/03/10/puerto–rico–mosquitoes–insecticide/.

Brazier, Yvette. (2016). Could Zika's link to microcephaly be in the neural stem cells? *Medical News Today*, March 4. http://www.medicalnewstoday.com/articles/307279.php.

Collins, Francis. (2016). Zika virus: An emerging health threat. National Institutes of Health: NIH Director's Blog, January 26. http://directorsblog.nih.gov/2016/01/26/zika–virus–an–emerging–health–threat/.

Fischhoff, Baruch, and Dietram A. Scheufele. (2013). The science of science communication. *Proceedings of the National Academy of Sciences*, 110 (Suppl. 3), 14031–14032. doi:10.1073/pnas.1312080110

Fischhoff, Baruch, and Dietram A. Scheufele. (2014). The science of science communication II. *Proceedings of the National Academy of Sciences*, 111(Suppl. 4), 13583–13584. doi:10.1073/pnas.1414635111.

General Social Survey 2012 final report: Trends in public attitudes about confidence in institutions. (2012). Chicago: National Opinion Research Center, University of Chicago.

Gollust, S. E., A. F. Dempsey, P. M. Lantz, P. A. Ubel, and E. F. Fowler. (2010). Controversy undermines support for state mandates on the human papillomavirus vaccine. *Health Affairs*, 29(11), 2041–2046.

Holdren, John P., Cass R. Sunstein, and Islam A. Siddiqui. (2011). Memorandum: Principles for regulation and oversight of emerging technologies. Washington, DC: Office of Science and Technology Policy.

Jasanoff, Sheila. (1990). *The fifth branch: science advisers as policymakers.* Cambridge, MA: Harvard University Press.

Kahan, Dan, Donald Braman, Geoffrey Cohen, John Gastil, and Paul Slovic. (2010). Who fears the HPV vaccine, who doesn't, and why? An experimental study of the mechanisms of cultural cognition. *Law and Human Behavior*, 34(6), 501–516.

Kahan, D. M. (2015). What is the "science of science communication"? *Journal of Science Communication*, 14(3), 1–12.

Kahan, D. M., K. H. Jamieson, A. Landrum & K. Winneg. (2017). Culturally antagonistic memes and the Zika virus: an experimental test. *Journal of Risk Research*, 20, 1–40.

Keil, Frank. (2010). The feasibility of folk science. *Cognitive Science*, 34(5), 826–862.

Lucey, D. R., & L. O. Gostin. (2016). The emerging Zika pandemic: Enhancing preparedness. *JAMA*, 315(9), 865–866.

Merkle, D. M. (1996). The polls— Review— The National Issues Convention Deliberative Poll. *Public Opinion Quarterly*, 60(4), 588–619.

Monaghan, Andrew, Cory W. Morin, Daniel F. Steinhoff, Olga Wilhelmi, Mary Hayden, Dale A. Quattrochi, et al. (2016). On the seasonal occurrence and abundance of the Zika virus vector mosquito Aedes aegypti in the contiguous United States. *PLOS Currents Outbreaks*, Edition 1, March 16. doi:10.1371/currents.outbreaks.50dfc7f46798675fc63e7d7da563da76.

Nyhan, Brendan, Jason Reifler, Sean Richey, and Gary L Freed. (2014). Effective messages in vaccine promotion: A randomized trial. *Pediatrics*, 133(4), e835–e42.

Olson, Randy. (2010). *Don't be such a scientist: Talking substance in an age of style.* Washington, DC: Island Press.

Pielke, Roger A. Jr. (2007). *The honest broker: Making sense of science in policy and politics.* New York: Cambridge University Press.

Rapid risk assessment: Zika virus epidemic in the Americas: potential association with microcephaly and

Guillain–Barré syndrome. (2015). European Centre for Disease Prevention and Control, December.

Scheufele, D. A. (2011). Modern citizenship or policy dead end? Evaluating the need for public participation in science policy making, and why public meetings may not be the answer. Paper #R–34, Joan Shorenstein Center on the Press, Politics and Public Policy Research Paper Series, Cambridge, MA.

Scheufele, Dietram. A., (2013). Communicating science in social settings. *Proceedings of the National Academy of Sciences*, 110(Suppl. 3), 14040–14047.

Seipel, Tracy. (2016). Early FDA approval sought for Zika virus blood tests. *San Jose Mercury News*, March 7. http://www.mercurynews.com/health/ci_29603313/early–fda–approval–sought–zika–virus–blood–tests.

Silver, Nate. (2012). *The signal and the noise*: *Why so many predictions fail— but some don't*. New York: Penguin Press.

Slovic, Paul. (2000). *The perception of risk*. Risk, Society, and Policy Series. London; Sterling, VA: Earthscan.

Smith, Philip J., Allison M. Kennedy, Karen Wooten, Deborah A. Gust, and Larry K. Pickering. (2006). Association between health care providers' influence on parents who have concerns about vaccine safety and vaccination coverage. *Pediatrics*, 118(5), e1287–e1292.

Sun, Lena H. (2016). Zika outbreak: "The more we learn, the worse things seem to get." *The Washington Post*, March 10. https://www.washingtonpost.com/news/to–your–health/wp/2016/03/10/zika–outbreak–the–more–we–learn–the–worsethings–seem–to–get/.

The Zika crisis: latest findings. (2016). American Public Health Association, March 4. https://www.apha.org/events–and–meetings/apha–calendar/webinar–events/2016/the–zika–crisis.

Tollefson, Jeff. Climate change: the case of the missing heat. *Nature*, 505(7483), 276.

Watson, J. D. (1990). The human genome project: Past, present, and future. *Science*, 248(4951), 44–49. doi:10.1126/science.2181665.

WHO launches the Zika APP for health care providers. (n.d.). World Health Organization. http://eepurl.com/bTkihL.

Zika in 30 seconds: what you need to know today. (2016). STAT, December 9. http://www.statnews.com/series/zika–update/.

第一部分

科学传播的科学

第一章
对科学传播的科学的需求：
传播科学的价值和规范

凯瑟琳·霍尔·贾米森
（Kathleen Hall Jamieson）

摘要： 在对科学进行传播（包括科学共同体内的传播和外部传播）时，要尊重科学的规范及其认知方式，这可以保证在公共辩论和决策中科学能够发挥其作为前提、证据和结论的一个享有特权来源的作用。与政治传播不同（——选择性地采用证据、无条件的断言以及蓄意的模糊性是其惯用伎俩），科学独特的规范及其结构使得这种传播形式需要考虑可用的相关证据、具体说明依附于一项主张的确定性水平，以及精确说明被分析或汇报的现象。本章讨论了这些问题，并且对科学传播者的未来前进方向提出了一些建议。

关键词： 传播规范；科学；科学传播者；证据

从事科学传播的科学的正当理由在很大程度上是以下述需求为中心的，即决定传播如何将随之而来的知识传递给公众和决策者、如何加强对科学的信任以及如何为信息设置框架以克服那些对他们接纳科学知识形成干扰的受众启发法和身份（Kahan，2015；Scheufele，2014；Fischhoff 和 Scheufele，2013）。这里未被提及的问题是：在相关领域中产生的科学不足以完成这些任务吗，比如政治传播领域？在这里我要说明的是，以尊重科学的价值和规范的方式来对科学进行传播的需求使得科学传播不同于政治传播。具体而言，我认为，以尊重科学规范及其认知方式的方式对科学进行传播，增强了科学作为公共和政策辩论和决策的前提、证据和结论的特权来源的能力。在注意到由作为一种认知方式的科学所具有的独特社会地位所发挥的修辞功能之后，我想表达的想法是，科学独特的规范及其得以实施的结构蕴含着与其社会地位相一致的传播形式。与选择性地采用证据、确定无疑的断言以及精心策划的模糊性等手段的政治传播不同的是，科学的独特规范及其得以实施的结构蕴含着它的传播形式，即把可用的相关证据考虑进来、阐明依附于一项主张之上的确定性层次，并且精确地详述被分析或报告的现象。

科学的特殊文化地位授予了其特殊的修辞力

从塞克斯都·恩披里柯（参见 Sextus Empiricus，1985）到维特根斯坦（Wittgenstein）在内的这些哲学家都已经注意到了，一个人从互相认可的理由——古希腊人称之为本源（arche）中提出一种论点，而这个互相认可的理由充当着提出这种论点的一种基础或出发点（对于原始预设前提在成为政治话语基础的作用方面，参见 Jamieson，1988；关于监管人和知识在保护可知界免受扭曲的作用方面，参见 Jamieson，2015）。维特根斯坦写道，"每种语言游戏都是不一样的，但是每一种又都包含着一个出于信任且不受审查的屹立不倒的陈述的基础"（1969，509）。为反对某种论点，人们只需通过反驳其最初的前提或拒绝同意其所提供的证据就可以搅乱其立论的基础。在某种程度上，对辩论的参与之所以成为可能，是因为建立辩论的前提理由已由源头机构证明，以及双方均是公平、有方法性的和专业的辩论者。因缺乏这样做的必要资金和倾向，公众成员认为某些陈述在功能上是无可置疑的，以及某些结论是确定的，这并不是因为公众理解了这些结论的基础，而是因为他们信任那些对这些东西进行证实的制度。因为受众认为作保证的科学家体现了与自己的价值相一致的价值，这些人诚信，不偏不倚，因此受众实际上把科学的"事实"和"结论"视为权威。

在西方文化的政治辩论中，在什么是已知的和什么是可知的方面，科学的主张被授予了一种证据性的地位，这种地位与拱手让给宗教断言或政治断言的地位是不同的。当制度化的"科学知识的监管人"以证据为基础陈述一种知识主张时，而这些证据是以与科学的规范相一致的方式整合起来的，情况就会尤其如此。在美国，位于这些科学知识的监护人之首的是 1863 年由美国当选代表通过国会法案建立并由总统亚伯拉罕·林肯（Abraham Lincoln）签署生效的美国国家科学院（National Academy of Sciences，NAS）——现在称为美国国家科学院、工程院和医学研究院（National Academies of Sciences, Engineering, and Medicine，NASEM）。在产生这个机构并且在法律上授予其"就与科学和技术有关的问题为国家提供独立、客观的建议"（"Mission"未检出日期）的过程中，国会授权那些握有立法、行政或司法权力的机构利用国家科学院认证的知识来作为辩论的基础，促进辩论，并且在某些情况下结束辩论。

当然，自美国国家科学院成立后的一个多世纪以来，科学揭示了"客观"知识的这种观念让位于下述结论，即科学这项事业既非价值自由的，又非中立的，和其他形式的知识一样，科学是合法性的，是被建构出来的（Irwin 和 Wynne，2003），选择它作为焦点是基于人类的优先性和利益。同样受到挑战的观念是，科学提供了"一种统一的、有清晰界限的、清晰的知识和方法体系"（Irwin 和 Wynne，2003，7）。同时，这种认识明确了科学并非始终如一地符合下述理想，即它是从包括详细说明在内的其他认知方式、规范出发的；观察、测试和分析的特殊情境的方案；透明度；以及制度化的公信力和自我修正形式，比如同行评议和复制（Alberts 等，2015；参见本书第六部分的章节）。就像《柳叶刀》（*The Lancet*）在 1998 年发表了麻风腮（measles-mumps and rubella，MMR）三联疫苗与自闭症存在关联的具有欺骗性的结论那样，即使是更受关注的科学出版物中，同行评议也可能失败。此外，即使在一次次的研究表明无法复制维克菲尔德（Wakefield）及其同事所声称的（伪造的）关联之后，《柳叶刀》正式撤稿的过程也是十分缓慢的——耗时 12 年。

此外，1990 年，英国健康官员保证说，被雷电击中的风险要高于因食用英国牛肉而患牛海绵状脑病（bovine spongiform encephalopathy，BSE；又称"疯牛病"）的风险；2014 年，美国疾病控制与预防中心断言说，美国医院做好了应对埃博拉患者的准备，当随后发生的事情让上述说法名誉扫地时，人们对科学知识的监护人的信任受到了破坏。那些在 1980 年敦促美国政府采用以反式脂肪酸作为人造黄油的基础的人也是具有误导性的。正如专栏作家查尔斯·克劳萨默（Charles Krauthammer）在 2015 年 12 月指出，"35 年之后，美国食品和药物管理局最终决定反式脂肪酸不仅毫无用处，而且是不安全的，并且下令从所有食物中去除反式脂肪酸。哎，确定的科学不过如此"（Krauthammer，2015）。

同样削弱了对科学的实践会保护其知识监护人免受证实性偏见危险的信心的是美国国家航空航天局（National Aeronautics and Space Administration，NASA）和国家海洋和大气管理局（National Oceanic and Atmospheric Administration）宣称 2014 年会是有记录以来最热的年份。然而，事实上 2014 年美国气温与其前后的两年持平（Jamieson，2015）。科学家做出的声明并非绝对比我们普通人的直觉更明智。毕竟，英格兰北部地区坎布里亚郡（Cumbria）的山羊养殖者比政府科学家更快且精确地评估了 1986 年切尔诺贝利核电站爆炸对他们羊群的相对影响（Wynne，1989）。

这种情况可能会让人们臆测说，科学传播不过是裹着专业词汇的政治传播，并且就其本身而言，最好通过那个领域的学术透镜来理解。情况并非如此的一个核心原因是：

科学不同于政治，并且在这个过程中，科学维持着其特权的文化地位，因为科学获得的这种修辞上的声望是它对知识生产和保护的规范以及长期以来产生可靠知识的制度化结构的承诺的一种结果。其副产品的范围包括饮用水和抵御天花、脊髓灰质炎及麻疹的疫苗。与此同时，在我们对自己以及我们的世界知道什么方面，科学扩展了我们的知识，即便它释放了会像我们知道的那样结束文明的能力。

有两个案例强化了我对那些当权者授予了科学主张独特修辞地位的推断。在每个案例中，对科学的吸引力都被用来证明对重要政策问题进行不开放辩论的决策的正当性——第一个案例是，法院裁决智能设计（intelligent design，ID）是值得在学校教授的一种理论；第二个案例是，联邦监管机构决定苏云金杆菌（Bt）玉米 176 是否应该继续在美国市场上销售。在这两个例子中，由美国国家科学院证实的"知识"被那些当权者用来证明一个决策的正当性，因为美国国家科学院及其对科学知识方法的应用被相关各方视为是可信的。

智能设计与达尔文进化论

塔米·基茨米勒（Tammy Kitzmiller）等人诉多佛学区（Dover Area School District）等团体的裁决阐明了，作为知识监护人的美国国家科学院能够为科学的主张提供基础支撑。2005 年，法官约翰·E. 琼斯（John E. Jones）裁定，在宾夕法尼亚州约克郡的多佛区州公立学校，老师不应该教育学生们人工智能是进化的一种选择，这位法官说到他打算反复地引用美国国家科学院的文件，因为"双方专家都认为它是这个国家里'最著名的'科学协会。"简言之，琼斯基于其公信力是由他以及争端的双方所授予的这一理由保证了美国国家科学院的可信度（*Tammy Kitzmiller* 等，*v. Dover Area School District* 等，2015，65）。

在法院所依赖的美国国家科学院的陈述中，其中之一就是对科学本身的权限的界定：

科学是了解世界的一种特殊方式。在科学中，其解释仅局限于那些能从确定的数据中推导出的东西——通过观察和实验获得的结果可以被其他科学家所证实。任何可被观测或测量的东西都经得起科学调查。不以经验证据为基础的解释不是科学的一部分。（National Academy of Sciences，Working Group on Teaching Evolution，1998：27）

这个争论持续进行着，智能设计不能作为科学来教授，因为科学知识的监护人——美国国家科学院认为智能设计的认知方式既不产生科学所需的这种证据，也不依赖科学所需的这种证据。

第二个案例阐述了科学在确定关于转基因作物的环境风险的可靠性方面的工作过程。处于争议之中的是被美国政府相关机构批准的 Bt 玉米 176。

转基因品种的玉米应该继续留在市场上吗？

两种关键事实构成了笔者第二个案例的背景。首先，因为下面两种作物往往是并排生长的，来自玉米的花粉会漂移到帝王蝶的主要食物——马利筋草中。其次，苏云金杆菌是一种可以产生对某些昆虫具有抗性的蛋白的土壤细菌。经基因改造后表达苏云金杆菌基因的作物被称为 Bt 作物。在 1995 年美国批准了经基因改造的 Bt 玉米 176 几年后，两项研究表明它的花粉对于帝王蝶具有毒性（Losey 等，1999）。美国农业研究服务局（Agricultural Research Service）用旨在决定是否存在这种情况的另外一项研究对此做出了回应。这个过程是科学方法发挥作用的范例：明确的假设、清晰的方法、多个学术团队独立地开展研究、公开获取的数据、服从于同行评议的出版物。由此产生的论文发表在美国国家科学院旗舰性期刊——《国家科学院院刊》（*Proceedings of the National Academy of Sciences*）上（对此的回顾见 Kahan，2002），并且被综合进了 2002 年美国国家科学院题为《转基因植物的环境影响》（*Environmental Effects of Transgenic Plants*）的报告中。科学家发现，就平均计量而言，来自最初研发的苏云金杆菌玉米的花粉（Bt 176）确实对帝王蝶有害，但是后来的两个品种并没有带来类似的风险（Downey，2003）。政策制定的过程对学术工作做出了回应。当美国国家环境保护局（Environmental Protection Agency）开始意识到有研究表明 Bt 176 对帝王蝶具有不利影响时，"许可在科学文献中与对帝王蝶的影响最密切相关的 PIP 品种 Event 176 玉米的注册终止"（Mendelsohn 等，2003，1004）。在这两个完全不同的例子中——一个涉及进化论，另外一个涉及基因改造的作物，并且在两种迥异的情况下——一个是法院裁决，另一个是监管机构判定，美国国家科学院的出版物所证实的结论解决了一个重要的问题。

科学独特的规范及其得以实施的结构影响限制了科学传播，并且使其区别于政治传播

不同于政治传播，科学传播必须如实地反映削弱了对科学信任的相关科学规范或风险，而使得科学在其有特权的修辞地位中被神圣化了的正是这种信任。清晰且与科学的价值相一致的传播把科学的文化作用强化为一种对随之出现的政策问题有价值的知识来

源，以及公众健康问题。当科学传播者违反了科学规范时，科学本身就会受到质疑，并且科学传播也容易被攻击为披着面纱的政治传播（Jamieson 和 Hardy，2014）。举例来说，就像我在其他地方认为的那样（Jamieson，2015），当科学传播无法小心翼翼地认识到它的数据和方法中存在的局限时，就像在 2014 年对"末日暴雪"（Snowmaggedon）的预测中忽视了对不确定性进行传播那样，它让一般建模，尤其是天气及气候建模，向党派的批判敞开大门。当它无法对其宣称 2014 年是最热年份具有足够的确定性时，就会冒着丧失媒体信任的风险，助长那些声称气候科学有一个未被承认的意识形态驱动议程的攻击性声音。当科学传播无法如实地对证据做出解释时，在 2013 年北极海冰面积的增加中发生的一个小失误，它就招致了不同党派对动机的质疑，这增加了对科学家自私自利或阴谋论的怀疑。

科学能够可靠地生产知识的原因之一就是，它的从业者接纳了保护知识生产过程的规范。依附于这些规范的是把科学传播与政治传播区别开来，并因而把科学传播的科学区别于这个联合的研究领域的科学。在科学中进行传播以及对科学进行传播同政治学之间的规范性差异包括：科学家解释互相矛盾的证据的要求，具体说明依附于研究成果的置信水平，以及精确地表达他们的假设、方法和发现。

解释互相矛盾的证据与选择性地使用证据

科学规范要求科学家考虑所有可获得的相关证据，并特别关注那些与他们的设想、假设和结论背道而驰的证据。正如诺贝尔物理学奖得主理查德·范曼（Richard Feynman）说的那样：

> 如果你正在做一个实验，你应该报告你认为可能会使实验无效的所有东西——不仅仅是你认为正确的东西；可能会解释你的结果的其他原因；还有你认为其他一些实验已经排除的东西，以及这些被排除的因素是如何被排除的——以保证其他人可以搞清楚这些因素已经排除了。（Feynman，2010，34）

相反，通过激发出对选择性证据的情感而不考虑其典型性或质量这种方式，政治领袖在辩论中获得了短期优势，并且可以动员其支持者采取行动。

为阐释政治学和科学上话语及其典型性规范的差异，我们来看一个单一的异常值模式，左翼的美国前副总统戈尔（Al Gore）和右翼的保守党媒体网站福克斯网（Fox.com）都用这个模式来预测北极海冰范围，并且观察一下双方各自在使用这一模式方面同获得了诺贝尔和平奖的政府间气候变化专门委员会（IPCC）的相关报告之间的差异。政府间气候变化专门委员会是由联合国环境保护署（United Nations Environmental Programme）和世界气象组织（World Meteorological Organization）于 1988 年成立的一个政府间机构。

2007 年 12 月 10 日荣获诺贝尔和平奖的美国前副总统、2000 年民主党总统候选人戈尔曾演讲道：

去年 9 月 21 日，随着北半球倾斜远离太阳直射，带着空前担忧的科学家们报告说北极冰盖正"出现断崖式下滑"。一项研究估计说在 22 年之内它可能会在夏季完全消失。另外一项由美国海军研究人员于本周晚些时候公布的新研究警告说，少则 7 年内就会出现这种情况。离现在只有 7 年时间了。

由位于加利福尼亚蒙特利的海军研究生院（Naval Postgraduate School）的斯洛·马斯洛斯基（Wieslaw Maslowski）领衔的研究团队有关北极海冰到 2014 年可能会消失的预测不只吸引了戈尔的注意力，而且还引起了英国广播公司（BBC）和《纽约时报》（*The New York Times*）的关注。

6 年后，当福克斯新闻网于 2013 年 9 月 9 日贴出了一篇题为《北极海冰在 2013 年增加了 60%》（*Arctic Sea Ice Up 60% in 2013*）的文章时，它利用同样的异常模式预测来为其相反的结论服务。伴随着这篇文摘而出现的是，美国国家航空航天局（NASA）的卫星图像对 2012 年北极海冰范围空前的低谷与 2013 年好很多的情况进行的对比。标题和图片都忽视了从 1979 年到 2013 年北极海冰范围明显的下降趋势。相反，对证据的选择性使用表明了北极海冰的迅速恢复。让这一结论得以强化的是，这篇文章利用了马斯洛斯基异常模式的预测，并且补充说："和 2012 年相比，2013 年被海冰覆盖的面积达到 100 多万平方英里（1 平方英里 ≈ 2.59 平方千米），多达 60% 的增加——引人注目地偏离于 2013 年北极'不存在海冰'的预测。"

尽管对马斯洛斯基预测的引用对双方来说都是很好的短期政治，但是戈尔和福克斯新闻对那种预测的使用都不代表着北极海冰建模者所做的总体预测。我们知道，2007 年马斯洛斯基对 2014 年夏季北极可能没有海冰的推断是一个异常值，因为 2007 年政府间气候变化专门委员会的报告接受了需要对所有可获得的相关数据进行解释的科学规范。2007 年的结论在平均模型的基础上陈述说，"在所有特别报告情境下，北极和南极的海冰预计都会下降。在某些预测中，北极夏末的海冰在整个 21 世纪后半叶几乎会消失"（政府间气候变化专门委员会，2007，重点增加）。

戈尔和福克斯新闻都没有转向政府间气候变化专门委员会的报告来寻找共识性证据的这个事实是不信任这种知识的监护人能够弥合左右两翼的隔阂的一个标志。美国国家科学院在智能设计和 Bt 玉米 176 辩论中发挥的作用并不是政府间气候变化专门委员会在这里发挥的作用。可能的原因是什么呢？党派已经毁谤了政府间气候变化专门委员会及其联合国的赞助者，说他们既不能发挥为辩论提供证据的作用，又不能终止辩论（有关涉及未经许可地在气候科学家之间发布邮件的所谓的气候门丑闻之后对科学家的信任下降的调查数据，见 Leiserowitz 等，2013）。此外，在美国，由联合国建立的像政府间气候变化专门委员会这样的实体缺乏那种由美国国会所建立的并在过去的 150 年中得到意识形态迥异的政党成员所依赖的长期存续主体的制度合法性。

福克斯新闻和戈尔的案例无意中流露出了在意识形态上便捷地对证据的选择性使用可能会破坏公众对随之而来的科学的理解，并且当这种蓄意的破坏发生时，还会让科学这个领域本身遭受质疑。相反，政府间气候变化专门委员会的结论表明，科学以与科学规范相一致的方式开展着工作，公正地解释着北极海冰范围有关的一系列可用的建模。

表达置信水平或依附于研究发现的概率与确定无疑的断言

对科学进行传播和对政治进行传播之间唯一的不同不只是被考虑的证据的范围。尽管确定无疑的断言是政治学的硬通货，科学是以没有任何发现可以不受怀疑以及每一种发现都应该接受测试和持续审查的信念为前提的。简言之，就像史蒂芬·霍金（Stephen Hawking）在《时间简史》（A Brief History of Time）的前言中写的那样，"物理学理论总是暂时性的，就这种意义而言，它只是一种假设：你永远不能证明它"（1988，10）。一种理论可以被反驳，但是却不能最终被确定无疑地证明。

为阐释政治和科学在对待不确定性上的差异，我们把注意力转向两个有关气候变化科学知识的非常不同的备忘录。这种对比展示了政府间气候变化专门委员会对气候变化的科学知识进行解释和告知的意愿与一个政治顾问旨在通过强调这种科学是不确定的来获取政治优势之间的差异。共和党顾问弗兰克·伦兹（Frank Luntz）在 2003 年撰写的备忘录中写道：

选民们认为科学共同体内对全球变暖没有共识。如果公众开始相信这个科学问题已经得到了解决，他们对全球变暖的观点也会随之发生变化。所以，你需要继续把缺乏科学确定性作为辩论中的一个主要问题。（Burkeman，日期不详）

通过对比，政府间气候变化专门委员会出台的指南要求，通过利用"向读者传达了绝大多数信息的语言"把确定性水平与证据联系在一起。特别是，他们阐明科学传播者应该：

在一个变量方面描述关键发现的特征……用校准了的不确定性语言，向读者传达最多的信息……在呈现不确定性的不同备选方案中（进行选择），意识到在所有情况下将对相关证据和论点可追溯的解释纳入你的文本中是重要的。

尽管伦兹的目标是阻挠公众对这种科学已经得到了解决的认知，政府间气候变化专门委员会的目标则是，对它所拥有的确定性水平进行了认真校准的语言来精确地表达相关证据。

当然，对那些支配着承认不确定性的规范的坚守也为科学家带来了传播方面的挑战，因为公众会将他们用来表达的语言解读为对他们所提供的结论传播了强烈的怀疑。

精确的说明与蓄意的模糊性

科学传播与政治传播之间的区别并不局限于对证据的解释和具体说明不确定性的层次。政客们不仅通过贯彻蓄意的模糊性来增加让受众认为一个领袖和他们有共同的倾向（Bull，2008；Zahariadis，2003；Page，1978），而且会利用有代表性的语言以意识形态上便捷且兼容的方式为科学设置框架（见本书第三十七章）。在这个过程中，"完整扩张吸取术"这个医学措辞在保守派的宣传中成了"部分生产堕胎"。相反，为了忠于精确的说明这个准则，科学家和对他们的科学进行传播的那些人都力求把科学见解压缩进精确的语言中。

如爱因斯坦所说，"科学为之奋斗的目标，就是要使概念之间的相互关系以及与感性材料的一致性尽最大可能地准确与清楚。"如他所言，语言不仅仅是一种"推理的工具"，而且也可以是"错误和欺骗的危险源。所有的东西都取决于词语和词语的组合符合印象世界的程度"（"Address Broadcast" 2007，448–449）。如果可能的话，科学家会从数学上来表达这些一致性也就不奇怪了。如果我们知道 E 代表能量，m 代表质量，以及 c 是真空中光的速度，那么 $E=mc^2$ 的意义就暗示着：能量等于质量乘以光速的平方。

文学评论家肯尼斯·伯克（Kenneth Burke）提出的"语言为我们做了我们的思考"的观点也适用于科学传播。把一种肿瘤称为"包膜滤泡型甲状腺乳头状癌（非侵入性EFVPTC）"会增加积极性治疗的可能性，而称其为"乳头样核特征的非浸润性滤泡型甲状腺肿瘤（NIFTP）"则不会——2016 年春季，一个国际医生小组建议把这种叫法从前者变为后者（Nikiforov 等，2016）："当前被诊断为非浸润性包裹性滤泡型甲状腺乳头状癌的甲状腺肿瘤产生不良后果的风险非常低，并且甲状腺肿瘤应该称为乳头样核特征的非浸润性滤泡型甲状腺肿瘤。"他们认为，"这种重新分类会影响全球很多患者，并且会让与癌症诊断相关的心理结果和临床结果显著下降。"

就像我将用两个案例来阐述一样，满足这种精确说明的标准会指导产生新的词语。第一个案例是来自生物科学的"朊病毒"，第二个案例是来自物理学的"时空"。为了引起人们对其研究发现的关注，即被感染的蛋白质会在动物身上引发像牛海绵状脑病这样的神经退行性疾病以及在人类中出现变异型克雅氏病，神经科学家斯坦利·B. 布鲁希纳（Stanley B.Prusiner，1982）在合并了"蛋白质"和"传染性的"这两个词的基础上创造了"朊病毒"这个术语。这个新的术语精确地流露出蛋白质是导致感染的主要原因。"朊病毒"这个词实际上颠覆了瘙痒病（在羊身上发现的一种退行性疾病）是由病毒引起并且会给作为病原体的病毒、细菌、真菌和寄生虫增加蛋白质这一观念。

对这种传染性微粒的确认预示着：布鲁希纳注意到的"我们对生物界的理解的一种颠覆性过渡"。朊病毒"会复制和传染但并不含有任何遗传物质——DNA 或 RNA"（Prusiner，2014，x）。这位诺贝尔奖得主对这种有意识的命名行为所进行的解释展示了两方面的作用：他试图切断羊痒症和病毒之间的关联，并且清除"病毒"这个词语对这个工作领域中开展实验的那些人的影响。"'我只是认为在它不是病毒时还继续称它为病毒真的是适得其反'，布鲁希纳对《卫报》说。'如果你称之为病毒并且在某种程度上认为如此，那么你就错失了下一组实验了'"（Corbyn，2014）。就像在副标题中表明的那样，布鲁希纳发现的是一种疾病的新的生物学原理。而那种分裂就要求与之相适宜的语言也要被分裂。

如出一辙的是，屡获殊荣的科学作家克尔（K.C.Cole，2001）认为，"爱因斯坦能够精确地变革物理学，是因为他可以随心所欲地使用那些别人从它们狭隘的界定中按照字面意义加以阐释的词语——尤其是空间、时间和速度。"在"空间"和"时间"这两个词语把那些现象视为离散的、固定的、永恒的，并且表明它们不论情境如何都会在处处以同样的方式来表现的地方，爱因斯坦将它们视为彼此联系在一起并且是可变的。在他的理论中，光速是一成不变的，并且是具有时空动态的——拉伸、压缩和弯曲。在这种另类构想中，产生了非牛顿式的类比集合以及与之相伴而来的隐喻。在爱因斯坦为我们打开的不断扩张的宇宙中，时空的"结构"在巨大的天体附近会"扭曲"。就像置于一个蹦床之上的岩石会导致蹦床的结构发生弯曲，并因而改变了在蹦床表面上翻滚的大理石的运动，所以像太阳这样的大型天体也会让宇宙的结构发生弯曲，并且在这个过程中会影响像地球这样的其他天体。换句话说，"因为地球会绕着太阳公转，根据广义相对论，它会沿着因太阳的存在而出现的弯曲的时空结构里的一个斜坡转动"（Greene 2014，xi）。接受这个相对性理论就相当于接受在"时空结构"中捕获的这个概念化过程，并且拒斥牛顿的"空间"和"时间"中传达的概念化。

通常科学家之间的学术对话并不产生需要对全体公民予以理解的公共政策启示或者直接启示。我们所知的夸克的始祖可以追溯到詹姆斯·乔伊斯（James Joyce）的《为芬尼根守灵》（*Finnegan's Wake*）里的一句话，"暗物质"实际上并不黑，哈勃常数并不是恒定的，弦理论并不涉及弦，这些事实对于公共协商来说并不会造成很大的差异。公众和决策者是否理解时间不是由一个通用时钟管理的也不重要。但当科学进入政策辩论之中或者被调用来说服公众时，比如通过接种来预防百日咳，科学传播者就必须做出选择，而这些选择是由科学的内容和受众的理解能力及其这样做的兴趣所塑造。由此导致的翻译和适应过程是本书第六部分的焦点。

当科学共同体内部众所周知其意义的技术语言进入公众使用，而这种被选择的语言在公众那里有其他含义时，复杂的情况就会出现。当公众读到美国疾病控制与预防中心宣布麻疹"被消除"时，这个结论表达了"消除"与"根除"之间存在的一种技术上的组内差别，很多人可能听到的并不是这种疾病不再是美国特有的，而是患麻疹的风险消失了，所以注射疫苗的迫切性也就消失了（Jamieson，2015a）。顺着这个思路，当科学家杜撰了"基因修饰生物"（GMO）这个短语，并用它来描述那些基因组或表观遗传组被人为地直接引入的 DNA、RNA 或一种蛋白质而改变的生物体时，这些科学家不经意间就给为基因修饰生物贴标签的政策辩论制造了困惑，因为传统育种和突变也是基因修饰的形式，并且传统育种和突变不是那些提倡贴标签的人所关心的目标对象（Jamieson，2015a）。比如，当美国疾病控制与预防中心使"群体免疫"这个术语常规化了并且把 90% ～ 95% 的阈值作为需要实现社区免遭麻疹感染的免疫目标时，它就把人类类比于家畜，似乎假设盲目的顺从是一项社会美德，并且错误地暗示实现 90% ～ 95% 的总体免疫是保护性的。相反，因为个体不太可能平等地彼此互动，所以 95% 的免疫会使得包括特殊的社区学校和儿科办公室在内的"飞地"的"群体免疫"比率非常低。相比之下，"社区免疫"这个更恰当的观念，既给受众授予了身份和机构，又邀请他们仔细审查他们的家庭参与其中的社区的免疫水平。与"人群免疫"不同的是，"社区免疫"会引起人们对未接种疫苗的个体群体的担忧。

理解受众在创建意义的过程中充当同谋的方式需要剖析不同受众明白了词语的意思这一假设，因为他们会引出意料之外的政策后果。世界卫生组织得到了这个惨痛的教训。最后，在 2009 年 4 月它宣布"猪流感"此后将被称为"甲型流感（H1N1）。"因为两方面的原因，这种变化在科学上是更加精确的。首先，猪流感病毒并不是唯一一种牵涉之中的病毒。相反这种大规模流感是含有来源于四种不同渠道的病毒基因的"四重基因重组病毒"：北美洲猪流感病毒、北美洲禽流感病毒、一种人流感病毒和来自亚洲和欧洲的猪流感病毒（美国疾病控制和预防中心，2010）。但是更重要的是这样一种事实，即没有证据表明 H1N1 会通过食用当地煮熟的猪肉传播。因为"猪流感"传达了恰好相反的信息，"流感的名称导致几个国家禁止从这种流感首次暴发的地点——墨西哥和美国——进口猪肉，并且埃及当局下令对猪进行了屠杀"（Lynn，2009）。

科学家描写一个概念所用的语言也会对随之而来的辩论所用的术语产生影响。比如，"气候变化"就比"全球变暖"能够引发出一种不同的理解和不同的反应（Schuldt 等，2011）。当诺贝尔物理学奖得主、物理学家利昂·莱德曼（Leon Laderman）轻松地将更广为人知的希格斯玻色子这个基本粒子描述为"上帝粒子"时，他无意地模糊了美国国家科学院的《科学、进化和神创论》（*Science，Evolution，and Creationism*）报告中提出的区别，并且导致一车"宗教原教旨主义人士"在开放日期间出现在费米实验室。其中一人问到，"那么，上帝粒子到底是如何创造这个世界的？我翻遍《创世纪》也没有看到它"（Lederman 和 Hill，2013）。

需要注意那个问题同国家科学院报告的论点——科学和宗教"以不同的方式解决人类存在的方方面面"以及"因为他们不是自然的一部分，超自然实体不能用科学来进行调查"——之间的张力（美国国家科学院医学研究所，2008）。在让一个麻省理工学院的物理学家去确定在理解希格斯玻色子时人们需要的最重要的东西是什么时，他的回答非常直截了当就不足为奇了："这和上帝没有任何关系"（Cole，2004）。以《上帝粒子》（*The God Particle*）作为他第一本书的名字，莱德曼试图通过将他后续的作品称为《超越上帝粒子》（*Beyond the God Particle*）来对早期的行动进行重新建构。一个科学传播领域的学者会通过引述这个文献来揭示为什么这种重新建构会失败（见本书第三十六章）。

结　论

政治传播会有选择地使用证据、明确的断言，并且有意的模糊性是其惯用手段。与政治传播不同的是，科学独特的规范和实施的结构需要的传播形式是，考虑可用的有关证据、具体说明附加于一项主张之上的确定性的层次，以及精确地说明被分析或汇报的现象。就像本章所认为的那样，如果科学因为不仅接受了而且被看到接受了科学的规范而让它获得了公众支持的话，那么深陷于政治传播的标志物之中的科学传播不仅在长期来看是事与愿违的，而且能侵蚀科学知识监护人的能力，比如侵蚀国家科学院、工程院和医学院（NASEM）开展辩论的能力。

科学传播者还需要找到一些方式去解释科学习俗化了的修辞形式，这种形式预示着广泛的科学共识并且旨在对这种共识进行证明的。这包括由像美国国家科学院这样的学术机构做出的共识声明以及由坎贝尔（Campbell）和科克伦（Cochran）合作开展的元分析。两种形式都强化了这种知识并且说明了附属于具体结论的自信水平。在每个案例中，他们都披露了各自的研究方法。

科学所面临的挑战包括确保科学符合其规范，以及知识的监护人要值得信任。另外一个挑战包括找到途径来传播为何科学的认知方式是可靠的。我们还需要找到一些方式来确保对科学进行传播的语言是容易理解且精确的，并且对科学发现进行描述的框架可以降低腐蚀性启发法和欺骗性框架的影响。只有通过与科学的规范相一致的方式来对科学进行传播，科学传播者才能够实现这些有价值的目标。

参考文献

Address broadcast to the meeting of the British Association for the Advancement of Science, September 28, 1941. (2007). In: Stephen Hawking, ed., *A Stubbornly Persistent Illusion: The Essential Scientific Works of Albert Einstein*. Philadelphia: Running Press, 448–449.

Alberts, B., R. J. Cicerone, S. E. Fienberg, A. Kamb, M. McNutt, R. M. Nerem, R. Schekman, et al. (2015). Self-correction in science at work. *Science*, 348(6242), 1420–1422.

Bull, Peter. (2008). "Slipperiness, evasion, and ambiguity": equivocation and facework in noncommittal political discourse. *Journal of Language and Social Psychology*, 27(4).

Burkeman, Oliver. (n.d.). Memo exposes bush's new green strategy. *The Guardian*. http://www.theguardian.com/environment/2003/mar/04/usnews.climatechange.

Centers for Disease Control and Prevention. (2010). The 2009 H1N1 pandemic: summary highlights, April 2009–April 2010. http://www.cdc.gov/h1n1flu/cdcresponse.htm.

Cole, K. C. (2001). Moving beyond the boundaries of a literal meaning. *Los Angeles Times*, May 14. http://articles.latimes.com/2001/may/14/news/mn-63298.

Cole, K. C. (2004). *Mind over matter: conversations with the cosmos*. New York: Houghton Mifflin

Harcourt.

Corbyn, Zoe. (2014). Stanley Prusiner: "A Nobel Prize Doesn't Wipe the Skepticism Away." *The Guardian*, May 24. https://www.theguardian.com/science/2014/may/25/stanleyprusiner−neurologist−nobel−doesnt−wipe−scepticism−away.

Downey, R. Keith. (2003). Environmental effects of transgenic plants: the scope and adequacy of regulation. *Crop Science*, 43(1), 72−75. https://www.nap.edu/read/10258/chapter/1.

Feynman, Richard P. (2010). *Surely you're joking, Mr. Feynman! Adventures of a curious character*. New York: W. W. Norton.

Fischhoff, Baruch, and Dietram A. Scheufele. (2013). The science of science communication. *Proceedings of the National Academy of Sciences*, 110(Suppl.3), 14031−14032.

Greene, Brian. (2014). Introduction. In: Albert Einstein, *The meaning of relativity: including the relativistic theory of the nonsymmetric field*. Princeton, NJ: Princeton University Press.

Hansen Jesse, Laura C., and John J. Obrycki. (2000). Field deposition of Bt transgenic corn pollen: lethal effects on the Monarch butterfly. *Oecologia*, 125(2), 241−248.

Hawking, Stephen. (1988). *A brief history of time*. New York: Bantam.

Intergovernmental Panel on Climate Change. (2007). Projections of future changes in climate. https://www.ipcc.ch/publications_and_data/ar4/wg1/en/spmsspm−projections−of.html.

Irwin, Alan I., and Brian Wynne. (2003). *Misunderstanding science? The public reconstruction of science and technology.* New York: Cambridge University Press.

Jamieson, Kathleen Hall. (2015a). Communicating the value and values of science. *Issues in Science and Technology*, 32(1), 14.

Jamieson, Kathleen Hall. (1988). Eloquence in an electronic age: the transformation of political speechmaking. Oxford: Oxford University Press.

Jamieson, Kathleen Hall. (2015b). Implications of the demise of "fact" in political discourse 1. *Proceedings of the American Philosophical Society*, 159(1), 66−84.

Jamieson, Kathleen Hall, and Bruce W. Hardy. (2014). Leveraging scientific credibility about arctic sea ice trends in a polarized political environment. *Proceedings of the National Academy of Sciences*, 111(Suppl. 4), 13598−13605.

Kahan, Dan M. (2015). What is the "science of science communication"? *Journal of Science Communication*, 14(3), 1−10.

Kaplan, J. Kim. (2002). Bt Corn not a threat to Monarchs. *Agricultural Research*, 50(2), 16−18. https://agresearchmag.ars.usda.gov/AR/archive/2002/Feb/corn0202.pdf.

Krauthammer, Charles. (2015). Gluten−free is the latest silly food fad. *The Fresno Bee*, December 24. http://www.fresnobee.com/opinion/opn−columns−blogs/article51536455.html.

Lederman, Leon M., and Christopher T. Hill. (2013). *Beyond the God particle*. New York: Prometheus Books.

Leiserowitz, A. A., E. W. Maibach, C. Roser-Renouf, N. Smith, and E. Dawson. (2013). Climate gate, public opinion, and the loss of trust. *American Behavioral Scientist*, 57(6), 818–837.

Losey, John E., Linda S. Rayor, and Maureen E. Carter. (1999). Transgenic pollen harms Monarch larvae. *Nature*, 399(6733), 214.

Lynn, Jonathan. (2009). WHO changes flu virus strain name from swine flu. Reuters, April 30. http://www.reuters.com/article/+++us-flu-who-name-idUSTRE53T5S220090430.

Mendelsohn, Mike, John Kough, Zigfridais Vaituzis, and Keith Matthews. (2003). Are Bt crops safe? *Nature Biotechnology*, 21(9), 1003–1009. http://www.epa.gov/sites/production/files/2015-08/documents/are_bt_crops_safe.pdf.

Misson. (n.d.). National. Academy of Sciences. http://nasonline.org/about-nas/mission.

National Academy of Sciences Institute of Medicine. (2008). Science, Evolution and Creationism. Washington, DC: National Academy of Sciences. https://www.nap.edu/read/11876/chapter/1#iii.

National Academy of Sciences, Working Group on Teaching Evolution. (1998). *Teaching about evolution and the nature of science*. Washington, DC: Joseph Henry Press, 1998. https://www.nap.edu/read/5787/chapter/1.

Nikiforov, Y. E., R. R. Seethal. , G. Tallini, Z. W. Baloch, F. Basolo, L. D. Thompson, et al. (2016). Nomenclature revision for encapsulated follicular variant of papillary thyroid carcinoma: a paradigm shift to reduce overtreatment of indolent tumors. *JAMA Oncology*, 2(8), 1023–1029. doi:10.1001/jamaoncol.2016.0386.

Nosek, Brian A., G. Alter, G. C. Banks, D. Borsboom, S. D. Bowman, S. J. Breckler, S. Buck, et al. (2015). Promoting an open research culture. *Science*, 348(6242), 1422–1425.

Page, Benjamin I. (1978). Choices and echoes in presidential elections: rational man and electoral democracy. Chicago: University of Chicago Press.

Prusiner, Stanley B. (1982). Novel proteinaceous infectious particles cause scrapie. *Science*, 216(4542), 136–144.

Prusiner, Stanley B. (2014). Madness and memory: the discovery of prions—a new biological principle of disease. New Haven, CT: Yal. University Press.

Scheufele, Dietram A. (2014). Science communication as political communication. *Proceedings of the National Academy of Sciences*, 111(Suppl. 4), 13585–13592.

Schuldt, Jonathon P., Sara H. Konrath, and Norbert Schwarz. (2011). "Global warming" or "climate change"? Whether the planet is warming depends on question wording. *Public Opinion Quarterly*, 75(1), 115–124.

Sextus Empiricus. (1985). *Outlines of Pyrrhonism* I, 6, trans. Sanford Etheridge. In: Phillip Hallie, ed., *Sextus Empiricus: Selections from the Major Writings on Scepticism, Man, and God.* Indianapolis: Hackett.

Tammy Kitzmiller, et al. v. Dover Area School District, et al. (2005). 400 F. Supp. 2d 707, Docket No. 4cv2688.

Wittgenstein, Ludwig. (1969). *On certainty*. Edited by Gertrude Elizabeth Margaret Anscombe and Georg Henrik Wright. Oxford: Blackwell, Vol. 174, 509.

Wynne, Brian. (1989). Sheep farming after Chernobyl: a case study in communicating scientific information. *Environment: Science and Policy for Sustainable Development*, 31(2), 10–39.

Zahariadis, Nikolaos. (2003). Ambiguity and choice in public policy: political decision making in modern democracies. Washington, DC: Georgetown University Press.

第二章
科学传播的科学概述

希瑟·埃金　迪特姆·A.舍费尔

摘要： 本章综合了科学传播这个领域所产生的主要结果，包括确立更高水平的公共知识并不必然会提高对公众科学的支持程度以及公众对科学的兴趣。这些结果描述了对科学的信任在我们的社会和政治环境中是如何纠缠在一起的，如何被大众媒体的描述所影响，又如何被人与人之间的影响以及文化影响所混淆。本章讨论了在当代科学问题的情境下科学传播的现状。它还建议未来的研究开发和测试能够中和偏差处理的信息结构，并且还揭示出激励受众对科学问题做出精确而非失真的判断的方式。

关键词： 大众媒体；公共参与；知识缺失模型的错误认识；政治化的科学；受众；动机性推理；科学传播

由于个人的日常决策信赖于科学发现提供的信息，学者和其他利益相关者都意识到有效的公众科学传播具有影响——无论是个人行为，投票倾向，还是更广义上的公众认知。科学传播的科学是这样一个研究领域，它旨在对科学家和其他人如何传递科学信息，公众如何接收和阐释科学信息以及这种动力机制的社会和政治层面进行系统的评估。

在早期，对这个领域进行探究的学者依附于（至少在暗中认同）这样一种观点，即科学传播的首要目标是提高非专业受众的科学素养水平。实验科学家广为接受这种通常被称为"缺失模型"的观点，并且把科学传播视为扩散科学知识和科学发现的一种单向过程（Batt，2008）。如我们在本章中详述的那样，知识缺失模型在让公众参与科学的过往努力中发挥了巨大的影响，尽管实际上这种努力的成功率很低。

自此以后，科学传播这个领域几经演化，它纳入了很多经验研究，不仅包括单向的（从媒体或其他传播者到公众）科学信息流动，也包括双向的对话（向科学和政策共同体公开转播对科学和技术的见解及反应）和最终多向的（涉及公众、传播者、科学家、决策者和其他人）对话。把公民（以及其他人）对风险、伦理启示以及价值的看法纳入科学和技术发展之中这一做法迅速地获得了一席之地，成了有效的科学传播模型中一个必要因素，在详述早期的模型之后我们会对这个问题进行叙述。除为传播带来了额外的渠道和方向之外，最近的科学传播模型不仅考察了科学的（*of*）传播，而且考察了对（*about*）科学进行的传播，以及由其应用所引发的伦理、社会或政治问题。

缺失模型通常做出的一个假设是，公众反对科学或者缺乏对科学的支持可以归因于公众对该主题的知识的短缺。与这些假设一致的是，对科学进行有效的传播主要通过有经验的科学传播者来传播扩散精心设计的信息，这些传播者可以是记者或者科学家自己，其目标是使公众更有科学素养，以及让公众更支持科学事业（Scheufele，2013；Nisbet 和 Scheufele，2009）。

然而，知识缺失模型并未得到一致的实证支持。虽然有些研究表明对某个话题更博学的那些人持有与科学共识相一致的看法，但是另一些研究发现，公众的科学素养对于其观点的极端化程度要么没有影响，要么会使他们更深入地理解问题（Nyhan 等，2014；Kahan 等，2012）。有关公众对科学的态度表明，不仅公众对科学话题的看法是复杂的，而且他们的观点往往需要具体问题具体分析，观点取决于个人对科学的参与程度，并且受到像个人的价值观和倾向这样存在已久的遵从科学权威的驱动（Allum 等，2008；Broassard 和 Nisbet，2007）。

就公众的科学知识和公众对科学的好感的关系开展的实证研究发现了混杂的结果，这促使政治领袖和科学领袖通过在公众、科学共同体和其他相关的利益相关者之间开放互动的通道来获取有关公民态度和意向的看法。2003 年，时任美国科促会荣誉首席执行官的艾伦·莱什纳（Alan Leshner）概述了这种让公众更广泛地参与科学的呼吁背后的假设，他认为：

我们需要让公众对科学和技术及其产品进行更开放且更诚实的双向对话，不仅讨论它们的益处，还讨论它们的限制、风险和缺陷。我们需要尊重公众的视角和关切，即便我们不能完全共享它们，并且我们需要发展一种可以对公众有所回应的伙伴关系（Leshner，2003，977）

实际上，公众参与可以有不同的形式，对不同形态的优点和缺点进行讨论已经超出了本章的范畴（这方面的概述，参考 Scheufele，2011a；National Research Council，2008；Rowe 和 Frewer，2005）。像公共听证会、科学咖啡馆、共识会议或公民科学家倡议这样的机会可以形成并促进有关科学和技术发展的伦理、法律和社会启示的对话。在这样的论坛上，参与者可以分享专家们可能没听过或者没考虑过的见解，或者分享对那些没有把公众的看法视为更大福祉的科学应用的担心。

促使公众参与科学和针对科学的推广活动的部分动机是希望预测公众对潜在的有争议的技术的反应，以及"避免不正当地抑制创新、污名化新技术或者制造贸易壁垒"（Holdren 等，2011，1）。研究还表明"在透明地融入多元视角的过程中"（Posner 等，2016，1760）同决策者和利益相关者进行有意义的结合可以增加公众对围绕着新兴技术的管理决策或政策决策合法性的认知（Holdren 等，2011；Petts，2008）。

虽然公众参与科学在某些方面解决了与具有单向特征的知识缺失模型相关的问题，但是它也带来了一些局限性。问题的第一个方面就是公众参与活动不太可能把那些反映更广泛人群意见的多元参与者吸引过来，而是吸引了那些已经对这些问题产生兴趣并且拥有自己独特视角的人（Scheufele，2011b）。公众参与活动所带来的问题的第二个方面就是这种参与往往难以量化（Merkle，1996），并且也不能完美地表征公众通常是如何了解或者传播科学问题的。换句话说，虽然科学参与活动是推动公众参与科学的有价值工具，尤其当新技术首次出现在公共议程之中时，但在解决现实世界中往往围绕着科学进行传播的通常富有争议且政治化的辩论时，它们的能力是有限的（Scheufele，2014）。

科学传播的社会和政治情境

纳入公众参与的策略有助于实现科学传播上更为现实的双向模式。然而，在现代民主社会中，对科学议题的公众传播在根本上受到社会和政治环境的影响（见表 2.1 中对缺失模型、参与模型以及社会和政治情境下科学传播的模型的比较）。

表 2.1　科学传播模型的演化

	知识缺失模型	对话和参与模型	情境模型
行动者	科学家	科学家和参与的公众	各种各样的利益相关者
方向	科学的传播	对科学进行传播	可能或不可能涉及科学的政治辩论
内容	稳定的科学	科学，包括它的"风险和缺陷"	科学，以及通常没有科学答案的关于伦理、监管和政治辩论的问题

这些演化了的传播模型为尽力解决对科学传播如何在更大的社会和政治情境下逐渐展开提供实证见解这个需求提出了新的挑战。两种情境化因素会让这种努力变得复杂：①有关科学信息的媒体和信息环境的快速变迁；②现代科学日益增加的复杂性以及新技术或新技术的应用进入市场的速度。

被介导的科学传播

在网络媒体出现以前，公众获取的绝大多数有关科学话题和进展的信息主要来自大众媒体，尤其是电视和报纸（Nisbet 等，2002）。通过新闻周期中对报道进行选取、框架设置以及维持的方式来为广大受众呈现一个特定的议程（Eveland 和 Cooper，2013），大众媒体发挥了重要的把关人的角色。分配给科学议题的时间或空间以及科学议题相较于其他议题的显要程度还对科学议题的相对重要性给受众提供了线索。

以媒介效果文献为基础的科学传播，旨在以经验证明大众媒体提供的内容类型如何影响受众。对此提供一种全面的概述已经超出本章的内容范畴了，但是有两种模式尤其值得注意。对涵化（cultivation）的研究考察了娱乐媒体中对科学家的描述如何随着时间的推移而改变（Dudo 等，2011；Gerbner 等，19875；Gerbner 等，1981），以及这些描述如何影响或者"涵化"了普通公众对科学和科学家的认知（Dudo 等，2011；Nisbet 等，2002；Gerbner，1987）。有关框架的研究已经证明，对科学议题不同的描述或叙述如何影响受众评估科学议题，或者围绕着科学议题的政策选择的方式（Scheufele，1999；见本书第三十七章）。框架研究通常遵从两个相关的传统（Cacciatore 等，2016）。强调框架（Emphasis framing）认为，大众媒体把科学议题嵌入了某些人所说的"解释包"之中（Gamson 和 Modigliani，1987），从而有效地决定了受众对这个议题进行定位和阐释的更大情境（政治的、道德的、经济的等）。等效框架（Equivalence Framing）指的是对框架进行的一种更狭隘的界定，它考察了呈现同样科学信息的不同模式（比如，输和赢的概率）会如何影响个体决策和选择（Kahneman，2003）。

包括含有社交和互动特征的在线新闻网站和渠道在内的新媒体格式（如脸书、推特、油管，和其他任何对内容具有点赞或评论功能的渠道）的到来改变了向公众传播扩散新闻的方式（Su 等，2015；Brossard，2013）。实际上，2014 年一大部分美国公众（47%）把互联网作为其获取科学和技术新闻及信息的主要渠道。自 2001 年以来，这个比例就在稳步地增加，当时 9% 的受访者把网络作为他们获取科学新闻的主要来源（美国国家科学委员会，2016）。值得注意的是，新媒体格式通常会（通过分享、点赞、评论等）纳入一种可以决定一个报道的覆盖范围的社会因素，并为读者传递其他人对此如何反应的信号（Anderson 等，2014）。新媒体格局还为公民提供了一些扩展性机会，以让他们通过博客或视频，或者通过撰写与其他已发表内容相关的评论的方式来自己生产内容（Brossard，2013）。

虽然这种被改变了的媒体环境为受众提供了更多的选择，并且新的媒体渠道对于内容提供者来说更容易获取，但是这些新的信息来源（其中很多是广告商支持的，因而对公众免费）也导致了很多传统媒体渠道的经济下滑。经济挑战迫使传统媒体机构重新分配或者淘汰有自己生态位的记者，比如在如何报道科学和技术的复杂性方面受过专业训练的科学记者。科学记者是科学研究的复杂性和启示的阐释者，在缺乏这些人的情况下，受众获取到的科学信息往往是由那些非专家型的通才记者或者公民记者提供的。有些人认为这更多的是把有效地向公众传播科学以及向公众解释他们的研究的责任推给了科学家自己（Cicerone，2006），这既可以是一种挑战，又是一种机遇（Scheufele，2013）。

诸如此类的因素促成了科学与媒体的相互依赖，魏因加特（Weingart）1998 年将其称为科学的"媒介化"。这种相互依赖性在受众越来越依赖媒体来塑造他们对科学的态度以及科学共同体越来越依靠媒体来维持公众支持和投资中得到了体现。然而，媒体机构面临的经济挑战以及对应该在多大程度上期望哪些科学家充当传播者的质疑会让这种相互依赖性变得紧张。比如，大多数科学家在向普通受众传播他们的研究方面都并非受过良好的训练，并且有些科学家并不认为让公众参与到拓展活动中或者对科学进行传播是他们的角色或者责任（Pielke，2007）。

科学发现具有变幻莫测的特性

除了理解对科学信息向公众传播的当代社会和政治背景之外，研究科学传播的科学的学者必须尽力解决有时候充满争议的新兴议题的本质，并且考虑公众要如何接收并阐释它们。让这个过程变得复杂的是这样一种事实，即某些像基因驱动和纳米技术这样的技术会让广大受众进入一个新的领域，并且难以与更熟悉的技术或者传统的学科进行比较（Roco 和 Bainbridge，2003）。

举例来说，通过吸收其他传统上独立的领域（比如生物技术和信息技术），纳米技术这个领域而以飞快的速度向前发展。如此一来，纳米技术成为一个加入了一系列学科的技术类型，有时候被称为 NBIC（纳米技术、生物技术、信息技术和认知科学）汇聚技术。为了学习并共享彼此的进展，这些不同的领域逐渐汇聚起来，因而加速了它们的进程和实施。在 NBIC 的标签下，科学家也根据技术的共通性而对具体的技术进行了分组；例如，适用于各种各样的部门的（工业、医药、环境修复），在最基本的水平上操纵或生产材料的（如原子和分子），进步的速度或者被实施的速度非常快的（Renn 和 Roco，2006）。因为其新颖性和吸收速率，很多 NBIC 技术的潜在应用也带来了一些招致伦理或社会关切的不确定性。因而，对这些话题进行的传播通常集中于社会、伦理和法律启示方面，以及这些技术可以从公众的参与中获得益处（Kurath 和 Gisler，2009）的负责任创新的话语上（Schomberg，2012）。

科学传播的受众层面

我们刚刚概述的科学传播的社会和政治层面，尤其是正在变化的信息格局和很多新出现的科学问题的特征，为我们讨论向广大受众传播扩散复杂且具有争议的科学发现的方式奠定了基础。受众的特征，比如他们的个人价值观、和问题的接近性与熟悉性，或者对倾听科学的准备程度，都会影响他们对科学问题的诠释。在下一部分，我们会对一些在经验方面与科学传播过程有关系的心理、社会、文化和信息的特征进行总结，并且我们这样做的原因是考虑到了这种诠释得以发生的社会和政治情境。虽然这些个体特征中的一些似乎看起来像是形成富有教养且积极参与的公民的挑战，科学传播的科学也对如何抵消或解决这些挑战开展了实证研究，这将在本书第六部分关于克服由人类偏见所带来的挑战的章节中进行探讨。

科学问题固有的复杂性迫使受众（即便是那些比较具有科学素养的人）利用认知捷径或试探法去处理信息（Scheufele，2006）。与其安排所需的大量时间去理解一个复杂科学议题的细节，受众更倾向于收集他们认为所需的最少信息，然后依靠像他们的个人价值观、宗教信仰、政治意识形态或者相关的文本线索这样的试探法来填补理解方面的空白并且做出判断。

个人对特定问题的解释也往往是先前构建的心智模式功能的一部分，或先前的计划和信念（Bruine de Bruin 和 Bostrom，2013）。有些学术研究，尤其是与决策科学领域相关的，表明传播努力应该开始于评估人们知道什么以及什么信息对于后续的选择来说是"素材"，包括对错误理解的矫正（Fischhoff，2013）。从这个角度来说，理解形成决策中采用的认知过程以及个体容易受到特定的试探法和其他偏见的影响的条件是值得的。

对定量数据和数值型数据的诠释是与科学传播的处理过程相关的因素之一（见本书第四十一章）。虽然传播者会与公众共享数值型数据（股票价格、疾病风险或者天气预报），因为他们认为这在决策过程中是有用的，但是同样的数据会根据接受者的不同而导向截然不同的解释和结论（Peters，2012）。近期的研究工作发现，数字读写能力（计算能力）较弱的人往往会比具有较强计算能力的人更能从数据中提取出不同的意思，比如对预期可能性的解释（Dieckmann 等，2009）。但是计算能力更强的人也会利用试探法来解释定量信息以做出更快速的判断。当人们过高地估计伴随一次损失而来的收益时（Kahneman 和 Tversky，1979），或者对由一种趋势的最新数据而推导的论断言过其实时（Jamieson 和 Hardy，2014），在对风险和不确定性的描述中都可以看到这种现象（另见本书第四十二章）。然而，有些研究表明，计算能力较弱的人可能更倾向于依靠这些试探法（见第四十一章），这往往会对定量数据产生具有偏见的解释。

与受众们高效地利用他们的心智来处理新的或者复杂的信息相伴而来的是，个体认知会受到一个人潜在动机的影响，以达到特定的认知结果。驱动这种动机性推理形式的是获得精确结论的期望，或者维持原先持有的信仰的期望（Kunda，1990），或者对精确性与先验信念的确认进行相对结合的期望（Nir，2011）。通过这种方式，一个信息消费者可能会使用优选的试探法，比如宗教信仰或受尊敬的政客所采用的立场来对某个问题做出预期的判断，而非系统地分析科学证据。

值得注意的是，虽然在任何的信息性情境下得出一个精确的结论都应该是规范性的理想，但是把笃信宗教或者意识形态作为参考框架的个体会依赖他们认为是现有的最好证据，即便别人认为这是主观性的。包括那些在大众媒体中传输的信息还有可能暗示受众利用党派性或者其他有偏见的处理策略来评估一个问题。比如，一则新闻报道可能会强调对一个问题在科学方面的政治辩论，从而鼓励受众用他（她）的意识形态来思考这个问题。当接受者在这个问题上鲜有或没有知识时，这种暗示尤其具有影响力（Brossard 和 Nisbet，2007）。换句话说，当对一个问题的知识缺乏认知的"方程式"时，个体更有可能利用主观的推理策略，这会产生更多的偏误判断（Taber 和 Lodge，2006）。

几种价值观和倾向性都能证明，作为指导对科学和技术议题的态度的试探性机制是具有影响力的。其中很多与个体如何看待社会中的科学密切相关。某些更广泛的调查和已建立的启发方法包括对科学家的信任、笃信宗教、政治意识形态，以及对科学权威的遵从。例如，对干细胞研究的支持就同一个人的意识形态、宗教和对科学的遵从相关（Ho 等，2008），并且对科学家的信任同支持纳米技术研究（Ho 等，2010）以及对气候变化存在的确定性（Hmielowski 等，2014）存在关联。在笃信宗教与对纳米技术的道德可接受性的公众认知方面发现了相关性（Scheufele 等，2009）。

另外，虽然这些信仰体系和价值观在对科学的态度进行阐释的过程中发挥了过滤器的功能，但是已经证实的是，一部分因素要比另一部分更有弹性且更顽固。比如，对科学权威的遵从，这是一种对科学的过程及其原理持续的信任，一直与对比如生物技术（Brossard 和 Nisbet，2007）以及纳米技术（Kim 等，2014）这样的新兴科学议题的支持密切相关（Anderson 等，2012）。

虽然对科学权威的遵从以及对科学家的信任是彼此关联的建构，但是（对科学家和其他人的）信任往往更加多变且具有可塑性。比如，社会心理学的研究表明，公众在仅仅利用一点点有关公众人物的信息或者只给他们披露少量信息的情况下，就可以迅速地对事件做出判断（Ambady 等，2000；Carney 等，2007）。因而，公信力或者信心往往受到个体行动或者政治事件（如"气候门"）的左右，这些行动或者事件会让人们对一个权威的可靠性和智慧做出快速的特征判断。因为我们在日常生活中会接触到关于这类事件和意外的报道，所以这些信念会很快地被取代、调整，或者遗忘。因而，相较于对科学的"文化权威"根深蒂固的信心来说，信任往往更加多变且不太稳定（Gauchat，2012；Scheufele，2013）。

科学传播的其他社会和文化层面

就像个体因素和制度性结构（如媒体和政治体系）在决定科学传播的效力和过程中发挥了作用一样，一个群体或者一种文化在中间层面（intermediary level）上的因素也是如此。人类把社会规范（Goldstein 等，2008），与特定组织的隶属关系或者个人身份（Kahan 等，2007）以及一个社会体系的组织架构以及位于那个体系之中的角色（Rayner，1992）作为他们对科学问题或者与科学相关的风险进行阐释的框架。这个领域中的研究工作已经表明，知识在科学相关的态度和行为方面发挥的作用是极小的。

虽然在考虑提升有充分根据的公众科学信念时，这些社会的和认知的偏见似乎会让人感到沮丧，但是有些研究工作表明，通过对社会机制和文化机制施加影响而影响人们的态度是可能做到的。比如，泰洛克（Tetlock，1983）认为，被要求就一种看法向立场未知的某个人做出解释（如不确定其他人的观点是否与自己的观点一致）会鼓励对这个问题进行更复杂的思考，比如对观点的多元性进行思考，并且对这个议题的各个方面建立关联。期望跟立场未知的某个人辩护自己的观点也会减弱参与者共享的观点的极端性（Tetlock，1983）。另外一项最新的研究评估了期望表达自己态度的方式如何与志趣相投、志趣不相投以及志趣未知的人获取信息的方式相关；那些期望与志趣不相投的人开展讨论的人往往倾向于寻求关于这个话题有反面态度的和正面态度的信息，以了解辩论中的不同论点（Xenos 等，2011）。

激励个体对一个议题做出不偏不倚的判断被证明也会抵消政治化的科学信息的消极效果（Bolsen 和 Druckman，2015）。这类研究为鼓励接触多元的观点以及可能培育对复杂议题予以精确理解的动机提供了有前景的策略。这种研究工作并没有开展试图表明来自特定类型的消息或信息的因果效应的实验，而是解释了社会政治情境（即对某一问题的舆论氛围和意见分歧）。把这些因素融入科学传播的科学的研究之中，会在越来越具有政治性的气氛中改善研究发现的普遍性（Scheufele，2013，2014）。

结　论

事实证明，知识缺失模型的错误认知中所嵌入的错误观念特别难以从科学传播之中以及科学共同体之中消除。毕竟，向多元的公众广泛地传播扩散科学信息似乎在直觉上和根本上都是很有价值的。层次逻辑表明，改善科学教育应该有助于推动具有科学素养的公民的产生，同时他们也具备科学探究原则。然而，实证证据并没有表明公众教育努力一定会带来对科学进步的支持或参与。

用信任来替代知识并把它作为对科学问题认知的单一预测指标也有一定诱惑力。很多研究已经表明对科学家或者监管机构的信任与对科学议题的信念显著相关（Hmielowski 等，2014；Brewer 和 Ley，2013；Lang 和 Hallman，2005；Slovic 等，1991）。同时，信任是一种多变的倾向，它对公众有关科学家的动机或者特定情境的当下认知十分敏感（Critchley，2008）。研究表明，遵从科学权威这种相关但在概念上独特的倾向是有关态度的一个更好的指标，并且在表明公众对科学议题的观点方面更具有影响力。实际上，对科学的文化权威的这种信心甚至被证明可以经受住政治意识形态的强大影响（Blank 和 Shaw，2015）。

很多当代科学问题的本质使得理解指导公众看法的倾向性机制越来越重要。现代科学问题，比如本章中描述的纳米、生物、信息和认知（NBIC）技术，可以被描述为"后常规"，因为这些科学议题与水平较高的系统不确定性（比如，无意且影响广泛的后果的可能性）以及较高的（政策）决策风险（如新技术的眼前影响和深远影响）相关。这些因素使得很多当前的科学议题成为需要解决的特别"劣性"问题（如基因编辑、纳米技术、气候变化），部分原因是在对任何给定的独特场景中固有的不确定性进行解释时，需要对它们可能的（高）风险和潜在的（高）收益进行权衡。清晰的解决方案不容易界定，并且极度依赖于不断变化的社会和政策结构以及政治观念（Rittel 和 Webber，1973，160）。在个体、群体和社会层面上，从实证的视角理解围绕着这种劣性问题的科学传播动力机制不是可有可无的。相反，它是产生以最佳可用的科学为基础的公众辩论的必要条件。同时，我们需要创建沟通结构，帮助我们以一种承认围绕着新兴技术的相关政治、伦理和社会考量的方式开展创新。

参考文献

Allum, Nick, Patrick Sturgis, Dimitra Tabourazi, and Ian Brunton-Smith. (2008). Science knowledge and attitudes across cultures: a meta-analysis. *Public Understanding of Science*, 17(1), 35–54. doi:10.1177/0963662506070159.

Ambady, Nalini, Frank J. Bernieri, and Jennifer A. Richeson. (2000). "Toward a histology of social behavior: Judgmental accuracy from thin slices of the behavioral stream." In: Mark P. Zanna, ed., *Advances in experimental social psychology*, Vol. 32. San Diego, CA: Academic Press, 201–271.

Anderson, A. A., D. A. Scheufele, D. Brossard, and E. A. Corley. (2012). The role of media and deference to scientific authority in cultivating trust in sources of information about emerging technologies. *International Journal of Public Opinion Research*, 24(2), 225–237. doi:10.1093/ijpor/edr032.

Anderson, Ashley A., Dominique Brossard, D. A. Scheufele, Michael A. Xenos, and Peter Ladwig. (2014). The "nasty effect:" Online incivility and risk perceptions of emerging technologies. *Journal of Computer-Mediated Communication*, 19(3), 373–387 doi:10.1111/jcc4.12009.

Batt, Carl A. (2008). Thinking small is not easy. *Nature Nanotechnology*, 3(3), 121–122.

Blank, Joshua M., and Daron Shaw. (2015). Does partisanship shape attitudes toward science and public policy? The case for ideology and religion. *ANNALS of the American Academy of Political and Social Science*, 658(1), 18–35. doi:10.1177/0002716214554756.

Bolsen, Toby, and James N. Druckman. (2015). Counteracting the politicization of science. *Journal of Communication*, 65(5), 745–769.

Brewer, Paul R., and Barbara L. Ley. (2013). Whose science do you believe? Explaining trust in sources of scientific information about the environment. *Science Communication*, 35(1), 115–137. doi:10.1177/1075547012441691.

Brossard, Dominique. (2013). New media landscapes and the science information consumer. *Proceedings of the National Academy of Sciences*, 110(Suppl. 3), 14096. doi:10.1073/pnas.1212744110.

Brossard, Dominique, and Matthew C. Nisbet. (2007). Deference to scientific authority among a low information public: Understanding U.S. opinion on agricultural biotechnology. *International Journal of Public Opinion Research*, 19(1), 24–52. doi:10.1093/ijpor/edl003.

Bruine de Bruin, W., and A. Bostrom. (2013). Assessing what to address in science communication. *Proceedings of the National Academy of Sciences*, 110(Suppl. 3), 14062. doi:10.1073/pnas.1212729110.

Cacciatore, Michael A., Dietram A. Scheufele, and Shanto Iyengar. (2016). The end of framing as we know it ... and the future of media effects. *Mass Communication and Society*, 19(1), 7–23. doi:10.1080/1520 5436.2015.1068811.

Carney, Dana R., C. Randall Colvin, and Judith A. Hall. (2007). A thin slice perspective on the accuracy of first impressions. *Journal of Research in Personality*, 41(5), 1054–1072. doi:http://dx.doi.org/10.1016/j.jrp.2007.01.004.

Cicerone, Ralph J. (2006). Celebrating and rethinking science communication. *In Focus*, 6(3), 3.

Critchley, Christine R. (2008). Public opinion and trust in scientists: The role of the research context, and the perceived motivation of stem cell researchers. *Public Understanding of Science*, 17(3), 309–327. doi:10.1177/0963662506070162.

Dieckmann, Nathan F., Paul Slovic, and Ellen M. Peters. (2009). The use of narrative evidence and explicit likelihood by decisionmakers varying in numeracy. *Risk Analysis*, 29(10), 1473–1488. doi:10.1111/j.1539–6924.2009.01279.x.

Dudo, Anthony, Dominique Brossard, James Shanahan, Dietram A. Scheufele, Michael Morgan, and Nancy Signorielli. (2011). Science on television in the 21st century: Recent trends in portrayals and their contributions to public attitudes toward science. *Communication Research*, 48(6), 754–777. doi:10.1177/0093650210384988.

Eveland, W. P., and K. E. Cooper. (2013). An integrated model of communication influence on beliefs. *Proceedings of the National Academy of Sciences*, 110(Suppl. 3), 14088. doi:10.1073/pnas.1212742110.

Fischhoff, B. (2013). The sciences of science communication. *Proceedings of the National Academy of Sciences*, 110(Suppl. 3), 14033. doi:10.1073/pnas.1213273110.

Gamson, W. A., and A. Modigliani. (1987). The changing culture of affirmative action. In: R. G. Braungart and M. M. Braungart, eds., *Research in political sociology*, Greenwich, CT: JAI Press, 137–177.

Gauchat, Gordon. (2012). Politicization of science in the public sphere: A study of public trust in the United States, 1974 to 2010. *American Sociological Review*, 77(2), 167–187. doi:10.1177/0003122412438225.

Gerbner, G. (1987). Science on television—How it affects public conceptions. *Issues in Science and Technology*, 3(3),109–115.

Gerbner, G., L. P. Gross, M. Morgan, and N. Signorielli. (1981). Scientists on the TV screen. *Culture and Society*, 42, 51–54.

Gerbner, G., Gross, L., Morgan, M., & Signorielli, N. (1985). *Science and television*. Unpublished report. University of Pennsylvania. Philadelphia, PA.

Goldstein, Noah J, Robert B Cialdini, and Vladas Griskevicius. (2008). A room with a viewpoint: Using social norms to motivate environmental conservation in hotels. *Journal of Consumer Research*, 35(3), 472–482.

Hmielowski, Jay D., Lauren Feldman, Teresa A. Myers, Anthony Leiserowitz, and Edward Maibach. (2014). An attack on science? Media use, trust in scientists, and perceptions of global warming. *Public Understanding of Science*, 23(7), 866–883. doi:10.1177/0963662513480091.

Ho, Shirley S, Dominique Brossard, and Dietram A Scheufele. (2008). Effects of value predispositions, mass media use, and knowledge on public attitudes toward embryonic stem cell research. *International Journal of Public Opinion Research*, 20(2), 171–192.

Ho, Shirley, Dietram Scheufele, and Elizabeth Corley. (2010). Making sense of policy choices: Understanding the roles of value predispositions, mass media, and cognitive processing in public attitudes toward nanotechnology. *Journal of Nanoparticle Research*, 12(8), 2703–2715. doi:10.1007/s11051–010–0038–8.

Holdren, John P., Cass R. Sunstein, and Islam A. Siddiqui. (2011). Memorandum: Principles for regulation and oversight of emerging technologies. Washington, DC: Office of Science and Technology Policy.

Jamieson, K. H., and B. W. Hardy. (2014). Leveraging scientific credibility about Arctic sea ice trends in a polarized political environment. *Proceedings of the National Academy of Sciences of the United States of America*, 111, 13598–13605. doi:10.1073/pnas.1320868111.

Kahan, Dan M., Donald Braman, John Gastil, Paul Slovic, and C. K. Mertz. (2007). Culture and identity-protective cognition: Explaining the white–male effect in risk perception. *Journal of Empirical Legal Studies*, 4(3), 465–505.

Kahan, D. M., E Peters, M. Wittlin, P. Slovic, L. L. Ouellette, D. Braman, and G. Mandel. (2012). The polarizing impact of science literacy and numeracy on perceived climate change risks. *Nature Climate Change*, 2(10), 732–735. doi:10.1038/NCLIMATE1547.

Kahneman, D. (2003). A perspective on judgment and choice——Mapping bounded rationality. *American Psychologist*, 58(9), 697–720.

Kahneman, D., and A. Tversky. (1979). Prospect theory: An analysis of decision under risk. *Econometrica*, 47(2), 263–292.

Kim, Jiyoun, Sara K. Yeo, Dominique Brossard, D. A. Scheufele, and Michael A. Xenos. (2014). Disentangling the influence of value predispositions and risk/benefit perceptions on support for nanotechnology among the American public. *Risk Analysis*, 34(5), 965–980. doi:10.1111/risa.12141.

Kunda, Ziva. (1990). The case for motivated reasoning. *Psychological Bulletin*, 108(3), 480–498. doi:10.1037/0033–2909.108.3.480.

Kurath, Monika, and Priska Gisler. (2009). Informing, involving or engaging? Science communication, in the ages of atom–, bio–and nanotechnology. *Public Understanding of Science*, 18(5), 559–573. doi:10.1177/0963662509104723.

Lang, J. T., and W. K. Hallman. (2005). Who does the public trust? The case of genetically modified food in the United States. *Risk Analysis*, 25(5), 1241–1252. doi:10.1111/j.1539–6924.2005.00668.x.

Leshner, Alan I. (2003). Public engagement with science. *Science*, 299(5609), 977. doi:10.1126/science.299.5609.977.

Merkle, D. M. (1996). The polls—Review—The National Issues Convention Deliberative Poll. *Public Opinion Quarterly*, 60(4), 588–619.

National Research Council. (2008). *Public participation in environmental assessment and decision making*. Edited by Thomas Dietz and Paul C. Stern. Washington, DC: National Academies Press.

National Science Board. (2016). Science and engineering indicators 2016. http://www.nsf.gov/statistics/seind16/.

Nir, Lilach. (2011). Motivated reasoning and public opinion perception. *Public Opinion Quarterly*, 75(3), 504–532. doi:10.1093/poq/nfq076.

Nisbet, M. C., and D. A. Scheufele. (2009). What's next for science communication? Promising directions and lingering distractions. *American Journal of Botany*, 96(10), 1767–1778.doi:10.3732/ajb.0900041.

Nisbet, M. C., D. A. Scheufele, J. Shanahan, P. Moy, D. Brossard, and B. V. Lewenstein. (2002). Knowledge, reservations, or promise? A media effects model for public perceptions of science and technology. *Communication Research*, 29(5), 584–608.

Nyhan, Brendan, Jason Reifler, Sean Richey, and Gary L. Freed. (2014). Effective messages in vaccine promotion: A randomized trial. *Pediatrics*, 133(4), e835–e842. doi:10.1542/peds.2013–2365.

Peters, Ellen. (2012). Beyond comprehension: The role of numeracy in judgments and decisions. *Current Directions in Psychological Science*, 21(1), 31–35. doi:10.1177/0963721411429960.

Petts, Judith. (2008). Public engagement to build trust: False hopes? *Journal of Risk Research*, 11(6), 821–835. doi:10.1080/13669870701715592.

Pielke, Roger A. (2007). *The honest broker: Making sense of science in policy and politics*. Cambridge, UK: Cambridge University Press.

Posner, Stephen M., Emily McKenzie, and Taylor H. Ricketts. (2016). Policy impacts of ecosystem services knowledge. *Proceedings of the National Academy of Sciences*, 113(7), 1760–1765. doi:10.1073/pnas.1502452113.

Rayner, Steve. (1992). Cultural theory and risk analysis. In: Sheldon Krimsky and Dominic Golding, eds., *Social Theories of Risk*. Westport, CT: Praeger, 83–115.

Renn, O., and M. C. Roco. (2006). Nanotechnology and the need for risk governance. *Journal of Nanoparticle Research*, 8(2), 153. doi:10.1007/s11051–006–9092–7.

Rittel, Horst W. J., and Melvin M. Webber. (1973). Dilemmas in a general theory of planning. *Policy Sciences*, 4, 155–169.

Roco, M. C., and W. S. Bainbridge. (2003). *Converging technologies for improving human performance*. Dordrecht, The Netherlands: Kluwer Academic.

Rowe, G., and L. J. Frewer. (2005). A typology of public engagement mechanisms. *Science Technology & Human Values*, 30(2), 251–290.

Scheufele, D. A. (1999). Framing as a theory of media effects. *Journal of Communication*, 49(1), 103–122.

Scheufele, D. A. (2006). Messages and heuristics: How audiences form attitudes about emerging technologies. In: Jon Turney, ed., *Engaging science: Thoughts, deeds, analysis and action*. London: The Wellcome Trust, 20–25.

Scheufele, D. A. (2011a). Modern citizenship or policy dead end? Evaluating the need for public participation in science policy making, and why public meetings may not be the answer. Paper #R–34, Joan Shorenstein Center on the Press, Politics and Public Policy Research Paper Series, Cambridge, MA.

Scheufele, Dietram A. (2011b). *Modern citizenship or policy dead end? Evaluating the need for public participation in science policy making, and why public meetings may not be the answer*. Joan Shorenstein Center on the Press, Politics and Public Policy Research Paper Series Paper #R–34. Cambridge, MA: Harvard University Press.

Scheufele, D. A. (2013). Communicating science in social settings. *Proceedings of the National Academy of Sciences*, 110(Suppl. 3), 14040–14047. doi:10.1073/pnas.1213275110.

Scheufele, D. A. (2014). Science communication as political communication. *Proceedings of the National Academy of Sciences of the United States of America*, 111(4), 13585–13592.

Scheufele, D. A., Elizabeth A. Corley, Tsung–jen Shih, Kajsa E. Dalrymple, and Shirley S. Ho. (2009). Religious beliefs and public attitudes toward nanotechnology in Europe and the United States. *Nature Nanotechnology*, 4(2), 91. doi:10.1038/nnano.2008.361.

Schomberg, René. (2012). Prospects for technology assessment in a framework of responsible research and innovation. In: Marc Dusseldorp and Richard Beecroft, eds., *Technikfolgen abschätzen lehren: Bildungspotenziale transdisziplinärer Methoden*. Wiesbaden: VS Verlag f r Sozialwissenschaften, 39–61.

Slovic, Paul, James Flynn, and M. Layman. (1991). perceived risk, trust, and the politics of nuclear waste. *Science*, 254(5038), 1603. doi:10.1126/science.254.5038.1603.

Su, Leona Yi–Fan, Heather Akin, Dominique Brossard, Dietram A. Scheufele, and Michael A. Xenos. (2015). Science news consumption patterns and their implications for public understanding of science. *Journalism & Mass Communication Quarterly*, 92(3), 597–616. doi:10.1177/1077699015586415.

Taber, Charles S., and Milton Lodge. (2006). Motivated skepticism in the evaluation of political beliefs.

American Journal of Political Science, 50(3), 755. doi:10.1111/j.1540–5907.2006.00214.x.

Tetlock, Philip E. (1983). Accountability and complexity of thought. *Journal of Personality and Social Psychology*, 45(1), 74–83. doi:10.1037/0022–3514.45.1.74.

Weingart, P. (1998). Science and the media. *Research Policy*, 27(8), 869–879.

Xenos, Michael A., Amy B. Becker, Ashley A. Anderson, Dominique Brossard, and Dietram A. Scheufele. (2011). Stimulating upstream engagement: An experimental study of nanotechnology information seeking. *Social Science Quarterly*, 92(5), 1191–1214. doi:10.1111/j.1540–6237.2011.00814.x.

推荐阅读

Bolsen, Toby, and James N. Druckman. (2015). Counteracting the politicization of science. *Journal of Communication*, 65(5), 745–769. doi:10.1111/jcom.12171.

Brossard, Dominique. (2013). New media landscapes and the science information consumer. *Proceedings of the National Academy of Sciences*, 110(3), 14096. doi:10.1073/pnas.1212744110.

Gerbner, G. (1987). Science on television—How it affects public conceptions. *Issues in Science and Technology*, 3(3), 109–115.

Jamieson, Kathleen Hall. (2015). Communicating the value and values of science. *Issues in Science and Technology*, 32(1).

Kahan, Dan M, Ellen Peters, Maggie Wittlin, Paul Slovic, Lisa Larrimore Ouellette, Donald Braman, and Gregory N. Mandel. (2012). The polarizing impact of science literacy and numeracy on perceived climate change risks. *Nature Climate Change*, 2(10), 732–735. doi:10.1038/NCLIMATE1547.

Nisbet, M. C., D. Brossard, and A. Kroepsch. (2003). Framing science—The stem cell controversy in an age of press/politics. *Harvard International Journal of Press-Politics*, 8(2), 36–70.

Sarewitz, Daniel. (2015). Science can't solve it. *Nature*, 522(7557), 413–414. doi:10.1038/522413a.

Scheufele, Dietram A. (2013). Communicating science in social settings. *Proceedings of the National Academy of Sciences of the United States of America*, 110(3), 14040–14047. doi:10.1073/pnas.1213275110.

Scheufele, Dietram A. (2014). Science communication as political communication. *Proceedings of the National Academy of Sciences of the United States of America*, 111(4), 13585–13592. doi:10.1073/pnas.1317516111.

第三章
普通科学知识及奇特的科学无知探源

丹·卡亨

摘要： 为了生活得更好，或者说仅是为了活下去，每个个体所要利用的科学信息都要比任何人所能理解或者证实的多很多。这一壮举的实现并不是通过在对他们的福祉至关重要的众多形式的科学中获取专业知识，而是通过成为认识科学的专家。有很多案例表明，在决策相关的科学上存在着持续的争议，但是这种争议并非源于公众在理解科学上存在着缺陷；它们既非科学家没有清晰地对科研成果进行传播的结果，也非可以让人信服地归属于蓄意谋划的欺骗，虽然这种行为真的有些背信弃义。相反，这种争议是常规体系收到干扰的结果，这种体系通常能让个体意识到正当的科学，尽管他们没有能力去理解它。如果这种中断发生于它将科学传播作为首要目标时，那么就需要进行先发制人的干扰，并需要对其进行修复所必备的知识。

关键词： 科学传播；科学理解；误传；争议；认知正当的科学

忽视共同特性会产生的风险

令人惊叹的公开冲突要比同决策有关的事实多得多，我们就生活在这样的一个时代之中。地球正在升温吗？如果是的话，那么人类是导致这种现象的原因吗？给学龄女童接种人乳头瘤病毒（HPV）疫苗会让她们对致癌的性传播疾病免疫吗？还是会通过诱骗她们进行没有保护措施的性行为而让她们的健康受到威胁，并因而让她们接触到性病以及出现少女早孕的情况？法律允许公民个人非公开携带枪支是增加了暴力犯罪，还是通过让潜在的受害人进行自卫和更广泛地制止暴力掠夺而降低了暴力犯罪？

这些问题和其他许多事实性问题都受到激烈且持续的政治争论的影响。然而，每一个问题也都是大量实证调查的主题。确实，在每一个问题上都存在着一个由这类最可靠的措施而形成的科学共识——一种由为了决策者、个体和集体的利益而负责聚合以及权衡现存证据的专家小组所颁布的权威声明（美国儿科学会，2012；政府间气候变化专门委员会，2014；美国国家资源委员会，2004）。

对这些事实存在的严重分歧，被认为无疑会给开明的自治政府的前景带来巨大挑战。不能期望拥有不同观点的个人总是认同公共决策的目的。但如果个人不能认同自己面前存在着大量的合理、明确地阐述且广泛地传播的科学证据这一事实的话，又怎能期望民主公民在相互竞争的政策反应所带来的价值权衡中，无需那么深思熟虑就能做出明智的判断？

我把缺乏有效的科学证据来平息与政策相关事实的争议作为科学传播的问题。考察这种事态如何影响不同议题的现有实证研究已经非常多了，并且还在加速扩展。本章的核心主题是，在学术上执迷于这种争议，其本身既抑制了对这个问题根源的科学调查，又阻碍了发现有效的对抗方法。

从狭义的方法论意义上来说，学术上执迷于以科学传播问题为特征的争议涉及选择因变量的一种形式。当一项研究设计用一个样本去测试一种假设时，该样本是以呈现假设的真相这个标准为基础而被收集起来的，或者在任何情况下把可以很好地证伪假设的样本观测值排除出去，就会出现对因变量的选择。

在声称仅仅通过考察一个单一问题（如人类活动导致的气候变化）上的公共舆论而对这个问题的争议进行"解释"的研究中，这是一个实质性的问题。但是，对于声称通过仅仅考察一系列问题（气候变化、枪支管理、核电、HPV疫苗等）来普遍地解释科学传播问题的研究来说，这个问题也并没有变得更小。

一个简单的事实是，真正显示出科学传播问题的问题数量在量级上要比没有但似乎可以展示其问题的问题数量小得多。美国不同的公众在长期接触电力线磁场的危害方面的认识不存在分歧；他们在巴氏杀菌奶上也没有出现两极化；他们在人造甜味剂或者食用色素的致癌效应上也没有产生分裂——如此等等（Kahan，2015b；见图3.1）。只研究全球变暖的公众舆论或者只研究全球变暖加上显著地以科学传播问题为特征的其他问题的研究者永远无法信心满满地认为，他（她）认定的真正左右那些问题的任何影响因素正在左右这些问题，如果他（她）没法证实，在公众汇聚于最佳可用的证据之上（或至少汇聚于某些事情之上）的大量案例中，那些影响因素是缺失的话。

但是不应该仅仅用狭义的、方法论上的术语来理解这种错误——在本质上这是当考虑以科学传播的科学之问题为特征的问题时"忽视了公共特性"。实际上，这是某些更大、更具根本性的事情的一个症状：一种文化（科学传播的科学素养）上的缺失。当研究者和其他人把他们的注意力仅仅局限于以科学传播问题的明显实例为特征的争议时，对科学传播问题的解释似乎是合理的，坦率地说，这些解释反映了对公众了解科学已知知识的普通过程的广泛和长期的误解。反映了这种误解的科学传播形式顶多也是无效的，最差的则是极其适得其反的。

这就是我在本章中的看法。本章其余的内容分为两个部分，一个是努力去阐明当我们调查科学传播问题时，如果我们"忽视共同特性"可能会犯的错误种类；另一个是努力去对这个问题提供一点见解，这在研究人员考察普通科学知识的来源时是可以实现的——也就是说，让公众能够对科学知道什么的许多内容上达成一致意见的影响因素。最后一部分归纳了把普通科学知识和科学传播问题并置对于科学传播的科学这个新兴领域的侧重点意味着什么。

四种错误的开始

公众对政策相关事实的持续分歧之所以如此令人困惑并不是因为对这种现象缺乏解释；相反，而是因为解释太多了。可能对科学传播问题作出解释的似乎合理的机制的数量远远超过可能是正确的数量。把正确的（或者更有可能正确的）与仅仅似乎合理的区分开来是实证研究的主要任务（Watts，2011）。

当我们不犯"忽视共同特性"的错误——或者系统地将我们的经验目光从几乎无限多的案例中转移开时，在科学传播问题上四种似乎合理的解释很快就变得不那么可信了。在这些案例中，我们没有看到公众在与决策相关的科学上发生冲突，但实际上冲突很容易发生。

我把这些错误称为四种"错误的开始"，并且给每一种都贴了一个标签：

1. "公众是非理性的。"

2. "我们需要做的第一件事，就是杀了所有的科学家。"

3. "欢迎来到否认科学的时代。"

4. "公众被操纵了。"

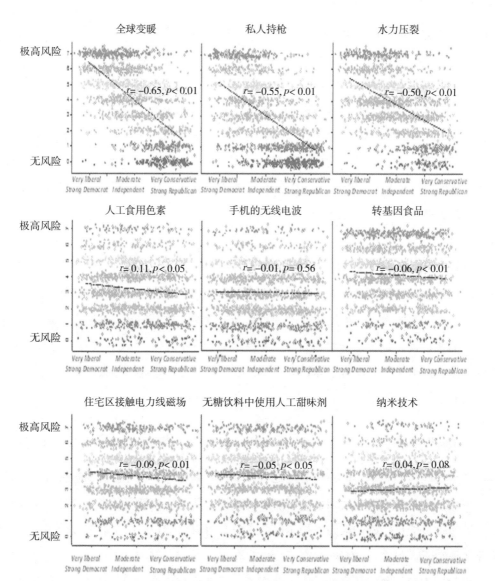

图 3.1　风险，极化与非极化［散点图把风险认知与全国性代表抽样（N=1800）的政治观点关联起来，2014 年 4—5 月］

来源：Kahan（2015b）。

"公众是非理性的"

对科学传播问题看似最合理的也是最普遍的解释是公众理解科学的能力是有限的。我们通常被提醒说，大约有一半的人知道地球一年绕太阳运行一圈，而不是一天（美国国家科学基金会，2016）；不到四分之一的人知道氮气是地球大气层中最常见的气体（Funk 和 Goo，2015）；不到 10% 的人能够理解在评估医学测试结果时一个二乘二列联表是决定真阳性率和假阳性率比值的关键（Kahan，2016a）。所以当科学家试图解释像气候变化或者核能这样复杂的议题时，怎么能期望公众成员去理解科学家说了什么呢？

更重要的是，公众成员不会采用科学家的思维方式。他们依靠快速的、直觉的且情感驱动的信息处理来源排除那些对风险作出恰当判断必不可少的审慎的、有意识的且分析性的来源。因而，他们往往过高地估计充满更多情绪的灾难的严重性（如恐怖袭击），并且精打细算地低估那些影响更深远但更具暂时性或在情感上更远的灾难（如人为引发的气候变化的影响）。他们还更有可能依靠存在缺陷的启发法，比如推崇他们同行的看法，这是一种会引发自我强化的极化状态的推理形式（Marx 等，2007；Sunsstein，2005，2007）。

所以"公众非理性命题"（PIT）是合理的。但如果我们没有忽视共同特性，我们很快就会看到这实际上是一个错误的开始。

留意共同特性让我们观察到的是，如果公众非理性命题是对科学传播问题的解释的话，那么我们希望看到多少科学传播问题的实例。例如，为何公众成员不在政治上分裂，也不会对医疗 X 光感到一致的焦虑。答案不可能是公众成员在核科学上都是专家；大约一半的公众认为（或者错误地猜测）"原子要比电子小很多"（美国国家科学基金会，2016）。同样明显的是，"辐射"通常会让他们感到恶心——用来解释核电广泛传播的恐惧的一种情感反应（Peters 等，2004）。

或者说纳米技术又如何呢？虽然此技术仍进行常规的应用，但是"新兴技术"这个标签对它来说显然不再适合了：过去的十年见证了纳米技术消费品的稳步引进，如今其总量超过 2000 种（Vance 等，2015）。可能有人会想象得到（或担忧），K. 埃里克·德雷克斯勒（K.Eric Drexler）在 1986 年的著作《创造的引擎》（*Engines of Creation*）中普及的"灰色黏质"末日的场景，将为公众风险认知的增加培育出充满感情的沃土。环保激进分子已经在近十年里努力去建立这种恐惧（*Green Goo*：*Nanotechnology Comes Alive*，2003），但并未取得任何成功。而其原因并不是公众被科普了纳米技术方面有效的科学信息；实际上，超过 75% 的美国人（这个比例在过去十年里并没有变动）认为，自己对纳米技术所知甚少，或者一无所知（Liang，2015）。

"难以理解且充满派性的科学家"

一个与公众科学认知相关的错误表达是责备科学家。如果尽管证据清晰，公众成员并未汇聚于某些政策相关事实上，那么原因一定是科学家没能足够清晰地传播这些证据

（Brownell 等，2013）。或者也许科学家说得太清晰了，从事实发现者越界到了在某种意义上损害了其公信力的政策倡导者（Edwards，2013）。又或者使得科学家的公信力有所折中的是，令人难以置信地断言这些事实独一无二地决定了特定政策结果，而科学家本人则隐藏了自己的主张（Fischhoff，2007）。

虽然有人可以就科学家对政策结果表达更大的清晰度（Dean，2009；Olson，2009）或者较少的确定性（Lumpert 等，2013）提出一个引人注目的规范性案例，但是科学家的说话方式是科学传播问题的起因这个想法是明显地不令人信服的（见本书第 2 章）。再次强调，人们所需要做的就是考察那些并未引发持续争议的大量科学议题（科学媒体和公共研究团体，2016）。人们有没有理由相信生物学家在解释巴氏灭菌法上要比气候科学家在解释温室效应上做得更好？前者所用的什么民间传统习语或者比喻修辞在平息政治两极分化上展现了如此显著的效果？还是科学家对人们是否应该喝直接从奶牛乳房中挤出来的牛奶这个问题更加中立？

显然，我在这里依靠的是一连串反问，而不是证据。但没有证据就是我的证据。从来没有人认为有必要构建一个统计模型来测试臭氧空洞的公众接受度和人类导致的气候变化的公众接受度之间的差异，是否与美国国家科学院（National Academy of Sciences）对这些问题的各自报告中表明的清晰性和政策中立性（美国国家研究委员会，1976，1982，2008，2011）存在相关是值得的，或者一方面各州轻易且迅速地把青少年乙肝病毒（HBV）接种疫苗添加到它们强制的入学免疫计划中，同另一方面各州又是如何固执地抵制人乳头瘤病毒疫苗（Kahan，2013），两者之间的差异是否与美国儿科学会（American Academy of Pediatrics，1992，2007）认可的做法的清晰性与政策中立性存在相关是值得的。很可能没有人去这么想，因为显然对于充耳不闻的人来说，这群科学家在这两对社会风险中无异议的两个议题（臭氧空洞、乙肝病毒疫苗）上必须说什么与他们对充满争议的两个议题（气候变化、乳头瘤病毒疫苗）必须说什么同样令人误解且同样固执己见。但是无论这种疏忽的来源是什么，样本中只包含充满争议的案例而遗漏了无异议的案例必然会击败关于科学家自己用词的"晦涩"或"派性"会如何影响科学传播问题的任何有效推论。

"否认科学的时代"

另外一种对"科学传播问题的开始即错误"的解释是把它归因于对科学本身的权威性持续的抵制。伴随着对进化论广为传播的不信任一道而来的是，对全球变化或其他议题的政治冲突被以各种方式描述为公众中一些特定成员的"反科学"情感（Mooney，2012）或一般意义上美国文化中缓慢前行的反科学张力（Frank，2013）的证据。

任何一个设法把目光从科学传播问题上转移开的人，必定会从与这种解释相一致的方面大量地窥探证据。比如，在其两年一度的科工指标（Science Indicators）系列中，美国国家科学基金会（National Science Foundation，2016）纳入了持续地表明对科学的信心以及支持的热情程度的测量措施（图3.2）。在不同政治观点或者宗教虔诚程度的群体之间，认可度并没表现出明显的差异（图3.3）。实际上，支持的水平很高，以至于在任何一定规模的群体之间都不可能存在显著的差异（美国国家研究委员会，2016b）。对于这些敏感性的行为验证，我们所需要做的就是，看看人们当对平淡的（比如摄入药片来预防掉发）以及至关重要的（比如顺从癌症的放射疗法）事情做决策时，在科学中显示出来的无忧无虑的自信。

因为这种证据十分明显，所以同那些认为这个证据无关紧要的人相比，持"否认时代"论题的倡议者不太可能不会看到这种证据。从这一观点来看，对科学已经收集了人类活动导致气候变化或者人类进化的决定性证据的混淆或否定恰恰是科学的文化权威存在缺失的证据。但在那种情况下，一开始作为对科学传播问题的一种解释就具有讽刺意味地变成了一个不受证据影响的教条。完全与科学权威没有关系的一些影响因素有没有可能解释这些汇集的议题特别具有争议的状态？这个问题现在被定义性的命令排除在外了。

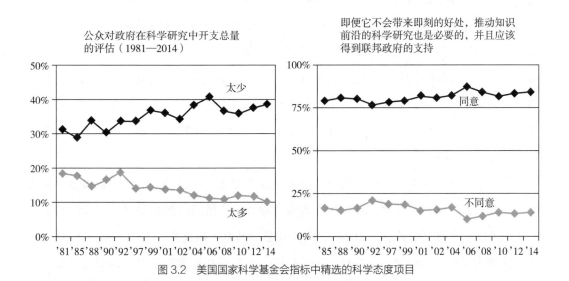

图3.2 美国国家科学基金会指标中精选的科学态度项目

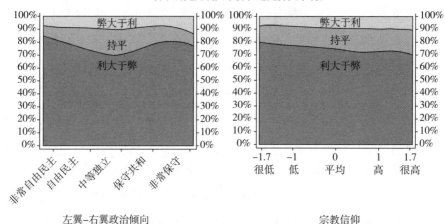

图 3.3　政治倾向和宗教信仰与科学态度的关系。N_s=4653（左翼 – 右翼），4607（宗教信仰）。"左翼 – 右翼"是对 7 分制的自由 – 保守意识形态以及 7 分制的党派认同条目进行聚合形成的政治态度量表（α=0.65）。"宗教信仰"是对自我汇报的虔诚度、祈祷的频率和做礼拜进行聚合形成的标准得分量表（α=0.79）

来源：对综合社会调查（2006，2008，2010，2012）进行的初始分析。

"被操纵了的公众"

　　试图对公众就以科学传播问题为特点的问题进行误导的拥护者是非常多的。但是就其本身而言，并不能认定就是精心策划的错误信息活动导致了这个问题。实际上，声称通过着眼于气候变化或其他具有争议的议题的错误信息发现了因果关系的研究提供了选择因变量的实例。同样，被排除在外的观察是那些不符合与科学传播问题相关的描述的其他科学问题。只有当对缺乏这种争论的相关案例的考察揭示出不存在错误信息的可比较的来源时（除其他事情之外），错误信息导致这个问题持续争论的独特形式的推论才能够得到保证。相反，如果我们发现未受科学传播问题困扰的议题没有摆脱错误信息的祸害，那么我们就有理由提出质疑，在某些议题以这个问题为特征方面，错误信息却能提供一个满意的解释。

　　实际上，试图在未受科学传播问题影响的议题方面去误导公众的党派也很多。大概最引人注目的案例就涉及再三被证明与传统育种方法种植的同类作物一样安全的转基因食物（美国国家研究委员会，2016a）。不必在意给转基因贴标签的支持者花费 2500 万美元仅仅是为了在三个政治自由的州——俄勒冈、华盛顿和加利福尼亚进行公投，加利福尼亚州在一年后也废除了贴标签的倡议，奥巴马总统在该州以 20 个百分点的优势击败了其共和党对手米特·罗姆尼（Mitt Romney）（Tims，2014；Chokshi，2013；Flynn，2012）；这些结果在转基因的反对者徒劳无益地努力激发公众关切的漫长征途中只代表着一小步。同样，不要忘了美国国会如今已经通过了一项联邦法案，这是这些团体激烈斗争的结果，它将先发制人，阻止他们进一步强制要求在包装上贴标签（Bjerga 和 Keane，2016）。经过 20 年持续的鼓吹，反对转基因的群体不仅没能提升在历史上美国围绕着像核电、有毒垃圾处理，以及空气污染和水污染这样的问题上的公众焦虑的水平；而且甚至也没能对转基因食品存在着公众焦虑产生可辨别的理解能力。不到 50% 的公众意识到转基因食品已经出现在了超市的货架上（实际上，那里销售的每种食品的 75% 都是转基因的），并且（难以置信的是）只有 25% 的公众认为他们曾经消费过转基因食品（Hallman 等，2013）。当明确地被提问时，不知所措的调查受访者认为他们宁愿把是否应该以及如何监管转基因食品这个问题简单地留给专业的监管机构，让那些专家以他们认为的合适的方式来处理（McFadden 和 Lusk，2016）。

当然，尽管转基因反对者在散布谣言方面做出了充足的努力（Kloor，2012），支持对转基因食品进行监管的人毫无疑问在误导公民上所用的精力要比赞成对气候变化进行监管的人少很多。更恰当的比较是欧洲转基因食品支持者们付出的努力，那里类似的投入带来了巨大的差异：公众舆论对转基因技术有着很高的焦虑程度，并且把转基因产品排除在消费者市场之外的规章（Sato，2007；Doh 和 Guay，2006；Lynch 和 Vogel，2001）。操纵公共舆论并不像看起来的那样容易——或者至少不像人们推测的那样容易，即如果人们在只考察以科学传播问题为特色的案例方面犯了错误，就会忽视了其他所有的案例。

没有什么东西在这种解释中以任何方式表明，在以科学传播问题为特色的案例中，误导公众的努力永远都不是无足轻重的。但是明显的是，还有其他影响因素决定了何时错误的信息至关重要，以及有多重要。除非一个人的样本包括了公平地体现不以科学传播问题为特色的议题，否则即使再大的数据采集也无助于找到那些影响因素是什么。

关于普通科学知识的四个论题

截至目前，我已经强调了如果一个人只着眼于科学传播问题的实例，他会有多容易信任对科学传播问题的错误解释。我现在想以这个为支点进行分析，并且就通过研究在更大案例类别中正发生什么可以获得多少见解提供一个掠影，这个更大的类别回避了科学传播问题的争论的独特形式。

不可否认，这种阐述是梗概性的。它同样也只由四个命题组成。它们是与普通科学知识相关的——或者与公众成员就科学知道什么的集体汇聚的正常状态相关：

1. "必须认为个体对决策相关科学的知晓度要比他们自己可能理解或者证实的多。"

2. "个体可靠地意识到决策相关科学而获得对它的见解。"

3. "公众对决策相关科学的冲突是一个识别问题，而非一个理解问题。"

4. "识别问题反映了被污染的科学传播环境。"

即便以这种形式呈现这些论点，我期望它可以有足够的分量表明，给它增加实证的力量（通过让普通科学知识成为科学推测和反驳的焦点）是推动理解以及解决科学传播问题的项目的最佳方式。

"公众所接受的比他们可能理解的要多很多"

英国皇家学会的格言是"不随他人之言"（*Nullius in verba*），翻译过来就是"不要听信任何人的话"。但是字面意义上的翻译肯定会丧失掉部分深层意思——比如，任何可以作为获得科学知识利益的有益指南的借口。如果你没有用力地点头，那么就考虑下面这种可能性。你会在下周发现你患上了内分泌缺陷的疾病，并且这可以得到的有效治疗，不过前提是你接受每日服药的一种方案。你显然会在采用这种疗法之前做充分的调查研究以让自己满意地认为（或者说处于这种情况的任何理性之人都需要让自己满意）这种建议是合理的。

但是你会做什么呢？你会认真地看并评估对你的医生给出的建议有影响的所有研究吗？如果这些研究提到了之前的研究，它们不可避免地会提到，其研究方法在你读的这些论文中无法复制，你也会去看此前的研究吗？如果你读的这些研究提到了你不熟悉的概念或者用到了你当前没有掌握的方法，你会参与专业的培训项目来学习必要的知识和技能吗？一旦你完成检索与阅读，你会重做这些实验吗——所有的实验，不仅仅是论文中报道的对医嘱疗法予以支持的实验，还有那些依赖它们以及被它们所延伸的实验——以便你可以避免在这些研究的结果到底是什么方面避免采信任何人的话？

当然不是。因为到你做完这些事情的时候，你就已经死了。为了活得很好，或者说只是为了生活，个体（包括科学家）必须接受比他们所希望自己能够理解的还要多的决策相关的科学。

科学的认知方式包括信任从观察中理性地获得的推论这一方式。这过去是（现在仍是）以真理为特征的其他认知方式的一种激进选择，这些真理是由一些神秘的渠道揭示给享有特权的少数人的，他们独自享有对这些见解的真实性进行证实的权力。那种体系就是当英国皇家学会的创立者们大胆地构想出"不要听信任何人的话"这个指令时脑海中想到的东西。但是，要想从他们设计的独特而又具有穿透力的知识确定方式中获益，我们必须相信那些通过某种方式获取知识的那些人的话，但同时也要确信不再相信其他人所说的（Shapin，1994）。

"通过可靠地认识决策相关科学而对其获得见解"

但是一个人能多精确地做到科学决策？需要用科学做出重要决策但不能合理地搞清楚科学知道什么的明智且理性的人如何搞清楚谁知道科学知道什么？我们立刻就能把一种可能性排除在外：通过对公认的专家相信什么的正确性进行评估，公众成员搞清楚了谁真正地拥有科学知道什么的知识。为此，公众成员自己就要成为相关知识领域的专家。同样，明显的是他们缺乏那样做的能力和时间。

相反，他们必须成为其他事情方面的专家：认识科学的有效来源。此外，他们以成为认识其他事情的专家的同样方式成为认识科学的有效来源的专家：通过利用线索的聚集，这不仅作为必要且充分的条件，而且作为通过很大程度上无意识的心理过程召唤到心智中的原型表征的要素（如"猫""有利的棋局""冰激凌三明治""专家"），这个心理过程会迅速地把手头的案例同化到通过经历获得的较大的原型清单中。用几个字来说，他们利用模式识别（Margolis，1993）。

这相当于波普尔（Popper，1962b）在回答我们如何知道科学知道了什么这个几乎相同的问题时给出的答案（在一篇其标题就是这个答案的灵感的论文中）。波普尔的目标是感觉经验主义的一种文化比喻，只有人们自己观察到的东西才能被当作"科学知识"。在把这种观点钉在一系列反证法的矛头上之后，波普尔解释说我们知道的大多数事情（比如，知道被科学所知悉）是"通过例子以及通过被告知而学到的"（1962，36）。在评估任何此类信息与把这类信息授予科学知识状况的品质的一致性时，一个人必须依赖"他对人、地点、事情、语言惯例、社会传统等等的知识"（1962b，30）。

当然，批判性推理的力量发挥了作用。我们必须通过"学习如何批评，如何获取和接受批评，如何尊重真理"（Popper，1962b，36）来校准这种认知的才能，巴伦（Baron，1993）和凯尔（Keil，2003，2012，2012）都系统地发展了这种观点。但是由此导致的识别有效科学力量的目标不是使它有效的这些品质：那些太过于"复杂了"，"对于普通人的理解来说太难了"（Baron，1993，193）。相反，这种能力关注的是非正式的、每日社会生活过程中隐含的有效性的能指，这个社会生活过程保证了依靠相关信息来做出重要决策的良好判断（Keil，2010，2012）。波普尔把这些过程的聚合描述为"传统"，他将其称为

"截至目前，我们知识的最重要来源"（1962b，36）。

值得注意的是，虽然波普尔（1962b）在这里指的是普通科学知识向非科学家传播的过程，但是没有理由认为科学家不太需要他们自己有效的科学认知能力或者他们以根本不同的方式来获取或者实践这种知识。确实，有充分的理由相信，除对在生产同样的知识中需要胜任的独特见解和方法进行更加精细的调整以之外（Margolis，1987，1996），它不可能不同于公众成员对有效的科学进行认知的能力（Shapin，1994）。

安德鲁·格尔曼（Andrew Gelman）和凯斯·奥罗克（Keith O'Rourke）（2015，161–162）问到，"在如何分析数据方面，我们如何获得我们的知识？"他们的回答是，通过那种"非正式的启发推理"，这种推理能够让那些沉浸于一系列实践中的人在提出为什么之前就可以看到一个问题的答案的正确性，并且他们通常永远没有办法对为什么给出一个完全有说服力的解释。

"这是一个认知的问题，而非理解的问题"

现在我们可以把所有问题放到一起了。第一个错误的开始，公众非理性命题，将科学传播问题归因为公众理解科学的能力上的不足。在质疑这个立场方面，我注意到在对数据进行分析方面，缺乏对公众的哪些成员在无数其他的风险来源方面知道的很少以及对哪些风险来源没有更好的准备上的争论。第二个命题认为在科学传播问题缺乏的地方，公众成员汇集最佳证据的方式并非是通过理解最佳证据的有效性而是通过承认最佳证据的有效性来实现的。

如果这些主张是正确的，那么我们就该认为科学传播问题会是影响公众认知有效的科学的能力而非他们理解科学的能力的问题。这是一个容易检测的命题。可以对此进行的测试有两个。

首先，人们可以去测试的是，较低程度的科学理解能力是否能够预测在受到科学传播问题所影响的议题上的分歧。答案是不能（美国国家研究委员会，2016b）。实际上，坚信人为原因导致气候变化与个体在有效的"气候科学素养"测试上如何表现这两者之间零相关（Kahan，2015a；见图3.4）。确实，随着个体在计算能力、认知反馈方面变得更加精通以及对精确的风险认知来说至关重要的其他能力的增加，个体的政治极化程度却并没有减弱；相反，这种极化有所增加（Kahan和Peters，2012；Kahan等，2012；Kahan，2013；Kahan，2015a；见图3.5）。

第二个测试考察以科学传播问题为特征的议题与个体对有效之科学的标记的理解之

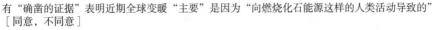

有"确凿的证据"表明近期全球变暖"主要"是因为"向燃烧化石能源这样的人类活动导致的"
［同意，不同意］

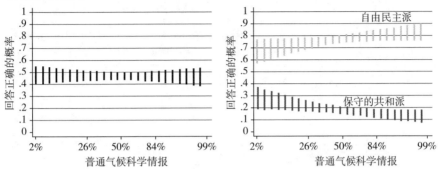

图3.4　相信人类导致气候变化同气候科学素养评估和政治观点之间的关系。N=2000，全国性代表样本。"普通气候科学情报"是一个包括9个题目的气候科学素养测试。根据逻辑回归模型获得了"自由民主派"和"保守的共和派"的得分。彩色条表示95%的置信区间

来源：Kahan（2015a）。

间的关系。这个证据表明，在什么证据被视为有效的以及它表明了什么之间的分歧恰恰说明了与科学传播问题相关的持续争论的原因。

因而，在比如人为导致气候变化、核能、控枪的关键事实上存在分歧的群体成员在这些事实的科学共识是什么方面也存在着明显的分歧。此外，如果我们把美国国家科学院的专家共识报告视为一个标杆，那么在这些互相竞争的文化群体存在争议的议题的运行方面，没有哪个群体能比其他群体更有可能正确地认识到什么是科学共识（Kahan，Jenkins-Smith 和 Braman，2014）。当然，这个结果与第三个错误的开始恰好相反，这个错误认为我们进入了一个"否认科学的时代"，因为它表明在以科学传播问题为特征的任何议题上，没有哪个群体认识到自己要"拒绝"科学观点的重量。然而，这些群体对什么是科学共识正在形成的这种不可靠判断表明，某些东西正在让群体的成员不能就名副其实的专家对这些问题上的看法有关的信息进行正确的评估。

那种影响已经在实验上得到了证实。当对一个资深的科学家进行评估时，在文化认同上持相反意见的个体会让他们对那个科学家的专业知识的评估与这样一种相关的领域相一致，即他（她）是否被描绘成在这个话题的自己群体之内支持或反对占主导地位的立场。换句话说，不应该把某个特定专家的观点作为他（她）对眼前议题的科学观点权重的评估进行调整的理由（人类是否导致了全球变暖，法律允许在公共场所私带武器增加了犯罪还是减少了犯罪，核废料在较深的地质隔离区是否能够被安全地存储），而要利用他们当前的立场来对话题进行研究以决定给任一特定专家的观点赋予多少权重（Kahan等，2011；见图3.6）。

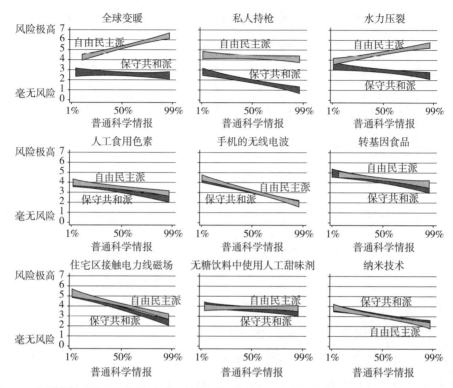

图 3.5　对有选择的风险项目的政治极化日益增加的科学理解所产生的影响。N=2000，全国性代表样本。"普通科学情报"是一个包括 18 个题目的科学素养测试。根据线性回归模型获得了"自由民主派"和"保守共和派"的得分。彩色条表示 95% 的置信区间

来源：Kahan（2015a）。

这个科学家是全球变暖的"专家"吗？

罗伯特·林登
（Robert Linden）

职位：麻省理工学院
气象学教授
教育背景：哈佛大学
博士
会籍：美国气象学会、
美国国家科学院

"高风险"

"如今超出合理的科学争议之外的是，人类活动正在导致全球变暖和其他具有危险的气候变化形式……"

"低风险"

"依据常规的科学标准判断，认为人类的二氧化碳排放（也就是所谓的温室效应）导致全球变暖还为之尚早……"

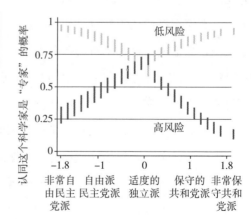

图 3.6　对科学专家认知的偏见。N=1336，全国性代表样本。基于逻辑回归模型。斜率表示认识到在归属立场和话题的政治观点的条件下该科学家是气候科学领域的一个专家的概率。彩色条表示 95% 的置信区间

来源：Kahan 等（2011）。

需要注意的是，为利用科学传播问题，这种风格的论证无需任何人参与到错误的信息之中也是可行的——第四种错误的开始。在这项研究中，没有人会去做误导这个话题的事情；研究对象通过选择性相信或怀疑科学家所相信的与他们群体身份相关的立场一致的模式的证据，来积极地误导自己。

这是一种本质上确认偏差的一种推理方式。当沉溺于实验室之外时，它会导致对我们在世界中观察到的科学共识的持续分歧的模式。此外，这是一种信息处理模式，它会系统地阻止多元的公众成员找到有望帮助他们在自己的认知中对谁知道什么进行聚合的线索。

"被污染的科学传播环境"

公众中的非专家成员通常用来认知有效科学的这种模式识别，使得他们能够获得实质上要比任何人有望能够理解的更多的科学洞察力。然而，我在上一节最后一部分描述的证据表明，这种关键能力是如何被禁用的。最终的"普通科学知识议题"找到了这种失去能力的来源：被污染的科学传播环境。

如上所述，波普尔（1962b）把对科学认知能力的习得与联系归因于沉浸在一系列社会过程和惯例之中。当我提及科学传播环境时，我意指使得用这种方式认知有效的科学成为可能的过程和惯例的全部（Kahan，2015b）。损害或妨碍这些社会规范运行的任何影响因素都会削弱自由，影响理性的公民认知有效的科学，并最终实现其利益。因而，我们可能把任何一种影响因素理解为科学传播环境中的污染的一种形式。

能够产生这种让人失去能力的各种影响因素毫无疑问数量众多且多元，但是我在这里只专注于一种因素，它削弱了科学有效性的一个特别重要的线索。在普通科学知识所有的来源中，截至目前最重要的是，个体与其他人之间的互动，他们共享某种文化承诺或对最佳生活方式有着共同的理解。与科学家进行直接交流更为重要这个建议反映了第一个或者第二个错误的开始，或者二者兼而有之：个体不是没有时间就是没有能力从科学家那里直接地提取信息。其他普通人的话语和行动更容易理解，也更容易得到有意义的解释，他们把决策相关科学的保证作为决策的基础。

确实，这在对此没什么可说与有什么可说上同样保证有效。无论科学家跟普通人如何保证说吃转基因炸玉米片是安全的［包括没有公众成员意识到有一份新的美国国家科学院专家的报告作为支撑（美国国家研究委员会 2016b）］，都不如让他看着他最好的朋友、他的姐夫以及他的办公伙伴毫不犹豫地吃这些东西有效；看到这些正常行为模式在做什么，是避免绝大多数美国公众需要去了解他们吃的炸玉米片含有转基因食品的"警报解除"信号（Hallman 等，2013）。"社会证据"（*Social proof*，Aronson，1999）是向非专家公众对决策相关科学的可靠性进行传播的主导模式。

当然，普通公民不仅仅会与同他们共享重要文化承诺的那些人进行互动。他们与其进行的互动要多于同其他人的互动，原因很简单，他们发现他们的伙伴更加意气相投，并且对形形色色的有利可图的交际更加有益。他们也不太可能浪费时间去与那些人争执，尝试更可靠地去读懂他们，从而对真正了解科学的人和只会装腔作势的人进行区分。对他们来说，有意识地从与他们观点相同的人那里获得指导，并形成潜意识的思维习惯，将这些人作为科学知识的指导来源，是完全理性的（Kahan，2015b）。

不可否认，这个过程是狭隘的，但是总的说来它显然是奏效的。在这个过程中运行的所有主要文化群体储备了大量的高度理解科学的成员，以及对他们知道什么进行传输的完整的社会进程。缺乏这些品质的群体（在有效的决策相关科学上通常误导其成员的群体）不会长久！在没有展示科学传播问题的轮廓这个问题上，在科学能力方面最强的人确实倾向于聚合最佳可用的证据，并且毫无疑问会唤醒他们群体的其他成员（图3.5）。

但是这种体系容易受到一种独特的异常状态的影响——身份保护认知（IPC）。当一个与政策相关的事实卷入对立的社会意义中时，身份保护认知就会发生，这些社会意义将其立场转变为相互竞争的文化群体的身份徽章和对他们的忠诚（Kahan，2010，2012）。在这些情况下，对像人类是否正在让地球变热或者水力压裂法会消耗还是污染饮用水资源这些问题上形成事实上错误的观点的代价实际上基本为零：个体的个人看法和行动不足以深远地影响他们所面临的风险水平，或者可能采纳的对（或简单地无意义甚至是反常的）监管回应的改善。但是鉴于在这些主题上的看法（对或错）已经表明，在相互竞争的文化群体之间的地位斗争中，决定了一个人会站在谁的一边，形成与自己的文化身份相关的错误信仰的个人代价可能非常大（Kahan 等，2017）。

在这种情况下，个体有望利用他们自己的推理来形成并且坚持那些能可靠地证明他们群体身份的观点，不管这些观点在事实上是否是精确的。这个结论与很多观察性的（Gollust，2016；Bolsen 等，2014，2015；Gollust 等，2010）以及实验性的（Kahan 等，2009，2010）研究结果相一致，这些研究把身份保护认知与科学传播问题的典型极化形式关联起来。实际上，享受最高能力水平的个体会最大限度地展示这种动机性推理，完全是因为他们最擅长利用他们的推理能力来确保他们所共享的利益以形成身份表达信念（Kahan，2016a）。

总之，引发身份保护认知的有对立情绪的社会意义，在文化多元社会的科学传播环境中，是一种有毒的污染形式。它们不是通过削弱人们的推理来让个体的科学认知能力变得无效，而是通过招募它，以一种贬低文化地位竞争的形式来推进群体事业。身份保护认知并不会出现那种社会影响因素在科学知道什么的大众认知方面所发挥的作用。相反，它会破坏它们，把自发且日常的社会互动作用，从最佳可用证据的引擎，变成在科学共识到底是什么方面的公众分歧的一种残酷的腐蚀剂。

理解并保护科学传播环境

我给普通科学知识的四个命题再增加一个命题作为本文的结束：

第五个命题是保护科学传播环境免受污染是科学传播的科学的首要目标。

第五个命题将一个分析的顶点置于本章论点的弧线之上。一开始，我就表明"忽视共同特性"（专注于数量相对较少的以政策相关事实的公共争议为特征的案例，并且忽视以聚合为特征的更大数量的案例）不出所料地会对科学传播问题产生让人无法忍受的解释。接下来，我考察了如何关注科学认知的公共趋同性的动态变化，从而产生一个更好的解释：对日常社会发展的破坏，产生了证明决策相关科学（DRS）有效性的线索。旨在管理这些影响因素的一项研究（以中和这种在普通科学知识的来源上施加作用的破坏性的影响因素为目标）在理想状况下被设计成了对这个理论的测试，并且促进人们如何知道科学知道了什么的知识。

但是更根本的是，第五个命题旨在唤起科学传播的科学中所需要的能量和焦点，以完善开明的自治。它给个体的思想自由赋予特权地位，并给科学猜想和辩驳注入了能量，同时在其对真理疯狂的聚合方面移除了官僚式的阻碍。

但恰恰因为这种政体中极度多元的公民不会屈服于对真理进行认证的一个核心权威（不随他人之言），他们就也面临着一个独特的认知挑战。问题不在于缺乏一种真理认证的社会体系；他们有一个，那就是"传统"，没有了传统科学，"知识将变得不可能"（Popper，1962b，36）。但是在多元的自由政体中，认证者的多元性也是必要的——共同体的多元性，受到他们对于善的共有观点的牵制，他们的互动产生了多元的"传统"，沉浸于其中的是，他们的成员用来认知有效的科学推理能力。这些多元的认证共同体之间的冲突，即便非常罕见，在统计学上也是显然会出现的，因为他们成员思想的独立性以及行动的自由会持续地扩大他们有权处理的科学知识储备。身份保护认知给科学传播环境带来的威胁恰恰是使自由民主社会如此适合产生科学知识的条件的固有条件。

但是在科学自由共和国（the Liberal Republic of Science）的宪法中这不是一种"内在

的矛盾"。这只是一个需要解决的问题——用最适合于解决威胁其公民福祉的任何问题的工具：一种赋予人类理性的训练有素的观察和推论科学独特方法的力量。确保公民从那些让他们的生活方式成为可能的知识中充分获益正是科学传播的科学要做的（Kahan 2015b）。

鸣　谢

本文所开展的研究得到了美国国家科学基金会、Grant SES、SES-0922714、SES-06021840、SES 02-42106 以及宾夕法尼亚大学安纳伯格公共政策中心的资助。非常感谢琼·巴伦（Jon Baron）和乔恩·米勒（Jon Miller）对本文初稿提出的引人深思的思考和批评。作者的通信地址为：Dan M. Kahan，Yale Law School，PO Box 208215，New Haven，CT 06520。Email：dan.kahan@yale.edu。

参考文献

American Academy of Pediatrics. (2012). HPV vaccine does not lead to increased sexual activity. http://tinyurl.com/jrjx37o.

American Academy of Pediatrics. (2007). Prevention of human papillomavirus infection: provisional recommendations for immunization of girls and women with quadrivalent human papillomavirus vaccine. *Pediatrics*, 120, 666–668.

American Academy of Pediatrics, Committee on Infectious Diseases. (1992). Universal hepatitis B immunization. *Pediatrics*, 8, 795–800.

Aronson, E. (1999). *The social animal*. New York: Worth.

Baron, J. (1993). Why teach thinking? An essay. *Applied Psychology*, 42, 191–214.

Bjerga, A., and A. G. Keane. (2016). Obama ready to sign foodlabel bill consumer groups dislike. Bloomberg.com, July 31. http://www.bloomberg.com/politics/articles/2016-07-13/obama-ready-to-sign-food-label-bill-consumer-groups-findsuspect.

Bolsen, T., and J. N. Druckman. (2015). Counteracting the Politicization of Science. *Journal of Communication*, 65, 745–769.

Bolsen, T., J. N. Druckman, and F. L. Cook. (2014). The influence of partisan motivated reasoning on public opinion. *Political Behavior*, 36, 235–262.

Brownell, S.E., J. V. Price, and L. Steinman. (2013). Science communication to the general public: Why we need to teach undergraduate and graduate students this skill as part of their formal scientific training. *Journal of Undergraduate Neuroscience Education*, 12, E6.

Chokshi, N. (2013). Big corporate spending pays off in Washington's genetically modified food fight. *The Washington Post*, November 6. https://www.washingtonpost.com/blogs/govbeat/wp/2013/11/06/big-corporate-spending-pays-offin-washingtons-genetically-modified-food-fight/.

Dean, C. (2009). *Am I making myself clear? A scientist's guide to talking to the public* Cambridge, MA: Harvard University Press.

Doh, J. P., and T. R. Guay. (2006). Corporate social responsibility, public policy, and NGO activism in Europe and the United States: An institutional–stakeholder perspective. *Journal of Management Studies*, 43, 47–73.

Drexler, K. E. (1986). *Engines of creation*. New York: Anchor Press/Doubleday.

Edwards, T. (2013). Climate scientists must not advocate particular policies. *The Guardian*, July 31.

Fischhoff, B. (2007). Nonpersuasive communication about matters of greatest urgency: climate change. *Environmental Science & Technology*, 41, 7204–7208.

Flynn, D. (2012). GM food labeling in California goes down in defeat. *Food Safety News*, November 7. http://www.foodsafetynews. com/2012/11/big-setback-for-right-to-knowabout-gm-foods-prop-37-goes-down-in-crushing-defeat/#.V1p5L7srJGr.

Frank, A. (2013). Welcome to the age of denial. *The New York Times*. August 21. http://www.nytimes. com/2013/08/22/opinion/welcome-to-the-age-of-denial.html?_r=0.

Funk, Cary and S. Goo. (2015). *A Look at What the Public Knows and Does Not Know about Science.* Washington, D.C: Pew Research Center.

Gelman, A., and K. O'Rourke. (2015). Convincing evidence. In *roles, trust, and reputation in social media knowledge markets: Theory and methods*, edited by E. Bertino and A. S. Matei, 161–165. Cham: Springer International.

Gollust, S. E., A. F. Dempsey, P. M. Lantz, P. A. Ubel, and E. F. Fowler. (2010). Controversy undermines support for state mandates on the human papillomavirus vaccine. *Health Affair*, 29, 2041–2046.

Gollust, S. E., S. M. LoRusso, R. H. Nagler, and E. F. Fowler. (2016). Understanding the role of the news media in HPV vaccine uptake in the United States: Synthesis and commentary. *Human Vaccines & Immunotherapeutics*, 12(6), 1430–1434.

Green goo: Nanotechnology comes alive. (2003). ETCgroup. org, February. http://www.etcgroup.org/content/green-goonanotechnology-comes-alive.

Hallman, W., C. Cuite, and X. Morin. (2013). Public perceptions of labeling genetically modified foods. Rutgers School of Environmental Science Working Paper 2013–2001. http://humeco.rutgers.edu/documents_PDF/news/GMlabelingperceptions.pdf.

Intergovernmental Panel on Climate Change (2014). Synthesis Report. Contribution of working groups I, II and III to the fifth assessment report of the intergovernmental panel on climate change. Geneva: IPCC.

Kahan, D. M. (2013). A risky science communication environment for vaccines. *Science*, 342, 53–54.

Kahan, D. M. (2015a). Climate–science communication and the measurement problem. *Advances in Political Psychology*, 36, 1–43.

Kahan, D. (2010). Fixing the communications failure. *Nature*, 463, 296–297.

Kahan, D. M. (2013). Ideology, motivated reasoning, and cognitive reflection. *Judgment and Decision Making*, 8, 407–424.

Kahan, D. M. (2016a). "Ordinary science intelligence": A science–comprehension measure for study of risk and science communication, with notes on evolution and climate change. *Journal of Risk Research*. Advance online publication.

Kahan, D. M. (2016b). The Politically Motivated Reasoning Paradigm, Part 1: What Politically Motivated Reasoning Is and How to Measure It. *Emerging Trends in Social and Behavioral Sciences*, Advance publication at http://onlinelibrary.wiley.com/doi/10.1002/9781118900772.etrds0417/abstract.

Kahan, D. M. (2015b). What is the "science of science communication"? *Journal of Science Communication*, 14, 1–12.

Kahan, D. (2012). Why we are poles apart on climate change. *Nature*, 488, 255.

Kahan, D., D. Braman, G. Cohen, J. Gastil, and P. Slovic. (2010). Who fears the HPV vaccine, who doesn't, and why? An experimental study of the mechanisms of cultural cognition. *Law and Human Behavior*, 34, 501–516.

Kahan, D. M., D. Braman, P. Slovic, J. Gastil, and G. Cohen. (2009). Cultural cognition of the risks and benefits of nanotechnology. *Nature Nanotechnology*, 4, 87–91.

Kahan, D. M., H. Jenkins–Smith, and D. Braman. (2011). Cultural cognition of scientific consensus. *Journal of Risk Research*, 14, 147–174.

Kahan, D. M., E. Peters, E. Dawson, and P. Slovic. (2013). Motivated numeracy and enlightened self government. Cultural Cognition Project Working Paper No. 116. https://papers.ssrn.com/sol3/papers.cfm?abstract_id=2319992.

Keil, F. C. (2003). Folkscience: Coarse interpretations of a complex reality. *Trends in Cognitive Sciences*, 7, 368–373.

Keil, F. C. (2012). Running on empty? How folk science gets by with less. *Current Directions in Psychological Science*, 21, 329–334.

Keil, F. C. (2010). The feasibility of folk science. *Cognitive Science*, 34, 826–862.

Kloor, K. (2012). GMO opponents are the climate skeptics of the left. *Slate*, September 26. http://www.slate.com/articles/health_and_science/science/2012/09/are_gmo_foods_safe_opponents_are_skewing_the_science_to_scare_people_.html.

Liang, X. X. (2015). Value predispositions as perceptual filters: Comparing of public attitudes toward nanotechnology in the United States and Singapore. *Public Understanding of Science*, 24, 582–600.

Lempert, R. J., D. G. Groves, and J. R. Fischbach. (2013). *Is it ethical to use a single probability density function?* Santa Monica, CA: RAND Corporation.

McFadden, B. R., and J. L. Lusk. (2016). What consumers don't know about genetically modified food, and how that affects beliefs. *The FASEB Journal*, 30(9), 3091–3096.

Lynch, D., and D. Vogel. (2001). *The regulation of GMOs in Europe and the United States: A case-study of contemporary European regulatory politics*. New York: Council on Foreign Relations.

Margolis, H. (1996). *Dealing with risk: Why the public and the experts disagree on environmental issues*. Chicago: University of Chicago Press.

Margolis, H. (1993). *Paradigms and barriers*. Chicago: University of Chicago Press.

Margolis, H. (1987). *Patterns, thinking, and cognition: a theory of judgment*. Chicago: University of Chicago Press, Chicago.

Marx, S. M., E. U. Weber, B. S. Orlove, A. Leiserowitz, D. H. Krantz, C. Roncoli, and J. Phillips. (2007). Communication and mental processes: Experiential and analytic processing of uncertain climate information. *Global Environmental Change*, 17, 47–58.

Mooney, C. (2012). *The Republican brain: The science of why they deny science—and reality*. Hoboken, NJ: John Wiley.

National Research Council Board on Atmospheric Sciences and Climate. & National Research Council Committee on Stabilization Targets for Atmospheric Greenhouse Gas Concentrations. (2011). *Climate stabilization targets: emissions, concentrations, and impacts over decades to millennia*. Washington, DC: National Academies Press.

National Research Council Committee on Chemistry and Physics of Ozone Depletion. (1982). *Causes and effects of stratospheric ozone reduction, an update: A report* Washington, DC: National Academy Press.

National Research Council Committee on Ecological Impacts of Climate Change. (2008). *Ecological impacts of climate change*. Washington, DC: National Academies Press.

National Research Council Committee on Genetically Engineered Crops. (2016a). *Genetically engineered crops: Experiences and prospects*. Washington, DC: National Academies Press.

National Research Council Committee on Science Literacy and Public Perceptions of Science. (2016b). *Science literacy: Concepts, contexts, and consequences* Washington, DC: National Academies Press.

National Research Council (U.S.). Committee to Improve Research Information and Data on Firearms (2004). Washington, D.C.: National Academies Press.

National Research Council Panel on Atmospheric Chemistry. (1976). *Halocarbons, environmental effects of chlorofluoromethane release*. Washington, DC: National Academy of Sciences.

National Science Foundation. (2016). *Science and engineering indicators 2016*. Washington, DC: National

Science Foundation.

Olson, R. (2009). *Don't be such a scientist: Talking substance in an age of style.* Washington, DC: Island Press.

Peters, E. M., B. Burraston, and C. K. Mertz. (2004). An emotion–based model of risk perception and stigma susceptibility: Cognitive appraisals of emotion, affective reactivity, worldviews, and risk perceptions in the generation of technological stigma. *Risk Analysism*, 24, 1349–1367.

Popper, K. R. (1962a). *Conjectures and refutations: The growth of scientific knowledge.* Oxford: Oxford University Press.

Popper, K. R. (1962b). On the sources of knowledge and of ignorance. In *Conjectures and refutations*, 3–40. Oxford: Oxford University Press.

Popper, K. R. (1945). *The open society and its enemies*. London: Routledge.

Sato, K. (2007). *Meanings of genetically modified food and policy change and persistence: The cases of France, Japan and the United States*. Princeton, NJ: Princeton University Press.

Science, Media, and the Public Research Group. (2016). Exploring public opinion and risk perceptions of food in Wisconsin. Madison: Department of Life Sciences Communication, University of Wisconsin–Madison. http://scimep.wisc.edu/projects/reports/.

Shapin, S. (1994). *A social history of truth: civility and science in seventeenth-century England*. Chicago: University of Chicago Press.

Sunstein, C. R. (2005). *Laws of fear: beyond the precautionary principle*. Cambridge, UK: Cambridge University Press.

Sunstein, C. R. (2007). On the divergent American reactions to terrorism and climate change. *Columbia Law Review*, 107, 503–557.

Tims, D. (2014). Measure 92, GMO–labeling initiative, fails narrowly. *Oregonian*, November 5. http://tinyurl.com/o33zs2c.

Vance, M. E., T. Kuiken, E. P. Vejerano, S. P. McGinnis, M. F. Hochella Jr., D. Rejeski, and M. S. Hull. (2015). Nanotechnology in the real world: Redeveloping the nanomaterial consumer products inventory. *Beilstein Journal of Nanotechnology*, 6, 1769–1780.

Watts, D. J. (2011). *Everything is obvious: Once you know the answer: How common sense fails*. London: Atlantic Books.

第四章
媒体结构的变迁如何影响科学新闻报道

迈克·S.舍费尔

摘要： 很多公民和决策者主要甚至完全从新闻和网络媒体上获取科学相关的信息。因此，社会科学对科学新闻报道的分析给予了广泛的重视。对这些文献的综述揭示了一系列正在持续的重大变迁：与传统媒体危机、网络传播的兴起以及很多社会性的利益相关者对公共关系的扩展相一致的是，科学传播正在发生变化。科学新闻在出版社里面临着压力，科学记者的工作状况也在恶化。尽管此前出现了持续几十年的增加，但是科学新闻报道的总量陷入了停滞，并且似乎不是走向了诸如基因编辑这样政治化的议题更具争议的报道，就是走向了不太具有批判性的"复制粘贴新闻"——公共关系对此的影响要比以前更加强烈。本文考虑了这些变化对科学传播和有关科学传播的社会决策的启示。

关键词： 科学传播；科学新闻；传统媒体；网络传播；社交媒体

现代科学是一项特殊的事业，它利用了其自己专门的传播模式、认知惯例以及术语。它很复杂，并且在很多方面是与社会相脱离的，因而，公民和很多决策者主要甚至全部从新闻媒体，并且越来越多从网络媒体中获取有关科学的信息。这些媒体呈现科学的方式（它们对像干细胞研究、基因编辑、气候建模或者粒子物理这些话题的报道）在将遴选后的科学议题提升至公众议程方面发挥着重要作用，媒体提升着科学的公众形象和可靠性，引导着讨论这些话题的方式，以及影响着它们的合法性和公众支持度（Bucchi 和 Trench，2015；Fischhoff 和 Scheufele，2013）。

因而，社会科学，尤其是对科学进行的传播，在最近几十年里十分重视分析科学的新闻媒体报道，分析这种报道的制度的、社会文化的以及技术的前提条件，以及分析这种报道对不同受众的影响（Schäfer，2012）。截至目前，已经确立的大量科学知识表明，在科学新闻报道及其前提条件方面存在着一种持续的"构造转换"（Scheufele，2013，14042）。本章分三个阶段对这种转换进行了调查。第一部分讨论了媒体系统和受众行为的变化——一般意义上的以及重点关注于科学议题，因为它们与科学新闻报道相关。第二部分描绘了这些变化对科学新闻这个专业以及科学新闻产出——科学新闻报道的影响。最后一部分讨论了这些变化对科学传播的启示以及它们对有关科学传播的社会决策的重要性。

媒体系统以及受众行为方面一般的及科学相关的变化

在很多国家，公众传播的模式目前正在变化之中。对科学新闻报道来说，尤其相关的逻辑前提是这种变化相互交织在一起的三个方面。

首先，很多国家里的传统媒体面临着压力。比如，美国报纸产业在过去的十年里缩水了40%（Dunwoody，2015，29），而美国记者的全职岗位数量和平均工资自1990年以来就一直在下降（Brainard，2009；Weaver等，2007）。"在美国、加拿大和欧洲，传统媒体商业模式（即把销售新闻作为广告和读者订阅的回报）似乎陷入了危机之中"（Bauer等，2013，4）。随着发行量、读者量以及随后而来的广告收益的下降，报纸、新闻杂志、电视和广播新闻正在丧失影响力。这导致了出版社削减员工、压缩工资、降低出版频率，或者转换成只进行网络出版（Bauer和Gregory，2007，46）。

其次，网络媒体和社交媒体的兴起和发展衬托了这种下滑，且与其交织在一起。在万维网建立起来之后，可用的网站数量大幅上升至估计有10亿个，如今全球大约有30亿人访问这些网站。除了这种数量上的增加，网络传播在本质上也发生了变化，走向了互动式的、多对多的传播——用户生产的内容可以进行交换且传者与受者之间的差异变得模糊（比如，面向Web 2.0的应用或者"社交媒体"；Kaplan和Haenlein，2010）。受众正在日益变成积极的参与者，他们不仅能够对新闻内容进行评论、评估、分享和推荐，而且还可以生产和发布他们自己的内容，从小型的博客到像维基百科这样的精心构思的协作式项目（Benkler，2006；Jenkins，2006）。网络媒体和社交媒体的崛起反映在了受众信息搜索模式的变迁之中。虽然新闻媒体，尤其是电视，仍然是很多公民偏好的信息来源，但线上资源正在迅速地弥合这种差距（有关欧洲国家的数据，参见Eurobarometer，2014b；

有关美国的数据，参见 PEW Internet and American Life Project，2014）。这也适用于有关科学的信息：

　　近期研究表明，受众发生了巨大的变迁，他们从把传统新闻（主要是电视和报纸）作为科学信息的主要来源转向了这样一种新闻"食谱"，即把网络渠道作为重要的补充或者完全依赖于网络渠道作为科学信息主要来源。出现这种状况的绝大多数原因在于世代的变迁，尤其是在更年轻的受众中，他们所成长的时代没有印刷报纸或电视所主导的新闻"食谱"，因而更加有可能发展出的新闻使用习惯是，只依靠网络渠道获取科学新闻或者至少用网络渠道作为传统新闻的补充（Scheufele，2013，14041）。

　　这个趋势在美国以及似乎在工业化的亚洲国家尤其显著，相较于其他媒体而言，那里的网络资源已经被更频繁地用来获取有关科学的信息（Brossard，2013；Brossard 和 Scheufele，2013）。对于欧洲国家而言，调查表明网络媒体也正在越来越多地被作为获取有关科学的信息的渠道（BBVA 基金会，2011；Eurobarometer，2014a），但是没有美国那么频繁。

　　虽然在这里难以对原因和结果进行拆解，但是很明显的是，传统媒体的下滑与网络媒体的崛起发生了重合，并且向网络媒体的发展是以牺牲传统新闻媒体为代价的（Scheufele，2013，4042）。与之相一致的是第三种趋势：传统媒体的下滑以及网络媒体的兴起为"那些在政治领域、政府、服务机构、公司里的人以及其他人"直接地将信息传播给公众提供了越来越多的机会（Friedman，2015，47；Williams，2015）。随着像记者这样的职业把关人角色的衰弱与变化，公众传播的多元化得以显现出来。此外，更加多元的是，像"科学家、记者、宣传者以及曾经被视为受众的人们"的声音"现在都是内容的贡献者，每个人都有不同的知识、背景和视角"（Fahy 和 Nisbet，2011，782）。总之，记者和社会中的利益相关者之间的权力关系发生了变化（Bauer 和 Gregory，2007；Göpfert，2007）。至于科学传播，这通过几种方式得以展现出来：科学家越来越意识到"公众可见性的价值，并且采取积极的措施来建构他们自己的公众形象"（Dunwoody，2015，35），国际比较研究已经表明在像流行病学、干细胞研究或气候科学这样的学科中存在此种现象（Dudo，2012；Peters 等，2008）；科学机构中公共关系的加强以及职业化已经被多次确认，但它尚未在一系列范围更广泛的科学机构中被系统地展示出来（Williams，2015）；以及越来越多元化且具有参与性的"科学媒体系统"（Fahy 和 Nisbet，2011），其中：

除了科学家之外的意见领袖，比如非政府组织和政客，以与关键利益相关者和公众关联起来的方式成功地阐述了与他们有关科学的信息，但是有时候这可能会直接地与科学共识相矛盾，或者不利于有组织的科学的利益。（Bubela 等，2009，15）

科学新闻的变化

传统媒体正在发生的危机，网络和社交媒体的兴起，以及关于很多问题（包括科学）的公众传播的数量和多元性的增加，也影响了科学传播，尤其是科学新闻报道。这些因素对科学记者、他们的职业状况、他们的工作以及他们的产出都具有影响。

科学记者职业的变化以及新模式

对很多媒体来说，科学一直是一个优先级较低的话题，至少与国内外政治、商业、体育或文化和艺术相比来说，情况是如此。因而，科学新闻从历史上来说起源较晚：

经过第二次世界大战催生的技术创新，战后几个国家政府决定斥资进行科学研究，20世纪60年代的太空竞赛和20世纪70年代、80年代不断严峻的环境问题激励媒体组织寻找科学和环境记者，以报道本世纪的主要热点。（Dunwoody，2015，29）

但即便如此，很多媒体机构从来没有设立过科学编辑部，过去设立过并且仍在设立这个部门的媒体机构通常都是大型电视台、公共服务广播、大型报纸、高质量周刊或者专业出版物。出版机构中的员工结构也体现出了科学新闻在其中的次要角色，因为在像美国、德国、瑞士或挪威这样的国家里，科学记者只占到全部记者比例的1%～2%（Schäfer，2011，403f.）。

但在当前状况下，这些本就不多的专业人员数量仍在进一步减少。随着受众在信息环境中越来越多地转向新的线上平台，以及随着广告商相应地转向在线平台以及像脸谱或谷歌这样的搜索引擎，传统的新闻媒体面临着巨大的经济困难。它们中的很多会通过削减支出、解雇员工以及裁剪部门来解决这些问题，这似乎尤其适合于花费相对较高的专业报道领域。在这种情况下，"科学新闻被看作是可有可无的消耗品。""当某些其他类型的新闻生产起来更廉价且在受众中（以及在广告商眼里）更受欢迎时，"科学新闻就会被看作是"越来越难以自圆其说的一种奢侈品"（Allan，2011，773）。因而，科学部门和科学记者的职位就越来越少，这在少数出版社中似乎更加集中。比如，1989年美国报社拥有 95 个科学部门，而今只剩 19 个了（Dunwoody，2015，29）。像 CNN 这样的电视台已经裁撤了它们的科学新闻员工，很多科学记者说他们已经失去了在出版机构的工作机会（Brumfiel，2009，274）。尽管不那么剧烈，但是在其他西方国家也可以看到类似的趋势。因而，在专业的科学议题上专业知识不足的问题仍然存在于出版社之中，并且"绝大多数有关新兴技术的报道都是由首要职责并不涉及科学话题的记者们所撰写的，"这可能会给"像把复杂的基础研究、很高程度的科学不确定性以及多层面的政策困境结合在一起的纳米技术这样的议题"（Scheufele，2013，14042）带来问题，这些议题是难以理解的，又被很多人看作是明智的社会辩论所必要的。

此外，在传统媒体中留下来的科学记者的工作条件也正在发生变化，并且在很多方面正在恶化。传统媒体与网络媒体持续的融合已经建立起了一种瞬时的、全天候的新闻文化，在这种文化中信息会被持续地进行处理（Allan，2011），新闻响应的时间被大量地压缩（Kristiansen 等，2016），跨媒体的生产过程通常会要求记者为不同的渠道准备和改编内容（Bauer 等，2013）。因为需要用较少的资源来满足这些需求，所以新闻记者的负担正在增加：

> 过去五年里，59% 的（国际科学）记者表示他们在一周里要撰写的新闻数量在增加。他们不仅要做更多数量的报道，还要做更多类型的报道。如今很多人被要求为博客、新闻站点和播客提供内容——这是他们五年前不曾做的事情（Brumfiel，2009，275）。

因而，很多学者认为科学记者的工作状况总体上在恶化，并且一小部分可用的科学记者调查也支持这一结论（Bauer 等，2013；Brumfiel，2009；Kristiansen 等，2016）。然而，一些研究强调说网络媒体的出现对科学记者也有积极影响。有调查表明，平均来说，科学记者每天在网络上花费几个小时来寻找以及搜索故事灵感，很多调查还表明在这方面，互联网"让他们的工作变得更简单了"（Bauer 等，2013，19）。在线传播不仅为科学记者提供了更及时的反馈——这在一定程度上给新闻编辑部增加了压力，因为点击率对报道是否"成功"提供了即时的评价（Bauer 等，2013，19），同时也使得更具对话式和参与式的新闻成为可能（Fahy 和 Nisbet，2011，785），在这种新闻中，更多的视角可以被纳入进来，并且可以对报道进行实时的，甚至是持续的编辑（Dunwoody，2015）。

在很多国家，与科学记者职业环境的变化相关联的是，科学记者的角色开始多元化，并且新的个体和组织商业模式开始出现。虽然（可能正在收缩的）大多数科学记者似乎仍然把他们自己主要视为就复杂问题向感兴趣的外行公众进行阐释的人，或者视为科学的监督者（这是记者的两种典型角色，参见 Schäfer，2011）。但在未来，像信息专家和批判分析师这样的其他角色很有可能会变得比中立的信息掮客或者传统的新闻记者更重要（Fahy 和 Nisbet，2011，785）。此外，个体的科学记者"正被迫变得更具有企业家精神"，也就是说，他们不仅利用传统媒体以及图书、网站和"社交媒体渠道（脸书、推特）来保持与新闻来源和同行的联络，而且用它们来建立自己的个人品牌"（Dunwoody，2015，36）。在比个体记者更高的层次上，科学新闻的一系列新商业模式已经浮现出来或者正在被人们所呼唤。第一个变体就是记者和编辑工作是由像基金会这样的第三方机构所资助的"慈善式"新闻，瑞士最广为流传且免费的报纸《20 分钟》（*20 Minuten*）就是这样的，它两个常规的"知识"版面是由两个瑞士的基金会所赞助的外部科学记者所撰写的（Koch 等，2013）。所尝试的第二个选择是众筹新闻［一个例子就是只在线发行的德国科学杂志《物质》（*Substanz*）］，以及靠捐赠资助的新闻［比如美国获得普利策奖的网站气候内幕新闻（*Inside Climate News*）］。第三个变体是在英国、日本、德国、新西兰和其他国家建立的"科学媒介中心"（SMCs）。通过雇用专业的科学记者，建立大的专家数据库以及当科学相关议题出现时提供快速的回应，科学媒介中心旨在发挥独立新闻办公室的功能，来帮助没有相关专业知识的媒体和记者获取信息以及进行事实核查（Williams，2015，199；Röder，2014）。然而，鉴于当前学术文献的状况以及新近出现的这些新商业模式，我们难以判断在多大程度上这种事业能够或者将能够补偿其他地方正在衰落的科学新闻基础设施，"实质性科学新闻从现在这种正在进行的试验中涌现出成功的模型将需要数年之久"（Dunwoody，2015，27）。需要对这些模型及其最新进展进行学术上的评估，既为就科学新闻的新模式科学传播的科学提供见解，也协助相关的努力找到成功或不成功的科学传播方式。

科学新闻报道的变化

除了科学记者工作状况的变化以及那些与这些变化紧密关联的情况，科学新闻报道在近几十年来也发生了演变。

首先，第一个可见的变化是近期涉及科学及相关话题的媒体报道数量的增加似乎停止了。科学从来就没有成为一个重要的媒体话题，比如，在美国、澳大利亚、德国和希腊开展的研究发现，以科学为主题的媒体报道在 1% ~ 3%（Dunwoody，2015，29）。然而，在 20 世纪后半叶，一些研究和综合分析发现，美国、德国、意大利、英国和保加利亚有关科学和技术的媒体报道出现了一种清晰且线性的增加（Schäfer，2011，404）。然而，这种增加似乎在 21 世纪初停止了，同其他新闻议题相比，科学新闻的份额停滞了（Bauer，2011；见图 4.1）。

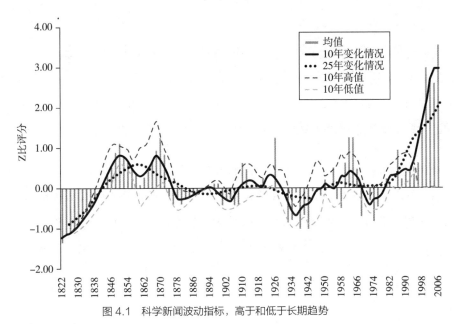

图 4.1 科学新闻波动指标，高于和低于长期趋势

来源：Bauer（2011，42）。

其次，对一系列问题的科学新闻报道变得更多元化，并且在某些问题上，变得更具争议和政治化。伴随着日益多元化的"科学媒体生态系统"（Fahy 和 Nisbet，2011）而来的是，在科学上出现了更为广泛的论点和视角。这些论点和视角的支持者成功地利用网络上的机遇、专业的公共关系以及弱化的科学新闻所提供的机会来让他们的立场在新闻报道中变得可见。因而，对像干细胞研究、绿色生物技术、气候科学和基因编辑这样的议题的媒体报道变得更加多元，并且有时候与出现在科学版面之外的大部分报道相竞争，它们把绝大部分非科学家视为信源，讨论伦理、法律和社会框架，以及在口吻上模棱两可甚至持批评意见（Schäfer，2009）。一方面是对这个问题进行了积极的阐释，因为一种建构性的社会反馈凸显了科学创新者可能存在的有问题方面（Bauer，2013）。另一方面，多元化也与科学辩论中的碎片化及两极化趋势相关联（Scheufele，2013；另见本书第三章）。然而，还需要在比较不同科学议题的研究中对这种趋势的盛行进行评估（Schäfer，2007，2009）。最后，与激烈的辩论相反的情况是，对像高能物理这样的科学问题的报道长期以来并未发生巨大的变化，并且仍然遵从科学版面中出现的媒体报道的"科普"模

式，把科学家作为主要的甚至是独家的来源，采用一种科学的框架，并且采取肯定性的口吻（Schäfer，2011，405f.）。因而，鉴于前述的科学新闻的结构情境和经济情境发生的变化，还不清楚一般的科学新闻报道是否正变得更加多元且具有争议，尽管这可能是合理的。

因为科学新闻报道存在的第三个总体趋势可能部分地中和了上述的多元化，并且增加了争议性，所以对这个问题开展研究是必要的：近年来一系列学者发现了"从新闻逻辑向来源驱动的科学报道的转变"（Bauer 和 Gregory，2007，33；参见 Göpfert，2007）。科学记者总是要依靠新闻来源的，与其他记者相比就更是如此了。

每年出版的期刊大概有 5 万种，发表的科研论文有 100 余万篇，翻遍这些出版物并且找到信源是至关重要的，因为这很困难。文献非常有说服力地表明科学记者倾向于通过遵守科学本身所提供的相关性指标来解决这个问题：他们把非常小的一部分有影响力的科学期刊作为主要来源，尤其是《自然》和《科学》……并且一般会展示出相当强的来源依赖性。（Schäfer，2011：406）

在 20 世纪下半叶，随着大型媒体机构中科学新闻的崛起和制度化，科学新闻开始把自己从科学中分离出来，并且降低了其新闻来源的依赖性，纵向研究表明，报道的基调随着时间的推移变得更加关键了（Bauer 等，2006）。但是这似乎再次发生了变化。在资源非常稀缺的情况下，可能的情况会是"时间紧迫的记者越来越依靠来自科研机构、大学和公共关系机构的信息补贴以找到报道素材"（Fahy 和 Nisbet，2011，784）。然而，对这种趋势进行评估的研究还很稀缺，还需要更多的证据。但是第一种迹象就是媒体中更多的科学新闻是以公共关系素材为基础的，更多的公共关系文本被采用或者直接地在媒体报道中引用（Williams，2015），以及公共关系素材中对科学所体现出来的夸大其词也反映在了媒体报道之中（Sumner 等，2014）。结果可能会是在（又一次地）把自己解放为一种越来越批判且自主的新闻分支之后，科学新闻转向一种庆祝式的、确认式的报道风格——可能甚至走向"复制粘贴式的以及大麦克式的科学新闻生产类型"（Bauer 等，2013，27；另见 Allan，2011）。

第四个趋势是科学新闻越来越通过与众不同的情境线索以多样且部分全新的情境呈献给受众。只提供给一种媒介且只有一种消费方式的科学新闻的传统生产模式（也就是说，只给印刷媒体或者电视媒体）已经成为一种例外了。在几乎所有的情况下，科学新闻会同时地在不同的媒体中呈现出来，或者说连续不断地呈现出来，从传统媒体到社交媒体，免费的或者消费性的新闻聚合网站，比如谷歌新闻或者 Blendle（Brumfiel，2009）。因而，科学新闻会出现在不同的媒体中，也会体现在不同的话题中（Brossard，2013，14097）。此外，这样的报道会与社交推荐、评论和评估这样的情境性线索一同呈现出来，比如喜欢功能或者分享功能。第一批研究表明这些新的情境和情境化线索不仅会影响人们如何看待某一条新闻，而且会影响这些新闻对受众所产生的影响（Anderson 等，2014）。

启示和展望

上述变迁正在持续，而学术研究也在努力地追赶这个步伐。这是邓伍迪（Dunwoody）的观点：

在这个变革的过程中，决定哪种职业的调整会得到强化以及哪种会消退还为时尚早。学者们只是刚刚开始探索这些变迁的影响，这使得对伴随这些变迁而来的社会风险和收益进行评估十分困难。（2015，36）

然而，我们可以从对上述趋势进行情境化以及突出未来研究的方向等方面得出一些试验性的结论。

对有关科学新闻事业、科学新闻以及它们的前提条件的学术文献进行的综述表明，存在着一系列实质性的、持续的变迁。与传统媒体危机、网络传播的崛起以及社会性的利益相关者对公共关系的拓展相一致的是，科学传播也在发生变化。科学新闻部门在出版社中面临着压力，这种压力甚至可能比其他部门更大，相应记者的工作条件也有所恶化。科学新闻报道的数量在停滞不前，尽管此前出现过持续了几十年的上升时期，并且似乎走向了要么是对像基因编辑这样的政治化议题更加争议性的报道（Scheufele，2013），要么就是公共关系对其影响要比以前更加强烈的不太具有批判性的"复制粘贴新闻"（Bauer 和 Gregory，2007）。

这些发展对于科学传播研究人员以及这个领域中的决策者具有一些启示。首先，在正在变迁的科学媒介生态系统中，对科学新闻不同的形态以及边界进行学术讨论是必要的。新的新闻事业角色的兴起（Fahy 和 Nisbet，2011）以及很多记者职业身份逐渐变成混合的角色——部分为媒体工作，部分为博客或新闻办公室这样的其他机构工作，使得决定什么是科学记者变得更困难了。"类似的是，什么是科学新闻报道？推特的一条推文算吗？一篇博文算是吗？甚至当一个报道看起来像是一种新闻叙事的传统模式，那么它何时才是一种完成的叙事呢？"（Dunwoody，2015，37）。

其次，上述变迁的普遍性应该在未来的研究中加以评估。一方面，应该通过把分析的实证基础（更多地）拓展到北美洲和欧洲国家之外来开展这项工作。从历史上来说，对科学新闻的研究主要着眼于英美国家（Schäfer，2012），因而，来自这些国家的研究发现在文献中具有很强的代表性。但是也有迹象表明"在科学新闻方面，南半球的气氛非常乐观"并且"复制粘贴式的和大麦克新闻式的科学新闻生产类型主要出现在欧洲、美国和加拿大，其他国家则不太明显"（Bauer 等，2013，27，32；另见 Russell，2009a，2009b）。另一方面，科学记者似乎在像美国这样拥有商业的媒体系统的国家里尤其"四面楚歌"，在那里"轶事表明科学记者……越来越发现他们要依靠自己，并且处于自由职业者的行列之中，因为他们以前的媒体机构正在减员"（Dunwoody，2015，30）。然而，在具有较强的公共服务广播部门的国家里，比如英国、德国、法国或瑞士，似乎不存在那么多问题，即便总体趋势是一样的（Dunwoody，2015；Brumfiel，2009，275；Kristiansen 等，2016）。在不同情境下对上述趋势的评估不仅可以阐明它们特征方面的差异，而且还可以阐明像公共资助的（科学）新闻这样的情境化因素的作用。除了在国家之间或者媒体系统之间进行对比，在不同问题和不同媒体以及不同时间之间进行科学新闻和科学报道的比较也将是现有学术的必要补充。

最后，需要考虑科学新闻和受众行为之间正在发生的相互作用的规范性影响。一方面，今天公众可以消费的科学相关信息的数量越来越多。"公众可以利用大量的有线电视、互联网和数字资源来让自己知悉科学及其社会意义"（Bubela 等，2009，514），在科学方面存在着范围广泛的立场和论点，质量也是参差不齐。在这种情况下，研究者发现"好的信息需要个体研究者付出努力，而这种努力是普通的个体难以招架的"（Dunwoody，2015，27）。自相矛盾的是，公众比以往都更加需要科学记者提供的指南，但是他们可能越来越不能提供这个东西。另一方面，在科学传播的受众方面现存的这种有可能日益增加的碎片化进一步让这个问题极化了。"人们会去让他们感觉舒服的地方"（Brumfiel，2009，277）以获取他们喜欢的科学相关信息的数量和种类。然而，这也意味着他们可能"完全地避免科学媒介"或者偏好"证实并强化他们先前信仰的新闻来源"（Brumfiel 等，2009，514f）。在这种自我选择可能会被算法进一步加强的社交媒体上，"自我强化的信息螺旋"可能会出现（Brossard 和 Scheufele 2013，41），产生"回音室"（Sunstein，2009）和"过滤器泡泡"（Pariser，2011），在它们中间，科学主题或替代观点会呈现系统性的不足，甚至缺失的情况。

参考文献

Allan, Stuart. (2011). Introduction: Science journalism in a digital age. *Journalism*, 12(7), 771–777. doi:10.1177/1464884911412688.

Anderson, Ashley A., Dominique Brossard, Dietram A. Scheufele, Michael A. Xenos, and Peter Ladwig. (2014). "The nasty effect": Online incivility and risk perceptions of emerging technologies. *Journal of Computer-Mediated Communication*, 19(3), 373–387. doi:10.1111/jcc4.12009.

Bauer, Martin. (2013). *Atoms, bytes and genes*. London: Routledge.

Bauer, Martin. (2011). Public attention to science 1820–2010. A "longue durée" picture. In: Simone Rödder, Martina Franzen, and Peter Weingart, eds., *The sciences' media connection—Communication to the public and its repercussions*. Sociology of the Sciences Yearbook. Dordrecht: Springer, 35–58.

Bauer, Martin, and Jane Gregory. (2007). From journalism to corporate communication in post–war Britain. In: M. Bauer and M. Bucchi, *Science, journalism and society: Science communication between news and public relations*. London: Routledge, 33–52.

Bauer, Martin, Susan Howard, Ramos Romo, Jessica Yuyle, Luisa Massarani, and Luis Amorim. (2013). *Global science journalism report: working conditions & practices, professional ethos and future expectations*. London: London School of Economics and Political Science.

Bauer, Martin, Kristina Petkova, Pepka Boyadjieva, and Galin Gornev. (2006). Long–term trends in the public representation of science across the "iron curtain": 1946–1995. *Social Studies of Science*, 36(1), 99–131.

BBVA Foundation. (2011). *International study on scientific culture: Understanding of science*. Bilbao: Author.

Benkler, Yochai (2006). *The wealth of networks: How social production transforms markets and freedom*. New Haven, CT: Yale University Press.

Brainard, Curtis. (2009). Science journalism's hope and despair "Niche" pubs growing as MSM circles the drain. *Columbia Journalism Review*, February. www.cjr.org/the_observatory/science_journalisms_hope_and_d.php.

Brossard, Dominique. (2013). New media landscapes and the science information consumer. *Proceedings of the National Academy of Sciences*. doi:10.1073/pnas.1212744110.

Brossard, Dominique, and Dietram A. Scheufele. (2013). Science, new media, and the public. *Science*, 339(6115), 40–41. doi:10.1126/science.1232329.

Brumfiel, Geoff. (2009). Science journalism: Supplanting the old media? *Nature*, 458, 274–277.

Bubela, Tania, Matthew C. Nisbet, Rick Borchelt, Fern Brunger, Cristine Critchley, Edna Einsiedel, et al.

(2009). Science communication reconsidered. *Nature Biotechnology*, 27(6), 514–518. doi:10.1038/ nbt0609–514.

Bucchi, Massimiano, and Brian Trench, eds. (2015). *Handbook of public communication of science and technology*. London: Routledge.

Dudo, Anthony. (2012). Toward a model of scientists' public communication activity: The case of biomedical researchers. *Science Communication*. doi:10.1177/1075547012460845.

Dunwoody, Sharon. (2015). Science journalism: Prospects in the digital age. In: Massimiano Bucchi and Brian Trench, eds., *Handbook of public communication of science and technology*. London: Routledge, 27–39.

Eurobarometer. (2014a). *Special Eurobarometer 409: Climate change*. Brussels: European Commission.

Eurobarometer. (2014b). *Standard Eurobarometer 82*. Brussels: European Commission.

Fahy, Declan, and Matthew C. Nisbet. (2011). The science journalist online: Shifting roles and emerging practices. *Journalism*, 12(7), 778–793. doi:10.1177/1464884911412697.

Fischhoff, Baruch, and Dietram A. Scheufele. (2013). The science of science communication. *Proceedings of the National Academy of Sciences*. 110(Suppl. 3), 14031–14032. doi:10.1073/pnas.1312080110.

Friedman, Sharon M. (2015). The changing face of environmental journalism in the United States. In: A. Hansen and R. Cox, eds., *The Routledge handbook of environment and communication*. New York: Routledge, 144–157.

Göpfert, Winfried. (2007). The strength of PR and the weakness of science journalism. In: M. Bauer and M. Bucchi, eds., *Science, journalism and society: Science communication between news and public relations*. London: Routledge, 215–226.

Hallin, Daniel C., and Paolo Mancini. (2005). *Comparing media systems: Three models of media and politics*. New York: Cambridge University Press.

Jenkins, Henry. (2006). *Convergence culture*. New York, London: New York University Press.

Kaplan, Andreas M., and Michael Haenlein. (2010). Users of the world, unite! The challenges and opportunities of social media. *Business Horizons*, 53(1), 59–68. doi:10.1016/j.bushor.2009.09.003.

Koch, Carmen, Schanne Michael, and Vinzenz Wyss. (2013). *Evaluation der Doppelseite Wissen in 20 Minuten: Wahrnehmung von Wissenschaftskommunikation bei Jugendlichen*. Winterthur: ZHAW.

Kristiansen, Silje, Mike S. Schäfer, and Sabine Lorencez. (2016). Science Journalists in Switzerland: Results from a Survey on Professional Goals, Working Conditions, and Current Changes. *Studies in Communication Sciences*, 16(2), 132–140. doi: http://dx.doi.org/10.1016/j.scoms.2016.10.004.

Pariser, Eli. (2011). *The filter bubble: What the Internet is hiding from you*. New York: Penguin.

Peters, Hans P., D. Brossard, S. de Cheveigne, S. Dunwoody, M. Kallfass, S. Miller, and S. Tsuchida. (2008). Science communication—Interactions with the mass media. *Science*, 321(5886), 204–205.

doi:10.1126/science.1157780.

PEW Internet and American Life Project. (2014). *State of the news media 2014: Key indicators in media and news.* Washington, DC: PEW Research Center.

Rödder, Simone. (2014). Science media centres and public policy. *Science and Public Policy*, 42(3), 387–400. doi: http://dx.doi.org/10.1093/scipol/scu057.

Russell, Christina. (2009a). Science journalism growing overseas. AAAS meeting highlights dwindling American coverage. *Columbia Journalism Review*, February. http://www.cjr.org/the_observatory/science_journalism_growing_ove.php.

Russell, Christina. (2009b). Some optimism for the future of science journalism. And especially for international collaboration. *Columbia Journalism Review*, July. http://www.cjr.org/the_observatory/some_optimism_for_the_future_o.php.

Schäfer, Mike S. (2007). *Die Wissenschaft in den Medien. Die Medialisierung naturwissenschaftlicher Themen.* Wiesbaden: VS.

Schäfer, Mike S. (2009). From public understanding to public engagement: An empirical assessment of changes in science coverage. *Science Communication*, 30(4), 475–505.

Schäfer, Mike S. (2011). Sources, characteristics and effects of mass media communication on science: A review of the literature, current trends and areas for future research. *Sociology Compass*, 5(6), 399–412. doi:10.1111/j.1751–9020.2011.00373.x.

Schäfer, Mike S. (2012). Taking stock: a meta–analysis of studies on the media's coverage of science. *Public Understanding of Science*, 21(6), 650–663. doi:10.1177/0963662510387559.

Scheufele, Dietram A. (2013). Communicating science in social settings. *Proceedings of the National Academy of Sciences.* doi:10.1073/pnas.1213275110.

Sumner, Petroc, Solveiga Vivian–Griffiths, Jacky Boivin, Andy Williams, Christos A. Venetis, Aimée Davies, et al. (2014). The association between exaggeration in health related science news and academic press releases: Retrospective observational study. *BMJ*, 349. doi:10.1136/bmj.g7015.

Sunstein, Cass. (2009). *Republic* 2.0. Princeton, NJ: Princeton University Press.

Weaver, David, Randal A. Beam, Bonnie J. Brownlee, Paul S. Voakes, and G. C. Wilhoit. (2007). *The American journalist in the 21st century: U.S. news people at the dawn of a new millennium.* Mahwah, NJ: Erlbaum.

Williams, Andy. (2015). Environmental news and journalism, public relations and news sources. In: A. Hansen and R. Cox, eds., *The Routledge handbook of environment and communication.* New York: Routledge, 197–205.

推荐阅读

Allan, Stuart. ed. (2011). Special issue: Science journalism in a digital age. *Journalism*, 12(7).

Bauer, Martin, and Jane Gregory. (2007). From journalism to corporate communication in post−war Britain. In: M. Bauer and M. Bucchi, eds., *Science, journalism and society: Science communication between news and public relations.* London: Routledge, 2007, 33−52.

Bauer, Martin W., Susan Howard, Yulye Jessica Romo Ramos, Luisa Massarani, and Luis Amorim. (2013). *Global science journalism report: working conditions & practices, professional ethos and future expectations.* Our Learning Series. London: Science and Development Network.

Dunwoody, Sharon. (2015). Science journalism: Prospects in the digital age. In: M. Bucchi and B. Trench, eds., *Handbook of public communication of science and technology.* London: Routledge, 27−39.

Fischhoff, Baruch, and Dietram A. Scheufele. (2013). The science of science communication. *Proceedings of the National Academy of Sciences*, 110(Suppl. 3), 14031−14032. http://www.pnas.org/content/110/Supplement_3/14031.short.

Göpfert, Winfried. (2007). The strength of PR and the weakness of science journalism. In: M. Bauer and M. Bucchi, eds., *Science, journalism and society: Science communication between news and public relations.* London: Routledge, 215−226.

Lewenstein, Bruce V. (1995). Science and the media. In: Sheila Jasanoff, Gerald E. Markle, James C. Petersen, and Trevor Pinch, eds., *Handbook of Science and technology studies.* Thousand Oaks, London, New Delhi: SAGE, 343−360.

Schäfer, Mike S. (2011). Sources, characteristics and effects of mass media communication on science: A review of the literature, current trends and areas for future research. *Sociology Compass*, 5(6), 399−412.

第五章
公众怎么看待和认识科学及其重要性何在

威廉·K.霍尔曼

摘要： 科学素养的现代定义包括了解科学事实，掌握科学方法、规范和实践，知晓涉及科学的当前发现和争议并且提炼理解及评估它们的启示的能力，对科研机构的优先性和行动进行评估的能力，以及在涉及科学的具体议题方面参与公共话语和决策的能力。提升科学素养的倡导者认为，广泛的公众理解科学可以让个体、文化、社会、经济、国家、民主和科学本身都有所受益。本章认为，当前用于评估科学素养的相对简略的测度不足以展示出这些结果。我们难以知道这些益处是否是真实的，并且是否独立于更高的教育水平。应该用简洁、易于管理、可靠且随着时间的推移并在多种文化中仍然有效的多维度量表来取代现存的测度。

关键词： 科学素养；公众理解科学；测度；量表；科学事实

科学素养观

虽然科学素养"代表着普通公众在科学方面理应知道什么"（Durant，1993，129），公众在科学方面应该知道什么则是一个存在争议的问题。在科学素养方面存在着很多概念性定义，每一种都是由不同的利益群体提出的，并且都与更多的公众理解科学的所谓益处相关联（美国国家科学院、工程院和医学院，2016；Norris 等，2014；Laugksch，2000）。因而，当人们谈论科学素养时，很难弄清楚他们指的是公众对特定科学事实的知识，他们对具体科学发现的认识，对涉及科学的争议的熟悉程度，公众对科学方法、规范和实践的掌握，理解和评判科研机构的优先性和行动的能力，就涉及科学的议题的公共讨论和决定进行参与的能力，还是公众对科学的支持或者对科学的态度（Lewenstein，1992；Thomas 和 Durant，1987）。

卢恩斯坦（Lewenstein，1992）认为第二次世界大战后，公众理解科学的倡导者实际上寻求的是公众鉴赏科学。具体而言，他们的目标是把对科学的积极态度的增加视为一种基于经验的知识体系，一种理解世界的高级方式，以及形成对科研机构、科学事业和作为个体的科学家的积极观点并予以支持。然而，对科学素养新近的观点远远超越了仅仅鉴赏科学的范围，并且着眼于让人们可以在其一生中能够参与科学的更全面的核心能力集合。正如美国国家科学院、工程院和医学院所指出的那样：

> 不仅仅是有关科学事实的基本知识，科学素养的当代界定已经扩展到了包括对科学过程和实践的理解，熟悉科学和科学家是如何工作的，对科学的结果进行权衡和评估的能力，以及对科学的价值的公共决策进行参与的能力。（2016，s-1）

当前提升科学素养的支持者还认为，对于绝大多数人来说，正规的科学教育结束于高中。然而科学仍然在演化，从而产生了公众必须掌握的新信息、新发现和新技术。因而，参与科学和科学学习有必要被视为一种发生于不同的情境之中的终身过程（Dierking 和 Falk，2016）。

此外，绝大多数研究表明，对科学事实和方法的知识量与教育水平具有正相关性（美国国家科学委员会，2016），而在年龄为 25 岁以上的美国人中只有三分之一（32.5%）的人拥有学士或高等学位（Ryan 和 Bauman，2016）。此外，根据美国国家科学委员会（2016）的数据，美国只有大约 2110 万成人在涉及科学或工程的研究领域中拥有学士或更高的学历，并且在年龄超过 21 岁的 2.264 亿美国人中只有大约 9% 的人拥有这样的学历（US Census Bureau，2013）。总之，在 10 个美国人中大约只有一个接受过科学或工程方面的正规培训。

然而，在从事科学与使用科学之间存在着区别（Hazen 和 Trefil，1991），正如普里斯特（Priest，2013）指出的那样，人们需要用来评估科学主张的技能并不必然与科学家用来产生这种主张所用的技能一样。因而，在用来产生科学信息（包括公民科学）所需的知识和技能组合与作为利用科学信息而实现特定目标的先决条件的科学素养之间存在着实质的差异（Layton 等，1986）。因而，对科学素养的当前观点意识到，对来自科学的信息进行评估的能力取决于：对相关核心学科以及交叉的（crosscutting）科学概念的基础知识，对科学的本质、价值和实践有清晰的理解（NGSS Lead States，2013；Quinn 等，2012；美国科学促进会，1994；Rutherford 和 Ahlgren，1991），对科研机构及其如何运作的了解（Toumey 等，2010），理解科学方法论和科学的不确定性以及获得基于证据的结论的能力（Drummond 和 Fischhoff，2017；Fischhoff 和 Davis，2014）。

在有关如何在课堂上改善科学教育的教学法以提升科学素养方面，科学家已经开展了大量的研究，也提出了一些相关的建议（McNeill 和 Krajcik，2008；Michaels 等，2008）。然而，争论的根源是在美国的学校里应该教授哪些核心科学概念（Pobiner，2016），并且在不同的州之间存在巨大差异的是应该向学生呈现符合什么标准的内容以及这些内容应该以何种严谨性、清晰性和具体性来教授（Lerner 等，2012）。

当然，虽然正规科学教育可以为科学素养打下基础，但是学校不是能够发生科学教育的唯一场所（美国国家研究委员会，2015）。如福尔克（Falk）和迪尔金（Dierking，2010）指出的那样，平均来说，终其一生，美国人在学校用去的时间大约只有5%，其中只有一小部分用于科学教育课程。他们认为提升公众理解科学的最佳方式是在余下的95%的时间里接近公众。非正规的学习环境，包括多种多样的日常实验，比如在某人的后院里观察自然，在包括科学中心、动物园、水族馆、植物园和天文馆在内的设计好的场景中有机会进行学习和互动，以及参与像校外科学、童子军活动、4H项目（即头脑、心智、健康和实践）这样的项目都能为儿童和成人提供一些机会，以让他们对科学感兴趣并且对科学了解更多（美国国家科学委员会，2016；Bell 等，2012）。研究还表明，电子游戏可能会作为非正规科学学习的一种机会（Mayo，2009）。

终其一生，成人还通过传统媒体了解科学、科学家以及科学实践（美国科学委员会，2016；Maier 等，2014）。包括报纸、图书和杂志（Falk 和 Needham，2013）乃至漫画（Lin 等，2015）在内的印刷媒体也会通过一些描述来传播有关科学、科学家和科学实践的知识。个体还可以通过电影（Nisbet 和 Dudo，2013；Perkowitz 和 Perkowitz，2013）以及包括新闻广播、科学节目，甚至是天气预报（Bloodhart 等，2015）在内的电视节目（Falk 和 Needham，2013；Dudo 等，2010）来了解科学。甚至是电视上虚构的犯罪影视剧也被证实会影响非科学家对科学证据的看法（Schweitzer 和 Saks，2007）。然而，人们越来越多地通过在互联网、博客以及脸书这样的社交媒体上进行搜索以获取科学信息（Brossard 和 Scheufele，2013），大约一半的美国人表示互联网是他们获取有关科学和技术信息的首要来源（National Science Board，2016）。

作为通过社交媒体渠道获取到"及时的"科学信息的机会日益增加的一种结果，外行受众可能就会越来越少地依赖他们在自己的记忆中学习、储存和检索科学事实的能力（Miller，2012a）。然而，虽然一些较新的媒体渠道提供了获取可靠且无偏见的信息的机会，但是更多地接触互联网还让人们更有可能偶遇到伪科学和错误信息。因而，科学素养的一个关键组成部分仍然是评估、整合与阐释科学信息的能力（美国国家科学院，2016）。

科学素养为何重要

认为公众的科学素养通常被视为一件好事情一点也不奇怪；反对公众更透彻地理解任何议题都是困难的（Thomas 和 Durant，1987）。然而，因为公众理解科学得到了政府机构、教育机构、博物馆和科学共同体内部及外部的各种其他组织的积极宣传，所以值得一问的是，"科学素养为何重要？"

根据那些对科学素养的重要性争论不休的人在视角方面的差异，这个问题的答案也存在差异。公众理解科学的支持者和科学教育的倡导者所做的主张认为，更高的科学素养会产生各种积极的结果，包括让个人受益、有利于国家的集体性权力、威望、影响力和繁荣，有利于民主治理以及科学本身（DeBoer，2000；Laugksch，2000；Thomas 和 Durant，1987）。

虽然科学素养的益处被认为是广泛的，但是绝大多数焦点都着眼于个人层面上的收益。科学素养早期的支持者主张在学校课程中纳入科学，因而论断"一个见多识广的、有文化的、具有读写能力的个体必须对自然界的运行方式有所了解，对科学的思维方式有所了解，对科学对社会的影响有所了解，"并且强调"把科学理解为现代世界中的一种文化力量"的重要性（DeBoer，2000，591）。如此看来，科学素养是成为一个有教养、有文化的人的一个关键要素。

因为科学还有能力揭示宇宙秩序与宇宙之美（Weaver，1966），所以科学素养可能有助于人们更加欣赏自然界，以及自然界的多样性、复杂性、神秘性和脆弱性。作为一项创造性的活动，科学本身既能在智力上带来回报，也拥有其自己的美学吸引力，并且可能被认为与鉴赏音乐、艺术以及人文同样，对思想的陶冶有至关重要的作用（Thomas 和 Durant，1987；Snow，1959）。

科学素养对于让成人准备好进入职场也是十分重要的，为他们提供了所需的实用信息和技能，不仅可以拓展他们的就业前景，而且可以在科学技术发挥越来越重要作用的时代维持职业生涯。美国与其他国家之间在科学、技术、工程和数学（STEM）技能中的"竞争力差距"以及据称缺乏具有满足雇主需求所必需的 STEM 能力的雇员都被认为是改善正规科学教育的原因（Lerner 等，2012；Quinn 等，2012；Augustine，2005）。

培养一些能够以科学为职业追求的且在科学上具有素养的人对于科学事业来说也是极其重要的。对于持续的经济繁荣以及会改善生活质量的新发现和技术的发展来说，培养未来数代的科学家和工程师是至关重要的（Adams 等，2011）。培养足够数量的训练有素的科学家和工程师对于维持工业力量和军事力量、影响力和意识形态领导权来说也是必不可少的（Augustine，2005）。

除了提升就业能力，在日常生活中学习有关科学的知识也是有好处的（美国国家研究委员会，2015）。掌握同健康与疾病，热、光、电，食品安全与营养，燃烧，光合作用等相关的基本概念以及大量其他的科学概念有助于人们更好地理解、阐释自然环境、社会环境和人为环境，并与之进行互动。因而，当个人在日常生活中遇到某些事情时，有关重要学科核心理念的知识可以在让他们准备好更有效地与世界进行交流上发挥重要作用（NGSS Lead States，2013）。此外，人类遭受的大量苦难都是源于缺乏与农业、卫生以及公共健康相关的实践性的科学素养，健康与疾病、贫穷与繁荣，甚至生命与死亡之间的差异可能会取决于几条关键的科学信息的可获得性（Shen，1975）。

然而，科学素养并不单纯地是识别一批科学事实或确认某人观察到的现象的名称的能力，或者甚至是在日常生活中利用这种信息的能力。科学素养的一个重要组成部分就是意识到，科学代表着考察和产生有关世界的知识的一种系统方式。完全具有科学素养包括具有能够意识到他人何时使用了恰当科学方法的能力以及没有使用恰当科学方法的能力。科学素养必然涉及科学推理技能，这些技能能够让人们评估科学方法和科学发现的质量以及判断他们遇到的新的科学信息是否有效和可靠（Drummond 和 Fischhoff，2017）。这种能力使得人们在考虑和讨论有关科学的议题时以及对这样的议题做决策时有更大的权力，并且有更大的能力去参与民主过程。

确实，政治科学家、政治观察家以及科学共同体的成员都表达了不具备科学素养给民主治理带来的根本性挑战的担忧（Leiserowitz 等，2013；Berezow 和 Campbell，2012；Miller，2012；Gachat，2011，2012，2015；Mooney 和 Kirshenbaum，2010；Mooney，2006；House of Lords，2000）。科学进展以及新技术的部署日益加速的步伐往往会超过决策者、管理者和公众充分地理解这些发展所需要的成本、所带来的收益和潜在的意想不到的后果的能力（Hallman，2015）。因而，科学素养的一个重要组成部分就是理解技术的本质及其重要性，以及它与科学和社会的关系。此外，新的科学发现与医学进步有望延长人类的生命并改善生活质量，同时也会带来重大的伦理和道德困境。

科学探究的结果也会给环境、公共健康和福祉带来不理解复杂的科学信息就无法成功地加以解决的巨大威胁。对大量议题做出个人层面的或社会层面的决策都需要显著地理解所牵涉的科学及其启示。为了有意义地参与有关新兴议题的对话和决策以及与科学相关的政策，为了理解和左右他们对个体和社会的潜在影响，公民必须具备"公民科学素养"（Shen，1975）。也就是说，他们必须对科学事实和方法有一定程度的理解，以让他们能够理解研究报告以及对出现在大众媒体中的科学进行讨论（Miller，1983，1998，2010b）。

科学素养还被认为对于科学的文化权威、公众理解科学专业知识的意愿、接受基于证据的公共决策和规章以及支持科学资助来说十分重要（Gauchat，2011，2015）。实际上，不断增加的科学素养与公众在更大程度上支持科学之间存在着很小但正相关的关系（Gauchat，2011；Allum 等，2008；Sturgis 和 Allum，2004；Durant 等，1992）。

测量科学素养

在对"公众理解科学"的意思进行的一次综述中，卢恩斯坦（1992）认为，在美国对公众在科学上知道什么以及如何看待科学的担忧起源于 19 世纪众多机构在正规教育体系之外同普通公众分享有关科学的信息的工作。这些工作包括早期的文艺团体和湖区运动，致力于向非科学受众呈现科学的杂志，以及报纸中对科学和科学话题报道的增加。

1921 年，美国科学服务社（Science Service）的发展给有关科学的新闻报道提供了辅助，它就科学上可靠的信息为媒体提供了整合性的来源，旨在让公众易于理解且感到有趣。在主要的科学机构的赞助下，以及新闻业领袖人物的支持下，其发起人——

试图在普通公众中引发一种"科学的习性"，以让普通人在其日常生活中提高对科学的作用的认识，以及为科学研究获得支持，并且通过智慧的（意思是受过科学教育的）全体公民来保护自己的国家。（Bennet，2013，vii）

在 10 年的时间里，几大主要报业集团在其部门内增加了全职科学记者，到 1934 年，美国科普作家协会（National Association of Science Writers，NASW）成立。

1957 年，美国科普作家协会和洛克菲勒基金会（Rockefeller Foundation）赞助了美国首个有关公众理解科学以及公众对科学和科学家的态度的全国性调查（Davis，1958）。在很大程度上是为了考察科学新闻的受众，这次调查主要着眼于媒体消费模式，但是也考察了公众对科学的态度，科学对社会的影响，对科学研究的含义的理解，因果关系的概念，以及对科学家角色的看法。它还包括几个与现代人关心的话题有关的知识性问题，比如小儿麻痹症疫苗和锶-90（Miller，1992）。这项调查恰好在苏联发射人造卫星之前完成，所以这项研究非常重要，因为它代表着在进入太空时代之前的战后公众对科学的态度的唯一测量基准。说它重要还因为它在一定程度上被作为后续有关公众理解科学的调查的基础（Miller和Inglehart，2012）。这包括在美国国家科学基金会（National Science Foundation）的支持下于1972年开展的科学指标（Science Indicators）调查，它于1987年演变成了如今的科学和工程指标（Science and Engineering Indicators）报告（美国国家科学委员会，2016）。这些报告代表着在美国开展的延续性最长久的相对稳定的公民科学素养调查。

国内机构和国际机构也赞助或者开展了着眼于公众对科学的态度以及公众的科学知识的调查（美国国家科学委员会2016；Bauer 2008）。这些调查中的一些也融入了一些来自"指标"报告的题目，把它们作为跨国或者跨文化比较以及历时性比较的基础或者途径。

在美国和其他国家也开展了针对具体科学和技术议题的知识及态度的数百项调查，包括涉及气候变化、生物技术、纳米技术、干细胞研究和进化论的调查。其中很多调查还从对科学的知识和态度的一般调查中提取题目，或者利用类似的模型针对调查的目标设计问题。在对从40个国家收集到的193份调查进行的荟萃分析中，阿勒姆（Allum）等人（2008）把所采用的量表分成了五个内容领域：①一般性的科学；②核能；③遗传医学；④转基因食品；⑤环境科学。

这些研究通常会利用一套由关于科学事实的简短陈述组成的10~20个"测试题目"对科学知识进行测量，要求参与者指出这种陈述的对与错，并且要求参与者在某些而非所有的研究中指出他们是否不知道答案。最常见的问题集，即所谓的牛津量表（Oxford Scale），是美国的乔恩·米勒（Jon Miller）与英国的约翰·杜兰特（John Durant）及其同事在1988年研发的（Durant等1989；Miller，1998）。

调查中的很多陈述都是常见的，因为在开展调查的那些国家里，这些陈述成为谴责科学教育/科学知识状况的社论以及新闻报道的来源。其中有一个问题问到，"是地球绕着太阳转，还是太阳绕着地球转？"其他问题则涉及"电子是否比原子小"以及"是否由父亲的基因决定一个婴儿是男孩还是女孩"（美国国家科学委员会，2016）。

米勒（2012，220）认为，"这些核心题目为科学建构提供了一套耐用的测度，"它可以作为"公民科学素养"有效且可靠的指标（Miller，1998）。在一篇颇具影响的文章中，米勒（1983）把现代世界中的科学素养描述为三个维度：对科学规范和方法的理解，核心科学概念和术语的知识，以及理解科学与技术对社会的影响。米勒在科学素养上这种影响深远的界定成了绝大多数对成人的科学素养进行国内调查和跨国调查的基础（Laugksch，2000）。

虽然牛津量表可以作为粗略的衡量标准，能够捕捉到个体群体间的差异，但是这些量表也有一些问题（Allum等，2008）。建构这种知识测验的首要难度在于题目的选择。问题要相对简短且易于理解，同时还要只有一个正确、权威且毫无歧义的答案（Bauer 1996）。此外，一系列题目必须包括不同难度系数的题目的平衡，并且要来自不同的科学领域，以便代表作为一个整体的科学知识（Bauer，2008）。布伦南（Brennan，1991）找到了近650个对于科学素养来说至关重要的科学术语和概念这个事实也阐述了这些测试中关键术语和概念的代表性不足的问题，在对于文化素养至关重要的理念的专业术语大全中，赫希（Hirsch）、克特（Kett）和特赖菲尔（Trefil，2002）列出了关于自然、物理、生命、社会科学、医学、数学和技术领域的2000多个概念。

科学的演化会相应地引入新的术语和概念这一事实让选择代表性问题这个艰巨的挑战变得复杂了。然而，为了给纵向比较和跨文化比较收集数据，有必要保留先前的问题，以保持连贯性，并且增加问题会拉长调查问卷，因而增加成本并且给参与者提出额外的要求（Miller，2012）。

出于一系列原因，决定保留或者增加哪个问题是困难的。来自特定科学领域的单一问题的答案并不必然暗示着拥有那个领域中的科学知识或者拥有更广泛的科学知识，因而不应该单独地进行阐释。相反，为了测量科学素养，这些题目应该被整合到量表当中。然而很多这些量表的内部信度受到了质疑（Pardo和Calvo，2004）。此外，存在一些问题的地方还有跨文化的等效性（Peters，2000），以及当大量的问题有点容易回答时就没有办法对受访者进行区分（Kahan，2015，016；Allum等，2008；Pardo和Calvo，2004）。

这些问题的答案类别——限定为真、假或不知道——可能也是不准确的。调查研究人员认为，真/假问题，与同意/不同意以及是/否问题一样，会受到"默许"偏差的影响；也就说，参与者更有可能赞同陈述为"真"的答案（Krosnick和Presser，2012；Krosnick，1991，1999）。另外一个问题是，在给这些测试题目打分时，"不知道"（DK）的答案通常是与那些不正确的得分放到一起测量的（Bauer，1996）。其理由是对评估事实性知识的一个问题给出不正确的答案与不知道的答案都意味着参与者并不拥有正确的信息（Roos，

2014）。然而，这些回答代表着不同的知识状况，不知道答案显然不同于认为那种错误的陈述是正确的。

此外，"我不知道"的回答也许会被视为"自我归因的无知"的一种迹象（Bauer，1996），这是一种很多人更愿意避免展示出来的状况。所以人们会猜测真/假题的答案而不是承认他们不知道是很常见的。然而，这种"猜测倾向"在人群中并不是均匀地分布的。一般来说，当他们不确定正确答案时，男性更有可能去猜测，而女性则更有可能表示她们"不知道"。把不知道的回答与不正确的回答结合起来会让女性处于不利地位，因而表明了性别之间存在着可能并没有反映现实情况的巨大的"知识差距"（Fortin-Rittberger，2016；Mondak 和 Anderson，2003；Bauer，1996）。

当在不同国家之间对关于科学知识的真/假题的测量进行对比时，猜测倾向中的文化差异也可能是有问题的。在回答不知道的模式中存在着国家之间的差异，从而难以阐释清楚的是，知识得分中的差异是由于不正确的知识还是由于缺乏科学内容方面的知识所导致的（Mondak 和 Canache，2004；Bauer，1996）。

猜测倾向还有可能受到不同国家所传授的考试策略的影响。比如，在标准化测试被广泛地用于测量学术成就的美国，学生们受到的教育是猜测真/假问题的答案要好过不回答这个问题（Princeton Review，2015）。然而，近期的研究表明，总体而言，猜测会给量表得分增加噪音，并且鼓励使用不知道的回答会产生更好地测量科学知识的得分（National Science Board，2016；Tourangeau 等，2016）。

最后，利用真/假问题来决定科学素养可能会受到个人宗教信仰或意识形态信仰的干扰，这些信仰会刺激动机推理（Kahan 等，2011）。这可能使得把背书支持视为事实行不通，使得有关大爆炸的陈述被视为宇宙的起源、人类从较早的动物种族中演化而来、大陆漂移，以及人为因素导致的气候变化都不被认可（Kahan，2016；National Science Board，2016；Roos，2014）。比如，在2012年，当一半的受访者被要求回答"今天我们所了解的是，人类从较早的物种进化而来"这个陈述是真还是假时，48%的受访者回答为"真"。但是这个抽样调查中的另一半受访者被问到的问题是，"今天我们所了解的是，根据进化论，人类从较早的物种进化而来"这个陈述是真是假，72%的受访者回答为"真"。类似的是，39%的受访者回答说"宇宙开始一次大爆炸"是真的，但是当这个问题前面加了一个修饰语"根据天文学家的观点"时，60%的受访者回答为"真"（美国国家科学委员会，2014）。如上所述，参与者可能既理解又抵制与他们信仰不一致的科学共识。这并没有让作为衡量科学知识本身的这些问题失效。这些题目在欧洲、中国和日本的科学知识量表中表现得非常好，那些国家中对关于进化论、大爆炸和气候变化的问题的回答似乎不像在美国那样，会引起类似水平的宗教信仰或意识形态信仰方面的动机性推理。然而，因为对这些问题的回答同美国存在着的宗教信仰与意识形态之间的关联，把它们包含在内使得在美国和其他国家之间就科学知识进行对比变得更加复杂。

人们对科学知道什么？

如上文所述，美国国家科学基金会的美国科学委员会发布的报告也被称为科学和工程指标，该指标包括了美国开展的延续性最长的科学素养调查的结果（美国国家科学委员会，2016）。当前的指标调查在很大程度上依赖于乔恩·米勒及其同事的工作（Durant等，1989；Miller，1983，1998，2004），并且主要着眼于"公民科学素养"，它包括了旨在对基本科学建构的知识进行测量的牛津量表的题目。它还包括测量对"科学探究的本质的一般理解"（Miller，2004，273），以及包括参与者就"科学研究"这个术语的理解的自我评估。那些认为他们"清楚地理解"或者"一般性地理解"这个术语的人会被问及一个关于"科学地研究某些事情是什么意思"的开放性问题。这个问题的答案会被系统性地编码。为了测量对实验的理解，参与者会被提供两种测试药物有效性的方式（其中一种会用到对照组），然后在一个开放性问题中会问他们哪一种方式更好，他们还被要求对原因进行解释。最后，调查还包括两个旨在测量对概率的理解的是非题（利用遗传咨询的背景）。

指标调查的结果表明，因为很大程度上测量的是对学校里作为关键知识而教授的一系列科学事实的认知，所以美国的一般科学知识水平相对较高，并且在过去的几十年里一直如此（美国国家科学委员会，2016；Scheufele，2013）。平均来说，在2014年，美国人能够在9道知识性问题中答对5.8道，正确率大约是64%。这个平均值自1992年以来只发生过一点点的变化，回答正确的题目数量的均值在5.6与5.8之间浮动。这种事实性科学知识的水平同欧洲相当，并且比世界其他国家的水平高一些（美国国家科学委员会，2016）。这个调查的得分与皮尤研究中心（Pew Research Center）对美国人进行随机抽样调查所获得的结果类似（2015a），该中心提供了12道多选题，得到的平均分是7.9。毫不奇怪的是，在这两个全国具有代表性的调查中，那些具有较高教育水平的人更有可能对有关科学的问题给出正确答案。然而，科学知识在性别、年龄、民族和种族方面也有差异（美国国家科学委员会，2016；Pew Research Center，2015a）。

然而，如美国国家科学委员会（2016）警告的那样，基于这些对"课本知识"有限的测量来对美国人的科学素养进行一般化应该谨慎一些。实际上，美国人在科学探究的过程方面的知识不如他们对科学知识的认知那样广博且普遍。虽然有三分之二的美国人（66%）在2014年能够正确地回答与概率相关的两个问题，但是只有一半的人（53%）能够正确地理解随机对照试验，只有四分之一的人（26%）能够解释"科学地研究某些事情是什么意思"（美国国家科学委员会，2016）。在给美国国家航空航天局（National Aeronautics and Space Administration）的一份报告中，米勒（2016）认为，根据这些测量结果，只有28%的美国成人可以被认为符合公民科学素养的标准。

对科学的态度

美国国家科学委员会（2016）和皮尤研究中心（2015a）的研究都表明，总体来说，绝大多数美国人表示出了他们对科学和技术的支持，并且认为科学研究的益处超过其可能带来的有害影响。大约十分之四的美国人还对科学共同体内的领导具有很大信心，超过百分之八十的人认为科学研究应该得到联邦政府的支持。

总之，美国人认为他们对科学也很有兴趣。在皮尤研究中心的一项调查中（2015a），约三分之一（37%）的受访者说他们"非常喜欢与科学上的新闻保持同步"，还有另外约三分之一（35%）认为在与科学新闻保持同步方面他们得到了"一些"乐趣。只有大约四分之一的人认为他们在有关科学的新闻上没有获得"很多"乐趣或根本就"没有"乐趣。

然而，虽然绝大多数美国人认为他们喜欢跟踪科学新闻，公民科学素养的测量表明，很多人有能力参与通过媒体呈现出来的新兴科学话题，但在美国对同科学相关的重要社会议题的熟悉程度则比较低。大多数美国人说他们没有或很少听到或读到过"水力压裂法"（Boudet等，2014；Kohut等，2012），包括通过基因编辑来降低疾病风险、通过大脑芯片移植来改善认知能力，以及合成血液替代品来改善身体能力在内的人类增强技术（Funk等，2016）、农业生物技术和转基因食品（McComas等，2014；Hallman等，2013）、食品辐照（Feng等，2016）、纳米技术（Hallman和Nucci，2015；Vandermoere等，2011）、合成生物学（Nerlich和McLeod，2016；Pauwels，2013）、干细胞研究（Nisbet和Becker，2014），地球工程（Mercer等，2011）以及其他重要的议题。

同样很明显的是，了解科学、支持科学并且对科学拥有信心与接受科学或者其后果是不一样的。在进化论、所消费的转基因食品的安全性、儿童疫苗免疫的安全性与有效性以及人为因素导致气候变化的真实性上是存在着科学共识的。然而，只有三分之二的美国人认为"人类和其他生物是随着时间的推移而演化而来的"（皮尤研究中心，

2015a），并且三分之一的美国人认为进化论是"完全错误的"（Miller 等，2006）。只有约三分之一的美国人（37%）认为食用转基因食品"在总体上是安全的"，并且只有约四分之一（28%）的人相信科学家清楚这些食品的风险（Funk 和 Rainie，2015）。很多美国人也仍然关注疫苗的安全性（Cacciatore 等，2016），只有 83% 的美国人认同麻疹疫苗对于儿童健康来说是安全的（皮尤研究中心，2015b）。此外，只有一半的美国人表示他们认为气候变化正在发生，并且这是由人类活动引发的，同时有大约四分之一的人表示地球正在变暖是自然模式导致的，还有四分之一的人认为根本就没有确凿的证据表明地球正在变暖（皮尤研究中心，2015a）。

最后，科学知识与科学态度之间的相互作用似乎是正相关的，但相对较小。比如，就其本身而言，有证据表明，科学知识同科学在政策方面发挥作用的正面看法，以及对科学资助的支持之间只存在较弱的相关性（美国国家科学院，2016）。类似的是，阿勒姆等人（2008）对 1989—2004 年在全国开展的 193 项具有代表性的公众理解科学调查所收集的数据进行了荟萃分析，他们发现在对年龄、性别和教育背景进行控制之后，科学知识和态度之间总体上的关系很小但正相关。此外，一般科学知识与对待科学的整体态度之间的相关性，通常要比一般性知识与对特定的科学话题（如转基因食品）的态度之间的相关性高一些。这表明提高对科学的一般性知识并不必然转变成在争议性科学话题方面对科学共识的认同。实际上，当具体的科学议题具有争议时，一般科学知识和积极的态度之间的关系往往会消失，并且通常会被意识形态和宗教信仰方面的极化或者通过动机性推理而出现的政治分歧所取代（Kahan 等，2012）。总之，人们所拥有的"课本知识"的水平在人们对科学的态度、鉴赏以及支持方面往往是一个很差的预测指标。简言之，教授人们更多的科学事实会产生对科学、科学家甚至是科学共识更恭顺的公众这种观点是存在问题的。

未来研究议程

提升科学素养的倡导者认为，广泛的公众理解科学有益于个体、文化、社会、经济、国家、民主以及科学本身。然而，当前用于评估科学素养的相对粗略的测量方式不足以呈现出这些后果。因而，难以知晓在多大程度上这些益处是真实的，以及它们是否独立于一般意义上的更高的教育水平。

这其中的部分问题在于科学素养是多层面的，并且包括对基本科学事实的知识，掌握科学方法、规范和实践，对有关科学的当前发现和争议的意识，对这些议题的启示加以理解和评估的能力，对科研机构的优先事项和行动进行评估的能力，以及对涉及科学的具体议题的公共话语和决策进行参与的能力。然而，最常用的科学素养测量方式直接地聚焦于一小部分科学事实的知识方面，同时有几个有关概率和对照试验的问题，以及几个关于对科学的信任和支持的态度的问题。这些测量标准对于充分地评估科学素养这项任务来说是不充分的。科学素养评估显然需要研发更好的工具。

一些更新的测量工具尝试着解决现存范式中的一些缺点，比如由德拉蒙德（Drummond）和菲施霍夫（Fischhoff）所建构的旨在对评价科学证据的能力进行评估以及让人们"像科学家一样思考"的科学推理量表（Scientific Reasoning Scale）以及由卡亨（Kahan）所建构的旨在测量"普通科学情报"（ordinary science intelligence）的测量方法。然而，对这些测量工具的研发予以支持的研究在规模上是有限的。还需要更多的工作来改进这些及其他工作，以创建一个简约、易于管理、有效并随着时间的推移在各种文化中仍然可靠的多维度量表。鉴于各种积极的成果都归因于更高的科学素养，所以这些测量工具也需要根据这些结果来进行更好的验证。完成这一工作的项目研究也是必要的，同时为推行这些测量工具的应用，政府 / 基金会的支持也是必要的。

参考文献

Abramo, Giovanni, and Ciriaco Andrea D'Angelo. (2016). A farewell to the MNCS and like size-independent indicators. *Journal of Informetrics*, 10(2), 646–651.

Adams, Robin, Demetra Evangelou, Lyn English, Antonio Dias Figueiredo, Nicholas Mousoulides, Alice L. Pawley, et al. (2011). Multiple perspectives on engaging future engineers. *Journal of Engineering Education*, 100(1), 48–88.

Allum, Nick, Patrick Sturgis, Dimitra Tabourazi, and Ian Brunton-Smith. (2008). Science knowledge and attitudes across cultures: A meta-analysis. *Public Understanding of Science*, 17(1), 35–54.

American Association for the Advancement of Science. (1994). *Benchmarks for science literacy*. New York: Oxford University Press.

Augustine, Norman R. (2007). *Rising above the gathering storm: Energizing and employing America for a brighter economic future*. Washington, DC: National Academies Press.

Avellaneda, Rafael Pardo and Kristin Hagen. (2016). Synthetic biology: Public perceptions of an emergent Field. In: Margret Engelhard, ed., *Synthetic biology analysed—tools for discussion and evaluation*, Vol. 44. Cham, Switzerland: Springer International, 127–170.

Bauer, Martin. (1996). Socio-demographic correlates of DK-responses in knowledge surveys: self-attributed ignorance of science. *Social Science Information: Information Sur Les Sciences Sociales*, 35(1), 39–68.

Bauer, Martin. (2008). Survey research and the public understanding of science. In: Massimiano Bucchi and Brian Trench, eds., *Handbook of public communication of science and technology.* Abingdon, UK: Routledge, 111–130.

Bauer, Martin W., Rajesh Shukla, and Nick Allum. (2012). *The culture of science: How the public relates to science across the globe*, Vol. 15. New York: Routledge.

Bell, Philip, Bruce Lewenstein, Andrew W. Shouse, and Michael A. Feder. (2009). *Learning science in informal environments: People, places, and pursuits.* Washington, DC: National Academies Press.

Bennett, Cynthia Denise. (2013). Science service and the origins of science journalism, 1919–1950. PhD diss., Iowa State University, Ames.

Berezow, Alex B., and Hank Campbell. (2012). *Science left behind: Feel-good fallacies and the rise of the anti-scientific left.* New York: PublicAffairs.

Bessi, Alessandro, Mauro Coletto, George Alexandru Davidescu, Antonio Scala, Guido Caldarelli, and Walter Quattrociocchi. (2015). Science vs conspiracy: Collective narratives in the age of misinformation. *PloS One*, 10(2), e0118093.

Bloodhart, Brittany, Edward Maibach, Teresa Myers, and Xiaoquan Zhao. (2015). Local climate experts: The influence of local TV weather information on climate change perceptions. *PLoS One*, 10(11), e0141526.

Boczkowski, Pablo Javier, and Eugenia Mitchelstein. (2013). *The news gap; when the information preferences of the media and the public diverge.* Cambrdige, MA: MIT Press.

Boudet, Hilary, Christopher Clarke, Dylan Bugden, Edward Maibach, Connie Roser–Renouf, and Anthony Leiserowitz. (2014). Fracking controversy and communication: Using national survey data to understand public perceptions of hydraulic fracturing. *Energy Policy*, 65, 57–67.

Brennan, Richard P. (1991). *Dictionary of scientific literacy.* New York: John Wiley.

Brossard, Dominique, and Dietram A. Scheufele. (2013). Social science. science, new media, and the public. *Science*, 339(6115), 40–41.

Cacciatore, M. A., G. Nowak, and N. J. Evans. (2016). Exploring the impact of the US measles outbreak on parental awareness of and support for vaccination. *Health Affairs (Project Hope)*, 35(2), 334–340.

Committee on Prospering in the Global Economy of the 21st Century. (2007). *Rising above the gathering storm: Energizing and employing America for a brighter economic future.* Washington, DC: National Academies Press.

Corner, Adam, Nick Pidgeon, and Karen Parkhill. (2012). Perceptions of geoengineering: Public attitudes, stakeholder perspectives, and the challenge of "upstream" engagement. *Wiley Interdisciplinary Reviews: Climate Change*, 3(5), 451–466.

Davis, Robert C. (1958). *The public impact of science in the mass media: a report on a nation-wide survey for the National Association of Science Writers.* Ann Arbor: University of Michigan Institute for Social Research.

DeBoer, George E. (2000). Scientific literacy: Another look at its historical and contemporary meanings and its relationship to science education reform. *Journal of Research in Science Teaching*, 37(6), 582–601.

Dierking, Lynn D., and John H. Falk. 2016. (2020). Vision: Envisioning a new generation of STEM learning research. *Cultural Studies of Science Education*, 11(1), 1–10.

Drummond, Caitlin, and Baruch Fischhoff. (2017). Development and validation of the Scientific Reasoning Scale. *Journal of Behavioral Decision Making*, 30(1), 26–38.

Dudo, Anthony, Dominique Brossard, James Shanahan, Dietram A. Scheufele, Michael Morgan, and Nancy Signorielli. (2010). Science on television in the 21st century: Recent trends in portrayals and their contributions to public attitudes toward science. *Communication Research*, 48(6), 754–777.

Dudo, Anthony, Vincent Cicchirillo, Lucy Atkinson, and Samantha Marx. (2014). Portrayals of technoscience in video games: A potential avenue for informal science learning. *Science Communication.* Advance online publication.

Durant, John, Geoffrey Evans, and Geoffrey Thomas. (1992). Public understanding of science in Britain: The role of medicine in the popular representation of science. *Public Understanding of Science*, 1(2), 161–182.

Durant, J. R. (1993). What is scientific literacy? In: J. R. Durant and J. Gregory, eds., *Science and culture in Europe.* London: Science Museum, 129–137.

Durant, J. R., G. A. Evans, and G. P. Thomas. (1989). The public understanding of science. *Nature*, 340(6228), 11–14.

Falk, John H., and Lynn D. Dierking. (2010). The 95% solution school is not where most Americans learn most of their science. *American Scientist*, 98(6), 486–493.

Falk, John H., and Mark D. Needham. (2013). Factors contributing to adult knowledge of science and technology. *Journal of Research in Science Teaching*, 50(4), 431–452.

Feng, Yaohua, Christine Bruhn, and David Marx. (2016). Evaluation of the effectiveness of food irradiation messages. *Food Protection Trends*, 36(4), 272–283.

Fischhoff, B., and A. L. Davis. (2014). Communicating scientific uncertainty. *Proceedings of the National Academy of Sciences of the United States of America*, 111(Suppl. 4), 13664–13671.

Fortin–Rittberger, Jessica. (2016). Cross–national gender gaps in political knowledge: How much is due to context? *Political Research Quarterly*, 69(3), 391–402.

Funk, Cary, Brian Kennedy, and Elizabeth Podrebarac Sciupac. (2016). *U.S. public wary of biomedical technologies to "enhance" human abilities.* Washington, DC: Pew Research Center.

Funk, Cary, and Lee Rainie. (2015). *Public and scientists' views on science and society.* Washington, DC:

Pew Research Center.

Gauchat, Gordon. (2012). Politicization of science in the public sphere: A study of public trust in the United States, 1974 to 2010. *American Sociological Review*, 77(2), 167–187.

Gauchat, Gordon. (2011). The cultural authority of science: Public trust and acceptance of organized science. *Public Understanding of Science*, 20(6), 751–770.

Gauchat, Gordon. (2015). The political context of science in the United States: Public acceptance of evidence–based policy and science funding. *Social Forces.* 94(2), 723–746.

Hallman, W. K. (2015). Improving effective science communication. In: *Communicating Science for Policy* (pp. 35–46). Washington, DC: Institute on Science for Global Policy.

Hallman, William K., and Mary L. Nucci. (2015). Consumer perceptions of nanomaterials in functional foods. In: Cristina M. Sabliov, Hongda Chen, and Rickey Y. Yada, eds., *Nanoand micro-scale vehicles for effective delivery of bioactive ingredients in functional foods.* Oxford: John Wiley, 331–347.

Hazen, Robert M., and James Trefil. (1991). *Science matters. Achieving scientific literacy.* New York: Anchor.

Hirsch, Eric Donald, Joseph F. Kett, and James S. Trefil. (2002). *The new dictionary of cultural literacy: What every American needs to know.* New York: Houghton Mifflin Harcourt.

House of Lords. (2000). *Science and society.* Select Committee on Science and Society, Third Report. London: HMSO.

Kahan, Dan M. (2015). Climate - science communication and the measurement problem. *Political Psychology*, 36(Suppl. 1), 1–43.

Kahan, Dan M. (2016). "Ordinary science intelligence" : A science–comprehension measure for study of risk and science communication, with notes on evolution and climate change. *Journal of Risk Research.* Advance online publication. http:// www.tandfonline.com/ doi/ abs/ 10.1080/13669877.2016.1148067.

Kahan, Dan M., Hank Jenkins–Smith, and Donald Braman. (2011). Cultural cognition of scientific consensus. *Journal of Risk Research*, 14(2), 147–174.

Kohut, Andrew, Carroll Doherty, Michael Dimock, and Scott Keeter. (2012). *As gas prices pinch, support for oil and gas production grows: Those aware of fracking favor its use.* Washington, DC: Pew Research Center.

Krosnick, Jon A. (1991). Response strategies for coping with the cognitive demands of attitude measures in surveys. *Applied Cognitive Psychology*, 5(3), 213–236.

Krosnick, Jon A. (1999). Survey research. *Annual Review of Psychology*, 50(1), 537–567.

Krosnick, Jon A. and Stanley Presser. (2010). Question and Questionnaire Design. In: Peter V. Marsden, James D. Wright, eds., *The Handbook of Survey Research.* 2nd ed., Bingley, UK: Emerald Group Publishing Limited, 263–314.

Laugksch, Rüdiger C. (2000). Scientific literacy: A conceptual overview. *Science Education*, 84(1), 71–94.

Layton, David, Angela Davey, and Edgar Jenkins. (1986). Science for specific social purposes (SSSP): Perspectives on adult scientific literacy. *Studies in Science Education*, 13(1), 27–52.

Leiserowitz, Anthony A., Edward W. Maibach, Connie Roser–Renouf, Nicholas Smith, and Erica Dawson. (2013). Climategate, public opinion, and the loss of trust. *American Behavioral Scientist*, 57(6), 818–837.

Lerner, Lawrence S., Ursula Goodenough, John Lynch, Martha Schwartz, and Richard Schwartz. (2012). *The state of state science standards, 2012*. Washington, DC: Thomas B. Fordham Institute.

Lewenstein, Bruce V. (1992). The meaning of public understanding of "science" in the United States after World War II. *Public Understanding of Science*, 1(1), 45–68.

Lin, Shu–Fen, Huann–shyang Lin, Ling Lee, Larry D. Yore, Shu–Fen Lin, Huann–shyang Lin, Ling Lee, and Larry D. Yore. (2015). Are science comics a good medium for science communication? The case for public learning of nanotechnology. *International Journal of Science Education—Part B*, 5(3), 276–294.

Maier, Michaela, Tobias Rothmund, Andrea Retzbach, Lukas Otto, and John C. Besley. (2014). Informal learning through science media usage. *Educational Psychologist*, 49(2), 86–103.

Mayo, Merrilea J. (2009). Video games: A route to large–scale STEM education? *Science*, 323(5910), 79–82.

McComas, Katherine A., John C. Besley, and Joseph Steinhardt. (2014). Factors influencing U.S. consumer support for genetic modification to prevent crop disease. *Appetite*, 78, 8–14.

McFadden, Brandon R., and Jayson L. Lusk. (2016). What consumers don't know about genetically modified food, and how that affects beliefs. *FASEB Journal*, 30(9), 3091–3096.

McNeill, Katherine L., and Joseph Krajcik. (2008). Inquiry and scientific explanations: Helping students use evidence and reasoning. In: Julie Luft, Randy L. Bell and Julie Gess–Newsome, eds., *Science as inquiry in the secondary setting*. Arlington, VA: National Science Teachers Association Press, 121–134.

Mercer, Ashley M., David W. Keith, and Jacqueline D. Sharp. (2011). Public understanding of solar radiation management. *Environmental Research Letters*, 6(4), 044006.

Michaels, S., A. Shouse, and H. Schweinberger. (2008). *Ready, set science: Putting research to work in K-8 science classrooms*. Washington, DC: National Academies Press.

Miller, Jon D. (2010a). Adult science learning in the Internet era. *Curator: The Museum Journal*, 53(2), 191–208.

Miller, Jon D. (2010b). Civic scientific literacy: The role of the media in the electronic era. In: Donald Kennedy and Geneva Overholser, eds., *Science and the Media*. Cambridge, MA: American Academy of

Arts and Sciences, 44–63.

Miller, Jon D. (2004). Public understanding of, and attitudes toward, scientific research: What we know and what we need to know. *Public Understanding of Science*, 13(3), 273–294.

Miller, Jon D. (1983). Scientific literacy: A conceptual and empirical review. *Daedalus*, 112(2), 29–48.

Miller, Jon D. (1998). The measurement of civic scientific literacy. *Public Understanding of Science*, 7(3), 203–223.

Miller, Jon D. (2012). The sources and impact of civic scientific literacy. In: Martin W. Bauer, Rajesh Shukla, and Nick Allum, eds., *The culture of science: How the public relates to science across the globe.* New York: Routledge, 217–240.

Miller, Jon D. (1992). Toward a scientific understanding of the public understanding of science and technology. *Public Understanding of Science*, 1(1), 23–26.

Miller, Jon D., and Ronald Inglehart. (2012). American attitudes toward science and technology. In: William Sims Bainbridge, ed., *Leadership in science and technology: A reference handbook*, Vol. 1. New York: SAGE, 298–306.

Miller, Jon D., Eugenie C. Scott, and Shinji Okamoto. (2006). Public acceptance of evolution. *Science*, 313(5788), 765–766.

Mondak, Jeffery, and Mary Anderson. (2003). A knowledge gap or a guessing game? Gender and political knowledge. *Public Perspective*, 14(2), 6–9.

Mondak, Jeffery J., and Damarys Canache. (2004). Knowledge variables in cross - national social inquiry. *Social Science Quarterly*, 85(3), 539–558.

Mooney, Chris. (2006). *The Republican war on science.* New York: Basic Books.

Mooney, Chris, and Sheril Kirshenbaum. (2010). *Unscientific America: How scientific illiteracy threatens our future.* New York: Basic Books.

National Academies of Sciences, Engineering, and Medicine. (2016). *Science literacy: Concepts, contexts, and consequences.* Washington DC: National Academies Press.

National Research Council. (2015). *Identifying and supporting productive STEM programs in out-of-school settings.* Washington, DC: National Academy Press.

National Science Board. (2014). *Science and engineering indicators 2014.* Arlington, VA: National Science Foundation.

National Science Board. (2016). *Science and engineering indicators 2016.* Arlington, VA: National Science Foundation.

Nerlich, B., and C. McLeod. (2016). The dilemma of raising awareness responsibly: The need to discuss controversial research with the public raises a conundrum for scientists: When is the right time to start public debates? *EMBO Reports*, 17(4), 481–485.

NGSS Lead States. (2013). *Next generation science standards: For states, by states.* Washington, DC: National Academies Press.

Nisbet, Matthew C., and Amy B. Becker. (2014). The polls—Trends: Public opinion about stem cell research, 2002 to 2010. *Public Opinion Quarterly*, 78(4), 1003–1022.

Nisbet, Matthew C., and Anthony Dudo. (2013). *Entertainment media portrayals and their effects on public understanding of science.* ACS Symposium Series 1139. Philadelphia, PA: American Chemical Society.

Norris, Stephen P., Linda M. Phillips, and David P. Burns. (2014). Conceptions of scientific literacy: Identifying and evaluating their programmatic elements. In: M. R. Matthews, ed., *International handbook of research in history, philosophy and science teaching.* Dordrecht, The Netherlands: Springer, 1317–1344.

Pardo, Rafael, and Félix Calvo. (2004). The cognitive dimension of public perceptions of science: Methodological issues. *Public Understanding of Science*, 13(3), 203–227.

Pauwels, Eleonore. (2013). Public understanding of synthetic biology. *Bioscience*, 63(2), 79–89.

Perkowitz, Sidney, and Sidney Perkowitz. (2013). *Hollywood science: Movies, science, and the end of the world.* New York: Columbia University Press.

Peters, Hans Peter. (2000). From information to attitudes? Thoughts on the relationship between knowledge about science and technology and attitudes toward technology. In: M. Dierkes and C. von Grote, eds., *Between Understanding and Trust: The Public, Science and Technology.* Amsterdam: Harwood, 182–196.

Pew Research Center. (2015a). *A look at what the public knows and does not know about science.* Washington, DC: Author.

Pew Research Center. (2015b). *83% say measles vaccine is safe for healthy children.* Washington, DC: Author.

Pobiner, Briana. (2016). Accepting, understanding, teaching, and learning (human) evolution: Obstacles and opportunities. *American Journal of Physical Anthropology*, 159(Suppl. 61), S232–S274.

Priest, Susanna. (2013). Critical science literacy what citizens and journalists need to know to make sense of science. *Bulletin of Science, Technology & Society*, 33(5–6), 138–145.

Princeton Review. (2015). *Cracking the new SAT.* New York: Penguin Random House.

Quinn, Helen, Heidi Schweingruber, and Thomas Keller. (2012). *A framework for K-12 science education: Practices, crosscutting concepts, and core ideas.* Washington, DC: National Academies Press.

Roos, J. M. (2014). Measuring science or religion? A measurement analysis of the National Science Foundation sponsored Science Literacy Scale 2006–2010. *Public Understanding of Science*, 23(7), 797–813.

Rutherford, F. James, and Andrew Ahlgren. (1991). *Science for all Americans.* New York: Oxford

University Press.

Ryan, Camille L., and Kurt Bauman. (2016). *Educational attainment in the United States: 2015, current population reports.* Washington, DC: US Census Bureau.

Scheufele, D. A. (2013). Communicating science in social settings. *Proceedings of the National Academy of Sciences of the United States of America*, 110(Suppl. 3), 14040–14047.

Schweitzer, Nicholas J., and Michael J. Saks. (2007). The CSI effect: Popular fiction about forensic science affects the public's expectations about real forensic science. *Jurimetrics*, 47, 357–364.

Shen, Benjamin S. P. (1975). Science literacy and the public understanding of science. In: Stacey B. Day, ed., *Communication of scientific information.* Basel: Karger, 44–52.

Snow, Charles Percy. (1959). *The two cultures and the scientific revolution: The Rede Lecture, 1959.* Cambridge, UK: Cambridge University Press.

Steenis, Nigel D., and Arnout R. H. Fischer. (2016). Consumer attitudes towards nanotechnology in food products: An attribute–based analysis. *British Food Journal*, 118(5), 1254.

Sturgis, Patrick, and Nick Allum. (2004). Science in society: Reevaluating the deficit model of public attitudes. *Public Understanding of Science*, 13(1), 55–74.

Thomas, Geoffrey, and John Durant. (1987). Why should we promote the public understanding of science. *Scientific Literacy Papers*, 1, 1–14.

Toumey, C., J. Besley, M. Blanchard, M. Brown, M. Cobb, E. H. Ecklund, et al. (2010). *Science in the service of citizens & consumers: The NSF workshop on public knowledge of science.* Arlington, VA: National Science Foundation.

Tourangeau, Roger, Aaron Maitland, and H. Yanna Yan. (2016). Assessing the scientific knowledge of the general public: The effects of question format and encouraging or discouraging don't know responses. *Public Opinion Quarterly.* Advance online publication. http:// poq.oxfordjournals.org/ content/ early/ 2016/ 05/ 24/ poq.nfw009.abstract.

US Census Bureau. (2013). American community survey demographic and housing estimates, 2011–2013: American community survey 3–year estimates. http:// factfinder.census.gov/faces/ tableservices/ jsf/ pages/ productview.xhtml?pid=ACS_13_ 3YR_ DP05&prodType=table.

Vandermoere, F., S. Blanchemanche, A. Bieberstein, S. Marette, and J. Roosen. (2011). The public understanding of nanotechnology in the food domain: The hidden role of views on science, technology, and nature. *Public Understanding of Science*, 20(2), 195–206.

Weaver, Warren. (1966). Why is it so important that science be understood? *Impact of Science on Society*, 16(1), 41–50.

Withey, Stephen B. (1959). Public opinion about science and scientists. *Public Opinion Quarterly*, 23(3), 382–388.

Yaohua Feng, Christine Bruhn, and David Marx. (2016). Evaluation of the effectiveness of food irradiation messages. *Food Protection Trends*, 36(4), 272–283.

推荐阅读

Allum, Nick, Patrick Sturgis, Dimitra Tabourazi, and Ian Brunton–Smith. (2008). Science knowledge and attitudes across cultures: A meta–analysis. *Public Understanding of Science*, 17(1), 35–54.

Drummond, Caitlin, and Baruch Fischhoff. (2017). Development and validation of the Scientific Reasoning Scale. *Journal of Behavioral Decision Making*, 30(1), 26–38.

Kahan, Dan M. (2016). "Ordinary science intelligence": A science–comprehension measure for study of risk and science communication, with notes on evolution and climate change. *Journal of Risk Research*. Advance online publication. http:// www.tandfonline.com/ doi/ abs/ 10.1080/13669877.2016.1148067.

National Academies of Sciences, Engineering, and Medicine. (2016). *Science literacy: Concepts, contexts, and consequences*. Washington, DC: National Academies Press.

National Science Board. (2016). *Science and engineering indicators 2016*. Arlington, VA: National Science Foundation.

Pew Research Center. (2015). *A look at what the public knows and does not know about science*. Washington, DC: Author.

Roos, J. M. (2014). Measuring science or religion? A measurement analysis of the National Science Foundation sponsored Science Literacy Scale 2006–2010. *Public Understanding of Science*, 23(7), 797–813.

Tourangeau, Roger, Aaron Maitland, and H. Yanna Yan. (2016). Assessing the scientific knowledge of the general public: The effects of question format and encouraging or discouraging don't know responses. *Public Opinion Quarterly*. Advance online publication. http://poq.oxfordjournals.org/content/early/2016/05/24/poq.nfw009.abstract.

第六章
科学争议：科学传播的科学提供的是管理指导还是仅仅提供分析

布鲁斯·V.卢恩斯坦

摘要： 对于某些人来说，科学传播的科学为对争议进行管理提供了一种希望，在这些争议之中，科学共同体的大多数看到了一系列清晰的事实，而其他力量则影响着公共政策。对其他人而言，理解争议可以带来的帮助并不大，但在阐明科学被嵌入社会之中的方式上却有点用处。适应科学传播的科学的后一种传统就要求从一些案例研究中获取见解，这些案例研究凸显历史和情境因素，但可能缺乏那些可以对争议进行管理的人试图获取的预测能力。在有关争议的文献中，一些重复出现的主题包括技术效率与社会公平，监管与选择的自由，进步与传统价值，政治优先性与环境可持续性。所以挑战就在于创造一种复杂的社会情境科学，这种科学在试图描述以及有时候要去管理的社会和政治力量如何对其产生影响方面是具有反身性的。

关键词： 争议；价值；公共政策；社会；科学传播的科学；案例研究；社会情境

科学家们通常会因涉及科学的社会和政治争议而感到苦恼，这些争议发生在这样一种情况之下：科学界的大部分人都认为面对着一组清晰的事实和一个拥有确定知识的领域，但是其他力量仍然影响着公共舆论和公共政策。这种争议的一些案例就包括：

- **进化论与神创论：** 因为"如果不从进化的角度来看，生物学的一切都将变得无法理解"（Dobzhansky, 1973），因而推动神创论教学的努力（有时，对教授进化论进行的限制）绝不仅仅是非理性的、反科学的活动，科学家们很难理解。在过去的半个世纪里，美国出现的一系列法律上的对抗导致法庭判决认同更科学的立场。（*Tammy Kitzmiller*，等 v. *Dover Area Scholl District*，等）。[1]但是利用法律体系来捍卫科学让科学家们感到苦恼。

- **气候变化是真实存在的以及人为因素导致了气候变化**：在 1988 年以来，由政府间气候变化专门委员会（Intergovernmental Panel on Climate Change）出版的一系列联合国赞助的科学评估已经表明，人类行为引发的重大全球气候变化是真实存在的。几项估计指出，97% 的气候科学家都认同这些评估。但是一些少数科学家，通常得到了某些行业的赞助，这些行业受到了宣传气候变化而产生了不利的影响，这些科学家对气候变化的质疑在增加。这种怀疑一直是关于如何应对气候变化的政治争议的核心。

- **疫苗与自闭症**：一篇发表于 1998 年的论文声称发现了儿童疫苗与自闭症之间的关联（见本书第四十五章）。后来表明那篇论文既存在欺骗行为，又充斥着利益冲突。随后的很多研究确定无疑地表明疫苗与自闭症之间的关联是伪造的。但是这种被误信的关联被广为宣传，并且增加了对要求孩子进行疫苗免疫是否明智的怀疑。当麻风腮三联疫苗（MMR）的注射人数下降时，某些麻疹的爆发就是对这种欺骗行为所导致的错误观点的深信不疑所引发的。

- **干细胞**：在 20 世纪 90 年代末，人类胚胎干细胞在治疗疾病方面的潜在价值变得清晰了。但是采集这些细胞必然会杀死人类胚胎。因为宗教方面对堕胎的抵制通常是基于胚胎是活生生的人这种观点，所以干细胞研究让某些宗教信仰与科学调查这个领域存在着直接的冲突。这就导致了对胚胎干细胞开展进一步研究的政治争议。

- **转基因生物**：很多科学家认为美国食品和药物管理局批准的供人类消费的遗传工程作物的安全性已经被很好地证实了，2016 年美国国家科学院的报告更加巩固了这种信心。但是其他科学家认为证据还不清晰。这些科学争议被农业企业的反对者、有机农业的支持者、对科学的狂妄（科学家"扮演上帝"）表示担忧的社会和宗教激进分子以及其他人所利用，他们以此来挑战作物中的转基因生物。不确定性存在于社会和政治冲突的驱动力之中。

某些争议涉及相对较新的话题，显然与科学史上的一些时刻（疫苗、转基因生物、干细胞、像纳米技术或者合成生物学这样的新兴技术）或者新兴议题（气候变化）相关联。但是其他的争议则是代表着界定社会如何与科学进行互动的深刻的伦理和社会价值的持续性议题（进化论）。争议通常是两种信念的冲突，一种是相对天真的信念，认为科学运行于一个与社会因素分离的理性世界中，另一种信念认为科学深深地植根于社会因素之中，受到社会因素的左右并且积极地左右着社会因素。争议通常出现于揭示出"科学"作为一个过程，作为一种知识体系以及作为一套社会制度之间的张力的情境之中。

很多科学家对涉及科学的争议的懊恼导致了某些人去寻找一些方式，以更好地理解这种争议产生的原因。更进一步的是，他们寻找阻止或者解决争议的方法。在理解和管理争议方面，他们转向社会科学共同体，以寻求指导。

管理指引并不能直截了当地提供出来。对研究科学争议的社会科学家来说——尤其是那些期望创造一种科学传播的科学的人，一个关键的挑战在于认识到存在着一种关键的张力：对于某些科学争议，"最佳的"答案似乎对很多科学家来说是清晰的，但是研究争议的学者们会质疑那些成果的清晰性。这些研究表明，想表达科学在何时是清晰的并非易事——就像气候变化或者转基因生物的案例那样，并且这些冲突的时刻对于理解争议的动力机制是尤其重要的。很多早期的研究把这些争议分成了两种类型：处于研究前沿的和涉及科学对社会的影响的。但是这种分类在很大程度上消失了（Pinch，2015）。通常（虽然并不总是）恰恰是明确地存在于内部争议中的（并且是这种争议的必要组成部分的）不确定性和方法论上的差异为更多的公共领域中的争论提供了机会。

历史学家、社会学家、哲学家和其他人对争议进行的研究有着悠久的历史（Martin，2014；Engelhardt 和 Caplan，1986；Nelkin，1979，1984，1991）。对科学传播的科学采用这种研究传统的挑战在于，这些文献大多来自历史和解释性社会科学视角，这些视角重视识别、描述和对社会力量在争议中起作用的丰富理解，高于一些人希望科学传播提供的管理目标。实际上，大量有关争议的文献来自这样一些视角，它们显然对复杂社会情境的"科学"可以产生管理建议而又不屈服于所描述的社会和政治因素的主张有所怀疑。比如，这种研究中所描述的经济和政治因素左右了利用来自对科学争议进行的研究所产生的见解来影响渔业管理的尝试（Finlayson，1994）。因而，继续向前的挑战就是学习如何把"理解"和"管理"这两种内在的目标整合进科学传播的科学的期望之中。

对争议给予分析上的关注兴起于20世纪70年代和80年代，因为科学研究的学者意识到了社会过程在对自然界生产可靠的知识方面的作用。在那之前，历史、哲学和科学社会学在很大程度上着眼于科学的内部知识结构，以及把科学同其他形式的知识区分开来的特征。但随着对作为一种社会建制的科学的力量的质疑在第二次世界大战后的若干年里浮现出来，学者开始尝试着去理解科学与社会因素的互动。

当然，自然限制了科学家可以获得的可能结果，但是科学家们所提出的问题，他们开展调查所用的方式，他们采取的途径，他们搜集的数据类型，他们在出版物中所用的修辞，他们与其他科学家形成的联盟等都被证明对于科学的日常实践是至关重要的。比如，很多医学争议取决于研究科学家和执业医师所采用的不同的推理方式，尤其是不能给患者提供更好选择的医生；在这种情况下，医生也许更愿意尝试未经证实的疗法，即便科学家不能为证实其安全性和有效性提供数据。有关气候的争议可能源于观测气象学家的不同结论，有的专注于观测现象，有的则更倾向于数学计算，依赖于复杂的计算机模型（Mooney，2007）。

特别是在科学社会学中，"争议"成为一个方法论工具，因为当所有事情都顺利地进展时，争议揭示了隐藏起来的科学的某些方面（Pinch，2015）。尤其是，已经变得非常明显的是，简单地通过诉诸"事实"或者更多更好的数据并不能解决争议。相反，关键问题是：历史情境和社会过程如何帮助结束这种状况？很快地变得明显的是，伦理和社会价值（包括宗教价值以及其他道德规范）在争议中也发挥着重要作用（Engelhardt 和 Caplan，1986）。同样明显的是，通过政治和经济这些词语各种各样的诠释，我们也可以看到政治和经济也在争议中发挥着重要作用，尤其是党派政治，对权力问题的社会协商以及金融问题上。政治还包括科学共同体的内部动力机制（比如精英机构与非精英机构之间的权力关系，不同学科与机构之间对资源的竞争，以及不同行动者之间的个人同盟和关系）。历史的偶然性也发挥了作用，因为新的科学方法对什么算是可靠数据的问题和新期待提供了不同的视角。

很多争议之所以会出现是因为不同的利益相关者在什么是相关且重要的方面拥有不同的看法。在有关争议的一系列编著的文集中，社会学家多萝西·内尔金（Dorothy Nelkin，1979，1984，1991）找出了一系列反复出现的张力：

- **效率与公平。**在很多情况下，比如机场或化工产的选址，对于很多人来说，某种方案似乎是"最好的"（比如，对工人以及运输产品来说可以利用多元的交通模式）。然而，同样的方案有可能同时给被剥夺了公民权的共同体增加不平等的负担（比如贫穷且通常是少数种族的共同体更有可能承担工厂和机场带来的噪音和污染的成本）。

- **收益与风险**：新技术通常会带来在更长的时间跨度上存在着不确定风险（在几年后可能会出现副作用，因为与长期接触化学品相关的潜在健康风险可能同新的制造技术相关）的即刻且直接的益处（新的疾病疗法，汽车上更轻且更强的材料）。很多收益与风险的争议取决于赋予经济利益和健康风险方面的不同价值观。

- **监管与选择的自由**。受政府规章所限制的技术选择凸显了个人权利与社会目标之间持续的张力。比如，要求使用安全带，或者限制购买烟草和酒精，必然地冲击到个体对风险做出个人选择的自由。然而，缺乏规章制度会给社会成本增加负担，这些成本通常同与疗法相关的医疗支出或者个人疾病对家庭、同事和其他共同体成员的影响有关。

- **科学与传统价值**。科学将自己呈现为道德中立的，但其中必然地含有一种先进的哲学立场——知识越多越好，初步的发现可能会产生更强大的结论，新的发现会终结以前的"事实"。对于那些试图维持既有社会价值（或返回到以前的价值）的人来说——比如，有关父母对孩子的权威或者祷告与健康的关系——科学的进步性价值与工具性价值与既有道德体系的承诺是冲突的。

- **政治优先性与环境价值**。有关核能或者职业健康标准的争议凸显了由营利性企业或者国家经济发展的需求所影响的政治力量与对大规模环境变化日益增加的理解之间的张力。在政治层面上，更多的即刻效果胜过了可能在未来几百到几千年才会出现的不确定性和启示的抽象性。

内尔金的一个核心观点是这种反复出现的张力影响着彼此。比如，在于特定地点建设核再生工厂的决策中，平等、经济发展、监管、政治和环境价值都发挥了作用。当贫穷的社群的成员意识到，正是他们自己被边缘化的政治地位使得更有权力的社会群体把不确定的长期健康风险转移给了没有什么反抗武器的人时，他们就可能要与同新兴工业一起出现的经济发展做斗争。为应对这种情况，处于不利地位的社群就会让自己与一些群体形成同盟，对于这些群体来说，冲突在于它给这个产业带来了大规模的环境启示。

对冲突的这种重叠的阐释为科学传播的科学带来了挑战。在这种广泛的议题之间让变量具有操作性，然后对它们的相互作用进行建模以产生可靠且可证实的判断可能会错失影响个别争议的意外事件和细微差别。历史既被低估了（我们永远不能精确地表明为何一个特定的争议会那样发展下去），也被高估了（因多元的原因而出现的特定的争议）。对于那些出于对争议进行管理的目的而试图利用科学传播的科学的人来说，挑战在于以对指导未来的行动有用的方式从案例研究中找到一些提取出意义的方式。

指出让冲突具有典型特征的反复出现的张力只是探讨这个问题的一种方式。在对科学争议研究了近 40 年后，社会学家布莱恩·马丁（Brian Martin，2014）近期整理了一些经常引发争议的问题：

- **确认偏差**。绝大多数人会以支持他们既有观点的方式来解读新信息。因而，马丁认为，如果一项新研究表明对饮用水进行氟化会强化骨骼，那么支持氟化的人们就会赞扬这一研究；但是反对氟化的人就会指责说研究人员存在着偏见。

- **对假设的强化**。与之类似的是，绝大多数人利用新信息来再次证实他们现有的假设。马丁认为相信进化论的人会利用进化论来解释大自然中的一切，而神创论者则把自然界中的一切都视为上帝的作品。

- **举证责任**。在不同方面把举证责任放在争论的不同方面上，转基因生物给我们提供了一个经典案例。对于支持者来说，转基因生物被认为是安全的；恰恰是反对者需要证明它存在危险。而对于反对者来说，转基因生物被认为是不安全的；应该由支持者来证明它的安全性。

- **群体动力学**。因为一个立场的支持者或者反对者往往会彼此关联，所以他们往往在内部达成共识。其中有些也许是因为"群体思维"，在这里群体会通过不对假设过于苛求或者考察备选的观点来避免冲突。有些可能归因于"文化认知"，其观点是个体认为接受那些与他们自己群体相似的立场而非其他群体的立场会更容易一些（Kahan，2012）。

- **既得利益**。大量的研究表明，在决策中拥有利害关系的群体会通过各种方式影响辩论。有时候其效果是不易察觉的，比如以偏好一个或另一个结论的方式来为研究问题设置框架。比如，研究表明药物研究的结果通常取决于这项研究是由一个制药公司支持的，还是由政府机构支持的。虽然企业支持的研究可能会开展得很好，但是它通常会以更可能产生良好结果的方式进行设计。在其他时候，其效果更加激动人心且涉及蓄意的行为。比如，烟草企业既隐藏了存在冲突的数据，又赞助了旨在获取它想要的答案的研究（Oreskes 和 Conway，2010）。

- **价值观**。和内尔金一样，马丁也认识到很多科学争议取决于不同的社会价值观。比如，是否允许对胚胎干细胞开展研究部分地取决于对生命的本质以及人类胚胎状态的个人价值观，以及对不同种类道德收益进行权衡的个人价值观（在干细胞研究的案例中，立场还可能取决于宗教或者政治群体动力学，这

些动力学表明了有关争议的文献所识别出来的主题通常是如何相互交叉又彼此
互动的）。

对于争议的研究来说，一个独特的挑战在于不仅要理解是什么引发了争议，还要理
解什么可以让争议终结。科学研究学者找到了可以终结争议的几种方式（Engelhardt 和
Caplan，1986）：

- **通过失去兴趣终结。**有些争议永远不会得到解决，但却会逐渐消失，因为它们的
  支持者找到了其他关切的议题，或者在极端情况下，在发动终极争论前它们的支
  持者死亡了。在 20 世纪 20 年代和 30 年代，一些遗传学家认为遗传学的技术原
  则表明可以（且应该）对人类婚姻进行安排以便"改善"人种，这种观点被贴上
  了"积极优生学"的标签。虽然今天我们意识到这种观点中的社会偏见，但当时
  这个技术问题饱受争议。对 20 世纪 30 年代和 40 年代由纳粹支持的优生学的道德
  恐惧，与对遗传学其他问题关注的日益增加一起，导致科学家转向了其他问题，
  而没有去解决在原则上讲积极优生学是否在可以影响人类特性的分布规模方面有
  效。在另外一个案例中，大剂量地使用维生素 C 会延缓疾病这个观点得到了 20
  世纪最杰出的化学家之一且两度荣膺诺贝尔奖（化学奖与和平奖）的莱纳斯·鲍
  林（Linus Pauling）的积极推广。极少的科学家认同这个观点，然而即便科学家们
  的研究否定了这个观点之后，鲍林的卓越地位仍然使得这个观点持续存在。在鲍
  林死后，这个争议在很大程度上消失了。

- **通过武力终结。**有时候，国家的力量或权威的其他来源会终结争议。最著名的案
  例就是在苏联出现的李森科（T.D.Lysenko）对达尔文自然选择的批判。李森科在
  相当程度上是一个未受过训练的农学家，他认为小麦和其他谷物可以被培育出更
  高的产量，并且这种新的产能可以被后代所获得。在 20 世纪 30 年代的苏联农业
  危机期间，他引入了似乎比现有技术稍微好一些的新的耕作技术；这些技术使得
  他获得了苏联领导人的关注。因为李森科来自农民家庭，并且没有接受过大学教
  育，他的背景迎合了苏联领导人的意识形态。当李森科获得了政治权威支持后，
  他把自己非正统的科学观念在全国推行开来。1948 年，主要的农业研究所宣布李
  森科主义是"唯一正确的理论"，以及对他的科学进行批判。批评人士被贬责或
  流放。直到 20 世纪 60 年代，对李森科及其理论的批判才最终成为可能。

- **通过共识终结。**在某些情境下，因为相关共同体的成员决定采用一种特殊的方法，
  所以争议得到了解决，即便证据还不清楚。他们是出于共同体的团结而做出这个

决定的。比如，尽管科学研究支持在饮用水中添加氟，但是禁止在饮用水中添加氟的某些共同体却得出了相反的结论。他们这样做是由达成共识的某些方法（通常是公投）所决定。注意，"共识"并不意味着每个人都同意这些决定；它意味着每个人不管其信念是什么都同意遵守这个决定。

● **通过协商终结**。对某些争议来说，我们可以发现争议的终结点对于各方来说具有最低的接受度。比如，当2011年美国总统乔治·W. 布什（George W. Bush）宣布说美国联邦资金不能用于有关胚胎干细胞的初始研究，他把任何已存的干细胞系从他的命令中明确地排除了。虽然这个决定不能充分地满足那些出于道德原因而反对就胚胎干细胞开展研究的人，但是它为研究的支持者提供了一条没有被完全地禁止的前进路线。

● **通过可靠的论据终结**。这是理想化的科学结果，通过基于公认的数据而建立起来的理性论据说服了每一个人。在对这种终结进行的探索中，伦理学家汤姆·比彻姆（Tom Beauchamp）认为"这种终结形式在争议性的道德或公共政策辩论领域中几乎从未实现过"（Engelhardt 和 Caplan，1986，29）。相反，共识或协商的工具更有可能对不确定的事实的问题、相互竞争的方法、对风险和收益的不同评估等找到一种解决方法。

就像对争议进行分类对科学传播的科学只是稍微有点帮助一样，对争议的终结进行分类也会带来问题。对于同样的科学或技术领域，不同的群体可能会以不同的方式来看待争议的终结。拿冷核聚变这个例子来说，1989年，两个化学家宣布他们找到了用简单的设备以低成本产生核聚变的方法。如果是真实的，那么他们的发现会让现代物理的很多方面遭受到质疑。至此一个全球性的争议就出现了（Lewenstein，1995）。在早期，支持或批判的分野通常是依据于共同体的从属关系（通过共识终结），尤其是化学家与物理学家。在大约两个月的时间内，科学共同体的大部分为此画上了一个句号，都认为冷核聚变没有被制造出来。这似乎是"通过可靠的论据终结的"。但是实际上，几乎没有科学家考察过详细的证据；相反，他们中的绝大多数根据普遍规律，以及相信其他研究人员更仔细地对此进行调查后得出的结论做出了自己的决定，包括美国能源部委员会发布的尖刻的报告（同样，类似于"通过共识终结"）。但是终结并不彻底。在我撰写本章内容时，这已经是该事件发生25年之后了，满足"良善科学"很多标准的科学共同体中的一小部分且活跃的人仍在调查冷核聚变。这个共同体中的这些人认为，存在着过早地"通过武力终结"的形式，这种武力是有权威机制所维持的，比如资助机构的权力和期刊出

版政策。因而，有些争议不仅存在于原始的主张上，而且存在于争议的终结本身是否得
以实现。

在本章的开头，我认为涉及科学和技术的很多争议的存在是渴望开展科学传播的科
学的驱动力之一。对于某些人来说，这样一种科学的目标是阻止或解决未来的争议。但
是对于其他人来说，其目标是对争议有细致入微的理解；这些学者们对科学传播进行分
析是否能够或应该就科学传播的"问题"产生一个"解决方案"。如果我们认为科学争议
是会一直存在的东西，因为科学本身就是在一个复杂的社会和政治环境中运行的，那么
作为分析人士，我们的目标就是理解科学争议的动力机制，而不是解决或管理这些争议。
科学争议促使我们承认，作为学者的我们挣扎着去调和我们的分析性目标与我们作为科
学共同体一员的管理目标。

那些谋求科学传播的科学的人可以通过两种方式来理解对争议进行分类的多元方式
以及对争议的终结。也许问题在于科学争议太多元以及从历史上看太具有临时性以至于
它们不能提供管理指南；科学传播的科学只能是描述性的和分析性的。但是也许问题在
于我们没有充分地研究科学争议和技术争议，以找到持续的模式。也许我们只是处于对
争议进行研究的开端，还有很多工作要做。

注　释

1. 400 F. Supp. 2d 707, Docket No. 4cv2688. Cf. *Tammy Kitzmiller*, et al. *v. Dover Area School District, et al.*, 400 F. Supp. 2d 707, Docket No. 4cv2688 (M.D. Pa. 2005), https://en.wikisource.org/wiki/Kitzmiller_v._Dover_Area_School_District.

参考文献

Dobzhansky, T. (1973). Nothing in biology makes sense except in the light of evolution. *American Biology Teacher*, 35(3), 125–129.

Engelhardt, H. T., Jr., and Caplan, A. L. (Eds.). (1986). *Scientific controversies: Case studies in the resolution and closure of disputes in science and technology.* Cambridge, UK: Cambridge University Press.

Finlayson, A. C. (1994). *Fishing for truth: A sociological analysis of northern cod stock assessments from 1977 to 1990.* St. Johns, Newfoundland: ISER Books.

Kahan, D. M. (2012). Cultural cognition as a conception of the cultural theory of risk. In: S. Roeser, R. Hillerbrand, P. Sandin, and M. Peterson, eds., *Handbook of risk theory.* New York: Springer, 725–759.

Lewenstein, B. V. (1995). From fax to facts: Communication in the cold fusion saga. *Social Studies of Science*, 25(3), 403–436.

Martin, B. (2014). *Controversy manual.* Sparsnäs, Sweden: Irene Publishing.

Mooney, C. (2007). *Storm world: Hurricanes, politics, and the battle over global warming.* Orlando: Harcourt.

Nelkin, D. (Ed.). (1979). *Controversy: Politics of technical decisions.* Beverly Hills, CA: SAGE.

Nelkin, D. (Ed.). (1984). *Controversy: Politics of technical decisions*, 2nd ed. Beverly Hills, CA: SAGE.

Nelkin, D. (Ed.). (1991). *Controversy: Politics of technical decisions*, 3rd ed. Beverly Hills, CA: SAGE.

Oreskes, N., and Conway, E. M. (2010). *Merchants of doubt: How a handful of scientists obscured the truth on issues from tobacco smoke to global warming.* New York: Bloomsbury Press.

Pinch, T. J. (2015). Controversy. In: J. D. Wright, ed., *International encyclopedia of the social & behavioral sciences*, 2nd ed., Vol. 21. Oxford: Elsevier, pp. 281–286.

第七章
科学传播的科学回顾

约瑟夫·希尔加德（Joseph Hilgard） 李　楠

摘要：这个综合性的章节对第一部分的重要主题进行了扼要重述。本章认为科学传播是充满挑战的，因为科学是复杂的，因为人类用具有偏见的方式对证据进行阐释，也因为科学媒介的格局在变迁之中。因而，仅仅单独地提供科学信息不太可能把受众引向与科学相一致的信念上来。相反，科学传播者必须学会驾驭他们工作的文化内涵，以及受众在决定信任谁时使用的启发方式。必须考虑到科学知识以及受众的价值观。科学传播的科学为这种多元的考虑因素提供了一种理解，并且促进了科学家和公众之间有效的对话。

关键词：复杂性；价值；媒体；启发方式；偏见；科学传播

本书的第一部分对科学传播如何适用于更大的社会情境提供了一种概述，描述了存在于对科学及其应用进行的传播中已知的挑战，并且解释了需要一种科学传播的科学来识别、理解和克服这些挑战。这些章节概括了科学信息可以有助于公共福祉以及改善政策决策的方式。它们描述了公众有时候不信任科学家所相信的东西的原因，并且解释了为何通过科学家更大声地重复自己的观点不太可能让这个问题得以解决。最后，它们提供了一些系统性研究可以有助于理解科学和公共争议的方法，以及应对和解决这些争议的途径。

在第一部分的所有章节中，至少存在着三个有关科学的以及与对科学进行传播相关的挑战。第一个是复杂性。在对科学进行传播时，这里有许多需要解释的，并且这些复杂性在对决策者和公众传播科学方面带来了挑战。第二个是在评估和阐释证据时存在着人为偏见。这些偏见在处理科学信息的过程会被触发，尤其是当科学拥有需要对价值观加以考虑的社会、法律或伦理启示时。第三，科学媒介的格局一直在变迁：传统科学新闻正在衰落，而党派性的和小众的媒体渠道却在发展。科学新闻作为科学知识享有特权的解释者的角色正在消失，而混杂的利益相关者和行动者曲解了科学发现，以适应他们自己的政策议程。

这个部分的一个核心主题就是科学在研究科学传播中的重要作用，因为在传播中什么可以发挥作用以及什么无法发挥作用方面，科学是唯一一个可以提供一种完整视角的方法论。本书以及第一部分的很多章节都表明要有一种科学的（比如有序的观察、测量以及区别于科学探索的推论）基于证据的方法（一种被称为"科学传播的科学"）来研究之前概述的挑战。这里我们对就科学进行传播所面临的挑战进行一下总结，并且概述一下在克服这些挑战方面所拥有的知识状况。

科学传播的挑战

近年来，跨学科合作与技术进步加速了科学发现的步伐。然而如卡亨所说的那样，"在减轻所面临的灾难方面，人类社会从来没有知道过这么多，但是在总体上知道多少方面，人类达成的共识又这么少"（卡亨，2015）。科学传播试图降低科学知识和公众信任之间的不协调。

在这个问题的规模和本质方面，本书的作者拥有不同的观点。希瑟·埃金与迪特姆·A. 舍费尔（第二章）采取了宽泛的观点，把这个问题概念化为阻止了公众对科学建议和技术给予理解、好感和支持的误解、偏见和争议。在第三章中，丹·卡亨对这个问题的描述更加狭窄一些，认为广泛的公众理解科学既不实际也不必要。相反，他认为，科学传播本身必须关注理解公众决定把他们看到的什么东西视为有效的科学信息的社会过程。

无论在哪种情况下，科学传播问题都有确定的可识别的原因。虽然可以为这个问题找到多元的起因，但我们在这里强调三个：科学信息的复杂本质及其启示、在处理决策时科学家和普通公众之间的差异以及围绕着科学传播的极化的媒介环境。

复杂性

科学传播中的第一个挑战在于，科学知识变得越来越复杂，从而使得非专家人士难以领会。让这种复杂性加重的是，近期科学发现所带来的社会启示，比如农业生物技术和干细胞研究，通常会引发伦理的和法律的争议。从而，这些特征可能会导致对科学发现的本质及其启示的理解，这反过来可能会阻止个体对它们形成明智的态度。然而，如埃金和舍费尔强调的那样，一种起初直观的观点——公众的"知识缺失"可以通过来自科学传播者的信息进行填补以使得公众的观点与科学家的观点相一致——受到了怀疑。相反，他们认为公众对科学议题的信任和态度并非简单地受限于在科学上的知识，而是"与这些议题嵌入其中的社会环境以及政治环境深深地纠缠在一起"。

为解决这种复杂性，就需要有一种科学传播的科学，以理解让科学发现得以实现和得以传播的社会情境。布鲁斯·卢恩斯坦（第六章）分析了科学争议的社会偶然性，同时也找到了成为这些争议的特征的常规张力。这种方法可以是"以对指导未来行动有用的方式从案例研究中提取意义"的众多方法之一。可以从定量研究中获取到有关公众理解科学的社会和文化情境的启示方面的额外见解。埃金和舍费尔对这项工作提供了一个综述，从而表明社会和文化因素如何影响对新技术和科学结论的态度和信任。

启发法和偏见

第二个挑战就是公众成员的思考方式与科学家并不一样。正如一些作者指出的那样，个体通常会依赖快速且直观的线索来理解复杂的科学信息。比如，越来越多的文献考察了人们用来处理科学信息的各种启发法（见第四十一章和第四十二章）。人们还受到同行的影响，当同行的立场存在错误的时候，这就会带来问题。如卡亨指出的那样，个体通常"利用他们的推理来形成和维持那些可以证明他们群体身份的信念，不管这些信念在事实上是否精确"。这些趋势可以限制个体对科学事实理解的能力以及找到并信任科学专业知识可靠的来源的能力。

至于传播的问题，卡亨认为，这种问题并不能完全地归因于普通人有限的科学素养，科学家没有能力去传播技术知识，或者党派的意识形态驱动下的对错误信息的扩散。相反，他认为，公众通常会信任和接受与决策相关的科学，但是围绕着某些话题的政治上被污染的环境，导致了公众给予那些与他们的政治世界观相一致的科学观点过度重视。需要一种科学传播的科学来决定如何加强公众对科学的信任，并且为信息设定框架以克服妨碍了公众接受科学知识的探究和身份认同。

社会和媒体的极化

科学传播的最后一个挑战是围绕着科学成果的日益极化和有可能被污染的环境。大多数公民并不是直接地从科学家那里学习科学的，而是从日常的互动或媒体渠道中获取科学相关的信息的。日常互动很少会成为可靠科学信息的一种来源。媒体则提供了较好的科学信息来源，但是随着媒体日益变得碎片化并且由极化的话语所主导，它们就为对传播科学共识感兴趣的传播者带来了进一步的挑战。

这种极化的话语威胁到了科学作为在社会中的知识监护人的地位。凯瑟琳·霍尔·贾米森在第一章中考察了科学作为一种让科学知识对其他形式的知识具有特权的认识论的修辞特点。其中最主要的是需要对所有可获得的证据进行解释。科学是一种无偏见的、客观的且公平的知识生产事业这种期望给予了它文化上的权威性。科学需要对冲突的证据进行解释有时候就会让它党派性的政治领域里处于很差的境况之中，因为对于这种党派性的政治领域里可能缺乏这样的顾虑。一种科学传播的科学能够有助于开发出有效的传播策略，以把科学的可靠性作为一种认知的方式，并且帮助捍卫其有特权的文化地位（见第二部分有关这个话题的综述）。

麦克·S.沙费尔在他那个章节中描述了正在变化的媒体结构如何改变着科学的新闻报道。随着传统新闻媒体的收缩，全职科学记者的数量也在下降。正在减少的资源可能导致了记者们的科学技能变得更差，在照搬新闻通稿上面临着更大的压力，以及强化了着眼于政治的和具有争议性议题的诱因，比如气候变化和生物技术。第五部分的章节考察了正在变迁的媒介基础设施对公众理解科学和参与科学的启示。

未来的方向

虽然所有的作者都认为了解一种科学传播的科学是必要的，但是在出于什么目的方面存在着某些可以看到的差异。所有人都认同公众理解科学具有内在的价值，并且公众掌握科学素质非常重要。然而。作者们的分歧在于科学传播的理想结果，尤其是当它与公共政策有关的时候。威廉·K.霍尔曼（第五章）直接地考察了这种模糊性，从而指出在公众应该理解科学的哪些方面上存在着不同的看法。埃金和舍费尔想要公众信任科学家，支持科学家们所支持的立场。卡亨希望公众把有效的、科学的观点同伪装成科学的无效的观点区别开来。然而，卢恩斯坦把科学争议视为不可避免的，并且认为每种争议都注定要受到特定情境的偶然性和细微差别的影响。其结果就是，这种观点预测说，在科学传播中出于战略意图而对争议创造一种概括性的知识是具有挑战性的。尽管如此，卢恩斯坦认为在争议的本质和解决方案上存在着某些共同的特征，对此开展的研究在实践和伦理方面可能具有启迪作用。

　　未来研究的一个有前景的方向就是，着眼于正在变迁的媒介格局对公众与科学互动的影响。埃金、舍费尔和沙费尔都认为科学与媒体的关联变得越来越强，因为科学家开始利用网络工具来普及他们的工作。同时，对于资深的科学记者来说，经费、资源和机遇正在压缩。此外，公众现在主要从互联网上获取科学新闻，这个过程通常包含着社会性的和互动性的特征。这种去中心化的科学传播环境为专家参与科学传播提供了新的机遇，但是它也让不正当的来源把自己"装扮成"专家。总之，这些趋势把科学传播更多的举证责任置于科学家身上，从而表明需要培训科学家从事科学传播工作。

参考文献

Kahan, Dan M. (2015). What is the "science of science communication"? *Journal of Science Communication*, 14(3). doi:10.2139/ ssrn.2562025.

第二部分

在以攻击科学为特征的情况下找到并克服以攻击科学为特征的挑战

第八章
"出了问题的"科学与"自我修正的"科学：撤稿和同行评议的问题如何被用来攻击科学

约瑟夫·希尔加德　凯瑟琳·霍尔·贾米森

摘要： 在主流媒体抛出了"科学出了毛病"这个框架之后，本章论述了媒体以及不同的派别把撤稿和同行评议中的问题刻画成科学事业不可信的证据的方式。同时，本章还对媒体广为报道的两次撤稿事件进行了分析，以确定撤稿的普遍性以及撤稿的含义是如何被建构起来的。本章还注意到了可用性启发法在推动科研不端行为的以偏概全方面所发挥的作用。为提升对科学的信任，本章探讨了对"自我修正的科学"这种框架进行传播的方式，以及对撤稿的罕见性进行传播的方法。

关键词： 作为自我修正的科学；撤稿；同行评议；媒体；派别

很多人不读科技学术论文，主要通过媒体来了解科技成果（Soroka，2002）。比如，2012 年被问及科技信息主要来源时，42% 的美国人提到互联网，32% 提及电视，7% 说是报纸，8% 回答为杂志（美国国家科学委员会，2014）。大众对于媒体消息源如此依赖意味着媒体的议程设置和框架设计会影响公民对于科学的认识。因此，媒体对于科学对错误及欺诈回应的报道方式，在塑造民众科学认知方面有些作用。

几十年来，学者们知道媒体在公众关注的议题方面起着议程设置的作用（McCombs 和 Shaw，1972）。新闻报道显著关注的议题也是读者和观众的优先选择。比如，1984 年埃塞俄比亚饥荒完全不受相关方关注，直到媒体将其放入议程。政府在媒体关注后才做出回应（Bosso，1989）。

媒体不仅告诉我们关注这些优先问题的什么内容，也告诉我们如何去思考这些问题。当新闻媒体"选择感知现实的某些方面，使它们在传播语境下更凸出，从而强调特定问题的定义、因果解读、道德评价、和/或对描述事物的解决办法"（Entman，1993，p.52，emphasis original），议题框架会影响受众对于该议题的理解方式。比如，媒体对于特定候选人特征的描述，会在一段时间后，增加这些特征在选民评估中的重要性，甚至会影响候选人在民意调查中的地位（Son 和 Weaver，2006）。同样，当媒体将政治竞选描述成为政客们制造虚像以赢得竞选、民意调查被用来评估竞选策略效率的时候，选民愤世嫉俗的一面会被激发出来，选民学习（voter learning）则被抑制。与之相反，当媒体框架强调国家正面临的问题及候选人提出的竞争解决方案时，选民学习会增加。

在提出"科学出了问题"的叙事框架已经开始在主流媒体上出现后，本章分析了媒体与派别如何将撤稿和同行评议的失败描述为"危机"与科学事业已经损坏的确证。

"科学出了问题"与"科学是自我修正的"

因为叙事框架塑造了我们对于问题起因的归因及对恰当补救措施的评估，比起总体性的"主题"框架（general "thematic" framing），个性化的"情节"框架（personalized "episodic" framing）会引发关于起因与解决方案的不同推断。情节性框架（episodic framing）关注特定事件、案例或个人，因此将责任归于个人，而主题性框架（thematic framing）则描述总体情境，将责任归于整个系统。在一项研究中，那些接触有关失业者或无家可归者（情节性框架）的新闻的人，更倾向于认为穷人自身应为其境况负责。相比之下，观看失业率或贫困率等立意更广（主题性框架）的新闻的受访者，更倾向于认为原因超出个人控制范围，政府行动才是适当的应对措施（Iyengar，1994）。

当综合性媒体报道采取总体性主题框架、暗示科学已经出了问题时，它们实际上是将问题的责任归于科学事业自身，而非特定学者或特定期刊。这种现象在2013年《经济学人》（The Economist）的一条新闻标题中有所体现。该标题将科学不能自我修正这一假定事实，与科学家一厢情愿地坚持科学可以自我修正进行了对比，以此否定科学的自我修正功能。令人震惊的是，并非如此"正是这条新闻的标题（"Trouble at the Lab" 2013）。然而，这篇报道本身却提供了科学自我修正的证据：对先前实验的重复导致理论的修正、通过元研究（meta-research）发现科学过程中的问题、因发现技术错误导致撤稿及科技期刊改革的呼吁与实施。这些自我纠错的证据削弱了标题中的结论，并表明与其只强调标题中所说的问题，该文编辑选择的标题也应提及解决方案与改革举措。

《经济学人》有一些对于学术文章的报道，比如 2012 年《自然》杂志有篇论文指出癌症领域所有具有里程碑意义的研究中，科学家们只能成功重复其中 6 项，另外 53 项未能重复（Begley 和 Ellis，2012）。但在这里，这些数据也能用来证明通过科学自我修正过程所发现的问题正在得到解决，而不是证实科学未能满足其自我修正的规范。毕竟，重复实验的尝试正是科学捕捉、纠正错误的关键方式。《经济学人》的文章还详细描述了科学界积极解决备受关注问题的方式，指出学术期刊 *PLOS ONE* 和 *Science Exchange* 已经开始提出"生命科学家可以付费请独立实验室验证其研究工作"的倡议（"Trouble at the Lab"，2013）；《自然》杂志已经发起一份包含 18 个要点的作者检查单，以"确保所有对重复试验至关重要或可能导致偏差的技术和统计信息均被发表"（"Trouble at the Lab"，2013）。尽管《经济学人》这篇报道的标题将这些材料作为科学出了问题的证据，而文章正文却证明了科学是可以自我修正的。

《经济学人》并非唯一一关注科学失败的媒体。在表 8.1 中，我们总结了批评科学失败的标题。左翼媒体与右翼媒体的评论版都有对科学进行控诉。这些报道中反复出现的控诉科学的主题很有说服力。《华尔街日报》宣称"同行评议的腐败正在损害科学公信力"（Campbell，2013），《卫报》的一篇评论开篇就宣称"科学出了问题"，认为"科学欺诈盛行：是时候捍卫好的科学了"（Etchells 和 Gage，2012）。与此同时，在美国全国公共广播电台的节目中，艾拉·弗莱托（Ira Flatow）提出了下述问题：

> "你怎么知道你什么时候可以真正信任科学呢？先不说科研不端行为与欺诈，当科研人员捏造数字甚至编造病人案例时，就算被发现，后果也只是将其论文从期刊上撤稿而已。但然后呢？然后是科学过程。但科学真的可以如我们所希望的那样自我纠正错误吗？"（Flatow，2011）

新闻报道的特点（即新闻规范）是关注冲突和悬而未决的戏剧，这使得"科学是自我修正的"比"科学是出了问题的"更不可能成为叙事框架。发现问题可以吸引读者关注，并随后与新闻报道进行互动，而表明问题正在得到解决的信号则刚好具有相反效果。放大问题的存在可以提升新闻价值，同时传达了一种紧迫感；通过暗示正在研究解决方案则会缩小问题，从而引发该议题是否具有新闻价值的考虑。

在我们刚刚引用的文章中，有个反复出现的观点是，学术发表过程未能保护科学的完整性。其提供的证据不仅包括《经济学人》提及的不能重复实验，也包括同行评议的疏忽及撤稿数量的增加。正如本章所指出的，同样的新闻规范也会影响对于撤稿及同行评议失败的个案报道。这种新闻氛围创造了大量工作，那些喜欢攻击他们认为在意识形态上不合意的科学发现的人可以挖掘这些工作。在此过程中，有些人攻击了整个科学事业的完整性。

表 8.1　新闻媒体的报道框架

媒体	时间	标题
《洛杉矶时报》	2015 年 10 月 27 日	科学迷失方向，给人类带来巨大损失
《纽约时报》	2012 年 10 月 1 日	研究发现撤稿论文存在大量科研不端行为
《纽约时报》	2011 年 11 月 2 日	欺诈给心理学研究敲警钟
《纽约时报》	2012 年 4 月 16 日	犯错之后，科学家们试图为自己辩解
《纽约时报》	2012 年 5 月 10 日	科研文献中的欺诈
《纽约时报》	2015 年 5 月 22 日	重大科研欺诈背后是什么？
《纽约时报》	2012 年 4 月 16 日	撤稿大量激增引发要求改革的呼声
《全国公共广播电台：谈论国家》	2011 年 8 月 5 日	如果科学选择了错误的方向，谁应该来纠正它？
《科学美国人》	2014 年 12 月 17 日	出售：在顶级期刊上"出现你的名字"
《科学美国人》	2017 年 11 月	科学的统计危机
《卫报》	2012 年 11 月 2 日	科学欺诈盛传：是时候为好科学出头了
《卫报》	2012 年 9 月 13 日	虚假正面：欺诈和不端行为正威胁科学研究
《华尔街日报》	2015 年 7 月 13 日	同行评议的腐败正危及科学公信力
《华盛顿邮报》	2015 年 7 月 29 日	学术的阴暗面：谎言、欺骗和欺诈
《华盛顿邮报》	2015 年 7 月 3 日	科学容易出错，曲解甚至欺诈
《华盛顿邮报》	2015 年 3 月 27 日	在大范围同行评议丑闻中，重要期刊撤回 43 篇科研论文

撤　稿

　　如上述媒体报道标题所示，撤稿数量的增加引起了媒体关注，并导致公众批评。2014 年 3 月，弗吉尼亚·格温（Virginia Gewin）在《自然》杂志写道："世界范围内的撤稿数量正在增加，光去年一年，科学期刊就撤回了大概 500 篇论文（当年有超过百万篇论文发表），与之相对，20 世纪初每年的撤稿数量不到 50 篇"（Gewin, 2014）。这意味着过去十年来，撤稿数量增加 1000%，而论文发表数量的涨幅仅为 44%（Van Noorder,

2011）。尽管如果，撤稿观察网站的创始人亚当·马库斯（Adam Marcus）和伊万·奥兰斯基（Ivan Oransky）警告说："从相对罕见的情况中——每年 140 万篇论文中撤回 300 篇——得出太多的结论是危险的"（Marcus 和 Oransky，2011）。

这些撤稿作为有缺陷的科学的个案代表，有时被用来控诉整个科学事业。为研究各大媒体如何频繁地将撤稿视为科学缺乏自我修正能力的证据、如何描述撤稿的普遍性以及将撤稿归咎于谁或什么，我们关注了两个广受关注的撤稿事例：一个是生物科学的撤稿事件，另一个是政治科学的撤稿事件。第一个发生于 2014 年，撤回的是生物化学家小保方晴子（Haruko Obokata）及其同事在《自然》杂志发表的一篇文章。该文作者声称已经开发出一种简单且廉价的方法来将成熟的人类细胞转化为多能干细胞。第二个发生于 2015 年，撤回的是政治科学家迈克尔·拉库尔（Michael LaCour）和唐纳德·格林（Donald Green）发表在《科学》杂志上的一篇文章，该文声称与表明自己是同性恋的拉票人就同性婚姻问题进行简短的面对面讨论，可以大大增加对婚姻平等的支持。这两篇文章均发表在知名期刊上，且都在其他研究人员发现数据不规范后被撤回。在这两起撤稿事件中，媒体报道偶尔提及当发表结果被发现不可靠时科学的反应方式，但很少聚焦于此。

小保方晴子撤稿事件

为研究媒体在报道小保方晴子撤稿事件时采用的框架，安纳伯格公共政策中心（Annenberg Public Policy Center）研究员塔拉·库茨巴赫（Tara Kutzbach）用"干细胞研究""干细胞撤稿""小保方晴子"《自然》撤稿"及"STAP 细胞"作为关键词，搜索了谷歌和 LexisNexis 数据库 2014 年 1 月至 2014 年 8 月的文章。作为可靠性检验，她也检索了诸如《纽约时报》《华盛顿邮报》《波士顿环球报》之类的主要媒体网站。这一过程定位出 52 篇与干细胞研究及撤稿相关的新闻报道，包括 2 篇通讯稿、3 篇电视报道稿、1 篇广播新闻稿。其中，35 篇来自综合性新闻媒体，14 篇来自专业科学网站，3 篇是编辑声明。

52 篇新闻报道中只有一篇明确指出撤稿很罕见。美国联合通讯社（The Associated Press）指出："周三，《自然》杂志发表小保方晴子及论文其他作者关于撤回论文的声明，对于这本著名杂志来说，这很罕见"（Ritter，2014）。该报道继续评论："对于像《自然》这样的重要科技期刊，撤稿并不常见。会出现撤稿是因为科研欺诈，或发现了削弱研究结论的诚实错误。"（Ritter，2014）

在关于小保方晴子撤稿事件的报道中，情节性框架主要指责小保方晴子的行为，而较少程度上，主题性框架则指责《自然》和同行评议过程受到欺骗。一些报道简短地赞扬了科学的自我修正能力，或者强调了维护科学完整性的持续努力。有些报道指出小保方晴子的论文之前被《细胞》《科学》《自然》拒稿过，这说明出版前的同行评议及编辑程序至少在一定程度上发挥了适当的作用。一些报道强调，如果批判和自我修正是科学事业的标志，那么科学家发现并解决科研缺陷的事例构成了科学成功的证据，而非科学失败的证据，因为它们证明了科学运行中潜在的保护机制。"科学出了问题"的框架并不是普遍的框架，相反，大部分报道关注科研人员个体。

虽然不是新闻报道的主导因素，但报道文章中的功过平衡有利于期刊，其自我免责声明辩称不可能发现不良数据。美国联合通讯社（Ritter，2014）、《华盛顿邮报》（McCoy，2014）、《纽约时报》（Pollack，2014）、《华尔街日报》（Naik，2014）都引用了这段辩解。该期刊的后续程序也被一些媒体报道，《华尔街日报》宣称"该刊（指《自然》）正在审查论文审核的内部程序。"《华盛顿邮报》指出"备受称赞的科学出版物《自然》杂志正在审查其论文审核提交的方法。"《纽约时报》则写道："尽管如此，《自然》宣布撤稿的社论称该事件进一步凸显出了《自然》的程序缺陷及科学家的草率，并声称正在采取措施以提高对提交论文审查的严格性。"

这种免责框架至少有一部分是因为科学界对有缺陷论文的快速反应。正如新闻报道所观察到的那样，科学家快速揭示出论文中的缺陷，小保方晴子所在的科研单位日本理化研究所（RIKEN）对事件进行了调查，并采取具体纠正措施。这篇有问题的论文被快速撤回（发表后的6个月内），除了唤起然后又破灭绝望病人的希望，它对公众并没有造成伤害。

拉库尔撤稿事件

为研究媒体在报道拉库尔撤稿事件时所采用的框架，安纳伯格公共政策中心研究员安妮·巴伦（Annie Barron）在谷歌以"拉库尔""同性婚姻""撤稿"为关键词进行了检索。同样，她也对《纽约时报》《华盛顿邮报》等主要媒体网站进行了补充检索。这一过程检索出100篇文章，其报道框架在很多方面都与小保方撤稿事件的媒体报道特征一致。该事件的责任被部分或全部归于拉库尔的欺诈行为、其资深合作者缺乏勤勉与监督以及《科学》杂志出版这篇有问题的论文。有些报道也指出年轻学者被要求发现令人兴奋的结果并且有在高端期刊上发表论文的压力，提到普林斯顿大学向拉库尔提供的工作邀请被延期与撤销。有些报道表扬了吹哨的年轻学者戴维·布鲁克曼（David Broockman）、约书亚·卡拉（Joshua Kalla）、彼得·阿罗诺（Peter Aronow），因为他们快速找出发表数据中的问题。像小保方晴子撤稿事件一样，很少的媒体报道（仅 10 份报道）将撤稿视为科学的自我修正行为。仅有 4 份报道指出撤稿很罕见。

不过，拉库尔撤稿事件与小保方晴子撤稿事件有一个重要差异，这个差异影响了媒体报道拉库尔撤稿的性质及随后在媒体中的使用。尽管快速、廉价的干细胞的可能性对保守派和自由派都很有吸引力，但广泛和迅速接受同性婚姻的前景只能吸引政治派别的一方。结果，拉库尔撤稿事件的特点是一个因果关系框架，不仅把责任归咎于个人行为，而且也归咎于整个科学领域的意识形态倾向和偏见。具体而言，该框架认为，意识形态驱动的确认偏差的腐败效应，既解释了这位年轻学者的欺骗行为，也解释了为什么该领域无法更快地抓住他。相应地，《旗帜周刊》（*The Weekly Standard*）的安德鲁·弗格森（Andrew Ferguson，2015）认为同行评议员的自由偏见导致对该项强化自由主义假设的研究不加批判地审查。《国家评论》（*National Review*）的作家伊恩·塔特尔（Ian Tuttle，2015）甚至推测"我们应该预见更多这样的（假研究），"认为学术造假作为政治胁迫的手段在未来可能变得更为普遍。这些批评得到了前面提到的主题的支持，这些主题断言科学的自我修正规范并没有保护出版过程的完整性所需要的那么强大。

拉库尔撤稿事件以小保方晴子撤稿事件中所没发现的第二个叙事元素为特征。不像干细胞撤稿中由持怀疑态度的资深学者标识出虚假断言，并由论文作者所在的研究所进行调查曝光，拉库尔的欺诈行为是被有意扩大其研究范围的研究生所发现的。这种叙事因素导致媒体报道中出现了两种推论，一种对科学有利，另一种对科学不利。前者声称由于对研究报告发现的复制和扩展在科学上是规范的，类似拉库尔这样的不端行为将不可避免地被发现、撤稿（Konnikova，2015）。不讨人喜欢的那个推断则指出欺诈的曝光者之一，戴维·布鲁克曼，被朋友和同事劝告不要调查拉库尔的研究。他被警告进行类似的调查，可能会损害他自己的职业生涯，因为类似的调查更可能受到报复而非得到奖励。

关于科学工作腐败程度的社论概述

拉库尔文章的发表揭示了自由主义确认偏见在起作用，这一指控表明，学术审查过程中的失败可能会导致党派政治空间的退缩。比如，《华尔街日报》一篇关于拉库尔丑闻的社论问道：哪个对科学的威胁更大？"管理国会的共和党人，还是一代人中最壮观的、在《科学》杂志发表然后又撤稿的科学欺诈？"（"Scientific Fraud and Politics"，2015）。

这篇社论断定，在出版前的同行评议中没有发现拉库尔的欺诈行为，是因为它：

> 迎合了自由派的意识形态……拉库尔声称的发现让他们宣称科学已经证明他们是正确的……类似偏见污染了整个社会科学的研究，这似乎经常存在，因此自由主义者可以声称"研究表明"某些政治主张是经验性的。因此他们可以把关于哲学和价值观的顽固政治辩论，重新塑造成关于科学可以解决的事实的争议。

该评论认为，这种状况不仅证明提高联邦科学基金透明度和问责制的举措是正当的，也提供了社会和行为科学基金削减 44.9% 的理由。最后，该文章总结道："如果他们自己的科学没那么政治化的话，指责政客的科学杂志编辑们可能会更有权威。"

倾向自由主义的媒体也从拉库尔撤稿事件中得出了广泛的结论。《纽约时报》一篇社论将其与马克·雷格内鲁斯（Mark Regnerus）的一项有争议的研究（Wegman，2015）进行了比较，该研究声称同性父母抚养的孩子更容易遭受性虐待、自杀未遂或感染性疾病。《泰晤士报》指出，这两篇文章都"在媒体上大放异彩"，在撤稿（拉库尔的情况）或驳斥（雷格尼鲁斯的情况）之前，都得到了各自政治盟友的拥护。《泰晤士报》得出的教训与《华尔街日报》得出的教训极为相似：这两项研究"似乎证明了动机推理的力量，以及科学方法所要防范的期望结果的腐败影响。"

同行评议

与撤稿数量增加相关的一种说法是，出版前同行评议不再是维持已发表研究完整性与质量的有效机制，这种说法在本章开头引用的那些新闻标题中也反复出现。当已发表论文因为某种事由被撤稿时，意味着被撤稿的论文包含严重缺陷，而这并未在出版前的同行评议中被发现。那么毫不意外，不断增长的撤稿率有时被视为学术审查过程中存在缺陷或失效的征兆。在这里，科学的完整性显然也成了争论的焦点。比如，《华尔街日报》一篇评论文章的标题宣称"同行评议的腐败正在伤害科学公信力"（Campbell，2014）。

论证这个问题存在的数据是惊人的。一项实验发现，当已发表文章再次提交同行评议时，往往会被曾经接受过它们的同一期刊拒绝（Peters 和 Ceci，1982）。在另外一个案例中，一项向多个期刊提交充满缺陷的论文的刺激操作发现，很少有人指出错误（Bohannon，2013）。同时，可以出版任何稿件以换取可观出版费的低端杂志的兴起，导致了纯粹是胡言乱语的文章的发表（Safi，2014）。

关于科学工作腐败程度的派性概括

撤稿率的上升（Van Noorden，2011）和出版前同行评议的问题，为那些喜欢对科学本身进行大肆抨击的派别提供了素材。比如，在回应政府间气候变化专门委员会的一份报告时，哈兰学会（Heartland Institute）的主席兼首席执行官约瑟夫·巴斯特（Joseph Bast）说道："伦理标准已经降低了，同行评议已经腐败了，我们不能再信任顶级期刊的同行了。"（"UN Finding on Climate Change"，2014）2015 年，保守派电台主持人拉什·林博（Rush Limbaugh）也与其约 145 万听众分享了相同的论断。"同行评议科学被曝造假"（2015）是林博网站 2015 年 4 月 28 日的标题。在电台节目中，林博建议：

在这里，你可以安全地假设，你从《科学》杂志、《今日心理学》杂志上听到的话，绝大多数都是伪造的。很多都是假的，完全是捏造的，其目标就是影响人类行为……而这之所以吸引我是因为我认为所有科学领域都是如此。

他推断金钱是科研错误的主要原因，认为：

科研结果可以被购买……我们不再拥有科学，我们只有腐败的政治。而且可以很安全地说，在我们今天的系统中，绝大多数足以作为（科学）的东西都已被金钱腐蚀到了某种程度。

消除撤稿个案的过度泛化

关于撤稿的新闻报道，其本质是对单个研究人员失败的描述。当这些失误被描述为引人入胜的叙事时，则存在风险了，可得性启发法（availability heuristic，即：人们倾向于通过判断某类事件的案例在心里出现的速度来推断其频率，见本书第三十九章）将导致观众或读者过度泛化撤稿和类似不当行为的可能性。从这些全面推论中，观众可能会推断出科学出了问题、科学界玩忽职守了的结论。

就像在小保方晴子事件和拉库尔事件中那样，广泛、持续地对有问题的科学出版物进行生动、引人入胜的报道时，可得性启发法最有可能导致上述结果。这些事例只是两座巨大冰山的一角，为这种推断添油加醋的是我们已经提到过的《纽约时报》和《华尔街日报》的社论，及类似林博和哈兰学会首席执行官那样的党派评论。当然，与之相反，撤销已发表论文是罕见的，错误、腐败及欺诈都是科学界的例外，而非常规。

决定如何消除这样的过度泛化对科学传播者是个挑战（关于有效撤稿方法的讨论见本书第三十六章，关于弱化可得性启发法的方法见本书第三十九章）。尽管对于自然频率（万分之几）是否可能更有效（Gigeranzer 等，2007，同见本书第四十一章）、人们对低于1% 的概率理解是否有困难（Gigeranzer 等，2007）等仍有持续不断的争议，但有关医学风险传播的文献研究表明，百分比是传达无条件概率的最佳格式（Woloshin 和 Schwartz，2011；同见 Cutie 等，2008）。考虑到类似建议，或许可以检验替代表达，包括在某个特定时期说，"99.9% 的已发表论文都通过了学术审查，在所有发表的科学论文中，不到1%的十分之一（0.1%）被撤回。"这种表达结构有个额外好处，那就是将表达框架从撤稿盛行转变为科学普遍通过了仔细审查。

另一个值得考虑的观点是将撤稿表述为科学自我修正的方式，它揭示了出版后同行评议的成功。检验这个框架的有效性是科学传播的科学学者的任务。如果这种论据可以有效减轻对科学声誉的伤害，那么发言人和受访提供撤稿评论的精英们应该致力于使用这种表述框架。这些学者、期刊编辑及备受尊重的科学机构代表们有能力提醒媒体和公众，一次失误并不能指控整个科学事业。同样，这些参与者也应记住，由撤稿所体现的自我修正准则对科学是有益的，而不是有害的。

结 论

在很多方面，科学的力量（包括自我批判、透明度、自我修正）使他们在党派公共领域中受到剥削。当已发表作品中故意或偶然的错误引起媒体关注时，反对者可以将撤稿视为出版前同行评议的失败，却忽略撤回有缺陷的作品也代表发表后同行评议的成功。

"科学出了问题"的说法部分源于对研究偏见的关切，如果不被淡化或曝光，研究偏见可能会腐蚀学术研究并破坏可靠的知识生产。保护研究不受人类偏见影响的方法在本书若干章节中均有探讨（参看第三十八章）。

科学界也在推进结构性改革。比如，为防止制药公司隐藏可能影响其药物销售的临床实验数据，致力于推进临床试验数据透明化的全检验（AllTrials）活动寻求强制报告所有临床试验结果。类似的预注册举措在其他科学领域也存在，或许可以帮助降低科研人员只报告那些令资助机构满意的研究结果的概率。其他举措鼓励科学家们相互质疑对方的结论。出版后的匿名同行评议，使人们可以在无需担心报复风险的情况下，提出对相关科研工作的疑虑。与日俱增的数据共享率让科学家们可以更好地检查研究结果。与此同时，为尽量减少已发表作品中意识形态偏见的影响，一个名为"异端学院"（Heterodox

Academy）的社会科学集体号召发展在思想和意识形态上更为多元的科学家群体。确定这些措施是否能产生影响，如果能产生影响的话，如何影响科学家和科学是社会科学家们的任务，宣传这些正在进行的保护科学完整性的努力则是科学传播者的任务。

参考文献

Begley, C. Glenn, and Lee M. Ellis. (2012). Drug development: Raise standards for preclinical cancer research. *Nature*, 483, 531–533. doi:10.1038/ 483531a.

Bohannon, John. (2013). Who's afraid of peer review? *Science*, 342, 60–65. doi:10.1126/science.342. 6154.60.

Bosso, Christopher. (1989). Setting the agenda: mass media and the discovery of famine in Ethiopia. In: M. Margolis and G. A. Mauser, eds., *Manipulating public opinion: essays on public opinion as a dependent variable*. Pacific Grove, CA: Brooks/Cole, 153–174.

Campbell, Hank. (2014). The corruption of peer review is harming scientific credibility. *The Wall Street Journal*, July 13. http://www.wsj.com/ articles/ hank–campbell–the–corruptionof–peer–review–is–harming–scientific–credibility–1405290747.

Cappella, Joseph, and Kathleen Hall Jamieson. (1997). *Spiral of cynicism: The press and the public good*. Oxford: Oxford University Press.

Cuite, C. L., N. D. Weinstein, K. Emmons, and G. Colditz. (2008). A test of numeric formats for communicating risk probabilities. *Medical Decision Making*, 28, 377–384. doi:10.1177/0272989X08315246.

Entman, Robert. M. (1993). Framing: toward clarification of a fractured paradigm. *Journal of Communication*, 43, 51–58. doi:10.1111/ j.1460–2466.1993.tb01304.x.

Etchells, Pete, and Suzi Gage. (2012). Scientific fraud is rife: it's time to stand up for good science. *The Guardian, November* 2. http://www.theguardian.com/science/blog/2012/nov/02/scientific–fraud–good–science.

Ferguson, Andrew. (2015). Big (phony) data. *The Weekly Standard*, June 1. http://www.weeklystandard.com/bigphony–data/article/952627.

Flatow, Ira. (2011). Interview with Ivan Oransky and R. Grant Steen: If science takes a wrong turn, who rights it? *Talk of the Nation: Science Friday*. National Public Radio, August 5. http:// www.npr.org/ 2011/08/05/139025763/if–science–takes–a–wrong–turn–who–rights–it.

Gewin, V. (2014). "Retractions: A clean slate." *Nature*, 507, 389–391. doi:10.1038/ nj7492–389a.

Gigerenzer, Gerd, Wolfgang Gaissmaier, Elke Kurz–Milcke, Lisa M. Schwartz, and Steven Woloshin. (2007). Helping doctors and patients make sense of health statistics. *Psychological Science in the Public Interest*, 8, 53–96. doi:10.1111/j.1539–6053.2008.00033.x.

Iyengar, Shanto. (1994). *Is anyone responsible?: How television frames political issues.* Chicago: University of Chicago Press.

Konnikova, Maria. (2015). How a gay–marriage study went wrong. *The New Yorker*, May 22. http://www. newyorker.com/science/maria–konnikova/how–a–gay–marriage–study–went–wrong.

Marcus, Adam, and Ivan Oransky. (2011). science publishing: the paper is not sacred. *Nature*, 480(7378), 449–450. doi:10.1038/ 480449a.

McCombs, Maxwell E., and Donald L. Shaw. (1972). The agendasetting function of mass media. *Public Opinion Quarterly*, 36, 176–187. http:// www.jstor.org/ stable/ 2747787.

McCoy, Terrence. (2014). "How Japan's most promising young stem–cell scientist duped the scientific journal *Nature*—and destroyed her career." *The Washington Post*, July 3. https://www.washingtonpost. com/news/morning–mix/wp/2014/07/03/how–japans–most–promising–young–stem–cellscientist– duped–the–scientific–journal–nature–and–destroyedher–career/.

Naik, Gautam. (2014). Science journal Nature retracts stem–cell research studies. *The Wall Street Journal*, July 2. http://www.wsj.com/articles/science–journal–nature–retracts–stem–cellresearch– studies–1404308718.

National Science Board. (2014). *Science and engineering indicators 2014.* NSB 14–01. Arlington, VA: National Science Foundation.

Peer review science exposed as fraud. (2015). *The Rush Limbaugh Show*, August 28. http://www. rushlimbaugh.com/daily/2015/08/28/peer_ review_ science_ exposed_ as_ fraud.

Peters, Douglas P., and Stephen J. Ceci. (1982). Peer–review practices of psychological journals: the fate of published articles, submitted again. *Behavioral and Brain Sciences*, 5, 187–255. http://psycnet.apa. org/doi/10.1017/S0140525X00011183.

Pollack, Andrew. (2014). Stem cell research papers are retracted. *The New York Times*, July 2. http://www. nytimes.com/2014/07/03/business/stem–cell–research–papers–are–retracted.html.

Ritter, Malcom. (2014). Scientists withdraw report on similar stem cells. Associated Press, July 2. http:// www.wbur.org/2014/07/02/stem–cell–nature–withdrawn.

Safi, Michael. (2014). Journal accepts bogus paper requesting removal from mailing list. *The Guardian*, November 25. http://www.theguardian.com/australia–news/2014/nov/25/journal–accepts–paper– requesting–removal–from–mailing–list.

Scheufele, Dietram A., and David Tewksbury. (2007). Framing, agenda setting, and priming: the evolution of three media effects models. *Journal of Communication*, 57, 9–20. doi:10.1111/j.0021– 9916.2007.00326.x.

Scientific fraud and politics. (2015). *The Wall Street Journal*, June 5. http://www.wsj.com/articles/ scientificfraud–and–politics–1433544688.

Singal, Jesse. (2015). The case of the amazing gay–marriage data: how a graduate student reluctantly uncovered a huge scientific fraud. *New York*, May 29. http://nymag.com/scienceofus/2015/05/how-a-grad–student–uncovered–a–huge–fraud.html.

Son, Young J., and David H. Weaver. (2006). Another look at what moves public opinion: media agenda setting and polls in the 2000 U.S. election. *International Journal of Public Opinion Research*, 18, 174–197. doi:10.1093/ijpor/edh090.

Soroka, Stuart N. (2002). Issue attributes and agenda–setting by media, the public, and policymakers in Canada. *International Journal of Public Opinion Research*, 14, 264–285. doi:10.1093/ijpor/14.3.264.

Trouble at the lab. (2013). *The Economist*, October 19. http://www.economist.com/news/briefing/21588057-scientiststhink–science–self–correcting–alarming–degree–it–nottrouble.

Tuttle, Ian. (2015). Why that gay marriage study was faked—and why we should expect more like it. *National Review*, May 22. http://www.nationalreview.com/corner/418811/whygay–marriage–study–was–faked–and–why–we–should–expectmore–it–ian–tuttle.

UN finding on climate change is just a bunch of hot air, new report claims. (2014). *Fox News*, April 9. http://www.foxnews.com/science/2014/04/09/new–report–claims–unfindings–on–climate–change–is–just–bunch–hot–air/.

Van Noorden, Richard. (2011). science publishing: the trouble with retractions. *Nature*, 478, 26–28. doi:10.1038/478026a.

Wegman, Jesse. (2015). Two same–sex marriage studies, two debunkings. *The New York Times*, May 21. http://takingnote.blogs.nytimes.com/2015/05/21/two–same–sex–marriage–studies–two–debunkings/.

Woloshin, Steven, and Lisa M. Schwartz. (2011). Communicating data about the benefits and harms of treatment: a randomized trial. *Annals of Internal Medicine*, 155, 87–96. doi:10.7326/0003–4819–155–2–201107190–00004.

推荐阅读

Aschwanden, C. (2015). Science isn't broken. *FiveThirtyEight*, August 19. http://fivethirtyeight.com/features/science–isnt–broken/.

第九章
科学发表偏差：是什么，为什么会有问题，如何加以解决？

安德鲁·W.布朗（Andrew W.Brown） 塔潘·S.梅塔（Tapan S. Mehta） 戴维·B.艾利森（David B. Allison）

摘要： 当我们依靠科学为诸如环境、教学策略、经济、政府和医药等问题的决策提供信息时，基于证据的决策过程只能像整个科学本身一样可靠。我们必须避免科学文献的失真，如发表偏差。发表偏差是相关估计、因果效应或其他感兴趣的数量与实际数量之间的预期系统差异，由已发表研究与进行的所有研究之间的差异决定。当发表某项研究结果的概率受其结果自身影响时，就出现了发表偏差。发表偏差很常见，会对干预产生误导性结论，使效果看起来大于实际效果，导致不可复制的研究，最终损害科学的整体声誉。本文探讨了检测发表偏差的方法及减少发表偏差的步骤。

关键词： 证据；偏差；基于证据的；科学文献；发表偏差

什么是发表偏差？为什么它很重要？

我们将在本节定义发表偏差，探讨发表偏差如何产生及为何预防发表偏差很重要。

定义发表偏差

在定义发表偏差之前，我们必须指出"发表"（publication）和"偏差"（bias）的含义。这些术语的定义似乎显而易见，但实际上，在不同情况下使用这些术语存在重大差异。由于"发表"一词的意思是"使公开"，因此任何将研究发现公开的东西严格来说都可以视为发表物。然而在科学文献中，"发表"一词经常被用指同行评议期刊或书籍的出版。但是，也有很多其他方式可以使研究结果公开，包括学位论文、技术报告［如美国国家毒理部（National Toxicology Program）网站上的报告］、会议演讲、会议论文集、专利申请、原始数据存储、在临床试验注册处发表的结果以及提交公共记录的结果（如美国食品和药物管理局的档案）等。在元分析（meta-analysis）和系统综述领域，此类发表物通常被称为"灰色文献"。

在日常用语中，"偏差"这个词通常用来指一个人的精神状态或感觉（如对某事物的偏见）。然而，统计学家用这个词来表示样本统计与其总体参数之间的非零预期偏差。当以这种方式使用时，表示有偏差的估计与真实值相比是错误的。以这种方式定义，偏差是估计过程的所有物，而非某项研究或某组研究的特定结果。

那么，当从已发表文献中进行某些预测会出现估计错误时，就产生了发表偏差，因为它仅依赖已发表文献。在实践中，当发表某项研究结果的概率取决于结果自身时，通常会出现发表偏差。

发表某项研究结果的概率怎么会取决于结果自身？

试想一个过度简化的例子，其中出现了一个"热门"新假设，即与喂养 B 套餐的小鼠相比，喂养 A 套餐的小鼠体内脂肪更多。该假设激发了 1000 名研究人员各自进行单独的适当实验，以检验这一假设。每名研究人员在 0.05 的显著性水平上对零假设进行双边检验，进一步假设 A 套餐与 B 套餐对体内脂肪没有差异性影响。在这种情况下，我们预计其中 25 个实验会产生表明 A 套餐导致更多体内脂肪的统计显著结果（$p<0.05$）；另外 25 个实验会产生表明 B 套餐导致更多体内脂肪的统计显著结果；剩余 950 个实验则会表明并没有显著性差异（$p>0.05$）。如果得到这样的实验结果，且只有得到支持假设研究结果的 25 个研究人员发表了论文（举例来说，因为他们受到了"正确"答案的启发，而得到非显著结果的研究人员觉得结果很无聊，得到相反结果的研究人员不想被视为异端），那么（也许是无意中）仅仅依靠已发表文献来估计 A 套餐和 B 套餐效果的读者们，使用了一个极为偏颇的估计过程。对已发表和未发表研究的数据进行综合回顾，将表明该假设无效，而仅回顾已发表研究的话，将表明有压倒性的证据证明该假设有效。

这也表明，是否存在发表偏差不仅取决于出版内容，也取决于所使用出版物的估计过程。想想这样一种情况，即上述假设示例中进行的所有研究均以学位论文的形式进行，且所有论文都可以在可公开访问的数据库中获得，但只有那些在假设方向上获得统计学显著结果的论文才在同行评议的期刊上发表。一位评估假设证据的元分析员认为"发表物"仅指同行评议的期刊文章，那么他将遭遇严重的发表偏差。与之相反，如果该元分析员认为同行评议期刊文章与学位论文均为发表物，那么将不存在发表偏差。这验证了发表偏差是一个估计过程的结果，而估计过程受到分析人员从科学文献中得出预测或结论时对"发表物"定义的影响。

现实中，发表某项研究结果的概率如何取决于实际结果自身？

当然，与研究结果和发表概率之间实际存在的关系相比，这些假设的例子是简单、极端的（Dwan 等，2013）。至少有三种做法会导致结果发表的概率取决于结果自身。

1. 整项研究都未发表。在此，具有特定结果（通常为空结果，null results）的研究根本不可能发表。对于学术文献、最佳实践建议及政府法规的决议而言，这个类型是最明显的贡献者，似乎也是讨论最广泛和最具有针对性的。

2. 对某项研究的研究结果选择性发表。在此，尽管某个研究可能被发表，但只包括研究中的部分结果，这部分结果取决于结果本身。对于该类型的讨论相对较少，更不明显，因此或许是发表偏差更有害的根源，具体又可以分为两大类：

（1）报告偏差。在报告偏差中，可能获得若干结果信息（如临床试验的结果变量），却选择只发表支持研究假设的结果。

（2）"P 值劫持"（P-hacking）。"P 值劫持"，也可称为篡改 P 值，是发表偏差的一种特殊形式，或许也是报告偏差的一种变体，正受到越来越多的关注。在 P 值劫持中，对本质相同的假设进行不同的统计检验（如使用参数或非参数检验，控制或不控制特定协变量，变换或不变换从属变量），然后根据所得结果选择要报告的结果。在某些研究中，组合数量（俗称"研究者自由度"）可以有效地无限大，提供了在期望方向上获得统计显著结果的膨胀概率。

3. 延迟结果发表。一些结果（也许是那些被认为是更令人兴奋的结果）发表得更快，而另一些则经历更大的延迟。尽管等待足够长的时间，就不会产生发表偏差，但在实践中，从已发表文献中预测数量或得出结论必须在某个时间点完成，因此在该时间点之后发表的任何东西都不能影响预测和结论。此因素较少被考虑，但仍会产生偏差。

需要注意的是主观意愿与最终结果无关——这是一个有偏差的估计过程。数据不被发表是否因为对结果不感兴趣，或故意试图扭曲科学文献，在数量上无关紧要。主观意愿对于理解科学的社会方面当然可能很重要，但只有过程（而非主观意向）影响发表偏差度。理解意愿的无关紧要对于防止错误的安全感也很重要。即便不一定有这样的意愿，研究人员仍然可以使文献产生偏差。

有两种做法应该区别于发表偏差。首先，不发表"失败的研究"不是一种发表偏差。我们将失败的研究定义为，由于研究设计或执行过程中的严重缺陷，不能正确估计其效果。也就是说，失败的研究是因为生产数据的研究方法导致结果不可靠。例如，一项发现因变量的测量最终只是随机噪声的研究、一项错误地实施了随机化的研究或者一项永远无法有效实施干预措施的研究。这些研究的发现可能不适合发表，而且如果发表，可能也不值得纳入元分析或其他预测程序。其次，引文偏差是指具有一定结果的论文比具有其他结果的论文更容易被引用，这种偏倚可能造成对文献的歪曲看法，但与发表偏差不同。

解决或消除发表偏差的重要性

解决发表偏差与从总体上促进科学良好发展一样重要。当我们依靠科学为环境、教学策略、经济、政府和医药等问题的决策提供信息时，基于证据的决策过程必须像整个科学本身一样可靠。如果科学记录中的偏差导致 I 型错误（假阳性）率膨胀，或对相关性、因果效应或其他感兴趣的数量的偏差估计，那么我们将被误导。发表偏差会产生有关干预措施的误导性结论，使效果看起来比实际情况要大，导致不可重复的研究，并最终损害科学的整体声誉。

科学发表偏差的现状

我们将在本节检测追踪发表偏差的方法及发表偏差在科学文献中可能存在的理由。

检测发表偏差的方法

发表偏差通常是特定假设未发表结果的函数。这个问题类似于个别研究中的缺失数据，需要对如何解释缺失数据做出假设和决定。如果存在发表偏差，那么忽略缺失部分肯定不行，因为从定义上讲，可以预见结果是错误的。解决识别和调整未发表研究问题的一种方法是应用统计技术，使用已发表研究来估计和解释缺失信息。另一种方法是根据数据存储库估计和识别未发表材料。总之，这些结合现有数据库数据的技术可以用来估计发表偏差的程度，并对其进行校正。

统计学方法

已经开发出多种方法，用来评估发表偏差。每种方法都需要从一组研究或一份发表物的多个实验或分析中提取结果数据，然后将这些观察到的数据与理论预期进行比较。每种方法都依赖于一组特定的假设。我们简要描述五种方法如下。

第一种方法是使用可视化漏斗图，用 X 轴表示多个研究，Y 轴测量每个研究的效果大小或精度，从而得到效应大小估计的曲线图。随着研究精度的提升（例如，由于样本量的增加或更严格的实验控制），平均研究结果应更接近"真实"效果。相反，随着精度从图的顶部降到底部时，估计值可能与"真实值"有更大的差异，可能是正向也可能是负向。各种不同研究结果的积累使漏斗或三角形从上到下分布，并且在进行足够多研究的情况下成对称分布。另外，不对称性可能是发表偏差的一个标志。漏斗图的这种不对称性在样本效应大小和精度之间建立了联系。当在一个方向上具有极端效果估计的小型研究发表时（称为小型研究效应），不对称性可能最为明显。只有在极端情况下，才能明显地检测到不对称性，而且在实践中，视觉检查其对称性并不是一种合适的估计方法（Simmonds，2015）。使用加权回归方法（如埃格检验，Egger's test）可以对这些相关性进行更好的统计检验。然而，基于漏斗图的方法假设效应大小的度量是渐近正态分布的，并且来自探讨足够相似问题和样本的研究。当违反后一个假设时，漏斗图的不对称性可能会是因为将不同的研究问题（有效性与功效实验）或人群（重病与慢病）混合在一起而产生的。

第二种方法试图填充认为存在未发表研究的缺失研究，称为选择模型。选择模型是一种对研究被选择发表概率进行建模的统计方法，基于如下两个独立部分：①由设计、样本大小、结果与假设一致性等研究特征导致的研究发表的先验概率；②已发表文献中观测到的效应大小分布。选择模型可能很复杂，结果常常取决于其使用的假设。因此，尽管这些方法可能是敏感性分析的良好工具，必须小心使用它们。

第三种方法是基于已发表的 p 值分布。多项研究中的 p 值具有依赖于干预真实效果假设的预期分布。在使用此分布的一个例子中（Gadbury 和 Allision，2012），对区间（0.05，0.075]与区间（0.075，0.1]的 p 值比例进行了比较。当发生 p 值篡改时，在接近"统计显著性"的 p 值更可能重新检验的假设下，略高于 0.05 的值将低于统计理论的预期值。假设一位研究人员看到 0.06 的 p 值，会觉得"它几乎显著了"，他会尝试再一次检验，看结果 p 值是否将低于 0.05。这种方法要求大量 p 值进行比较（"可接受水平"功率约为

1000，Gadbury 和 Allison，2012）。

P 曲线（Simonsohn 等，2014）代表另一种基于 p 值分布的检验。从本质上讲，来自多个零假设是错误的实验（即组之间实际上存在差异）的 p 值，将产生右偏分布（即正向），这意味着将有更多接近 0 而非 1 的 p 值。随着效应大小增加，在其他相同条件下，倾斜变大。因此，西蒙松（Simonsohn）和同事（2014）建议可以用 p 曲线评估发表偏差和证据价值。总体而言，如果 p 曲线明显右偏，则表明是可复制的非空发现；如果 p 曲线是统一的（即平的），那么意味着无效结果；如果 p 曲线左偏，则可能意味着发表偏差或 p 值篡改。然而，该方法的有效性在特定情况下受到挑战（Bishop 和 Thompson，2016）。

我们在此讨论的最后一种方法是约安尼迪斯（Ioannidis）和特里卡利诺斯（Trikalinos）2017 年描述的"对过多重大发现的探索性测试"（an exploratory test for an excess of significant findings，Ioannidis 和 Trikalinos，2007）。这个概念是指，有时候重复研究的集合看起来太好，统计显著结果比预期更多，令人难以置信。比如，若对一组重复研究进行综合分析，其结果将是对干预效应及围绕该效应可变性的估计。从而，可以对该组每个单独研究的预期功率（expected power）进行计算（即拒绝应该拒绝的无效结果的概率）。然后，可以对比报告显著结果的实际数量，估计有多少研究在统计学具有显著意义。因此，如果实际显著结果比预期多，那么可以称为"过多重要发现"。格雷戈里·弗朗西斯（Gregory Francis，2012）在心理学文献中使用这种方法来质疑那些似乎过于可靠的结果。该方法的有效性及应用受到挑战与讨论（Francis，2013；Simonsohn，2012，2013）。

与所有观察概率方法一样，这些结果可以提供与发表偏差一致或不一致的证据，但不能提供无可辩驳的证据。每种在此讨论到的方法及其他没有讨论的方法，都有其局限性，应该谨慎使用。

注册机构、审查委员会、数据库及灰色文献

诸如美国临床试验数据库（ClinicalTrial.gov）之类的研究注册机构，对于估计未发表数量尤其有用。未发表数量是上述统计方法中的未知变量。在研究注册中，研究者们先验宣布其计划执行某项研究、计划如何执行及研究关注点是什么。世界卫生组织注册管理网络中的各种注册管理机构，现在越来越多地被用于随机对照试验。理论上，仅当所有研究者均遵守预注册制且分析师将已发表研究与未发表研究进行比较时，才能测量发表偏差的实际范围。从这些注册机构获得的数据可以用于确定缺失的未发表研究、描述已实施研究的特点（Huic 等，2011）。

另一个识别未发表的人类或动物研究的潜在方法是，通过机构审查委员会（Institutional Review Boards，IRBs）和动物护理与使用委员会（Animal Care and Use Committees，IACUCs）进行识别。大部分人类和动物研究都必须通过类似机构的预审查，且这些批准书至少应描述研究目标与具体目的。如果这些记录能公开提供，可以成为非常丰富的数据源。假设我们有兴趣预估在美国与饮食减肥相关的人体研究的发表偏差，理论上，我们可以从所有机构审查委员会挖掘数据，收集关于这些研究的信息。不过因为每个机构在报告和管理机构审查委员会数据方面存在差异，因此实际上，这可能是一项艰巨的任务。尽管这种方法已有使用，但到目前为止，这些数据通常并不公开提供（见后续讨论）。

在有些例子中，研究完成了，数据也收集了，但有些结果从未发表。数据库可以为分析人员提供发现那些未发表数据的方法。找到这些未发表数据，至少可以估计出到给定节点有多少已实施研究未被发表，而且理想情况下，这些数据可供分析人员估计结果并发表。

灰色文献是检测发表偏差的另一种数据源。尽管从定义上来说，灰色文献也是一种发表物，但通常它并不享有同行评议文章那样的声誉，因此可能会被忽略。比如，通过纳入学位论文，元分析人员可能降低发表偏差。与同行评议的文献相比，学位论文更不容易产生发表偏差。

发表偏差的驱动力是什么？

科学是由人进行的，人为因素显然会影响科学实践。科学界早就认识到人类有可能扭曲科学记录，包括有选择性地发表研究结果（Wright，1944），而且如前所述，这些扭曲不一定是故意的。是否发表特定研究结果的决定是人为做出的。尽管研究人员经常声称或相信他们不能发表无效结果，是因为期刊编辑和审稿人将不会接受类似结果，但这并非事实。虽然无效结果更难发表（涉及发表时间的问题）这一说法没什么问题，实证研究发现不发表无效结果的决定通常与作者而非期刊有关（Dickersin 等，1992）。此外，随着在线和开放存取发表的出现，作者们实际上有很多机会去发表任何结果。比如，《尖端科学》（*Frontiers*）系列期刊和《公共科学图书馆》（*PLoS One*）都致力于发表任何技术和伦理上合理的论文，不管研究结果如何。因此，研究人员不能再宣称（如果他们曾经可以合法地这么说的话）他们不能发表特定研究结果了。

尽管发表方式发生了这些变化，但很显然，某些研究结果发表起来并不那么令人兴奋，而且更受评论家和编辑的批评，不太可能在报纸上声名大振，也不太可能促进职业发展。某些结果也不太可能促进想要的政策制定，不太可能支持其致力于研究的理论。基于这些及其他理由，作为人类，研究人员可能不愿发表某些发现，这是可以理解的。根据我们对人性的理解，忽视这些科学之外因素的简单苛责不可能足够有效。相反，正如我们在下文将要讨论的，一套旨在尽量减少研究人员进行选择性发表（会促进发表偏差）的政策与程序已经开始实施。我们主张在这个方向采取进一步的举措。

基金支持也可能是发表偏差的驱动力。当与资助方利益一致的研究结果提交发表时，就产生了由经济利益冲突产生的发表偏差。传统而言，人们认为产业界资助研究会干扰发表，比如资助某项研究的制药公司，会阻止发表证明其产品无效或负面事件发生率高的发现。然而，这些挑战也可能延伸到其他基金来源，例如政府机构压制或推迟政府委托研究的出版（Sedley，2016）。因此，基金可能导致不能提交研究结果用于发表。

出版商和同行评议人也为基于资助的研究结果发表设置了障碍，甚至拒绝发表这类研究结果。读者对科学严谨性的理解可能会受感知到的利益冲突影响，即使没有研究方法上的理由来贬低该研究结果（Kesselheim 等，2012），但当研究发现似乎有利于资助方但违背主流信息时，尤其会产生这种反对资助来源的偏见。

发表本身的成本也可能阻止研究人员发表不太有意义的结果。撰写研究发现所需要的时间和精力、版面费、文章处理费，都可能鼓励研究人员放弃尝试发表无趣但科学合理的研究，转而将资源用于更有职业回报潜力的研究。

经费限制也可能导致质量更差的研究出现。更少的资助可能带来更小型的实验，而如我们前面所描述，小型实验具有更大的发表偏差风险。此外，研究人员可能完全放弃新的研究，反而挖掘现有数据，只报告具有统计意义或有趣的结果。研究人员可能会认为，为了保持研究路线的活跃性和可资助性，这些步骤是必要的。

一些潜在发表偏差是对 p 值的过度关注，p 值可用于确定研究结果的统计意义，但并未真正认识临床意义或实践关联方面效应大小的重要性（ter Riet 等，2012）。因为这种对 p 值的过度关注，即便执行很好的无效结果研究也会遭遇若干障碍。在很多案例中，无效结果导致对研究设计和方法的审查更多，因而导致发表门槛更高。评议人可能对特定假设有先入为主的信念，因而他们可能倾向于阻止某项合理研究的出版，以支持发表与其信念一致的发现。

解决或减少发表偏差的策略

在本节中，我们将讨论正在实施或提议的降低发表偏差的举措。我们将进一步讨论这些举措实施或成功面临的挑战。

研究注册

研究注册的价值取决于科研界的集体承诺。在理想设定中，所有研究都是事先注册的，研究人员必须报告结果，期刊不会接受未注册的研究。实际上，这是为临床试验提出来的模型。例如，在美国，临床试验必须进行注册和报告，若不遵守规定，将根据美国食品和药物管理局 2007 年修正法案处以罚款。所有研究都要求在美国临床试验数据库进行注册，2017 年许多情况下都要求汇报结果概要。此外，国际医学期刊编辑委员会（The International Committee of Medical Journal Editors）在 2005 年要求，期刊不得发表任何未经事先注册的临床试验。

从理论上讲，这应该能创造一个闭环系统。然而，临床试验的构成并不总是清楚的，许多未注册的研究仍然可以发表，这可能是因为评议人或编辑不知道这些要求。最近一项研究的证据表明，美国国家心肺血液研究所（National Heart, Lung, and Blood Institute, NHLBI）资助的大型试验中，无效结果数量随时间推移有所增加，这被视为发表偏差减少的证据。临床试验结果的前瞻性声明可能促成了这一趋势（Kaplan 和 Irvin，2015）。因此，从概念上讲，该制度应该能运作良好，但经过十余年的进展，要研究注册制可以有效克服发表偏差的问题，仍有许多工作要做。

其他类型的研究（如观察研究）也被鼓励进行注册（Williams 等，2012），但收效甚微（Boccia 等，2016；Editors，2014）。虽然研究者对注册的认识可能有所提升，但尚未转化为注册的增加。比如，有一项系统回顾和元分析的注册，但仍有许多相关研究还没有注册。临床前研究（如体外、动物或预备人类研究）或观察研究的注册遇到了令人难以接受的阻力。有些人可能认为，注册是已经面临过度监管的科学家的又一个新增负担。另一些人则合理地指出，探索研究（通常被认为是观察和临床前研究）不应受到限制科学探索的要求的阻碍，还有一些人则基于逻辑理由提出反对意见：不管注册情况如何，数据就是事实。

数据可用性

提供数据使我们能够更全面地描述对世界的理解，比如，可以补充原始作者没有分析的注册临床试验结果。当然，数据可用性也伴有其自身的系列挑战。广泛的数据类型给数据的获取、访问、理解带来了挑战。但数百个数据库的存在可以缓解这种担忧（截至 2015 年 5 月，www.re3data.org 索引了 1200 多个数据库）。尽管有些数据库需要付费，但成本远低于重新进行实验所需的资源，而且许多数据库是免费的。

在人类研究领域，提供原始数据是重要的发展方式（Allison，2009）。然而，它也可能侵犯健康信息隐私，尽管在某些情况下可以修改个人识别信息。为满足健康隐私和数据透明的双重目标，研究者已经制定了一些方法，其中包括干扰或估算原始数据，即人口级别的数据集保持不变，但数据被"打乱"，从而无法将其与特定个人联系起来。另一种方法包括共享摘要级别或风险集信息，而非原始样本数据。还有一些方法包括创建更粗糙的地理区域。比如，可以在人口普查或县域级别汇总数据，而非细化到城市区块级别。

强制发表

另一个我们还不清楚是否有机构使用的方法是研究报告的强制发表。包括简单地在相关网站上（如 http://ntp.niehs.nih.gov/results/pubs/index.html 或 http://www.nber.or g/papers.html）制作技术报告。也包括发表在允许作者在同行评议之前上传论文的期刊，比如《F1000 研究期刊》（*F1000 Research Journal*）。以某种方式发表的要求可以作为 IRB 或 IACUC 批准的先决条件。事实上，甚至可以说，把人类和动物作为研究对象以促进知识生产为目的，然后却不传播这些知识是不道德的。也可以想象将强制发表作为接受基金资助或维持机构非营利地位的条件。在我们自己的研究中，当我们与产业界或其他基金资助方谈判合同时，我们不仅将不论结果如何我们都有权发表数据作为不可协商条款，同时我们也在合同上约束自己，将发表约定为研究义务，并将其视为一种道德义务。

发表时间问题的解决

开放存取期刊和替代同行评议程序是被用以解决科学合理文章发表时间问题的两种策略，否则，这些文章将无法发表。当然，只有作者在提交过程早期（即并非论文多次被较多人选择的期刊拒绝后）选择它们，这些策略才会有用，

开放存取期刊

因为担心读者不感兴趣、版面有限，编辑决定不发表科学合理结果的问题，理论上可以简单地通过消除页面空间限制来缓解。从理论上讲，在线开放获取期刊就是这样做的，因此，开放获取期刊有可能通过出版满足其科学有效性要求的所有内容来帮助缓解发表偏差。这反过来有助于消除某些科学上有效的结果是"不可发表的"的观念。此外，

如果作者怀疑其数据是否对传统高影响力的纸版出版物有吸引力，可以放弃投稿和拒稿的多重步骤，从而缩短出版时间。关于开放获取期刊是否减少出版延迟的研究数据仍在不断涌现，但它们似乎降低了发表结果的选择性。

替代同行评议程序

尽管同行评议是科学出版质量的把关者，但当前的同行评议过程可能因为发表延迟或作者、期刊和评议人偏好等机制，导致发表偏差。对同行评议过程的修改可能有助于降低评议过程产生的发表偏差。比如，期刊开始提供双层"注册报告"选项，将出版过程和评议过程分离（Chambers，2013）。文章经过初步同行评议，在数据收集前，基于其研究假设、研究设计和建议的分析方法等方面的优点被有条件地接收。一旦完成数据收集并生成结果，只要其他质量检查都满足要求，并且是按照注册计划收集数据，那么文章就能发表。因此，研究结果能被发表是因为研究方法，而非结果本身。另一种改进与同行评议相关的延迟出版的方法是，减少冗余的同行评议。对于拥有多本相关出版物的出版商，被拒绝的论文可以在兄弟期刊之间分享同行评议意见（Van Noorden，2013）。如果某项研究看起来不错，但不适合初始期刊的专业领域，那么该刊编辑可以建议这一项目选择其他更适合的期刊。在这种情况下，同行评议可用于改进稿件，稿件编辑可与后续期刊共享，从而缩短投稿及后续同行评议的时间。

建议与研究议程

发表偏差的每个驱动因素及其解决方案的价值，都还需要进行实证研究，以确定其是否能最小化发表偏差的现象。比如，实验注册制的成功可以实行前瞻性监测。有个研究小组正在比较注册实验与最终发表（见循证医学结果监测项目中心，Center for Evidence-Based Medicine Outcome Monitoring Project，COMPare，网址 http://COMPare-trials. org/），以确定实验是否发表。此外，任何策略的价值都需要与其成本进行权衡（例如，比较实验室内部和实验室之间的生产率增加或减少与估计偏差的改善程度）。

使注册信息、数据库、会议记录、学位论文、IRB 协议、IACUC 协议、原始数据更加公开、可相互操作，可能是减少发表偏差最重要的长期步骤。当基于对已发表科学证据的范围做决策时，能够估计进行了多少研究，但有多少研究没有被报告，将在哪些数据缺失且已发表数据的局限性等方面提供宝贵简要情况说明。目前，访问和聚合这些类型的数据也是挑战。

适当的发表奖励措施与不报告结果的抑制措施，对于解决发表偏差很有必要。例如，要求政府资助的项目发表结果并共享数据，可以提供相应的激励：没有发表报告则意味着没有经费。也有鼓励注册和发表注册研究的奖励措施。职业激励，如对科学质量和报告结果比例给予充分认可，而非仅仅承认引用次数和影响因子，也可以提供激励。这种激励和抑制效果已经可以由行为科学来研究。

最后，需要加强所有有效结果发表和研究透明可以得到奖励的科学环境与文化。我们的所有建议都需要实证研究，真诚调查发表偏差的研究人员需要受到保护，学术对话应得到倡导（Chatfield，2015；Nakamura 等，2015 年）。期刊（"*Retraction Challenges*"，2014）和个人（Pain，2014）调查或报告研究局限性时，遭遇了个人、法律或专业威胁。类似于《吹哨人保护法案》（*Whistleblower Protection Act*）或"善良的撒玛利亚人法"（*Good Samaritan laws*），科学规范和法律框架应该为自我修正以及调查和减少发表偏差的努力提供安全空间。

参考文献

Allison, D. B. (2009). The antidote to bias in research. *Science*, 326, 522–523. doi:10.1126/science.326_522b.

Bishop, D. V., and Thompson, P. A. (2016). Problems in using p–curve analysis and text–mining to detect rate of p–hacking and evidential value. *PeerJ* 4, e1715. doi:10.7717/peerj.1715.

Boccia, S., Rothman, K. J., Panic, N., Flacco, M. E., Rosso, A., Pastorino, R., et al. (2016). Registration practices for observational studies on ClinicalTrials.gov indicated low adherence. *Journal of Clinical Epidemiology*, 70, 176–182.

Chambers, C. D. (2013). Registered reports: a new publishing initiative at Cortex. *Cortex*, 49, 609–610. doi:10.1016/j.cortex.2012.12.016.

Chatfield, M. D. (2015). Sales response to price promotions in Great Britain: effect size 1/100 of that claimed. *The American Journal of Clinical Nutrition*, 102, 977. doi:10.3945/ajcn.115.114181.

Dickersin, K., Min, Y. I., and Meinert, C. L. (1992). Factors influencing publication of research results: follow–up of applications submitted to two institutional review boards. *JAMA: Journal of the American Medical Association*, 267, 374–378.

Dwan, K., Gamble, C., Williamson, P. R., and Kirkham, J. J. (2013). Systematic review of the empirical evidence of study publication bias and outcome reporting bias—an updated review. *PLoS One*, 8, e66844. doi:10.1371/journal. pone.0066844.

The PLOS Medicine Editors. (2014). Observational studies: getting clear about transparency. *PLoS*

Medicine, 11, e1001711. doi:10.1371/journal.pmed.1001711.

Francis, G. (2012). Publication bias and the failure of replication in experimental psychology. *Psychonomic Bulletin and Review*, 19, 975–991. doi:10.3758/s13423–012–0322–y.

Francis, G. (2013). Replication, statistical consistency, and publication bias. *Journal of Mathematical Psychology*, 57, 153–169. doi:http://dx.doi.org/10.1016/j.jmp.2013.02.003.

Gadbury, G. L., and Allison, D. B. (2012). Inappropriate fiddling with statistical analyses to obtain a desirable p–value: tests to detect its presence in published literature. *PLoS One*, 7, e46363. doi:10.1371/journal.pone.0046363.

Huić, M., Marušić, M., and Marušić, A. (2011). Completeness and changes in registered data and reporting bias of randomized controlled trials in ICMJE journals after trial registration policy. *PLoS One*, 6, e25258. doi:10.1371/journal.pone.0025258.

Ioannidis, J. P., and Trikalinos, T. A. (2007). An exploratory test for an excess of significant findings. *Clinical Trials*, 4, 245–253. doi:10.1177/1740774507079441.

Jannot, A. S., Agoritsas, T., Gayet–Ageron, A., and Perneger, T. V. (2013). Citation bias favoring statistically significant studies was present in medical research. *Journal of Clinical Epidemiology*, 66, 296–301. doi:10.1016/j.jclinepi.2012.09.015.

Kaplan, R. M., and Irvin, V. L. (2015). Likelihood of null effects of large NHLBI clinical trials has increased over time. *PLoS One*, 10, e0132382. doi:10.1371/journal.pone.0132382.

Kesselheim, A. S., Robertson, C. T., Myers, J. A., Rose, S. L., Gillet, V., Ross, K. M., et al. (2012). A randomized study of how physicians interpret research funding disclosures. *The New England Journal of Medicine*, 367, 1119–1127. doi:10.1056/NEJMsa1202397.

Nakamura, R., Suhrcke, M., Jebb, S. A., Pechey, R., Almiron–Roig, E., and Marteau, T. M. (2015). Reply to MD Chatfield. *The American Journal of Clinical Nutrition*, 102, 977–979. doi:10.3945/ajcn.115.114199.

Pain, E. (2014). Paul Brookes: Surviving as an outed whistleblower. http://www.sciencemag.org/careers/2014/03/paulbrookes–surviving–outed–whistleblower.

Retraction challenges. (2014). *Nature*, 514, 5. doi:10.1038/514005a.

Sedley, S. (2016). Missing evidence: an inquiry into the delayed publication of government commissioned research. London: Sense about Science.

Simmonds, M. (2015). Quantifying the risk of error when interpreting funnel plots. *Systematic Reviews*, 4, 24. doi:10.1186/s13643–015–0004–8.

Simonsohn, U. (2012). It does not follow: evaluating the one–off publication bias critiques by Francis (2012a, 2012b, 2012c, 2012d, 2012e, in press). *Perspectives on Psychological Science*, 7, 597–599. doi:10.1177/1745691612463399.

Simonsohn, U. (2013). It really just does not follow, comments on Francis (2013). *Journal of Mathematical Psychology*, 57, 174–176. doi:http://dx.doi.org/10.1016/j.jmp.2013.03.006.

Simonsohn, U., Nelson, L. D., and Simmons, J. P. (2014). P–curve: a key to the file–drawer. *Journal of Experimental Psychology*. General, 143, 534–547. doi:10.1037/a0033242.

ter Riet, G., Korevaar, D. A., Leenaars, M., Sterk, P. J., Van Noorden, C. J. F., et al. (2012). Publication bias in laboratory animal research: a survey on magnitude, drivers, consequences and potential solutions. *PLoS One*, 7, e43404. doi:10.1371/journal.pone.0043404.

Van Noorden, R. (2013). Company offers portable peer review. *Nature*, 494, 161. doi:10.1038/494161a.

Williams, R. J., Tse, T., Harlan, W. R., and Zarin, D. A. (2010). Registration of observational studies: Is it time? *CMAJ: Canadian Medical Association Journal = Journal de l'association medicale canadienne*, 182, 1638–1642. doi:10.1503/cmaj.092252.

Wright, J. K. (1944). Human nature in science. *Science*, 100, 299–305. doi:10.1126/science.100.2597.299.

推荐阅读

Anglemyer, A. T., Krauth, D., and Bero, L. (2015). Industry sponsorship and publication bias among animal studies evaluating the effects of statins on atherosclerosis and bone outcomes: A meta–analysis. *BMC Medical Research Methodology*, 15(1), art. no. 12.

Coburn, K. M., and Vevea, J. L. (2015). Publication bias as a function of study characteristics. *Psychological Methods*, 20(3), 310–330.

Franco, A., Malhotra, N., and Simonovits, G. (2014). Publication bias in the social sciences: unlocking the file drawer. *Science*, 345(6203), 1502–1505.

Guan, M., and Vandekerckhove, J. (2016). A Bayesian approach to mitigation of publication bias. *Psychonomic bulletin & review*, 23(1), 74–86.

Onishi, A., and Furukawa, T. A. (2014). Publication bias is underreported in systematic reviews published in highimpact–factor journals: metaepidemiologic study. *Journal of Clinical Epidemiology*, 67(12), 1320–1326.

Smulders, Y. M. (2013). A two–step manuscript submission process can reduce publication bias. *Journal of Clinical Epidemiology*, 66(9), 946–947.

Thaler, K., Kien, C., Nussbaumer, B., Van Noord, M. G., Griebler, U., Klerings, I., and Gartlehner, G. (2015).

Inadequate use and regulation of interventions against publication bias decreases their effectiveness: A systematic review. *Journal of Clinical Epidemiology*, 68(7), 792–802.

Van Lent, M., Overbeke, J., and Out, H. J. (2014). Role of editorial and peer review processes in publication bias: Analysis of drug trials submitted to eight medical journals. *PLoS One*, 9(8), art. no.

e104846.

Wager, E., and Williams, P. (2013). "Hardly worth the effort"? Medical journals' policies and their editors' and publishers' views on trial registration and publication bias: Quantitative and qualitative study. *BMJ*, 347(7926), art. no. f5248.

第十章
科学传播中的统计偏差：我们对此知道什么以及如何解决

约翰·P. A. 约安尼季斯

摘要： 统计学的误用和误解导致统计偏差，影响其所传递科学信息的质量、清晰度、相关性及内涵。即使是最好的期刊，统计工具在科学论文中的使用也往往达不到最佳标准。绝大多数已发表结果在统计学上是显著的，甚至不显著的结果也常常被杜撰为重要。基于 P 值的推断会产生额外误解。关注更容易被夸大解释的指标也很常见。这些问题大多可以解决，或者至少可以改进。统计偏差的普遍性已被用于旨在诋毁科学有效性的攻击中。然而，使用严格的统计方法及其谨慎的解释可能是良好科学最显著的特征之一，也是维持科学完整性的有力工具。

关键词： 偏差；统计学；P 值；不显著结果；统计偏差；有效性；统计方法；科学

科学传播中的统计偏差助长了统计方法及相关推断工具的误用或误解。问题可能存在于使用这些工具的初始研究中，也可能存在于将该研究成果传播给更广泛受众的链条中。通常这两个步骤都存在问题，它们对扭曲关键研究信息的影响可以累积。本章探讨了一些常见的统计偏差、它们的影响、如何使用当前可用工具和资源来减轻这些偏差及总体改善学术统计使用的一些方法。

统计显著及其他类型推断显著

绝大多数已发表的科学研究均声称，其已确定显著性结果。显著性甚至被视为出版理由，正如本部分前一章所述（见第九章），这种情况会导致发表偏差。显著性可以存在于不同的层面上（例如，统计、生物学、临床、政策或其他）。统计显著性通常被用作确定其他类型显著性（如生物学或临床）或重要性 / 影响的手段，但这往往具有误导性。统计显著性与生物学意义的相关性很弱，与临床意义的相关性更弱，更不用说公众重要性和政策改变的必要性了。例如，在观察性研究中，饮用咖啡可能与统计上显著增加的膀胱癌风险相关，但这并不意味着结果具有生物学意义（它可能仍然是假阳性，且没有生物学因果关系）、临床意义（可能并不能为担心喝咖啡提供理由）或公共政策意义（可能没有必要告诉人们停止喝咖啡）。多年来，在观察分析中发现咖啡与不同类型疾病之间存在着数十种统计上的显著关联，其中有些表明咖啡具有保护性，有些则暗示咖啡具有有害影响，但很可能这些研究结果都不具备任何生物学、临床或公共政策意义。

几乎所有论文都宣称显著性结果

尽管如此，绝大多数科学论文声称他们已经发现（统计和 / 或其他概念上的）显著性结果。很明显，所有基金申报书都声称其所要做的研究是非常重要和值得支持的，但这不一定能保证所有这些研究的结果都是重要的。已发表文献中的"统计成功率"之高令人担忧。医学文献库（Medline，1990—2015）所有有 P 值的摘要中，96% 报告了 P 值低于 0.05 的统计显著性结果。即使论文表面上没有达到具有统计显著性的结果，他们也经常使用其他方法来扩展结果或其解释。例如，他们可能会将统计上几乎显著的趋势解释为具有统计学显著性（Kyzas 等，2007），他们可能会在结果中加入"歪曲性解释"，使其看起来比实际情况更具决定性（Boutron 等，2010），或者他们可能通过二次分析和特殊的调整模型来进行数据挖掘，从而产生具有统计显著性的结果，然后将重点放在这些结果上（Patel 等，2015）。

显著性作为宣称故事成功的工具

这种证据延伸可能会超出纯粹的统计数据，并在讨论发现时可能进一步扭曲，从而宣称有创新性发现。事实可能是，当论文发表时，几乎没有任何可靠方法来客观衡量创新的确切潜力。"创新"是一个被资助方和政治家广泛使用的术语，但在科学家中很难定义。如果成功转化成某些实用的东西是创新的标志，那么真正影响现实生活的颠覆性创新是相当罕见的。尽管不断努力、刻苦用心，绝大多数诚实和优秀的科学家很可能永远都不会生产出具有高度创新和重大实际影响的东西。此外，创新可能需要很多年（通常是几十年）才能实现并转化为改变世界的切实真正动力（Contopoulos–Ioanidis 等，2003）。公众和政策制定者应该明白，科学从整体和长远来看都在进步。但要求每个受资助的科研项目都立即取得重大进展是一个重大的、不现实的错误观念。

然而，当前的激励和奖励制度推动了对显著性和创新的重视，甚至也反映在大多数高影响力期刊的编辑政策中。比如，对 25 个被引频次最多的期刊的书面编辑政策的实证评估表明（Ioannidis，2007），这些期刊通常都要求新颖性、重要性和显著性作为接收稿件的标准，只有《美国医学会杂志》（*Journal of the American Medical Association*，*JAMA*）提到讨论研究局限性的要求。比如，《细胞》（*Cell*）要求"不寻常的意义"和"提出挑衅性的问题"，美国《国家科学院院刊》（*PNAS*）要求"卓越的重要性"，《欧洲分子生物学杂志》（*EMBO*）寻求"值得紧急出版的稿件"，《美国生物化学》（*Biochemistry-US*）声称"不鼓励发表不确定结果"。换言之，当前该系统的目的是，产生平均而言比实际情况更具结论性和重要性的结果和解释（Nosek 等，2012 年）。为达到这一目标，统计方法和工具常常被误用或曲解。作者被鼓励绕过健全科学的先决条件来满足期刊的出版目标，而期刊强调的是研究结果而非科学的健全性。

统计显著性作为研究者范式的函数

研究实践的典型配方也强化了那些优先考虑极端主张而非合理科学的现象。许多领域仍继续依赖于单独、孤立、分散的主力研究者进行小样本（功率不足）研究的范式，随机选取某个或最佳假设，在此之后进行分析，使用非常宽松的阈值（通常为显著性 $P<0.05$）来声明统计显著性及之后的总体意义，没有研究注册，没有重复试验，没有数据共享。这些实践趋于传播极端结果，其夸大程度可能与提供"重要的"、令人印象深刻的发现的压力成正比。例如，实证分析（Fanelli 和 Ioannidis，2013）表明，当结果和分析涉及的行为变量在分析中具有更大的灵活性时，在美国进行的研究往往会显示出更夸张的结果，也许是因为美国存在对于基金和资源的激烈的专业竞争。另一项实证分析表明，不同科学领域的统计显著性结果所占比例表明了该领域的总体"软性"，物理和空间科学等"硬科学"领域的统计显著性结果所占比例最小（Fanelli，2010）。相反，在生物医学、心理学和经济学等领域，研究报告的统计显著性结果所占比例最高（Fanelli，2010）。

偏差和不确定性

对科学结果可信度的威胁既来自随机误差，也来自偏差（bias，集合术语，用于表示随机误差以外的任何和所有偏离真相的情况；Ioannidis，2005）。大多数统计方法侧重于随机误差的影响，而在研究设计阶段和 / 或研究结果的分析和报告中，需要额外明确的措施来处理偏差。一项文本挖掘调查绘制了 PubMed（一个提供生物医学方面论文及摘要检索的数据库）医学索引论文中 235 种不同名称的偏差地图（Chavalarias 和 Ioannidis，2010）。由于大多数科学论文无法对所有偏差进行适当控制，问题就变成了残余偏差是否会使结果无效。但研究局限性往往并不被完全报告，甚至完全不被提及（Ioannidis，2007）。通常情况下，所报告研究结果的统计不确定性比其计算值大。而且所有统计检验和方法都有一些假设。当违反这些假设时，它们的解释就是有问题的。

P 值误解

例如，P 值是实证数据研究中最常见的统计指标，它通常表示，零假设正确的情况下，实际结果与观测结果一样极端或更极端的概率（Goodman，1999）。然而，其计算过程还包含其他固有假设，包括统计模型是适当的，以及手头数据与选定统计模型兼容并可被分析。如果由于各种原因，模型不合适（比如，未以令人满意的方式考虑混杂因素，或对相关变量之间关系的形式进行了错误的说明），那么 P 值可能会变得具有误导性。还有许多其他误解。比如，一个常见的误解是 P 值表示结果不真实的可能性。许多其他误解比比皆是（Nuzzo，2014；Goodman，2008）。重要的是，P 值本身并不能提供任何关于效应大小（关联程度有多大）或效应大小不确定性的信息。实际上，它也没有能力区分这种影响仅仅是反映相关性还是可能是因果关系，以及是否应该根据数据采取行动（如治疗个别病人或告知公共政策）。做出这些决定的能力很大程度上取决于研究的合理设计，而非 P 值或任何其他用来表达结果的统计指标。

然而，鉴于 P 值的吸引力，研究人员往往因为上文所列偏差而获得误导性的 P 值，然后通过曲解它们来支持其发现的重要性，从而进一步恶化错误。而当某项研究信息被进一步加工处理时，就会发生进一步的扭曲。例如，在新闻通稿中，或当为其他大众媒体传播而撰写新闻稿时，研究优点往往比局限性或弱点更为突出（Schwartz 等，2012；Yavchitz 等，2012）。受研究人员和学术中心偏见严重影响的新闻通稿，可能是导致科学主张普遍夸大的部分原因（Sumners 等，2014）。

过度显著性与 P 值劫持

有人对科学文献中统计显著性不合理主张的普遍性进行了研究，研究方法是评估是否有太多显著性结果（"太好了，以至于不可能是真的"）以及是否有一簇结果刚好稍微低于传统统计显著性阈值（如在 0.041 ～ 0.049 的取值区间，Simonsohn 等，2014；Gadbury 和 Allison，2012）。表面显著性结果过多可归因于多种机制，包括：①当结果本应是"负"时却变为"正"的结果（如 P-hacking，即 P 值劫持，当研究人员偏离原始结果和分析计划，尝试不同分析路径，直到获得表面显著结果，并有选择地报告，导致结果偏差）；②"负面"结果被抑制（典型的发表偏差或文件抽屉问题）；③伪造"正面"结果（当然代表欺诈）。尽管每次欺诈案发并传播到公共领域时，欺诈行为都会受到广泛关注，但在科学研究中，欺诈行为却非常罕见（Fanelli，2009）。对科学来说，欺诈并不是一个大问题，它可能比任何其他人类行为的问题都要小。相反，使用或滥用达不到最佳标准的方法、研究人员随意拓展"创造性"分析范围等有问题的研究实践则更为常见（John 等，2012；Fanelli，2009）。

所有这些做法的共同后果是，观察到"正面"结果的比例出现膨胀。虽然在大多数科学领域，没有针对同一研究问题重复相同研究的试验，但试验有时确实会重复。重复试验非常有用，但并不是万能的。目前，关于需要进行多少重复试验和可重复性检查，甚至关于重复试验及可重复性意味着什么，都存在许多争论（Goodman 等，2016）。更糟糕的情况是，重复试验容易受到同样有问题的研究实践和偏差的影响。在这些情况下，在同一问题上有太多显著性结果的研究（似乎是"重复的"）可能是站不住脚的。过度显著性的检验可以通过正式的统计检验来完成，并且可以提供一些关于这种偏差存在的提示，但很难做出结论性推断（Ioannidis 和 Trikalinos，2007）。

统计错误及如何使用同行评议来纠正这些错误

因不当使用统计方法导致的统计错误，在文献中可能很常见。多种调查和审查都强调了不同学科中的常见错误（Strasak 等，2007；Lang，2004；Murphy，2004；Brody 等，2002），但尚不清楚这些错误的普及程度是否随时间有所改变。统计方法的误用可能并非有意，可能只是反映了缺乏对这些统计方法的了解及同行评议未达到最佳标准。随着许多研究领域对统计学专业知识的要求越来越高（因为提出的研究问题、测量方法和模型越来越复杂），出现统计方法错误和重大错误的文章比例甚至可能继续增加。《科学》与《自然》等顶级期刊最近才开始对被认为有可能被发表的论文进行常规统计审查。其他研究表明，通过对研究报告结果进行审查，在数据可供交叉检查的报告中，给出的统计数据（如 T 统计值和自由度）与报告中的 P 值不一致的案例，占比几乎达到五分之一

（Bakker 和 Wicherts，2011）。在许多情况下，研究者可能扭曲不显著的 P 值以使其显著。例如，当 P 值为 0.053 时，它可能被呈现为小于 0.05。简单的统计错误在主要期刊中很常见，也很容易被发现。但是，即使被发现并向作者指出，也很少有作者愿意发表更正声明（Allison 等，2016）。

此外，大多数评议人只花有限的时间去检查论文中的统计错误或其他错误，因为目前没有强有力的激励机制来奖励高质量的同行评议。可以理解的是，有很多人讨论是否可以通过改变或加强同行评议方式来改善同行评议，比如，通过纳入更多出版后审查（参见 PubMed Commons）或采用出版前发表研究工作以供整个科学界审查，正如 ArXiv 中物理科学以及最近在生物医学科学领域采取的类似努力。

引用偏差、意见网络和利益冲突

在向其他科学家和公众更广泛地传播研究结果的过程中，可能会出现额外的统计偏差。发表和选择性报告偏差可能会因引用偏差进一步增加（Kivimäki 等，2014；Jannot 等，2013），极端的"正面"结果可能比适度的"负面"结果更容易被引用和传播，即使后者质量相同甚至更高。引用网络分析（Greenberg，2009）可以表明支持不合理主张的派别立场的扩散，以及推动缺乏证据甚至反对现有证据的文献的观点聚集。所有人都可能有一些利益考虑（经济、学术或其他），因此识别出利益并尽量减少其影响非常重要。面对不加约束的利益冲突，任何统计结果都可能以不同的方式来解释或强调。例如，抗抑郁药物的元分析通常由相关行业员工或与行业有联系的作者（比如演讲机构成员或行业基金资助接受者）撰写。尽管基本数据和统计数据可能大同小异，但与没有行业利益冲突作者所做的类似分析相比，此类综合分析不太可能提及对行业赞助商产品的任何警告（Ebrahim 等，2016）。

数字信息的误用

数字信息的误用会增加另一层失真。许多旨在通过大众媒体传播给大众的研究报告没有使用数字信息，或是用非常模糊的语言进行交流，比如说某种治疗方法是"有效的""巨大的进步""重大的突破"等。在这些情况下，读者可能很难理解所描述问题的范围。另一个问题是，关于现有结论不确定性的数字信息（如 95% 的置信区间）很少通过新闻传播到广大公众。此外，当选择数字来表达效果大小时，所选择的数字可能表示更大的效果，从而更显著。例如，报告相对风险增加 / 减少而不是绝对风险增加 / 减少很常见，但这可能非常具有误导性，导致错误的决策。即使在系统回顾和元分析（即最接近临床护理的研究设计，因此需要直接交流；Alonso-Coello 等，2016）中，也可以看到缺乏对绝对风险降低的报告或错误报道。0.01% 的绝对超额风险可能被展示为非常漂亮的相对风险五倍增长。听到癌症的风险增加了五倍，读者可能害怕；而如果被告知风险只有 0.01% 的概率，他可能完全不会留意。即使在相对风险度量中，一些度量也可能产生比其他度量更极端的结果。例如，对于相同研究结果，当控制组风险很大时，与风险比（risk ratios）相比，优势比（odds ratios）可能给出更显著的估计。为了说明这一概念，让我们假设 30/50 的人在实验组得到改善，25/50 的人在对照组得到改善：风险差为 5/50，即 10%；风险比为 30/25=1.2（即相对风险增加 20%）；优势比为 30/20=1.5（即优势增加 50%）。根据是否使用（或误用）绝对风险差异、相对风险增加或比率变化，报纸可能会宣称"改善患者增加 10%""改善患者增加 20%"或"改善患者增加 50%"。

在统计推断和将结果置于适当背景中缺乏平衡

当某项研究可能传达出多个统计结果时，可能会发生进一步的失真。这可能导致几种情况的发生：挑选最极端的发现用于新闻传播；不平衡地强调研究优点而非缺点；缺乏对可能先于手头研究的其他研究的讨论（Clarke 等，2010），以便其结果可以与其他可用证据一起进行审查；以及行动的含义，例如，改变一个人的生活方式、应给予何种医疗手段或应采取何种公共政策。在缺乏适当背景的情况下，对统计推断的不恰当解释会导致结果的不平衡呈现。

统计偏差和对科学的攻击

这里讨论的大多数问题都相当严重，可能降低科学文献的可信度，以及降低在更广泛社会中传播的相关科学信息的有效性。在某种程度上，当公众听到来自某些领域（如营养流行病学）的研究结果，而这些领域中不严格的统计原则导致了对假设结果反复出现的失验时，这些问题就会导致社区中出现不健康的怀疑论。在这些领域中，许多呈现出来的结果似乎是难以执行的，甚至是以简单审查为基础的（Ioannidis，2013）。例如，基于问卷的调查数据可能会产生与生活不相容的食物摄取量估计值。

这些失败可能会不幸地为那些否认科学的人、教条主义者和声称科学通常会产生错误结果因而不可信的科学攻击者提供弹药。这些教条主义者最终会一致认为，他们所有的信条（如进化不存在、疫苗非常有害、艾滋病毒不会导致艾滋病）都应该得到认可。

另外，在科学攻击者中，正确统计方法使用的缺乏非常典型，这在他们的论证中造成漏洞，科学家们可以轻易地揭穿这个弱点。事实上，严格的统计方法可能是我们作为科学家所拥有的最好的工具之一，可以有效防御那些攻击科学方法的人。

可补救的统计偏差

这里讨论的问题在很大程度上是可以补救的，对这些问题的关注有助于大幅提高科学文献的质量以及从科学场所向更广泛公众传播信息的质量。改进方案包括在科学家、记者和广大公众中传播统计知识和计算能力；让经验丰富的统计学家和方法学家更广泛地参与研究，最好从研究设计的早期阶段就开始介入；谨慎使用统计方法，并充分注意其假设和局限性；让统计评论人参与对科学稿件的评估；对于各种类型的研究采用更透明的报告标准，对每种类型的调查所需传达的基本信息进行标准化——赤道倡议（The Equator Initiative）正在编制一份此类标准和指导文件（Simera 等，2010）。在最近一篇关于统计设计、分析和报告问题的综述文章中，可以找到一个更长、更详细的拟议补救措施清单（Ioannidis 等，2014）。

全系统潜在长远改进举措

随着当前科学和学术研究激励和奖励制度的变化，可能会出现进一步的改善（Ioannidis，2014）。调查研究人员需要因为能够产生符合高标准方法学质量的好科学研究结果而受到激励和奖励，而非简单地生产更具统计显著性的结果。此外，重复试验、数据共享及其他提高透明度的方法（如协议共享、预注册和高效的团队工作）也需要得到适当奖励。有些领域已经开始这样做了，如通过使用奖章系统来突出采用这些透明原则的论文（Nosek 等，2015）。有些科学领域在这方面已经取得巨大进展，而为了提高其效率、透明度和可信度，其他一些领域也越来越认识到，它们的运作方式可能早就应该改变了。

P 值以外的其他统计方法

除 *P* 值假设检验之外，还需要考虑更广泛地采用其他统计方法。诸如贝叶斯方法或基于错误发现的方法等替代方法已经存在几十年了，并在特定领域得到了广泛应用，不过它们在生物医学科学文献中仍占少数。选择性报告也可能影响对这些工具所表达结果的解释和交流。然而，这些方法的一个优点是，它们可能比 *P* 值更能直接解释，因而可能会减少上文围绕 P 值含义讨论的一些广泛传播的误解的流行。然而，我们还不能排除大量使用这些替代统计方法也可能导致未经培训的科学家、记者和公众广泛滥用这些方法的可能性。

统计偏差和残差不确定性背景下的结果解释

最终，科学家、科学记者和广大公众可能需要降低对极端重大结果的期望。大多数科学成果都不是惊天动地的，而是循序渐进的，它们应该被描绘成这样，并以应有的谨慎来解释。我们应该学会与循序渐进的发现共存，以及与大部分都很小甚至是微小的影响共存（Ioannidis，2016；Siontis 和 Ioannidis，2011）。研究人员也应该更仔细地解释结果，并且应该使用一些残差不确定的度量，以缓和对特定结果不必要的热情。当影响规模小、研究规模小、领域"热门"（许多团队暗地竞争追求"显著性"的结果）、对结果（财务或其他，导致潜在利益冲突）有强烈兴趣、数据库很大并且允许进行许多分析时，不确定性可能更高，可信度可能更低（Ioannidis，2005）。当分析更加灵活，可以以多种方式执行时，就可选最突出但也可能是虚假的选项。这些负面特征在生物医学研究的大部分领域和其他领域越来越普遍，这就要求，在阅读、强调和广泛传播这些领域中使用统计方法进行分析和推断的科学文献时，应该足够谨慎。

参考文献

Allison, D. B., Brown, A. W., George, B. J., and Kaiser, K. A. (2016). Reproducibility: a tragedy of errors. *Nature*, 530(7588), 27–29.

Alonso–Coello, P., Carrasco–Labra, A., Brignardello–Petersen, R., Neumann, I., Akl, E. A., Vernooij, R. W., et al. (2016). Systematic reviews suffer from major limitations in reporting absolute effects. *Journal of Clinical Epidemiology*, 72, 16–26.

Bakker, M., and Wicherts, J. M. (2011). The (mis)reporting of statistical results in psychology journals. *Behavior Research Methods*, 43(3), 666–678.

Boutron, I., Dutton, S., Ravaud, P., and Altman, D. G. (2010). Reporting and interpretation of randomized controlled trials with statistically nonsignificant results for primary outcomes. *JAMA*, 303(20), 2058–2064.

Brody, J. P., Williams, B. A., Wold, B. J., and Quake, S. R. (2002). Significance and statistical errors in the analysis of DNA microarray data. *Proceedings of the National Academy of Sciences of the USA*, 99(20), 12975–12978.

Chavalarias, D., and Ioannidis, J. P. (2010). Science mapping analysis characterizes 235 biases in biomedical research. *Journal of Clinical Epidemiology*, 63(11), 1205–1215.

Clarke, M., Hopewell, S., and Chalmers, I. (2010). Clinical trials should begin and end with systematic reviews of relevant evidence: 12 years and waiting. *Lancet*, 376(9734), 20–21.

Contopoulos–Ioannidis, D. G., Ntzani, E., and Ioannidis, J. P. (2003). Translation of highly promising basic science research into clinical applications. *American Journal of Medicine*, 114(6), 477–484.

Ebrahim, S., Bance, S., Athale, A., Malachowski, C., and Ioannidis, J. P. (2016). Meta–analyses with industry involvement are massively published and report no caveats for antidepressants. *Journal of Clinical Epidemiology*, 70, 155–163.

Fanelli, D. (2010). "Positive" results increase down the hierarchy of the sciences. *PLoS One*, 5(4), e10068. doi:10.1371/journal. pone.0010068.

Fanelli, D. (2009). How many scientists fabricate and falsify research? A systematic review and meta–analysis of survey data. *PLoS One*, 4(5), e5738. doi:10.1371/journal.pone.0005738.

Fanelli, D., and Ioannidis, J. P. (2013). US studies may overestimate effect sizes in softer research. *Proceedings of the National Academy of Sciences of the USA*, 110(37), 15031–15036. doi:10.1073/pnas.1302997110.

Gadbury, G. L., and Allison, D. B. (2012). Inappropriate fiddling with statistical analyses to obtain a desirable p–value: tests to detect its presence in published literature. *PLoS One*, 7(10), e46363. doi:10.1371/journal.pone.0046363.

Goodman, S. (2008). A dirty dozen: twelve p–value misconceptions. *Seminars in Hematology*, 45(3), 135–140. doi:10.1053/j.seminhematol.2008.04.003.

Goodman, S. N. (1999). Toward evidence–based medical statistics. 1: The P value fallacy. *Annals of Internal Medicine*, 130(12), 995–1004.

Goodman, S. N., Fanelli, D., and Ioannidis, J. P. (2016). What does research reproducibility mean? *Science Translational Medicine*, 8(341), 341ps12. doi:10.1126/scitranslmed.aaf5027.

Greenberg, S. A. (2009). How citation distortions create unfounded authority: analysis of a citation network. *BMJ*, 339, b2680.

Ioannidis, J. P. (2016). Exposure–wide epidemiology: Bradford Hill revisited. *Statistics in Medicine*, 35(11), 1749–1762.

Ioannidis, J. P. (2014). How to make more published research true. *PLoS Medicine*, 11(10), e1001747. doi:10.1371/journal.pmed.1001747.

Ioannidis, J. P. (2013). Implausible results in human nutrition research. *BMJ*, 347, f6698.

Ioannidis, J. P. (2007). Limitations are not properly acknowledged in the scientific literature. *Journal of Clinical Epidemiology*, 60(4), 324–329.

Ioannidis, J. P. (2005). Why most published research findings are false. *PLoS Medicine*, 2(8), e124.

Ioannidis, J. P., Greenland, S., Hlatky, M. A., Khoury, M. J., Macleod, M. R., Moher, D, et al. (2014). Increasing value and reducing waste in research design, conduct, and analysis. *Lancet*, 383(9912), 166–175. doi:10.1016/S0140–6736(13)62227–8.

Ioannidis, J. P., and Trikalinos, T. A. (2007). An exploratory test for an excess of significant findings. *Clinical Trials*, 4(3), 245–253.

Jannot, A. S., Agoritsas, T., Gayet–Ageron, A., and Perneger, T. V. (2013). Citation bias favoring statistically significant studies was present in medical research. *Journal of Clinical Epidemiology*, 66(3), 296–301.

John, L. K., Loewenstein, G., and Prelec, D. (2012). Measuring the prevalence of questionable research practices with incentives for truth telling. *Psychological Science*, 23(5), 524–532.

Kivimäki, M., Batty, G. D., Kawachi, I., Virtanen, M., Singh–Manoux, A., and Brunner, E. J. (2014). Don't let the truth get in the way of a good story: an illustration of citation bias in epidemiologic research. *American Journal of Epidemiology*, 180(4), 446–448. doi:10.1093/aje/kwu164.

Kyzas, P. A., Denaxa–Kyza, D., and Ioannidis, J. P. (2007). Almost all articles on cancer prognostic markers report statistically significant results. *European Journal of Cancer*, 43(17), 2559–2579.

Lang, T. (2004).m Twenty statistical errors even you can find in biomedical research articles. *Croatian Medical Journal*, 45(4), 361–370.

Murphy, J. R. (2004). Statistical errors in immunologic research. *Journal of Allergy and Clinical Immunology*, 114(6), 1259–1263; quiz 1264.

Nosek, B. A., Alter, G., Banks, G. C., Borsboom, D., Bowman, S. D., Breckler, S. J., et al. (2015). Promoting an open research culture. *Science*, 348(6242), 1422–1425. doi:10.1126/science.aab2374.

Nosek, B. A., Spies, J. R., and Motyl, M. (2012). Scientific utopia: II. Restructuring incentives and practices to promote truth over publishability. *Perspectives in Psychological Science*, 7(6), 615–631. doi:10.1177/1745691612459058.

Nuzzo, R. (2014). Scientific method: statistical errors. *Nature*, 506(7487), 150–152. doi:10.1038/506150a

Patel, C. J., Burford, B., and Ioannidis, J. P. (2015). Assessment of vibration of effects due to model specification can demonstrate the instability of observational associations. *Journal of Clinical Epidemiology*, 68(9), 1046–1058.

Schwartz, L. M., Woloshin, S., Andrews, A., and Stukel, T. A. (2012). Influence of medical journal press releases on the quality of associated newspaper coverage: retrospective cohort study. *BMJ*, 344, d8164. doi:10.1136/bmj.d8164.

Simera, I., Moher, D., Hoey, J., Schulz, K. F., and Altman, D. G. (2010). A catalogue of reporting guidelines for health research. *European Journal of Clinical Investigation*, 40(1), 35–53.

Simonsohn, U., Nelson, L. D., and Simmons, J. P. (2014). P-curve: a key to the file-drawer. *Journal of Experimental Psychology General*, 143(2), 534–547.

Siontis, G. C., and Ioannidis, J. P. (2011). Risk factors and interventions with statistically significant tiny effects. *International Journal of Epidemiology*, 40(5), 1292–1307. doi:10.1093/ije/dyr099.

Strasak, A. M., Zaman, Q., Pfeiffer, K. P., Göbel, G., and Ulmer, H. (2007). Statistical errors in medical research— a review of common pitfalls. *Swiss Medical Weekly*, 137(3–4), 44–49.

Sumner, P., Vivian-Griffiths, S., Boivin, J., Williams, A., Venetis, C. A., Davies, A., et al. (2014). The association between exaggeration in health related science news and academic press releases: retrospective observational study. *BMJ*, 349, g7015. doi:10.1136/bmj.g7015.

Yavchitz, A., Boutron, I., Bafeta, A., Marroun, I., Charles, P., Mantz, J., and Ravaud, P. (2012). Misrepresentation of randomized controlled trials in press releases and news coverage: a cohort study. *PLoS Medicine*, 9(9). e1001308. doi:10.1371/journal.pmed.1001308.

推荐阅读

Boutron, I., Dutton, S., Ravaud, P., and Altman, D. G. (2010). Reporting and interpretation of randomized controlled trials with statistically nonsignificant results for primary outcomes. *JAMA*, 303(20), 2058–2064.

Goodman, S. N. (1999). Toward evidence-based medical statistics. 1: The P value fallacy. *Annals of Internal Medicine*, 130(12), 995–1004.

Greenberg, S. A. (2009). How citation distortions create unfounded authority: analysis of a citation network. *BMJ*, 339, b2680.

Ioannidis, J. P. (2014). How to make more published research true. *PLoS Medicine*, 11(10), e1001747. doi:10.1371/journal. pmed.1001747.

Ioannidis, J. P., Greenland, S., Hlatky, M. A., Khoury, M. J., Macleod, M. R., Moher, D., et al. (2014). Increasing value and reducing waste in research design, conduct, and analysis. *Lancet*, 383(9912), 166–175. doi:10.1016/S0140-6736(13)62227-8.

John, L. K., Loewenstein, G., and Prelec, D. (2012). Measuring the prevalence of questionable research practices with incentives for truth telling. *Psychological Science*, 23(5), 524–532.

Nuzzo, R. (2014). Scientific method: statistical errors. *Nature*, 506(7487), 150–152. doi:10.1038/506150a

Simera, I., Moher, D., Hoey, J., Schulz, K. F., and Altman, D. G. (2010). A catalogue of reporting guidelines for health research. *European Journal of Clinical Investigation*, 40(1), 35–53.

Sumner, P., Vivian-Griffiths, S., Boivin, J., Williams, A., Venetis, C. A., Davies, A., et al. (2014). The association between exaggeration in health related science news and academic press releases: retrospective observational study. *BMJ*, 349, g7015. doi:10.1136/bmj.g7015.

Yavchitz, A., Boutron, I., Bafeta, A., Marroun, I., Charles, P., Mantz, J., and Ravaud, P. (2012).
Misrepresentation of randomized controlled trials in press releases and news coverage: a cohort study.
PLoS Medicine, 9(9), e1001308. doi:10.1371/journal.pmed.1001308.

第十一章
科学上有夸张炒作的问题吗？
如果有，如何解决

彼得·魏因加特（Peter Weingart）

摘要： 随着科学家越来越多地与公众交流，炒作（即面对其他科学家和公众受众夸大和 / 或耸人听闻的交流）已成为一个令人关注的问题。炒作的来源有很多，其中一些是相互作用的——科学本身、大众媒体的科学报道以及大学在不同程度上合法地从事公共关系和自我宣传。对公众注意力的竞争影响到科学，尤其是当由此产生的炒作破坏了公众对科学事实证据承诺的认知以及当发现宣称被证明是没有事实根据的时候，炒作近乎欺诈。科学组织的反应是制定行为准则，并努力消除夸大研究结果影响的做法和歪曲学术结论的出版后活动。对于炒作对公众对科学信任的影响以及阻止和惩罚炒作方法的有效性，还需要进行更多的研究。

关键词： 炒作；科学传播；媒体；公共关系；竞争；注意力

概　述

从 20 世纪 90 年代中期开始，人们越来越关注科学与媒体之间的关系，尤其是越来越多的科学炒作，其中大部分集中在夸大医学发现的意义和潜在影响的说法上（Ransohoff 和 Ransohoff，2001）。一个类似案例是有报道称"在美国，600 万接受钙通道阻滞剂治疗高血压的患者心脏病发作的风险可能增加 60%"，这促使一些患者停止使用药物（Shuchman 和 Wilkes，1997）。随后的调查将这一毫无根据的恐慌归咎于记者的不实报道和美国心脏协会（American Heart Association）的"不完整"新闻稿（Shuchman 和 Wilkes，1997，976）。

夸大报告可能增加（没有理由的）希望，比如，如果它们兜售所谓的健康"疗法"，如褪黑激素在一些媒体报道中被认为是"治疗衰老的方法"（Schuchman 和 Wilkes，1997，977）。它们也可能引发夸大的恐惧，甚至恐慌，正如胰腺癌与咖啡、乳房植入物与胶原血管疾病之间公开但尚未建立的联系一样（Ransohoff 和 Ransohoff，2001）。

医学和药理学研究报告特别引人关注，因为它们直接影响公众健康。在另一个层面，诸如体外受精、克隆、干细胞研究或人类基因组破译等生物医学的进步，不仅对健康有影响，也吸引公众与媒体的广泛关注，因为它们影响基本价值观，具有深刻的伦理意义，并影响新闻规范（例如，这些发现富有戏剧性和个人色彩，引起争议，并具有广泛的社会影响）。因此，它们毫无意外地会受到炒作（Nelkin，1996）。但即便在健康不是一个紧迫问题的领域，在对科学相关新闻的传播中也会发生炒作事件。比如 1981 年 11 月，德国《明镜》头版报道的标题是"森林正在死亡：德国的酸雨"（Gosselin，2011；Horeis，2009）。德国关于"森林衰退"的报道，引发广泛的公众反应和政策措施。而结果是该问题被夸大了。然而，在相当长一段时间内，媒体甚至大部分科学界都忽视或低估了与主流政治信念相矛盾的研究（Metzger 和 Wagner，2014 年）。

在媒体的帮助下，科学家们还大肆宣传突破性发现，但这些发现后来被证明是错误的（比如"冷聚变"）或骗局（比如韩国兽医黄禹锡声称克隆了人类胚胎，后来承认有欺诈行为。更多关于科学家们炒作科学报告的例子，参见 Rinaldi，2012）。炒作事件的起因、意图和动机、合法性和效果各不相同。这些差异引出了我们应该如何定义炒作、谁参与炒作以及为何炒作值得关注等问题。

科学中的炒作现象应该如何定义？

牛津词典和韦氏词典一致认为，炒作是"哗众取宠的"或"过度的促销"。前者将炒作指定为"为了宣传而进行的欺骗"，即宣传某种产品或想法的同时，"夸大其重要性或好处"。在进行科学传播时，我们的重点是宣传思想（有时是方法或技术）及其利益和风险。当然，确定什么是哗众取宠的或夸张的界限并不总是容易划定。定义炒作的主要标准是它所得结论的不合法性。在任何一种交流中，都不可避免地要强调对特定话题的选择（有人称之为"诚实炒作"；Nerlich，2013），对正面事情的强调（如保护气候），或对受众价值观和利益的适应形式，以确保信息得到适当接受，以及在没有充分证据的情况下，传播思想。这种歪曲事实的鼓吹与欺诈的区别非常细微。在科学领域，当炒作违反良好科学行为标准或规范时，尤其如此。然而，即使是这种情况，对炒作的明确界定仍然存在问题。正如罗伯特·默顿（1973）所指出的，科学家发现其个人处于既要谦虚提出真理主张、又要坚决争取优先考虑其工作重要性的矛盾境地。这种矛盾源于相互冲突的制度规范：科学奖励的主要标准是新颖性和独创性。这是强调发现优先权认证的原因。相反的准则是谦虚或谦卑：它强调知识的普遍性高于个人参与和兴趣。

谁在炒作科学传播？

在之前关于炒作科学发现的讨论中，其主要责任归咎于媒体（Koshland，1991）。因此，这个问题被确定为科学家和记者之间的"错误沟通"（Shuchman 和 Wilkes，1997）。但仔细观察发现，不仅是记者，科学家们也在参与炒作其研究成果。与此同时，还有另一个炒作源头：负责向记者和感兴趣的公众分发新闻稿和信息的大学和研究实验室等大型科研机构的新闻和传播办公室。随着时间推移，新闻和传播办公室及其信息已秘密将其职能从告知转变为公关和营销（Marcinkowski 和 Kohring，2014）。科学和科研机构的市场营销和公关本身已发展成为一个行业。据估计，过去十年中，新闻办公室的数量增长了十倍，这本身就表明了对于争夺关注的感知需求。最后，诸如科学部门和研究委员会之类的政府机构也参与科学传播与宣传，他们通过举办各种各样的活动以宣传特定项目和政策、使研究和研发支出合法化、倡导公共科研投入效益。

炒作为何引起科学界和公众关注？

正如定义所示，炒作的范围包括过度宣传和欺诈。这些做法明显违背了科学传播要求真实、谦虚和透明的原则。对这些原则的承诺是科学作为追求公认知识制度的核心，也是科学可信度的基础。如果公众认为科学一般说来都是虚假的，那么科学事业将失去社会信任（Master 和 Resnik，2013；Koshland，1991）[1]。换而言之，炒作的问题在于违反了科学道德和良好科学实践的行为准则。

与此类似，媒体至少也要遵循一些相同原则（"所有适合印刷的新闻"），但媒体采用不同手段来确保（或未能做到）报道的真实性。高质量新闻和小报新闻之间有很大区别。但是，所有新闻媒体都是按照可预测的价值运作。他们专注于主题，强调特定故事以吸引公众注意力和支付客户，向广告商提供受众以换取费用，并在不同程度上通过宣传其产品来达到收费的目的。[2]估计小报媒体的炒作程度更大，而高质量媒体更加可靠。不过，公众对新闻业的信任程度相对较低。

与科学传播的角色和规范不同，市场营销和公关的存在就是为了以有说服力的方式宣传产品（和理念）（Shipman，2015a）。尽管他们可能坚持"清晰、诚实、有效地沟通"等原则，但归根结底，他们必须"让雇主脸上有光"（Shipman，2015b）。说服性沟通不可避免地与某个机构或某个人的特殊利益联系在一起。"你需要赢得公众和记者的信任"（Shipman，2015b）的建议，并不能使其与特殊利益的联系消失，但也是一种说服技巧（尽管是更容易接受的技巧）。尽管存在差异，市场营销和公共关系应该促进组织目标，而公共科学（即为了公众自身利益由公共基金资助的科学）应该服务于公共利益。

这种区别似乎决定了授予科学、媒体和公关代理的信任程度。少数探讨科学信任与科学家感知利益（如与机构的隶属关系或资金来源）之间关系的研究表明，被公共资助的科学家比被私人资助的科学家更受信任，同样，在公立大学工作的科学家比在工业界工作的科学家更受信任（Critchley，2008；Peters 等，2007）。营销和机构公关的传播不太可能被指责为"过度营销"，因为这就是对他们的期望。与之相反，媒体则处于矛盾位置，因为他们的身份和社会角色与其所报道故事的准确性有关，但众所周知媒体报道（不可避免）是有选择性的，而且容易（不同程度地）进行炒作。然而，高质量（科学）新闻坚持调查和批判性反思的黄金标准，与小报新闻明显不同。

总而言之，炒作宣传在科学上被认为是不合法的，在媒体上则是被期待甚至有时是被纵容的，在营销和公关上却被认为是合法的。因为科学、媒体、营销和公关之间的制度界限正变得模糊，炒作的规范性评价也在发生变化。近来从事科学传播的不同行动者之间关系的变化，揭示了为何科学炒作以及对炒作的关注会加剧。理解这一点的方法之一是，将科学、媒体和公共关系看作是与其不同的操作规范而有所区别的。[3]

促成科学炒作的结构性和外生性变化

科学作为一种社会系统，试图产生"真理"，即公认的原创性知识。因此，科学家的目标是竞争产生原创贡献，而这些贡献反过来通过提高其声誉（这可能转化为更高水平的资助）使其在该系统内得到回报。尽管分为不同交流领域（学科），但该系统的社会结构均是基于声誉等级的。声誉是由有资格（通过训练获得）做出此类判断的同行（同行评议）对真理声明进行审查和认证的结果。其前提是，研究结果公开传播给同行，真理声明只有经过合议审查程序证明优先权才是合法的。这正是科学领域合作与竞争之间存在微妙平衡的原因，也是为何任何试图通过诉诸外部公众和 / 或通过炒作声明来规避或欺骗同行评议过程的行为都严重违反科学操作规范的原因（Bucchi，1996）。

尽管这样的违法行为贯穿整个科学史，但社会和政治环境的最新发展使其发生的可能性变大。其中最重要的是将市场机制以业绩考核的形式纳入学术激励体系，并将其与货币激励挂钩。通过重视吸引注意力（例如，引用次数、期刊影响因子及所谓的外展活动奖励）这些措施建立了一个与基于原创认证声誉等级体系平行的声誉等级体系。因为这些措施产生的科学职业压力现已影响整个出版系统（Caulfield 和 Condit，2012）。结果，那些相信媒体报道会吸引人们关注其工作的科学家们也趋于转向媒体，从而转向外部公众。这是科学媒体化过程的一部分，科学媒体化是指科学家面向媒体传播的取向及由此产生的对媒体新闻价值观的迎合。[4]

现在，社交网络（如推特、Research Gate、academia.edu 以及其他类似社交网络）的获得性使得出版物吸引到尽可能多的关注和支持，它可以扩大阅读特定出版物或只是关注科学家工作的读者数量。当把诸如点击率或阅读量这样的关注度与以引用所呈现的内容的实际接收（和批评性评价）一起衡量时，它们就成为声誉的平行货币。这是赋予科学炒作一定合法性的基础之一。[5]

媒体（这里指大众媒体，包括纸媒、纸媒在线版以及电视和广播）提供新信息，以新奇、冲突、精英等"新闻价值观"为指导（Galtung 和 Ruge，1965）。随着用户转向在线新闻来源，以广告和销售作为收入来源的传统商业模式受到威胁。由此引发的媒体危机，诱使媒体通过加大炒作力度来吸引眼球。学者们发现科学期刊的编辑政策受到影响，特别是那些广受大众媒体科学记者关注的期刊（如《科学》或《自然》），其形式是偏爱能够引起大众媒体广泛兴趣的话题（Scheiber，2015；Franzen，2012）。这再次打开了大众媒体在科学报道中炒作的大门。

媒体危机的另一方面间接促成了炒作增加。当平面媒体（即报纸）感受到读者转向免费网络新闻的影响时，许多科学记者被迫下岗，从事自由新闻工作或进入大学和研究机构不断扩大的新闻办公室。他们与市场营销专家一起，运用其特殊技能，不可避免地为支付其报酬的机构服务。英国科学媒体中心主任菲奥娜·福克斯（Fiona Fox，2015），在一篇博客中评论道："我们现在已经到了这样一个阶段——最好的科学记者不仅要与其新闻编辑不正当的新闻价值观做斗争，还要努力解读过度炒作的新闻稿，以了解科学研究真正宣称的真相。"这种危险因如今社交媒体的普遍使用而加剧，尤其是推特和脸书，它们是由科学组织直接向更广泛的公众传播信息的，没有受到新闻媒体等"守门人"的任何质量检查。这种发展趋势最危险的方面在于，独立的甚至调查性的科学新闻与公关和营销之间的清楚界限变得模糊。随着新闻编辑室里科学记者数量的减少，而留下来的那些记者越来越依赖于新闻官发布的新闻稿，这些新闻稿的炒作内容更有可能不受控制地进入媒体（或直接到公众）。一个后果是：错误信息的责任被抹去（Ransohoff 和 Ransohoff，2001，186）。[6]

　　导致科学和科学传播炒作的第三个因素可以归咎于管理科学的政治制度的变化。随着全球各国竞争的加剧，创新和科学的工具性作用已成为各国科学政策的首要目标。这些政策以三个目标为指导：提高科学效率、向选民提供增加科学支出的理由、确保公众接受（有时是危险的）科学技术。提高科学效率的尝试主要依赖于引入绩效指标，其中最常见的指标（如发表数量、引文数量、期刊影响因子）直接反映科学家的发表活动。任何与这些指标相关的激励都可能最大程度上影响这些活动。科学支出合法化的努力，集中于原来对公众隐藏的科学运作透明化。绩效评估和排名是方便手段，与向公众宣传（外联）一起作为科学家对社会的义务。这可被视为"科学传播"各类活动的一部分，科学政策和科学组织在许多活动中都贴上了科学传播这一标签。据称，这些活动是为促进公众对科学的理解和接受。然而与之相反，这些活动大多以公关的形式出现，科学教育和信息传播与公共关系之间的界限越来越模糊。换言之，向社会开放科学的科学政策战略产生了（也许是无意的）一种后果，那就是创造了一种可以中和科学内部对炒作消极认可的政治环境。通过奖励大众的掌声，这种文化用普通外行公众取代了有资历的内部同行公众。从而，科学领域炒作越来越频发，这是由政治、媒体及科学本身变化引起的相互影响、相互促进的因素组成的整个网络的结果。[7]炒作并不仅仅发生在科学领域。相反，它已渗透进后工业社会的所有传播中，成为注意力经济的一个特点。在这种经济中，声音数量成倍增加，而个人注意力的限制基本保持不变。

如何应对炒作？避免炒作的手段是什么？

　　因为科学炒作有系统性原因，所以解决方案也需要是系统性的。炒作科学并不完全或主要是奸诈个人违反规则的结果（当然，这也可能是）。相反，那些炒作自己研究成果的科学家们，在尊重与媒体和公众沟通的世界里，表现得很理性，就像那些参与炒作的大学在争夺学生或更高排名时表现得很理性一样。因此，诉诸科学家或他们的组织，不太可能改变他们的传播行为。

　　然而，通过将迄今为止只是隐而不露的规范性期望明确出来，科学机构确实对其信誉受到的威胁作出了反应。例如，科学协会对引入文献计量绩效指标作出了反应。因此，

《旧金山研究评估宣言》（*San Francisco Declaration on Research Assessment*，DORA）要求学术机构"明确用于达成聘用、任期和晋升决定的标准，明确强调，特别是对于处于早期阶段的科研人员，论文的科学内容远比发表指标或论文所发表期刊的身份重要得多，"研究人员被告知："当参与资助、聘用、任期或晋升决策时，应根据科学内容而非发表指标进行评估"（Cagan，2013）。

同样，向英国政府提交的一份关于使用和误用文献计量方法的独立报告《度量潮》（*The Metric Tide*）也提醒研究人员，"注意特定指标在个人简历和同事工作评估中的局限性。当标准指标不充分时，研究人员应寻找系列数据源，以记录和支持关于其工作影响的主张。"明确地遵循了《旧金山研究评估宣言》的《度量潮》建议出版商：

> 减少对期刊影响因子作为推广工具的强调，并且只在多种基于期刊的指标提供更丰富绩效视图的环境中使用它们。……出版商应在科学出版伦理委员会（Committee on Publication Ethics，COPE）的帮助下，鼓励负责任的署名行为，并提供关于每位作者具体贡献的详细信息。（Wilsdon，J.，等，2015，13）

通过最小化量化绩效指标对出版行为的影响，这些建议或许可以减少因寻求关注和影响而引起的炒作。

如果不仅仅是表述问题，科学炒作有时可能与提出没有经验性证据支持的主张没有区别，从而近乎欺诈。这种形式的炒作增加已经成为科技期刊的一个问题，越来越多的文章被撤回（见本部分第十二章）。这与炒作不一样，但其背后动机相同。德国科学理事会（The German Science Council）注意到，科学家们似乎越来越倾向于将研究成果定性为开创性成果，尤其是为了发表论文时（Wissenschaftsrat，2015）。

与此同时，科学期刊与其出版商也作出了反应。1997年成立的科学出版伦理委员会是一个同行评议期刊编辑和出版者的平台，它为期刊编辑和出版者出版了广泛的指南和行为准则（http://Publication Ethics.org/resources/code-conduct）。其中有个特别部分，侧重于总体加强开放科学，尤其强调奖励负面结果的出版。[8] 基于确信"在目前的奖励制度中，对创新的强调可能削弱支持核查的做法"及"发表要求（无论是实际上的还是感知上的）通常无法鼓励透明、开放、可重复的科学"，弗吉尼亚州夏洛茨维尔（Charlottesville，Virginia）的一些科学家制定了旨在纠正这一问题的《促进透明和开放的指南》（*Transparency and Openness Promotion Guidelines*，Nosek 等，2015）。同样，一篇发表于《科学》杂志的多作者文章也建议："大学应该坚持其教职员工和学生都接受研究伦理的教育；他们的文章既没有荣誉作者，也没有幽灵作者；他们的新闻办公室在宣传科研发现时避免炒作；受质疑的研究得到即时、彻底的调查。"（Alberts 等，2015）。

最后一个例子是德国科学传播者组织西格纳圈（Siggen Circle）发表的《良好科学传播指南》（*Guideline for Good Science Communication*）。西格纳圈由大学和研究实验室的学者与公关和营销人员组成。该指南明确要求，良好的沟通是"真实的"，"不会夸大描述研究成果，也不会弱化或隐藏已知技术风险。……不会因为营销机构和塑造形象而偏离真实和透明"（Aufruf，2015）。

这些举措表明，和其他问题一样，炒作被认为偏离了良好科学实践及其标准，即使并未完全违反这些标准。这些举措也是解决炒作及相关出版行为作为系统性问题出现的系统性解决办法。

研究如何更好地解决科学炒作的发生问题

尽管已经对于职业压力、激励政策、绩效指标、编辑/出版和政府关于科学家出版行为政策的影响有所了解，但这些了解大多是基于印象的，且仅限于特定学科、国家和/或特定案例。应在比较基础上，研究评估这些影响（例如，比较不同学科和不同国家激励政策的影响）。

同样，我们需要更多地了解科学家参与炒作的意愿，并将其与公关人员及科学记者进行比较。在与媒体的沟通方面，沟通规范、良好科学实践原则有多大的作用？最近制定的行为准则是否对出版行为产生了影响？与竞争压力和与宣传和公众关注的激励相比，它们的效果如何？

第三个研究问题涉及炒作的实际效果——从吸引到的注意力而言。鉴于每个案例都是独特的，因此可能需要详细再现炒作报道的离奇故事：这些报道是如何被各自的受众所接受的？它们如何影响信誉？

与此相关的是第四个问题：炒作是否损害对科学的信任？只有了解更多，才有可能充分判断特定炒作对信任的影响，并真实地评估炒作对公众科学认知的危害。

致　谢

感谢拉斯·冈瑟（Lars Guenther）、萨拜因·马森（Sabine Maasen）和霍尔格·沃尔默（Holger Wormer）对本文早期版本的批判性阅读和建设性建议。

注　释

1. 正如马斯特（Master）和雷斯尼克（Resnik）在 2013 年所指出的，这是一个逻辑上的结论，但几乎没有实证证据证明事实如此。关于失去信任的风险，参见 Nerlich（2013）。

2. 这也取决于收入来源的相对重要性。广告占销售收入的比例已经下降，通常从 3∶1 下降到 1∶1，因此不炒作可能导致财务损失。另外，顶级品牌可能更偏好受人尊敬的环境。

3. 关于社会系统理论的理论基础和系统代码，参见 Luhmann（1996）。

4. 关于广泛的理论讨论和实证研究，参见 Ródder 等（2012，尤其是第一、二、八、十七和十九章）。

5. 参见《科学家向媒体寻求关注的合法性程度差异的详细研究》（Ródder，2012）。

6. 六名新闻官和市场营销人员对一名科学记者的估计，使鲍尔（Bauer，2015）提出假设：科学传播将以"通过对关键角色的定位，提高科学新闻的公关风格"为特点。

7. 考尔菲尔德（Caulfield）谈到"炒作的累积力量"，认为出版压力、商业化 / 翻译压力、机构新闻稿、媒体实践、公众利益 / 期望、营销和科学潮流等因素综合在一起。但这个顺序既不是线性，也不是在同一范畴层次上的解析。参见 Caulfield and Condit，（2012），210。

8. 参见《柳叶刀》的类似倡议《增加价值，减少浪费》（http://www.thelancet.com/series/research）。

参考文献

Alberts, Bruce, Cicerone, R. J., Fienberg, S. E., Kamb, A., McNutt, M., Nerem, R. M., et al. (2015). Self-correction in science at work: improve incentives to support research integrity. *Science*, 348(6242), 1420–1422.

Aufruf, Siggener (2015). Wissenschaftskommunikation gestalten. Diskussionspapier: Leitlinien für gute Wissenschaftskommunikation, September 30. https://www.bundestag.de/blob/391672/23f7f2276b21f03 065cdbd63bcf5963c/vorlage_ siggener-kreis-data.pdf.

Bauer, Martin. (2015). Mapping the cultural authority of science. Paper presented at Stellenbosch University, September.

Bucchi, Massimiano. (1996). When scientists turn to the public: alternative routes in science communication. *Public Understanding of Science*, 5, 375–394.

Cagan, Ross. (2013). The San Francisco declaration on research assessment. *Disease Models & Mechanisms*, 6, 869–870. doi:10.1242/dmm.012955.

Caulfield, Timothy, and Condit, C. (2012). Science and the sources of hype. *Public Health Genomics*, 15, 209–217. doi:10.1159/000336533.

Critchley, Christine R. (2008). Public opinion and trust in scientists: the role of the research context, and the perceived motivation of stem cell researchers. *Public Understanding of Science*, 17(3), 309–327.

Franzen, Martina. (2012). Making science news: the press relations of scientific journals and implications for scholarly communication. In: Simone Rödder, Martina Franzen, and Peter Weingart, eds., *The science's media connection—public communication and its repercussions*. Sociology of the Sciences Yearbook 28. Dordrecht: Springer, 333–352.

Fox, Fiona. (2012). Dodgy science headlines: PR can share the blame. March 27. http://fionafox.blogspot. de/search?updated–min=2012–01–01T00:00:00Z&updatedmax=2013–01–01T00:00:00Z&max–results=6.

Galtung, J., and M. H. Ruge (1965). The structure of foreign news. *Journal of Peace Research*, 2(1), 64–91.

Gosselin, P. (2011). Documentary on the German Waldsterben hysteria—looking back 30 years. http://notrickszone.com/2011/05/26/documentary–on–the–german–waldsterbenhysteria–looking–back–30–years/#sthash.WTsX9OTg.d0hEvHwR.dpuf.

Horeis, Heinz. (2009). Once upon a time, there was a dying forest. *Technology in Society*, 31(1), 111–116.

Koshland, Daniel E. Jr. (1991). Credibility in science and the press. *Science*, 254, 629.

Luhmann, Niklas. (1996). *Social systems.* Translated by John Bednarz with Dirk Baecker. Stanford, CA: Stanford University Press.

Marcinkowski, F., and Kohring, M. (2014). The changing rationale of science communication: a challenge to scientific autonomy, *JCOM: Journal of Science Communication*, 13(3), C04.

Master, Zubin, and Resnik, David B. (2013). Hype and public trust in science. *Science and Engineering Ethics*, 19(2), 321–335. doi:10.1007–s11948–011–9327–6.

Merton, Robert K. (1973). The ambivalence of scientists. In: Norman Storer, ed., *The sociology of science: theoretical and empirical investigations.* Chicago, London: University of Chicago Press, 383–412.

Metzger, Birgit, and Wagner, Roland. (2014). Gelehrtenstreit oder grosser Konsens? Das Waldsterben, die Wissenschaft, die Politik und die Medien. In: Peter Weingart and Patricia Schulz, eds., *Wissen, Nachricht, Sensation. Zur Kommunikation zwischen Wissenschaft, Öffentlichkeit und Medien.* Weilerswist: Velbr ck Wissenschaft, 223–257.

Nelkin, Dorothy. (1996). An uneasy relationship: the tensions between medicine and the media, *Lancet*,

347, 1600–1603.

Nerlich, Brigitte. (2013). Moderation impossible? On hype, honesty and trust in the context of modern academic life, *The Sociological Review*, 61(Suppl. 2), 43–57. doi:10.1111/1467–954X.12099.

Nosek, Brian A., Alter, G., Banks, G. C., Borsboom, D., Bowman, S. D., Breckler, S. J., et al. (2015). Promoting an open research culture: author guidelines for journals could help to promote transparency, openness, and reproducibility, *Science*, 348(6242), 1422–1425.

Peters, Hans Peter, Lang, John L., Sawicka, Magdalena, and Hallman, William K. (2007). Culture and technological innovation: impact of trust and appreciation of nature on attitudes towards food biotechnology in the USA and Germany. *International Journal of Public Opinion Research*, 19(2), 191–220.

Ransohoff, David F., and Richard M. Ransohoff. (2001). Sensationalism in the media: when scientists and journalists may be complicit collaborators. *Effective Clinical Practice*, 4, 185–188.

Rinaldi, Andrea. (2012). To hype, or not to(o) hype. *EMBO Reports*, March 6. doi:10.1038/embor.2012.39.

Rödder, Simone. (2012). The ambivalence of scientists. In: Simone Rödder, Martina Franzen, and Peter Weingart, eds., *The science's media connection—public communication and its repercussions.* Sociology of the Sciences Yearbook 28. Dordrecht: Springer, 155–178.

Rödder, Simone, Martina Franzen, and Peter Weingart, eds. (2012). *The science's media connection—public communication and its repercussions.* Sociology of the Sciences Yearbook 28. Dordrecht: Springer.

Scheiber, Noam. (2015). Publish or perish: academic papers look to make splash. *The New York Times*, June 1, pp. A1, B7.

Shipman, W. Matthew. (2015a). *Handbook for science public information officers.* Chicago: University of Chicago Press Books.

Shipman, W. Matthew. (2015b). What is a science PIO's job? http://www.scilogs.com/communication_breakdown/a–science–pios–job/.

Shuchman, Miriam, and Michael S. Wilkes. (1997). Medical scientists and health news reporting: a case of miscommunication, *Annals of Internal Medicine*, 126, 976–982.

Weingart, Peter, Salzmann, Christian, and Wörmann, Stefan. (2008). The social embedding of biomedicine: an analysis of German media debates 1995–2004, *Public Understanding of Science*, 17, 381–396.

Wilsdon, James, ed. (2015). *The metric tide: report of the independent review of the role of metrics in research assessment and management.* doi:10.13140–RG.2.1.4929.1363.

Wissenschaftsrat. (2015). *Empfehlungen zu wissenschaftlicher Integrität. Positionspapier*, April.

推荐阅读

Caulfield, Timothy, and Condit, C. (2012). Science and the sources of hype. *Public Health Genomics*, 15, 209–217.

Hans Peter Peters, Brossard, D., de Cheveigne, S., Dunwoody, S., Miller, S., Kallfass, M., and Tsuchida, S. (2008). Science–media interface. it's time to reconsider, *Science Communication*, 30, 266–276.

Master, Zubin, and Resnik, David B. (2013). Hype and public trust in science. *Science and Engineering Ethics*, 19(2), 321–335.

Nerlich, Brigitte. (2013). Moderation impossible? On hype, honesty and trust in the context of modern academic life. *The Sociological Review*, 61(Suppl. 2), 43–57.

Ransohoff, David F., and Ransohoff, Richard M. (2001). Sensationalism in the media: when scientists and journalists may be complicit collaborators. *Effective Clinical Practice*, 4, 185–188.

Rödder, Simone, Franzen, Martina, and Weingart, Peter, eds. (2012). *The science's media connection—public communication and its repercussions*. Sociology of the Sciences Yearbook 28. Dordrecht: Springer.

Schäfer, Mike. (2011). Sources, characteristics and effects of mass media communication on science: a review of the literature, current trends and areas for future research. *Sociology Compass*, 5–6, 399–412.

Tsfati, Yariv, Cohen, Jonathan, and Gunther, Albert C. (2011). The influence of presumed media influence on news about science and scientists. *Science Communication*, 33(2), 143–166.

第十二章
有撤稿问题吗？
如果有，我们该怎么做

亚当·马库斯　伊万·奥兰斯基

摘要：从科学文献中撤稿是学术发表中日益严重的现象。被视为科学自我修正"玉石俱焚"的撤稿行为正变得越来越频繁。21世纪前10年里，年撤稿数量增长10倍。这些撤稿事件对科学家、期刊、纳税人，甚至在某些情况下对病人，都有重大影响。本章概述了撤稿的增加，以及这些撤稿事件的原因与期刊和出版商的处理方式。撤稿也被置于科学界和学术界基于已发表论文进行考评这种扭曲的绩效和生产力体系背景下。尽管有些观察者认为，撤稿对科学的完整性构成威胁，但发表压力推动出版物数量增长这一点对科学作为一种社会制度更具腐蚀性。

关键词：撤稿；完整性；学术出版；科学文献；自我修正

2001—2010年，科学期刊撤稿（通常被称为科学自我修正的"玉石俱焚"）以10倍速度增加，从每年约40份增加到每年约400份。与此同时，进入文献库的论文数量仅增加约44%，达到每年140万篇（van Noorden，2011）。这两条曲线（一条代表另一条的一小部分）代表着21世纪科学面临的同一问题的不同方面。然而，讽刺的是，尽管撤稿似乎对科学的完整性构成了严重威胁，但我们认为，最终推动出版物数量增长的压力更具腐蚀性。

在本章中，我们将讨论影响撤稿增加的因素、造成撤稿的原因及期刊和出版商的处理方式。我们也将探讨撤稿如何融入了使论文发表成为衡量学术生产力中心指标的扭曲体系的大背景。

撤稿现象的兴起

科学期刊的兴起可以追溯至 1665 年 3 月，随着《学者杂志》（*Journal des sçavans*）在法国发行，几个月后《英国皇家学会哲学汇刊》（*Philosophical Transactions of the Royal Society of England*）诞生。尽管随后几十年里，也发生过撤回观点和主张的做法，但直到 1977 年，被更为正式地归类为撤稿的现象才出现在被视为生命科学文摘中心数据库的 PubMed（Steen 等，2013）。从那以后，期刊比以往任何时候都更愿意撤稿，而且大多数科学出版物都有处理撤稿的系统，但是这个过程仍很不规范，且通常效率很低。

科学出版伦理委员会指出，当编辑"有明确证据表明结果不可靠时，无论是因为不当行为（如数据捏造）还是诚实的错误（如计算错误或实验错误）"或"研究结果之前在其他地方发表过，并没有恰当的交叉引用、许可或理由（即重复发表）时"，撤稿是合适的（Wager 等，2009）。据科学出版伦理委员会称，撤稿也适用于剽窃和不道德的研究。

撤稿数量还在继续增长，据我们估计，我们对这种做法的理解已经大幅提升（Marcus 和 Oransky，2014）。例如，我们知道，在某些领域撤稿更为常见，尽管变化相对较小（Lancaster，2016）。生物学和医学的撤稿率往往最高（Lu 等，2013），而经济学和商科的撤稿率最低（Karabag 和 Berggren，2012）。撤稿理由也因国家而异。一项研究发现，在意大利，剽窃是最常见的原因，而芬兰则是因重复发表而撤稿的数量最多（Amos，2014）。但这项研究没有考虑这些国家发表论文的总数，因此很难进行比较。

我们也知道撤稿会对病人造成真正的伤害。一项研究发现，"28000 多名受试者参与 180 项被撤稿的初始研究，其中 9189 名患者接受了治疗。40 多万名受试者参与 851 项引用被撤回论文的跟踪研究，其中 70501 名患者接受了治疗"（Steen，2011a）。

对学者们关于撤稿真相认识的最大修正来自对撤稿原因的分析。对撤稿的早期研究，比如斯特恩（Steen，2011b）的研究，发现大多数撤稿都源于诚实的错误。斯特恩的结论是基于已有的证据——讽刺的是，他并不知道这些证据不准确。正如他和方（Fang）以及卡萨德瓦尔（Casadevall）2012 年在美国《国家科学院院刊》（*Proceedings of the National Academy of Sciences*）上所报道的那样，大约三分之二的撤稿是由不当行为（广义定义为包括剽窃、篡改和捏造数据）造成的（Fang 等，2012）。在他们当时对 2000 多篇 PubMed 收录论文的撤稿进行的回顾分析中，方等人发现"欺诈或涉嫌欺诈"占 43%，重复出版（至少出版两次）占 14%，剽窃占 10%。

为何结论会在这么短的时间内发生如此戏剧性的变化？究其原因，与其说是与研究者行为有关，不如说与撤稿通知中的文本性质有关。方和同事们 2012 年没有依赖于含糊或不提供信息的通知来确定撤稿原因，而是检查可以揭示真正撤稿原因的二级来源，特别是我们的网站：撤稿观察（Retraction Watch）。

不透明的做法

直到最近学者们对撤稿的了解都很少的原因，是撤稿通知历来很少提及导致决定从文献中撤回某篇文章的问题性质（Resnik 和 Dinse，2013）——这也是促使我们 2010 年推出撤稿观察网站的一个动力。典型的撤稿通知可能是这样写的："这篇文章已经被作者撤回"，并不详细说明该行为是由诚实的错误还是不当行为引起。即便撤稿通知提供某些信息时，它们也会通过误导读者撤稿原因的方式来掩盖大局，正如有些研究已经指出的那样（Fang 和 Casadevall，2016）。结果可能是委婉语言的可笑练习，使撤稿通知近乎荒谬。在这种文字游戏方面，一些最好的例子涉及抄袭撤稿，作者和编辑的用语诸如"未经归属重叠""未使用适当方法引用已发表源的语言"或"来自已发表文章的段落没有给予恰当的承认和致谢，使其看起来像是原创的"（Marcus 和 Oransky，2013）。

当然，这种不透明对于科学发表研究界的学者们理解期刊为何撤稿毫无帮助。更为重要的是，这不符合科学家的利益。科学家们不仅是学术文献的消费者，也是从基于先前已发表研究结果的未来研究中获取或失去最多的受众。《生物化学杂志》（*Journal of Biological Chemistry*）曾因其不够清晰的撤稿通知而饱受批评，该杂志在 2015 年底承认，其撤稿通知毫无用处，此后的通知坚持纳入相关信息（Guengerich，2015）。

晦涩的撤稿通知，加上近三分之一的撤稿论文在摘要或 PDF 上未明确标记为已撤稿（Steen，2011b），即使是已撤稿文章，也需三年时间才能出现在相关索引中（Decullier 等，2014），这些事实可能有助于解释另一个令人不安的现象：被撤回的论文继续被引用，就像它们从未被撤稿一样。事实上，总引用次数最多的撤稿论文，撤稿后的被引用次数远多于撤稿前。尽管撤稿论文的总被引次数减少了约三分之一（Furman 等，2012），巴德（Budd）及其同事 2011 年在两项不同的研究中发现，当作者引用此类论文时，90% 以上是在没注意到撤稿的情况下引用的。

这一疏忽已被两个不同的研究小组在若干欺诈撤稿案例中证实（Bornemann-Cimenti 等，2016；Fulton 等，2015）。这种现象是非常浪费的，因为这意味着科学家们正在花费稀缺的时间、精力和资源去追求已经知道没有希望的目标。我们希望撤稿数据库的建立——撤稿观察网站及我们的上级机构科学完整性中心（Center For Scientific Integrity）的主要项目——将通过使撤稿更容易被发现来帮助解决这个问题。

艰难的过程

即使撤稿已成为更频繁发生的事件，其本质仍然是令人担忧的，尤其是当作者拒绝撤稿呼吁时，这通常因为涉及不当行为。首先，科学欺诈者显然没有动机承认其错误行为，因此即使面对相反证据，他们仍坚持宣称自己无辜，且往往有律师协助（"Retraction Challenges"，2014，5）。这种强硬态度反过来又使编辑陷入困境，因为大多数期刊不愿在未经所有作者同意的情况下撤稿。尽管这项政策作为防止作者之间纠纷的保障措施是有意义的，但它可能使撤稿过程增加好几个月的时间。特别是在臭名昭著的韦克菲尔德案（Wakefield Case）中，由于这个及其他原因，撤稿花费了十余年时间。

有些期刊允许作者自己起草撤稿通知，如果作者合作，可以简化这个过程。但另一方面，允许作者撰写撤稿通知易受操纵和说假话，特别是涉及不当行为（如剽窃）的撤稿时，有问题的科学家可能会对问题轻描淡写。

当大学介入时，情况会变得更糟。大学的调查通常都是缓慢而秘密的，而期刊往往是最后一个知道某位学者被卷入其中。以先前康涅狄格大学（University of Connecticut）的迪帕克·K.达斯（Dipak K.Das）为例，达斯是一位有名望的心血管科学家，2008年被匿名举报。2012年，距离最初指控三年多后，该大学发布报告，宣布达斯犯有145项捏造和/或伪造数据的罪名（DeFrancesco，2012）。2008—2012年，达斯继续在科学文献中发表文章，其他研究人员继续引用他的研究成果，并不知道他的研究不可靠。

期刊也有意或无意地参与，阻挠问题论文的迅速撤稿。2005年，美国研究诚信办公室（Office of Research Integrity）发现埃里克·波尔曼（Eric Poehlman）在10篇已发表的文章中犯有不当行为。截至2015年，只有其中6篇被撤稿。毫不意外，波尔曼论文的100条引文中，一半是2005年以后被引的（McCook，2015）。

实际上，即使在没有不当行为的情况下，撤稿过程也不顺利，许多期刊和科学家都不愿意撤稿，很可能因为这会让他们感到耻辱。戴维·艾利森（David Allison）和同事们试图纠正或撤回之前有明显错误论文的经历就是一个例子，因为实际上在数千篇以错误细胞系为基础的论文中只有非常小的一部分被撤稿了（Allison等，2016）。在与作者、编辑和研究机构的交流中，潜在举报者感到的挫败是显而易见的。期刊不愿撤稿也可能是我们所说的"大更正"兴起的原因。这些大更正涉及对论文中大部分或所有关键数据的全面修改，但对研究结论的修改很少，并不足以导致撤稿。

更多撤稿 = 好消息？

尽管年撤稿量的相对数与绝对数都有增长，但撤稿仍是学术出版界的罕见事件。而且，正如我们及其他人所讨论的那样，撤稿是科学按其应有方式运作的标识，而非科学腐朽的症状（Fanelli，2013）。说实话，科研不当行为一直让人担忧，尤其是捏造数据或其他不当行为危及患者安全时，正如研究人员挥霍政府资金的重大丑闻会践踏公众信任一样［如安尔尼·波蒂（Anil Potti）在杜克大学的癌症研究］。不过，撤稿的发生说明科学已经兑现了它是人类罕见追求的承诺，其本质是自我修正。虽然最初肯定出现了一些问题，但撤稿通知说明负责监测科学成果质量的人已经发现了错误，并采取了纠正措施。

为说明这一点，假设有两本医学期刊，A 刊和 B 刊。二者皆为其领域内的顶级刊物，都有很高的影响因子（以研究人员引用该刊所发表论文的数量来衡量）和发表重要研究的良好声誉。然而，A 刊撤稿很少，而 B 刊则撤回了数百篇稿件。哪本刊物发表的论文更值得信赖呢？

尽管 A 刊似乎更可靠，但这可能不一定是真的。或许 A 刊编辑不愿意花费时间询问关于缺陷数据的指控，而 B 刊编辑顽强地跟踪每条指控，以清除有问题的文献。底线是：防盗警报器很少运转并不一定比经常响起更好。

事实上，有证据表明高影响因子期刊，如《新英格兰医学杂志》《细胞》《自然》《科学》等，撤稿数量也最高（Fang 和 Casadevell，2011）。我们的论点是，这是可以预见的，因为这些期刊上吸引眼球（关注）的内容更多，而且它们更有可能制定普通期刊所没有的撤稿政策（Resnik 等，2015）。

这种"更多眼球效应"可能是撤稿增加的很大一部分原因。其中有些眼球是剽窃检测软件形式的电子眼球。另外一双特别敏锐的眼球属于伊丽莎白·比克（Elisabeth Bik），她分析了 1995—2014 年发表的 2 万多篇论文的图片，发现"过去十年间带有问题图片的论文的普及性显著上升"（Bik 等，2016）。与此同时，有助于检测图片篡改的算法正在缓慢应用，但可以肯定的是，它将得到更广泛的应用。另有证据表明，语言测试也可能揭露欺诈者，尽管这种筛查测试还没有准备好进入黄金时间（Markowitz 和 Hancock，2015）。

值得注意的是，所有这些方法都依赖于出版后同行评议或稿件出版后的同行评议。相比之下，撤稿是传统出版前同行评议失败的标志，在这种评议中，由期刊编辑挑选几位专家就某篇论文是否值得发表提出建议。正如研究多能干细胞的小保方晴子案件所示，在出版前同行评议或编辑过程中，无论是整体还是部分发现数据捏造和造假都很难，但并非不可能。

近来对已发表文章进行法证数据分析，表明统计学方法可以用于解决数据造假的问题，并取得一定成功，正如日本麻醉师藤井吉之（Yoshitaka Fujii）撤稿案例一样。藤井吉之被撤回 183 篇文章，是迄今为止撤稿最多的作者（Marcus 和 Oransky，2015）。同样的情况也发生在心理学上（Yong，2012）。我们认为，这类方法近来的改进，使它们可以作为广泛用于筛查的系统。至少，这些技术可以很容易地应用于那些在发表后同行评议中受到质疑的论文。

事实上，诸如 PubPeer.com 和 PubMed Commons 等网站，进行了广泛的发表后同行评议，扩展了传统发表前同行评议环节。PubPeer 网站用户已展示其识别已发表文章中篡改数据及其他数据问题的能力。在过去几年里，这些问题的识别已经引起数十起撤稿事件。随着匿名举报人群体的壮大，可能会出现更多撤稿。是否有必要匿名仍是一个激烈争论的话题（Moriarty 和 Benneworth，2015），但来自 PubMed Commons 的类似经验提供了实际证据。PubMed Commons 要求实名举报，据我们所知，并没有直接导致任何已发表文章的更正或撤回（PubPeer 的评议员至少遭遇过一次诽谤诉讼。该起诉讼来自一名研究人员，他似乎因为网站上对其研究的批评而失去了一份工作机会。该研究人员最终败诉，PubPeer 并未被迫揭开相关评议人的面具，但类似诉讼的威胁，尤其是直接针对评论人的诉讼，可能对网站产生可怕的影响）。

然而，支持欺诈检验的同一技术，也使得实施不当行为更为容易。数字媒体和文字处理工具的兴起，为潜在剽窃者提供了几乎无限量的复制文本和随意复制的手段。与此同时，Photoshop 之类的图片处理软件使得科学数字篡改比以前容易得多。有些科学家甚至利用投稿软件程序中的漏洞，确保他们对自己的工作进行同行评议，这是对系统的狡猾破坏。目前已有 300 多篇文章因为这个原因被撤回（Palus，2016）。

这里值得注意的是，那些在撤稿中表现透明的研究人员——至少是因为诚实的错误——可能会从其同行那里获得"信任红利"，表现为对其未来论文的引用增加，或者至少看不到此类引用的减少预期。卢（Lu）和同事 2013 年发表在《自然科学报告》（*Nature Scientific Reports*）的研究发现，那些自己不报告问题而被撤稿的作者，在之后的引文中会经历实质性惩罚。

相比之下，自我报告错误与没有引用惩罚相关，而且可能会对之前的工作带来正面的引用收益。自我报告的撤稿并没有引文损失，这可能反映出更无害或可解释的错误，而在这些情况下，任何积极引用的反应趋势都可能反映出自我纠正错误的回报（Lu 等，2013，4）。

为了希望这种激励能对抗很多研究人员将撤稿视为耻辱的观念，我们鼓励自我报告的行为，并在撤稿观察网站中将其纳入"做正确的事"这一类，来加以强调。

如果作者可以从透明处理错误中获得信任红利，为何期刊不可以呢？不幸的是，尽管很多期刊以清楚、开放的姿态处理撤稿，但也有很多期刊并不这样做。那些通过发布新闻稿来宣传其发布的成果是令人兴奋的新发现的出版物，很少在论文撤稿时发布新闻稿。

我们认为，正如期刊通过影响因子进行排名一样，也应该根据其与读者分享撤稿信息、错误及其他失灵行为的公开程度，对它们进行排名。

缺乏透明只会助长强化不合格感。期刊和编辑愿意拉开大幕，让读者看到特定文章的错误，传达了如下信息：①他们在乎向读者传达真相；②他们致力于进行高质量出版；③潜在的欺诈在其刊物上不受欢迎（Marcus 和 Oransky，2012）。

此类"透明指标"不仅包含作者不端行为的问题，也涵括期刊如何清楚地处理作者利益冲突、是否向作者收费及收费多少、如何处理匿名举报等其他因素。

心照不宣的可重复性

如上所述，科学不端行为让人担忧，但这并非科学领域面临的唯一或最大的问题。对论文发表至上制度的顽固依赖，给科学长远健康带来的伤害远比偶尔违规大。事实上，这种生产模式几乎在不同的程度上引发了如今危及科学完整性的各种关键问题，包括垃圾期刊的大爆发，以及生物医学的可重复危机。

可重复性不应与不端行为混为一谈，尽管后者在极少数情况下确实可能是导致前者的原因。相反，科学缺乏可重复性几乎总是反映重复实验条件的困难、对原始数据的统计工具应用、研究人员选择评估的节点以及方法、实施和分析等其他要素。在某种意义上，科学就像是第一次穿越他们试图绘制地图领域的探险家们创造的地图。看起来像湖的其实是一条宽阔的河流；远处的山脉实际是更大峰峦的山脚。这并不是说科学家不能或多或少地更加谨慎，或者说某些领域比其他领域更容易出现错误的发现。然而，这确实表明，最初结果绝对正确的可能性不大。

然而，由于每篇文章都是职业发展的一个步骤，科学家们几乎没有任何动机在发表前花费时间去证实其研究成果，用一些科学家的话说，即去实践"慢科学"。资助者，尤其是美国国立卫生研究院（National Institutes of Health）和美国国家科学基金会（National Science Foundation），也没有鼓励此类研究的官方机制。实际情况似乎恰恰与理想相反。

弗里德曼（Freedman）及其同事 2015 年发表的一篇论文估计，在用于此类研究的约 1000 亿美元中，美国每年浪费 280 亿美元用于不可重复的临床前研究（这一数额大致相当于整个美国国立卫生研究院的预算。得出这个数字的基础是，他们做出了一系列假设以及若干分析发现）不到一半的研究可以成功地重复［就规模而言，可将其与斯特恩及同事（Stern，2014）估计的 1992 年至 2012 年浪费的 5800 万美元进行比较］。

必须指出的是，一些学者对 280 亿美元这一数字和再重复性问题的普遍程度提出了质疑。例如，方（私下交流时）认为，尽管某些相对次要的研究可能无法通过重复测试，但优质研究发现更有可能是可靠的。同样，正如 8 月有几个凉爽夜晚并不一定表明全球变暖的理论有缺陷一样，无法重复某些结果本身并没有使特定假设失去合法性——只是说明需要更多研究。

不过，即使人们承认缺乏可重复性的问题可能没有研究表明的那么严重，也不应忽视这个问题。如果弗里德曼等人的估计（2015）减少 10 倍，美国每年仍在无法重复的工作上浪费近 30 亿美元。那么，在谨慎基础上进行对冲，每年至少投入同等资金（最好是更多资金）用于资助重复研究的努力，要好得多。我们注意到一个警告：可重复性可能恶化一些问题（Nuijten 等，2015），因为正面结果的发表偏差意味着只有成功重复才能出版，这进一步加剧了文献偏差。

"要么发表，要么灭亡"的模式必须终结

但是，在科学优先激励方式发生根本性变化之前，情况不大可能发生变化（Alberts 等，2015）。很长时间以来，科学与发表的关系近乎二元，其核心可表述为：更多发表，好；较少发表，差。获得基金、授予终身职位、职业生涯都是以研究人员的发表记录为基础的。

当然，机构需要指标来评估绩效。但"知名期刊论文数量"的标准远不是衡量研究人员价值的最佳晴雨表。比科学家产出量或其发表期刊排名更具说服力的是，其研究工作经受时间考验的能力。科学自视为一个持续的故事，一个由研究者们站在巨人（或更常见的是，其他凡人）的智慧肩膀上做出大量增量发现的故事。这是一个很好的故事，

但它与持续困扰科学学术情结的"要么发表，要么灭亡"的心态不相容。

在"要么发表，要么灭亡"的模式下，科学论文承载的意义超过对其学科领域的实际意义。它们成为可以用来交换其他有价值东西（即职业发展）的商品。更理智的方法是不将科学文章视为货币，而是将其真实视为：一套需要考虑、深思和探讨的思想，如果合理的话，在这些思想之上继续探讨。这样的系统将激励科学家不仅复制其他研究人员的工作，还将奖励他们发表未能找到预期效果的研究，从而帮助消除玷污大量科学文献的正面结果偏见。它还将对共享数据和工具进行奖励，这些数据和工具可使其他人更容易重复和构建他们的研究工作。

理想情况下，当科学变得更加开放，撤稿将变得没那么必要。最终，允许期刊维持现状的解决方案很可能达不到科学的理想。对"要么发表，要么灭亡"模式的忠诚，甚至可能阻止期刊编辑通过回应批评、清除任期前出版的期刊文章（这是旧体制的问题）以及发布详细、及时和透明的撤稿通知等方式来追求文献的净化。

参考文献

Alberts, Bruce, Ralph J. Cicerone, Stephen E. Fienberg, Alexander Kamb, Marcia McNutt, Robert M. Nerem, et al. (2015). Self-correction in science at work. *Science*, 348(6242), 1420–1422. doi:10.1126/science.aab3847.

Allison, David B., Andrew W. Brown, Brandon J. George, and Kathryn A. Kaiser. (2016). Reproducibility: A tragedy of errors. *Nature*, 520(7588), 27–29. doi:10.1038/530027a.

Amos, Kathleen A. (2014). The ethics of scholarly publishing: exploring differences in plagiarism and duplicate publication across nations. *Journal of the Medical Library Association*, 102(2), 87–91. doi:10.3163/1536–5050.102.2.005.

Bik, Elisabeth M., Arturo Casadevall, and Ferric C. Fang. (2016). The Prevalence of Inappropriate Image Duplication in Biomedical Research Publications. *mBio*, 7(3). doi:10.1128/mBio.00809–16.

Bornemann–Cimenti, Helmar, Istvan S. Szilagyi, and Andreas Sandner–Kiesling. (2016). Perpetuation of retracted publications using the example of the Scott S. Reuben case: incidences, reasons and possible improvements. *Science and Engineering Ethics*, 22(4), 1063–1072. doi:10.1007/s11948–015–9680–y.

Budd, John M., Zach C. Coble, and Katherine M. Anderson. (2011). Retracted publications in biomedicine: cause for concern. Paper presented at the Association of College and Research Libraries Conference, Philadelphia, March 30–April 2.

Decullier, Evelyne, Laure Huot, and Hervé Maisonneuve. (2014). What time–lag for a retraction search on PubMed? *BMC Research Notes*, 7, 395. doi:10.1186/1756–0500–7–395.

DeFrancesco, Chris. (2012). Scientific journals notified following research misconduct investigation. *UConn Today*, January 11.

Fanelli, Daniele. (2013). Why growing retractions are (mostly) a good sign. *PLoS Medicine*, 10(12), e1001563. doi:10.1371/journal.pmed.1001563.

Fang, Ferric C., and Arturo Casadevall. (2011). Retracted science and the retraction index. *Infection and Immunity*, 79(10), 3855–3859. doi:10.1128/IAI.05661–11.

Fang, Ferric, and Arturo Casadevall. (2016). The illusion of selfcorrection. *Chemistry World*, January 4.

Fang, Ferric C., R. Grant Steen, and Arturo Casadevall. (2012). Misconduct accounts for the majority of retracted scientific publications. *Proceedings of the National Academy of Sciences of the United States of America*, 109(42), 17028–17033. doi:10.1073/pnas.1212247109.

Erratum (2013): *Proceedings of the National Academy of Sciences of the United States of America*, 110(3), 1137. doi:10.1073/pnas.1220649110.

Freedman, Leonard P, Iain M. Cockburn, and Timothy S. Simcoe. (2015). The economics of reproducibility in preclinical research. *PLoS Biology*, 9(13), e1002165. doi:10.1371/journal.pbio.1002165.

Fulton, Ashley S., Alison M. Coates, Marie T. Williams, Peter R. C. Howe, and Alison M. Hill. (2015). Persistent citation of the only published randomised controlled trial of omega–3 supplementation in chronic obstructive pulmonary disease six years after its retraction. *Publications*, 3(1), 17–26. doi:10.3390/publications3010017.

Furman, Jeffrey L., Kyle Jensen, and Fiona Murray. (2012). Governing knowledge in the scientific community: exploring the role of retractions in biomedicine. *Research Policy*, 41(2), 276–290. doi:10.1016/j.respol.2011.11.001.

Guengerich, F. Peter. (2015). Some changes in submission and handling policies at the JBC. *Journal of Biological Chemistry*, 290(46), 28018–28019. doi:10.1074/jbc.E115.000001.

Karabag, Solmaz Filiz, and Christian Berggren. (2012). Retraction, dishonesty and plagiarism: analysis of a crucial issue for academic publishing, and the inadequate responses from leading journals in economics and management disciplines. *Journal of Applied Economics and Business Research*, 2(4), 172–183.

Lancaster, Cheryl. (2016). The acid test for biological science: STAP cells, trust, and replication. *Science and Engineering Ethics*, 22(1), 147–167. doi:10.1007/s11948–015–9628–2.

Lu, Susan Feng, Ginger Zhe Jin, Brian Uzzi, and Benjamin Jones. (2013). The retraction penalty: evidence from the web of science. *Scientific Reports*, 3, 3146. doi:10.1038/srep03146.

Marcus, Adam, and Ivan Oransky. (2012). Bring on the transparency index. *The Scientist*, August 1.

Marcus, Adam, and Ivan Oransky. (2015). How the biggest fabricator in science got caught. *Nautilus*, May 21.

Marcus, Adam, and Ivan Oransky. (2013). What's behind paper retractions? (20): The euphemism parade. *Lab Times*, 7, 37.

Marcus, Adam, and Ivan Oransky. (2014). What Studies of Retractions Tell Us. *Journal of Microbiology & Biology Education*, 15(2), 151–154. doi:10.1128/jmbe.v15i2.855.

Markowitz, David M., and Jeffrey T. Hancock. (2015). Linguistic obfuscation in fraudulent science. *Journal of Language and Social Psychology*, 35(4). doi:10.1177/0261927X15614605.

McCook, Alison. (2015). How long does it take to retract a paper? a look at the Eric Poehlman record. *Retraction Watch*, September 9. http://retractionwatch.com/2015/09/09/how–long–does–ittake–to–retract–a–paper–a–look–at–the–eric–poehlman–record/.

Moriarty, Philip, and Paul Benneworth. (2015). Should postpublication peer review be anonymous? *The Times Higher Education*, December 10.

Nuijten, Michéle B, Marcel A. L. M. van Assen, Coosje L. S. Veldkamp, and Jelte M. Wicherts. (2015). The replication paradox: combining studies can decrease accuracy of effect size estimates. *Review of General Psychology*, 19(2), 172–182. doi:10.1037/gpr0000034.

Office of Research Integrity, US Department of Health and Human Services. (2005). Papers Affected by Dr. Poehlman's misconduct. https://ori.hhs.gov/sites/default/files/pubmed_list.pdf.

Palus, Shannon. (2016). Three more papers felled by suspected fake reviews. *Retraction Watch*, June 9. http://retractionwatch.com/2016/06/09/three–more–papersfelled–by–suspected–fake–reviews/.

Resnik, David B., and Gregg E. Dinse. (2013). Scientific retractions and corrections related to misconduct findings. *Journal of Medical Ethics*, 39(1), 46–50. doi:10.1136/medethics–2012–100766.

Resnik, David B., Elizabeth Wager, and Grace E. Kissling. (2015). Retraction policies of top scientific journals ranked by impact factor. *Journal of the Medical Library Association*, 103(3), 136–139. doi:10.1128/IAI.05661–11.

Retraction challenges. (2014). *Nature*, 514(7520), 5. doi:10.1038/514005a.

Steen, R. Grant. (2011a). Retractions in the medical literature: How many patients are put at risk by flawed research? *Journal of Medical Ethics*, 37(11), 68–692. doi:10.1136/jme.2011.043133.

Steen, R. Grant. (2011b). Retractions in the scientific literature: Is the incidence of research fraud increasing? *Journal of Medical Ethics*, 37(4), 249–253. doi:10.1136/jme.2010.040923.

Steen, R. Grant, Arturo Casadevall, and Ferric C. Fang. (2013). Why has the number of scientific retractions increased? *PLoS One*, 8(7), e68397. doi:10.1371/journal.pone.0068397.

Erratum (2013): *PLoS One*, 8(7). doi:10.1371/annotation/0d28db18–e117–4804–b1bc–e2da285103ac.

Stern, Andrew M., Arturo Casadevall, R. Grant Steen, and Ferric C. Fang. (2014). Financial costs and personal consequences of research misconduct resulting in retracted publications. *Elife*, 3, e02956. doi:10.7554/eLife.02956.

van Noorden, Richard. (2011). Science publishing: the trouble with retractions. *Nature*, 478(7237), 26–28. doi:10.1038/478026a.

Wager, Elizabeth, Virginia Barbour, Steven Yentis, and Sabine Kleinert. (2009). Committee on Publication Ethics: Retraction guidelines. http://publicationethics.org/files/retraction%20guidelines.pdf.

Yong, Ed. (2012). The data detective. *Nature*, 487(7405), 18–19. doi:10.1038/487018a.

推荐阅读

Budd, John M., Zach C. Coble, and Katherine M. Anderson. (2011). Retracted publications in biomedicine: cause for concern. Paper presented at the Association of College and Research Libraries Conference, Philadelphia, March 30–April 2.

Fang, Ferric C., R. Grant Steen, and Arturo Casadevall. (2012). Misconduct accounts for the majority of retracted scientific publications. *Proceedings of the National Academy of Sciences of the United States of America*, 109(42), 17028–17033. doi:10.1073/pnas.1212247109. Erratum (2013): *Proceedings of the National Academy of Sciences of the United States of America*, 110(3), 1137 doi:10.1073/pnas.1220649110.

Freedman, Leonard P, Iain M. Cockburn, and Timothy S. Simcoe. (2015). The economics of reproducibility in preclinical research. *PLoS Biology*, 9(13), e1002165. doi:10.1371/ journal.pbio.1002165.

Grieneisen, Michael L., and Minghua Zhang. (2012). A comprehensive survey of retracted articles from the scholarly literature. *PLoS One*, 7(10), e44118. doi:10.1371/journal. pone.0044118.

Lu, Susan Feng, Ginger Zhe Jin, Brian Uzzi, and Benjamin Jones. (2013). The retraction penalty: evidence from the web of science. *Scientific Reports*, 3, 3146. doi:10.1038/srep03146.

Marcus, Adam, and Ivan Oransky. (2015). How the biggest fabricator in science got caught. *Nautilus*, May 21.

van Noorden, Richard. (2011). Science publishing: the trouble with retractions. *Nature*, 478(7237), 26–28. doi:10.1038/478026a.

Wager, Elizabeth, Virginia Barbour, Steven Yentis, and Sabine Kleinert. (2009). Committee on Publication Ethics: Retraction guidelines. http://publicationethics.org/files/retraction%20guidelines.pdf.

第十三章
要点重述：找到并克服以攻击科学为特征的挑战

约瑟夫·希尔加德

摘要： 本章重述本书第二部分的重要主题。这些主题关乎科学可能产生歧义性结果、阻止错误纠正的多种问题，包括发表偏差、统计分析偏差、研究结果炒作及少数情况下的欺诈舞弊。本部分文章的作者们认为，这些现象或许正是当下科学文化的症状，过分看重令人激动、新颖和重要的结果，而对逐渐性贡献和空结果的价值估计不足。本章讨论提出制度改革可以作为更好连接研究行为与科学目的的方法，同时提出关于在有争议的政治气候中自我修正面临的挑战和思考。

关键词： 发表偏差；炒作；自我修正；制度改革

传播科学及其社会应用充满了各种挑战。本书前一部分总结了一些外部挑战，包括与错误信息竞争、利益冲突、确认偏误、媒体结构变迁等。本部分则审视了科学界内部的一些挑战，如统计偏差、过分吹嘘的研究结论，甚至偶尔可见的欺诈。这些问题可能导致对一些研究发现合法性的质疑，也会给科学及科学传播者带来问题。如前面的章节所述，有效的科学传播要求对科学的脆弱性及危及其合法性问题的理解。

在解决上述科学内部问题的过程中，科学界有时候会发现自己处于双盲困境。不能发现和解决错误会使有问题的研究一直存在，而追踪错误会导致尴尬及媒体对问题存在范围的夸大。因此，科学家们在解决科学内部问题以及交流问题的存在与改进举措的时候，必须采取相关策略。本章将描述一些科学内部问题、解决方式及其潜在的交流方式。

问题起因

前面各章暗示科学问题有两个源头，一是有意或无意鼓励夸大、误解研究结果的激励机制；二是欺诈。欺诈并不常见，但对科学事业的伤害可能更大。下面我将讨论每种源头的流行程度及其挑战。

科学激励机制

本书收集的诸多章节显示，部分高校与研究机构的激励机制与科学作为知识积累事业的价值观并不相容。有些研究也描述了期刊更偏好具有激动人心的显著结论而非无效结论，以及由此带来的职业压力。比如，安德鲁·布朗、塔潘·梅塔、戴维·艾利森（第九章）解释了科研人员不愿意发表无效结果，因为这对于他们的职业发展不太可能有帮助。同样，彼得·魏因加特（第十一章）介绍了为竞争工作岗位、终身职位、基金及职业发展而炒作科学的情况。他认为这有违于科学朴实、谨慎的规范准则。约翰·伊奥尼迪斯（第十章）也认同这些观点，他介绍有时误解的研究结果比真实结果更激动人心、更具前景、更有确定性。而且，他认为当处于基金竞争成败攸关的时候，这些误解更为常见。亚当·马库斯和伊万·奥兰斯基（第十二章）在写到科学论文撤稿时，讨论了过分强调发表和引用数量对科学的伤害更甚于彻头彻尾的欺诈。

这些发表压力一起造成发表记录的间接误差。正如布朗及其同事在第九章中所解释，不能发表无效结果导致的发表偏差，使得因果效应与调节效应看起来比真实情况更强。这有损科学证据的质量，可能导致低劣决策，并使未来研究出现缺陷。

个人利益与公共利益的冲突在处理某些论文撤稿倾向中尤其明显。快速、透明的撤稿过程对于科学的良好运行最为有利。然而，保护作者、期刊、研究机构的声誉及避免法律纠纷可能使这个过程受挫。马库斯和奥兰斯基指出因为撤稿带有强烈的耻辱感，作者们可能厌恶撤回有缺陷的论文。另外，当论文被撤回时，撤稿通知通常非常委婉含糊。模糊的撤稿通知可以帮助期刊保护其自身及作者的声誉，但掩饰了撤稿的真实原因与性质，可能造成对已撤稿论文的持续引用。

欺　诈

相比于职业激励与科研行为之间的冲突，本书作者认为欺诈不太可能成为一个大问题。约安尼季斯认为欺诈"对于科学造成的问题比起任何其他人类行为都少"。尽管如此，科研欺诈确实存在，而且令人担忧。

尽管因欺诈而撤稿的比例近年来有所增加，但仍然很少见。约瑟夫·希尔加德和凯瑟琳·霍尔·贾米森（第八章）及马库斯和奥兰斯基提出了一种可能性，即因欺诈而撤稿的比例提升可能是因为对于欺诈更频繁的追踪，而非更频繁的欺诈行为。不过对于欺诈的追踪给科学声誉带来了风险，尤其是当欺诈与政策辩论中对意识形态敏感的话题相关时。

解决之道

作者们对这些问题的关注贯穿本部分，不能解决这些问题会使科学权威文化受到质疑。希尔加德和霍尔·贾米森描述了分歧领域中撤稿论文会如何使科学的总体声誉受损。魏因加特认为炒作的持续存在可能使公众认为科学不可靠。约安尼季斯提出"即便在简单审视下，很多研究结论听起来就不合理"。因此，科学的可靠性及民众对科学研究的支持，取决于对本篇重点关注的这些问题的妥善解决。解决之道可以广泛分为两大类。第一类关注激励机制，调整激励机制，使其鼓励高质量研究与负责任的传播。第二类则关注监督与审查，以防止、纠正错误。

调整激励机制，鼓励最好的科研行为

本篇各章内容提出多种鼓励诚实、透明研究的方法。魏因加特建议降低对诸如引用数量、期刊影响因子等量化指标的强调，这也正是《旧金山研究评估》（ *The Declaration on Research Assessment* ）及《度量潮》报告（ *The Metric Tide：Report of the Independent Review of the Role of Metrics in Research Assessment and Management* ）提出的建议。相应的重点应该是对研究结果透明地、不夸张的报告，正如《透明度和开放促进准则》（ *Transparency and Openness Promotion Guidelines*，TOP ）及《西格纳圈良好科学传播指南》（ *The Siggener Circle's Guidelines for Good Science Communication* ）所推荐的。同样，马库斯和奥兰斯基也建议对科学期刊的评价不仅基于其论文引用记录，也要考虑其在处理错误、利益冲突及不轨行为过程中的透明度。他们也建议激励无效结果发表及重复别人的研究。这些改革建议合在一起，或许可以帮助鼓励对研究进行准确、透明的传播。

预防与纠正错误

本部分各章也提出多种更好预防和纠正科学错误的方式。艾利森等解释了诸如美国

临床试验注册中心（ClinicalTrial.gov）等机构可以怎样缓解发表偏差。然而，他们也提及注册制并非在所有领域都是强制实行的，即便在强制实行的领域，也并没有得到很好的执行。因此，他们认为诸如 COMPare 这样的监督组织对于鼓励实行注册制有帮助。

另一个解决之道是加强对于已发表论文的审查。希尔加德和霍尔·贾米森及马库斯和奥兰斯基的文章都指出，撤稿意味着传统发表前同行评议的失败。更广泛的数据共享和更受鼓励的发表后同行评议或许是已发表论文错误纠正的有效措施。也就如艾利森等所说，应该对"吹哨人"有更好的保护。发表后同行评议在科学发展中的作用仍在发展中。

未来方向

尽管本部分各章已包含很多确定的问题及其解决方式，但哪种解决方式可以被实施，且实施后将会有何效果等仍有待研究。如艾利森等提出，初步证据证明临床试验登记及预登记制能使更多负面结果发表，从而减少发表偏差。然而，目前这种改革方式可能仍有争议，因为涉及额外的监管负担。

同样，把这些改革举措传播给公众是否能帮助保护科学权威文化（见第一部分）也有待商榷。正如希尔加德和霍尔·贾米森所议，尽管撤稿、更正和逆转是科学自我纠正的重要组成部分，但它们可能被利用和过度泛化，从而对整个科学努力的有效性产生质疑。此外，本部分提及的很多问题是由对正面研究结果的要求所导致的。改革举措可能帮助减少虚假的正面结果，但是正面结果数量的减少可能会让科学看起来生产力更低。这样的科学还会赢得公众及基金的支持吗？

理解、支持、传播这些合理改革举措的好处非常具有挑战，因为这个议题正好处于元研究与科学传播的科学的交汇处。为理解科学抑制或倡导精确原始研究、快速自我纠正的特征，元研究很有必要。而要把这些特征以提升理解和支持的方式传播给公众，则需要科学传播的科学。

第三部分

行动中的科学传播：
失败与成功

第十四章
对"疯牛病"危机前中后的食品安全传播比较研究

马泰奥·费拉里（Matteo Ferrari）

摘要： 食品安全问题的大众传播向来复杂难解，"疯牛病"则为我们提供了窥探这一难题的机会。本章的第一部分先描述有关牛海绵状脑病以及它对应的人类变种克罗伊茨费尔德－雅各布氏症的重要科学特征。第二部分逐一记载疯牛病危机爆发前、爆发期间以及危机过后食品安全领域中公众传播的变迁，其内容包括各国政府采取的不同立场，以及为改进风险传播而实施的法制改革。本章最后部分分析了疯牛病危机的主要特征：信任和透明度的重要性、科学信息本身的不确定性、认知偏见的影响和文化背景的作用。随着时间和地点的变化，这些因素在公众心目中能夸大和贬低牛海绵状脑病的风险。

关键词： 克罗伊茨费尔德－雅各布氏症变体；牛海绵状脑病；不确定性；信任；透明度

牛海绵状脑病（英文简称 BSE）也被称为"疯牛病"，是近几十年来最大的食品安全危机之一。透过这场危机，我们得以了解在食品安全公众传播过程中不同因素的相互碰撞。科学信息在本质上存在着争议和不确定性，公众对信息源头和应对危机的机构缺乏信赖，信息的不确定性与认知偏见互相作用，危机展开中的文化背景——所有的这些因素将一场几乎仅发生在一个国家的局部流行病转变为一场全球性危机。

BSE 是一种神经退化性疾病，属于传染性海绵状脑病（简称 TSE）。这种在牛群中传播的疾病是由一种错误折叠的蛋白分子，即朊病毒导致的。最有可能引发 BSE 的原因是人类从动物尸体上回收骨骼和肉屑（英文简称 MBM），粉碎后和大豆混合制成的牛饲料。一些用于饲料的动物实际上可能感染了瘙痒病，这是一种在羊群中自然发生的 TSE。科学家们猜想用于加工羊的工序未能使朊病毒失活，当时朊病毒的存在也无人知晓。所以朊病毒由此传给了食用 MBM 饲料的动物。目前尚无法治疗 BSE，患者难逃一死。

绝大多数科学家认为 BSE 能传染人类，引发人类变异型克雅氏症（vCJD）。这种疾病发作时，患者呈现出神经和精神方面的症状，在症状首次显现之后 13 到 14 个月内，患者无一例外，全部死亡。虽然患者的平均年龄（26 ~ 28 岁）比其他患有 TSE 疾病的患者低，但疾病潜伏期可超过 30 年[1]。

尽管最初预计 BSE 将大规模流行，并有可能导致数以千计的人死亡，幸运的是 BSE 最终的影响较小。绝大多数的 BSE 病例都发生在英国：30 年间在全世界范围内报告了大约 19 万起病例，其中 184627 起发生在英国[2]。与之相似，在同一时期全球克雅氏症发病总数为 229 起[3]，177 起发生在英国。与其他经由食物传播的流行病相比，克雅氏症的发病数量其实相当有限。例如沙门氏菌病在全世界每年致死人数超过 10 万[4]。回顾过去，虽然克雅氏症的影响如此有限，但为何导致如此巨大的争议？为什么有些国家对此反应过激，而另一些国家的应对更为谨慎？

本章记述在 BSE 危机前后和危机爆发期间公众传播的全部过程，包括不同国家采取的各种立场，以及为改进风险传播而实施的各种法律改革。研究者将分析"疯牛病"危机的各个关键特征。在本章的最后部分，我们将针对食品安全风险相关的科学传播的复杂性进行探讨。

本章的目的在于提供有关 BSE 疾病科学传播相关文献的综述，重点关注公共权威机构的传播行为。先前提出的研究问题代表着相关学术文献分析整理的思路。

疯牛病的公众传播

简单地说，疯牛病的公众传播可以大致划分为三个阶段：1996 年之前、1996 年到 2002 年和 2002 年之后。第一个阶段的特征是公共权威机构尝试降低与 BSE 相关的风险。虽然英国早在 1984 年就发现了最初的疯牛病病例，但国家兽医服务署直到 1986 年才官方正式确认疯牛病的存在。数年之后，开始有证据表明疯牛病有可能传染其他动物：猫和猪出现了类似 BSE 的症状。因为这些案例，一些科学家假设疯牛病能传染给人类。面对科学家们关于 BSE 越来越多的疑虑，政府官员担保说情况已得到控制，而且 BSE 对人没有危险。英国农业、渔业和食品部（MAFF）表现尤其活跃：为了向公众担保英国肉制品的安全，时任部长的约翰·格默（John Gummer）在电视转播中给他年幼的女儿吃了一个汉堡。BSE 能传染人的假说究竟造成多大影响，研究者对此尚无定论。一些学者认为关于 BSE 的科学研究对公众产生了一定冲击（Powell，2001，221），其他研究者认为在1996 年 3 月之前大部分人把 BSE 当作又一出媒体制造的食物恐慌（Reilly，1999，132-133）。

一方面关于 BSE 的科学研究尚无定论，另一方面公共部门试图弱化风险，避免公众对此过度紧张，类似的情况也发生在欧洲其他国家。欧盟（EU）机构采取类似措施，采纳由疯牛病临时调查委员会发布的欧盟官方报告，该政策后来被称为"说谎政策"（Medina Ortega，1997）。直到 2001 年在日本发现第一起疯牛病之前，日本农业部也一直坚称日本国内养殖的牛群患疯牛病的风险很低（Sekizawa，2013，1953）。上述第一阶段可以被看作科学与公众关系模式中第一层次的典型例子（Irwin，2014，161），这个模式的特点是：传播所用的表述不容公众置疑；涉及相关问题的科学信息处于中心地位；沟通模式单向且由上至下；信息受众孤立被动，对相关问题所知甚少；科学机构扮演着独立、权威的角色。

在 1996 年 3 月 20 日，英国卫生部部长斯蒂芬·多雷尔（Stephen Dorrell）宣布疯牛病可能与在青年人群中发现的一种新的疾病有关，这种新的疾病后来被称为克—雅氏症。这个消息不仅在 BSE 案例最多的英国掀起恐慌，恐慌情绪也波及全球。肉类食品特别是牛肉的销量大幅下降；食品安全成为中心议题，人们讨论的不仅是肉类食品安全，而且也包括其他食品的安全，其中就有转基因食品（Ansell 等，2006，99）。在欧盟和英国分别成立了两个调查委员会。这两个委员会公布的报告着重指出到 1996 年为止在疯牛病危机管理上的种种不足之处，诸如严重低估疯牛病的风险、关注商业利益更甚于公众健康、拒绝采纳少数派科学家的观点以及糟糕的大众传播手段（Philips of Worth Matravaers，2000；Medina Ortega，1997）等。

公共权威机构对此做出的反应符合科学与公众关系模式中第二层次的思维方式。这个新的模式与前一阶段相比有些不同：对公众面临的风险采取更透明的沟通方式；与公众交流更多，也更多考虑到不同社会群体对科学议题的了解程度和理解能力；实施双向互动的沟通方式，以建立信任关系（Irwin，2014，163-164）。欧盟也采取一系列临时措施阻止疯牛病/克—雅氏症的传播：清除危险物质；禁止使用 MBM 饲料；建立针对 TSE 的监测体系（Ferrari，2009，81ff）。

在欧洲之外，科学传播从权威模式到合作模式的转型没有那么明显。以日本为例，即便日本政府在 2001 年通告发现本土疯牛病病例，但其依然采取与科学与公众关系模式中第一层次思维方式类似的缺失模型（deficit model）的风险管理方式（Sekizawa，2013，1955—1956）。尽管如此，日本政府采取非常严格的措施应对疯牛病风险，比如要求所有的牛在宰杀前都接受测试，同时禁止从美国和加拿大进口肉类（Ferrari，2009，85—86）。

与欧盟和日本不同，美国和加拿大从未认为疯牛病在北美构成重大健康风险：在两国发现的数起疯牛病病例并未引发媒体聚焦和公众恐慌情绪。其结果是疯牛病风险传播管理方式并无重大改变（Lewis 和 Tysheno，2009）。

疯牛病危机过后，欧洲从 2002 年开始大规模的食品安全改革，这标志着第三阶段的开始。这些改革在某种程度上针对的是疯牛病流行期间科学传播中出现的问题。

第一项改革是在食品安全法律框架内引入风险传播的观念。2002 年发布的欧盟 178 号法规中的第 3 条给出对风险传播的定义；这个定义构成了风险分析这个范围更大的概念的一部分，它包括以下内容：

> 风险传播是在风险分析过程中，就危害和风险、与风险相关的因素和对风险的感知，与风险评估方、风险管控方、消费者、食品和饲料从业机构、学术团体和其他相关群体互动交流信息与观点，其中包括解读风险评估结果和解释风险管理决策基础。

第一个与以往的不同之处在于风险传播首次成为风险分析的一部分。风险分析不再像以往那样局限于风险评估和风险管理。第二个新的内容是风险传播的定义。风险传播涉及诸多团体（在定义中提到的各个团体），覆盖众多话题（风险传播不仅指危害和风险，也包括风险感知），风险传播的定义印证了食品科学传播的复杂之处。在管理风险传播方面，其他法律体系尚未像欧盟那样有进一步进展：比如日本在 2003 年第 48 号法规中修订了其食品安全管理条例框架，但仅仅在第 13 条中提及风险传播。

第二项改革是为风险管理提供支持而设立的独立科学顾问机构。在疯牛病危机高峰时期，能评估 BSE 暴露风险的独立科学委员会的缺失已成为令人担忧的急迫问题之一。为解决这个问题，立法者建立多个科学机构，希望这些机构不受政治影响，能独立开展科学评估活动。欧盟在 2002 年成立欧洲食品安全局（EFSA），日本在 2003 年成立食品安全委员会（FSC）。美国和加拿大没有做出类似改革，这可能是因为美加两国不认为在疯牛病危机管理中风险评估机构缺乏独立性是一个大问题。

如果我们观察人们如何在实践层面运作管理风险传播，针对疯牛病危机的各项改革措施认为风险传播是一个"协作网络，不同实体参与其中，并相互交流信息、数据和观点"（Ferrari，2009，70-71）；这个观点与欧洲和日本的情况相符。因此日本食品安全委员会的委员长之一就是信息互换和公众传播领域的专家。在美国和加拿大，风险传播也被构建成一个供不同参与者互动的网络体系。在后疯牛病时代，风险传播的另一个原则就是透明度。因此欧洲食品安全局和日本食品安全委员会都在官方网站上发布它们的科学报告[5]；欧洲食品安全局还上传下属科学机构的报告和会议纪要[6]。欧盟法规 178/2002 更是改革了 1979 年成立的食品和饲料快速警报系统（RASFF），为方便各成员国就食品安全风险互换信息，改革措施还要求食品和饲料快速警报系统在保护职业秘密和保障公众健康安全的前提下，实时向公众发布有关食品安全风险信息。

　　欧盟也尝试管束在疯牛病危机中凸显出来的科学的不确定性问题。欧盟法规 178/2002 中的第 7 条引入了预防性措施来应对科学不确定性持续存在的情况。同时该法规第 30 条考虑到出现不同科学观点的情况，规定欧洲各国主管科学评估的机构有责任相互合作。这一责任要求当这种情况出现时，欧洲食品安全局和其他参与的科学机构联合发布报告，"澄清有争议的科学问题并指明相关数据中的不确定部分"。这一条款清楚地反映欧盟试图弥补疯牛病风险管理主要弱点的努力，即公众传播未能传递关于疯牛病科学信息的不确定性。

分　析

　　疯牛病危机凸显了科学传播中的一些危险问题，但它也提供了解决这些问题的临时性应对方案。其中的第一个，也是最本能的办法，被称作"无风险信息的风险"（Powell，2001，219）。英国和欧洲的权威机构直到在 1996 年宣布 BSE 和 vCJD 变体之间可能存在联系之前，始终坚称疯牛病对人体不构成威胁，或者风险至少可以忽略不计。一旦 BSE 对人体的潜在风险被公开，这种否认的策略反而催化放大了公众的恐惧感。公众的注意力聚焦于两个事实：一是经济利益似乎被置于公共健康之上，二是各大机构无力应对这场危机。这些看法在英国、欧洲和日本国内和国际范围内浮现。其他国家，如美国和加拿大，没有经历过这种动态过程，这种情况部分源于公众认为公共机构在 BSE 危机中应对得力（Lewis 和 Tyshenko，2009，717-718），也有可能是因为其他风险与之竞争［例如非典型性肺炎（SARS）、西尼罗河病毒、美伊战争、食物供给减少］分散了公众的注意力（Lewis 和 Tyshenko，2009，718-720，726）。在某些司法体系中，风险传播的正式化是对"无风险信息的风险"的部分对策。

　　疯牛病危机管理初期的特点是公众认为科学家更了解情况，有能力理性地评估风险：

因此科学家有责任告知公众 BSE 的危险。但有些观点值得商榷：认为科学家对风险的感知不同于常人；在定义和传递风险信息时，科学知识优于常识。BSE 的例子看起来与此正好相反：尽管科学家公开做出安全保证，但他们比非专业人士更为担忧，也更有可能停止食用牛肉。这看起来似乎是因为科学家不想示弱并因此掩盖他们的恐惧：他们在公开场合最大限度地贬低风险，在私下场合会采取严格预防措施（Raude 等，2005，675）。一些人认为教育能解决风险传播中一些错综复杂的问题，这个关于科学家态度的证据给这种说法打上了问号（Raude 等，2005，675）。

另一个方面的问题事关信任。各方对 BSE 危机处理不当，这严重损害了公众对公共机构的信任，特别是对风险传播源头和过程的信任。一系列相互联系的不同因素导致了信任的削减。首先，在危机初期，公共机构对此秘而不言，发布自称科学、不容置疑的权威声明，同时压制可能损害其可信度的信息（Irwin，2014，162）。其次，公众觉得传递 BSE 信息的公共和私人机构不够独立；公众反而认为这些机构代表肉制品行业利益，损害了公共健康。除此之外，从更广阔的层面讲，公共机构被判定为没有能力管控疯牛病带来的风险（Eldridge 和 Reilly，2003，152-153）。所有的这些因素叠加起来，放大了公众对 BSE 风险的认知，使问题更为突出：信息来源若是不受信任，实际上会起到适得其反的作用，放大而不是降低公众对风险的认知（Frewer，2003，124 和 133）。

一个更为突出的悖论在疯牛病危机中浮出水面，它凸显了科学技术和食品安全之间的关系：科学和技术是食品安全问题的良方，还是问题的根源，抑或是两者兼而有之？BSE 常常被描绘成在食品生产过程中滥用技术而导致的公共健康危机。媒体不断提到人类如何在饲料中加入牛的尸体残骸，把牛变成同类相食的怪物；以及高度集约化的农业替代了传统农业，也部分导致了这场危机；还有科学和技术不但没有解决现存问题，反倒对食品安全构成新的威胁（Powell，2001，223；Irwin，1995，61）。最后一个主题成为贯穿从食品安全到环境危机等不同领域的主旋律（Douglas 和 Wildavsky，1982，10）。链接这些要素的主线似乎在于公众认为自然风险与科技/技术引发的风险截然不同。在这一视角下，自然和科学被认为是处于两极：后者不再被看作改造前者的工具，而开启了通往新威胁的大门。

其他因素加剧了科学技术和自然的对立。信息和认知偏见的相互作用助长了这一趋势（Ferrari，2009，16）。疯牛病和工业饲料有关，这一事实首先证实了公众之前持有的偏见，比如说技术在食品生产中的应用十分危险（确认偏见）；同样的，同一事实也可能在事后被诠释为证明了科学技术应用于食品生产时构成威胁（后视偏见）。这两种偏见可能同时放大了 BSE 风险。其次，这种对立获得其所处社会文化环境的支持。所以建立在文化态度上的消费模式能影响对食品安全风险包括 BSE 风险的认知（Ferrari 2009，34ff.）。牛肉消费量比他国低的国家对 BSE 风险的认知强烈；反过来说，对某一特定产品的熟悉程度高，能弱化与该产品相关风险的认知。举例来说，有证据显示饮食习惯可能影响了日韩两国公众对 BSE 风险的认知，因为这两个国家牛肉消费水平低（Sekizawa，2013，1954–1955）。食品和技术之间的联系也受文化环境的影响。一些社会强调传统与自然在食品生产过程中的作用，技术与食品的关系被认为有威胁性（Ferrari，2009，28ff.）；在这样的社会中，这类要素对于构建集体身份往往十分重要（Ferrari，2009，26ff.）。另外一个影响 BSE 风险认知的因素与牛肉的源头有关。日本和韩国这些国家所需的牛肉主要来自进口，十分重视与牛肉消费相关的风险（Sekizawa，2013，1954）。英国的情况也是如此，人们认为来自苏格兰的牛肉比英格兰地区的要安全（Reilly 1999，142–143）。

媒体也参与到了这场大戏中（Eldridge，1999，114ff.）：无数研究调查了媒体在不同时段如何夸大 BSE 风险，又如何低估它的风险（Reilly，1999，132ff.；Kitzinger 和 Reilly，1997，338ff.）。在疯牛病危机早期阶段，媒体没有持续报道这一危机对人体健康的威胁，因为记者认为疯牛病的风险子虚乌有，或者至少十分遥远（Eldridge 和 Reilly，2003，140和143）。但1996年的官方声明重新点燃媒体的关注。媒体报道一开场就利用疯牛病来凸显各种纷繁的主题，这些主题从公共机构的无能到食品的工业化生产，又从科学技术的不确定性（Powell，2001，223）到科学传播的管理不当（Reilly，1999，135–136）。公众认可这些主题，进一步夸大了对 BSE 风险的认知。

结　论

围绕疯牛病危机的种种事件彰显了科学传播食品安全风险一事是何等复杂。在关于 BSE 的讨论中，一个经常出现的关键主题就是信任：疯牛病危机首先是一场信任危机。信任通过复杂动态机制产生，活跃于不同层面（公共、私营、国家、国际），涉及不同主体（媒体、公共机构、消费者协会），与多个变量相互作用（经济条件、文化价值、认知偏见、消费模式）。种种因素混合在一起，信任被多重因素影响，难以塑造，难以捉摸。

无论如何，我们可以从围绕 BSE 发生的事件中学习受益。首先，虽然透明度是构建信任关系的有力工具，但我们应当清楚地认识到透明度的运作受一定条件限制（Irwin，2014，168）。例如，风险传播不应为了强调科学不涉及价值观念，鼓励科学以高高在上的姿态教育公众，而强调透明度和独立性。其次，科学传播应考虑这一现实，即公众倾向于在更为广阔的场景下思考食品安全问题，而不是仅限于狭隘的科学场景。所以疯牛病被当作现代食品生产这个宏大现象中的一个例子，也就是随着食品生产的工业化，古老自然生产方式的好日子日渐消逝。同样的道理，公众倾向于认为食品安全风险和其他危险有一定联系，例如环境危险和食品行业的市场垄断。最后，我们应更多关注信任如何与风险的放大和缩小相互作用：如前所述，高效的食品安全风险沟通交流不仅依靠信任，而且必须将信任与其他因素的互动考虑在内（Frewer，2003，136）。

文化在食品安全风险的认知中扮演一定角色，影响着科学传播，这在 BSE 事件中得到充分体现。文化因素的冲击（比如传统消费模式、宗教和伦理信仰、决定集体身份认同的普遍价值）难以度量；无论如何，这些因素会强力引发风险的夸大和缩小。比方说，对待牛肉消费的态度就影响了 BSE 风险的认知过程（Sekizawa，2013；Ferrari，2009）。进一步的研究应该解决以下问题：文化在多大程度上影响风险的夸大 / 缩小？文化如何与其他因素（例如信任）相互作用？我们该以什么方式将文化因素融入高效的科学传播战略中呢？

注 释

1. 比较 http://www.prion.ucl.ac.uk/clinic-service/information/acquired-prion-disease。
2. 世界动物卫生组织：http://www.oie.int/animal-health-in-the-world/bse-specific-data/。
3. 爱丁堡大学国家 CJD 监控中心：http://www.cjd.ed.ac.uk/data.html。
4. 世界卫生组织：http://www.who.int/mediacentre/factsheets/fs139/eng/。
5. 比较 http://www.fsc.go.jp/english/aboutus/members_com.html。
6. 比较 2002 年第 178 号条例第 23 条第 j 款和第 40 条。

参考文献

Ansell, Christopher, Maxwell, Rahsaan, Sicurelli, Daniela. (2006). Protesting food: NGOs and political mobilization in Europe. In: Christopher Ansell and David Vogel, eds., *What's the beef? The contested governance of European food safety*. Cambridge, MA: MIT Press, 97–122.

Douglas, Mary, and Wildavsky, Aaron. (1982). *Risk and culture: an essay on the selection of technological and environmental dangers.* Berkeley: University of California Press.

Eldridge, John. (1999). Risk, society and the media: now you see it, now you don't. In: Greg Philo, ed., *Message received. Glasgow Media Group research 1993-1998.* Harlow, UK: Longman, 106–127.

Eldridge, John, and Reilly, Jacquie. (2003). Risk and relativity: BSE and the British media. In: Nick Pidgeon, Roger E. Kasperson, Paul Slovic, eds., *The social amplification of risk*. Cambridge, UK: Cambridge University Press, 138–155.

Ferrari, Matteo. (2009). *Risk perception, culture, and legal change: a comparative study on food safety in the wake of the mad cow crisis. Farnham*, UK: Ashgate.

Frewer, Lynn F. (2003). Trust, transparency, and social context: implications for social amplification of risk. In: Nick Pidgeon, Roger E. Kasperson, Paul Slovic, eds., *The social amplification of risk*. Cambridge, UK: Cambridge University Press, 123–137.

Irwin, Alan. (1995). *Citizen Science: a study of people, expertise and sustainable development.* London: Routledge.

Irwin, Alan. (2014). Risk, science and public communication: third–order thinking about scientific culture. In Massimiano Bucchi and Brian Trench, eds., *Routledge handbook of public communication of science and technology.* London: Routledge, 160–172.

Kitzinger, Jenny, and Reilly, Jacquie. (1997). The rise and fall of risk reporting. media coverage of human genetics research, "false memory syndrome" and "mad cow disease." *European Journal of Communication*, 12(3), 319–350.

Lewis, Roxanne E., and Tyshenko, Michael G. (2009). The impact of social amplification and attenuation of risk and the public reaction to mad cow disease in Canada. *Risk Analysis*, 29(5), 714–728.

Medina Ortega, Manuel. (1997). Report on alleged contraventions or maladministration in the implementation of community law in relation to BSE, without prejudice to the jurisdiction of the community and national courts. Temporary Committee of Inquiry into BSE, February 7. http://www.europarl.europa.eu/conferences/19981130/bse/a4002097_ en.htm.

Phillips of Worth Matravers, Nicholas. (2000). Report to an order of the Honourable the House of Commons dated October 2000 for the report, evidence and supporting papers of the inquiry into the emergence and identification of bovine spongiform encephalopathy (BSE) and variant Creutzfeldt–Jakob disease (vCJD) and the action taken in response to it up to 20 March 1996. http://webarchive.nationalarchives.gov.uk/20060715141954/http://bseinquiry.gov.uk/report/index.htm.

Powell, Douglas. (2001). Mad cow disease and the stigmatization of British beef. In: James Flynn, Paul Slovic, and Howard Kunreuther, eds., *Risk, media, and stigma: understanding public challenges to modern science and technology.* London: Earthscan, 219–228.

Raude, Jocelyn, Fischler, Claude, Setbon, Michel, and Flahault, Antoine. (2005). Scientist and public responses to BSErelated risk: a comparative study. *Journal of Risk Research*, 8(7–8), 663–678.

Reilly, Jaquie 1999. "Just another food scare?" Public understanding and the BSE crisis. In: Greg Philo, ed., *Message received: Glasgow Media Group research 1993-1998*. Harlow, UK: Longman, 128–145.

Sekizawa, Jun. (2013). Other aspects of BSE issues in East Asian countries. *Risk Analysis*, 33(11), 1952–1956.

推荐阅读

Eldridge, John, and Reilly, Jacquie. (2003). Risk and relativity: BSE and the British media. In: by Nick Pidgeon, Roger E. Kasperson, Paul Slovic, eds., *The social amplification of risk*. Cambridge, UK: Cambridge University Press, 138–155.

Ferrari, Matteo. (2009). *Risk perception, culture, and legal change: a comparative study on food safety in the wake of the mad cow crisis*, Farnham, UK: Ashgate.

Frewer, Lynn F. (2003). Trust, transparency, and social context: implications for social amplification of risk. In: edited by Nick Pidgeon, Roger E. Kasperson, and Paul Slovic, eds., *The social amplification of risk*. Cambridge, UK: Cambridge University Press, 123–137.

Irwin, Alan. (2014). Risk, science and public communication: third-order thinking about scientific culture. In: Massimiano Bucchi and Brian Trench, eds., *Routledge handbook of public communication of science and technology*. London: Routledge, 160–172.

Kitzinger, Jenny, and Reilly, Jacquie. (1997). The rise and fall of risk reporting: media coverage of human genetics research, "false memory syndrome" and "mad cow disease." *European Journal of Communication*, 12(3), 319–350.

Powell, Douglas, and Leiss, William. (1997). *Mad cows and mother's milk.* Montreal: McGill-Queen's University Press.

Raude, Jocelyn, Fischler, Claude, Setbon, Michel, and Flahault, Antoine. (2005). Scientist and public responses to BSE-related risk: a comparative study. *Journal of Risk Research*, 8(7–8), 663–678.

Sekizawa, Jun. (2013). Other aspects of BSE Issues in East Asian countries. *Risk Analysis*, 33(11), 1952–1956.

第十五章
对纳米技术的风险进行
传播和跨国比较研究

尼克·皮金（Nick Pidgeon）
芭芭拉·赫尔·哈特霍恩（Barbara Herr Harthorn）
特雷·萨特菲尔德（Terre Satterfield）
克里斯蒂娜·德姆斯基（Christina Demski）

摘要： 如何引导公众参与事关新兴技术的科学传播活动？本章讨论了在方法论与哲学方面的诸多挑战。通过纳米技术这个案例，作者探讨以科学传播为目的，引导上游公众参与这一做法的思想起源与面临的挑战。论文描述了在美英两国同时开展的一系列跨国研讨会。我们的研究结果显示：研讨会参与者始终认为纳米技术利大于弊，他们同时认为纳米技术的应用也是如此；研究数据显示美英两国跨文化相似之处多于差异；这些细微差别与语境相关；英美两国参与者的话语显示，比起技术的实体风险，他们更担心技术对社会的影响。本文列出了上游公众参与在研究方法上的四个挑战。我们认为在负责任的技术创新过程中，必须把各方公众和其他利益相关方置于核心地位。

关键词： 上游公众参与；公众参与；纳米技术；风险；风险问题；美英跨文化相似之处；负责任的技术创新

科学技术创新通常会被社会所接受，少有争议。一些新奇的技术发展似乎能偶尔产生一些特别令人不安的影响，引发公众的疑虑，同时也带来影响深远的伦理困境，这不禁让人忧虑我们能否接受这些风险。伴随着这些担忧而来的，是关于"一项新技术对未来社会的影响是好是坏"这一问题更为广泛的质疑。在许多国家，核能和核废料处理这两个关联的议题为我们提供了范例：随着观点两极分化，公众对风险的感知被各种社会因素放大（Pidgeon 和 Demski，2012；Rosa 和 Clarke，1999；Pidgeon 等，1992）。科学家和工程师本是出于善意推广他们的技术，但这种情况却常常使他们感到困惑。核能或是环境化学污染等问题也存在争议，其应对方式之一就是针对相关技术风险及其特征开展更多的社会对话。特别是要敦促科学家、工程师和监管者与公众及各利益相关方接触，进行持续、双向的反思，建立互信并相互学习，从而构建更好、更易于接受的决策机制（Stern 和 Fineberg，1996；Kunreuther 等，1993；Kasperson，1986）。

在争议初起之时，核能和环境化学技术已臻成熟，应用广泛。但在 20 世纪 90 年代末期，尤其是在欧洲，尚处萌芽阶段的农业生物技术引起新的争论（Gaskell 和 Bauer，2002）。在本章，我们认为：一些新兴科学应用确实引发了伦理或是其他方面的担忧（比如生物合成技术、气候改造技术或是纳米科技），因此在风险传播的诸多方法中，我们需要建立新的公众参与与协商模型。这种新方法将公众对话提前，也就是将多元化的公众和各利益相关方纳入基于社会责任的技术创新核心阶段。罗杰－海登（Roger-Hayden）和皮金（Pidgeon，2007，346）对"上游公众参与"给出如下定义："在具有潜在争议性技术问题的研发早期阶段，在实现重大应用或引发社会争议之前，与各利益相关方就这些新技术开展的对话与思考。"这种早期参与的方式涉及思维的同步重塑，即重新思考科学与风险传播的方法和目的——科学与预期风险的传播从专业人士认为的简单过程变成更为复杂的过程，在一项新兴技术中以或明或暗的方式蕴含着的未来目标和社会愿景通过各方协作的方式产生。通过这种方式，后续的决策能最大限度地反映各利益相关方对未知事实和公众价值观念的了解（Dietz，2013；Bierle 和 Cayford，2002）。我们追踪了这些涉及公众参与与新兴技术的新观点在某一特定领域（纳米技术）产生的方式，通过研究比较美英两国在纳米技术领域的公众参与活动，清楚地说明了这些观点。

新兴技术风险：以纳米科技为例

千禧年见证了人们对纳米技术兴起产生的担忧。纳米技术基于我们对计量学、物理化学、生物化学、量子力学和材料科学的理解，在分子层面上操纵、控制和制造各种材料。该术语源自纳米这个物理长度计量单位，1 纳米等于 1 毫米的一百万分之一，相当于一根人类头发直径的八万分之一。随着科学家和工程师对某一材料的化学、光学和电子基础特性的进一步了解，他们发现材料在小于或等于一百纳米时这些特性会发生剧烈变化，这激发了他们对纳米技术的兴趣。除此之外，研究人员基于这些新发现创造了诸如纳米碳管和石墨烯等全新的纳米材料。这种材料特性的改变和发现使得许多研究者预言在科技工程、材料制造、环境科学、医药和信息技术领域将出现一系列新的进展。在过去的十五年中，全球对纳米技术研发的投资迅速增长。从 2000 年到 2015 年，仅美国对"全美纳米技术计划"的投资就接近 210 亿美元（参见 http://www.nano.gov/node/1128）。

纳米技术与先前的农业与人类生物技术和近期的环境工程及生物合成技术一样，都可被归为新兴技术。换句话说，它们是科学与工程领域的最新进展，但尚需进一步研究开发以实现其商业化应用，因此相关产品和工艺流程鲜有问市，这些技术发展的社会表现还未定型，公众对它们尚未形成根深蒂固的观念（Rogers–Hayden 和 Pidgeon，2007）。从科学传播的角度来说，那些能带来广泛经济效益或是具有革命性社会效益的科技发展尤为重要，它们或是给人类和环境同时带来无法预测的风险，又或给社会整体带来根本改变。因此随着一项新兴技术的出现，一方面支持者大力鼓吹该技术的预期效益，另一方面却出现更多反乌托邦式的声音，这些声音对新技术带来的不确定因素和风险表示悲观（Kearnes 等，2006）。由于核技术和转基因农业的前车之鉴，支持纳米技术的科学家和产业界人士认为：公众对纳米技术潜在风险的担忧可能被无端夸大，整个纳米技术产业会因此而蒙受污名（参见 Roco 和 Bainbridge，2003b）。与之相反，环保组织和消费者群体强调在实现纳米技术的重大应用之前，必须采取强力措施来消除任何风险和不确定因素（Arnall 和 Parr，2005）。

纳米技术的发展清楚地展示：它能实现诸多预期效益，也可能带来种种无法预知的新风险，以及一系列伦理和价值观问题（Harton 和 Mohr，2012）。比如，用纳米技术制造的普通材料，其化学和电子特性如果发生改变或是得到强化，这些变化也可能导致未知的健康与环境效应。同样来说，纳米技术能够激发更多大胆的科技设想：技术推广者对未来的展望既包括技术进步，也涵盖重大社会变革和动荡（Jasanoff 和 Kin，2015；McCray，2012）。例如，对未来的展望之一就是通过结合纳米、生物和信息技术大大提高人类认知能力（Roco 和 Bainbridge，2003a），这很可能对何为人类、我们的身份乃至我们和其他人类的关系等问题提出影响深远的伦理挑战（Henwood 和 Pidgeon，2014）。英国皇家学会和英国皇家工程科学院于 2004 年联合发表了有关此类纳米技术风险和相关伦理问题的报告（RS/RAEng，2004）。

公众参与转向上游

就新技术带来的风险开展社会对话，这种做法的理由一般基于三个普遍的论点，菲奥里诺（Fiorino，1990）认为它们的特点是规范性、实质性和有效性（Dietz，2013；Stirling，2005；Pidgeon，1998）。规范性观点强调：在民主社会中对话本身就是一件好事；实质性观点认为通过开放决策框架和对策评估过程，对话能催生更好的结果与决策；最后，有效性观点认为对话能够增强决策的合法性，从而培养公众对科学本身和决策过程的信任。结合这三个观点，当科学技术涉及敏感的伦理与价值观念问题，个人、群体乃至所有民众能通过民主的方式解决有争议的决策问题（Pidgeon 1998）。简而言之，在某些科学进程和科技应用方面，科学家乃至科学本身不能完全无视社会的担忧。

对有争议性的风险问题与利益相关方开展讨论，美国国家科学研究理事会在名为《理解风险》（*Understanding Risk*，Stern 和 Fineberg，1996）的报告中提出一整套详细建议。他们结合理性的科学思维与不确定性系统分析，与来自有关团体、决策机构和专家等各方代表进行研讨，形成了名为分析—研论过程的协商机制。据该报告作者所述，从早期问题界定到具体风险评估，再到风险管理和决策实施阶段，对话与研讨应贯穿整个风险的界定过程。这份美国国家科学研究理事会的报告认为：如果无法在前期就如何界定问题展开对话，失败的代价尤其巨大——一个关键议题的缺失能导致整个后续分析工作的基础完全失效。美国国家科学研究理事会提出的风险描述方案也可被看作一个逐渐演化的结果，即从传统的单向风险传播机制（从专家到公众）转向更具对话性或商洽性的论坛。这类论坛的目的在于赋予决策参与者对相关风险的知情权，同时将有用的情报反馈给科学家和工程师，以便他们改良技术，重塑技术发展路径（Dietz，2013；Fischoff，1995；Renn 等，1995；Pidgeon 等，1992；Kasperson，1986）。

由于这两种方法在认知和本体的认识方面存在差异，因此通常认为两者之间的关系处于紧张状态。专家建议在开展风险传播对话的同时，在科学技术研究领域就科学技术政策开展公众参与和公众接触（科学技术研究简称 STS，Callon 等，2009；Irwin 和 Wynn，1996）。皮金和罗杰－海登（2007）指出：从事风险传播工作的研究者和相当数量的传统科学决策文献通常认为，即便关于危险现象的知识只能通过社会构建的棱镜来传递，危险仍然客观存在（Kasperson 等，2003；Rosa，2003）。从这些角度来看，科学传播或对话过程的目的通常是使人们了解某一风险问题并做好心理准备（例如氢气、汽车事故、性病或是气候变化），同时促使受这些风险直接或间接影响的公民积极参与讨论（Thomas 等，2015；Niewöhner 等，2004；Morgan 等，2002；Renn 等，1995）。与之相比，出自 STS 理论框架的公众参与理论则强调话语、利益和政治因素如何通过运作，界定什么是与"风险"相关的知识，并赋予这些知识的合理性（Jasanoff，2005）。这使得 STS 学派的学者反对如下观点：非专业人士由于缺乏了解科学知识的能力，因而需要依赖专家提供恰当的信息（Rayner，2004；Irwin 和 Wynne，1996）。参与讨论的行为被看作培养科学 / 科学家和公众之间更民主的公众参与举措（Kurath 和 Gisler，2009），也是科学机构和制定科学政策的机构通过反思进行学习和管理的过程（Hagendijk 和 Irwin，2006；Irwin，2001）。实际上，从 STS 理论的角度来看，强调公众对科学、风险管理和风险的理解[1]，这一举动恰好转移了关注的焦点，却没有批判毫无民主的主流科技发展进程。

大部分现行的科学传播及公众参与活动存在切实问题：往往是等到有争议的伦理或风险问题甚至是危机发生之后，才开展传播与参与工作。有很多已被详细记录在案的此类案例：其中包括许多国家长期以来为解决核废料处理问题而做出的努力（Mays，2004）、可再生能源的选址问题（Pidgeon 和 Demski，2012；Khan，2004）、在欧洲范围内引入转基因农作物（GM）的尝试（Horlick-Jones 等，2007），以及在加拿大和英国发生的牛海绵状脑病（BSE）及疯牛病危机（Leiss，2014）。此类事件通常发生于技术实施或风险发展的后期阶段，尽管相关各方出自好意开展科学传播和公众参与工作，但仅仅起到象征性的作用——更有甚者，公众参与过程被明目张胆地用来操纵公众观点，强迫公众接受现状。同样的，当这类参与活动开展之时，可能为时已晚，重大决策或技术应用此时已经与商业或政治因素捆绑，现状难以改变。在上述两个例子里，科学与风险传播仅仅是美国国家研究委员会在 2006 年提出的风险描述与分析过程的附属品，而并非该过程中密不可分的一部分（Stern 和 Fineberg，1996）。针对新兴技术而进行上游参与工作的重要观念由此应运而生。在启动和落实开展重大研发决策之前，我们必须考量任何潜在风险，以及隐含的不确定因素和社会 / 伦理问题。

凭借位于英国伦敦的智库德莫斯（Demos）在十多年前发表的颇有影响力的手册，以及英国皇家学会 / 皇家工程科学院（RS/RAEng，2004）发布的纳米技术报告之力，上游参与工作这一术语进入科学传播的主流用语（Wilsdon 和 Willis，2004）。针对英国上议院为应对英国疯牛病（BSE）危机发布的科学与社会报告中的部分内容（2000），英国皇家学会 / 皇家工程科学院的报告强调就纳米技术问题开展前期公众对话的重要性。在任何新兴技术的发展早期，促进公众参与有诸多优点。最大的好处是能与技术发展的支持者进行批判性讨论，并有可能修订关于科技发展的重大构想（Macnaghten 等，2005），也能调整某一特定技术应用产生的社会影响。此时亟待解决的问题包括：技术的目的是什么？对该技术的需求是什么？谁拥有该项技术？如果发生意外，由谁来承担责任？在该技术引发的社会变化中，谁是输家，谁是赢家？是否会发生意料之外的结果？针对技术研究和应用有什么管理与规范机制？（Kurath 和 Gisler，2009；Rogers-Hayden 和 Pidgeon，2007；Wilsdon 和 Willis，2004）。

尽早解决关于技术需求和技术后果的关键问题，这种做法能影响关键的研发决策，同时改善针对争议性话题开展的公众讨论。新问题或上游参与议题通常充满高度不确定性，例如应当使用什么合适的风险模型、新技术冲击的本质和范围、经济损益和风险程度——这些问题属于后常态风险评估（Rosa，1998；Funtowicz 和 Ravertz，1992）。在这种情况下，公众参与成为相关科学愿景和参与这些活动的公众共同合作的产物，属于传统科学传播的范畴（Chilvers 和 Kearns，2016）。另外，因为无法事先预知重大灾害和风险，未知领域（或深层的不确定因素）取代简单的风险评估，成为早期分析的焦点（参见文献：Bammer 和 Smithson，2008；Renn，2008；Smithson，1989；Pidgeon，1988）。其理由是：在这类情况下，为避免讨论的问题过于狭窄，需要拓宽风险描述过程，才能够容纳广泛的不同观点，也能尽量全面考量各种影响；这些影响包括诸多潜在的冲击和突发事件，但这些事件至少在开始阶段可能不会被纳入正式计量分析的范畴。

在上游公众参与期间，种种复杂、难以预料的技术风险给我们提出了一个极为困难的风险控制问题，有时被称为科林格里奇困境（Collingridge，1980）。简单来讲，原则上我们能够在技术发展早期阶段对其发展路线施加一定程度的影响。但潜在风险暗含的各种关键不确定因素导致我们无法详尽地列出达成有效风险管理所需的一切预防安全措施（Wildavsky，1988）。我们只能通过广泛的研究和技术发展测试来找出这些不确定因素，但到了这个阶段，改变技术发展路线可能变得更加困难或代价高昂。对策之一是采取适应性风险管理（Dietz，2013）——即通过在技术设计中"嵌入"所需要的特征或安全措施，或是在设计中采纳有充足调整空间的技术选项，以便在风险逐渐明晰时修改技术发展路线（Pidgeon，1988）。但是这种灵活性的培养一部分取决于技术本身，另一部分则取决于技术发展的机构的、社会的和物质的本质；在这些情况下，诸如"社会对技术发展的承诺在多大程度上可逆？"这样的问题变得至关重要（Royal Commission on Environmental Pollution，2008，8；也参见 Barben 等，2008）。相关措施之一是尽早部署管理与规范机制，以便在获得与风险、代价和意料结果之外的相关证据时采取调整措施。综上所述，技术发展路线的早期评估和调整才是负责任的技术创新。根据上游公众参与理论、技术评估的建设性先期讨论（Rip 等，1995）和实时技术评估（Guston 和 Sarevitz，2002）等理论，斯蒂尔戈（Stilgoe）等人（2013）认为负责任的技术创新有四个核心要素：第一，要预期风险的产生和未知因素的存在，以及提前建立适当的管理机制；第二，科学群体和管理部门要保持机构的灵活性；第三，要包容公众和利益相关方的各种不同观点；第四，要针对外界观点做出适时改变。在反思 STS 理论观点的基础上，英国皇家学会 / 皇家工程科学院（RS/RAEng，2004）的纳米技术报告也广泛地讨论了如何负责任地发展纳米技术，这一举措凸显了在纳米技术实现大规模商业应用之前，相关机构应了解公众和各利益相关方对于纳米技术的理解和看法，同时接触公众和各利益相关方。

与其他新兴技术一样，纳米技术一词的存在感很低，公众对其知之甚少。萨特菲尔德（Satterfield）等人（2009）汇总了从 2004 年到 2007 年在北美、欧洲和日本进行的十一个大规模全国性调查的结果，发现约 50% 的受访者对纳米技术"一无所知"。这一事实对我们解读任何关于科学传播的一般性研究成果（特别是一次性调查）具有重大意义。在对相关议题所知甚少的情况下，即便许多人对问题几乎一无所知，他们仍会对所有调查问题发表看法。费施霍夫（Fischoff）和费施霍夫（Fischoff；2002）注意到：在受访者不了解调查问题的情况下，他们不可避免地尝试揣测这些经过精心设计的问题的意义，而采访者也不得不揣摩受访者的回答究竟是什么意思！以纳米技术为例，人们在调查中说他们不熟悉纳米这个术语，许多人却又同时声称他们相信这些技术从长远来看对社会有利（Satterfield 等，2009）。这些回答并不一定自相矛盾，也未必毫无道理，但它们可能反映了西方社会认为新技术将最终改善人们生活的普遍观念，他们认为纳米技术也理当如此（Pidgeon 等，2011）。其他研究显示，在大众不了解纳米科学技术的情况下，他们对纳米技术的理解既受现有文化和世界观以及价值观的巨大影响（Kahan 等，2009；Scheufele 等，2008），也受他们对规则的信任的影响（Siegrist, Keller 等，2007），同时也受他们对不同技术应用和信息环境的敏感度的影响（Satterfield, Conti 等，2013）。

我们了解诸如纳米技术这样的陌生议题，并形成相应的风险认知，这些过程可描述为喜好构建（Lichtenstein 和 Slovic，2006）。人们面对不熟悉的话题，基于他们现有的信仰和价值观念，受他们当时情感反应的驱动，将他们面对的问题与其他问题进行比较并做出推断，进而形成应对措施。这些反应是人们试图理解这个问题的行为产物，已知事物（包括他们对相关风险和机构的了解）影响人们对问题的理解；他们从更大范围的事件背景中做出推断，也从问题出现的局部语境中获得线索，这些信息影响人们对问题的了解。喜好构建理论也预测，在不熟悉议题的情况下，人们对问题的反应极易受信息呈现方式的影响，这有时被称作框架效应（参见本书第三十七章的内容）。这意味着需要找到办法，为新兴科技引导出更符合事实、更稳定的公众喜好（Satterfiield, Conti 等，2012；de Best-Waldhober 等，2009）。又如本章稍后部分所述，可以引导公众个体参与更多的探讨，可以借此向公众提供更深入的信息（Pidgeon 等，2014；Corner 和 Pidgeon，2012）。

美英两国纳米技术公众参与研讨会议

我们以一个在 2007 年开展的研究为例，皮金等人（2009）对此发表过更为详细的报告。在这个研究中，我们采用研讨会的形式与来自英国（卡迪夫市）和美国（圣塔巴巴拉市）两地受访者扮演的公众代表进行接触，讨论的话题是纳米技术在两个特定不同领域（人体健康/人体机能改善和能源）中应用的潜在风险和收益。因为该项目主要目的是研究公众在当时对纳米技术的看法，同时也关注不同国家的公众是否持有不同观点；在提供最低限度的专业意见以供参考的情况下，我们鼓励参与者进行开放性的思考，探讨与纳米技术有关的问题。作为参与者的"公众"以及被讨论的科学话题被设定为科技发展的上游阶段——我们并不假设参与者只是被动地接收信息。

为此我们设计了一个研讨会模式，参与者来自不同的年龄段、社会阶层、种族和性别群体，拥有不同的教育背景，从事各种职业（Pidgeon 等，2009）。每个研讨会的基本构成为：①模拟受访者对要讨论的话题处于蒙眼状态（换句话说，参与者事先并不知道在讨论阶段要具体谈论什么议题）；②讨论焦点是纳米技术在某一特定领域的应用（人体健康/人体机能改善和能源）。研讨会的其他要素包括适合讨论互动的小样本群体（每组 $n=12 \sim 15$）；针对不同的研究地点，研究程序和讨论引导过程经过充分先期验证，根据文化差异经过适时调整，研究结果有可比性；研究者为更小的研究样本群体提供了大量信息材料和自主学习机会。另外为了尽可能保证讨论公平公正，我们提供经过科学验证的信息，包括经过仔细校验过的潜在技术风险与收益，以及在大众媒体和科学人文报刊中报道的一些重要伦理问题（这些信息在研讨会后期被提供给受访者）。

经过前期广泛研究，在 2007 年 2 月总共同时举行了四次研讨会，在美英两国各举办两次。在每个国家，第一个研讨会关注纳米技术在能源方面的应用，第二个则是人体健康与人体机能改善。研讨会流程通常耗时 4.5 小时，一开始参与者分别就能源和健康进行开放式讨论，此时的讨论尚未引入纳米技术一词；接下来在大致系统介绍纳米技术之后，研究者详细描述纳米技术在能源和健康领域的应用。这种方式可以用科学咖啡馆讨论的方式进行，对问题进行开放式探讨。研讨会参与者被分成小组以便面对面的交流；这种组织形式围绕着越来越复杂的技术应用和伦理问题，强调"有成效的对话"（Brown 和 Isaccs，2005）。会议高潮部分是在研究人员指导下进行的全体对话会议，议题涵盖收益和风险、信任和责任、社会问题和个人选择等方面的话题。讨论阶段均被录音录像，所有对话都有书面文字记录。三名研究者（Pidgeon，Harthorn，Bryant）采用扎根理论的方法（Pidgeon 和 Henwood，2004），独立系统地分析文本主题。在分析过程中，研究者间歇性地使用跨文化评估方法；该方法用来验证在不同技术类别（纳米科技在人体健康与人体机能改善这两方面的应用）和不同国家的情况下，研究者在确认讨论主题和诠释文本方面出现的异同是否有效。虽然整个研究以理论探索为主，我们预期纳米技术在两个截然不同的领域中的应用可能导致参试者出现不同反应，而这些反应可能也受跨文化因素的影响。例如，纳米技术应用于能源领域而产生的健康与环境风险，很可能与纳米技术应用于人体健康和人体机能改造等领域产生的风险不同。而公众对后者的看法受不同文化价值观念的影响，这些价值观念既源于受访者对人体和健康的看法，又或受他们在美英两国医疗系统中的体验的影响。

我们从本次研究中得出几个结论。第一个结论与研究其他技术话题的公众参与研究的结论相似（Corner 等，2013；Macnaghten，2010；Bickerstaff 等，2008；Marris，2001），一般公众在获得足够资源、时间和各种支持的情况下，有充分的能力就科学技术方面的复杂议题进行辩论。第二个结论与公众对纳米技术的观感有关。我们知道一项技术是否能被公众接受，取决于公众对该技术带来的收益和风险的感知（Slovic，2000；Pidgeon 等，1992；Fischoff 等，1981）。我们在研讨会上见到：尽管多次明确提出并且讨论纳米技术的风险，人们对风险的认知仍被技术收益而不是风险所左右，这与民意调查的结论一致（Satterfield 等，2009）。我们把这个模式描述为低"技术怀疑主义"，美英两国受访者几乎完全接受科学承诺在技术层面得以实现的可能性；虽然有人对此全盘接受，有人心怀疑虑，也有人持反对意见，但无人从根本上质疑技术上的可行性。当质疑之声渐起，人们可能更多关注技术的社会意义。类似的例子有：现有医学伦理能否应对纳米技术带来的快速医疗变革？在未来纳米技术应用过程中如何保证程序公正和分配合理？有哪些社会因素可能限制纳米技术预期收益的实现？与以往关于美英两国新技术公众话语的研究结论一样（Macoubrie，2006；RS/RAEng，2004），也和关于风险感知的一般性社会学和社会心理学研究结论一致（Siegrist 等，2007；Wynne，1992），对诸如政府、监管机构和公司企业等机构的信任以及这些机构可能采取的行动也被视作风险的重要来源。

关于这些研讨会的第三个结论是：纳米科技的具体应用也至关重要。通过反思英国皇家学会的报告（RS/RAEng，2004），我们所有的受访小组都认为纳米技术的冲击最终取决于纳米技术的使用方式。纳米技术的应用领域当然非常广阔，选择这两个案例（人体

健康 / 人体机能改善和能源）就是为了反映纳米技术应用的多样性。因此纳米技术的应用类型大大影响对话的方式、对技术应用的阻碍，以至于最终结果。虽然所有参试群体主要讨论技术应用收益，两国受访者在讨论能源话题时更倾向于关注其积极意义。在美国和英国，开发新技术以解决能源问题被视为有百益而无一害，纳米技术在能源领域的应用成为紧迫共识，人们认为管控纳米技术的责任主要靠专家管理、市场和消费者个人选择这类传统方式。就纳米技术在人体健康和人体机能改善方面的应用而言，美国和英国受访者的态度恰好与前者相反，他们的讨论详尽细致、富有层次且价值多元。如研究者所预料的那样，两国受访者认为纳米技术在人体健康和机能改善方面的应用产生了特殊的伦理道德问题。从某种程度上来说，我们的研究发现不同技术应用对受访者态度的影响远大于国别差异的影响。

随着语境的变化，细微的跨文化差异在研讨会中浮出水面。我们最初预计通过比较英美两国参与者对纳米技术应用的态度即可发现显著差异。如前面所述，英美两国受访者普遍认为能够从纳米技术这样的新科技中受益。至少对于英国受访者来说，虽然他们对英国最近风险管理失败的例子还记忆犹新（转基因食品、疯牛病和 2001 年暴发的口蹄病等），尽管这些事件不断地放大人们对陌生的新技术风险的恐惧，但他们仍对纳米技术持积极态度。技术对未来的影响往往使公众感到焦虑不安，但伴随这种情绪的还有公众对科学技术的普遍高度评价，这种情况有悖于人们的直觉（Macnaghten，2010）。人们对具体风险的感知与科学发现的过程无关，甚至与技术本身也无关，但人们往往认为社会和组织失灵损害了技术安全管理，从而导致了风险的产生（Freudenburg，1993；Turner，1978）。美国的案例则有些不同；与英国一样，美国公众对技术发展有些担忧，总体上持乐观态度；但在我们的研讨会上，我们并未明确地把纳米技术和在美国发生过的技术与风险监管失败的案例联系起来。相应的，与英国受访者相比，美国受访者似乎不够重视风险认识。

然而更加细致的分析显示美国和英国在技术风险和收益定位方面的分歧进一步扩大，特别是涉及不同应用领域（分别是人体健康与人体机能改善和能源）时，这些差异微妙且非常重要。两国公众在谈及人体健康与人体机能改善时，在技术分配公平与平等的问题上持明显不同的看法，这反映出两国公众在健康问题上的文化差异，以及在医疗机构和就医过程中的体验不同。在所有参与讨论的群体中，参与者在极短时间内就意识到富裕阶层最有可能从纳米技术在人体健康领域的新应用中获益，因为在这方面个人经济状况决定了个人如何选择和是否能获得救治。美国的参与者相信：从长远来看，纳米技术发展的好处将慢慢"向下渗透"到一般阶层，即使在这个过程中并不一定实现种族和阶级平等，但英国受访者对此更多地表示怀疑。对比两国在能源问题上的看法，美国和英国参与者认为该领域的技术发展最终使公众和社会获益。总体上讲，所有参与者对短期效应表示悲观，但对长期效应持乐观态度，几乎所有人都认为纳米技术在 20 年或更遥远的未来对社会有益。

就科学与工程问题开展上游公众参与工作的复杂性

迪茨（Dietz，2013）认为虽然各国涉及公众技术讨论的现存数据丰富多样，但大部分数据都来自本地或区域性问题，此时被讨论的技术已成熟待用。特别在美国，一般科学和技术问题对国家的重要性较少被纳入上游公众讨论的范围。即便举办此类研讨会，讨论的内容也仅仅关注政策问题，参与者均为专业的利益相关方代表和团体。北美之外的各国公众有更多举国讨论科学问题的经验，以欧洲国家为例，丹麦技术委员会举办的共识协商会议涉及一系列话题[2]，是上游公众参与的先驱典范；同样的机构有瑞士全民公投和英国科技创新对话专家资源中心项目。他们讨论的议题不仅有国家具体政策，也有具有全国性重要意义的科学问题，比如纳米技术政策、未来能源系统和核废料的长期安全处理，这些议题也同样相当复杂。就重大技术发展或技术商业化而开展的早期公众参与工作使问题更为复杂，主要是因为少有先例供参与者借鉴。反思我们的纳米技术研讨会研究，以及我们后续关于气候改造（Corner 等，2013；Pidgeon 等，2013）和未来能源系统改造（Demski 等，2015；Pidgeon 等，2014）等话题进行的探讨，我们发现了一些研究方法上的普遍挑战。

第一个挑战是为参与者提供全面公正的信息和政策导向支持，帮助他们掌握讨论的议题在技术与社会方面的复杂之处。其目的是避免过分限制参与者能够做出的选择和发表的意见，使参与者的观点不会过分受到外界影响。因此任何项目都需要开发信息和讨论框架，为最开始阶段的公众参与工作提供支持，保证参与者了解复杂的讨论议题，提出明智的观点。提供信息的核心原则是保证信息不失偏颇，但尽可能地允许参与者在讨论中引入他们自己的理解和视角。除了我们的研究之外，从事风险传播研究（Fleishman-Mayer 和 Bruine de Bruin，2013）、预期管理（Davies 和 Selin，2012）和民主讨论机制（Karpowwitz 和 Raphael，2014；Nabatchi 等，2012）等领域的其他学者也已开始探索信息供给框架的问题。开展广泛的背景调研，访谈关键专业人士，并与专家顾问委员会接触；研究者需要在后续的公民协商研究中开发信息和发展讨论框架，这些手段也能为上述过程持续提供信息（Demski 等，2015；Pidgeon 等，2014）。独立技术顾问和利益相关方委员会代表着某个相关议题的全体利益相关方，他们能够从项目的最初设想、设计、数据分析和最后信息传播等所有阶段为参与者专门提供大量支持和引导。

在所有的科学传播与协商研究中，我们明确区分出开放式和封闭式两种截然不同的研究方法（Stirling，2005）。更为开放的研究过程强调信息和（包括社会和技术）系统的应急性、开放性和不确定性，同时强调社会利益群体和个人快速理解纯粹技术问题的能力。在这里，每个人需要认识到开放式过程的不确定性会不可避免地产生矛盾（Barvosa，2015）。相反地，封闭式过程则试图限制在社会中存在的、杂乱无章、难以约束的种种不确定因素，例如事先限定研究目标，甚至可供选择的方案，或又从金钱的狭隘角度来定义技术发展的利弊。所有美英纳米技术研讨会的目的在于保证流程尽可能开放，同时避免过早终止特定选项和讨论框架，力图通过提供充足信息，实现有意义的公众参与讨论。

贝拉米（Bellamy）和莱绍恩（Lezaun）2015 年的研究颇有深度，他们讨论了去框架化这一观点，并将它作为拓展新兴技术上游公众参与研究的关键研究原则。他们从近期关于地质工程的公众参与研究入手（Bellamy 等，2013；Corner 等，2013；Macnaghten 和Szerzynsky，2013；Pidgeon 等，2013），认为这些对话的设计者认识到引入占主导地位的思维方式会否定一些可能的选项或潜在的思维观点，研究者应该尝试避免这种情况的发生（比如，气候地质工程是应对气候变化不可避免的选择；纳米技术是一场新的工业革命；能源安全是能源政策的唯一目标）。他们也注意到按这种方式设计的上游公众参与活动能对技术发展产生影响，因为与公众参与的行为本身能够主动参与构建有关未来技术的构想，并在某种程度上将新兴技术刻画成真实的或是不可避免的客观存在；这一点已在有关 STS 理论的文献中提及（Delgado 等，2011；Rogers Hayden 和 Pidgeon，2007）。以这种方式，科学话题本身与其构想的社会与技术利弊通过对话过程同时产生。

第二个挑战在于开放并维持思考空间，这使得不同形式的公众参与和反思活动得以发生。任何上游公众参与过程的核心目的是为参与者提供开放、全面反思问题的机会。探索性的研讨会模式持续时间较长，适合开放式的讨论，容易达成上述目的。广泛的先导性研究能帮助研究者预测参与讨论的公民最感兴趣的信息；帮助研究者及时给予参与者更多的帮助，协助他们进行有意义的讨论；指导研究者如何组织不同层次的群体讨论活动（例如在全体和小组讨论之间取得平衡，专家在呈现技术细节和讨论伦理困境时应分别采取何种不同手段等问题）；帮助研究者梳理提供的信息，使后面的讨论能在先前提供的信息的基础上进行；帮助研究者解决诸如此类的问题。

在美英两国纳米技术研讨会上，参与者的讨论时间往往超过四个小时。这种长时间的讨论是促进深度探索的主要方式，讨论分为几个阶段，保证参与者对讨论话题有足够兴趣，也避免讨论话题的种类过于单调。这些阶段包括基本信息的提供、伦理困境、全体小组讨论和以科学咖啡馆形式开展的非正式小组讨论。研究团队成员的角色十分关键，他们协调小组讨论，并扮演专业的信息提供者；他们向研究参与者介绍技术信息、政策和伦理方面的问题。这个过程的目的是引导出特定选项的"接受条件"（Demski 等，2015；Pidgeon 和 Demski，2012；Demski，2011），即协调者寻找能促使参与者改变他们选择的某些背景条件（因为他们有时确实如此）。协调者在回答或是简要解释涉及的技术或其他问题的时候，一直小心探求人们为什么会提出这些特定问题，以及某个问题究竟代表着参与者关心什么事情（Bellamy 和 Lezaun，2015）。这种做法也帮助研究者深入分析研究参与者关注的事情、持有的价值观和世界观，以此来了解并构建参与者对这个复杂问题的看法。

第三个挑战是谁来参与讨论？英国在 2003 年就"英国是否成为转基因农业生物科技国家？"这一争议性话题公开辩论，近期关于 STS 理论的欧洲研究大多基于对此事件的反思，它们强调由谁来参与讨论的决定对"公众"的构建有着相当微妙的影响，科学传播研究者构建了"谁是公众"。我们多年以来一直知道从事科学传播和风险传播的从业者不希望接触一个笼统模糊的公众实体：因此在许多当代关于公众参与科学的文献中，出现了多个对不同公众群体（们）的定义，这些定义虽然在技术上更为准确，但却十分臃肿。与上述做法相反，在纳米技术研讨会研究中，我们采取了简单的小型迷你公众或非专业人士陪审团的模式，这种做法凸显普通民众的声音，他们通常无法在讨论科学技术的公共领域中发出自己的声音。这种稍显幼稚的公众采样策略理应受到批评，原因是它排除（或是没有邀请）与讨论话题有着切身利害关系的支持者/反对者；后者在 STS 理论文献中被称作"不请自来"的公众（Irwin 等，2012；Felt 和 Fochler，2010；Lezaun 和 Soneryd，2007；Wynne，2007）。我们的看法是：虽然为我们这样的公民协商讨论研究活动挑选受试人选的选样过程并不简单，但在参与制（而不是代议制）民主体制中，人们对某一议题持明确观点，就拥有合法的权力参与任何重大公共政策讨论并做出贡献（Nabtchi 等，2012；Pidgeon 等，2005）。"英国是否成为转基因农业生物科技国家？"这样的大型讨论得到政府支持，由全民参与；为了解决受试人群选样这个难题，它既采用了封闭式（邀请式的）的讨论方式，也采用了开放式（不请自来式的）讨论形式。但这种做法的结果导致在不同讨论场合表达的观点并不一致，因此如何从整体上来诠释公共参与过程产生的结果也存在争议（Pidgeon 等，2005）。这个例子指出一个常被忽视的事实，即公众参与也需要明确接纳来自不同社会地点和拥有不同身份的人们的声音，例如来自不同种族、不同性别或者在其他方面受到直接影响的群体（Henwood 等，2015；Henwood 和 Pidgeon，2014）；我们于 2009 年在加州大学圣芭芭拉分校进行的后续研究中纳入了这一观点（Rogers-Brown 等，2011）。

在研究方法上，我们的最后挑战是找出各种合适的引导方式和数据综合分析手段，获取具有更广泛意义的公共价值观念，以便同时应对任何突发事件，并协调相关领域中出现的相互竞争的价值观念。我们已注意到在讨论新兴技术风险及其可接受性等问题时，上游公众参与的参与者们会在讨论中带入已有的价值观和他们对技术的普遍担忧。我们重述上游公众参与的目的：就科学工程问题的价值、愿景和更广泛的社会意义，在参与讨论的群体中开展有效对话，同时探寻公民将如何看待所涉及的关键问题（Pidgeon 和 Rogers-Hayden，2007；Wilson 和 Willis，2004）。从这个意义上讲，价值观念可以被看作生活中的指导原则，价值观念相对持久，起到道德框架的作用，并能支持构建具体的技术风险选择（Demski 等，2-15；Chan 等，2012）。正因如此，价值观念不能简单地相互调换，需要按道德准则仔细斟酌。

有关科技政策的大部分问题不在于简单地评估风险和收益，而事关价值观念。这里可通过美英两国纳米技术讨论中的一个例子（Pdgeon 等，2009）来说明：对于推广和管理科学发展的众多社会机构，两国参与者对这些机构的可信度和它们代表的利益有着相同的表述。戴维（David）和麦克诺滕（Macnaghten）2010 年的研究也表明，在欧洲 DEEPEN 计划（深化新兴纳米技术伦理问题的公众参与和公众参与计划）的基础上，英国和葡萄牙的参与公众通常提出五个关于纳米技术发展的宏观叙事：①无论科技对未来承诺些什么，富人愈富穷人愈穷；②普通民众总是被蒙在鼓里；③当开启潘多拉的魔盒时，科学家和社会应当时刻警惕；④不能接受对自然界的过度干预；⑤科学家和技术推广者应小心提防发生得非所愿的情况。但是对宏观叙事的描述引来研究分析方面的挑战，人们来自芸芸种种的社会群落，对任何特别复杂、陌生的、全国性的科技问题各持己见，如何获取他们的观点成了一个大问题。

为直接引导出公众的价值观念，我们构建更有层次的决策方法，比如将多元实用性引导手段和多个讨论方案结合起来（Bellamy 等，2013；Gregory 等，2012；Chilvers 和 Burgess，2008；Kalof 和 Satterfield，2005；Arvai 等，2001）。另外一种方法是使用更为诠释性的、以民族志学为基础的、对语境敏感的定性引导手段和数据分析方法（Henwood 和

Pidgeon，2016），本研究中纳米技术研究案例采用了这一方法。根据我们的经验，参与小组讨论的人们非常自由地表达自己的观点，因为此时他们的看法尚未受到技术因素的强力约束。同样的，通过整理现有研究文献和传统媒体上报道过的伦理难题，并向参与讨论者提供这些提示材料，也能取得同样结果。当然，这种做法有一个显而易见的危险，新的价值观念存在被预设框架或日程重新固化的风险。卡罗琳·李（Caroline Lee）2015年提出：引入革新性的做法，例如在讨论过程中利用艺术形式，能帮助参与者和组织者思考未来，同时抵御主流思维方式的束缚（Shirani 等，2016）。回到贝拉米和莱绍恩2015年提出的去框架化这个重要概念，协调者对参与讨论者的话语应尽可能采取开放的态度，这能进一步在讨论过程中让新的价值观点获得广泛认同。

在纳米技术研讨会中，研讨过程的设计和实现十分重要，它们既能使我们对价值观念的理解呈现出来，也能促使我们理解公众选择背后隐含的种种担忧。从研讨会录音录像资料文本中获得的定性数据能以不同方式对分析做出贡献。通过数据分析，研究者能够从文字记录数据中找出在有关定性研究方法的文献中提及的研究者的理论敏感性（Pidgeon 和 Henwood，2004）。通过这种方式，我们能够（从在社会科学与风险研究领域中拥有经验丰富的研究者的角度）展示在美英两国举行的纳米技术研讨会上，社会问题在公众话语中如何盖过技术问题。

结　论

科学传播这门科学在上游公众参与领域面临着方法和理念上的诸多挑战，要了解这些问题，我们才刚刚起步。研究资助方如果对负责任的技术创新做出明确承诺，我们有理由乐观地认为：在本研究中采用的方法有别于公众参与领域的过往研究手段，真正有所创新。通过本次研究，我们希望改进有关未来科技的决策；这些技术代表着更广阔的未来，公众对技术发展的看法也在变化，如何探索这些观点的变化十分重要。在纳米技术这个案例中，有趣的一点是：尽管纳米技术的推广者一开始有些担忧，但随着使用纳米技术的消费商品越来越多，与其他新兴技术相比，纳米技术至今尚未遭遇太多争议（Vance 等，2015）。虽然公众的担忧仅仅是导致风险严重放大和引发争议的先决条件之一，而且研究者必须同时考虑其他环境因素，如事故曝光、公众对机构诚信和清白的怀疑、密集的媒体报道，以及对关键机构的不信任感（Kasperson 等，2003），纳米科技显然没有重蹈十年前转基因作物的覆辙。只有通过一系列上游公众参与的深度实验，在不同国家以不同方式进行研究，结合通过其他调查、实验性研究和政策分析得出的数据，我们方能完整地描绘和理解公众观点为何并且如何按自己的方式演进。从事科学传播研究的学者们当下的挑战是进一步试验各种有创新意义的研究方法和视角，为未来新兴科技的上游公众参与工作带来更美好的前景。

致 谢

本章内容基于多个试验性和概念性研究成果，研究者获得利华休姆信托基金（Leverhulme Trust，基金项目编号：F/00 407/AG）与英国能源研究中心（项目资助编号：NE/G00748/1 和 EP/L024756/1）资助，并与美国加州大学圣芭芭拉分校纳米技术与社会研究中心美国国家科学基金项目合作（项目合作编号：SES 0531184 和 SES0938099）。我们希望向编辑和匿名审稿人对本文初稿的积极反馈表示感谢。文中所有观点、研究结果和结论均由论文作者独立完成，不代表任何项目资助方的观点。

注 释

1. 温（Wynne，2016）从这个思维角度提出一个非常有说服力的论证。我们这里认为风险是一个有用的概念，尽管它常常被错误地定义，并遭到误用。但风险这一概念提醒我们：这个世界中的危险客观存在，但我们对风险的知识却本质上是由社会构建而成，两者之间存在矛盾（Rosa，2003）。

2. 虽然伯恩斯（Burns）和弗莱戈（Flegal）2015 年指出共识协商会议模式首先在美国兴起，随后才被丹麦技术委员会采用。

参考文献

Arnall, A. H., and Parr, D. (2005). Moving the nanoscience and technology (NST) debate forwards: short-term impacts, long-term uncertainty and the social constitution. *Technology in Society*, 27, 23–38.

Árvai, J., Gregory, R. and McDaniels, T. (2001). Testing a structured decision-aiding approach: value-focused thinking for deliberative risk communication. *Risk Analysis*, 21, 1065–1076.

Bammer, G., and Smithson, M. (2008). *Uncertainty and risk: multidisciplinary perspectives.* London: Earthscan.

Barben, D., Fisher, E., Selin, C., and Guston, D. M. (2008). Anticipatory governance of nanotechnology: foresight, engagement and integration. In: E. J. Hackett, O. Amsterdamska, M. Lynch, and J Wajcman, eds., *The handbook of science and technology studies*, 3rd ed. Cambridge, MA: MIT Press, 979–1000.

Barvosa, E. (2015). Mapping public ambivalence in public engagement with science: implications for democratizing the governance of fracking technologies in the USA. *Journal of Environmental Studies of Science*, 5, 497–507.

Bellamy, R., Chilvers, J., Vaughan, N., and Lenton, T. (2013). "Opening up" geoengineering appraisal: multi–criteria mapping of options for tackling climate change. *Global Environmental Change*, 23, 926–937.

Bellamy, R., and Lezaun, J. (2015). Crafting a public for geoengineering. *Public Understanding of Science.* doi:10.1177/0963662515600965.

Bickerstaff, K., Simmons, P., and Pidgeon, N. F. (2008). Constructing responsibility for risk(s): negotiating citizen–state relationships. *Environment and Planning A*, 40, 1312–1330.

Bierle, T. C., and Cayford, J. (2002). *Democracy in practice: public participation in environmental decisions.* Washington, DC: Resources for the Future.

Brown J., and Isaccs, D. (2005). *The world café: shaping our future through conversations that matter.* San Francisco: Berrett–Koehler.

Burns, W. C. G., and Flegal, J. A (2015). Climate geoengineering and the role of public deliberation: a comment on the US National Academy of Sciences' recommendations on public participation. *Climate Law*, 5, 252–294.

Callon, M., Lascoumes, P., and Barthe, Y. (2009). *Acting in an uncertain world: an essay on technical democracy.* Cambridge, MA: MIT Press.

Chan, K. M. A., Satterfield, T., and Goldstein, J. (2012). Rethinking ecosystem services to better address and navigate cultural values. *Ecological Economics*, 74, 8–18.

Chilvers, J., and Burgess, J. (2008). Power relations: the politics of risk and procedure in nuclear waste governance. *Environment and Planning A*, 40, 1881–900.

Chilvers, J., and Kearns, M. (Eds.). (2016). *Remaking participation.* London: Routledge.

Collingridge, D. (1980). *The social control of technology.* Milton Keynes, UK: Open University Press.

Corner, A. J., Parkhill, K. A., Pidgeon, N. F., and Vaughan, N. E. (2013). Messing with nature? Exploring public perceptions of geoengineering in the UK. *Global Environmental Change*, 23, 938–947.

Corner, A., and Pidgeon, N. F. (2012). Nanotechnologies and upstream public engagement: dilemmas, debates and prospects? In: B. H. Harthorn and J. Mohr, eds., *The social life of nanotechnology.* New York: Routledge, 171–194.

Davies, S. R., and Macnaghten, P. (2010). Narratives of mastery and resistance: lay ethics of nanotechnology. *Nanoethics*, 4(2), 141–151.

Davies, S. R., and Selin, C. (2012). Energy futures: five dilemmas of the practice of anticipatory governance. *Environmental Communication*, 6(1), 119–136.

de Best–Waldhober, M., Daamen, D., Ramirez, A.R., Faaij, A., Hendriks, C., and de Visser, E. (2009).

Informed public opinions on CCS in comparison to other mitigation options. *Energy Procedia*, 1, 4795–4802.

Delgado, A., Kølberg, K. L., and Wickson, F. (2011). Public engagement coming of age: from theory to practice in STS encounters with nanotechnologies. *Public Understanding of Science*, 20(6), 826–845.

Demski, C. C. (2011). *Public perceptions of renewable energy technologies: challenging the notion of widespread support.* Doctoral thesis, Cardiff University.

Demski, C. C., Butler, C., Parkhill, K. A., Spence, A., and Pidgeon, N. F. (2015). Public values for energy system change. *Global Environmental Change*, 34, 59–69.

Dietz, T. (2013). Bringing values and deliberation to science communication. *Proceedings of the National Academy of Sciences of the USA*, 110(3), 14081–14087.

Felt, U., and Fochler, M. (2010). Machineries for making publics: inscribing and describing publics in public engagement. *Minerva*, 48, 219–238.

Fiorino, D. (1990). Citizen participation and environmental risk: a survey of institutional mechanisms. *Science Technology and Human Values*, 15(2), 226–243.

Fischhoff, B. (1995). Risk perception and communication unplugged: twenty years of process. *Risk Analysis*, 15, 137–145.

Fischhoff, B., and Fischhoff, I. (2002). Publics' opinions of biotechnologies. *AgBiotech Forum*, 4(3–4), 155–162.

Fischhoff, B., Lichtenstein, S., Slovic, P., Derby, S. L., and Keeney, R. (1981). *Acceptable risk.* Cambridge, UK: Cambridge University Press.

Fleishman–Mayer, L., and Bruine de Bruin (2013). The "mental models" methodology for developing communications: adaptations for informing public risk management decisions about emerging technologies. In: J. Árvai and L. Rivers, eds., *Effective risk communication.* London: Earthscan, 165–189.

Freudenburg, W. R. (1993). Risk and recreancy: Weber, the division of labor, and the rationality of risk perceptions. *Social Forces*, 71, 909–932.

Funtowicz, S. O., and Ravetz, J. R. (1992). Three types of risk assessment and the emergence of post-normal science. In: S. Krimsky and D. Golding, eds., *Social theories of risk.* Westport, CT: Praeger, 251–274.

Gaskell, G., and Bauer, M. (2002). *Biotechnology: the making of a global controversy.* Cambridge, UK: Cambridge University Press.

Gregory, R., Failing, L., Harstone, M., Long, G., McDaniels, T., and Ohlson, D. (2012). *Structured decision making: a practical guide to environmental management choices.* New York: Wiley–Blackwell.

Guston, D., and Sarewitz, D. (2002). Real–time technology assessment. *Technology in Society*, 24(1),

93–109.

Hagendijk, R., and Irwin, A. (2006). Public deliberation and governance: engaging with science and technology in contemporary Europe. *Minerva*, 4, 167–184.

Harthorn, B. H., and Mohr, J. (2012). Introduction: the social scientific view of nanotechnologies. In: B. H. Harthorn and J. Mohr, eds., *The social life of nanotechnology.* New York: Routledge, 1–15.

Henwood, K. L., and Pidgeon, N. F. (2016). Interpretive environmental risk research: affect, discourses and change. In: J. Crichton, C. N. Candlin, and A. S. Firkins, eds., *Communicating risk.* Basingstoke, UK: Palgrave Macmillan, 155–170.

Henwood, K. L., and Pidgeon, N. F. (2014). *Risk and identity futures.* London: Government Office of Science–Foresight. https://www.gov.uk–government–publications–identity–and–risk.

Henwood, K. L., Pidgeon, N. F., and Parkhill, K. A. (2015). Explaining the "gender–risk effect" in risk perception research: a qualitative secondary analysis study. *Psyecology: Bilingual Journal of Environmental Psychology*, 5(2–3), 167–213.

Horlick–Jones, T., Walls, J., Rowe, G., Pidgeon, N.F., Poortinga, W., Murdock, G., and O'Riordan, T. (2007). *The GM debate: risk, politics and public deliberation.* London: Routledge.

House of Lords Select Committee on Science and Technology. (2000). *Science and society 3rd report.* HL Paper 38. London: HMSO.

Irwin, A. (2001). Constructing the scientific citizen: science and democracy in the biosciences. *Public Understanding of Science*, 10, 1–8.

Irwin, A., Jensen, T. E., and Jones, K. E. (2012). The good the bad and the perfect: criticising engagement practice. *Social Studies of Science*, 43(1), 118–135.

Irwin, A., and Wynne, B. (Eds.). (1996). *Misunderstanding science? The public reconstruction of science and technology.* Cambridge, UK: Cambridge University Press.

Jasanoff, S. (2005). *Designs on nature.* Princeton, NJ: Princeton University Press.

Jasanoff, S., and Kim, S.–H. (Eds.). (2015). *Dreamscapes of modernity: sociotechnical imaginaries and the fabrication of power.* Chicago: Chicago University Press.

Kahan, D. M., Braman, D., Slovic, P., Gastil, J., and Cohen, G. (2009). Cultural cognition of the risks and benefits of nanotechnology. *Nature Nanotechnology*, 4, 87–90.

Kalof, L., and Satterfield, T. (2005). *Environmental values.* London: Earthscan.

Karpowitz, C. F., and Raphael, C. (2014). *Deliberation, democracy and civic forums.* New York: Cambridge University Press.

Kasperson, J. X., Kasperson, R., Pidgeon, N. F., and Slovic, P. (2003). The social amplification of risk: assessing fifteen years of research and theory. In: N. F. Pidgeon, R. K. Kasperson, and P. Slovic, eds., *The social amplification of risk.* Cambridge, UK: Cambridge University Press, 13–46.

Kasperson, R. K. (1986). Six propositions on public participation and their relevance for risk communication. *Risk Analysis*, 6, 275–281.

Kearnes, M., Grove–White, R., Macnaghten, P., Wilsdon, J., and Wynne, B. (2006). From bio to nano: learning lessons from the UK agricultural biotechnology controversy. *Science as Culture*, 15(4), 291–307.

Khan, J. (2004). Siting conflicts in renewable energy projects: a biogas case study. In: Å. Boholm and R. Löfstedt, eds., *Facility siting: risk power and identity in land use planning*. London: Earthscan, 56–72.

Kunreuther, H., Fitzgerald, K., and Aarts, T. (1993). Siting noxious facilities: a test of the facility siting credo. *Risk Analysis*, 13, 301–318.

Kurath, M., and Gisler, P. (2009). Informing, involving or engaging? Science communication, in the ages of atom–, bio–, and nanotechnology. *Public Understanding of Science*, 18(5), 559–573.

Lee, C. (2015). *Do-it-yourself democracy*. Oxford: Oxford University Press.

Leiss, W. (2014). Learning from failures. In: J. Árvai and L. RiversIII, eds., *Effective risk communication*. London: Earthscan, 277–291.

Lezaun, J., and Soneryd, L. (2007). Consulting citizens: technologies of elicitation and the mobility of publics. *Public Understanding of Science*, 16, 279–297.

Lichtenstein, S., and Slovic, P. (2006). *The Construction of Preference*. Cambridge: Cambridge University Press.

Macnaghten, P. (2010). Researching technoscientific concerns in the making: narrative structures, public responses, and emerging nanotechnologies. *Environment and Planning A*, 42, 23–37.

Macnaghten, P., Kearnes, M., and Wynne, B. (2005). Nanotechnology, governance and public deliberation: what role for the social sciences? *Science Communication*, 27(2), 268–291.

Macnaghten, P., and Szerszynski, B. (2013). Living the global social experiment: an analysis of public discourse on solar radiation management and its implications for governance. *Global Environmental Change*, 23, 465–474.

Macoubrie, J. (2006). Nanotechnology: public concerns, reasoning and trust in government. *Public Understanding of Science*, 15, 221–241.

Marris, C. (2001). Public views on GMOs: deconstructing the myths. *EMBO Reports*, 21(7), 545–548.

Mays, C. (2004). Where does it go? Methods and social representation of radioactive waste management in France. In: Å. Boholm and R. Löfstedt, eds., *Facility siting: risk power and identity in land use planning*. London: Earthscan, 21–43.

McCray, W. P. (2012). *The visioneers: how a group of elite scientists pursued space colonies, nanotechnologies, and a limitless future*. Princeton, NJ: Princeton University Press.

Morgan, G., Fischhoff, B., Bostrom, A., and Atman, C. (2002). *Risk communication: a mental model approach. Cambridge*, UK: Cambridge University Press.

Nabatchi, T., Gastil, J., Weiksner, G. M., and Leighninger, M. (2012). *Democracy in motion: evaluating the practice and impact of deliberative civic engagement.* Oxford: Oxford University Press.

Niewöhner, J., Cox, P., Gerrard, S., and Pidgeon, N. F. (2004). Evaluating the efficacy of a mental models approach for improving occupational chemical risk protection. *Risk Analysis*, 24, 349–361.

Pidgeon, N. F. (1988). Risk assessment and accident analysis. *Acta Psychologica*, 68, 355–368.

Pidgeon, N. F. (1998). Risk assessment, risk values and the social science programme: why we do need risk perception research. *Reliability Engineering and System Safety*, 59, 5–15.

Pidgeon, N. F., and Demski, C. C. (2012). From nuclear to renewable: energy system transformation and public attitudes. *Bulletin of the Atomic Scientists*, 68(4), 41–51.

Pidgeon, N. F., Demski, C. C., Butler, C., Parkhill, K. A., and Spence, A. (2014). Creating a national citizen engagement process for energy policy. *Proceedings of the National Academy of Sciences of the USA*, 111(Suppl. 4), 13606–13613.

Pidgeon, N. F., Harthorn, B., Bryant, K., and Rogers–Hayden, T. (2009). Deliberating the risks of nanotechnology for energy and health applications in the US and UK. *Nature Nanotechnology*, 4, 95–98.

Pidgeon, N. F., Harthorn, B., and Satterfield, T. (2011). Nanotechnology risk perception and communication: emerging technologies, emerging challenges. *Risk Analysis*, 31, 1694–1700.

Pidgeon, N. F., and Henwood, K. L. (2004). Grounded theory. In: M. Hardy and A. Bryman, eds., *Handbook of data analysis.* London: SAGE, 625–648.

Pidgeon, N. F., Hood, C., Jones, D., Turner, B., and Gibson, R. (1992). Risk perception. In: *Risk—analysis, perception and management: report of a Royal Society study group.* London: Royal Society, 89–134.

Pidgeon, N. F., Parkhill, K. A., Corner, A., and Vaughan, N. (2013). Deliberating stratospheric aerosols for climate geoengineering and the SPICE project. *Nature Climate Change*, 3(5), 451–457.

Pidgeon, N. F., Poortinga, W., Rowe, G., Horlick–Jones, T., Walls, J., and O'Riordan, T. (2005). Using surveys in public participation processes for risk decision–making: the case of the 2003 British GM Nation? Public debate. *Risk Analysis*, 25(2), 467–480.

Pidgeon, N. F., and Rogers–Hayden, T. (2007). Opening up nanotechnology dialogue with the publics: risk communication or "upstream engagement"? *Health, Risk and Society*, 9, 191–210.

Rayner, S. (2004). The novelty trap: why does institutional learning about new technologies seem so difficult? *Industry and Higher Education*, 18(5), 340–355.

Renn, O. (2008). *Risk governance: coping with uncertainty in a complex world.* London: Earthscan.

Renn, O., Webler, T., and Wiedemann, P. (1995). *Fairness and competence in citizen participation: evaluating models for environmental discourse.* Dordrecht: Kluwer.

Rip, A., Misa, T. J., and Schot, J. (1995). *Managing technology in society. the approach of constructive technology assessment.* London and New York: Pinter.

Roco, M., and Bainbridge, W. S. (2003a). *Converging technologies for improving human performance.* Dordrecht: Kluwer.

Roco, M., and Bainbridge W. S. (2003b). *Societal implications of nanoscience and nanotechnology.* Dordrecht: Kluwer.

Rogers–Brown, J. B., Shearer, C., and Herr–Harthorn, B. (2011). From biotech to nanotech: public debates about technological modification of food. *Environment and Society: Advances in Research*, 2, 149–169.

Rogers–Hayden, T., and Pidgeon, N. F. (2007). Moving engagement "upstream"? Nanotechnologies and the Royal Society and Royal Academy of Engineering inquiry. *Public Understanding of Science*, 16, 346–364.

Rosa, E. A. (1998). Meta theoretical foundations for post–normal risk. *Journal of Risk Research*, 1, 15–44.

Rosa, E. A. (2003). The logical structure of the social amplification of risk framework (SARF): Metatheorectical foundations and policy implications. In: N. F. Pidgeon, R. K. Kasperson, and P. Slovic, eds., *The social amplification of risk.* Cambridge, UK: Cambridge University Press, 47–79.

Rosa, E. A., and Clarke, D. L. Jr. (1999). Historical routes to technological gridlock: nuclear power as a prototype vehicle. *Research in Social Problems and Public Policy*, 7, 21–57.

Royal Commission on Environmental Pollution. (2008). *Novel materials in the environment: the case of nanotechnology.* London: The Stationary Office.

Royal Society and the Royal Academy of Engineering. (2004). *Nanoscience and nanotechnologies: opportunities and uncertainties.* London: Author.

Satterfield, T., Conti, J., Harthorn, B., Pidgeon, N., and Pitts, A. (2013). Understanding shifting perceptions of nanotechnologies and their implications for policy dialogues about emerging technologies. *Science and Public Policy*, 40(2), 247–260.

Satterfield, T., Kandlikar, M., Beaudrie, C. E. H., Conti J., and Harthorn, B. (2009). Anticipating the perceived risk of nanotechnologies. *Nature Nanotechnology*, 4, 752–758.

Scheufele, D. A., Corley, E. A., Shih, T.–J., Dalrymple, K. E., and Ho, S. S. (2008). Religious beliefs and public attitudes toward nanotechnology in Europe and the United States. *Nature Nanotechnology*, 4, 91–94.

Shirani, F., Parkhill, K., Butler, C., Groves, C., Henwood, K., and Pidgeon, N. (2016). Asking about the future: methodological insights from energy biographies. *International Journal of Social Research Methodology*, 19(4), 429–444.

Siegrist, M., Earle, T. C., and Gutscher, H. (Eds.). (2007). *Trust in cooperative risk management: uncertainty and scepticism in the public mind.* London: Earthscan.

Siegrist, M., Keller, C., Kastenholz, H., Frey, S., and Wiek, A. (2007). Laypeople's and experts' perception of nanotechnology hazards. *Risk Analysis*, 27, 59–69.

Slovic, P. (2000). *The perception of risk.* London: Earthscan.

Smithson, M. (1989). *Ignorance and uncertainty: emerging paradigms.* London: Springer.

Stern, P. C., and Fineberg, H. C. (1996). *Understanding risk: informing decisions in a democratic society.* Washington, DC: US National Research Council.

Stilgoe, J., Owen, R., and Macnaghten, P. (2013). Developing a framework for responsible innovation. *Research Policy*, 42, 1568–1580.

Stirling, A. (2005). Opening up or closing down? Analysis, participation and power in the social appraisal of technology. In: M. Leach, I. Scoones, and B. Wynne, eds., *Science and citizens: globalisation and the challenge of engagement.* London: Zed Books, 218–231.

Thomas, M. J., Pidgeon, N. F., Whitmarsh, L., and Ballinger, R. (2015). Mental models of sea-level change: a mixed methods analysis on the Severn Estuary, UK. *Global Environmental Change*, 33, 71–82.

Turner, B. A. (1978). *Man-made disasters.* Oxford: Butterworth–Heinemann.

Vance, M. E., Kuiken, T., Vejerano, E. P., McGinnis, S. P., Hochella, M. F. Jr., Rejeski, D., and Hull, M. S. (2015). Nanotechnology in the real world: redeveloping the nanomaterial consumer products inventory. *Beilstein Journal of Nanotechnology*, 6, 1769–1780.

Wildavsky, A. (1988). *Searching for safety.* New Brunswick, NJ: Transaction.

Wilsdon, J., and Willis, R. (2004). *See through science: why public engagement needs to move upstream.* London: Demos.

Wynne, B. (2016). Ghosts of the machine: publics, meanings and science in a time of expert dogma and denial. In: J. Chilvers and M. Kearns, eds., *Remaking participation.* London: Routledge, 99–120.

Wynne, B. (2007). Public participation in science and technology: performing and obscuring a political-conceptual category mistake. *East Asian Science, Technology, & Society*, 1, 99–110.

Wynne, B. (1992). Risk and social learning: reification to engagement. In: S. Krimsky and D. Golding, eds., *Social theories of risk.* Westport CT: Praeger, 275–300.

第十六章
生物技术和转基因生物在欧洲各国的科学传播

海因茨·邦法黛丽（Heinz Bonfadelli）

摘要： 在支持者与反对者对生物技术管理政策进行辩论的背景下，本章总结了大众媒体如何在公众空间传播有关生物技术和转基因生物（GMO）的信息。一方面，研究者通过多个欧盟民意调查搜集欧盟各国反对和支持生物技术的人士对于该项技术的了解和感知，以及他们的观点。另一方面，研究者进行了数个媒体内容分析，关注诸如克隆羊多莉这样的关键性事件、各类相关议题和议题讨论周期；研究者也聚焦诸如科学进步、经济前景、伦理道德和潘多拉魔盒等媒体框架，以及关于生物技术的正反方意见。现有研究表明了媒体和非专业人士如何感知并构建与新技术有关的风险和收益，如生物技术、转基因生物等。

关键词： 生物技术；政策；媒体；媒体框架；风险；欧洲

概　述

学者、生物技术倡导者和媒体使用"基因工程""转基因生物""生物技术"和"基因编辑"等标签来泛指修饰生物基因组的一系列新技术。"红色生物技术"这个说法常用于制药和医学应用，诸如人类胰岛素和抗生素；"绿色生物技术"和所谓的"转基因食品"通常指大豆、玉米和棉花等作物，这些作物经过基因改造，能抗杂草和除草剂；"白色生物技术"则指的是日用品的工业生产，例如清洁剂、保健品和生物燃料。20世纪70年代，这些应用前景广阔的技术最早在美国、然后在欧洲得到开发，但几乎没有科学共同体之外的利益相关方参与研发。

在 1973 年举行的一场科学会议上，与会者警告生物技术存在风险，因此美国国家科学院成立专家委员会探讨如何应对。1975 年春，与会者在加利福尼亚州太平洋丛林镇举行的阿西洛马会议上讨论了重组 DNA 技术，创立了自愿性原则来保证新技术的安全使用。在欧洲，跨国和全国性规范也相继实施（例如 2005 年 11 月瑞士举行全民公投禁止转基因生物）。

在欧洲，德国于 1996 年 11 月从美国孟山都公司进口农达转基因大豆，克隆羊多莉于 1997 年 2 月诞生。这两起事件引发的公众示威类似 20 世纪 70 年代在德语国家爆发的反核示威，受到媒体的广泛关注。领导这些抗议活动的组织包括刚成立的绿党和绿色和平组织。

反对者质疑新兴生物技术的科学和经济价值，强调这些技术对环境和健康带来的风险，同时要求对这些技术实行全国性管制。就在这一时代背景之下，科学传播学者需要分析媒体如何报道有关生物技术的争议，媒体话语又如何与其他个体和社会媒介因素形成合力，最终影响公众对生物技术的观点和态度。

欧洲生物技术科学传播研究

虽然科学传播学者已考察了诸多欧洲国家针对生物技术开展的全国性辩论，但目前仅有一个综合性研究项目是针对全欧洲的媒体报道和舆论。该项目由伦敦科学博物馆的约翰·杜兰特（John Durant）与伦敦政治经济学院的马丁·鲍尔（Martin Bauer）以及乔治·加斯克尔（George Gaskell）于 1996 年共同发起（Bauer，2002；Bauer 和 Gaskell，2002；Gaskell 和 Bauer，2001；Durant 等，1998），参与研究的团队成员来自奥地利、丹麦、芬兰、法国、德国、希腊、意大利、荷兰、波兰、瑞典、瑞士和英国等欧洲 12 国，并作为欧盟协调行动之一接受资助。

上述研究团队在 1996 年下半年以欧盟民意调查（编号 46.1）的方式发表了研究成果，报告涉及欧洲 17 国公众对生物技术的了解程度、态度和风险感知；后续报告分别于 1999 年、2002 年、2005 年（编号 46.3）和 2010 年（编号 73.1）发布。这些报告的内容为人们观察并对比长期以来欧洲各国内部与各国之间对于生物技术及生物技术发展的观点变化提供了一个独一无二的机会。因为研究者很少有机会从调查数据中获取充分证据来解释国与国之间、国家内部乃至国际趋势的异同（Durant 等，1998），所以研究团队同时也开展了补充性研究，调查与生物技术有关的各国政治、经济和文化等大环境的情况以及相关的媒体报道。

作为研究的第一步，研究者整理并精简了从 1973 年到 1996 年重大政策事件和政策发展的年表（Bauer 和 Gaskell，2002，21–94；Durant 等，1998，15–176）。与此同时，研究团队从上述欧洲 12 国中每国各选出一或两个代表性媒体，搜集并整理这些媒体从 1973 年到 1996 年关于生物技术的报道，最后研究人员对报道内容进行标准化分析。媒体分析的理论框架（Bauer 和 Gaskell，200，95–128；Durant 等，1998，276–298）包括故事主题、主要提及的参与者、事件地点、报道中提到的收益与风险类型和对生物技术的评估等方面的内容。

研究者将欧盟民意调查数据转换成八个媒体框架参数：①"科学进步"宣扬科技新发展与新突破；②"经济前景"事关生物技术的经济潜力和盈利前景；③"伦理因素"则提倡树立伦理标准，设定门槛，并且区分可接受与不可接受的技术风险；④"潘多拉魔盒"要求人们在未知风险面前采取克制态度，警醒人们打开"闸门"的后果；⑤"失控"与宿命论有关，它强调技术创新不可避免地带来负面效应，人类必然付出代价；⑥"先天/后天"则是讨论遗传问题，以及环境决定论与基因决定论的是非；⑦"公众负责制"呼吁公众参与并控制技术创新，同时建立管理机制；⑧"全球化"从全球的角度讨论一个国家在世界经济中的竞争力。研究者尽可能找出每一篇新闻报道中的主要新闻框架，提炼出报道中关于生物技术的观点。除了内容和框架分析（Horning Priest 和 Ten Eyck，2003）之外，研究者进行了广泛的定性研究，采用批评话语分析的方法，关注（视觉）隐喻的使用（例如关于"自然"或"天然"的问题；Hansen，2006）。

图 16.1 展示的是瑞士研究团队开发的分析框架，我们能透过该理论框架，审视围绕生物技术这一话题的相关争议。

政策之争

在欧洲各国，各种学术传统、行业和政治体系对生物技术这一新兴议题的反应各不相同。正因如此，针对生物技术的种种政治讨论和监管尝试也各有所差异，但各国政策的制订过程仍有诸多显著的相似之处。研究者发现欧盟行动项目中有四个明确阶段（Bauer 和 Gaskell，2002，27）。

1. 科学研究阶段（1973—1978）：在阿西洛马会议后，生物技术第一次成为公众议题，此时公众讨论仍以科学进步的观念为主导，鲜有人提及科学的社会责任。虽然在这一阶段有人对科技风险表示担忧，但人们主要讨论的仍是如何推动科学研究，他们同时

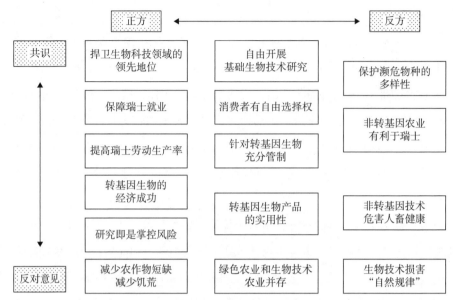

图 16.1　瑞士对生物技术正反双方讨论的公共空间

也要求减少风险，并且要求高效应对出现的公众讨论。

2. 竞争、阻力和监管应对阶段（1978—1990）：随着生物技术的发展，其广泛的应用前景日渐明朗。与此同时，针对生物技术的公众讨论范围扩大，讨论的内容也日趋复杂。公众认为生物技术具有潜在风险，也担心在经济利益的驱使下出现滥用生物技术的现象。有鉴于此，斯堪的纳维亚半岛各国与德语国家开始权衡利弊，实施管理措施。在欧洲，欧盟委员会也非常积极，强调要采取一致行动应对生物技术新应用带来的挑战。

3. 欧洲政策融合阶段（1990—1996）：经过长期协商，欧盟委员会通过一系列指导原则："如今生物技术已波及整个欧洲。"（Bauer 和 Gaskell，2002，51）。因为欧盟对此事的介入影响所有欧盟成员，欧盟成员国纷纷各自实施全国性管理条例。

4. 消费者对生物技术的怀疑重新燃起（1996—2000）：虽然公众对生物技术的抵触情绪渐渐消退，特别是接受了生物技术在医学上的应用，但美国开发的转基因大豆和玉米等食品被推向市场，这引发了非政府组织和公众的抗议，他们要求明确标识含转基因成分的食品。

除此之外，牛海绵状脑病危机在 1996 年 3 月达到顶点，这一事件也可能影响了公众对绿色生物科技的看法。在整个欧洲，公众对生物新技术的反应差别很大。芬兰公众对生物技术持积极、实用主义的看法。瑞士于 1998 年 6 月举行的第一次反对生物技术的全民公投虽以失败而告终，但在 2005 年 11 月举行的第二次公投则获得通过。虽然消费者仍旧反对绿色生物技术，但欧洲农产品行业和美国商业利益团体继续向欧洲各国立法机构施压，要求欧洲各国接受转基因技术及其产品（Scholderer，2005）。自 2005 年起，第四阶段结束，公众关于生物技术的讨论已经平息。与美国不同，欧洲大部分国家主要讨论转基因食品的标识，即尊重消费者的知情权。

媒体表现

关注问题

自 1973 年至 1980 年，欧洲媒体较少报道生物技术，但在 1980 年到 1988 年的第二阶段，相关报道显著增多，媒体对生物技术的关注在第三阶段期间（1989—1996）持续上升；并在 1996 年，即本研究项目媒体内容分析最后一年的数据中达到峰值。各国媒体对生物技术的关注程度有所不同。在荷兰、比利时、德国和奥地利各国新闻报纸上，生物技术是一个更为普遍的话题，但在诸如希腊和意大利这样的南欧国家和波兰则鲜有类似报道（Bauer 和 Gaskell，2002，95-128；Durant 等，1998，276-296）。

新闻报道主题

在大部分国家，"医疗"和"基础研究"是生物技术讨论中最常引用的术语；其次是"监管""动物"和"农业"，最后是"经济"和"伦理"（Bauer 和 Gaskell，2002，103）。术语的使用也常常与国家有关；比如监管问题较常在德国、奥地利和瑞士的媒体报道中被提起。随着时间的推移，对"基础研究"这个话题的讨论逐渐减少，但"农业和动物议题"受到更多瞩目。在一些国家，对"监管"和"伦理"的讨论或是没有变化（例如德国和意大利），或者有所减少（丹麦和波兰），或者受到更多关注（如芬兰、瑞典和英国）。

主要行动者

在大部分国家，"科学家们"和"行业"人士代表着生物技术的积极一面；在新闻报道中，他们的数量超过行动者总数的一半，在波兰、芬兰和希腊甚至达到了 75%（Bauer 和 Gaskell，2002，105）。相比之下，"政治家"和"非政府组织"的观点在丹麦和瑞士两国媒体占据显要位置。在几乎所有国家，"科学家"被提及的频率随时间的推移逐渐降低，而"政治家"的出现频率则会相对上升。令人饶有兴趣的是，生物技术"行业"在媒体报道中出现的频率也变得更为显著。

活动发生地点

46% 的媒体报道主要关注发生在本国的事件。在开展高层次生物技术接触对话的国家（包括北欧各国和瑞士）中尤其如此。美国毫不意外地出现在 21.6% 的媒体文章中，居各国之首（Durant 等，1998，294）。

利弊之争

媒体报道在总体上倾向于支持生物技术，41.6% 的文章只提到生物技术的好处，仅有 10.5% 的报道只关注生物技术的风险；25.9% 的文章则是同时涵盖了这两个方面（Durant 等，1998，294）。虽然研究者并未发现明显趋势，但英国、法国、德国、瑞典、奥地利和波兰六国媒体对生物技术持积极态度。

媒体框架

与媒体倾向于支持生物技术的立场相一致，主要媒体报道框架为"科学进步框架"。"经济前景"和"伦理"两个框架占媒体报道总量的 12%，"公众负责"占 10%，而"潘多拉魔盒"仅占 3.8%。欧洲各国媒体报道的趋势与上述情况一致："科学进步框架"明显为媒体报道的主流，占波兰媒体报道总数的 73.6%，在希腊占 72.3%，在意大利为 64%；以生物技术的"经济前景"为主题的报道在欧洲的平均值为 11.7%，在法国为 19.6%，在丹麦为 19.5%，在芬兰为 16.8%。但在丹麦，8.1% 的媒体报道文章关注生物技术"潘多拉魔盒"的负面效应，这一数字高于欧洲平均值，同时也有 21.8% 的文章讨论"伦理问题"，远高于欧洲的平均值。与上述情况相反，瑞士举行了反对生物技术的全民公投，这一举措引发政治争论，使得瑞士媒体报道中关于"公众负责"的内容所占百分比为 20.9%，几乎是欧洲平均值的两倍（Durant 等，1998，296）。

图 16.1 展示了人们在公共和媒体话语中使用一系列政策性辩论，支持或反对绿色生物技术。绿色生物技术的正反双方达成了一定共识，也存在分歧。

绿色生物技术的反对者强调瑞士的未来在于去除转基因农业。奥地利和德国的农业协会也持相同观点。公共话语中的反对意见也认为新技术危害生物多样性，损害了消费者的选择权。一些人认为绿色生物技术和生态农业互相排斥，难以共存。技术推广者宣称绿色生物农业产量高，使用杀虫剂少，特别是生物技术研究有重要经济效益，限制生物技术研究有诸多弊端。总体而言，瑞士媒体话语中反对绿色生物技术的言论略占多数。相比之下，瑞士传统媒体和电视媒体大力赞扬红色生物技术，强调它对人体健康和社会发展有诸多潜在的好处（Brossard 等，2007，97–125）。

总的来说，虽然各国对生物技术风险的报道与日俱增，但欧洲媒体主要关注现代生物技术的基础研究和医学应用，这符合媒体正面报道红色生物技术的倾向。美国媒体报道生物技术的倾向也与此相似（Horning Priest 和 Ten Eyck，2003）；在突出生物技术的优点方面，美国媒体比起欧洲同行更有过之而无不及。但是随着围绕绿色生物技术的公众争议日益增多，欧洲多国媒体逐渐关注相关的农业问题以及生物技术的监管问题。最后，来自工业界和科学界的各利益相关方都在公共话语中扮演了重要角色。例证之一来自研究者采访的多位英国科学家，他们认为新闻记者对生物技术的报道危言耸听，过于强调技术风险。本研究项目也解答了这个问题："这些媒体报道模式如何最终影响公众知识和公众舆论？"

公众感知与公众态度

信息、传播和知识

在 1996 年，略微过半（53%）的研究对象听说过生物技术。但国与国之间的差别极大。瑞士、芬兰和奥地利处于前列，这三个国家公众意识高涨可能是因为媒体当时报道了进口美国转基因大豆一事，这正好与欧盟民意调查发生在同一时间。实际数据印证了这一媒体叙事：电视（33%）和新闻报纸（21%）是公众获取信息的重要来源。十年之后的 2005 年，约 65% 的研究对象通过媒体报道听说过生物技术。到了 2010 年，经过超过十年的争论，约有 80% 的人对同一问题给出肯定的回答（European Commission，2010，6，81）。

但是无论公众对生物技术的熟悉程度如何提高，生物技术对于大部分欧洲公民来说仍是一个相对抽象、遥远的话题。在 1996 年，只有约 50% 的受访者曾经与其他人讨论过现代生物技术，仅有 6% 的人经常讨论生物技术，另外有 26% 的人偶尔提起过这个话题。到了 2010 年，公众对更富有争议性的转基因食品这个话题的讨论也仅有小幅上升，10% 的人经常讨论该话题，而 36% 的人偶尔提及。三分之一的研究对象从未在个人交流中讨论过转基因食品。总体上讲，公众并未积极搜索过相关信息：在 2010 年，仅有少数人（5%）频繁检索与转基因食品有关的信息，18% 的人偶尔搜寻此类信息，16% 的人报告说他们只尝试过一两次。62% 的受访者从来没有搜索过这类信息（European Commission，2010，134）。

考虑到公众对生物技术特别是转基因食品的意识有所上升，但个人参与程度并不太高，在 1996 年的调查中公众的生物技术知识水平很低，这一事实也不足为奇（以 10 分制计算，公众知识水平为 4.9 分），到了 2005 年这一数字也仅提高到 5.5 分。公众知识水平是通过一组十个类似教科书上的问题来测量的，受试者只需回答"是"或"不是"；例如："废水里生活着细菌"（83.9% 的人回答为"是"），或者"普通西红柿不含基因，但转基因西红柿却有"（30.6% 的人回答为"是"）。通过这些方法，研究者发现：接受过高等教育的人、男性和年轻人具有较高的知识水平。

对生物技术冲击的感知

在定期举行的欧盟民意调查中（European Commission，2010），人们被问："你认为生物技术 / 基因工程是否会在未来的 20 年内改善我们的生活方式？它会对我们的生活毫无影响，还是使我们的生活变得更糟？"接受调查的大多数人认为生物技术对个人和社会的积极影响大于消极影响（表 16.1）。持积极观点的公众的百分比从 1996 年的 44% 略微上升至 2010 年的 53%。对生物技术影响持负面观点的公众仍为少数，所占百分比仍旧约为20%。另外研究者将生物技术与其他技术进行比较：2010 年公众对诸如太阳能（87%）、风能（84%）或是计算机和信息技术（77%）的预期都远超对生物技术（53%）、纳米技术（41%）和核能（39%）的期望。

表 16.1　评估生物技术或基因工程对欧洲未来的影响：欧盟 27 国平均值

年份	积极影响	没有影响	消极影响	不确定
1996	44	9	22	25
1999	41	—	23	—
2005	43	29	15	13
2010	53	7	20	20

数据来源：欧盟民意调查 46.1（1996），52（1999），64.3（2005），73（2010）。

各国公众对生物技术的态度不一。2010 年，公众对生物技术持乐观态度的指数在位于斯堪的纳维亚半岛的瑞典和芬兰分别达到 63% 和 59%，在西班牙也达到 74%，高于欧洲各国平均值。瑞士（32%）、德国（12%）和奥地利（7%）三国公众的态度显然要消极许多。与美国相比，欧洲民众一直以来对生物技术的态度更为矛盾。对生物技术的接受程度也受社会人口统计学因素的影响，男性和受过更多教育的公众更能接受生物技术。相比之下，女性和受教育程度不高的人的态度更为负面。

生物技术的应用

欧盟民意调查要求受访者从以下角度评估"基因检测""转基因作物"和"转基因食

品":①这些技术和应用是否有用;②它们是否存在风险;③公众在道德上能否接受这些技术应用;④社会是否应该鼓励这三种应用。结果显示公众对技术的评价受特定技术应用的影响。表16.2显示欧洲各国公民对生物技术意见不一,对生物技术的实际应用也有不同看法。当红色生物技术应用于基因检测和制药领域时,公众对此持正面评价,认为该技术应用有效,在道德上可以接受;但针对相关技术风险,公众的看法并不一致。相比之下,绿色生物技术引发更多争议。公众认为转基因食品毫无用处,十分危险而且在道德上无法接受。因此在1996年,受访的欧洲民众中45%的人说不应鼓励该项应用。许多欧洲人在道德上拒绝接受转基因食品(占欧洲受访者的40%),这种情绪在奥地利(57%)、瑞典(53%)和瑞士(57%)尤其强烈,但在西班牙和葡萄牙(29%)、爱尔兰(30%)、比利时(30%)和芬兰(32%)等国稍弱。在1997年美国的调查也发现民众对生物技术在"医药"和"基因检测"方面的应用态度积极;民众对转基因农作物和转基因食品的支持程度中立,即便考虑到美国消费者对生物技术风险缺乏意识,这一数据仍显著高于欧洲(Bauer和Gaskell,2002,353)。

表16.2　生物技术应用评价表:欧盟17国平均值

陈述		完全同意	倾向于同意	倾向于反对	完全反对
基因检测:"用基因检测发现疾病"	有用	51.5	29.0	5.7	5.3
	有风险	13.6	25.5	24.2	22.0
	道德上可以接受	34.7	36.8	10.3	7.4
	应该受到鼓励	37.9	33.7	9.0	7.9
制药:"将人体基因引入细菌内生产药物或疫苗"	有用	49.3	29.6	6.0	5.9
	有风险	14.9	30.5	22.2	16.7
	道德上可以接受	31.8	37.3	11.2	7.8
	应该受到鼓励	34.1	35.1	9.6	8.6
农业:"从植物中提取基因,然后植入农作物提高农作物的抵抗力"	有用	33.4	33.3	12.2	11.9
	有风险	18.3	30.5	22.9	14.4
	道德上可以接受	23.0	36.5	16.0	12.8
	应该受到鼓励	22.3	32.7	15.8	16.8

续表

陈述		完全同意	倾向于同意	倾向于反对	完全反对
转基因食品："在食物生产中应用现代生物技术"	有用	19.4	33.1	18.7	19.5
	有风险	25.6	33.9	18.5	10.0
	道德上可以接受	15.6	32.7	21.3	18.7
	应该受到鼓励	14.4	27.2	19.6	25.9

数据来源：欧盟民意调查 46.1（1996）

注：上述调查数据相加不足 100% 的部分代表对问卷中问题表示"不确定"的公众人物的百分比。

　　表 16.3 证实从 2010 年辩论伊始就存在欧洲消费者拒绝接受转基因食品的情况。当时 70% 的欧洲人认为转基因食品"完全是非自然的产物"，60% 的人表示对此"感到不安"。超过半数的受访者认为转基因食品有健康风险，几乎 60% 的人否认转基因食品行业关于转基因食品"对子孙后代安全"的说法。只有少数人（22.8%）认为应该鼓励转基因食品。

　　在 1996 年，欧洲就绿色生物技术展开辩论，52.2% 的参与者反对"现有监管条例足以保护人们免受现代生物技术危害"的说法，仅有 23.9% 的人信任现有生物技术监管条例（Durant 等，1998，261）。尽管如此，在 2010 年举行的欧盟民意调查 73.1 中，54% 的受访者赞扬政府在监管生物技术方面"表现很好"（European Commission，2010，76）。

表 16.3　关于转基因食品的公众观点：欧盟 27 国平均值

陈述	完全同意	倾向于同意	倾向于反对	完全反对
转基因食品根本违反自然规律	39.0	30.7	14.5	5.7
转基因食品让你感到不安	30.7	29.6	18.8	10.3
转基因食品对你和你的家庭成员无益	27.1	26.7	19.5	10.6
转基因食品对一些人有益，但对其他人有害	21.4	35.7	15.2	10.1
转基因食品能帮助发展中国家	10.9	31.6	20.5	17.2
转基因有益于国民经济	5.9	24.9	28.5	21.8
对于你和你和家庭成员来说，转基因食品是安全的	5.2	17.0	26.3	33.1
转基因食品不损害环境	5.0	18.2	27.8	24.6
应该鼓励发展转基因食品	4.6	18.2	27.9	33.1
转基因食品对于子孙后代来说很安全	3.9	17.3	29.1	28.9

数据来源：欧盟民意调查 731（2010）

注：上述调查相加不足 100% 的部分为对问卷问题表示"不确定"的公众人数的百分比。

结论：未来研究的方向和政策走向

综合从 1996 年到 2010 年开展的欧盟研究与欧盟民意调查结果，研究者得以窥探公众如何就新兴生物技术这一话题形成各自的观点（Kurath 和 Gilser，2009）。或许生物技术作为新兴技术，欧洲公民尚未达成共识，人们身为公民和消费者，他们的态度受诸多因素影响——他们对生物技术用途的感知、对相关风险的认知以及能否从道德上接受生物技术的诸多应用；克隆羊多莉这类关键性事件也影响了公众态度。红色生物技术得到大力支持，然而绿色生物技术的应用，特别是在转基因食品领域的应用，则被大多数人拒绝。在欧洲，这一过程通过非政府组织的政治动员得以实现（Ansell 等，2006）。但欧洲各国之间至少在媒体报道强度和媒体偏见方面仍存在巨大差异。虽然欧洲各国公民和消费者对生物技术了解程度较低，参与程度也相对较低，大众对技术风险的了解比较狭隘，由专家发起、面向非专业人士的单向信息沟通未能争取公众对新兴绿色生物技术的支持。更有甚者，一些人认为生物技术，特别是转基因食品乏善可陈，这种认识一直以来阻碍公众接纳生物技术。所以未来研究的方向，比如新兴纳米技术，应该更加关注非专业人士如何认识并构建风险，同时我们也要研究大众如何认识技术带来的收益，同时也要帮助公众了解最终受益人是谁；这些观点既受媒体报道影响，也受各利益相关方沟通传播努力的影响，政府、行业组织和非政府组织均责无旁贷（Montpetit 等，2007；Einsiedel 和 Goldenberg，2004）。

最后，我们就科学传播中信息撤回和修正提出以下建议：

1. 一旦锁定错误信息，立即撤回和更正错误信息。

2. 详细列出撤回和更正的理由，把无心之过与虚假信息区分开来，避免影响整个研究领域的可信度。

3. 澄清经过更正和撤回的信息。

4. 为更正过的信息提供永久链接。

5. 持续监测、维持告警系统的运行，跟踪撤回的信息。

6. 减少因错误信息产生的争议，用新的信息更正错误的信息。

7. 创造条件，方便各方监督错误信息，提出反对意见。

8. 在不同领域开发告警系统。

最后，科学家作为传播者应该尽力增强他们在公众领域的可见度，维护科学家的可信度，从而帮助非专业人士获取科学信息（Weitze 和 Pühler，2013）。

参考文献

Ansell, C., Maxwell, R., and Sicurelli, D. (2006). Protesting food: NGOs and political mobilization in Europe. In: C. Ansell and D. Vogel, eds., *What's the beef? the contested governance of European food safety*. Cambridge, MA: MIT Press, 97–122.

Bauer, M. (2002). Arenas, platforms, and the biotechnology movement. *Science Communication*, 24(2), 144–161.

Bauer, M. W., and Gaskell, G. (Eds.). (2002). *Biotechnology: the making of a global controversy. Cambridge*, UK; London: Cambridge University Press.

Brossard, D., Shanahan, J., and Nesbitt, C. T. (Eds.). (2007). *The media, the public and agricultural biotechnology.* Cambridge, MA: CABI.

Durant, J., Bauer, M. W., and Gaskell, G. (Eds.). (1998). *Biotechnology in the public sphere. a European sourcebook.* London: Science Museum.

Einsiedel, E., and Goldenberg, L. (2004). Dwarfing the social? Nanotechnology lessons from the biotechnology front. Bulletin of Science, *Technology and Society*, 24(1), 28–33.

European Commission. (2010): *Europeans and biotechnology in 2010: Winds of change?* Brussels. http://ec.europa.eu/research/research–eu.

Gaskell, G., and Bauer, M. W. (Eds.). (2001). *Biotechnology 1996-2000. The years of controversy.* London: Science Museum.

Hansen, A. (2006). Tampering with nature: "nature" and the "natural" in media coverage of genetics and biotechnology. *Media, Culture & Society*, 28(6), 811–834.

Hornig Priest, S., and Ten Eyck, T. (2003). News coverage of biotechnology debates. *Society*, 40(6), 29–34.

Kurath, M., and Gisler, P. (2009). Informing, involving or engaging? Science communication in the ages of atom–, bio–and nanotechnology. *Public Understanding of Science*, 18(5), 559–573.

Montpetit, E., Rothmayr, C., and Varone, F. (Eds.). (2007). *The politics of biotechnology in North America and Europe.* Lanham, MD: Lexington Books.

Scholderer, J. (2005). The GM foods debate in Europe: history, regulatory solutions, and consumer response research. *Journal of Public Affairs*, 5, 263–274.

Weitze, M.–D., and P hler, A. (2013) Improving biotechnology communication. *Biotechnology Journal*, 8, 970–972.

第十七章
两种疫苗的故事以及它们的科学传播环境

丹·卡亨（Dan Kahan） 阿什利·R. 兰德勒姆（Asheley R. Landrum）

摘要： 本章研究了美国公众对针对青少年的两种疫苗做出的不同反应：人类乳头瘤病毒（HPV）疫苗掀起一场炽热的政治风暴，乙肝（HBV）疫苗的推广则波澜不惊。研究者认为其原因在于公众在被污染的科学传播环境中熟知前者（而非后者）。研究者发现疫苗生产方没有遵从 HBV 疫苗和其他针对儿童的强制接种疫苗走过的非政治化行政审批路径，而是选择了一条高度政治化、高度党派分化的立法途径，可以预见，正是这一选择激发公众对自身文化身份保护的认知。本章阐述了如下论断：政府和非政府机构在传播与决策相关的科学知识时，除非自觉保护科学传播环境，否则类似的争议还会上演。

关键词： 人类乳头瘤病毒；HPV 疫苗；乙肝；HBV 疫苗；科学传播环境；保护性认知

本章着重讨论本书主题中的两个，利用它们来理解科学传播上一种特定的失败。第一个主题与科学传播环境有关，科学传播环境若"受到污染"，与科学决策有关的争议出现的可能性会增加。来自不同背景的公民在正常情况下通过各种社会过程实现与科学知识的对接，当这些过程被对立的社会意义或是其他潜在的污染因素干扰，群体之间会因为风险和其他现实因素而冲突不断。因此前面的一章（第三章）指出这些干扰因素的产生"污染"了"科学传播环境"。第二个主题是比较科学传播失败与成功（或者至少没有存在明显的失败）案例的价值。通过了解哪些因素使得背景不同的公民同时关注现有的最佳科学证据，研究者能够理解并最终掌控导致非典型情况发生的种种条件。在这些情况下民众没有使用科学提供的证据（见第三章）。我们本次研究探讨的主题与人类乳头瘤病毒（HPV）疫苗有关。在美国，该疫苗在青少年中的使用目前仍是争议不断。

HPV 是最常见的通过性行为接触传播的病毒。美国疾病控制与预防中心数据显示，目前美国有 7800 万人感染了该病毒。它也是导致宫颈癌的主要原因，在美国每年夺去 3000 名妇女的生命。2006 年，美国食品和药物管理局（FDA）通过快速通道批准了加德西（Gardasil）疫苗，这种疫苗能（近乎完美地）实现针对大部分 HPV 病株的免疫。美国食品和药物管理局做出快速批准的决定是因为 HPV 的潜在致死性，该疫苗仅对女性安全有效（Tomljenovic 和 Shaw，2012）。

HPV 疫苗刚获得美国食品和药物管理局批准，美国疾病控制与预防中心立即将 HPV 疫苗加入全民预防接种推荐名单。因为人一旦感染 HPV，接种疫苗不会产生任何效果，美国疾病控制与预防中心建议 11 到 12 岁女性在开始性行为之前接种 HPV 系列疫苗（CDC，2006）。

但是与之前其他被确认为适合用于普遍免疫的疫苗不同，HPV 疫苗引发了一场暴风般的激烈争议。在美国疾病控制与预防中心发出推荐之后的几年内，美国有数十个州试图立法强制在校学生接种 HPV 疫苗，结果这些法律提案几乎全部失败，仅在一个州得以通过。公众对 HPV 疫苗的立场长期尖锐对立（Calo 等，2016）：在之后的几年内，仅有一个州把 HPV 疫苗列入接种计划（National Conference of State Legislatures，NCSL，2016），并且美国 HPV 疫苗接种率持续低于设定的公共健康目标——与美国疾病控制与预防中心推荐的其他全民接种疫苗相比，HPV 疫苗的问题显得尤其不同（CDC，2015）。

究竟发生了什么？毫无疑问，事出有因。我们利用科学传播研究成果，可以推断疫苗生产厂商的一系列决策相互作用，造成对科学传播环境的污染，使得公众无法在现有证据的基础上合理评估 HPV 疫苗的风险和收益，产生毁灭性后果。

在讨论导致疫苗科学传播环境污染的种种决策之前，我们需要解释一下文化认知这一重要机制，是它导致了群体之间的冲突。文化认知指的是在紧密联系的社会群体成员中存在的一种倾向，群体成员在评价争议中的风险证据时，会调整他们的立场，与所在群体的主流立场保持一致。当反对疫苗风险的立场与这些群体有着明显关系时，群体中的个体需要思考以形成信念，表明他们是这些群体的一员，表现出对所属群体的忠诚。实际上，群体成员越能熟练地进行思考，他们就越能系统地按这种方式处理信息；在讨论受这种动态机制影响的议题时，参与讨论的个体如果对科学议题的理解程度最高，就可能形成两极对立的观点。研究者已揭示：有关社会风险的公众冲突不断，文化认知是主要原因之一——从气候变化到页岩气开采，从核废料处理到枪支控制，莫不如此（Kahan，2015a）。

文化认知在围绕 HPV 疫苗的争议中扮演着一定角色，现有研究支持这一观点。这些研究表明来自对立文化背景的个体倾向于形成对立的立场。一些个体重视传统性别观念，认为个人拥有决定自身福祉的自主权，他们往往认为 HPV 疫苗带来的风险大于收益。与之相反，另一些个人持更为平等的观念，偏向集体主义，他们持相反立场。更为重要的是，即使上述群体的成员获取了公正、准确的科学信息，不同群体之间仍不能达成一致意见：他们的观点反而会更加分化。在实验室之外的种种政治战线反映了这些分歧（Kahan 等，2010）。

当一项提案要求父母必须为青少年子女在入读公立学校前接种一种性传播疾病（STD）疫苗时，持不同理念的公民对此意见分歧，这也不足为奇。不过这种结果并非必然。实际上，早在几年前，一个几乎完全相同的提案没有激起任何实质性的反对之声。在 20 世纪 90 年代末，美国食品和药物管理局批准了针对乙肝的 HBV 疫苗。乙型肝炎类似 HPV，是一种性传播疾病，能够导致癌症（肝癌）。美国疾病控制与预防中心推荐全面接种乙肝疫苗之后，该疫苗毫无争议地在美国全国各州范围内被纳入公立学校入学强制疫苗接种计划（Kahan，2013）。实际上，当 HPV 疫苗接种法令掀起猛烈的争议浪潮之时，HBV 疫苗在美国 13 到 14 岁男性和女性中的接种率（新生儿现在接种 HBV 疫苗）超过 90%（CDC，2007，2008）。

研究显示无论哪种社会风险，无论具有什么特征，都必然会引发两极化的观点立场，这种两极化的信息处理方式正是文化认知的特征（Kahan，2015b）。导致这种后果的特定风险随时间和地点的变化而大有不同。科学传播研究关注的要点之一就是找出形成这类问题的动态机制的影响因素。通过比较默克公司做出的关键决策——HPV 疫苗加德西的生产商——在美国营销 HPV 疫苗市场战略的一部分，我们能深入了解为什么在推广 HPV 疫苗的过程中会爆发争议，而 HBV 疫苗的推广却波澜不惊（Herper，2012；Beil，2008）。

默克公司的第一个决定是寻求获得美国食品和药物管理局快速批准。HPV 疫苗快速获批的最初要求是疫苗接种仅限于女性，因为只有女性面临相当风险，可以保证获得批准——在这个案例中女性面临的风险是宫颈癌。可以理解默克公司特别为青春期女性研发一款性传播疾病疫苗，这个全新的概念产生政治争议，在美国和其他国家吸引相当多的媒体头条关注（Gollust 等，2016）；《石板》（Slate）杂志对此事报道的标题是《癌与荡妇：HPV 疫苗是否"推行"滥交？》(O'Bourke，2007)，《时代周刊》的报道题为《澄清"滥交"疫苗之争》(Gibbs 2006)，《多伦多星报》则是《天主教学校辩论 HPV 疫苗的道德问题》(Ogilvie，2007)，《乡村之声》(*The Village Voice*) 的标题是"荡妇疫苗"(Taormino，2006)。从图 17.1 可以看出，这些媒体修辞将 HPV 疫苗和不检点的性道德标准联系起来，诱发相对保守的文化群体强烈的情绪反应，特别是强调禁欲、反对避孕措施的宗教团体（例如 BBC 2008）。不但如此，这种媒体话语听起来是在特别羞辱女性的性行为，这使得自由主义者感到不安，对于关注性别平等的群体来说尤其如此。

默克公司的第二个有问题的决定是在全美范围内资助立法活动，希望获得批准在学校强制接种 HPV 疫苗。默克公司招募雇用了一个名为"妇女参政"(Women in Government) 的组织。该组织致力于"妇女健康问题"，因在学校倡导性教育、反对限制堕胎而闻名（Mello 等，2012；Peterson，2007）。虽然这个决定看似合理，因为宫颈癌与妇女健康有关，但这个组织的支持激起宗教保守派人士的反对，在全美范围内就 HPV 疫苗展开的政治辩论备受瞩目，此举无疑是火上浇油（Gostin 和 DeAngelis，2007）。

除了聘请"妇女参政"组织这样引发分歧的团体之外，默克公司同意向得克萨斯州

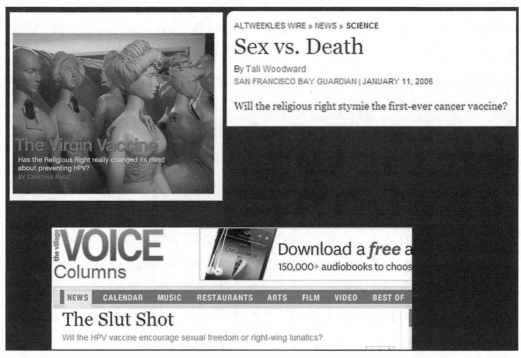

图 17.1　2006 年年初，媒体期待着"仅限女孩"的性传播疾病疫苗的问世。因为该疫苗仅限于女性，默克公司要求美国食品和药物管理局快速审批加德西疫苗，媒体早早将其描述成给尚未进入青春期的女孩注射性病疫苗，激发一场关于文化冲突的媒体叙事。

州长里克·佩里提供大笔选举资金，佩里身为共和党人，在美国宗教右翼享有崇高地位。他投桃报李，发布临时行政命令，让得克萨斯州成为第一个要求学生在入学前注射 HPV 疫苗的州。默克公司可能认为，利用作为保守派州长的佩里在宗教右翼团体中的影响，疫苗能够获得右翼人士的支持，从而抵消"妇女参政"组织带来的潜在负面影响。但 HPV 疫苗还未开始接种，媒体就挖出佩里接受政治捐款的新闻，得克萨斯州议会投票废止了佩里的决定。紧接着默克公司赞助"妇女参政"组织的事也被曝光，默克公司因而终止寻求强制接种加德西疫苗的立法计划，将 HPV 疫苗加入美国各州入学免疫计划的活动全部停止（Carreyrou 和 Rubenstein，2007）。

默克公司的任何决定是否在实质上保护美国公众的健康，特别是妇女健康？这尚无定论。如果默克公司当初没有寻求美国食品和药物管理局的快速审批通道，我们很有理由相信在三年之内适用于男性和女性的 HPV 疫苗都会得到批准。事实上美国食品和药物管理局于 2009 年完成了正常审批程序，批准了供男性使用的 HPV 疫苗（FDA，2009）。

更为重要的是，如果默克公司没有开展游说立法的活动，美国疾病控制与预防中心也会推荐实行 HPV 疫苗全面接种计划，这将启动典型的行政程序，最终将 HPV 疫苗纳入入学疫苗接种清单。公共健康委员会历来经过州议会授权做出更新疫苗接种清单的决定，州议会通常不会干涉疫苗接种清单的增减（Jackson，1969）。[1]因为这些委员会实际上与政治绝缘，利益集团几乎没有机会影响这些委员会的决定，因而也没有动力将委员会的活动当作公众焦点。虽然审批程序不会立刻完成，疫苗从获得美国疾病控制与预防中心认证到被加入各州强制接种计划也需要一段时间；联邦政府为没有医疗保险的儿童支付疫苗费用，此举也能刺激全面疫苗接种计划的实施（Kahan，2013）。

如果一切顺利，这就是 HPV 疫苗在全美范围内最终列入各州全面免疫计划的过程。如果默克公司当初没有寻求美国食品和药物管理局的快速审批，并且协同展开一场（意料之外的）高调的、高度政治化的立法行动，加德西疫苗也可能循上述途径问世。代表宗教右翼的团体实际上公开承诺，如果各州没有立法强制接种，他们不会反对 HPV 疫苗的批准（Colgrove，2006）。数年之后，罗得岛州于 2015 年 7 月通过典型的行政程序，要求在 2015 年 9 月入学的七年级学生接种 HPV 疫苗（NCSL，2016），从而成为第二个要求学生入学接种 HPV 疫苗的州。第一个是弗吉尼亚州，在默克公司同意在该州建立加德西疫苗生产设施后，弗吉尼亚州颁布了相关法令（Kahan 等，2011）。[2]虽然让加德西疫苗在 2006 年通过这条途径获得了审批，但对默克公司来说经济上并不划算。加德西疫苗是两种 HPV 疫苗之一；另外一个是希瑞适（Cervarix），由葛兰素史克公司生产。一些研究者认为默克公司之所以申请快速批准女性用 HPV 疫苗，协调快速推动 HPV 疫苗接种法案，是财务动机战略的一部分，目的是希望抢在希瑞适在美国获批上市之前在美国市场占据主导地位（Allen 2007）。

无论这些举措对默克公司来讲是否合理，这一系列决策最终给疫苗的科学传播环境带来很多问题。当媒体在报道默克公司推动立法的活动时，媒体焦点不是着眼于接种疫苗的风险与收益，而是强调这是文化不同的群体之间的冲突——这些群体也确实在气候变化、核能、控枪等争议性话题上存在巨大分歧（Gollust 等，2016）。

有关文化认知的研究揭示，正是这些因素将相互竞争的观点与对立的文化价值搅到一起，把观点立场变成群体归属的标志。在这种情况下，个体没有在现有最佳证据的基础上理性行事，而仅仅依据各自认同归属的群体形成自己的信念。

本书中另外一章（第四章）表述了文化亲和力在面向普罗大众的科学传播环境中扮演的角色。因为科学传播涉及的科学知识往往超过人们的理解范畴，社会个体需要清楚地知道究竟是谁了解哪个领域的哪些方面（Landrum 等，2015）。他们信赖了解各自认同的文化群体，因此他们主要通过这些群体来获取信息。这些群体成员的科学知识程度不一，其中的一些人拥有科学知识并能完整传递已知信息，这就是普通民众身处的"科学传播环境"。

这样的文化群体使得成员个体能够辨别专家相信什么。不同文化观念的社会个体都认为科学专业人士的建议理应指导集体决策。但是面对诸如地球是否变暖和人类是否导致全球变暖等问题，个体在面对种种科学理论时，往往难以靠一己之力掂量科学观点的轻重是非，其难度不比他们独自摸索得出答案要来得容易。不论如何，个体不得不依赖其他人对科学事实的呈现，他们自然而然地信赖文化价值观念与他们相近的人（Kahan 等，2011）。

当个体做出与个人福祉相关的决定时，他们需要受过科学训练的专业人士提供建议。在评估专业人士的能力和可信度时，他们也会做上述同样的事情。如果默克公司办理 HPV 疫苗审批时不走捷径，按照 HBV 疫苗那样按常规办理，学龄儿童的父母们很可能从他们的儿科医生那里了解 HPV 疫苗的接种情况。这些儿科医生由父母们挑选，就儿童健康给出建议，这是因为父母们信任这些特定人群（儿科医生）提供的科学知识。当然父母们决定医生是否值得信赖免不了受文化亲和力的影响。但因为所有人都认同已知科学事实——在本案例中，HPV 疫苗的益处确凿无疑——我们有充分的理由相信来自不同文化群体的父母会像他们看待 HBV 疫苗一样，就 HPV 疫苗达成共识。

对立的文化价值观将原本事关社会风险的不同立场转化为对群体忠诚的象征，使普通人丧失对科学已知事物的思维能力，以至于污染科学传播环境。美国的普通父母们正是以这种方式了解 HPV 疫苗，可以说默克公司的策略最终污染了疫苗的科学传播环境。这种思维方式使得公众无从有效地辨别专家关于疫苗利弊的建议。个体在判断 HPV 疫苗是否安全有效时，没有听从可靠的专家意见，而是先判断儿科医生的观点是否与他们所属文化群体的观点一致，然后决定是否信任他们的儿科医生（Helmy，2008）。同样的研究显示，拥有对立价值观的个人就 HPV 疫苗一事倾向于持有截然相反的观点，但他们都认为公共卫生专家的意见具有决定意义。当所有社会群体成员就公共卫生专家的建议形成一致意见时，这种趋势能够抵消因文化身份对立而形成分歧的倾向（Kahan 等，2010，图 17.2）。HBV 疫苗可能就是这种观点融合的例子。

这些研究显示：只有个人把疫苗问题看作是文化冲突，来自不同群体的人才会就 HPV 疫苗产生对立意见；在这种情况下，他们有选择地相信或怀疑专家意见，这种行为模式放大了他们的分歧（Gollust 等，2016；Kahan 等，2011）。研究者认为在 HPV 疫苗案

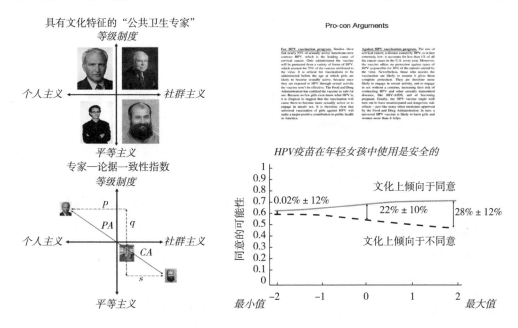

图 17.2 对文化冲突的感知如何影响公众对 HPV 疫苗专业意见的评估。实验对象和虚构的"公共健康专家"被置于"文化世界观"坐标系中，前者是根据实验对象对调查问卷的回答，后者是基于其他研究对象对专家意见的预测。为了模拟不同文化冲突背景下的科学传播环境，虚构的专家向来自不同文化背景的受试者传递与其文化背景有不同差异的信息。当与受试者文化背景高度相似的专家提出的立场为受试者文化倾向接受，或与受试者文化背景高度相悖的专家提出的立场被受试者文化倾向抵制时，我们认为社会冲突达到"最大化"。当受试者倾向于拒绝接受与其文化背景高度相似的专家提出的立场，冲突为"最小化"。"最大化冲突环境"事实上放大了两极化的情况，这种现象在"最小化冲突"环境中消失。

来源：Kahan 等（2010）。

例中发生了此事（Gollust 等，2016；Fowler 和 Gollust，2015）。

记录 HPV 疫苗的故事并非事后诸葛亮之举。很多公共卫生专家和评论员在当时就表示忧虑，他们认为默克公司的举措无异于将 HPV 疫苗直接投入政治漩涡之中，此举既无必要也极为危险（Gostin 和 DeAngelis，2007；Colgrove，2006）。研究人员很早就模拟出了类似结果，这促使他们在疫苗推广前期就发出警告，当时尚有改弦更张的机会（Cultural Cognition Project，2007）。

这些担心和研究证据并非因为"没有说服力"而没能挽救 HPV 疫苗的灾难性败局。相反的是，HPV 疫苗的失败很有可能是因为没有当权者来具体负责此事。比如美国食品和药物管理局在考虑"快捷审批"疫苗的时候，不用考虑此举会对科学传播产生何种冲击；至于如何将 HPV 疫苗列入各州入学疫苗强制接种清单，美国疾病控制与预防中心或其他机构对此也无权监管。医学界人士也没有组织起来扮演这类角色。公众如何知晓并利用与公共健康相关的科学知识，如何保护科学传播的环境，目前公共卫生系统没有任何相关机制来进行管理。我们认为这是我们公共健康系统的缺失，很有可能危害公共健康。

除非将科学传播理念付诸实施，否则类似 HPV 疫苗的事件将会重演。应该怎样解决这个问题？这是本书的其他章节关注的内容。第四十四章指出如果对科学传播环境不采取适当措施，将危害公众对儿童免疫科学的了解。

本研究最重要的一点可以简述如下：所有涉及科学信息传递的政府和民间机构应该保护科学传播这一社会过程，帮助公民认识科学知识。就像人类（以及其他生物）的健康依赖于他们身处的自然环境，开明的自我管理也依赖一个社会中科学传播环境的质量。更值得注意的是，科学传播环境的质量与自然环境质量一样，属于公共财产：单个组织或个人的行动如不经协调，不仅不能保护科学传播环境，而且会显而易见地将其暴露在攻击之下，这将损伤科学传播环境的活力，进一步损害各方利益。

就科学传播本身而言，它形式多样，出现于不同场合，认为科学传播形式单一那就大错特错了。当人们在认识科学的过程中被误导，科学传播就会处于危难之中。毫不夸张地说，保护科学传播环境是科学传播研究最重要的目的之一。

注　释

1. 康涅狄格州普通法第 9a 款第 75 条是一个典型的例子：公共健康专员有权决定本州儿童免疫接种标准。本州免疫标准应当基于美国疾病控制与预防中心免疫实施顾问委员会、美国儿科学会和美国家庭医生学会推荐的针对正常婴儿和儿童的现行免疫接种计划。

2. 华盛顿特区也要求儿童在入学前强制接种 HPV 疫苗，但华盛顿特区和弗吉尼亚州均实行大范围豁免计划，如果父母决定不让子女接种疫苗，儿童入学也不受影响（Ramsey，2015）。截至 2015 年 8 月，至少超过 10 个州推荐在 2015—2016 年度为接种 HPV 疫苗立法（NCSL，2016）。

参考文献

Allen, Terry J. (2007). Merck's murky dealings: HPV vaccine lobby backfires. http://www.corpwatch.org/article.php?id=14401.

BBC. (2008). School bans girls from cancer jab. http://news.bbc.co.uk/2/hi/uk_ news/england/manchester/7633761.stm.

Beil, Laura. (2008). Opponents of evolution adopting a new strategy. *The New York Times*, June 4, 14.

Calo, William A., Melissa B. Gilkey, Parth D. Shah, Jennifer L. Moss, and Noel T. Brewer. (2016). Parents' support for school–entry requirements for human papillomavirus vaccination: a national study. *Cancer Epidemiology Biomarkers & Prevention*. Advance online publication. doi:10.1158/1055–9965.EPI–15–1159.

Carreyrou, John, and Sarah Rubenstein. (2007). Merck ends lobbying for cervical–cancer vaccine. *The Wall Street Journal*, February 21.

Centers for Disease Control and Prevention. (2006). CDC's advisory committee recommends human papillomavirus virus vaccination. www.cdc.gov.

Centers for Disease Control and Prevention. (2015). National, regional, state, and selected local area vaccination coverage among adolescents aged 13–17 years— United States, 2014. *Morbidity and Mortality Weekly Report*, 64(29), 784–792.

Centers for Disease Control and Prevention. (2007). National vaccination coverage among adolescents aged 13–17 years—United States, 2006. *Morbidity and Mortality Weekly Report*, 56(34), 885–888.

Centers for Disease Control and Prevention. (2008). Vaccine coverage among adolescents aged 13–17 years—United States, 2007. *Morbidity and Mortality Weekly Report*, 57(40), 1100–1103.

Colgrove, James. (2006). The ethics and politics of compulsory HPV vaccination. *The New England Journal of Medicine*, 355(23), 2389–2391.

Cultural Cognition Project. (2007). Second National Risk and Culture Survey.

Food and Drug Administration. (2009). FDA approves new indication for Gardasil to prevent genital wards in men and boys. http://www.fda.gov/newsevents/newsroom/pressannouncements/ucm187003.htm.

Fowler, Erika Franklin, and Sarah E. Gollust. (2015). The content and effect of politicized health controversies.

The ANNALS of the American Academy of Political and Social Science, 658(1), 155–171.

Gibbs, Nancy. (2006). Defusing the war over the promiscuity vaccine. *Time Magazine*, June 21.

Gollust, Sarah E., Susan M. LoRusso, Rebekah H. Nagler, and Erika Franklin Fowler. (2016). Understanding the role of the news media in HPV vaccine uptake in the United States: synthesis and commentary. *Human Vaccines & Immunotherapeutics*, 12(6), 1430–1434.

Gostin, Lawrence O., and Catherine D. DeAngelis. (2007). Mandatory HPV vaccination: public health vs private wealth. *JAMA*, 297(17), 1921–1923. doi:10.1001/jama.297.17.1921.

Helmy, Hannah Louise. (2008). *This isn't like diphtheria, you know? The sociocultural context of human papillomavirus immunization, potential mandates, and narratives of risk among mothers.* Master's thesis, University of South Florida.

Herper, Matthew. (2012). The Gardasil problem: How the US lost faith in a promising vaccine. *Forbes*, April 4.

Jackson, Charles L. (1969). State laws on compulsory immunization in the United States. *Public Health Reports*, 84(9), 787.

Kahan, Dan M. (2013). A risky science communication environment for vaccines. *Science*, 342(6154), 53–54.

Kahan, Dan M. (2015a). Climate - science communication and the measurement problem. *Political Psychology*, 36(Suppl. 1), 1–43.

Kahan, Dan M. (2015b). What is the "science of science communication"? *Journal of Science Communication*, 14(3), 1–12.

Kahan, Dan M., Donald Braman, Geoffrey L. Cohen, John Gastil, and Paul Slovic. (2010). Who fears the HPV vaccine, who doesn't, and why? An experimental study of the mechanisms of cultural cognition. *Law and Human Behavior*, 34(6), 501–516.

Kahan, Dan M., Hank Jenkins - Smith, and Donald Braman. (2011). Cultural cognition of scientific consensus. *Journal of Risk Research*, 14(2), 147–174.

Landrum, Asheley R., Baxter S. Eaves Jr., and Patrick Shafto. (2015). Learning to trust and trusting to learn: a theoretical framework. *Trends in Cognitive Sciences*, 19(3), 109–111. doi:10.1016/j.tics.2014.12.007.

Mello, Michelle M., Sara Abiola, and James Colgrove. (2012). Pharmaceutical companies' role in state vaccination policymaking: the case of human papillomavirus vaccination. *American Journal of Public Health*, 102(5), 893–898.

National Conference of State Legislatures. (2016). HPV vaccine: state legislation and statutes. http://www.ncsl.org/research/health/hpv–vaccine–state–legislation–and–statutes.aspx.

Ogilvie, Megan. (2007). Catholic schools debating moral issue of HPV shot. *Toronto Star*, September 19. https://www.thestar.com/news/ontario/2007/09/19/catholic_ schools_ debating_moral_ issue_ of_ hpv_ shot.html.

O'Rourke, Meghan. (2007). Cancer sluts: Does the HPV vaccine promote promiscuity? *Slate*. http://www. slate.com/articles/life/the_ sex_ issue/2007/09/cancer_ sluts.html.

Peterson, Liz Austin. (2007). Merck lobbies states over cancer vaccine. *The Washington Post*, January 30.

Ramsey, L. (2015). There's a vaccine that protects against a cancer–causing virus— and Americans aren't taking it. *Business Insider.* http://www.businessinsider.com/r-only-three-usstates-mandate-recommended-hpv-vaccine-2015-7.

Taormino, Tristian. (2006). The slut shot. *The Village Voice.* http://www.villagevoice.com/news/the-slut-shot-6427195.

Tomljenovic, Lucija, and Christopher A. Shaw. (2012). Too fast or not too fast: the FDA's approval of Merck's HPV vaccine Gardasil. *The Journal of Law, Medicine & Ethics*, 40(3), 673–681. doi:10.1111/j.1748–720X.2012.00698.x.

第十八章
行动中的科学传播回顾

希瑟·埃金（Heather Akin）

摘要： 这一综合章节简要回顾本书第三部分的关键主题。第三部分讨论了若干极具争议（或具有潜在争议性）的科学传播典型案例。虽然这些案例多种多样，但本章将概括一些反复出现的主题。其一是公众对科学议题的反应高度取决于社会政治因素以及当时的背景，这意味着任何议题不一定必然引发争议。其二是从事科学传播的权威机构和关键人物应当尊重科学的复杂性，避免做出虚假保证。第三个主题是本部分的所有章节都提出解释和验证公众观点具有一定价值。在本章末尾，作者为接下来的研究工作提出建议，也为捕捉和分析公众对科学的争议与争论的反应而开展的公众参与活动提出建设性意见。

关键词： 科学争议；公众参与；上游公众参与接触；风险的社会放大效应；风险传播；科学传播

贯穿本书，学者们用历史的以及当代的科学议题——通常极富争议——来揭示科学传播的复杂性和重要性。本部分各章探讨科学传播中的突出案例，从食品安全到新兴技术再到公共健康问题。这些案例同时也回答了科学传播研究的一些主要问题：科学议题成为公众话题后会发生什么？为什么有些议题引起争议，而有些却非如此？公众在科学传播中应当扮演什么角色？

历史上的（和当下）事件至少在三个方面促进科学传播领域的发展。其一，确认在科学争议中发挥作用的社会力量，描述这些力量，并且丰富我们对它们的了解，这些研究具有内在价值（也见第六章）。其二，研究科学传播失败和成功案例，对当今和未来具有借鉴意义。其三，通过跟踪反思这些案例，帮助我们系统地了解科学问题为何引发争议，以及在重要的辩论中我们应如何利用现有科学知识。

研究者清楚划分了公众对本部分案例的反应。前两个案例在部分程度上因为公众担忧而成为争议性事件——前者事关牛海绵状脑病（英文简称 BSE，又称疯牛病），后者是人类乳头瘤病毒（HPV）疫苗。最后两个例子描述的是公众对于诸如纳米技术和生物技术等新兴问题的讨论与科学传播活动。本节中挑选的话题并非为科学争议提供一个类型学分类基础，也未完全涵盖所有科学议题。但是这些案例表明：不同类型的科学争论，无论是富有争议的话题，还是具有突出社会意义的事件，都既有共通之处，也存在差异。

若干主题贯穿本书中的诸多研究案例和引用的例子：①科学议题高度依赖于社会政治因素和时代背景，它们不是生来就具有争议性；②从事科学传播的权威机构和关键人物应当尊重科学的复杂性，避免做出虚假保证；③解释和验证公众观点是有价值的工作。这里我根据前几章的内容概述主题，讨论相关的挑战，为将来的研究工作提出建议。

社会和政治背景的影响

尽管有些话题看起来似乎天生就富有争议性，特别是当它们与伦理道德有关，或是具有颠覆性的社会意义的时候，争议的源头其实常常能追溯到某些社会和政治因素。丹·卡亨和阿什利·R. 兰德勒姆做出了一个关键论断（第十七章），他们详细讨论 HPV 疫苗在美国如何引发争议。在这个章节中，他们将 HPV 疫苗争议事件的发展过程与乙肝（HBV）疫苗（HBV 疫苗也是一种面向青少年的性传播疾病疫苗）波澜不惊的历程相比较。卡亨和兰德勒姆认为围绕着 HPV 疫苗的争议发端于既得利益相关方的一系列失误，特别是生产该疫苗的制药公司计划不周。大众媒体曝光这家制药公司的政治运作后，这个议题变成"文化抗争的焦点"，最终损害了公众利用科学知识做出理智判断的能力（Kahan 和 Landrum，第十七章）。结果美国人在该事件中更倾向于采纳与他们政治理念相近的人的观点。

比较特定社会背景下的类似事件（即 HPV 疫苗和 HBV 疫苗在美国的应用）凸显了社会和政治因素是争议之源的说法。当某一争议跨越不同文化的边界，研究者也发现类似情况的发生，海因茨·邦法黛丽在他撰写的章节里讨论了欧洲内部关于生物技术的科学传播（第十六章），马泰奥·费拉里探讨欧洲、美国和日本公众对疯牛病危险的反应。费拉里发现权威机构传播风险信息的策略和牛肉消费水平（牛肉消费水平越低，公众对风险的感知越强烈）对各国公众焦虑情绪的影响清晰可见。类似的例子包括公众对全球气候变化的不同反应（Lee 等，2015；Weber 和 Stern，2011），以及美国公众相比欧洲公众对转基因生物的不同反应（Brossard 和 Nisbet，2007）。这些差异中有很多和风险模式中的社会放大效应机制有关（Pidgeon 等，2011；Finucane 和 Holup，2005；Kasperson，1992）。

尊重科学的复杂性，不做虚假保证

第二个主题与第一个有关，它源于这样一个假设，即我们从过去的错误中学习，细致规划公众交流活动，就能避免科学争议或是不必要的紧张事件的发生。若是公众认为在科学传播中受到专家的藐视，将侵蚀公众信任，促使公众不再尝试理解科学问题的细微之处——如同邦法黛丽在解释欧洲人为何对生物技术的未来应用和收益始终持怀疑态度。费拉里在案例中也指出疯牛病丑闻可能使公众警觉，因为官方权威机构没有对公众坦诚相告。上游科学公众参与的研究也表达了类似观点，专家若是对公众不屑一顾，或是采用居高临下的交流策略，只会放大公众对风险的感知，侵蚀公众对权威机构的信任（参见第十五和第十六章）。

疯牛病丑闻凸现虚假保证如何适得其反。管理机构和科学团体中很多人私下对疯牛病表示担忧，但他们又公开保证公众不必为此感到焦虑。当政府宣布人也会感染疯牛病时，谎言曝光，公众陷入更大的焦虑之中。这些案例以及本书中讨论到的其他案例都反复强调：管理者或是其他人就公共健康威胁这类标志性事件进行传播交流时，他们需要保持信息透明，尽量允许公众参与。

解释和验证公众观点的价值

过往科学争议的案例表明利益相关方和公众应尽可能地开展早期接触和合作交流活动。当然像疾病暴发这样的危机本质上没有留出什么预防性和事先计划的公众参与时间，但是如果政府部门持透明合作的态度，公众更容易接受专家交流的内容。

像生物科技和纳米技术这样的新兴议题允许研究者观察公众感知的变迁。在纳米技术这个案例里，尼克·皮金，芭芭拉·赫尔·哈特霍恩，特雷·萨特菲尔德，克里斯蒂娜·德姆斯基（第十五章）呼吁继续开发新兴技术的早期公众参与手段。这些作者证明上游公众参与能推广科学民主原则，吸纳公众观点，鼓励合法的可以接受的技术发展。

毫无疑问，上游公众参与有诸多局限。单是筹办预备会议，招募多元、有代表性的公民参加会议，就已经非常具有挑战性。一些人乐在参与，其中更有人乐于发言，说服别人，并从活动中获益。此外，公众参与会议通过细致安排，产生了"被俘获的听众"（Scheufele，2011），他们在更为真实的交流场景中（比如在大众媒体或人际讨论等情景下）不太可能像在实验中那么活跃。

第二个关注在于讨论内容如何呈现。议题框架的微小差异能对公众认知产生重大、长期的影响（Scheufele，2011）。很多研究者认为不可能以中立、不掺杂价值观念的方式来定位并描述高风险议题。当科学家刚开始了解新技术及其应用的时候，向公众传达潜在的风险和不确定性的工作极具挑战（参见本书第十五章）。正如皮金等人在第十五章中所说：如果公众在某个话题引发争议之后才得以接触该议题，这时引导公众参与的尝试往往被当成掩饰争议的手段，并非真心实意邀请公众参与技术研发决策的举措。

最后一点与如何在现实世界的政策决策中应用上游公众参与成果有关。大部分国家没有强制要求开展如共识会议和公共政策思考论坛等上游公众参与活动；针对广大公众对该问题的观点，这些活动产生的溢出效应极小（Scheufele，2011）。在技术发展早期引入公众参与，这种做法不应该仅仅作为象征性姿态；它汇集公众智慧，推动科学进步，促进负责任的技术创新，并能催生政策变革。但是要解决我们找出的问题，我们需要革新或是改进上游公众参与的方法。在理想情况下，这些行动从长远看可以获得公众的广泛接纳，产生更大的社会效益。

未来研究的方向

本书提到的所有例子和案例研究都承认：找出影响科学议题认知的社会因素，将其分门别类，是具有相当价值的工作。这些研究也揭示这些工作中存在的挑战。

挑战之一是如果要构建模型预测科学争议，那么量化社会和政治动态变量的工作极为浩繁。我们暂且搁置是否能够做出准确预测这一根本性问题不谈（在第六章中有所讨论），实证检验社会与政治环境这项工作的复杂性令人生畏。但是在上述模型中可以融入一些很有趣的动态机制。比如，公众个人倾向于信任科学家和特定机构，生来就尊重科学权威，这两个因素对公众的科学信仰方面有重大影响。这一点已被越来越多的人所认识，并在本书的第一和第六部分中有详尽论述。为此，将来的研究会得益于对科学争议长期效应的分析，比如"溢出"现象。特别需要注意的是，当信任遭到侵蚀，与科学争议相关的（甚至完全无关的）信念是否也会改变？如果社会个体不信任负责管理转基因生物的机构，那么这些个体在判断纳米技术在消费品中的应用时是否会照搬这些思考方式？换句话说，人们对科学的信赖、信任和尊重是否全面受损？抑或是这种损害取决于特定的场景和话题（例如 Blank 和 Shaw，2015）？

现代科学问题的不确定性日渐加大，不仅带来伦理问题，而且具有巨大的社会风险，因此确定导致科学技术传播"成功"的原因也愈加困难。当社会和道德问题出现，公众参与成为重要工具，它能证实公众的担忧，让公众了解科学，权衡科学证据。科学与伦理扮演不同社会角色，当公众在两者之间游走，可能产生张力。在书中这个部分里呈现的诸多案例是科学传播成功与失败的典范。例如卫生部门和管理者在处理寨卡病毒传播时，可能会回忆起他们在疯牛病危机时犯下的错误；在判定公众对诸如 CRISPR–Cas9 这类基因新技术如何反应时，他们或许会使用源自纳米技术的上游公众参与模型。研究者无论是实时观测动态机制，还是应用新的研究方法和分析工具，抑或是进行理论回顾，这些章节以及本书中描述的众多案例都为他们打下了坚实的基础。

参考文献

Blank, Joshua M., and Daron Shaw. (2015). Does partisanship shape attitudes toward science and public policy? the case for ideology and religion. *The ANNALS of the American Academy of Political and Social Science*, 658(1), 18–35. doi:10.1177/0002716214554756.

Brossard, Dominique, and Matthew C. Nisbet. (2007). Deference to scientific authority among a low information public: understanding U.S. opinion on agricultural biotechnology. *International Journal of Public Opinion Research*, 19(1), 24–52. doi:10.1093/ijpor/edl003.

Finucane, Melissa L., and J. L. Holup. (2005). Psychosocial and cultural factors affecting the perceived risk of genetically modified food: an overview of the literature. *Social Science & Medicine*, 60(7), 1603–1612. doi:10.1016/j.socscimed.2004.08.007.

Kasperson, Roger E. (1992). The social amplification of risk: progress in developing an integrative framework. In: Sheldon Krimsky and Dominic Golding, eds., *Social theories of risk.* Westport, CT: Praeger, 153–178.

Lee, Tien Ming, Ezra M. Markowitz, Peter D. Howe, Chia–Ying Ko, and Anthony A. Leiserowitz. (2015). Predictors of public climate change awareness and risk perception around the world. *Nature Climate Change*, 5, 1014–1020. doi:10.1038/nclimate2728.

Pidgeon, Nick, Barbara Harthorn, and Terre Satterfield. (2011). Nanotechnology risk perceptions and communication: emerging technologies, emerging challenges. *Risk Analysis*, 31(11), 1694–1700. doi:10.1111/j.1539–6924.2011.01738.x.

Scheufele, Dietram A. (2011). *Modern citizenship or policy dead end? Evaluating the need for public participation in science policy making, and why public meetings may not be the answer.* Joan Shorenstein Center on the Press, Politics and Public Policy Research Paper Series Paper #R-34. Cambridge, MA: Harvard University Press.

Weber, Elke U., and Paul C. Stern. (2011). Public understanding of climate change in the United States. *American Psychologist*, 66(4), 315–328. doi:10.1037/a0023253.

第四部分
精英中介在传播科学中的作用

第十九章
科学机构中的科学传播

蒂法尼·洛沃特（Tiffany Lohwater）
马丁·斯多克斯狄耶克（Martin Storksdieck）

摘要： 本章探讨了两个著名美国科学机构——美国科学促进会和美国国家科学院、工程院和医学院的科学传播观。从过去到现在，这两个机构在塑造科学事业和科学传播实践方面都扮演重要角色。本章回顾了这些机构如何整合并传播科学知识，并分析了它们如何向更广大的公众传递科学信息并同时也作为受人尊敬的科学界代表为科研群体发声。本文揭示了当致力于促进科学进步的机构与由公众认知和公共政策构成的复杂现实世界接触交汇时，张力就会产生。本章最后倡导将科学传播理论与实践更好地联系起来，呼吁鼓励科学传播领域的研究者与实践者加强互动与合作。

关键词： 科学传播；公众认知；公共政策；科学传播研究者；整合科学知识；美国科学促进会；美国国家科学院、工程院和医学院

当埃博拉病毒于 2014 年年中在西非暴发，美国媒体报道主要关注医务人员被感染的风险。2014 年 10 月 24 日，美国国家过敏和传染病研究所所长安东尼·福奇博士（Anthony Fauci）在位于马里兰州贝塞斯达的美国国立卫生研究院举行新闻发布会。身为一位受人尊敬的传染病学家、富有经验的演讲者和令人信服的传播者，福奇博士宣布美国国立卫生研究院成功治疗了一位染上埃博拉病毒的护士，病人现已康复出院；她是在得克萨斯州的一家医院救治病人时被感染的。

在接下来的记者提问阶段中，福奇艰难地与寻求不同信息的各利益相关方进行沟通。一方面，一些记者想知道埃博拉病毒对医疗人员、急救人员和公共卫生官员的威胁有多大，他们需要最新、最科学的观点；而在另一方面，有些记者对护士本人的故事更感兴趣，他们希望知道埃博拉病毒对美国公众是否构成潜在威胁。这一事件清楚地展现了科学传播所处的困境：科学社群的领导者该如何向公众清楚有效地传递公共健康（或科学）信息，同时向研究人员和医疗人员传达从科学试验得出的结论？

福奇如是说：

需要重点指出的是：你必须把一般公众面对的风险和像［这位护士］和她的同事这样勇敢的人们面临的风险区分开来。这是两个截然不同的事……我认为，重要的是大家需要知道一个是公共卫生问题，另一个是科学问题，我们需要知道目前到底发生了什么。这基本上就是我们在这里所做的。首要任务是先治疗病人。但同时我们也在学习，用学到的东西帮助其他人……那些照顾病人的人。

知会新闻记者的尝试（"你必须把问题分开来看"）阐明了科学机构面临的重大挑战，尤其是在向不同公众传播复杂且可能引起争议的科学时，这种挑战尤其突出。高效的科学传播包括向多个受众群体提供科学信息，为实现多元化的目标而传递信息；它带来的种种问题并非诸如美国国立卫生研究院、美国国家科学基金会、美国国家海洋和大气管理局、美国国家航空航天局和美国国家环境保护局等联邦政府机构所独有。恰恰相反，众多科学机构也面临同样的挑战。因为投资科学研究和技术发展的现代民主国家需要实际有效的方法来告知公众，并让他们参与进来，本章提出以下问题：科学传播如何最有效地影响受众和潜在的利益相关方？为促进当今科学社会议题的互动和决策，科学传播面临哪些机遇，又受到哪些限制？在一个复杂多元的传播场景中，为了推动科学并服务社会，科学组织该如何运作？

福奇的例子说明了科学组织面对的另一个突出挑战：科学传播一要准确地呈现科学，二要让各类非专业人士和普通民众掌握科学传播的既定意图。前者十分重要，因为联邦政府机构和科学组织不仅代表科学发声，而且对科学与社会问题之间的关系有着特殊的影响。后者主要涉及如何呈现科学观点，方便非科学界人士理解这些科学观点，并将它们和自己的生活联系起来。

本章讨论两个美国知名机构的科学传播观念，它们在科学传播的过去和现在都发挥着重要作用，它们是美国科学促进会（AAAS）和美国国家科学院、工程院和医学院（NASEM）。本章回顾了这些机构如何整合并传播科学知识，考察了它们向广大公众传递科学信息，并且作为备受尊重的科学机构为科学共同体发声。本章最后为下一步的研究提出建议，同时呼吁要找到办法来鼓励科学传播研究者和实践者之间的互动和协作。

美国科学促进会

美国科学促进会成立于 1848 年，当时科学共同体在美国刚刚出现。美国科学促进会总部位于华盛顿特区，是一个非营利性的、无党派会员组织。其宗旨是"在全球范围内促进科学、工程和创新的发展以造福人类"。一直以来，美国科学促进会自许为全社会的"科学之声"，肩负使命，对科学传播、教育和政策制定具有重大影响力。

美国科学促进会已成长为一个具有诸多功能的国际性组织，有 440 余名雇员，积极开展众多而又相互联系、充满使命感的活动，这些活动包括在美国和全球范围内出版科学读物，以及促进科学与社会的交流互动。它的受众来源广泛——包括但不限于来自科学、技术、工程和数学（STEM）领域的研究人员、专业人士和教育界人士，政策制定者和政策专家，工业界和宗教界领导者，新闻记者和科学传播工作者，以及对科学感兴趣的公众。美国科学促进会附属组织包括 252 个协会和学会团体，成员超过 1000 万，是世界上最大的科学和工程学学会构成的联合体。到 2015 年，美国科学促进会成员中约有 70% 的人拥有科学、技术、工程和数学博士学位或是高级医学学位。无论协会成员的科学成就大小，美国科学促进会从创建之初就欢迎所有人的加入。一个关于美国科学促进会的历史性评价认为："美国科学促进会不可避免地成为一个传播科学新知的平台，也成为探讨科学如何在美国社会中立足坚守的平台。"（Kohlstedt 等，1999）。

作为一个复杂的组织，美国科学促进会拥有多个不同的目标。在 2007 年，该组织董事会采纳了现有目标，其目标包括加强科学家、工程师和公众之间的交流；推广科学应用，捍卫科学尊严；强化对科技企业的支持；在社会问题上为科学发声；在公共政策中推行负责任地利用科学；增强科技劳动力并促进其多元化；促进面向每个人的科学技术教育；提高公众与科学技术的接触力度；推进国际科学合作。很显然，美国科学促进会是在科学和社会交汇之处发挥作用的组织。

这个组织开展科学传播的关键机制在于出版前沿科学刊物，同时辅以"翻译"同行评议研究并向重要利益相关方传播扩散科研成果。美国科学促进会出版多个跨学科刊物，其中包括《科学》《科学进展》《科学：转化医学》和《科学：信号》。该学会在 2016 年又新增两个期刊:《科学：机器人学》和《科学：免疫学》。这些期刊通过新闻报道、社论、视角、政策论坛、论著发表和书信往来等形式促进来自 STEM 领域的科学家，政策制定者和其他对科学信息感兴趣的人的参与，并为他们服务。《科学》杂志家族系列的媒体拓展活动已经超越了美国和全球的记者群体之外，还包括对科学感兴趣的公众成员。从历史上讲，科学传播的主要模型是线性的、阶层式的：经同行审阅后的论文发表在权威刊物上，赋予其显著性和急迫性，接下来针对记者和科学传播者开展审慎、精巧的拓展活动以确保对科学感兴趣且有新闻消费欲的公众能跟得上有新闻价值的科研进展，以及向这些公众暗中传递科学研究本身的价值。

在过去十年，这种从科学共同体到关注科学的公众的传播模式面临着科学传播环境中技术和社会变革的挑战。这些挑战包括：公众获取得到呈现的科学专业内容层次日益增加，他们抑或通过社会政治滤镜消费更多的科学内容（Storksdieck，2015）。这些近期发展趋势对信息（包括科学信息）的传递有着深远影响。在数字时代，传播机制的持续演化导致了信息的个性化（或算法上的）过滤。与此同时，通过"受众"实现的内容发布和参与逐渐实现多元化（即线上社交网络、光缆和数字媒体流、数字化新闻和观点）。科学机构以直接的方式，或是通过记者和他人的介导而接触到的很多受众可能相互重合；听众往往更有动力去找出并接受符合他们的思想价值观、政治理念或群体身份的信息（Scheufele，2013）。在"过滤气泡"和"回声室效应"的重要性日渐增加的背景下，科学家或科学机构若是仍旧依赖网站或一整套成熟、目标单一的交流工具来发送稳定的、以科研为基础的信息流，他们可能无法接触那些搜寻、阅读并学习这些信息的受众。与此同时，近期出现的信息消费者通过社交媒体平台与其他用户分享信息的能力使得科学传播接触到了新的听众，从而可能会强化或者甚至是扩大公众参与。

除了针对学术出版物开展直接的媒体拓展活动，美国科学促进会还有将目标信息送达不同受众的各种传播机制和产品。反思美国科学促进会的使命，我们发现其计划与传播拓展活动的主要焦点包括科学政策、国际外交和公众参与。它面临的挑战包括各种各样的目标，这些目标在整个科学界以及科学界和公众之间有时是相互竞争的，而且优先级不同。随着科学探究和技术发展进入与社会价值、社会效益和风险存在冲突的领域，如气候变化、基因编辑和人工智能等，在科学家之间以及与更广泛的公众采取多面性传播的需求急剧增加（McCallie 等，2009）。科学传播是美国科学促进会年会的特色之一，其中包括新闻编辑室、公众参与活动和凸显近期研究和实践的同行审议环节。

自 2004 年美国科学促进会成立科学技术公众参与中心以来，美国科学促进会荣誉首席执行官和《科学》杂志前任主编艾伦·L. 莱什纳（Alan L. Leshner）把公众与美国科学共同体之间的参与作为重中之重。在《科学》杂志社论宣布这一动议时，莱什纳（2003）写道：

> 我们需要超越以往常常被当作父权模式的交流方式。我们需要以更开放、更坦诚的方式与公众交流，讨论科学技术及其产品，探讨它们的利与弊。我们需要尊重公众的观点和担忧，即便我们对此不完全赞同。我们需要与公众发展伙伴关系，这样才能回应他们的需求。

美国科学促进会的公众参与研究中心采用若干机制，聚集科学传播和公众参与领域的研究者和实践者，以及积极与公众接触的科学家们，帮助他们建立联系，鼓励他们相互协作。该中心推进科学传播工作坊，这是一个技能开发的项目，旨在对科学家进行在传播实践方面的培训。公众参与中心于 2015 年末宣布了第一批莱什纳领导力学院公众参与会士名单，为首批 15 名会士提供发展领导才能的机会，通过培训，帮助他们建立人际关系网络，协助他们策划并且评估公众参与活动；这一项尝试目的明确，那就是在机构内推动积极的变化，不仅仅是改善个体的实践。成员们每年关注一个与成员个人研究领域相关的社会问题，他们评估公众参与工作的成效，然后致力于提高各自所属机构和研究领域的公众参与能力。改善科学家介入公众参与活动的底层模型是：个体成员在实验证据和个人声誉的支持下，能通过其关系网络影响越来越多的公众。针对会士项目的跟进式评估将判定：作为一个通过人际与网络关系传播成功的公众参与方法的手段，这一模式是否已被接纳。

近些年来，为了更好地了解美国科学促进会成员在公众参与领域方面的态度与活动，公众参与研究中心与科学传播研究者以及皮尤研究中心（该中心是一个无党派民调智库机构）合作（2015）。该项调查数据以及其他数据（Wellcome Trust，2015）清楚地显示，在科学与社会的问题上，科学家的态度有时与大众相似，有时又存在分歧（Besley 和 Nisbet，2011）。调查数据还回答了以下问题：成为（或可能成为）公众争议的议题有哪些特质？当科学进步日益与伦理、法律和社会问题纠缠在一起，科学家们和科学机构能否更好地预测公众关注的领域，开发前瞻性手段实现公众利益相关方的参与，利用来自公众的信息使科研民主化？更重要的是，科学家们是否有意愿参与到这种话语之中，他们的目的何在？这些调查的结果将在科学家自己为制定科学参与框架时给他们提供亟须的实验数据（Besley，Dudo 和 Storkdieck，2015）。

随着有关高效科学传播的研究和最佳实践方案的日益增加（Davis，2008），美国科学促进会正开始使用诸如媒体指标和网页分析等传统方式之外的手段，以便更为密切地界定和评估它的科学传播活动。美国科学促进会在接触受众方面面临重重困难，如何触及并影响受众一直是个难题。该组织着眼于代表广泛的科学共同体，与他们接触，为他们提供信息。与此同时，美国科学促进会也致力于与科学共同体之外的受众保持联系，为他们提供信息。实现与目标受众有效沟通的基础在于认识到科学传播的目的、信息和机制是多元的。尽管这一点对于在科学传播和公众参与领域中的实践活动极为重要，但若要解决这类复杂性问题，对错综复杂的传播环境中的成功案例进行研究和评估就会变得艰难。

从更广义的层面上来说，美国科学促进会组织研讨会，讨论对机构、团体和个人的科学传播工作进行评估的方法，包括美国科学促进会本身和与它合作的科学家们。旧思难消，旧习难改，在教育（参与一词或许是更合适的说法）科学家、传播专业人士和机构如何阐释、利用和进一步影响科学传播这个领域方面还有很多工作要做。同时，从事科学传播和公众参与领域研究的学者可以从他们理论工作的实践（以及实际检验）中获益。美国科学促进会通过公众参与中心积极地建立起了研究和实践之间的关联；它面临的挑战包括长期经费以及机构基础设施可能不足以满足这种合作的需求和长期价值。

美国国家科学院、工程院和医学院

美国国会于 1863 年 3 月 3 日通过法案成立美国国家科学院，并由林肯总统在同一天签署生效。其时美国国家科学院最初的使命是"无论任何政府部门提出要求，美国国家科学院都需要对科学与艺术领域的任一问题进行调查、研究、试验并提交报告"。美国在其内战期间成立美国国家科学院的举措表明人们意识到科学和技术（在当时用"艺术"一词指代）不仅在社会中扮演举足轻重的角色，并且对因本身缺乏足够的专业知识而不能从科学技术完全获益的联邦政府也有重要作用。第一次世界大战期间，在美国总统威尔逊的要求下，美国国家科学院进行了扩张，成立了美国科学研究委员会（NRC），其用意是保证政府能够获得范围更广的科学（当时美国国家科学院会员人数约 150 人），同时提供一群专业职员，他们可以为努力给联邦政府献计献策的科学家志愿者提供协助。随着科学、技术、工程和医学在社会中的影响力不断扩大，美国国家科学院内部随之出现分化，美国国家工程院（NAE）于 1964 年成立，美国国家医学研究所（IOM）于 1970 年成立，所有新成立的组织都受 1863 年出台的宪章管辖。2015 年四大机构（NAS、NRC、NAE 和 IOM）被统归于美国国家科学院、工程院和医学院（NASEM）旗下，美国国家科学院、美国国家工程院和美国国家医学研究所这三个组织仍保持相对独立的地位，分别拥有自己的主席以及独立的会员体系。

　　美国国家科学院在创建之初是一个规模较小的组织，只有 50 名科学家会员，而现在美国国家科学院、美国国家工程院和新近更名的美国国家医学院（National Academy of Medicine）成员总数合计已达 5700 人。与美国科学促进会不同，美国国家科学院、工程院和医学院成员仅限于取得巨大成就的专业人士，通过院士内部提名选举产生新成员，入选标准看重候选人的研究成果和候选人在其研究领域的地位。这样的过程导致会员结构不能全面地代表任何一个领域。同时，关于谁才称得上精英科学家这一传统规范系统地排除了多个研究领域（比如有关学习科学和科学教育的研究）以及取得科学成就的一些个人，包括把科学发现"翻译"给广大公众的科普人士。其中著名的例子是卡尔·萨根，即使卡尔·萨根本人通过有效的科学传播对科学做出巨大贡献，极大提高了科学影响力，并因此在 1994 年获得美国国家科学院颁发的最高荣誉——公共福利事业勋章，他也从未入选过美国国家科学院。到了 2015 年，尼尔·德格拉斯·泰森被授予同样的荣誉；作为一位天体物理学家，他是纽约自然历史博物馆海登天象馆馆长，可以称得上当今最知名的公共科学知识分子。但如果考虑德格拉斯·泰森本人发表过的论文，他恐怕很难入选美国国家科学院。

　　这种只关注科研成就和科学名誉的狭隘观念是美国国家科学院、工程院和医学院核心使命中的一部分：就某一科学主题，整理已知的研究成果，明确未知的部分，确定尚未明确的知识，整合所有信息并就该领域知识现状得出结论，找出需要开展的额外研究——或是为填补知识空白，或是为决策者献计献策。可以说，为解决上述问题，美国国家科学院、工程院和医学院的整套过程经过多年演进，已经高度成熟，并能在最大程度上消除偏见和错误，从而生成独立且不受外界影响的报告（通过与研究的资助方进行谈判，超越了初始的框架），并确保其发现和结论的客观性（考虑到研究过程的种种局限）。

　　美国国家科学院、工程院和医学院的旗舰"产品"是共识性研究。不管是针对什么主题，所有的共识性研究都要经过事先预定好的流程：

- 该研究的界定必须在研究赞助方协作下进行，最终要生成一个清楚的"任务声明"，用以指导执行后续研究的委员会的工作。

- 任务声明、工作计划和预算必须通过机构执行理事会的批准。在此阶段进行的审议可能会修改甚至推翻整个研究。

- 一旦研究获得批准，美国国家科学院、工程院和医学院负责该项目的部门会成立一个委员会，委员会成员需要具有完成相关任务的专业知识，不偏不倚，拥有适当的生活经验，要对利益冲突问题进行筛查，委员会成员必须包括三个学院的会员。组成一个12人的委员会通常需要筛选数以百计的专家，通过精心挑选委员会成员，保证该委员会在否决研究结论和建议时，人们不会认为该委员会是基于实际存在或他人想象中的个人偏见而做出这样的决定。

- 委员会名单随后经美国国家科学院主席审批，临时名单（仍是）在美国国家科学院、工程院和医学院网站上发布并接受公众评议，最后在排除存在利益冲突的人选后获得正式批准。

- 为解决任务声明，研究项目开始查找事实并进行整合。协商审议过程不对公众开放，以此保证公开坦率的讨论，并保护委员会成员不受外界影响；无论如何，委员会往往会举行公开会议和研讨会，其他专家在此期间会对研究现状进行讨论。

- 在公众讨论的基础上，委员会整合现有研究成果和其他证据，经过内部协商审议，编写共识报告草案（经委员会所有成员同意并作为报告的共同作者）。

- 接着一个由持不同观点、规模相当的专家团队组成的影子委员会来审核报告草案是否客观，报告是否达到任务声明中的要求，报告中的发现和结论在所陈述之事实的基础上是否论证严密，并且报告中提出的建议能否站得住脚。审议过程由美国国家科学院、工程院和医学院下属的独立机构监管，对所有评审意见的答复必须令两名独立任命的评审专家满意为止。

- 共识报告经过评审之后才能提交给研究赞助方、联邦政府相关实体和公众。为最大限度地保证透明度，报告终稿将公布所有评审专家的姓名。

这一科学审议过程虽然还远不能摒除偏见、避免错误，但在创建客观、中立的研究报告方面的细致程度前所未有。这一过程应用于科学、工程和医学领域时发挥最佳，但在面对涉及社会影响较大的问题时会遇到困难，因为处理此类问题需要细致权衡诸多科学之外的因素，这些因素包括社会道德和价值观，抑或是对公平公正的考量。在一般情况下，编写任务声明是为了约束一个委员会，使其仅调查与科研实证有关的问题，但实际情况往往并非如此。但是科学院的共识报告总体而言避免提倡或要求采取特别行动；相反的，这些报告提出的建议都基于明确的研究成果或是论证充分的结论。

当委员会报告面对科学、工程和医学界人士之外的受众时，就会引发另一个问题。比如，当决策者需要在科学观点和其他因素（比如经济因素）之间权衡时，又或是当某些社群急需科学指导，但因为缺乏相应的文化和机构构架，以至于不能便捷地理解和融汇科学观点时，问题就会应运而生。这是因为产生共识报告的研究过程在设计之时，并不一定能为研究发现和建议创建更广泛的社会"认同和接纳";这一点可能限制了研究报告的潜在影响力。从研究过程的角度来看,其最终目的是产生报告,并非报告本身意图催生的行动。用符合逻辑模型的话来说,研究过程最终生成产品,但将研究过程的产品转化成结果和影响还需要很多步骤。

这种多步骤过程促成了美国《新一代科学教育标准》的诞生,这个例子能清楚说明整个流程。美国国家科学院通过一个共识研究启动这一过程,该研究产生了科学教育标准的基础框架(NRC,2012)。该报告的指定客户为名为 Achieve 的非营利性教育组织,这个组织负责管理一个极为复杂、涉及美国 26 个州的项目,该项目将报告中的研究发现和建议转换为代表若干教育标准的所谓预期表现。从表面上看,这个过程直截了当。首先"把科学搞对",即将美国国家科学院、工程院和医学院报告中提供的科学内容和基础知识从学习和教育的角度提炼出来。第二步更为复杂,即把研究报告中的发现和建议转换成若干科学教育标准,这一步需要考虑现行法律、组织能力、规范、价值观以及广大 K-12(幼儿园到高中)教育产业中的各利益相关方的利益和观点。上述这两个步骤要区分开来。实际上,美国国家科学院涉足繁复的社会政治领域这一现实迫使美国国家科学院、工程院和医学院改变通常的研究流程。创新的做法是,美国科学教育委员会插入了一个公众反馈过程:研究进程刚刚过半,就在网上发布框架草案以获取公众反馈,委员会在全美各地与关键利益相关方开展焦点讨论会议,以便更好地了解对 K-12 教育未来的建议会引起什么反响。这一行动得到几十个目标群体和 2000 多位公众的响应,收到关键利益相关方群体发表的数十个官方声明,委员会在起草报告终稿时充分考虑了这些意见。

由于围绕着 K-12 教育标准这个话题的敏感性,这个反馈过程实现了多个关键目标,其中包括:①改进最终的报告,尤其是它的可信度,使之与当前美国 K-12 教育系统保持一致;②实现了利益相关方的参与,为各种声音和所有权提供了机会;③提前造势,为后续制定标准做好准备工作。公布报告草案固然很有价值,但对余下研究过程的保密使得委员会和员工与公众的交流变得复杂。因此,一些人认为美国国家科学院是一个不愿为开发新的标准这个更大的福祉而进行合作的组织。对委员会进行保护,使其能够公正、客观地提供建议,这个过程中会与对一个更大团队组织谨慎制定政治标准的需求发生冲突。

这个例子代表着一个极端的情形:在追求客观、独立和科学正确的需求和以帮助决策者为使命的需求之间取得平衡。从传统上看,美国国家科学院、工程院和医学院在保持独立性和客观性上过于坚持,这个策略固然保护了它的"品牌"价值。尽管如此,人们仍然不断努力试图弥合这两种需求。其中一个尝试就是各调查委员会试行更快地发布篇幅较短的报告，或者用执行摘要或衍生产品作为报告的补充材料，它们都以对传统的共识报告大量且谨慎的讨论为基础，只不过仅仅提取了关键目标受众所需的信息。美国国家科学院、工程院和医学院也在试验更广泛的公众参与的新模式，从网络研讨会到在线直播会议再到在研究过程的开始和结束时进行广泛的利益相关者参与。当美国国家科学院、工程院和医学院的报告向政府内外的众多利益相关者进行传播时，可以采用类似安东尼·福奇博士的方式来满足各种利益相关者的信息需求。因此美国国家科学院、工程院和医学院在委员会主席和成员方面做了更精心的安排，力图提高这些科学家、工程师和医生在传递研究成果时化身为高效传播者的可能性，能够解决他们受众的需求，而不是仅仅以标准化的方式传递信息，因为这种沟通方式未必适用于所有受众。

为了加强产品（一个研究报告）、成果和影响（报告和产生这个报告的过程是如何带来改变）之间的联系，我们将评估一个研究过程的有效性，该研究过程就向公众传播化学知识这一主题生成了一个共识报告。由化学科学技术委员会与科学教育委员会合作，美国国家科学基金会资助成立了一个外部研究团体，该团体将针对共识报告和利益相关方参与活动产生的共同效应进行概括性评估，使得美国国家科学院、工程院和医学院更好地了解它在向美国建言这方面的价值。

此外，美国国家科学院、工程院和医学院最近对理解科学传播的科学产生了一定的兴趣。它就这个话题召开了两次萨克勒研讨会，出版了两期美国《国家科学院院刊》特刊，并且利用本地科学家担任社区科学大使，在匹兹堡开展了一个活跃的科研项目；它还在好莱坞创建了科学与娱乐交流项目，让科学家与电影制片人聚集到一起，改善科学在电影中的形象。这些活动都为美国国家科学院、工程院和医学院提供了机会，使它通过研究与实践来了解什么才是有效的科学传播和科学参与。

弥合理论与实践

美国科学促进会和美国国家科学院、工程院和医学院代表着科学事业和科学概念本身。在尝试改变让各种公众参与进来的基本方式时，两者都可能不得不诉诸有关科学传播的科学理论和实证基础。但是传播理论仅在指导实践时才会"有用"。过渡依赖于理论而不考虑这个领域的实际情况（实践性智慧），对于那些试图利用传播研究成果的人来说尤其没有什么帮助。科学传播需要更多更好的、研究与实践协同的成功范例，这些范例发生在多个时间，得到不同资助，发生在不同规模的机构层面上，引发理论与实践如何相互促进的积极讨论；这样才能使公众认为科学传播是有用的。实践者和研究人员应该通力合作，他们必须认识到针对科学传播的内在问题，没有完美的或是放之四海而皆准的方案——毕竟，完美是优秀的敌人。研究者需要做更多工作，汇集在研究和实践方面的这类讨论，这些讨论促进传播方法的实验，带来更广泛的科学传播，推动最佳实践方案的吸收采纳。我们需要经费，为支持协作和迭代发展而提供更充足的回报和机遇。美国科学促进会和美国国家科学院、工程院和医学院可成为理想的实验平台，让我们研究如何将有关科学传播的科学理论和实践考量融入科学传播过程，成功地向非专业受众传递科学发现。

理解影响

机构组织如何确定它们传播活动的价值与成败？我们能评估一些活动（例如科学指导政策的利用、获得并使用的科学传播技能、一个共识报告对关键利益相关方的即刻效应），而另一些却难以估量（例如科学与社会互动是否健康、科学的社会价值、社会的科学价值）。除了举办科学传播活动和趣闻轶事之外，美国科学促进会和美国国家科学院、工程院和医学院开展的拓展活动、传播活动和公众参与活动究竟创造了多少附加值，针对这个问题目前并没有太多实际证据。好在这两个机构正努力寻找证据来证明科学传播和科学参与的价值，并利用证据来指导科学传播活动，提高活动质量，即使我们对如何向需要这些信息的个人和组织更好地传递信息并为其所用这个问题目前尚无定论。

美国科学促进会和美国国家科学院、工程院和医学院代表着众多处于张力状态之下的组织，一方面它们渴望并且必须保卫科学的名誉，另一方面它们在向各式各样的利益相关方和受众传递科学发现的过程中需要不断扮演越来越强势、显著的角色（在这种情形下，辩论成了混战，科研机构很容易卷入政治冲突之中）。紧张关系确实存在，因为这两个组织中的不同团体在需要优先考虑的事项上相互竞争，或是就各自扮演的机构角色而争斗，若没有来自领导层的明确指示，这些团体几乎没有动力去寻找缓和紧张关系的可行方案。幸好这两大机构的领导层明确表示支持解决这种紧张关系，我们希望领导者做出表率，鼓励所有科学家为他们自己找到一种恰当的平衡。

科学探索一直是，并且将继续是社会需求和社会功能中有价值的组成部分。如果从头再来的话，不大可能有人会设计出类似美国科学促进会或美国国家科学院、工程院和医学院这样的现代组织，这些科学机构和其他科学团体一道，成为毫无偏见的客观信息来源，发挥至关重要的作用。科学共同体应该致力改进以及更好地武装它的机构，以让它们在科学传播以及与回旋于科学和社会交叉路口的公众成员和利益相关者的参与方面变得更加有效。科学共同体应致力改善共同体内的科学机构，让它们做好准备，在科学传播和公众参与活动中能更有效地应对公众和其他处于社会与科学交叉路口的关键利益相关方。事实上，主要科学机构是时候像对待出色的科学研究那样，以同样的热情、严谨的态度和坚定的信念投入以实证为基础的科学传播和公众参与之中。

参考文献

Besley, John C., Anthony Dudo, and Martin Storksdieck. (2015). Scientists' views about communication training. *Journal of Research in Science Teaching*, 52(2), 199–220.

Besley, John C., and Matthew Nisbet. (2011). How scientists view the public, the media and the political process. *Public Understanding of Science*, 22(6), 644–659.

Davies, Sarah R. (2008). Constructing communication: talking to scientists about talking to the public. *Science Communication*, 29(4), 413–434.

Kohlstedt, Sally Gregory, Michael Mark Sokal, and Bruce V. Lewenstein. (1999). *The establishment of science in America: 150 years of the American Association for the Advancement of Science*. New Brunswick, NJ: Rutgers University Press.

Leshner, Alan I. (2003). Public engagement with science. *Science*, 299(5609), 977–977.

McCallie, Ellen, Larry Bell, Tiffany Lohwater, John H. Falk, Jane L. Lehr, Bruce V. Lewenstein, et al. (2009). *Many experts, many audiences: public engagement with science and informal science education: A CAISE Inquiry Group report*. Washington, DC: Center for Advancement of Informal Science Education.

National Research Council. (2012). *A framework for K-12 sci-ence education: practices, crosscutting concepts, and core ideas*. Washington, DC: National Academies Press, 2012.

Pew Research Center. (2015). Public and scientists' views on sci–ence and society. http://www.pewinternet. org/2015/01/29/ public–and–scientists–views–on–science–and–society/.

Scheufele, Dietram A. (2013). Communicating science in social settings. *Proceedings of the National Academy of Sciences*, 110(Suppl. 3), 14040–14047.

Storksdieck, Martin (2015). Critical information literacy as core skill for lifelong STEM learning in the 21st century: reflections on the desirability and feasibility for widespread science media education. *Cultural Studies of Science Education*, 11(1), 167–182. doi:10.1007/ s11422–015–9714–4.

Wellcome Trust. (2015). Factors affecting public engagement by researchers: a study on behalf of a consortium of UK public research funders. www.wellcome.ac.uk/PERSurvey.

第二十章
学术出版社和学术期刊的作用

芭芭拉·克兰·波普（Barbara Kline Pope）
伊丽莎白·马林科拉（Elizabeth Marincola）

摘要： 传统的学术期刊和图书出版过程使得研究者们能在前人研究的基础上推动知识的进步，催生基础研究转化为实际应用，创造广泛的人类福祉。在数字时代，这个过程正经历着新的机遇和严峻挑战。许多学术期刊出版和图书出版通过互联网向全世界开放学术成果。出版行业同时也面临着严峻挑战，其中包括同行审议的弱点、成果获取的延迟、一些研究成果无法复制、期刊影响因子的扭曲效应以及研究本身和规模变化带来复杂的作者署名问题。另外，不是所有的学术文献都属于开放获取类型，一些商业模式仍要求读者为内容付费，而不是免费传播知识。

关键词： 期刊；书籍；商业模式；出版业；共识；影响因子；开放获取

科学家采用多种手段与目标受众交流

从高度技术性的科学期刊到畅销书再到网络博客，今天的科学家有无数手段发表他们的科研成果。科学家的选择从未如此广泛，与受众交流的机会也无处不在。我们在全球定位系统的引导下到达孩子们的足球场，医学成像技术帮助我们诊断脑震荡，能源政策将影响我们子孙后代，科学渗透到了我们日常生活的每个角落。

我们觉得理所当然的很多事物都是由基础科学、应用研究和工程技术结合的产物——这其中包括支撑着科学工作和沟通机制的巨大基础设施。我们需要保障一个稳定的发布环境，保证科学家能够稳稳地"站在巨人肩上"，并推动科学知识的进步，这一点无比重要。这样的发布机制使得政策制定者和公民能随时查阅科学证据，这对一个民主政体的决策过程非常关键。

科学家选择最符合他们需求的发布方式。如果他们想与学生交流，他们可以参与编撰教科书，或是撰写一本用于研究生讲座的书。如果他们希望普及公众的科学知识，争取纳税人对科学的支持，或是鼓励年轻人追求科学事业，他们可能期望写一本能影响千万人的畅销书，或是给受大众欢迎的博客投稿，或是在杂志和其他大众媒体上发表文章。但是要维系科学家的职业生命，他们需要向同行传播他们的科研工作。从牛顿和达尔文时代起，最常见的交流方式就是科学书籍——例如《自然哲学的科学原理》（1687）和《物种起源》（1859）。其他与书籍类似的发布方式包括野外指南、实验手册和学术专著（Vaughn 等，2012）。尽管这些发布方式仍然存在，但顶级期刊如今仍是科学家最为渴望展示他们成果的地方。这么做的动机有很多。科学家要想找到工作，拿到终身教职，得到晋升，获得奖励和资助，成为所在领域的领军人物，就得在学术期刊上发表论文。

所以期刊往往成了科学家发布论文的目标，也成了科学家积累经验、取得进步的媒介。汇集所有试验结果、观测数据和研究发现，从而为公众服务，这其实也是科学家职业生活的一部分。作为科学家社会服务责任和职业兴趣的一部分，他们经常参加各种委员会和团体会议，研读文献，做出跨领域的发现，得出结论并提出建议，最终为公共政策制定者建言。由此产生发表的学术成果不仅惠及科学家的职业发展和公共政策群体，还能通过改善政府决策，惠及普通民众的生活。

学术成果发布有两个领域——期刊和向政策制定者提供的共识报告或书籍，这就是本章关注的焦点。

期刊和共识报告对科学家的生活极为重要

因为科学家力图创造新知，期望通过工作、奖励、教职和晋升机会提升职业发展，学术期刊就是科学领域的硬通货，也是与其他科学家交流主要科研成果的渠道。政策制定者多使用类似美国国家科学院、工程院和医学院（NASEM）发表的共识报告，这类报告提供主要文献的概述，做出研究结论，提出参考意见，为决策服务（Blair，2016）。这两种广泛使用的发布方式提高了个体的知识水平，从整体上提升了整个学科，对科学本身以及社会产生巨大影响。

期刊的历史和共识报告的起源为如今的发布环境搭好舞台

我们先描述期刊和共识书籍的特征，然后回顾它们在演变中的共通之处，最后思考它们的未来。

学术期刊

第一个科学期刊《哲学汇刊》经英国国王查尔斯二世恩准，由英国皇家学会于 1665 年出版发行（McDougall–Waters 等，2015）。它从创办伊始一直由英国皇家学会负责出版，从未间断。学术期刊的出现对科学群体提供了多重价值。首先，它提供了学术首创性，它为判定学术论文发表的先后次序以及科学发现的先后顺序打上时间的烙印。其次，它通过同行审议保障了文章的可信度，在审议过程中，科学同行以批判性的眼光审阅论文，判定研究成果是否可靠（例如是否采用合适的科学方法，以及是否有学术造假行为）。再次，它为研究论文提供了流通渠道，人们通过这个渠道传阅他们感兴趣的论文。最后，它起到文献归档的作用，无论后世的研究发现是什么，论文始终能保存在历史文献中。

今天，现存有近 13000 种不同的科学、技术和医学（STM）期刊，这些期刊大部分由少数几个商业机构发行，少部分由非营利性组织出版（Ware 和 Mabe，2015）。传统的学术发行模式（以印刷出版的期刊作为科学家之间交流的途径）经历数个世纪而丝毫未变，至今仍充满活力。这种韧性对学术发表来说有利有弊：有利之处在于高效可信的同行审议制度经受住了时间的考验，已成为数个世纪以来学术期刊发行的支柱；不利之处在于我们过于信赖学术同行审议的价值，它实际上多少有些名不副实，特别是有研究表明在同行审议的科学刊物上发表的研究成果中有不少研究无法重现（Ioannidis，2014）。

共识研究

有一个主要机构多年以来发布大部头的报告，这些报告反映了科学家和其他专家的共识，并成为良好公共政策的基础，这个机构就是美国国家科学院、工程院和医学院（NASEM）。美国国家科学院（NAS）是：

由 1863 年林肯总统签署国会法案成立，就科学和技术问题为美国提供独立客观的建议……美国国家工程院（NAE）和美国国家医学院（NAM，原为美国国家医学研究所）根据美国国家科学院宪章分别于 1964 年和 1970 年成立。这三个学院并称为美国国家科学院、工程院和医学院，负责向美国提供独立客观的分析及建议，并开展活动，解决复杂问题，为公共政策决策提供参考信息（"Mission"，2016）。

在过去的多年里，美国政府和立法机构都承认美国国家科学院、工程院和医学院发挥着独一无二的作用，做出了重大贡献。

在一个半世纪的时间里，美国国家科学院、工程院和医学院发布了两万多个报告，这些报告成为重大公共政策的基石，它们包括国家公园的建立、美国公民健康营养指导原则、商用航线上的禁烟令以及科学基础教育框架。这些文件拥有共同的特点：报告撰写团队由来自多个领域的指定专家组成，报告撰写过程结合公众意见和专家观点，调查手段经过设计能避开利益冲突和偏见，由同行进行严格的报告审议过程（Ahearne 和Blair，2003）。科学共识报告在编写完成后公开发表，报告的发现和结论可供所有人阅读理解，报告中提出的建议可由各方执行，这种处理方法也对社会产生了诸多影响。

这种传播科学共识的方法也面临挑战，与期刊面临的问题类似，这种做法长久以来没有任何改变，但它所处的时代已发生了天翻地覆的变化。美国国家科学院、工程院和医学院召集志愿者从事二级研究，他们需要思考问题，撰写报告，面对严苛的同行评审，同时还要兼顾他们各自的本业，整个过程极为耗时。在我们身处的这个时代，政策制定者需要快捷答案，学者们面对日渐增大的竞争压力，这种保证质量和公平客观的方法正受到挑战（Ahearne 和 Blair，2003）。

通过网络快速发展的学术出版

期刊出版商比科学书籍和共识研究的发行者更早接纳数字内容。但是数字革命的方方面面给这两种发行方式带来机遇与挑战。20 世纪 90 年代早期，学术期刊的发行引入了互联网技术，这从一开始就开启了科学、技术和医学学术期刊发行的首个重大变革。最为重要的是这种变革潜力巨大，影响力波及广大地区，它使得发现新信息几乎毫无阻力，为更多的人扩展他们的知识铺平了道路。互联网作为一个成本低廉的派送系统，自然受那些肩负改造世界使命的发行者的欢迎。对于需要保护其商业模式的人来说，互联网令他们亦喜亦忧。

对于学术刊物发行方，无论他们是出版杂志还是印刷书籍，互联网使他们有机会节省下印刷、邮寄和仓储的成本。发行成本大幅下降，使得获取科学研究成果所需的时间也大大削减。此外，互联网使科学家有机会发表"完完整整"的科学研究成果，不用担心因为篇幅所限而被迫删减重要内容。这也促使发行方重新思考他们的商业模式：与其让一个客户（对于期刊来说一般是一个研究型大学，对于书籍来说则是某个消费者）出钱购买一本书或刊物，终端客户付费的模式应当被其他方式替代。

互联网为所有发行方提供了一个平台，他们不仅可以通过这个平台创新传递科学知识的流程，也能通过它扩大合作，改进信息的发现过程，发布大型数据集，激活科学传播过程，自动记录影响因子和作者归属，加快科研进程和政策制定流程。重要的是，互联网使得非专业人士，比如教师和患者这样需要可靠信息的人，能够获取先前接触不到的内容。

总体上讲，图书进入数字世界的时间落后于期刊。早期电子书阅读设备，包括 21 世纪初期的火箭（Rocket）电子书阅读器和其他类似产品，都未获成功（Crawford，2000）。图书发行方比起期刊发行方来说，在内容数字化方面并不处于有利地位，所以很多出版社对数字时代埋头装作看不见，祈愿数字化"狂热"赶快消退，一切恢复原样。在那个时期，出版界之外的创新人才努力将知识民主化（O'Leary，2010），其中包括卡内基梅隆大学的劳伊·雷迪（Raj Reddy），他从 1995 年开始就努力将世界上的所有内容数字化，纳入他组建的全球数字图书馆（Immerito，2009）。布鲁斯特·卡勒（Brewster Kahle）接着开始了他的互联网档案馆项目，互联网档案馆将所有媒体内容数字化并保存下来，其覆盖范围更广，从图书到杂志，再从电视节目到无线电广播，包罗万象（"About the Internet Archive"，2016）。接下来的巨型项目还有谷歌数字化项目和 HathiTrust 数字图书馆（"Google Book History"，2016；"Our Partnership"，2016）。在过去的十年，许多图书出版商一方面不愿将领地拱手让给出版界之外的人士，另一方面也认识到通过数字化的方式发行科学图书最符合他们的利益。大部分出版商现已融入数字世界，在所有平台提供电子内容的能力几乎与期刊发行方比肩。

学术出版的商业模式多种多样，不断变化

在引入互联网及其商业发行模式之前，传统的 STM 期刊主要靠订阅收费。从表面上看，这种经营方式看起来和其他行业没有什么两样；杂志通过订阅像自由市场上的商品那样出售。但是传统的 STM 期刊发行不由市场因素决定，有以下几个原因：

● 科学期刊不是商品，不存在价格竞争。

● 公共资金从传统上讲不止为期刊内容缴一次费，而是三次：首先政府资助研究（期刊文章内容）；其次，公共资源为学术图书馆订阅预算提供资金；最后，一些

科学家为发表他们的成果支付了版面费和/或彩印费。

- 在资本主义社会的每一个企业中，材料和劳动力属于开支成本。在科学出版行业，"材料"就是免费的科研论文，甚至有时科学家还得付钱，而大部分的劳力——以编辑和审阅的形式——也是由科学家免费提供的，他们视这种义务工作为他们的职业必需、一种责任，甚至是一种荣誉。相反，还有出版过程的费用，其中包括管理从编辑、审稿、校对、组稿、内容上线再到期刊推广整个过程的费用。这是出版方提供的附加值（Van Noorden，2013）。

- 科学学术生涯的基础是发表论文（"不发表就出局"）。比起其他变量，科学家发表什么文章，发了多少文章，在哪里发，对他们的职业能否成功具有莫大的影响。因此，科学家不愿轻易拒绝订阅期刊，为期刊发行方编辑审阅文章，或是在某个刊物上发表文章的机会，即便该刊物提出的条件非常苛刻。

畅销 STM 期刊的价格反映了这种不公平现象：行业期刊的订阅费高达数万美元，不畅销的刊物往往与顶级期刊打包出售，这使得图书馆难以一个一个地订阅刊物。据估计，全球 STM 期刊市场在 2013 年总值为 100 亿美元（Ware 和 Mabe，2015），其利润空间在全球所有行业中领先，2012 年排名前四的出版商利润率从 28.3% 到 38.9% 不等（Larivière 等，2015）。

学术图书的传统商业模式与期刊不同。期刊行业几个世纪以来通行订阅制，图书的销售几乎总是按本数直接卖给读者，或是通过中间商——书店、批发商和图书馆。图书发行方依靠这些中间商来接触读者，若要提高效率，就得促成中间商的合并。但这意味着出版方完全放弃了与读者的直接联系——也不再了解终端消费者，完全丧失对市场的理解。

学术图书的主要中间商有像亚马逊和巴诺书店（Barnes & Noble）这样的零售商，也有英格雷姆公司（Ingram）和贝克·泰勒公司（Baker & Taylor）这样的批发商。这些行业内发生多次大型并购，使得出版方在谈判时的处境愈发困难，更难以维持持续经营的利润水平——正所谓竞争下降。中间商的另一个缺点是退货效率较低。为了通过销售渠道出售图书，出版商允许中间商无限退还图书。这保证了无论读者在何处购买或是搜寻图书时都能买到印好的成品，但这也使得图书印量过剩、分发过剩以及返还率高达 30%。对于电子书来说，这种低效自然是烟消云散。因此有前瞻性的出版商鼓励消费者接受电子版图书，时常利用价格优惠来刺激消费。但不管图书的版式如何，大部分图书和共识报告的发行方每卖出一本书，才能从消费者或中间商那里收到书款，图书的营销和推广费用一般来说比期刊要高。

科学技术类图书和共识报告与期刊有一些相似之处：科学家或主持研究工作的机构为它们的内容支付研究费用；科学界同行同意免费审阅发表的内容，或仅收取小笔费用；图书馆和学者常常回购发行的内容。除了这种订阅制或直销模式之外，另外的一种模式是开放获取模式——这种商业模式由多家期刊和一家共识报告发行方创立，也被一些商业出版公司和多家大学出版社采用。

期刊的开放获取模式

维特克·特拉奇（Vitek Tracz）发起成立的生物医学出版公司（BioMed Central）在2000 年成为第一家采用开放获取模式的科学期刊出版商（"BioMed Central——Our Open Access Story"，2015）。开放获取背后的概念是彻底消除期刊订阅，科学内容一发表就可供人们通过互联网无障碍地获得信息。出版方一次性收取论文加工费（APC）以支付成本，版面费通常由资助研究的机构提供。与订阅模式相比，论文加工费有诸多好处：

- 通常来说，公众以论文加工费方式支付的费用相对较低。
- 论文加工费十分透明，面临价格竞争。
- 论文加工费保证全世界的研究者免费获取同行的研究成果，都能从公共资金资助的研究项目中获益。
- 感兴趣的公众可以获取有关教育、医疗或新闻领域的研究成果。
- 有更多来自不同背景的人获取研究成果，研究成果的作者也因此获益。
- 知识共享（Creative Commons）出版社开发的开放获取证书最为激进，它允许人们无限反复使用科学内容，仅要求必须保留作者归属。这使得科学家可以任意挖掘数据，教师可以自由地将研究成果融入教学，主管图书馆采购的负责人能从多个源头搜集科研论文。

今天的"金色"开放获取期刊在文章发表之后，即时向公众提供数字内容，供公众无限重复使用，这类期刊占 STM 期刊市场的 15%（Björk 和 Solomon，2014）。

开放获取模式的早期形式是延后开放获取模式（"Publication Embargo"，2016）。这种模式允许出版社获得订阅收入，同时向大众开放数字内容，尽管这种方式往往有数周到数年的延迟。例如美国细胞生物学会出版的刊物《细胞的分子生物学》有两个月的延迟期，该学会可从希望立刻获得期刊内容的读者处收取费用。

在最近几年里出现了"混合型期刊"这种变种。在这种模式下，出版商允许作者付费开放他们的论文，否则论文将刊登在封闭式（即订阅制）期刊上。

图书的开放获取模式

美国科学院出版社（NAP）隶属于美国国家科学院、工程院和医学院，它是第一个采纳开放获取模式的图书出版社，它在 1994 实施这一决定，全世界所有人都可以逐页免费阅读美国科学院出版社出版的图书（图 20.1）（Pope，1999）。从 2000 年到 2011年，针对特定市场，美国科学院出版社的很多图书都能以 PDF 格式文件的形式免费下载（Kannan 等，2009）。在 2011 年，美国科学院出版社大幅重组以达到收支平衡，所有图书都以 PDF 文件的形式免费提供给任何人下载。这一举措使文献传阅率至少增加了 25 倍，更好地服务了：①美国国家科学院、工程院和医学院的专家志愿者，他们奉献自己的时间撰写了这些内容；②公共政策群体，他们可以及时获得专家建议并采取行动；③全世界公民，他们能从这些共识报告中蕴含的科学专家的集体智慧中获益。但出版社从这些报告的印刷版销售中获益不多，能否持续提供必要的信息传递基础设施，供大众轻松获取信息，这一点仍是一个挑战。

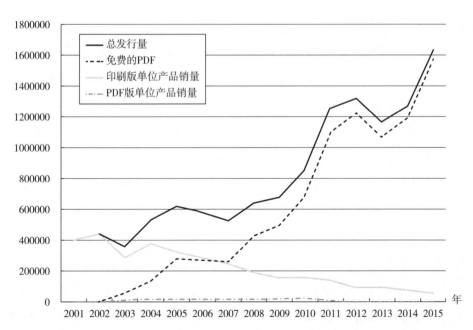

图 20.1　美国科学院出版社每年发布的图书 / 共识报告数量。通过接受开放式获取，投资于对获取免费内容的推广，在开发方面和语言匹配技术方面的创新，美国科学院出版社迅速地增加了它在图书方面的传播。

大学出版社的使命与美国科学院出版社出版相似，它们也力图在实现收支平衡的情况下免费传播科学知识，如今这些出版社正在筹划采用类似期刊出版加工费的模式。伊萨卡出版社（Ithaka）关于学术专著的研究开了个好头（Maron 等，2016）。考虑到大部头手稿的篇幅和复杂程度，以及营销单册图书的成本，这些费用当然要比期刊论文加工费高。伊萨卡和其他出版社宣称：将图书放在网络上免费开放，等待读者发现它，这远远不够。生产和推广学术著作需要耗费资源。如何发现免费的电子书就像如何推销传统印刷的书籍那样重要。出版社除了提供编辑服务，它在营销方面的专业技能也为书籍作者提供巨大的附加值。

科学图书出版商通过在其官方网站上提供免费开放的图书，现在能够重新捕获它们过去丢掉的个人客户。这种去中介化的过程能提升出版社对终端用户的了解，也能改善身为科学家的作者和目标读者的沟通与交流。

最后，因为著书立说的科学家通常更在乎读者和著作的影响力，而不是版税（学术著作的版税本来不多，共识报告没有版税），所以实行学术图书的开放获取，同时投入资源提高书籍发现率和使用率，这种商业模式值得一试。

衡量学术著作影响力：艰难曲折

期刊影响因子最早由尤金·加菲尔德（Eugene Garfield）在 1955 年提出，加菲尔德和欧文·H. 谢尔（Irving H. Sher）两人于 20 世纪 60 年代早期开发了一个文献计量工具，用以帮助图书馆员衡量期刊的成本效益。它就是在过去两年在该期刊发表文章被引用次数的平均值（Garfield，2009）。

虽然影响因子（IF）最初是用来计算一个特定期刊的"影响"，但它很快被用来替代发表在该刊物上的文章的"影响"。这对 STM 期刊市场产生了反常效应，驱使作者首先向高"影响因子"的期刊投稿，因为各研究基金会和学术机构乃至负责授予终身教职、决定晋升机会和评奖的众多委员会都用影响因子来替代学术声誉和高选择性；对影响因子的误解最终引发恶性循环（Larivière 等，2016）。影响因子不适合衡量期刊的引用率，因为研究表明期刊影响因子受极少数高引用率论文驱动，因此人为的抬高了其他大部分论文的影响力（"Editorial"，2005）。很多技术先进的出版商，比如 PLOS 投资开发了论文层面上的计量方法（又称替代计量学），它能更准确地反映某一特定研究成果的影响力（Priem 等，2010）。学者团体和组织已经认识到"研究基金组织和学术机构等团体需要改进评估学术成果的方法"，并共同发表《关于研究评价的旧金山宣言》（DORA）（"San

Francisco Declaration on Research Assessment"，2012）。该宣言建议在决定终身教职、研究拨款和晋升时不将影响因子纳入考虑范围。不幸的是，影响因子在学术圈仍被视作研究质量、学术声誉和高选择性的标志，特别是在亚洲，科学家在高影响因子期刊上发表文章，有时会得到奖金。

美国科学院出版社首先在共识报告中使用替代计量学工具来测量美国国家科学院、工程院和医学院研究成果的影响力（例如："Stats: Science, Evolution, and Creationism"，2008）。美国科学院出版社采用的其他影响因子包括下载次数、印刷版销量和在线阅读页数，以及其他可以量化的指标，其中包括世界各地读者留言和具体的政策变动。传统科学图书出版商通常根据每本书的总销量、版权授权数量和获得奖项来评价成功与否。幸运的是，这些图书出版商躲过了影响因子这一劫。

消除影响因子暴政的尝试之一是 2006 年成立的"超级期刊"*PLOS ONE*。科学期刊直到当时的做法是审稿人和期刊编辑从投稿中选出与其他文章最有联系的论文，这样可以提高被选论文的引用率，从而拔高期刊的影响因子。作者往往先将论文投给高影响因子期刊，待拒稿后再投给影响因子较低的刊物，这种做法使得经过验证的科学成果的发表周期大大延长，有时长达数年，有时甚至从此不见天日。

PLOS ONE 创立的前提一是同行审议的作用是能够保证待发表的科学成果在方法上严谨可行，二是应该欢迎所有来自正当科学领域的文章，三是应该由读者来决定文章是否有价值、有意义或是有影响力。这能保证可信、论证严谨的科学成果能及时发表。*PLOS ONE* 做梦也没有想到，这种模式远远超出它的预期。仅在 2013 年，有 3.1 万多篇论文获得发表（"Journal Information"，2013）。*PLOS ONE* 的成功吸引许多或新或旧的竞争者，它们有的来自商业领域，有的是非营利性组织，但都办起了自己的超级期刊。

科学出版行业机遇重重，挑战也重重

尽管科学出版行业取得进步，但仍面临重大挑战，其中几个挑战如下：

发表周期时间过长。对于期刊来说，研究论文从投稿到出版的时间仍然太长。个中原因是效率低下，其中编辑过程非常耗时，比如论文需要多次修改，论文审稿次数过多，还有拒稿没有效率。拒稿之后，作者再次向影响因子较低的期刊投稿也耗费了大量时间和精力。对于共识报告来说，政策制定者抱怨从组织委员会到发表报告的周期过长。有些时候，共识报告能促进重大法案和政策的改善，但是这些法案和政策等不及长达一两年的慎重思考和同行审阅过程（Ahearne 和 Blair，2003）。

同行审议。学术图书和期刊一样，科学家往往自愿花时间仔细评议一篇论文或共识报告。这个过程仅为论文作者所知。虽然集思广益可以对同行的科研工作提出建设性意见，但是科学家们往往没有动力，或是惧怕曝光和报复，不愿参与评审工作（"Peer Review in Scientific Publication"，2011）。

出版物的静态特征。科学知识是累积的。随着知识的进步，学术论文和共识报告应当有着生命活力。

准确度量影响力。目前缺乏可靠、准确的方式计量单篇学术论文在其所在领域内的影响力。如果有办法评估学术论文和共识研究的真实影响力，就能帮助研究者找出更好的办法，开拓新的研究领域。

对负面结果存在偏见。期刊通常喜欢收录成功证实某个假说的研究成果，这导致了系统资源的浪费，因为科学家往往因此无法了解其他类似试验遇到的问题和困难。当科学家撰写共识报告时，这也限制可供利用的基础性研究。

研究发现无法复制。虽然媒体对此多有报道，事实是当研究成果无法被他人复制时，通常是因为实验方法和材料不同，而非学术造假问题。科研人员需要直接有效地发布试验流程，并能够重现试验（Begley 和 Ioannide，2015）。

标准缺失。缺乏针对研究对象（包括数据集和图表）清楚的出版发行标准，这种现象损害科学发展。

论文署名和论文作者身份。是谁对论文做出了贡献（例如技师、生物统计学家和工程师）？对这个问题的答案差别较大，比较主观。

最后，还有一个期刊和图书出版业面临的危机：历史记录缺失。因为这些档案掌握在商业机构手中，因为没有得到数字化，所以读者很难获得，除非额外付费。

科学期刊行业的剧变预示着未来的变化

科学期刊行业中无论是以营利为目的的组织，还是非营利性的组织，都正经历一场剧变，这场剧变预示着未来的重大变革。这是诸多因素合力的结果。

期刊订阅费被曝光。20世纪90年代初期，一些顶尖科学家"揭露了"科学期刊出版行业的暴利现象（利润率通常超过28%），纳税人和生物医学研究赞助方为此买单。这激起各方呼吁对行业本身持续进行重大改革。

并购加速进行。出版商之间的并购已如此之快，到了2015年超过半数的科学出版物是由5家最大的出版商运营的。并购不仅发生在营利性和非营利性组织之间，甚至还发生在不同行业之间——例如一家私营基金公司从斯坦福大学图书馆买下了 HighWire 出版社。

新成员进入市场。新老出版商向市场引入了大批新期刊［例如老牌的《自然》杂志社新出的《科学报告》，后起之秀生命科学在线（*eLife*）］。这些期刊出现的原因有的是源于革新传统出版方式的渴望，有的是因为互联网将市场准入的门槛大大降低，也有的是因为图书馆和研究人员逐渐接受了在线杂志。技术进步使以多种非传统的形式发表研究成果变得可行，这些手段包括数据集和独立图表（例如 figshare 数据共享平台）。但随着市场变得拥挤，规模出版优质科学成果的压力就越来越明显。这可能会抑制期刊增长。

预印在线出版。物理学家保罗·金斯伯格（Paul Ginsparg）认识到重大科学发现不能及时得到发表，限制了科学进步，他于 1991 年设立了一个预印出版服务器，这一卓越发明甚至早于互联网的出现。ArXiv 平台现已成为发表物理学研究成果的特定方式。学者一旦完成研究即可公布研究成果，其他研究人员能马上在自己的研究中受益于他人的成果，免去了传统期刊投稿和审阅所需的数月乃至数年时间，论文作者也能立刻从同行处得到反馈。生命科学领域也有预印出版平台，但是用户寥寥（例如 *PeerJ* 期刊的 BioRxiv 平台）。一些科学家在 2016 年创建了 ASAPbio 平台供生命科学家即时发表成果所用。预印出版平台的成功取决于多个因素，它们能否提供首次发现的时间标准，保证预印平台之间以及预印平台和期刊出版社之间具有协同工作能力，以及发表在预印平台上的成果价值在拨款、评奖、雇用、终身教职和晋升方面获得肯定。

其他方式的公开审核、群体参与、连续出版物和开放的评估。提前发表论文有加快研究进程的潜力，不仅因为它使得研究成果更快开发，也因为它创造了任何有资质的研究者与论文作者共同就感兴趣的工作接触交流的机会。这有下列若干好处：

- 读者在前人研究的基础上开展工作，越早读到新的成果就越能从中获益。
- 论文作者能够从诸多读者的反馈中获益，而不仅仅是由期刊编辑指定的少数同行。
- 其他人能够跟踪论文作者和发表评论者之间的互动，并从中获益，而传统出版方式将智识资本的流动局限于作者和责任编辑之间。
- 即使研究成果正式发表，公开的评审意见保证一篇论文随着研究的无限演变，作为研究话语的家园"继续生存下去"。

这些因素合在一起，使得出版商和科学家以全新的方式思考传统期刊之外的研究成果传播活动。

无处不在的云计算将搅乱学术出版业的前景

学术图书出版商正忙着追赶开放获取期刊的脚步，它们重新思考自己的商业模式，希望保证它们的作者能有机会与世界上的任何人轻松交流——无论对方是科学同行，还是政策制定者，或者是普通公民——作者们可以分享他们的研究、他们的知识和建议，把这个世界变得更好。

但是出版社需要把目光放长远一些。从服务作者的角度来说，出版社如何延伸作者与读者的联系，在读者的头脑中激发思维的火花？如何减少提升价值，减少阻碍，有效传递知识？米基·麦克马纳斯（Mickey McManus）和他的合作者在《万亿：新兴信息生态的繁荣》（*Trillions*：*Thriving in the Emerging Information Ecology*）（Lucas 等，2012）一书中声称信息需要像 1956 年的航运业那样实现集装箱化（Lucas 等，2012，28）。标准化的集装箱给世界贸易带来革命性的变化。现在出版商需要使容纳作者知识的容器标准化，这样它们也能给知识传递的方式带来革命性变化，彻底改变事物之间无缝连接的方式。

万物互通互联代表着出版业的未来——这一未来已与我们生活密不可分。当我们周围所有的设备在信息集装箱化的基础上，彼此互联互通，我们的生活和生活中的一切将密不可分。当我们带着一本关于病毒演化史的"书"走进博物馆，万物互联将我们拉近一件鸟的标本，告诉我们它因为某些病毒而灭绝。当政策制定者思考如何加速普及电动汽车时，出版商有责任把《克服部署插电式电动汽车的障碍》（*Overcoming Barriers to Deployment of Plug-In Electric Vehicles*）（Transportation Research Board and National Research Council，2015）这本共识报告中的相关部分与所有其他相关信息直接、无缝连接起来，并呈现给政策制定者。

互联网的核心在于提高发现水平；万物互联的核心在于无损连接。出版商需要成为创新者，它们需要和计算领域的企业家直接合作，保证我们的科学家能利用万物互联的特性克服在本章讨论过的所有争议现象——大幅提高科学研究进程，使通过科学汇集的种种好处惠及所有人。

致　谢

作者要感谢宾夕法尼亚大学安纳伯格（Annenberg）公共政策研究中心研究与行政协调专员埃米莉·马罗尼（Emily Maroni）在文献检索和参考文献方面的帮助。

参考文献

About the Internet archive. (2016). Internet archive. https:// archive.org/about/.

Ahearne, John, and Peter D. Blair. (2003). Expanded use of the National Academies. In: G. Morgan and J. Peha, eds., *Science and technology advice for Congress.* Washington, DC: RFF Press, 118–133 and 191–207.

As publishers perish, libraries feel the pain. (2000). *The New York Times*, November 3.

Begley, C. Glenn, and John P. A. Ioannidis. (2015). Reproducibility in science: improving the standard for basic and preclinical research, *Circulation Research*, 116, 116–126. BioMed Central—Our open access story. (2015). BioMed Central, October 19. https://www.youtube.com/watch?v=CPoCE7F8ZRc.

Björk, Bo–Christer, and David Solomon. (2014). Developing an effective market for open access article processing charges. Wellcome Trust, March 2014.

Blair, Peter D. (2016). The evolving role of the US National Academies of Sciences, Engineering, and Medicine in providing science and technology policy advice to the US government. *Palgrave Communications*, 2(16030). doi:10.1057/ palcomms.2016.30.

Crawford, Walt. (2000). Nine models, one name: untangling the e–book muddle, *American Libraries*, 31(8), 56–59.

Editorial: Not–so–deep impact. (2005). *Nature*, 435, 1003–1004.

Garfield, Eugene. (2009). The history and meaning of the journal impact factor. *JAMA*, 295(1), 90–93.

Google Books History. (2016). Google Books. https://books. google.com/intl/en/googlebooks/about/history. html.

Immerito, Tom. (2009). Electrifying knowledge: a virtual library bit by byte. *Pittsburgh Quarterly*, Summer.

Ioannidis, John P. A. (2014). How to make more published research true. *PLoS Medicine*, 11(10), e1001747.

Journal information. (2016). *PLOS ONE*. http://journals.plos. org/plosone/s/journal–information.

Kannan, P. K., Barbara Kline Pope, and Sanjay Jain. (2009). Pricing digital content product lines: a model and application for the National Academies Press. *Marketing Science*, 28(4), 620–636.

Larivière, Vincent, Stefanie Haustein, and Philippe Mongeon. (2015). The oligopoly of academic publishers in the digital era. *PLoS One*, 10(6), e0127502.

Larivière, Vincent, Veronique Kiermer, Catriona J MacCallum, Marcia McNutt, Mark Patterson, Bernd Pulverer, et al. (2016). A simple proposal for the publication of journal citation distributions. bioRxiv 062109. http://dx.doi.org/ 10.1101/062109.

Lucas, Peter, Joe Ballay, and Mickey McManus. (2012). *Trillions: thriving in the emerging information ecology.* Hoboken, NJ: John Wiley.

Maron, Nancy L., Christine Mulhern, Daniel Rossman, and Kimberly Schmelzinger. (2016). The costs of publishing monographs: toward a transparent methodology. *Ithaka S+R*, February 5. http://www. sr.ithaka.org/publications/ the–costs–of–publishing–monographs/.

McDougall–Waters, Julie, Noah Moxham, and Aileen Fyfe. (2015). *Philosophical transactions: 350 years of publishing at the Royal Society (1665-2015)*. London: Royal Society.

Mervis, Jeffrey. (2014). Why null results rarely see the light of day. *Science*, 345(6200), 992.

Mission. (2016). National Academy of Sciences. http://www. nasonline.org/about–nas/mission/.

O'Leary, Brian. (2010). Context first: a unified field theory of publishing. Presentation at the Internet Archive's Books in Browsers Conference, October. https://vimeo.com/20179653.

Our Partnership. (2016). Hathi Trust. https://www.hathitrust. org/partnership.

Peer review in scientific publications: eighth report of Session 2010–12. (2011). The House of Commons, Science and Technology Committee. London: Stationery Office Limited.

Pope, Barbara Kline. (1999). How to succeed in online mar–kets: National Academy Press: A case study. *The Journal of Electronic Publishing* 4(4). http://dx.doi.org/10.3998/ 3336451.0004.408.

Priem, Jason, Dario Taraborelli, Paul Groth, and Cameron Neylon. (2010). Altmetrics: a manifesto. *Altmetrics*, October 16. http://altmetrics.org/manifesto.

Publication embargo. (2016). SPARC Europe. http://sparceu–rope.org/embargoes/.

San Francisco declaration on research assessment. (2012). Paper presented at the annual meeting of the American Society for Cell Biology, December. http://www.ascb.org/dora/.

Stats: *Science, Evolution, and Creationism.* (2008). The National Academies Press. http://www.nap.edu/ catalog/ 11876/science–evolution–and–creationism#stats.

Transportation Research Board, and National Research Council. (2015). *Overcoming barriers to deployment of plug-in electric vehicles.* Washington, DC: The National Academies Press.

Van Noorden, Richard. (2013). Open access: the true cost of science publishing, *Nature* 495(7442), 426–429.

Vaughn, Stephen, Gregory John Downey, and Rima D. Apple. (2012). *Science in print.* Madison: University of Wisconsin Press. Ware, Mark, and Michael Mabe. (2015). *The STM report*, 4th ed.

The Hague: International Association of Scientific, Technical and Medical Publishers.

推荐阅读

Björk, Bo–Christer. (2015. Have the mega–journals reached the limits to growth? *PeerJ*, 3, e981. doi:10.7717/peerj.981.

Blair, Peter D. (2016). The evolving role of the US National Academies of Sciences, Engineering, and Medicine in providing science and technology policy advice to the US government. *Palgrave Communications*, 2(16030). doi:10.1057/ palcomms.2016.30.

Kannan, P. K., Barbara Kline Pope, and Sanjay Jain. (2009). Pricing digital content product lines: a model and application for the National Academies Press. *Marketing Science*, 28(4), 620–636.

Larivière, Vincent, and Yves Gingras. (2009). The impact factor's Matthew Effect: a natural experiment in bibliometrics. *Journal of the American Society for Information Science and Technology*, 61(2), 424–427.

Lucas, Peter, Joe Ballay, and Mickey McManus. (2012). *Trillions: thriving in the emerging information ecology*. Hoboken, NJ: John Wiley.

Marincola, Elizabeth. (2013). What happens when science, money, and freedom of information collide? TEDMED video. http://www.tedmed.com/talks/show?id=17821.

Maron, Nancy L., Christine Mulhern, Daniel Rossman, and Kimberly Schmelzinger. (2016). The costs of publishing monographs: toward a transparent methodology. *Ithaka S+R,*. February 5. http://www. sr.ithaka.org/publications/ the–costs–of–publishing–monographs/.

Ware, Mark, and Michael Mabe. (2015). *The STM report*, 4th ed. The Haugue: International Association of Scientific, Technical and Medical Publishers.

第二十一章
政府机构在对传播监管科学中的作用

杰弗里 · 莫里斯*（Jeffery Morris）

摘要： 政府依靠监管科学为保护人体健康和环境的决策提供支持。监管科学的产生和运用不仅与政府之外的发现型科学不同，而且监管科学在民主社会之内拥有自己的传播渠道，在公众参与方面也面临自己的挑战。当向社会引入并使用新兴技术之时，需要使用科学信息来指导相关决策，作者阐明了其中的机遇和挑战；通过纳米技术和生物技术这两个案例，本章调查了监管科学是如何在美国联邦政府内部传播，特别是如何通过美国国家环境保护局进行传播的。

关键词： 监管科学；传播；纳米技术；美国国家环境保护局；联邦政府；生物技术

政府机构对科学信息的生产和使用有多种形式。在一些情况下，政府科学和来自学术界以及私营研究机构的科学并无二致。在政府的科学研究机构，比如美国国立卫生研究院，其首席研究人员从事研究，将成果发表在学术期刊上，他们的研究发现为广大科学群体所用，推进科学进步。这些政府科研人员身为全球性科学群体的一分子，他们或通过科研文献、学术会议、面对面的一对一交流，或在虚拟环境中互动。

但是还有一种政府独有的科学活动，它拥有自己的交流方式。像美国国家环境保护局这样的政府监管机构能产生并使用监管科学（Jasanoff，1999）。监管科学产生的科学数

---

* 杰弗里 · 莫里斯是美国国家环境保护局雇员。本章表述的观点均为他个人观点，不一定代表美国国家环境保护局或美国政府的观点或政策。

据被政府用来决定是否并且如何实施监管活动。其中的一个例子是美国国家环境保护局关于化学物质的管理活动。本章关注政府，主要是美国国家环境保护局，如何就监管科学这个话题努力接触公众并与公众交流。特别是政府机构如何帮助公众理解新兴技术的影响。

当美国国家环境保护局这样的政府机构评估一种化学物质时，它审查该化学物质的毒性，判断接触该物质是否有害，最终决定该物质是否对人和环境存在潜在威胁。这一信息可能来自公开发表的科学文献，或者来自化学公司和公司联盟完成的调查研究，或是来自诸如美国国家环境保护局下属的研究和发展办公室这样的政府研究实体。

美国国家环境保护局主要通过动物实验进行毒性研究，收集数据，评估化学物质对人的危害。[1]研究者一般通过排放数据和情景模拟来估计化学物质暴露水平。从化学物质危险性和暴露研究获得的数据信息被整合之后用来评估化学物质对人体和环境的潜在风险。美国国家环境保护局的政策制定者可以利用风险评估报告采取监管行动，如果美国国家环境保护局认为使用该化学物质的风险过大，甚至可以下达禁令。

美国国家环境保护局使用风险评估来支持监管措施，科学信息由此进入公共政策领域。风险评估和作为风险评估基石的监管科学常常成为公共辩论的主题，因为评估报告是决定政府是否采取行动的工具，而政府监管行动的对象又涉及多个利益团体。监管科学是一种治理工具，在民主体制中，治理本身恰恰属于政治话语范畴。

如果美国国家环境保护局以科学信息为基础限制或禁止特定化学物质的使用，一些利益团体会反对美国国家环境保护局的决定，而另一些则会表示支持。与该议题相关的所有群体都会引用科学信息支持他们各自的立场。反对美国国家环境保护局决定的人声称化学物质评估报告存在缺陷；支持者则认为科学信息充分，美国国家环境保护局的行动合理。这些有关科学的争议极少得到解决。关于化学物质评估的争论一方面事关多方利益，另一方面提升了我们对化学物质影响的了解。这些争论经年不决，其原因是在监管科学中使用的大量信息本身具有高度的不确定性。

在科学哲学中，所有的科学假设根据支持证据的不同，在不同程度上都是无法确定的。换句话说，支持任何科学假说的证据都存在弱点，因此其他假说也可能成立（Quine，1951）。但是监管科学产生的假设尤其容易受认识论的不确定性影响。这主要是因为为了搜集监管科学数据，研究人员先需要测试动态的适应性生物系统，接着再评估试验测试结果是否与实际结果存在关联，但这个环节有太多不确定因素。例如研究人员要将实验室动物毒性试验数据与化学物质暴露对人体危害的估计数据对比，这个过程需要建立复杂的模型来模拟化学物质在人体内部的代谢和分布，同时研究人员需要诠释在实验用动物身上观察到的现象（例如某些特定肿瘤或出生缺陷）是否与人存在关联。化学物质风险评估不仅包含上述这些不确定因素，还包括其他不确定因素，这种情况使得立场对立的团体能够对数据进行不同解读，得出不同的风险评估结果。反对者也使用科学工具，通过行政、司法和语言等手段挑战机构监管。

因此将科学和政策结合形成监管科学，虽不理想，但确是必要之举。科研人员设计科学实验，产生科学信息，支持或推翻可证伪的假说；监管科学从不声称能给出确切无误的答案。但是利益相关团体利用行政手段和司法系统来裁定监管争议时，寻求的就是这种明确证据。监管科学能推进我们对化学物质暴露影响的了解，但它不适合用来解决因政府对化学物质监管而产生的行政和法律争议，这是由于监管科学内在的不确定性。政府在决策过程中采用科学信息，当人们在传播这些信息时，上述不确定因素发挥将重要影响。

考虑到产生和使用监管科学的场景，监管科学的传播方式、传播目的和负责传播工作的人员与监管环境之外其他类型的科学传播有所不同，也不足为奇。政府之外的科学发现主要通过同行审议的期刊或图书传播。科学家在期刊上发表成果，刺激其他科学家对此作出评论，或者就同一问题进行进一步研究。发表论文的科学家也参加学术会议，在同行面前展示他们的成果，与同行讨论他们研究成果的优点和缺点。当公众感兴趣的科学信息进入主流媒体视野，科学家扮演专家的角色，需要接受采访或引用刚发表的论文成果作为证据。

政府科学家生产和/或使用监管科学，他们也需要发表论文，参加学术会议，可能有时也会应召作为专家接受媒体采访。但是供政府使用的科学，特别用于监管的科学，通常与其他类型的科学大大不同。

一旦科学信息成为政府决策的一部分，它就会通过正式和非正式行政程序传播，且在其用于政府评估时进入正式传播渠道。因为政府机构发布评估报告的举动意味着政府准备采取行动，如果评估结果显示潜在风险极大，此时利益团体卷入评估过程，与承载评估过程的科学活动发生接触。

美国国家环境保护局发布的化学物质评估报告，通常在报告准备过程中的几个节点传递给公众。污染和有毒物质办公室遵照《有毒物质控制法》来管理化学物质，在这个部门里，向公众传播评估报告的第一步是发布问题阐述文件，这个文件勾画出评估范围，概述支持开展评估的现有科学证据。美国国家环境保护局通常在《联邦公告》中发布通知，宣布已为评估建立了一个清单，同时也通过公告、媒体顾问和美国国家环境保护局官方网站告知公众这一消息。这时，利益团体会直接与美国国家环境保护局联系，他们要么提交针对问题阐述文件清单的评论，要么与美国国家环境保护局职员直接会面。他们也可以通过行业报刊、博客、学术会议或者他们选区的国会议员或行政分支机构等渠道与美国国家环境保护局会面交流他们的立场。

美国国家环境保护局在公众对问题阐述文件和评估范围文件做出评议之后，开始编写风险评价报告草案并将其发布，征求公众意见。它也会根据评价采取的科学方法的新颖程度和评估报告本身潜在的社会和经济影响，邀请独立专家对报告进行同行审议（美国环境保护署，2015）。评价草案的发布将会在利益团体中引起新一轮的沟通交流，这一轮很可能比刚发布问题阐述文件时还要激烈。美国国家环境保护局将参考公众反馈和同行审议意见，修改并发布评价报告终稿。

如果最终的化学物质评价报告表明美国国家环境保护局担心化学物质对人体和环境有风险，那么针对评价工作中使用的科学的讨论将迎来又一轮更为激烈的讨论。从此时开始，特别是如果美国国家环境保护局启动监管行动限制或禁止使用该化学物质，关于评价过程科学有效性的立场将会固化；如果美国环境保护署尚未采取行动，利益团体将使用其掌握的所有传播资源反对或支持美国环境保护署采纳的科学信息。

因为双方对相关科学信息的观点完全对立，一个中立旁观者可能难以相信与美国国家环境保护局的观点相左和相同的双方都在批评同样的科学信息。观点冲突的双方（假设只有两方）各自以"真正的科学"的名义争辩：一方声称美国国家环境保护局的科学研究有缺陷不完整，另一方则认为它论证充分，结论可靠，支持环境署的立场。这个节点上的交流都为着推动各自的政策目标，利益团体力图说服其他人，尤其是决策者，声称他们的观点是正确的。就在这种敌对、唇枪舌剑的场景下，政府就监管措施所依据的科学开展沟通和传播活动。

下面两个例子展示了美国政府如何与公众接触交流，传播美国政府对两个新兴技术的环境、健康和安全（EHS）影响所作的评估：一个是纳米技术，另一个是包括合成生物在内的生物技术。这些例子清楚地说明了在公众参与新兴技术治理相关的科学问题中存在哪些挑战和机遇。这些例子代表着政府在技术出现早期进行科学传播的尝试，此时重大监管活动尚未展开。早期的尝试有机会就监管科学发展和利用这个话题实现开放、有成效的讨论，此时政府监管活动尚未使各利益团体立场变得强硬。

纳米技术：与利益相关方接触

所有纳米级的材料，又称纳米材料，都被美国国家环境保护局当作化学物质来管理。大约在 2004 年，纳米技术成为一个监管科学问题，美国国家环境保护局和其他联邦机构开始尝试开展公众参与。这些政府努力的结果有好有坏。在政府和与政府互动的民众之间的关系上，公众参与的努力富有成效。但是，就像其他联邦政府的鼓励公众参与的尝试一样，尚未对监管科学产生兴趣的那些公众极少讨论纳米技术，特别是与纳米技术有关的监管科学以及环境、健康和安全问题。主导政府与利益相关方参与活动的人已经参加了政府对纳米技术的监管活动，而那些尚未加入现有利益相关方的公众大量缺席。

美国国家环境保护局、美国食品和药物管理局和美国国家职业安全健康研究所等联邦机构发布纳米技术文件征求公众意见，并就此话题举办研讨会和公开会议；美国联邦政府的大部分尝试都是通过跨部门基础设施完成的，这个机制作为美国国家纳米计划（NNI）的一部分，具体来说是纳米科学、工程和技术委员会下属的纳米技术、环境和健康影响（NEHI）工作小组的一部分，该组织有二十个联邦机构成员。在 2010 年，纳米技术、环境和健康影响（NEHI）工作小组组织了名为"纳米技术的风险管理方法及纳米技术对伦理、法律和社会影响"的研讨会。三年后，该小组再次举办会议重点关注公众参与问题，会议主题为"利益相关方观点：纳米技术潜在风险的感知、评价和管理"。

2010 年的会议超越了监管科学范畴，讨论了纳米技术的伦理、法律和社会影响（ESLI）。将 ESLI 议题纳入政府组织的研讨会日程的举措对科学传播和公共参与有着重大意义。如果不将 ESLI 议题纳入讨论范围，科学，特别是监管科学对于纳米技术这样的新兴技术的潜在风险有何定论，将主宰关于政府监管活动的讨论。政府和利益相关方发出讯息的主题是科学和风险。但公众对他们每日接触的各种技术有什么看法，这其中掺杂很多别的考量。有关 ESLI 议题的种种考量把监管科学置于具体的场景，在讨论新兴技术对社会影响的时候，这些考量可能使科学，尤其是监管科学，不再在对话中处于主导、中心的地位。这样的"去中心化"能使讨论话语超越从技术层面描述风险的范畴，不再用风险为尺度衡量人类与生态福利。

在同一个研讨会会场内，在监管科学的基础上同时讨论 ELSI 和风险管理这两个话题，再次加强了会议有关报道中行政摘要的说法，即"风险管理方法在更大的社会环境中被用于决策"（NNI，2010，1）。对于公众参与环境中的科学传播活动，这种说法暗示存在潜在的权力分配。将科学之外的考量带入公共话语，导致权力从专家转移到非专业社会人士手中。科学不再被描绘成执行决策的唯一基础，在探讨新技术对社会的潜在影响时，科学仅被视作公共话语中公众思考的众多因素之一。

2010 年召开的研讨会使联邦政府意识到 ELSI 问题的存在。当时政府关于纳米技术的活动和文件的重心仍放在监管科学上。讨论范围因 ELSI 问题的纳入而扩大，其中包括对更广阔的社会范围内利益的多种考量。在 2010 年的研讨会上，与会者多次直接讨论与公众就纳米技术进行交流的问题。在其中的一个讨论中，参与者强调如何与公众就新兴技术进行沟通接触并增进了解"是一门科学——系统、实证性的科学传播研究应当在美国国家纳米计划日程中扮演比目前更为重要的角色"（NNI，2010，19）。但是政府机构没能在会后采取行动，继续在其他社会阶层中推进讨论。研讨会在讨论监管科学问题时很有用。但当研讨会对公众开放时，参与讨论的往往是有财力、有动力的利益相关方。如果要让公众有意义地参与政府发展应用科学的决策过程，需要采取额外手段。

2013 年的研讨会正如其名，讨论纳米技术对环境、健康和安全（EHS）影响，关注各利益相关方对此的观点。因为这些影响是在监管科学知识的框架下定义的，本次研讨会的一个重要部分就是讨论纳米技术监管科学的现状（NNI，2013）。参会的利益团体代表来源广泛，他们来自不同规模的企业、非政府环境保护组织、消费者和工人权益团体、学术界和政府机构。本次研讨会的两个大会主题发言均与公共参与有关：第一个关于如何在风险分析中纳入公众观点这一因素，第二个关于社会不同阶层对风险认知出现差异的不同方式。一些与会人士讨论如何与非专业人士交流，但讨论大多关注各方认为应优先考虑的各个领域。

为改进科学传播和利益相关方的参与工作，本次研讨会出台以下建议：

● 设立一个全国性中心，针对由不同利益相关方组成的受众，对他们进行教育，引导他们正确参与风险相关的决策活动。

● 为不同受众和利益相关团体之间的风险传播活动提供持续、充分的支持。

● 设立一个研究中心，集多个政府机构和利益相关团体的力量，合作开展风险评估项目（NNI，2013，43）。

上述建议中令人感兴趣的是它们都和风险传播有关，即便它只是本次研讨会讨论的焦点之一——这一点饶有兴味，但并非出人意料。风险是监管科学的关键，这种关键性不仅影响政府发起的科学传播活动，也影响了与政府接触的利益相关方发起的活动。当人们讨论如何应用监管科学治理新兴技术时，这种对风险的关注完全合理。但科学传播者们应当认识到仅仅关注风险会限制公共话语，他们也应留意 ELSI 因素可能产生潜在影响，就如同2010年研讨会上讨论的那样，大部分人对他们生活中存在的科学技术有一定感受，ELSI因素能将关于科学的讨论与这种感受直接匹配。例如，人们区分不同的技术，一些技术应用于设备中，一些技术应用与食物有关，另一些则作用于人体。因为纳米技术的应用范围如此广阔，把风险这个概念与纳米技术这个通用术语联系起来，不能完全阐明普通公众对纳米技术的担忧。

2010年和2013年的研讨会对纳米技术的科学传播至少做了三个贡献。

首先，政府部门从代表各种利益群体的相关各方获得了第一手意见。因为这些观点以个人的形式表达，在研讨会这样的中立场合进行，讨论气氛不像联邦监管行动那样敌对、充满火药味，所以参会人员之间的互动坦率而友好。政府代表和利益相关方代表自始至终保持合作，就如何使用监管科学信息评估和管理纳米材料，并如何创造和传播这些信息，各方就如何解决这些问题进行了探讨。

其次，两次研讨会的第二个贡献是利益相关方对政府机构面对的挑战有了更真切的认识。例如联邦法案或实施规定能够限制联邦政府机构发展和利用监管科学的决定，甚至规定政府机构按特定方式行事。政府一方面需要鼓励新兴技术发展，另一方面要保证这些技术的安全性，这两者之间存在着内在的矛盾关系。因为相当数量的联邦机构出席研讨会，它们中的一些负责监管，另一些身负研究任务，利益相关方能够体会到政府绝非铁板一块，在应用科学方法来评价新兴技术对社会的冲击时，政府本身代表着种种不同的利益和观点。

再次，研讨会有助于在政府和利益相关方之间建立沟通网络。很多利益相关方参加了2010年和2013年的会议。在两次会议之间，不同的政府部门和利益相关方频繁互动。这个关系网络不仅对纳米技术的公众参与活动极有价值，它对像合成生物学这样的新兴技术的沟通与交流也有助益。

合成生物学：不同的道路

像纳米材料一样，美国国家环境保护局把合成生物产品按化学物质来监管。美国国家环境保护局对合成生物学应用拥有管辖权的例子之一就是转基因藻类，这些藻类经过基因工程改造，能生产包括生物燃料在内的油脂（美国环境保护署，n.d.）。在2015年，美国国家环境保护局着手为转基因藻类的产前评估制定指导原则，它在公众参与环节采用了与之前纳米技术完全不同的做法。通过与从事相关领域研究的社会科学家持续保持交流，这种互动从纳米技术时期开始，美国国家环境保护局认识到藻类项目是一个极好的案例，可以启动关于现代生物技术这一更大话题的公众参与活动。在 2014 年举行的一场讨论合成生物学的社会影响的研讨会上，美国国家环境保护局职员与来自学术机构的社会科学家接触，向他们提出以转基因藻类指导原则的开发为案例，引导公众参与 21 世纪现代生物技术。

美国国家环境保护局和这些社会科学家有着共同的目的：在政府就是否引入生物技术产品做出决定时，提高公众在决策过程中的参与程度。美国国家环境保护局希望利用社会科学家的专业知识和关系网络，尽可能多地获得各种公众意见。除此之外，美国国家环境保护局不仅对转基因藻类的应用感兴趣，它也想试探公众对转基因藻类之外的生物技术应用的态度。因为美国国家环境保护局藻类项目能成为研究者们的公众参与研究活动的焦点，社会科学家们也因此受益：利用藻类这样一个几乎人人皆知的生物来生产日常消费产品油脂，这个例子以清楚易懂的方式勾勒出鲜有人知的合成生物学的应用。

美国国家环境保护局有三个科学传播目标：从利益相关方获取关于藻类指导原则文件的技术意见，引导公众参与讨论生物技术和藻类这个话题，鼓励公众参与讨论更广泛生物技术话题。来自学术界的社会科学家希望激发公众话语，同时推进新兴技术传播和管理的研究（Arizona State University，2014）。美国国家环境保护局化学物质评审人员向社会科学家提供帮助，帮助科学家们与焦点团体展开接触，并协助他们开展其他科研活动。因为公众参与工作由科研人员而非政府来执行，美国国家环境保护局相信它的参与能帮助科学家们将讨论定位在政府监管生物技术安全这一现实中，同时使讨论不仅仅限于转基因藻类，甚至是监管科学范畴。美国国家环境保护局希望任何有关转基因藻类的社会科学研究能完善和丰富美国国家环境保护局自己的公众参与活动，帮助美国国家环境保护局改进生物技术管理方法，提高生物技术传播能力。

经验和教训

科学传播者从纳米技术和合成生物学这两个案例中学到的一课就是：政府如能善用科学传播专业知识，公众参与工作收效更佳。在纳米技术研讨会上，讨论的焦点在于如何获得正确的科学信息来支持政府所需的监管科学，进而协助政府治理。虽然联邦机构和其他组织形成伙伴关系，共同举办这些研讨会，但非政府合作伙伴，特别是那些不受政府监管活动影响的组织，能从研讨会中得到什么，这一点尚不清楚。即使非政府组织希望通过参加这些研讨会来推动与纳米技术有关的公众参与工作，它们的这些努力只能辅助政府目标的实现，因为尚无相应机制将这类参与活动的成果反馈到政府的纳米技术活动。

纳米技术和合成生物学的例子也为监管科学信息的开发与利用，以及如何争取公众对话题的理解和接受上了重要一课。在这两个案例中，在政府与公众接触之前，公众对政府在这些领域内开展的监管科学活动几乎一无所知（Peter D. Hart Research Associates, 2006）。ELSI 领域的研究者在纳米技术研讨会之后才高度意识到政府如何在决策过程中运用监管科学。转基因藻类项目伊始就吸引了相对较广的公众注意。在 2015 年 9 月 30 日华盛顿特区举办的第一次公开会议上，美国国家环境保护局收到了来自各方的广泛意见。从非专业人士到学术界人士再到企业高管，参会人数近一百人。一些意见与美国国家环境保护局监管科学的具体层面有关，比如美国国家环境保护局需要断定转基因藻类是否能在野外生存；其他人表达了对基因改造生物的开发和部署的广泛担忧（US EPA, 2016）。

如果政府希望培养公众参与新兴技术讨论的兴趣，特别是鼓励公众讨论属于监管科学范畴内的科学话题，政府应当与利益相关方建立联系。这是我们可以从这两个案例中学到的另外一课。在涉及纳米技术 ELSI 问题上，政府与利益相关方形成的伙伴关系有利于双方：联邦机构部门深入理解纳米技术的 ELSI 问题，利益相关方也了解了政府机构如何在决策中运用科学信息。这种相互学习的过程推动了科学传播研究的发展；政府运用科学制定公共政策，通过增加这一过程的透明度，增进公众对政策制定过程的了解，民主体制也因此得以强化。

比起美国国家环境保护局的纳米技术项目，转基因藻类项目试图更广泛且有效地接触普通公众。美国国家环境保护局认识到它在这方面的努力未必都能转化为有关转基因藻类问题的公共话语，虽然环境署欢迎公众对这一问题的兴趣。无论如何，美国国家环境保护局认为其公众参与活动能提高公众的生物技术意识，增强公众对生物技术，尤其是基因工程和合成生物学的兴趣。美国国家环境保护局希望这种兴趣能帮助公众了解政府为保障生物技术产品安全所做的努力，让公众意识到他们可以通过各种渠道为新兴技术治理献计献策。由于政府在纳米技术一事与利益相关方建立了联系，在政府与公众讨论合成生物技术相关的话题时，藻类项目得到社会科学家和科学传播工作者的支持。

美国国家环境保护局的藻类项目培育起了与公众交流的有效通道，这有一部分是因为转基因藻类为公众提供了一个清楚易懂的例子，可以帮助他们认识新兴科技的应用。科学传播研究团体从事公众参与活动的目的是就合成生物技术开展对话，而美国国家环境保护局转基因藻类的具体案例为公众提供了一个独立、令人熟悉的例子，它展示了新的科学知识和技术手段如何影响全体社会公民的生活，而不是仅仅涉及政府决策过程中的那些利益相关方。

转基因藻类项目的另一个因素是美国国家环境保护局没有把目光局限于自己的利益，而是为更大范围内合成生物技术的公众参与工作提供支持，美国国家环境保护局在自己法定的环境保护范畴之外的也扮演了领导者的角色。美国国家环境保护局在自己法定责任范围之外的领域鼓励公共话语，它提供一个生物技术案例供公众讨论，公众成员可以借此探讨生物技术和合成生物技术这类广泛话题，美国国家环境保护局行使政府的领导权力，实现政府与公众双赢的局面。

结论：从这两个案例中总结经验

监管科学对公众传播和公众参与的需求与发现型科学不同。因为监管科学的发展和应用是用于管理民主社会中的人类行为，它容易被政治化。我们应当承认存在将监管科学政治化的可能。那些关注政府特定行为的人往往辩称他们只"依据科学"行事。但这种说法错误表述了政府运用科学信息的方式。政府决策并非基于科学：监管科学以及经济、法律、文化和其他因素共同指引决策过程。但由于科学在我们的社会享有权威地位，利益团体援引科学为自己的立场辩护，他们暗示科学超越了政策方面的所有考量，给出了唯一正确的答案。他们试图利用科学使主观的公共政策看起来非常客观。相应的，一些科学传播者真心实意寻求与公众展开接触，他们应该努力将监管科学置于更为广阔的社会场景，在那里公众做出事关他们生活方式的决定。

政府机构有机会发挥作用，将科学置于公共对话之中。这一机遇全靠监管科学家的公信力。当政府在决策过程中运用监管科学，监管科学一度被卷入政策辩论之中，随着监管科学融入风险评估和评价，它逐渐淡出政治话语。政府科学家的公信力在事关科学的公众参与方面成为宝贵的财富。

重要的是，政府科学家和来自非政府组织的科学传播者通力合作，能取得公众信任，有效实现公众参与。正如美国国家环境保护局在纳米技术中所做的那样，当社会科学家与公众以焦点小组的方式交流的时候，来自政府部门的科学家担任技术顾问。人们能就一项新技术提出一系列广泛的问题，当社会科学家与公众就这些问题进行讨论的时候，政府的监管科学家能够从旁协助；政府行为对科学的发展与利用具有潜在影响，而科学可以用来指导关于政府行为的话语讨论，政府的监管科学家能够在人们心中强化科学是技术讨论的一个关键因素这一观念。

在围绕新兴技术的各种话语中推动公众传播和参与，机会难得。一般来说，在一项技术引入社会的早期阶段，有关新技术具体应用的立场比起老旧技术来说尚未根深蒂固，所以不同利益团体之间对于寻找解决潜在社会问题的方案可能持开放态度。这为科学传播者和政府科学家提供了一个合作的良机，他们向公众展示科学信息的时候，可以承认科学的价值和局限。科学在政府决策过程中扮演什么角色，如果能够就这个问题进行良好的沟通，我们不仅能提高政府决策质量，还能巩固民主体制。

注　释

1. 越来越多的非动物数据得以生成，这些数据向我们揭示了化学物质的潜在毒性。

参考文献

Arizona State University, Center for Nanotechnology and Society. (2014). Draft report: Workshop on Research Agendas in the Societal Aspects of Synthetic Biology, December. https://cns. asu.edu/synbio/reports.

Jasanoff, Sheila. (1990). *The fifth branch: science advisors as policymakers*. Cambridge, MA: Harvard University Press.

National Nanotechnology Initiative. (2010). *Risk management methods & ethical, legal, and societal implications of nanotechnology.* Report of the National Nanotechnology Initiative Workshop, March. https://www.nano.gov/sites/default/files/ pub_resource/riskmanagementandelsi.pdf.

National Nanotechnology Initiative. (2013). *Stakeholder perspectives on perception, assessment, and management of the potential risks of nanotechnology*. Report of the National Nanotechnology Initiative Workshop, September.

Peter D. Hart Research Associates, Inc. (2006). Report findings based on a national survey of adults, conducted on behalf of the Woodrow Wilson International Center for Scholars, Project on Emerging Nanotechnologies. http://www.nanotechproject.org/file_download/files/HartReport.pdf.

Quine, W. V. O. (1951). Two dogmas of empiricism. In: *From a logical point of view*, 2nd ed. Cambridge, MA: Harvard University Press, 20–46.

US Environmental Protection Agency. (n.d.). Biotechnology program under the Toxic Substances Control Act (TSCA). https:// www.epa.gov/regulation–biotechnology–under–tsca–and–fifra.

US Environmental Protection Agency. (2016). EPA Workshop for Public Input on Considerations for Risk Assessment of Genetically Engineered Algae. https://projects.erg.com/conferences/oppt/agenda.htm.

US Environmental Protection Agency. (2015). *Peer review handbook*, 4th ed. https://www.epa.gov/osa/peer–review–handbook–4th–edition–2015–0.

推荐阅读

Bosso, Christopher J. (Ed.). (2010). *Governing uncertainty: environmental regulation in the age of nanotechnology*. Washington, DC, and London: RFF Press.

Jasanoff, Sheila. (1990). *The fifth branch: science advisors as policymakers*. Cambridge, MA: Harvard University Press.

Laudan, Larry. (1998). Demystifying underdetermination. In: Martin Curd and J. A. Cover, eds., *Philosophy of science: the central issues* (pp. 320–354). New York: W.W. Norton.

Marchant, Gary, Ann Meyer, and Megan Scanlon. (2011). Integrating social and ethical concerns into regulatory decision–making for emerging technologies. *Minnesota Journal of Law, Science, and Technology*, 11(1), 345–363.

Miller, Peter, and Nikolas Rose. (2008). *Governing the present*. Malden, MA: Polity Press.

National Nanotechnology Initiative. (2010). *Risk management methods & ethical, legal, and societal implications of nanotechnology*. Report of the National Nanotechnology Initiative Workshop, March. https://www.nano.gov/sites/default/files/ pub_resource/riskmanagementandelsi.pdf.

Powel, Maria C., and Mathilde Colin. (2009). Participatory paradoxes: facilitating citizen engagement in science and technology from the top–down? *Bulletin of Science, Technology, and Society*, 29(4), 325–342.

第二十二章
科学传播及博物馆正在变迁的角色

维多利亚·凯恩（Victoria Cain） 卡伦·A. 雷德（Karen A. Rader）

摘要： 本章概述了博物馆在科学传播中的过去与现状，详细描述了博物馆如何利用展览和公共项目，在科学研究和公共教育这两大相互交织的使命之间取得平衡。本章记述这些机构的历史以及不同形态的博物馆（自然历史博物馆、科学博物馆和科学中心），它们代表着 20 世纪的博物馆。本章解释了博物馆展览如何改变且为何改变，讨论了动手体验、互动式和沉浸式展览项目的兴起，探讨了博物馆对参观者态度的转变。博物馆努力与多元化的观众交流，向他们介绍科学过程、科学方法和科学发现，本章还回顾了博物馆一直以来在这方面面临的挑战以及现在的困难。

关键词： 博物学；博物馆；科学博物馆；科学中心；展览；互动性；科学传播

在过去的一个世纪里，博物馆这一机构经历了戏剧性的变化。关于自然科学博物馆应该传播什么和又该针对谁传播这两个问题，争论持续不断，与博物馆在科学和社会中应该扮演什么角色的争议交相呼应。例如在 1921 年，伯克利脊椎动物博物馆馆长约瑟夫·格林内尔（Joseph Grinnell）就抱怨说，美国博物馆协会会议的与会人员不再提科学发现，而是大谈透景画，大讲"怎么想办法给公众和议会留下深刻印象，搞到大笔拨款，干票大事"（援引自 Rader 和 Cain，2014，85）。八十几年过后，史密森尼学会的科学家们经历了研究基金七年未涨的困境，发出了类似的抱怨。"展览招来媒体目光，引来捐款人。但如果不再需要博物馆内那些负责建设博物馆的学者，博物馆更有点像主题公园。"

《自然》期刊的编辑也有同感（2007年4月5日，583）。《自然》期刊报道，科学馆和自然历史博物馆一直以来都努力在科学研究和科学推广之间取得平衡，但经常失败。然而正是这种不同使命的组合使得博物馆成为科学教育和科学学习的绝佳场所，《自然》期刊在评论中认为博物馆"引领着一种特殊的科学传播活动"（583）。

本章追踪西方博物馆从文艺复兴时期到现代如何形成科学传播的概念，并将其付诸实施，我们将密切关注欧美博物馆在过去的一百年里如何努力在它们的公共与科学使命之间保持平衡。在21世纪，博物馆生产、推广和传播科学信息的方式在不断演变，这些变化反映和塑造出博物馆高墙之内人、物和事的机构与文化的意义变迁。

博物馆传播的里里外外：历史变迁和未来趋势

想要了解博物馆如何通过展品传播科学，学者们可从多个角度探索这个问题。很多原始资料含有丰富的历史和当代信息，它们告诉我们如何利用博物馆展品进行科学传播，何时开展传播，为何而传播，并且向谁传播。这些原始资料包括机构档案、信件、推广材料、年度报告、博物馆内部出版物、访客研究资料、专业与行业期刊（包括美国博物馆协会、《博物馆新闻》杂志、《策展人》杂志、国际博物馆协会和科学技术中心协会的年会记录）和基金会与联邦拨款机构的拨款记录。有关这个话题的学术文献的深度和广度令人生畏，跨越历史、教育、艺术史、科学技术研究、设计思维和传播研究等诸多领域。

考虑到过去两千年来构成"博物馆"这一类别的众多物品、空间、实践和社群，以及它们的诸多用途，我们不难理解有关博物馆的观点为什么如此丰富。有关现代博物馆的叙事始于欧洲文艺复兴启蒙时代。当时的精英阶层、哲学家和收藏家涌入又被称为"珍奇柜"的"多宝阁"。他们在陈列品前沉思，纷纷学习讨论自然哲学。历史学家保拉·芬德伦（Paula Findlen）认为这些博物馆构建了这个时代的认识，"在私人和公共空间之间，在修行式的学习沉思、人文主义文本策略和诸如名誉和炫耀这一类的社会需求之间"斡旋游走（Abt，2006，120）。在后来的几个世纪里，王公贵族的收藏品使宫殿化身为博物馆，供更多人参观。博物馆搜集展出可供研究的藏品，这些展品大多来自殖民远征。博物馆还举办各类科学协会会议，并发行出版物。从整个18世纪晚期到19世纪，私人收藏经历了类似转变，例如在英国，约翰·亨特（John Hunter）收集了大量解剖学样本、医学样品和自然历史标本，通过亨特博物馆的成立，公众得以参观他的藏品（1807；Alberti，2012）。美国国会成立了"一家志在增进、普及知识的机构"史密森尼学会，约翰·史密森尼的个人收藏成为史密森尼学会科学研究的基础。

许多博物馆长期从事此类精英式的科学研究，另一些机构利用收藏品开展科学活动，娱乐并教育大众，这两类机构长期并存（Abt，2006，130）。来自费城的博物学家查尔斯·威尔森·皮尔将他的自然历史收藏品按林奈式分类法陈列，尝试在1786年利用自己的博物馆来传递自然世界中理性秩序的观念（Conn，2006，497）。从巴黎（1793）到珀斯（1897），从加尔各答（1814）到马萨诸塞州的波士顿，各个大学、城市和国家纷纷创办博物馆，向感兴趣的学生和民众提供更多通过实物"研究自然"、学习博物学的机会。与此同时，一些营利性博物馆应运而生，例如费尼尔司·泰勒·巴纳姆（P. T. Barnum）的美国博物馆（1841—1865）。这些展览营造各种奇景——有时陈列奇特的展品——取悦普通观众，告诉他们自然界各种稀奇古怪的事物，令他们惊叹不已。到了19世纪末，博物馆与动物园、植物园、世界博览会和其他机构联手构成了托尼·本内特（Tony Bennett）口中的"展览联合体"，它们陈列的各种展品意在推销有关科学进步的民族主义叙事，训练公民按公民原则行事（Rydell，2006，141）。这些方式通常强化了当时的种族和社会等级制度；博物馆经常陈列有关人类文化、人类行为和人体的展品，企图让观众自然而然地接受在他们的文化与展出的原始文化之间——这些观众通常是白人中产阶级男女——存在不可逾越的鸿沟。

从19世纪80年代到20世纪20年代，整整一代博物馆改革者受新博物馆主义这一跨国思潮的影响，更重视通过展览、节目编排和大众媒体鼓励公众参与并教育广大公众。博物馆对于社会责任和科学等观念改变，它们的传播方式也随之演变。受史密森尼学会博物馆的乔治·布朗·古德（George Brown Goode）的工作启发，伦敦博物馆馆长威廉·亨利·弗劳尔（William Henry Flower）和德意志博物馆创始人奥斯卡·冯·米勒（Oskar von Miller）说服他们的同事重新安排陈列在博物馆展厅架上的物品，把落满尘埃的科学藏品移走，精简陈列的展品，围绕观众感兴趣的话题重新组织展厅。新展览仍然强调观众仔细且有序地观察按照线性叙事摆放的物品和场景来进行传播，但同时强调展品陈列在文本和视觉上简单易懂、富有吸引力和说服力。

很多博物馆努力探求一条新路子，既能吸引新观众，又能继续为日渐职业化的科学研究做出贡献。它们汇集组织新的藏品，在广为阅读的科学期刊上发表研究成果。它们既能满足科学好奇心，又符合公众的兴趣。例如博物馆从事古生物学领域的研究，既能保证博物馆始终处在分类学、进化论、进化多样性和生物分类学等领域的研究前沿，同时又能向公众推广科学。古生物学家搜集到的独特标本可以吸引游客参观展览，也可用来在科学期刊、科学会议和大众刊物上探讨这些古生物进化的意义与起源。

新媒体和会展技术戏剧性地改变并扩展了博物馆扮演的角色。在两次世界大战之间和第二次世界大战结束后的岁月里，博物馆既是科学知识的生产者，又是监护人，还是普及者。博物馆与出版商和商业精英联手，推广并传播科学知识和科学方法，公共博物馆成为向大众传播权威自然知识的现代空间典范。自然历史博物馆与当地公共卫生部门合作，创设并开放受到大众欢迎的科学展览。美国自然历史博物馆在 1910 年举办的肺结核病展览解释了肺结核病的传播与治疗，开幕当天就吸引了上万名观众（Rader 和 Cain，2014）。科学博物馆安排农业和家政展览会，意在向所有年龄段的观众传播健康的生活方式。芝加哥科学与工业博物馆的"心脏厨房"（1952）向操持家务者展示了如何在家庭空间里省时省力。

博物馆、游园会、百货公司和其他消费场所在过去的几十年里相互交流会展理论和技巧，博物馆越来越坚信与消费主义联系在一起的广告和其他交流策略能成为博物馆机构的教学利器（Cain，2012）。美国自然历史博物馆（1869）模仿百货公司的做法，为展览柜安装照明设备。与此同时，科罗拉多州自然博物馆在设计生物栖息地透景画的背景时，大量借鉴舞台设计经验。美国博物馆策展人弗兰克·查普曼（Frank Chapman）认为这些经过精心设计、富有美感的展览传递出"无论从情感上讲还是科学角度出发，环境保护都十分重要"（Rader 和 Cain，2014）的信息。展会策划往往从上至下，从进步时代开始，博物馆馆员仔细安排陈列空间，邀约当地社区参与。史密森尼学会国家博物馆于 1901 年开设儿童展室。科罗拉多州自然历史博物馆（1900）在博物馆大堂安置桌子，游客们可以在这些桌子上陈列他们自己的标本，也可欣赏其他人的展品。卡内基自然历史博物馆（1896）提供观鸟和亲近自然等出行服务。芝加哥科学与工业博物馆（1933）于 1952 年在斯威夫特"生命……食物"展厅安装了一个小鸡孵化器，游客可以观察小鸡发育的实际进程。这个展览大受欢迎，以至于博物馆在几年之后引入一整套动物育儿所，游客可以给刚出生的猪崽、羊羔、小牛犊和兔子喂食（Rader 和 Cain，2014）。

在 20 世纪 40 年代和 50 年代，各自然历史和科学博物馆在现有展览的基础上，为前线士兵和国内公民生产和传播必要的专业知识。美英两国的科学博物馆同无线电台和电视台合作，为儿童和成年人开发娱乐节目。博物馆也开始提供更多馆内公共项目，博物馆研究员举办晚间讲座，博物馆也播放与博物馆研究成果有关的电影。博物馆也与学校合作，开展田野调查活动，针对孩子举办科学展览俱乐部，为梦想成为科学家的年轻人举办探索者俱乐部。

第二次世界大战之后，商业合作和冷战政治促使博物馆纷纷构建关于应用科学和技术的展览，宣传技术成就。从 20 世纪 40 年代末到 50 年代，栖息地透景画仍受游客欢迎，但新的博物馆展览和项目也注重科学的有效社会应用。在苏联成功发射斯普特尼克人造卫星之际，教育部门逐渐致力于培养孩子们成为未来的科学家，提倡诸如原子能这样战时技术投资的价值。各个科学博物馆一向与工业界保持良好关系，它们常常有意回避博物馆的科学责任，喜欢向游客展示由科学发现催生的、令人激动的产品。公司企业为展览提供财政支援，展出的很多技术直接来自世界博览会，或者直接来自工厂车间。博物馆展览越来越多地尝试通过身体接触来推广科学，比如按按钮或是抚摸小动物，博物馆也经常使用访客研究，把展览互动时长和成功学习等同起来，用于评估传播工作是否成功。

自 20 世纪 60 年代以来，博物馆展览反映了众多不同的科学传播方式。动手体验一直流行于欧洲各大博物馆，包括柏林的乌拉尼亚（Urania）协会（1888）和伦敦的科学博物馆（1885），逐渐淘汰以往以展品和标签为主的叙事安排，因为教育工作者和政策制定者担心传统的博物馆陈列方式不能启发观众的批判性思维，激发他们对科学发现的兴趣，虽然科学精英认为这些对理解科学过程至关重要（Witcomb，2006）。社会变革的倡导者也日渐尖锐地批评博物馆展品与标签的整合方式，正如艾琳·胡珀-格林希尔（Eilean Hooper-Greenhill，2000）所说，博物馆的视觉叙事往往使展品排放方式背后的假设看起来不可避免。因此，博物馆逐渐从先看后学的模式转变为更强调参与性的传播范式，在这种范式中，观众与展品发生身体或社会接触，从而了解并学习新知。

贯穿 20 世纪 60 年代到 70 年代，动手体验类型的展览试图将科学素养和原则性教学融合，要求观众参与搜集科学知识的试验，而这些试验经过设计能够揭示抽象的科学概念。美国国家科学基金资助成立名为"科学中心"的新机构，这些机构以科学传播而不是馆藏展品为中心，它们创建筹划了许多展出：最早成立的科学中心是西雅图的太平洋科学中心（1963）、旧金山的探索科学博物馆（1968）和位于英国布里斯托的探索馆（1987）。自然历史博物馆的透景画和以展品为中心的展览为"爆场节目"让路——这些巨型、灵动的节目通过视觉奇景和引人的主题吸引游客（Rader 和 Cain，2014，第六章和第七章）。

由于上述原因，科学博物馆和自然历史博物馆纷纷在展会设计上大量投资，它们扩充人员，雇用专业设计公司，最终导致不同博物馆之间传播方式更加标准化，更为集成化（Rader 和 Cain，2014，第七章）。大部分机构对下列项目加倍投入：博物馆教育部门和游客服务、展会回溯测试、开发对口当地学校的项目、培训教师并创建相关大纲。博物馆的发展不再依赖馆长个人的愿景，而是整个团队通力协作，保证展览的教育性和对公众的吸引力（Boylan，2006；Hein，2006）。

当代科学中心和博物馆（统称 SCM）以它们的项目包含"公共科学"而自豪，这些项目通常融精彩的节目与学习的机会于一体，人们可以接触科学知识，学习科学知识，有时还能为创造科学知识作出贡献（Bandelli 和 Konijn，2012）。因为 SCM 如今发展出了新的方式（诸如人机对话和科学咖啡馆），与不同公众分享传统的博物馆权威，所以拉里·贝尔（Larry Bell）2008 年认为博物馆应对科学技术的社会价值和伦理争议有更深的理解，这对博物馆扮演的文化角色来说更为关键。

现代博物馆的相关性和资源

自 19 世纪 90 年代起，博物馆就接受了传播科学这一艰巨任务，它们通过展览和公共项目与兴趣不一、价值观念不同、信仰各异的群体交流。在过去的四十年里，它们从以往的居高临下、不容置疑的态度，转变为渴望获得更大的社会关联度，争取公众参与，特别是一直以来被忽视的群体的参与，这个任务已变得更为艰巨。在这个策展时代，博物馆最大的挑战可能是决定由谁或由什么来决定博物馆展览、科研和项目的内容与呈现方式（Bandelli 和 Konjin，2012）。这些决定能成就或是毁掉一个机构，也能强力影响机构和客户社群的关系（Bell 等，2009）。更习惯于扮演其传统角色的博物馆馆长们可能不愿放弃独掌大权，因此会妨碍通过合作、共同创作或由参观者自定的方式来组织展览。伊莱恩·休曼·古里安（Elaine Heumann Gurian）2010 年极富争议地把他们称为"知识沙皇"。据美国国家研究委员会（US National Research Council）在 2009 年做出的结论，博物馆将馆内陈列的科学知识与参观者的兴趣、需求和经历联系起来时，成效最佳（Bell 等，2009）。行业从业者和学者们证实，如果一个博物馆能以平实易懂的方式解释科学以及自然和技术如何与当地社区产生联系，它就可以比其他同类机构更成功地传播科学。

内容是另一个问题。博物馆的研究、陈列和项目日程过去相当封闭，这些机构如今开始将其他利益相关方的喜好品味纳入重点考虑范围。博物馆在设计耀眼、轰动的展览时心系广大观众，在开办夏令营，举办周末活动和开办流动博物馆时也同样如此。公民科学的倡导者称赞不断变化的展出，在那里参观者能与研究者一道思考问题，甚至为研究做出贡献（Chittenden 等，2004）。但是这样的尝试十分昂贵。在美国以及其他国家，这些成本被转移到游客身上。昂贵、双层制的门票结构往往使博物馆疏远它们想要极力吸引的观众。炫目的展览常常大量占用用于本地推广、科研和藏品搜集的预算，限制了博物馆展出原创的内容和物品。更有甚者，观众并不是博物馆希望满足的唯一对象，博物馆机构也要顾及赞助方和决策者。至于这些群体对博物馆资源、空间和人员等方面的影响到底有多大，这一点仍有争议。

一个相关的挑战是如何以及是否需要通过有关科学的争议性对话与多元化的公众交流。博物馆多年以来向来以直面科学上的新发现和挑战而自豪。例如在 20 世纪 30 年代，美国自然历史博物馆为了直接反驳当时有关人类进化论的争议，推出自己的人类大厅。这一举动虽然激怒了基督教原教旨主义者，但有助于确立博物馆在广大科学社群中的社会和政治公信力。六十年后，令创造论者感到沮丧的是，美国自然历史博物馆再次举行名为"人类祖先"的展览，展出了露西和其他早期人类化石，引起轰动。正如菲奥娜·卡梅伦（Fiona Cameron）指出的那样，博物馆致力参与争议性对话，在日益复杂的世界里发挥重要作用，确保博物馆机构继续和其利益相关方保持联系（Cameron 和 Kelley，2010）。

博物馆同时也小心谨慎，唯恐招来争议。博物馆迎头挑起话题，要求来访者重新审视他们长期持有的观点，这么做有可能激怒观众，经费可能遭到削减，或者博物馆客观公正的名声也会受损。因此博物馆经常在严谨考证的基础上直观地呈现事实，但避免进一步做任何评判。就像博物馆馆长卡洛斯·卡明斯（Carlos Cummings）在 1940 年所说的那样："睿智的博物馆馆长尽量避免就人类进化这样的话题给出肯定答案，理论来自事实，他只管端出考证过的事实"（Rader 和 Cain，2014，127）。

但这种"只顾事实"的策略未必满足观众，也不一定使博物馆免遭公众非议。一些社会相关问题早有科学公论，博物馆往往因为在这些问题上保持沉默或混淆事实而遭到攻击。在 20 世纪 80 年代，生物学家抱怨史密森学会博物馆小心构建的生物进化展览沦为平淡无奇的谬误；在 2013 年，北卡罗来纳州自然科学博物馆拒绝放映一部时长一小时、关于气候变化的电影，激起环境保护主义者高声抗议（Rader 和 Cain，2014）。

甚至敢于展示有关政治敏感话题的信息也会招来非难。在 2003 年 4 月，美国自然历史博物馆成为政治炮火攻击的对象，当时博物馆计划展出北极圈野生动物保护区的照片，恰好碰上 3 月美国国会讨论是否允许在阿拉斯加开采石油。美国自然历史博物馆预计展览会引起保守派人士的愤怒，于是采取紧急行动，将照片移到与载货口邻近的地下室通道，并删去照片标签中的描述性内容。保守派人士认为该展览名义上展示北极圈自然风光，暗地里却失之偏颇，为此勃然大怒；自由派人士指责博物馆胆小怯懦、自我审查。美国自然历史博物馆随后拒绝对此做出任何解释，这个决定更是火上浇油，各方都从自己的立场出发恶意揣测博物馆的动机。

博物馆若先就讨论中的科学问题教育公众，然后提出合理的、经过科学验证的立场，或者提供辩论和参与的安全空间，供科学专业人士和非专业人士互动交流观点，此时博物馆的处境会有所改善。社交媒体、科学咖啡馆和主打呈现游客自己观点的展示都为这种互动提供了场所。一些积极分子认为这种方式过于温和，他们建立私人博物馆，致力推广特定的、造成紧张政治气氛的观点。肯塔基州的创世论博物馆（2007）即为其中之一，它依靠对《圣经》的字面解读来解释宇宙的起源，中国香港的赛马会气候变化博物馆（2013）则试图使气候变化成为公共对话的中心，这两个博物馆都利用互动展览和叙述，劝说来自各年龄阶层的游客接受它们的叙事。

但是公共辩论存在局限。科学中心和博物馆试图在经过详细测试、广泛确认的证据基础上传播对科学的理解，而许多参观者分不清信仰与证据，或坚称垃圾科学可信，博物馆等机构无意让这些人定下辩论的条件。博物馆一方面渴望鼓励言论自由，邀约文化辩论，并欢迎对科学精英持怀疑态度的群体，另一方面也肩负着促进和捍卫科学进程和科学发现的责任。

有人可能会担心这些针对科学的挑战会导致博物馆办事僵化、发言生硬，这种情况实际上使得博物馆的口吻更加灵活、更为可亲。当博物馆展览承认基于另类知识体系的文化背景确实存在，将参观者的信念、利益和身份考虑在内时，观众更容易接受博物馆的立场（Bell 等，2009，296）。许多博物馆也发现通过强调科学的本质是以过程为导向，能有效地将对话转移到证据和研究方法，有礼有节地反驳怀疑科学的人。

通过强调科学过程和探索，承认基本科学问题的答案往往难以捉摸，并随着新证据的出现而发生改变，博物馆采取的道路与学校科学教室中靠事实驱动的学习方式大有不同（Bonney，2004；Durant，2004）。但是如果博物馆仅仅举办活动，提出问题，而不是给出明确答案，参观者可能会感到沮丧或不满。这种方式也会使机构感到不安，它们长期以来被看作权威，现在却要承认自己的无知。尽管如此，博物馆还是认为在处理棘手的科学问题时，保证科学过程的透明是最佳方式。

强调透明度也帮助博物馆克服因伦理标准变化带来的科学传播挑战。老式博物馆的标本往往通过按今天的伦理标准来看不道德的方式取得，博物馆过去认可的方式现在会招致强烈谴责，比如射杀某一种类的最后一只生物，将其制成标本放置于透景画中，或是洗劫原住民墓葬中物品并将其展出。所以展示这些物品能传递博物馆本无意传递的信息。所以博物馆努力将这些令人不快的展品桎梏在一定叙事框架内，让公众有机会窥探博物馆过去的做法和现在的标准。部分因为动物权利保护者的压力和1990年通过的《美国原住民墓葬保护和归还法》，自然历史博物馆已更加坦诚地向观众说明馆藏物品和科学证据的来源，并与伦理学家和物品来源的社群商谈，决定应该如何处理各类展品（Besterman，2006；Gerstenblith，2006）。

但并非所有博物馆和策展人都接受增加馆藏来源透明度的做法，或承认展品有多重含义，就像围绕着"人体"和"人体世界"这两个展览发生的争议那样。这两个展览巡回展出来源不明、经过防腐处理的人体，类似的还有史密森尼学会博物馆在名为"美国生活中科学"的展览上展出艾诺拉·盖伊号轰炸机（Enola Gay）（Conn，2006）。在涉足已被揭穿真相的伪科学时，即使最受人尊敬的博物馆也要极为谨慎。例如有关种族的生物学研究已在社会上和科学上遭到唾弃，但在20世纪前30年时却是各个博物馆的热门话题，它的起源可以追溯到极端、优生学主义的伪科学，这种思想的遗迹至今仍残留在美国国家博物馆、菲尔德博物馆和其他大大小小机构的展厅里、收藏室的架子上。博物馆现在必须考虑是否直面、质询它们在科学史上丑恶一章中的行为，如果答案是确定的话，又该如何行动。

互动展览、精巧的模拟场景以及新近出现的数字媒体已大大拓宽了可供博物馆利用的传播工具，同时也给实物展品的传播能力提出新的问题。各科学中心追随探索科学博物馆馆长弗兰克·奥本海默（Frank Oppenheimer）的脚步，避开收集科学藏品，继续将资源投入展示和科学项目中。具有讽刺意味的是，这些机构累积了大量过往的重要展出，这使得博物馆有机会重新按现代科学的学习模式构建带有复古色彩的互动式展览。在费城的富兰克林研究所（Franklin Institute），"走进生命"展览（原名为"生命的发动机"）被重新安装在生物科学大厅，同时增设了生物医药方面的互动展览；芝加哥科学与工业博物馆的小鸡孵化器成了"基因：生命起源"大厅的特色活体动物展出（Rader和Cain，2014，159–160）。

虽然自然历史博物馆馆员坚称馆内藏品具有永恒的价值，事实上他们比起过去更少地依赖这些藏品来传播科学。这种转变使得斯蒂芬·康恩（Steven Conn）2009年怀疑博物馆是否真的需要展出任何实物，虽然这个生物大灭绝、生态巨变的时代重新凸显了这些物品的科学意义。如何以最佳的方式用馆藏装点"博物馆的门面"，各自然历史博物馆仍继续在这个问题里挣扎着，它们也会发出疑问：在充满数字模拟的世界，与现实静静接触是否还有任何价值。诸如伦敦科学博物馆达尔文中心（2009）这样的新设施颠覆了过去的展览范式，这里实时展出"博物馆背后"的活动；博物馆的科学家们过去躲在整排整排的样品柜后面，如今在装有玻璃橱窗的实验室工作，游客可以通过对讲机向他们提问（Chalmers，2004）。

未来研究的方向

在博物馆科学传播这个新的研究领域，学者有很多机会。博物馆与其他会展场所之间边界消失，为研究者提供了一个重要的研究话题。在大众心目中，博物馆长久以来享有客观公正的名声，这是由于博物馆致力于科学研究与公共服务的缘故。但当博物馆与其他机构和场所一样，对科学的准确性不承担义务的话，在博物馆空间进行的科学传播会产生什么变化？以博物馆为基础的科学传播到底具有什么特征，能将它与在其他场所发生的科学传播区别开来？博物馆是否有必要保留自己独特的身份——如果答案是肯定的话，该是哪种身份？

科学传播的范畴已经扩大，研究人员正在考虑数字和空间设计能否影响公众对科学研究的理解。新的数字技术也变革了博物馆科学传播的方式和对象（Borschelt，2004）。林林总总的数字传播方式出现在博物馆——社交媒体、数据收集和回传、象征文化行动主义的媒体制作以及访客数据的累积，如此种种，不胜枚举，这些方式是否改变了在博物馆内进行的科学传播的实践操作、流程和目标？虽然研究建筑史和公共文化的历史学家在二战之前就已发展出了一套关于博物馆空间的关键理论，但学者们忽视了从那之后的科学博物馆的建筑设计研究。科学博物馆的外观日渐宏大，其中有旧金山的加州科学馆、新加坡的艺术科学博物馆以及达拉斯的佩罗自然科学博物馆，它们给学者提供了一个机会来考虑空间形式与陈列室、建筑和场地的组织方式如何传播科学，如何影响公众对于科学的理解。

博物馆为争取赞助而引发的政治斗争也能激起学术兴趣。博物馆空间内慈善活动和科学传播的关系错综复杂，这一研究话题近来引来很多关注；科学家和活动分子最近呼吁自然历史博物馆切断与科赫兄弟之间的关系，摒弃从化石燃料中获益或是否认气候变化的赞助人。博物馆的支持者，无论是政府，或是公司，或是基金会，还是个人，能否影响有关特定领域的科学传播？他们产生了哪些影响，又如何施加影响？对此博物馆严守秘密，不公开它们与赞助方的任何记录，同时誓言保护博物馆的独立性，因此我们难以展开任何研究。但这个题目极为重要，对此进行调查显然是必要的。

其他问题涉及博物馆与非特权阶层的利益相关方的关系，在重视公共科学的今天，这也值得研究。博物馆通常向源出社群（source community）提供（或是借鉴）哪种传播内容？虽然博物馆馆长期以来致力于与当地公众建立纽带，它们对全球公众是否负有任何责任？博物馆是否应该对处于科学利益和社会公正十字路口的问题上采取更为激进的举措？这些问题与事关公民科学的考量有所共鸣。

最后，评估问题困扰着研究博物馆和科学传播的学者。如何准确地衡量博物馆的价值？是否有可能量化（甚至验证）一个非正式学习机构的影响或成败？我们能否评价博物馆的长期影响？博物馆需要说服资金提供者，使他们相信博物馆的工作富有成效，对于这样机构来说，上述这些问题的重要性再次显现。

参考文献

Abt, Jeffrey. (2006). The origins of the public museum. In: Sharon Macdonald, ed., *A companion to museum studies*. Malden, MA: Blackwell, 115–134.

Alberti, Samuel J. M. M. (2012). *Medical museums: past, present, future*. London: Royal College of Surgeons.

Bandelli, Andrea, and Elly A. Konijn. (2012). Science centers and public participation: methods, strategies, and barriers. *Science Communication*, 35(4), 419–448.

Bell, Larry. (2008). Engaging the public in technology policy: a new role for science museums. *Science Communication*, 29(3), 386–398.

Bell, Phillip, Bruce Lewenstein, Andrew W. Shouse, and Michael A. Feder. (Eds.). (2009). *Learning science in informal environments: people, places, and pursuits*. Washington, DC: National Academies Press.

Besterman, Tristram. (2006). Museum ethics. In: Sharon Macdonald, ed., *A companion to museum studies*. Malden, MA: Blackwell, 433–441.

Bonney, Rick. (2004). Understanding the process of research. In: David Chittenden, Graham Farmelo, and Bruce V. Lewenstein, eds., *Creating connections: museums and the public understanding of research*. Walnut Creek, CA: AltaMira Press, 199–210.

Borschelt, Rick. (2004). Emerging best practices at research–performing institutions. In: David Chittenden, Graham Farmelo, and Bruce V. Lewenstein, eds., *Creating connections: museums and the public understanding of research*. Walnut Creek, CA: AltaMira Press, 291–298.

Boylan, Patrick J. (2008). The museum profession. In: Sharon Macdonald, ed., *A companion to museum studies*. Malden, MA: Blackwell, 415–430.

Cain, Victoria E. M. (2012). Attraction, attention, and desire: consumer culture as pedagogical paradigm in museums in the United States, 1900–1930. *Paedagogica Historica: International Journal of the*

History of Education, 48(5), 755–769.

Chalmers, Neil. (2004). Public understanding of research in a natural history museum. In: David Chittenden, Graham Farmelo, and Bruce V. Lewenstein, eds., *Creating connections: museums and the public understanding of research*. Walnut Creek, CA: AltaMira Press, 276–288.

Chittenden, David, Graham Farmelo, and Bruce V. Lewenstein. (2004). *Creating Connections: Museums and the Public Understanding of Research*. Walnut Creek, CA: AltaMira Press.

Conn, Steven. (2009). *Do museums still need objects?* Philadelphia: University of Pennsylvania Press, 48–52.

Conn, Steven. (2006). Science museums and the culture wars. In: Sharon Macdonald, ed., *A companion to museum studies*. Malden, MA: Blackwell, 494–508.

Durant, John. (2004). The challenge and opportunity of presenting unfinished science. In: David Chittenden, Graham Farmelo, and Bruce V. Lewenstein, eds., *Creating connections: museums and the public understanding of research*. Walnut Creek, CA: AltaMira Press, 47–60.

Gerstenblith, Patty. (2008). Museum practice: legal issues. In: Sharon Macdonald, ed., *A companion to museum studies*. Malden, MA: Blackwell, 442–456.

Gurian, Elaine Heumann. (2010). Curator: from soloist to impresario. In: Fiona Cameron and Lynda Kelley, eds., *Hot Topics, Public Culture, Museums*. Newcastle upon Tyne, UK: Cambridge Scholars Publishing, 95–111.

Hein, George. (2008). Museum education. In: Sharon Macdonald, ed., *A companion to museum studies*. Malden, MA: Blackwell, 340–352.

Hooper-Greenhill, Eilean. (2000). *Museums and the interpretation of visual culture*. New York: Routledge.

Nature. ("Editorial: Museums Need Two Cultures", *Nature* 446, 583 (5 April 2007). doi:10.1038/446583a; Published online 4 April 2007.

Rader, Karen A. and Victoria E. M. Cain. (2014). *Life on display: revolutionizing U.S. museums of science and natural history in the twentieth century*. Chicago: University of Chicago Press.

Rydell, Robert. (2006). World's fairs and museums. In: Sharon Macdonald, ed., *A companion to museum studies*. Malden, MA: Blackwell, 135–151.

Witcomb, Andrea. (2006). Interactivity: thinking beyond. In: Sharon Macdonald, ed., *A companion to museum studies*. Malden, MA: Blackwell, 353–361.

推荐阅读

Alberti, Samuel J. M. M. (2012). *Medical museums: past, present, future*. London: Royal College of Surgeons.

Bandelli, Andrea, and Elly A. Konijn. (2012). Science centers and public participation: methods, strategies, and barriers. *Science Communication*, 35(4), 419–448. doi:10.1177/1075547012458910.

Bell, Larry. (2008). Engaging the public in technology policy: a new role for science museums. *Science Communication*, 29, 386–398.

Bell, Phillip, Bruce Lewenstein, Andrew W. Shouse, and Michael A. Feder. (Eds.). (2009). *Learning science in informal environments: people, places, and pursuits*. Washington, DC: National Academies Press. doi:10.17226/12190.

Cain, Victoria. (2012). Attraction, attention, and desire: consumer culture as pedagogical paradigm in museums in the United States, 1900–1930. *Paedagogica Historica: International Journal of the History of Education*, 48(5), 745–769. doi:10.1080/00309230.2012.667422.

Cameron, Fiona, and Lynda Kelley. (Eds.). (2010). *Hot topics, public culture, museums*. Newcastle upon Tyne, UK: Cambridge Scholars Publishing.

Chittenden, David, Graham Farmelo, and Bruce V. Lewenstein. (2004). *Creating connections: museums and the public understanding of research*. Walnut Creek, CA: AltaMira Press.

Conn, Steven. (2009). *Do museums still need objects?* Philadelphia: University of Pennsylvania Press.

Hooper–Greenhill, Eilean. (2000). *Museums and the interpretation of visual culture*. New York: Routledge.

Macdonald, Sharon (Ed.). (2006). *Companion to museum studies*. Malden, MA: Blackwell.

Rader, Karen A., and Victoria E. M. Cain. (2014). *Life on display: Revolutionizing U.S. museums of science and natural history in the twentieth century*. Chicago: University of Chicago Press.

第二十三章
基金组织的作用：基金会

伊丽莎白·古德·克里斯托弗森（Elizabeth Good Christopherson）

摘要：本章探讨慈善基金会在增进科学证据的认知与接受中的特殊作用。本章回顾在推进和应用科学研究、支持合作、提升科学传播和鼓励公众参与方面突出的基金会工作。同时，本章也指出缺乏关于基金会在这些方面工作的综合研究，这意味着未来研究需要更全面地分析基金会工作的影响和将科学传播学与基金会的战略主动性融合的潜力。本章结论部分提出可行方法来推动与基金会在科学参与图景中的角色相关的新工作和研究。

关键词：基金会；慈善事业；公众参与；科学；科学传播；科学活动

慈善基金会在科学发展中发挥了重要作用，为那些看起来很棘手的议题充当寻找解决方案的催化剂。基金会与公共部门和私营部门都有联系，却又不像他们一样受到很多限制，因此遇到了一些他们认为政府和市场经济都没有充分应对的问题。

自从现代私营基金会出现于 20 世纪早期，很多基金会已经在发展科学知识、促进公众理解科学和使用科学证据为政策和行为变化提供信息等方面做出突出贡献。与政府和市场部门相比，私营基金会目光更为长远，拥有更大的风险承受能力和跨越机构、政治和学科界限的能力。这些特征使得基金会在控制烟瘾、气候变化和生态治理等议题中扮演有意义的角色，对抗错误信息和两极分化。

基金会用来推广科学和循证政策的方法随着时代变化而进化，有时还会加速时代的变化。现代的特点一是科学数据的加速增长，二是人们无论身处何地都能获取这些数据；无论是在医疗保健、环境公害、个人技术、公共健康、农业实践、工业设计、运输管理等领域，还是无数其他领域，这种情况都普遍存在。但是，即便科学研究对个人和群体来说都越来越容易获取，它却变得越来越复杂并且跨越更多学科。此外，研究成果的扩散受各种社会因素的影响，使得成果的有效传播和将证据转化成解决方案的挑战性加大。[1]

传播的复合挑战是中间人角色的变化。随着更多信息的公开，人们不再那么依赖专家来扩散和解释研究成果。公民科学家和记者可以像专业人士一样有影响力，科学结果和建议即便表述清晰，也不足以说服政策制定者和公众。与其他在这个变化中充当科学和公民社会之间的中间人一道，基金会调整措施来寻找长期问题的解决方法。

虽然基金会在推广科学及科学应用上起重要作用，但目前缺乏关于基金会在科学和社会交叉处的工作的综合研究，因而需要更多的研究来量化分析他们的贡献，并分析对比不同方法产生的效果。随着科学传播学领域的发展，至关重要的是更全面地探讨基金会现在和将来在这个界面承担的角色。

在未进行广泛研究的情况下，本章基于来自学术界和慈善界的文献，以及征询学者和慈善界领袖的意见，在关于基金会在推进循证政策和更广泛的科学中的各种角色这个问题上，只能提供一个有关各类研究的不准确的观点。随后，本章讨论几个著名的例子，在这些例子中，基金会将融合这些方法来促进有争议议题的循证发展。本章也将讨论评价这项工作尤其是在科学参与领域所面临的挑战和机遇，并提出方法来推进有关基金会在科学参与领域中角色的新工作和新研究。

虽然本章也包括几项国际合作的例子，但因为私营基金会在美国具有突出作用（Fleishman，2007，18；Karl 和 Katz，1981，243），本章的焦点是美国。美国也在科学发展（有时受基金会的影响）和公开抵制科学上都有着悠久历史，这使得它成为一个令人感兴趣的文化例子。本章所提出问题的意义深远，无论是基金会本身的工作，还是基金会资助的研究者和从业人员，抑或是其他个人和团队，都能从中受益。这些问题具有潜力，能帮助不同社会部门更有效地应对主要问题和制定符合公众利益的重要行动议程。

慈善的根基：应用证据使公众受益

长期以来慈善捐赠的一个主要目标是将知识和理解作为进步的路径进行推广。例如，古罗马的第一个公共图书馆就是由盖乌斯·阿西尼乌斯·波利奥建立的，他是一位著名的军人、政客和历史学家，也是维吉尔的资助者[2]。

大约二百年后，美国钢铁和石油巨头安德鲁·卡内基和约翰·洛克菲勒成为首批现代慈善家。在 19 世纪，主要因为工业、科学和技术的发展，美国和世界其他国家经历了经济和人口的快速增长。当这些发展为规模前所未有的人口带来新的繁荣和机遇，不断增加的城市化和工业劳动也加剧了不平等，并且在公共卫生、安全和教育领域制造了新的挑战（Karl 和 Katz，1981，237）。

那个年代的商业领袖积累了大量的财富，有一部分人试图使用他们的财富和他们积累财富的方法（研究驱动，以结果为导向）来应对社会面对的挑战。在 1911 年，安德鲁·卡内基成立纽约卡内基基金会（Carnegie Corporation of New York）来"促进知识和理解的发展及传播"。基金会资助图书馆和其他教育事业，也提供大额资助成立国家科学院的美国国家研究委员会和其他有影响力的学术研究中心（"Our History"，2016）。现在，美国国家研究委员会继续充当带头人，为政策制定者和公众提供各种议题的专家分析（参见本书第一章）。

与此同时，约翰·洛克菲勒也建立了研究中心和大学。跟卡内基一样，洛克菲勒相信，传统慈善方式直接资助有需要的人，知识发展是促进社会进步、更为可行的长期战略（"Precursors to a New Philanthropy"，2016）。洛克菲勒采取了大规模慈善措施将科学知识应用于提高健康水平，这些措施是最早的慈善成就之一。成立于 1909 年的洛克菲勒卫生委员会（Rockefeller Sanitary Commission）旨在消灭美国南部的钩虫病。委员会开展调查评估疾病在不同地区的患病率，使用移动诊所来提供治疗，并且为当地医师和民众提供卫生预防教育，这与本章主题最为相关——特别推广室外厕所的使用，因为疾病通过被污染的土壤来传染。

洛克菲勒卫生委员会的工作被公众抵制。有些人觉得受到侮辱，拒绝检测和治疗；其他人否认疾病的存在，并且报纸社论中将委员会称作"北方佬"的阴谋。在洛克菲勒卫生委员会在美国南部公共卫生工作的历史中，约翰·艾特灵（John Ettling）提到委员会与当地报纸的联系是影响舆论的有效途径，委员会工作人员亲自拜访超过 400 个新闻编辑室。卫生督查做公开演讲，使用故事和本地图片来引起观众的注意（Ettling，1981，130–131，148）。项目的成功改变了许多怀疑者的看法。它成功的关键是与州政府和当地官员合作，促使成立新的州级、市级和县级卫生部门，产生更为广泛和持久的解决方案来改善公共卫生（"Rockefeller Sanitary Commission"，2016）。

20 世纪以来，大量新基金会成立，慈善资助在 21 世纪早期继续扩张。至 2013 年（现有数据中最近的一年），美国有超过 87000 个基金会，总资产达 7980 亿美元，年捐助达550 亿美元（"Aggregate Fiscal Data of Foundations"，2013）。比尔和梅琳达·盖茨基金会

（Bill and Melinda Gates Foundation）在 2013 年的资产超过 413 亿，是历史学家斯坦利·N.
卡茨（Stanley N. Katz）所说的"超级慈善"的资产最高的例子，影响社会的潜力前所未
有。2006 年至 2015 年，美国私有基金会专门用于科学的公众参与和受众发展的资助额达
5700 万美元。在同一时期，基金会对科学的资助总额达 59 亿美元。[3]

基金会推进科学参与和循证政策的方法

基金会致力于寻找各种方法来鼓励循证政策和推动公众参与科学。这些方法包括
①建立与政策规划相关的新研究领域；②开展、委托或资助为政策问题提供参考信息
的研究；③促进科学家、政策制定者和其他重要利益相关者之间的对话；④协调和参
与改进政策的工作；⑤促进公众参与来扩展公众对科学的理解和接受度；⑥评估科学参
与活动和政策影响活动的效果。第一和第二种方法与基金会建立科学研究基地的工作有
关——当一个与争议性议题相关的基础科学尚未发展完善的时候，这是公众认知和政策
工作中的首要步骤。第三种、第四种和第五种方法代表了基金会所采用的具体策略来引
导科学改变公众认知和政策。第六种方法是对未来的重要展望，其中心是增进我们对于
如何更有效的公众科学传播的理解。基金会在某个方案中经常使用不止一种方法，这主
要取决于目标议题的具体挑战。

建立与政策规划相关的新调查领域

作为在所知有限的领域塑造基于研究的政策的首要步骤，基金会努力将调查者（通
常与公共官员、倡导者和中间人一起）带进新的或新兴的研究领域。基金会鼓励那些在
知识领域、现有研究机构和新一代学者队伍的培养等方面填补空白的研究议程。

这部分工作的例子跨越当代基金会历史。洛克菲勒基金会引领了 20 世纪 30 年代发展起
来的分子生物学领域（Fleishman 等，2007，39-41），福特基金未来智库促成了始于 20 世纪
50 年代的环境经济学的崛起（Fleishmen 等，2007，62），罗素·塞奇和阿尔弗雷德·斯隆基
金会在发展始于 20 世纪 80 年代的行为经济学领域中起了重要作用（"Behavioral Economics"，
2016）。皮尤研究中心由皮尤慈善信托基金会于 2004 年成立，就社会态度和趋势展开研究，
为各种公共对话提供信息参考（"About Pew Research Center"，2016）。"发展创新型神经技术
的脑研究计划"是一项公私合作项目，资助科学家发展用于研究大脑的新技术。这个项目由
卡夫利基金会（"About the BRAIN Initiative"，2016）和保罗·艾伦家庭基金会的艾伦脑科学
研究所的实地建设工作联合发起（"Technology & Science"，2016）。

开展、委托或资助为政策问题提供参考信息的研究

基金会采取战略性手段，委托或展开研究来寻找复杂或有争议的政策领域中潜在有效的方案。这种聚焦政策的研究常常产出具体的建议，有直接的影响力或者可以为更大规模的改革工作提供信息参考。使用这个方法的基金会的一个重要考量是找到合适的研究者，无论人们是否有能力执行或是阻碍这些建议，他们都可能认为这些研究者的研究成果客观权威。

一个著名的例子是卡内基教学促进会于 1910 年委托的一个调查报告触发了美国医学教育的转型。为了开展研究，基金会选中了教育改革家亚伯拉罕·弗莱克斯纳（Abraham Flexner），相信他的评估会比一位物理学家所引起的对抗要少一些。弗莱克斯纳访问了当时美国和加拿大的 155 所医学院，根据德国医学科学学科的模型进行评估并对它们进行排名。他的调查报告影响了美国各州的州许可的法律，使得三分之一的美国医学院关门，倡导了一个不断定义着美国医学教育的学术模型（Duffy，2011）。

促进与协调科学家、政策制定者和其他重要利益相关者之间的对话

为了将研究转化成政策和社会变革，基金会可以扮演经纪人角色，利用基于政策相关的科学证据和知识来形成可行的解决方案。当科学和政策变得越来越专业化的时候，这个角色变得尤其重要，它使得科学家在参与政策讨论的同时仍能主要专注于研究。基金会工作人员可以作为职业中间人，开发和测试不同的沟通选项、跟踪政策发展和建立有影响力的关系网。在争议出现的时候，基金会的经济和政治独立性使得他们可以成为可靠的中立方。

皮尤慈善信托基金会运行一系列项目，这些项目在自然保护、临终关怀、儿童牙科、个人银行、选举管理和移民等各种各样的议题中发挥研究者和政策制定者中间人的作用。[4]由皮尤管理的伦费斯特海洋计划资助与海洋政策直接相关的科学研究，确保每一个具体的决策者和利益相关方都了解结果。它的工作人员与科学家一起将研究结果转化为总结材料，加大在政策简报和媒体采访中的参与度，并且评估影响力来为未来的努力方向提供依据。它的工作为具体的生态系统管理决策提供信息，例如加州渔猎委员会为保护海洋生物链中关键环节的饵料鱼数量而做出的努力。

协调和参与改进政策的工作

一些基金会发起行动，采取直接措施来发展循证政策，协调各方工作以建设积极参

与机制和寻找调和科学与各种机构及个体需求之间的解决方案。这项工作通常受益于基金会资助的专门为政策决策和外联策略提供信息的研究。

前面提到的洛克菲勒卫生委员会的工作是基金会深度参与推进文化变革、影响政策和公共机构的例子。本章后面的两个个案研究分析了两个最近的例子：罗伯特·伍德·约翰逊基金会在减少烟草消费做出的努力，以及气候工作基金会采用务实的方法来对抗气候变化。

促进公众参与来扩展公众对科学的理解和接受度

许多基金会试图影响更大范围的文化环境，这些环境塑造了与科学及其成果相关的政策决策和政策行为。这些努力反映了文化塑造最有效方法的广泛目标和立场。他们的目标有时指向改变公众对诸如气候变化等议题的知识和态度，改变人们的行为并向政策制定者施加压力。其他努力试图改变更广大公众对科学的认知——科学过程去神秘化、强调科学家的人性，并且吸引人们去了解处于科学研究核心的求知精神。

英国的惠康基金会是为支持科学家直接与媒体和公众互动提供资金和培训的几个基金会之一。从 2003 年起，这个信托基金将每年研究基金中高达 1% 的经费用于培育它支持的研究者的公众参与（Matterson，2013）。阿尔弗雷德·斯隆基金会是资助科学相关的电影、电视、广播、剧院、书和互动媒体创作的机构之一（"Public Understanding of Science，Technology & Economics"，2016）。其他基金会，特别是霍华德·休斯医学研究所（"About Tangled Bank Studios"，2016）和西蒙斯基金会（"About Quanta Magazine"，2016），建立了自己的网点，制作科学相关的媒体内容。基金会也开始资助那些与公众参与有关的科学，无论它们是扮演辅助角色还是引领角色。

评估科学参与和影响政策活动的影响

基金会在评估上进行投资，用于了解推进循证政策和科学参与的工作的效果。所用的方法往往与在此列出的方法是同步的。在过去 15 年强调"策略"和"结果导向"的慈善事业中，基金会将相当多的资源用于了解其项目和直接努力是否取得预期效果，试图学习和分享这个领域形成过程中的教训。[5] 那些试图影响政策和社会规范的工作涉及许多不同实体的复杂动态，为了解效果和归属带来了特殊的挑战，而基金会支持从不同角度应对这一挑战的工作。

基金会提供资金资助，就他们资助领域的传播工作展开学术分析，例如罗伯特·伍德·约翰逊基金会支持针对烟草使用和肥胖相关传播的研究（"Research，Evaluation，and Learning"，2016）。在更广泛的科学传播的科学领域，摩尔基金会资助了第二届国家科学院的科学传播学的萨克勒学术研讨会（"The Science of Science Communication Ⅱ"，2016）。有几个基金会正在资助国家科学院的跨学科委员会，他们负责创建一个已达共识的报告，汇总争议议题相关的科学传播研究成果。非营利机构气候中心组织（Climate Central）则基于这些报告来设计新的研究。[6]基金会也支持新研究，增进对于媒体对文化和政策的更广泛影响的理解，并且成立了一些基金会资助的机构，将媒体执业者和基金赞助商与媒体社会影响力和测量工具的研究联系起来，也就具体问题导向的电影、电视、新闻以及游戏对态度、知识、行为和政策的影响展开原创研究。[7]

基金会为加强科学公民角色的工作的个案研究

这里描述的每一种方法代表着基金会可以使用的不同策略来推进循证政策和公众理解科学。下面的个案研究提供了一个了解基金会为特定项目带来的优势和关注的窗口。

罗伯特·伍德·约翰逊基金会的反对烟草项目

一些公共机构、职业协会和公司缺乏采取行动所需的驱动力、灵活性、资源或公信力。这个案例是一个为它们提供领导力和推进跨部门合作的例子。

到20世纪90年代，几十年的流行病学和实验研究证实了烟草使用的健康风险。早在1957年，由美国卫生总署召集一流公共卫生科学家撰写的联合报告发现，有强力证据证明吸烟是肺癌的致病因素，吸烟也与寿命缩短和心脏疾病密切相关（"Smoking and Health"，1957）。即便科学证据和共识不断增加，由行业资助的强大的烟草研究院使用游说、公关运动和白皮书等一系列手段让人们对展示烟草风险的研究产生怀疑。

1979年美国卫生总署的一份报告列出烟草使用健康影响的科学证据，反驳这份报告的文件长达166页，赶在美国卫生总署报告发布的前一天分发给了新闻媒体。烟草研究院强调病是个"谜"，他们写道：

虽然有统计证据和几个有效的假说，但没有确切和最后答案。尽管有相反的观点，但没有政府或行业人士能解释所报道的吸烟与肺癌、心脏病、肺气肿、婴儿出生体重偏低之间的联系，甚至与胰腺癌之间的联系。（"Smoking and Health，1964-1979"，1979）

从1991年至2009年，罗伯特·伍德·约翰逊基金会投入了将近7亿美元，对抗美国的烟瘾现象，着重预防年轻人吸烟和帮助吸烟者戒烟。当它开始这一倡议的时候，作为禁止吸烟运动主要声音的"要吸烟还是要健康联盟"资金不足，并且以回应烟草工业的广告活动为主。基金会发挥中心作用，开始建立烟草政策研究领域。它的项目吸引来自不同学科的研究者，包括医学、公共卫生、法律、社会学、政治学和心理学。这项研究的几个方面很有影响力——特别是发现提高烟草价格能降低年轻人吸烟率（Bornemeier，2005）。

基金会也注重与不同禁烟运动之间建立交流，以及保持它们在宣传工作上的一致性。这个领域传统的传播着重教育公众关于烟草使用的坏处。在对它的烟草控制运动评估跟踪了数年之后，基金会得出一个结论，公众教育不足以改变整个社会的行为。它转而聚焦于几个后来被认为是成功的策略，尤其是把多个策略结合使用的时候。这些策略包括强调推广在州和本地层面可达到的政策目标，也包括针对医生、牙医、孕妇和法律制定者等关键群体的传播和倡导（"The Tobacco Campaigns"，2011）。

自从 20 世纪 90 年代初吸烟率的上升趋势停滞后，成人吸烟率从 1997 年的 24.7% 下降到了 2007 年的 19.8%，而中学生的吸烟率从 1997 年高峰的 36.4% 下降到了 20%（"Trends in Current Cigarette Smoking"，2016）。1993 年至 2009 年提高烟草产品税和禁止室内吸烟等政策变化使得 2010 年减少了 530 万抽烟人口，避免了吸烟所致的超过 6 万人的死亡。为了聚焦其他公共卫生难题，从 2004 年开始，基金会以已经在减少烟草使用上取得了巨大进展为理由缩减了这项运动（"The Tobacco Campaigns"，2011）。

罗伯特·伍德·约翰逊基金会关于烟草的工作是合作型的，基于已有的工作，联合倡导者、研究者、医疗代表和公共卫生官员，并且它与其他促进政策和社会规范的发展相一致。但是，独立研究者后来发现，基金会的合作者认为基金会的统一领导是转变反对烟草潮流的重要因素，尤其是在协调政策研究、倡导和传播方面（"The Tobacco Campaigns"，2011）。

气候工作和在气候变化方面可行进展的路径

这个案例是一个通过联系目标关键利益相关者和聚焦实用解决方案来推广基于证据的政策和行为的例子。有针对性和有策略的传播在将意识形态斗争转为建设性解决方案的过程中特别重要。气候变化是一个非常复杂和两极分化的全球议题案例，它在特定产业中有所进展，但我们依然在更广泛领域中艰难努力。

2007 年，威廉和弗洛拉·休利特基金会、大卫和露西尔·帕卡德基金会、能源基金会、多丽丝·杜克慈善基金会、乔伊斯基金会和橡树基金会委托了一项关于慈善基金如何能更有效对抗气候变化的研究。它所产出的报告"谋略制胜"（Design to Win）集 150 多名世界顶级气候专家提供的信息，指出可以在能源、工业、建筑、运输和林业等领域同时开展的优先策略（"Design to Win"，2007）。

这个报告催生了气候工作基金会，它是一项合作性的、由慈善基金领导的项目，旨在为减少温室气体排放量提供研究、政策倡导、外联和公众参与提供项目和能力支持。[8] 它是国际化的，合作机构包括欧盟气候基金会、中国能源基金会、印度夏克缇可持续能源基金会和拉丁美洲地区气候倡议。在气候工作基金会推进雄心勃勃的气候政策之时，它的大部分工作都基于"谋略制胜"报告中的发现，聚焦于改进重要部门和领域的专业性"最佳实践"（"Design to Win"，2007）。

例如，水泥工业是全球二氧化碳排放最大的贡献者之一（Rubenstein，2012）。气候工作基金会和它资助的中国可持续能源项目为中国的水泥工业提供技术信息和帮助，通过关闭陈旧低效的工厂和推广新技术来升级基础设施。（"ClimateWorks 2010 Annual Report"，2010；Paddock，2009）。这项工作包括在中国水泥工厂管理者与劳伦斯·伯克利国家实验室的科学家之间建立直接联系，科学家们提供降低成本的方式来提升能源效率和降低碳排放（Paddock，2009）。

康帕斯、公共实验室和公民科学

这个案例是一个促进科学家、政策制定者和不同领域的公众之间平等参与的例子。随着中间人这个文化角色的变化，许多基金会正在投资帮助科学家直接参与与他们工作相关的公民对话，同时也投资帮助非科学家使用科学过程来为他们关心的公民议题讨论提供有价值的信息。

非营利机构康帕斯（COMPASS）主要依靠来自帕卡德基金会的资助，为那些对公民参与感兴趣的科学家提供培训和辅助。当机会出现时，康帕斯跟踪议题发展的不同阶段：传播、网络发展和决策。例如，在一项由康帕斯组织的为研究者提供传播和领导力培训的利奥波德领导力的项目中，一位编辑和科学家建立了联系，催生了一篇在《科学美国人》上发表的关于海洋酸化的文章。议员杰伊·英斯利（Jay Inslee）读了这篇文章后，与康帕斯一起将一群科学家召集到华盛顿，就这个议题召开了一个情况介绍会。康帕斯还帮助科学家为接下来的议会证词做好准备，并因此产生了首个资助海洋酸化研究的联邦项目，同时推动了进一步的研究和会议（Smith 等，2013）。

康帕斯设法将科学传播从更传统的"缺陷模型"转向民主参与，缺陷模型以告知公众和政策制定者为主要目标（Smith 等，2013）。肯·加尔德拉（Ken Galdeira）是卡内基科学研究所的科学家，是为海洋酸化现象提供证词的科学家之一。他提到，在政策权衡的时候，"我认为，作为科学家，即便没有义务，我们也有能力和权利以感兴趣和有知识的公民身份发声。但将这些角色区分开来很有必要。我们比任何其他人都要更适合这个传教士角色"（Goldston，2008）。

一些基金会也在另外一个方向进行投资：鼓励"民众""公民"或"社区"科学——非专业志愿者直接参与科学研究。公民科学可以有各种形式，从担任志愿者为职业科学家的项目收集数据，到参与非专业科学家发起和领导的寻求科学解答的项目。对于后者来说，这种参与可以有效减少将科学视为社会精英手中的不透明工具的倾向，从而避免盲目拒绝或接受科学结论。

"开放技术和科学公共实验室"的创办是为了应对 2010 年墨西哥湾深水地平线漏油灾难后缺乏可靠的公共信息的实际情况。一个非营利团体已经在监测工业设施附近的空气质量，他们与技术人员联合创造"社区卫星"。超过一百位志愿者用氦气球、风筝和数码相机建立卫星，收集大气影像并把它们放在一起，了解泄漏不同阶段的程度。最终得出的泄露地图在当时是最全面的，并通过与谷歌地球外展服务合作而向全球开放（"Stories from the Public Lab Community"，2016）。

第二年，这项工作的负责人聚集在一起成立了公共实验室，同时发起一个众筹基金（Warren 和 Chall，2013），启动约翰和詹姆士骑士基金的骑士新闻挑战项目，这个项目资助接触与知会多个团体的创新性方法（"Knight Foundation Media Innovation Contest"，2011）。今天，公共实验室是一个在全世界不同区域有着成千上万成员的开放网络。社区组织者、教育工作者、技术人员和研究人员就监测当地空气、水质和环境变化相关议题开发自制工具和开源软件、推广研究、提出问题并分享资源和想法。

"第十一小时"是施密特家庭基金会的一个项目，它资助由社区主导开发的工具来跟踪与威斯康星州采砂业相关的有潜在危害的粉尘问题（"Public Lab Receives Support"，2014）。骑士新闻挑战的第二个健康类项目资助了自制遥感项目，旨在利用智能手机改进低成本工具来监测空气和水的质量（"Homebrew Sensing Project"，2016）。丽塔·艾伦基金会的一项资金资助公共实验室与加州大学戴维斯分校的科学与环境教育专家合作，评估公共实验室的影响并开发可用于评估广泛公民科学工作的框架（"Rita Allen Foundation Announces $425,000 in Grants"，2015）。

未来方向

科学、政策、社会和传播的交叉对寻求实践公共利益的基金会来说是个充满机会的领域。在未来，慈善部门可以通过以下方式推动许多与科学相关的紧迫民生问题的有效对话和行动：

- 召集不同学科的利益相关者来为科学传播学中更全面的研究议程调动资源。在什么情况下、哪些知识差距对理解和提高科学参与工作来说是最重要的？基金会如何与其他部门通过集会、研究和观点整合进行合作以提升科学传播环境的总体健康程度——例如像国家科学院关于科学传播学的共识报告和本书？除了投入资金以外，基金会还可以使用他们的汇聚力量来推进研究和评估，特别是加强实践社区知识的交流。

- 描绘基金会对科学参与和基于证据的政策的贡献的全景，促进了解、增进合作和加大影响。基金会、科学传播研究者和其他在科学和公众参与交叉处的工作将受益于对慈善基金对公共科学对话的贡献的更深入了解。景观图可以显示出谁在资助什么项目和资助的缺口在哪里，同时指向结果。[9]实现这个目的需要解决基本问题，例如，不同基金会对"科学"和"参与"的定义。全面的途径分析有助于创造动力、吸引新资助者投入科学参与工作、加速两极分化和效果不佳的公共对话领域的变化。在科学议题覆盖全球的现状下，跨国慈善工作显得尤其重要并且具有挑战性。

- 加强对话、反馈循环和实验。对寻求建立公众科学参与的个人和机构来说，有没有更好的模型加速学习？这个领域如何从关注科学的民生问题的人群中征求并吸收反馈？科学参与能够从其他领域和更广泛的公民参与领域的反馈机制中学到什么？与公共和商业部门相比，基金会能够设定投资期并且提供风险资金来鼓励那些可以促使重要文化转型的长期探索。

结　论

深层两极分化威胁着许多关键问题上的循证发展，在这个时候，基金会呼吁采取行动，与科学家、记者、政府职员、科学协会、非营利机构和许多其他群体一起，加强科学的公民角色。基金会在培育公共知识和民间解决方案上有着长期的兴趣和经验。它们具有政治和金融独立性，这使得它们可以灵活投入资金开展长期、政治敏感、昂贵或高风险的工作，而这些工作在公共和商业部门往往受到限制。作为有影响力的中间人，基金会能够聚集来自多个部门和学科领域的人们，并且充当中间人，将理论和研究与从业者联系起来。在倡导评估和知识共享，加速从成功和失败中进行学习等方面，基金会发挥着重要作用。

　　基金会使用各种方法来促进科学证据为公众认知和政策提供信息。但是，对于科学参与如何在更广的社会语境中起作用以及如何改进它，基金会对此缺乏严格的、基于证据的认识。随着科学传播学的发展，基金会有着巨大潜力，能够采取跨部门视角和基于证据的工具，在争议出现之前减少两极分化，并推动分化议题的发展。利害攸关：科学与我们面临的困境以及相应的解决方案深深地交织在一起。今天，建设性的科学参与比以往任何时候都更可谓是一种公共物品，是民主的基石。

致　谢

　　作者感谢无数慈善事业、科学界和传播行业的领袖们，以及丽塔·艾伦基金会的同事凯特·贝尔义、乔纳森·卡特、莫莉·莎拉赫和佛罗里达大学的露丝·史蒂芬和安妮·内曼德为本章做出的贡献。

注　释

1. 高等研究所负责人和国际学术机构委员会联合主席物理学家罗伯特·戴克赫拉夫将这种现象描述为科学和社会之间的"分形界限"。参见 http://youtu.be/85xNupKNEn8。

2. 大英百科全书网络版，参看"盖乌斯·阿西尼乌斯·波利奥"。http://www.britiannica.com/biology/Gaius-Asinius-Pollio。

3. 同上。

4. 丽塔·艾伦基金会支持皮尤投票信息项目。

5. 在 2011 年一项由有效慈善事业中心对基金会首席执行官的调查显示，几乎所有人都汇报使用正式评估来了解他们的资助对象。73% 的人认为基金会有效性评估是他们最优先的事项之一。参看 "The State of Foundation Performance Assessment"（2011）。

6. 丽塔·艾伦基金会是国家科学院委员会和气候中心相关项目的支持者之一。参看 "The Science of Science Communication: A Research Agenda"（2016）。

7. 这些包括总部设在南加州大学的诺曼·利因中心的媒体影响力项目、和谐学院和媒体影响力资助者（一个将媒体融入创造社会改变的努力的资助者关系网）。丽塔·艾伦基金会为和谐学院和媒体影响力资助者提供资助，本章作者是媒体影响力资助者董事会成员。

8. 截至 2016 年，威廉和弗洛拉·休利特、凯亚基金会（KR）、麦克阿瑟基金会、橡树和大卫露西尔·派克基金会是主要赞助商。

9. 例子之一是近期基金会中心所推出的美国民主基金会资助项目（http://democracy. foundationcenter.org）。丽塔·艾伦基金会是这个项目的赞助商之一，合作推出项目设计。

参考文献

About Pew Research Center. (2016). Pew Research Center. http://www.pewresearch.org/about.

About Quanta Magazine. (2016). *Quanta Magazine*. https:// www.quantamagazine.org/about.

About Tangled Bank Studios. (2016). Tangled Bank Studios. http:// www.tangledbankstudios.org/ about–us/ about–tangled–bank–studios.

About the BRAIN Initiative. (2016). Kavli Foundation. http:// www.kavlifoundation.org/about–brain–initiative.

Aggregate fiscal data of foundations in the U.S. (2013). Foundation Center. http://data.foundationcenter. org/#/ foundations/all/nationwide/total/list/2013.

Bednarek, Angela T., Ben Shouse, Charlotte G. Hudson, and Rebecca Goldburg. (2015). Science–policy intermediaries from a practitioner's perspective: the Lenfest Ocean Program experience. *Science and Public Policy*, 43(2), 291–300. doi:10.1093/scipol/scv008.

Behavioral economics—a history of the program. (2016). Russell Sage Foundation. http://www.russellsage. org/research/ behavioral–economics–detailed.

Bornemeier, James. (2005). Taking on tobacco: the Robert Wood Johnson Foundation's assault on smoking. In: *The Robert Wood Johnson Foundation anthology: to improve health and health care*, Vol. VIII. Princeton, NJ: Robert Wood Johnson Foundation. http://www.rwjf.org/content/dam/farm/books/ books/2005/rwjf11184.

ClimateWorks 2010 annual report. (2010). ClimateWorks Foundation. http://www.climateworks.org/wp–content/uploads/ 2014/01/ClimateWorks–Annual–Report–2010.pdf.

Design to Win: philanthropy's role in the fight against global warming. (2007). ClimateWorks Foundation. http://www. climateworks.org/report/design–to–win/.

Duffy, Thomas P. (2011). The Flexner report—100 years later. *Yale Journal of Biology and Medicine*, September. http://www. ncbi.nlm.nih.gov/pmc/articles/PMC3178858/.

Ettling, John. (1981). *The germ of laziness: Rockefeller philanthropy and public health in the New South*. Cambridge, MA: Harvard University Press, 1981.

Fleishman, Joel L. *The Foundation: A Great American Secret.* New York: PublicAffairs, 2007.

Fleishman, Joel L., J. Scott Kohler, and Steven Schindler. (2007). *Casebook for the foundation: a great American secret.* New York: PublicAffairs, 2007.

Goldston, David. (2008). Getting it across. *Nature*, 16. doi:10.1038/454016a.

Homebrew Sensing Project. (2016). Knight Foundation. http:// www.knightfoundation.org/grants/201447978.

Karl, Barry D., and Stanley N. Katz, (1981). The American private philanthropic foundation and the public sphere, 1890–1930. *Minerva*, 19, 236–270.

Katz, Stan. (2008). Universities, endowments, and the megarich. *The Chronicle of Higher Education*, September 10. http:// chronicle.com/ blogs/ brainstorm/ universities–endowmentsthe–mega–rich/6274.

Knight Foundation Media Innovation Contest announces 2011 winners. (2011). Knight Foundation. http:// www.knightfoundation.org/ press–room/ press–release/ knight–foundation–media–innovation–contest–announc.

Matterson, Clare. (2013). Scientists' public engagement work should be generously funded. *The Guardian*, October 10. https://www.theguardian.com/science/blog/2013/oct/10/ scientists–public–engagement–wellcome–trust.

Our history. (2016). Carnegie Corporation of New York. https:// www.carnegie.org/about/our–history.

Paddock, Richard C. (2009). ClimateWorks is carrying out new global strategy. *The New York Times*, December 5. http:// www.nytimes.com/2009/12/06/us/06sfclimate.html.

Precursors to a new philanthropy, 100 years. (2016). Rockefeller Foundation. http://rockefeller100.org/ exhibits/show/evolution–of–a–foundation/1892–1913.

Public Lab receives support from the 11th hour project for a silica monitoring pilot program. (2014). Public Lab. https://publiclab.org/ notes/ Shannon/ 02–18–2014/ public–lab–receives–support–from–the–11th–hour–project–for–a–silica–monitoring–pilot–program.

Public understanding of science, technology & economics. (2016). Alfred P. Sloan Foundation. http://www. sloan.org/ major–program–areas/public–understanding–of–science–and–technology/film/.

Research, Evaluation, and Learning (2016). Robert Wood Johnson Foundation. http://www.rwjf.org/content/ rwjf/en/ library/research.html.

Rita Allen Foundation announces $425,000 in grants to foster informed civic participation. (2015). Rita Allen Foundation. http://www.ritaallenfoundation.org/raf–news/ raf–announces–grants.htm.

Rockefeller Sanitary Commission, 100 Years: (2016). Rockefeller Foundation. http://rockefeller100.org/ exhibits/show/health/ rockefeller–sanitary–commission.

Rubenstein, Madeleine. (2012). Emissions from the cement industry. *State of the Planet*, May 9. http:// blogs.ei.columbia. edu/2012/05/09/emissions–from–the–cement–industry.

Smith, Brooke, Nancy Baron, Chad English, Heather Galindo, Erica Goldman, Karen McLeod, et al. (2013). COMPASS: navigating the rules of scientific engagement. *PLoS Biology*, 11, e1001552. doi:10.1371/

journal.pbio.1001552.

Smoking and health, 1964–1979: the continuing controversy. (1979). Washington, DC: Tobacco Institute. https://industrydocuments.library.ucsf.edu/tobacco/docs/#id=llpf0145.

Smoking and health: joint report of the Study Group on Smoking and Health. (1957). *Science* 125(3258), 1129–1133. doi:10.1126/science.125.3258.1129.

Stories from the Public Lab community. (2016). Public Lab. https://publiclab.org/wiki/stories.

Technology & science, Allen Institute for Brain Science. (2016). Vulcan. http://www.vulcan.com/areas–of–practice/technology–science/key–initiatives/allen–institute–for–brain–science.

The Science of Science Communication Ⅱ. (2016). National Academy of Sciences. http://www.nasonline. org/ programs/ sackler–colloquia/ completed_ colloquia/ agenda–science–communication–Ⅱ. html.

The Science of Science Communication: a research agenda. (2016). National Academies of Sciences, Engineering, and Medicine. http://sites.nationalacademies.org/DBASSE/CurrentProjects/ DBASSE_168731.

The state of foundation performance assessment: a survey of foundation CEOs. (2011). Center for Effective Philanthropy. http://www.effectivephilanthropy.org/wp–content/uploads/ 2014/01/ FoundationPerformanceAssessment.pdf.

The tobacco campaigns of the Robert Wood Johnson Foundation and collaborators, 1991–2010. (2011). Princeton, NJ: Robert Wood Johnson Foundation. http:// www.rwjf.org/content/ dam/ farm/reports/ evaluations/ 2011/rwjf70005.

Trends in Current Cigarette Smoking Among High School Students and Adults, United States, 1965–2011. (2016). Centers for Disease Control and Prevention. http://www.cdc.gov/tobacco/ data_statistics/tables/ trends/cig_smoking/index.htm.

Warren, Jeffrey, and Becki Chall. (2013). How public lab turned kickstarter crowdfunders into a community. *MediaShift Idea Lab*, April 2. http://mediashift.org/idealab/2013/04/how–public–lab–turned–kickstarter–crowdfunders–into–a–community089.

推荐阅读

Bednarek, Angela T., Ben Shouse, Charlotte G. Hudson, and Rebecca Goldburg. (2015). Science–policy intermediaries from a practitioner's perspective: The Lenfest Ocean Program experience. *Science and Public Policy* 43(2), 291–300. doi:10.1093/scipol/scv008.

Bernholz, Lucy. (2015). *Philanthropy and the social economy: blue-print 2016*. New York: GrantCraft, 2015. http://www.grant–craft.org/assets/content/resources/blueprint_2016_final_ web2.pdf.

Design to Win: philanthropy's role in the fight against global warming. (2007). ClimateWorks Foundation. http://www. climateworks.org/report/design–to–win/.

Fleishman, Joel L., J. Scott Kohler, and Steven Schindler. (2007). *Casebook for the foundation: a great American secret*. New York: PublicAffairs.

Reich, Rob, Chiara Cordelli, and Lucy Bernholz, eds. (2016). *Philanthropy in democratic societies: history, institutions, values*. Chicago: University of Chicago Press.

Smith, Brooke, Nancy Baron, Chad English, Heather Galindo, Erica Goldman, Karen McLeod, et al. (2013). COMPASS: navigating the rules of scientific engagement. *PLoS Biology*, 11, e1001552. doi:10.1371/journal.pbio.1001552.

Teles, Steve, and Mark Schmitt. (2011). The elusive craft of evaluating advocacy. *Stanford Social Innovation Review*, Summer. http://ssir.org/articles/entry/the_elusive_craft_of_evaluat–ing_advocacy.

The tobacco campaigns of the Robert Wood Johnson Foundation and collaborators, 1991–2010. (2011). Princeton, NJ: Robert Wood Johnson Foundation. http:// www.rwjf.org/content/dam/farm/reports/evaluations/2011/ rwjf70005.

第二十四章
利用社交网络促进公众对科学与健康的理解

布莱恩·索思韦尔（Brian Southwell）

摘要： 为了探索人际互动如何影响大众对科学的理解，本章讨论了下列问题：社会互动如何影响科学机构之外的个人对科学的理解；科学家作为重要的社会网络中心和节点的出现；影响有关科学的讨论的社会网络维度；信息和语境因素如何促进或抑制包括谣言在内的科学相关信息的扩散。人际传播的概念和证据为关注公众理解的科学传播学者和从业人员提供了很多信息，但仍有重要的工作要做。本综述以几个研究问题结尾，这些研究问题值得进一步关注并对决策者有一定意义。

关键词： 社交网络；扩散；科学传播；谣言；人际传播；公众理解

近年来，科学家、科学教育专业人士和科学倡导者都被利用社交网络关系向同行评审期刊和图书所能触及的范围之外传播科学成果的前景吊起了胃口。例如，西夫曼（2012）提倡使用社交媒体平台推特来拓展环境保护研究的影响力。的确，有些学者认为除了传统口口相传的推广，使用社交媒体技术能帮助科学家带领我们朝一个民主的理想国前进，社会的各个广大阶层很方便地获取科学证据，并且能够将其用于制定政策。

与此同时，社交扩散和社交网络活动或许会削弱科学的权威，使政策决策变得更复杂，并加剧谣言和错误信息的传播，例如关于疫苗效果的假传播的例子（Salathe & Khandelwal，2011）。此外，参与社交网络的努力或许使得现有不同群体之间的差距具体化，并且在此过程中使得那些信息丰富的人更丰富，而那些一直以来缺乏获得科学信息渠道的人无法从中受益（Southwell，2013）。

因为这些设想的未来都有可能变成现实，社交网络在科学传播中的角色是多面的而非统一的。不同流派的文献提到了非专业人士之间的互动方式对科学理解的影响，也提到了科学家作为意见领袖和发言人的表现。本章回顾社交互动能如何影响大众对科学的理解、科学家作为社会网络中心和节点的出现、非专业网络如何促进关于科学的讨论，以及那些看起来能促进或减缓科学信息传播的因素。结尾部分提出了一些值得学界关注的问题和对政策制定者的启示。

社交网络影响科学理解的机制

人类倾向于模仿他人（Tarde，1903），有时候也将一个来源的信息与他人分享（Katz和 Lazarsfeld，1955）。我们模仿其他人，也倾向于与其他人交谈并分享新信息。这些倾向为科学信息的传播提供了方向。

人际互动也可以远不止通过对话，以口头方式将信息从一个人传给另外一个人。其中一个例证参见关于火星水源研究的传播（如 Conway 等，2015）。两个或更多的人或许会在晚餐后，或者在网上仔细斟酌它的可能性，直至深夜。一个人可能通过多种方式将《纽约时报》上的一篇与研究相关的报道发送给其他人，例如邮件附件、推特链接或在一个新闻网站输入接收者的名字来指定他接收新闻。一个宗教团体可能抵制研究结果，在暗示这些结果虚假的同时几乎不提及研究工作的具体细节。一群大学生组成一个乐队，起名为"火星之水"，这间接将新闻的关键词推广到更大范围而没有明显提到最初的研究结果。一个人可能会将研究论文分享到她的社交媒体账号上，然后其他人会公开地赞同这个帖子（例如，"点赞"脸书帖文）。

除了我们使用的一系列人际互动的特征之外，火星上的水这个例子引发了一些争议。为什么有人会对一篇研究论文有那样的反应？是什么决定了社交网络是否以及何时成功参与讨论？为什么有些科学内容得以传播而其他信息没有被传播？如果将社交网络看作舞台，我们目睹在人的意图和动机驱使下的行为在台上表演，这有强调了一个重要的考量：一旦信息被发布，它不会以统一的、自动的或某种神奇的方式在某个群体的所有成员之间毫无拘束地流动。相反，我们对人类行为动机的了解应降低对接触社交网络的期望。

多年前，马尔科·叶泽和我将"对话"定义为连接大众传媒运动及其对个体观点和行动的影响之间的一个因素（Southwell 和 Yzer，2007）。我们选择将对话设计为可观察到的行为现象，涉及多个意识到他人存在的人。因此，这个现象受人类动机和技能的限制，并且对所有参与者的未来都产生影响。在本章，对话被看作是战略性的、受动机驱使的行为，即使参与方难以清晰表达他们的动机，这突出了一个关键假设。具体说来，科学信息所提供的所谓关系货币的程度将限制社交网络对这些信息的进化和适应。当本章在描述科学家和公民在网络中充当的代理人角色的时候，我们可以牢记那个核心假设。

科学家作为社交网络中心和节点

在美国和世界上许多其他国家，人们在 20 世纪后期见证了科学家成为经常在新闻和公共话语中出现的重要明星（Dunwoody 等，2009；Gascoigne 和 Metcalfe，1997）。除了电视新闻等常规广播场所之外，科学家如今也有机会通过社交媒体直接培养追随者和记者网络（Hall，2014；Shiffman，2012）。甚至科学研究的本质都随着人际互动的创新而演变。虽然成员组成不连续的团队在知识转化和应用中面临挑战（Shumate 等，2010），但当今的社交网络技术使科学家能够以过去不大可能的方式开展团队工作（如 Huang 等，2013）。

科学家与没有从事科学工作的公民之间直接通过社交媒体互动，这个机遇令人兴奋，也招致批评。帕森斯等人（2014）认为，社交媒体提供了一个强大的工具，可以和以前从未接触过的公众建立对话平台。艾森巴赫（2011）提供的数据显示，在推特上被提及的研究与科学影响力指标相关，例如在其他学术论文中的引用。但是，霍尔（2014）曾经开玩笑说，当达到一定的网络知名度之后，真正的科学家应该退出社交媒体账户，回去写同行评审论文，以免他们忽略自己最重要的职责。

有学者推测，科学家将来作为发言人和对话网络的中心枢纽而参与公共领域的工作将受到多种因素的驱动。杜多（2015）明确指出了一个发挥影响的核心的交叉压力：职业科学家一方面需要解释他们的工作，并为科学辩论提供信息，另一方面他们的个人和事业上的需求又要求他们脱离公众舞台。那些认可使用科学家声音作为资源引导公共辩论（并且作为倡导科学研究持续基金的一部分）的科学家将被继续吸引参与这些活动（如 Leshner，2015）。同时，开展新研究、指导学生和投入科学同行评审工作的压力使得许多科学家难以定期为公共讨论做出贡献。

除了时间限制和正式鼓励之外，我们也知道如果科学家个人对公共曝光度所带来的地位感兴趣，相信媒体报道能帮助事业发展，这些因素能预测科学家在公共传播活动中的参与度。例如，邓伍迪等人（2009）发现职业地位、社会交往的激励和对正面内在奖励的认知都能用于预测科学家与记者之间的接触，这个结果也很有可能与社交媒体参与度相关。此外，尼斯比特和马科维茨（2015）发现：如果科学家相信媒体报道在职业发展中起重要作用，这比科学家自身的意识形态和党派归属更能预测科学家的传播行为。

公共参与机会的另外两个维度也限制科学家作为信息中心的作用：作为信息传播决定因素的时机的重要性，和科学家自我保护的倾向。这两个因素都可能限制科学家向更多的受众传播准确、有用观点的能力。

就时机而言，我们已经得知，科学家向新闻机构和同行提供见解，使其在社交媒体或交谈中拥有再传播的机会，受到该议题在某一特定时间的文化重要性和显著度影响。驱使科学家汇报或分享评论的一些动机至少包括，一个话题在多大程度上因为一个吸引眼球的公告变得有新闻价值，例如一个新发现或一个发病率的突然改变，或全球环境的突然改变，或者一些其他不由任何一个科学家所能控制的因素。以 2016 年美国寨卡病毒相关的公共信息领域为例。我和我的同事发现 2016 年初有关寨卡病毒的新闻报道、推特分享和总体谷歌搜索行为均有显著相关性，并且搜索行为（代表公共利益的信息搜索）是新闻报道的直接功能，其本身就受美国疾病控制与预防中心和世界卫生组织的几个重要公告所驱动（Southwell 等，2016）。非常重要的是，有助于开展寨卡病毒积极对话的窗口期转瞬即逝。在整个 2016 年的春天，我们看到新闻报道、社交媒体活动和搜索行为没有趋于稳定，而是急剧上升或下降。科学家若是想要贡献自己的看法，他们面对的场景是机会的浪花稍纵即逝，而不是一个可以涉入、风平浪静的状况。

人们对推广自己工作的兴趣也对科学家作为信息中心的表现产生影响。布伦奇曼（Brenchman）和他同事的一项研究（2011）就这个议题提供了重要见解，他们研究了科学家是否倾向于就经过同行评议的研究提供准确的公开评论。布伦奇曼和一个编码团队评估新闻故事中与基因研究相关观点的准确性时发现，与直接参与研究的评论员相比，那些不直接参与原始研究的评论员倾向于提供更准确的观点，这揭示了科学家与记者谈论他们自己的研究时偏向于提供更不准确的信息的重要倾向。正如布伦奇曼和他的同事解释的，这有可能是因为"研究者在项目中的个人投入降低了他们客观地谈论自己研究结果的能力"（508）。

公民作为社交网络中心和节点

因为人际互动对公众的科学认知产生影响，探讨公民互动有助于理解关于科学的舆论和对科学建议的行为性反应。有一个例子是房主通过防风雨措施来降低家居能耗。这种行为似乎能够通过相关社交活动来预测，尽管许多人不经常跟其他人谈起家庭能耗；家人和朋友间关于能源节省技巧的对话与采取防风雨措施的行为相关（Southwell 和 Murphy，2014）。社交网络对太阳能技术使用的影响也展示了类似的规律（Rai 和 Robinson，2015）。

但是，激活公民社交网络来推广创新应用和提升对科学的多方面支持不一定是件容易的事。目前的证据强调网络结构的范围和人的信息处理局限，这两者会限制信息扩散与说服效果。对于采用点对点策略的未来科学传播，理解网络结构和人类动机是成功的关键。

在结构影响框架中，我们可以看到网络结构和人类动机在发挥作用。这一框架由康特拉克特（Contractor）和德邱奇（DeChurch）2014 年提出，用于解释例如采用医学创新来降低印度的新生儿死亡率这样的社会影响过程。这个结构影响框架中一个有用的属性是它同时强调谁影响和如何影响。在许多社交网络，一些个体或者网络中的节点享有与其他人的关系或者联结，使他们成为更好的信息传播者。例如，我们也许会注意到工作网络中的某个人有着最高的中心度，意味着在网络中与他／她直接相关的人比任何人都要多。其他人也可能因为他们在网络中的位置而成为有用信息传播的潜在资源。例如，一个人可能会扮演不同配对之间的中间人，否则这些人相互之间没有直接的联系。换而言之，我们可以描述某一个特定人的中间性程度。这两个结构因素和其他的因素可以影响一个人在塑造某个议题的群体理解中所起的作用（Freeman，1978—1979）。

一个处于网络中心的人可以影响许多人，但也提供冗余信息，或者如果网络中的许多人互相联系的话，他／她会被网络中的其他人质疑。反之，一个有高度中间性的人是将信息从一个群体传到另外一个群体的重要桥梁。重要的是，这样的结构因素需要同时评估个体以及个体与更大群体的关系。网络特征描述的是一群人和节点之间的关系，即使通过自我中心的自我报告测量。如果不考虑这样的网络特征，我们也许会假设任何碰到科学新闻的人都可能点燃社会传播过程，但这种情况是否会发生，部分受限于那个人所处的网络结构。

除了人际影响的结构网络决定因素外，我们也应该注意到人们建立、维持和参与社会关系的动机。我们互相关注的原因有很多，但正如康特拉克特和德邱奇 2014 年所指出的，其中两个更重要的因素是准确性和隶属性，这两个都可以说对人的生存具有价值。我们关注其他人特别是权威人物的思想和行动，因为我们在这个看起来混乱的世界中寻找如何行动的指导。假设信息可以用作给另外一个人礼物或回报，双赢关系的吸引力就提供了一个信息交换的机会。

根据这些观点，通过社交网络促进公众理解科学的工作面临两种挑战，不管是跟神经科学还是气候变化治理相关。第一个挑战是需要一套信息传播的网络路径。这个结构性的挑战可能是非常重大的一个挑战。事实上，我在其他地方（Southwell，2013）提出，把信息发布给特定的社区意见领导人时，如果我们不关注到底谁和谁在社交网络中连接在一起，许多出发点很好的科学信息推广工作也会加剧人与人之间的差距。如果人们要就某个信息进行有意义的交流，人与人之间的联系必定存在。那些网络相对小或者孤立的人没有希望能接触到和他们没有个人联系的网络中传播的信息。

利用社交网络推广科学研究的工作面临着第二个挑战，它涉及人类动机在信息分享过程中重要的把关作用。将同行评审证据直接发布到信息环境中，如果需要预测其能否进行支持性的人际传播，我们需要考虑这样的互动是否能够满足发生任何点对点传播二元关系的基本要求。此外，我们需要考虑研究结果是否提供相关的互动，例如那些有听力问题的与新助听技术的前景之间的配对，或者研究是否允许有关于副作用或负面结果的对话，就像父母在群体中分享他们对于疫苗和自闭症之间关系的担忧那样。

我们前面提到，科学信息往往不能简单地通过一个社交网络在人与人之间自由并毫无阻挡地传播。我们可以看到无数较有争议的例子，或者一个群体拒绝承认其他人认为是既定事实的例子。例如气候变化的科学、关于转基因食物的研究、与幼儿疫苗副作用相关的工作或者围绕着能降低新发传染病传播的新疫苗的公告的争议。所有那些领域的科学在同行评审文献中就关键假设达成了相对一致的认识，但我们也看到那些研究领域中每一个重要观点在公民个人传播的过程中，在世界各地产生了戏剧性的两极分化（Kahan 等，2015；Mollema 等，2015；Kim 等，2014；Salathe 和 Khandelwal，2011）。

应对 2009 年的 H1N1 流感病毒的疫苗开发是一个相关的例子。正如萨拉特和坎德瓦尔（Salathé 和 Khandelwal）2011 年指出的那样，对于新疫苗，推特上的帖子揭示了受众的两极分化。研究者调查了关于新疫苗的情感表达是否呈现出聚类的现象，即拥有特定观点的人相互有联系。美国疾病控制与预防中心的数据显示，如果某些地区的推特信息大多在正面场合提到 H1N1 疫苗，居住在那里的人们更倾向于接种疫苗。而来自那些看法更负面的地区的人们往往更少接种疫苗。换而言之，社交媒体上对疫苗等科学发展议题的讨论往往反映出两极分化和本地同质。

科学如何使研究人员就某些结论达成共识，而同时我们却发现社交圈的反应是大面积反对或拒绝？这是近年来许多学者所探讨的一个问题，并且倾向于用以下观点来回答：我们经常以偏见的方式处理信息，以节省时间和精力，并保护我们现有的自我意识。例如，卡亨同合作者们关于文化认知的研究（如 Kahan 等，2011；Kahan 等，2006）。文化认知相关文献强调，我们对待新的科学信息时存在潜在的偏见，可以让我们避免不和谐的声音并保护我们的社会立场。虽然我们并不总是以这样的方式处理信息，但这种偏见可能影响我们对信源可靠性的感知，甚至影响特定证据的显著性。例如，卡亨和他的同事 2011 年将人划分为"等级制的个人主义者"或"平均主义的社群主义者"，他们发现这两类人对全球变暖原因的科学共识的看法截然不同。如果有一本书认为全球变暖的影响对我们来说是高风险的，这两类人对于该书作者可信度的看法也截然不同。

如果我们从这些不同的研究结果中推断社交网络交流的种种可能，要通过人际互动在更大范围内说服人们改变立场，任务颇为艰巨。在很多情况下，人们往往处于同构的网络中，对传播的信息较少质疑，并且对话往往强化已有偏见。此外，有关科学的讨论必须与其他各类需求进行竞争，才能赢得对话或人际交流的空间；人的大部分时间都用于互相关注，因此毫不奇怪大部分人对晚餐该吃什么或者要紧的经济问题的讨论远多于对弦论和纳米技术政策的讨论（Wagner，2007）。未来的研究应进一步准确记录科学研究进入日常讨论和交流的频率。

鼓励信息扩散

有观察发现，与科学研究有关的社会互动有时候可能比其他话题少。如果与受众的现有世界观不一致，受众会带有偏见地处理这些信息。尽管如此，有证据显示有几种策略可以促进关于科学的人际交流。这些策略包括建立互动的基础设施，加强（科学家和公民对）人际互动能力的信心，突出科学研究与公民日常生活相关的令人兴奋的方面。

创造互动空间

我们知道社交互动平台的现有特征可以促进讨论。例如，卢恩斯基和费舍尔 2016 年回顾了现有证据，以确定与 II 型糖尿病管理相关的计算机媒介环境的哪些特征促进了支持性的点对点互动。他们认为，这样的环境促进同伴和供应商的联系，使得病人在交谈时不受时空限制，并且促进个人化和具体疾病信息的交流。

在一个更广的层面，我们也知道，人际交流和信息转介的机会更多，预示着将出现更多分享科学和健康相关信息的趋势（White，2012；Southwell 等，2010）。或许为了科学教育而在每位潜在受众周围建设网络基础设施，这超出了许多项目的范畴；不少人不愿寻求这样的机会，如果希望仅仅通过建立论坛就能赢得他们的参与，这是不现实的。但是，作为一个补充工作来确保辩论和公众协商的安全空间，也许有必要努力建立聚焦科学研究的社区对话平台，并在冲突发展起来之前或创新新闻发布之前将社区成员联系起来（Southwell 等，2016；Selvakumar 和 Shugart，2015）。

增强传播信心

因为人们不大可能分享他们不理解的信息，未来干预的目标可以包括干预一个人的信心和作为人际科学传播参与者的胜任感。如果不能直接鼓励人们来质疑或参与基因组学研究或者页岩气研究，许多人会默默地听从那些他们认为更专业的人（Brossard 和 Nisbet，2007）。此外，对科学的理解感能促进科学相关的对话和信息分享（Hwang 和 Southwell，2009；Southwell 和 Torres，2006）。那些认为自己能够理解关键科学概念的人更倾向于与他人分享看法。为了增加科学研究相关的社交网络活动，科学传播从业人员可以尝试提升公民对科学可及性的信任。

事实上，推广科学可及性的工作能为一些非专业人士提供虚假的希望，他们需要一定程度的正式培训，才能按科学论文作者期待的方式来理解许多科学论文。同时，我们也知道人们有时候掌握一些他们自己都没有明显意识到的技能。一些对参与科学、技术、工程和数学有用的技能可以从花费大量时间处理杂费、计划餐食和组织小组活动中发展而来。现在我们可能有机会将某些类型的科学探究转化为任何能够建造房屋或照顾孩子或修理汽车的人都能理解的框架，这一举动反过来有可能会鼓励人们进行比目前更多的公众讨论。先前我们可能忽视了一些机会，将某些类型的科学探究转化为建筑师、护士或汽车修理工都能理解的东西，而这反过来又有可能会鼓励更多的公众讨论。

注意内容因素

除了个人层面的差别，内容方面也影响相关人际互动的潜力。例如，在社交媒体呈现语境下，呈现方式可以影响内容被转发或被讨论的机会。正如莱尔曼和霍格（Lerman 和 Hogg，2014）详细论证的那样，内容的位置影响着同伴推荐的可能性。他们考察同样的内容放在同一个社交媒体应用发布列表上的不同位置是否会引起不同的推荐反应。在列表最上面的内容最有可能被推荐，作者将这个趋势归因于参与者偏爱最新发布内容。这项研究认为人们互相推荐的条目会在很短一段时间内急剧下降。这与范（Fan）1988 年提出的大众传媒发布内容的衰变效果一致，并值得关注，因为它建议那些希望引起点对点互动的科学传播工作需要经常持续地呈现信息。

我们也知道引起强烈情感反应的内容或者哗众取宠的图像可以推动分享。阐述某个观点的具体轶事或图像也似乎比抽象和笼统的陈述能引起更多的分享（Kim，2015）。在澳大利亚，接触禁止吸烟广告中的图表能够引起相关的讨论（Dunlop 等，2008）。在挪威，一项禁止吸烟运动成功地使用煽动性的情感诉求来鼓励成年观看者和他们的同伴开展对话（Hafstad 和 Aaro，1997）。金（Kim，2015）最近也展示了在通过社交媒体分享纽约时报的健康报道的过程中情感唤起的重要性。这种效果似乎是情感唤起的一种功能。伯杰（Berger）2011 年发现那些更容易被唤起生理反应的人更倾向于与他人分享信息，某种程度上是因为他们的激动状态驱动那些与分享和人际介入相关的神经资源。

这些不同思考显示，在不同场合和参与者的情况下，科学相关的对话发生的概率不一。我们知道，如果人们拥有乐于讨论科学话题的伙伴，他们更有可能进行这种讨论。我们知道，那些对自己的知识及对科学的理解更有信心的人，更有可能发起关于科学的对话。我们知道，人们在情绪激动的情况下倾向于分享更多信息，并且情感唤起的内容为人们的日常关系提供重要的人际货币。

未来研究和政策制定的机会

社交网络和科学传播未来研究的几个方向很有可能被证明富有成效。首先，人际和大众传播交叉的研究可以受益于已有传播技术的变化，技术不断使得监测和评估人际互动成为可能。过去我们无法跟踪和评估人们在走廊上发生的对话，我们现在可以跟踪并测量人们通过移动设备产生的书面互动，这是之前无法企及的事，我们甚至能使用数字记录设备来采集抓取人们在走廊的对话数据（如 Mehl 等，2001）。未来的研究者可以看到通过计算机互动产生的证据，他们不再需要依靠被研究者自我汇报人际行为，并且可以处理大量由移动设备采集的来自口头互动的音频内容资源库。但是随着数据的不断增加，区分不同人际互动的指标将变得非常重要。未来科学传播研究者需要关注的一个开放问题是，收集到的两位朋友在酒吧口头对话的一小截片段与一个被点赞的脸书分享或者是被发到有着几百人的网络的推特分享是否一样。我们需要有效性测量的证据，并且我们需要推进研究不同互动类型可能产生的效果的理论发展。

除了关注互动模态中潜在的差异，我们也需要更多的工作来探讨人们如何呈现和架构他们互相分享的信息，以及他们到底如何进行讨论或分享信息。近期有一项综述研究了过去二十年的健康传播研究（Robbins 等，2016），它指出：在有针对性的传播活动的语境下，我们对人际交往内容的测量缺乏研究。这不是说我们本身没有关于人际对话内容的研究，那个领域的研究有着悠久的历史（如 Knobloch 和 Solomon，2003）。但在传播和运动评估领域，许多将人际传播作为变量的论文倾向于测量总量或频率（仿佛"谈论一项健康运动"是一个可以被统计的整体），而不是关注人们所谈论内容的本质或到底交换了哪些信息。科学相关的人际互动的研究面临同样的问题，特别是将大众媒介信息与人际交往联系起来的研究（Ho，2012）。考虑到信息贬损的重要性、对信息可信度的批评以及疑心重重的受众有时使用科学证据和科学新闻的种种方式，因此转向评估交流内容应该是富有成效的，特别是因为它涉及科学思想的社会传播和接受度。

框架研究、主题相关性以及人际传播的产生或发起之间的潜在交叉点是另一个有希望的研究方向。我们可以期待人们更愿意讨论或分享他们与他人日常互动相关的科学话题。但是我们对能够鼓励关联感的信息方法了解不多。关于弦论或天文学的研究与作为宇宙居民的所有人息息相关，但是不可能所有人都认为此类研究与他们的日常生活或价值观息息相关。人们在什么情况下选择转发电子邮件或给某人打电话或对某个故事发表评论？某些科学研究是否比其他科学研究更容易引发非专业读者之间的对话？讲故事的某些方式是否更有可能鼓励人际对话？探索此类问题的新研究将有利于下一代科学传播研究。

过去的传播研究为假设提供了一些建议。关于示范（Zillmann，1999）、叙事（Dahlstrom，2014；Green 和 Brock，2000）和框架（Scheufele 和 Tewksbury，2007）的研究表明在某些信息接触的情况下，对话发起的可能性更大。我们也可以考虑史蒂文·平克（2002）的建议：我们天生能更好地理解像人类生物学和社会心理学这样的科学领域，这些学科关注的是人的层面，与天文学这样的学科分析运作的层面不同。我们若要激发人们共通的人类神经认知系统来整合理解纷繁杂乱的种种信息，最好是赋予这些信息鲜明的人物形象和个性化事例，讲好故事，强调科学信息与日常生活的其他方方面面息息相关，这样才能使得人们更有可能研讨特定的科学信息。

公众参与是未来科学资助和法规决策的基石，关于如何鼓励、促进和监督公共协商的研究可以提供关键资源。没有推动和鼓励，我们知道人们不会经常谈论科学研究，而当他们这样做时，也无法保证对话聚焦在决策者认为最重要的要素上。至关重要的是建立人人可以参与的论坛进行科学讨论，邀请非专业人士参与对话，以及研究哪些限制条件把人们的注意力引向显著、煽情的内容材料；当我们研究社交网络参与如何能提高未来科学传播的外延工作，上述所有工作至关重要。

参考文献

Berger, Jonah. (2011). Arousal increases social transmission of information. *Psychological Science*, 22,

891–893.

Brechman, Jean M., Lee, Chul–joo, and Joseph N. Cappella. (2011). Distorting genetic research about cancer: from bench science to press release to published news. *Journal of Communication*, 61, 496–513.

Brossard, Dominique, and Matthew C. Nisbet. (2007). Deference to scientific authority among a low information public: understanding American views about agricultural biotechnology. *International Journal of Public Opinion Research*, 19, 24–52.

Contractor, Noshir S., and Leslie A. DeChurch. (2014). Integrating social networks and human social motives to achieve social influence at scale. *Proceedings of the National Academy of Sciences of the United States of America*, 111, 13650–13657.

Conway, Susan J., Matthew R. Balme, Mikhail A. Kreslavsky, John B. Murray, and Martin C. Towner. (2015). The comparison of topographic long profiles of gullies on Earth to gullies on Mars: a signal of water on Mars. *Icarus*, 253, 189–204.

Dahlstrom, Michael F. (2014). Using narratives and storytelling to communicate science with nonexpert audiences. *Proceedings of the National Academy of Sciences of the United States of America*, 111, 13614–13620.

Dudo, Anthony. (2015). Scientists, the media, and the public communication of science. *Sociology Compass*, 9, 761–775.

Dunlop, Sally M., Melanie Wakefield, and Yoshihisa Kashima. (2008). The contribution of antismoking advertising to quitting: intra and interpersonal processes. *Journal of Health Communication*, 13, 250–266.

Dunwoody, Sharon, Dominique Brossard, and Anthony Dudo. (2009). Socialization or rewards? Predicting U.S. scientistmedia interactions. *Journalism & Mass Communication Quarterly*, 86, 299–314.

Eysenbach, Gunther. (2011). Can tweets predict citations? Metrics of social impact based on twitter and correlation with traditional metrics of scientific impact. *Journal of Medical Internet Research*, 13, e123. doi:10.2196/jmir.2012.

Fan, David P. 1988. *Predictions of public opinion from the mass media*. Westport, CT: Greenwood Press.

Freeman, Linton C. (1978–1979). Centrality in social networks conceptual clarification. *Social Networks*, 1, 215–239.

Gascoigne, Toss, and Jenni Metcalfe. (1997). Incentives and impediments to scientists communicating through the media. *Science Communication*, 18, 265–282.

Green, Melanie C., and Timothy C. Brock. (2000). The role of transportation in the persuasiveness of public narratives. *Journal of Personality and Social Psychology*, 79, 701–721.

Hall, Neil. (2014). The Kardashian index: a measure of discrepant social media profile for scientists.

Genome Biology, 15, 424.

Hafstad, Anne, and Lief E. Aaro. (1997). activating interpersonal influence through provocative appeals: evaluation of a mass media–based antismoking campaign targeting adolescents. *Health Communication*, 9, 253–272.

Ho, Shirley S. (2012). The knowledge gap hypothesis in Singapore: the roles of socioeconomic status, mass media, and interpersonal discussion on public knowledge of the H1N1 flu pandemic. *Mass Communication & Society*, 15, 695–717.

Huang, Meikuan, Joshua Barbour, Chunke Su, and Noshir Contractor. (2013). Why do group members provide information to digital knowledge repositories? A multilevel application of transactive memory theory. *Journal of the American Society for Information Science and Technology*, 64, 540–557.

Hwang, Yoori, and Brian G. Southwell. (2009). Science TV news exposure predicts science beliefs: real world effects among a national sample. *Communication Research*, 36, 724–742.

Kahan, Dan M., Hank Jenkins–Smith, and Donald Braman. (2011). Cultural cognition of scientific consensus. *Journal of Risk Research*, 14, 147–174.

Kahan, Dan M., Hank Jenkins–Smith, Tor Tarantola, Carol L. Silva, and Donald Braman. (2015). Geoengineering and climate change polarization: testing a two–channel model of science communication. *The Annals of the American Academy of Political and Social Science*, 658, 192–222.

Kahan, Dan M., Paul Slovic, Donald Braman, and John Gastil. (2006). Fear of democracy: a cultural evaluation of Sunstein on risk. *Harvard Law Review*, 119, 1071–1109.

Katz, Elihu, and Paul F. Lazarsfeld. (1955). *Personal influence.* Glencoe, IL: Free Press.

Kim, Hyun Suk. (2015). Attracting views and going viral: how message features and news–sharing channels affect health news diffusion. *Journal of Communication*, 65, 512–534.

Kim, Sei–Hill, Hwalbin Kim, and Sang–Hwa Oh. (2014). Talking about genetically modified (GM) foods in South Korea: the role of the Internet in the spiral of silence process. *Mass Communication & Society*, 17, 713–732.

Knobloch, Leanne K., and Denise Haunani Solomon. (2003). Manifestations of relationship conceptualizations in conversation. *Human Communication Research*, 29, 482–515.

Leshner, Alan I. (2015). Bridging the opinion gap. *Science*, 347, 459.

Lerman, Kristina, and Tad Hogg. (2014). Leveraging position bias to improve peer recommendation. *PLoS One*, 9, e98914. doi:10.1371/journal.pone.0098914.

Lewinski, Alison A., and Edwin B. Fisher. (2016). Social interaction in Type 2 diabetes computer–mediated environments: how inherent features of the channels influence peer–to–peer interaction. *Chronic Illness*, 12(2), 116–144.

Mehl, Matthias R., James W. Pennebaker, D. Michael Crow, James Dabbs, and John H. Price. (2001).

The electronically activated recorder (EAR): A device for sampling naturalistic daily activities and conversations. *Behavior Research Methods, Instruments, and Computers*, 33, 517–523.

Mollema, Liesbeth, Irene A. Harmsen, Emma Broekhuizen, Rutger Clijnk, Hester De Melker, Theo Paulussen, et al. (2015). Disease detection or public opinion reflection? content analysis of tweets, other social media, and online newspapers during the measles outbreak in the Netherlands in 2013. *Journal of Medical Internet Research*, 17, e128.

Nisbet, Matthew C., and Ezra M. Markowitz. (2015). Expertise in an age of polarization: evaluating scientists' political awareness and communication behaviors. *The Annals of the American Academy of Political and Social Science*, 658, 136–154.

Parsons, E. Chris, David S. Shiffman, Emily S. Darling, Nathan Spillman, and Andrew J. Wright. (2014). How Twitter literacy can benefit conservation scientists. *Conservation Biology*, 28, 299–301.

Pinker, Steven. (2002). *The blank slate: the modern denial of human nature*. New York: Viking.

Rai, Varun, and Scott A. Robinson. (2015). Agent–based modeling of energy technology adoption: empirical integration of social, behavioral, economic, and environmental factors. *Environmental Modelling & Software*, 70, 163–177.

Robbins, Rebecca, Vanessa Boudewyns, and Brian Southwell. (2016). Conversation as a variable for health campaign evaluation: a review across two journals and 20 years of published research. Paper presented at Society for Public Health Education annual conference, Charlotte, NC, April. Salathé, Marcel, and Shashank Khandelwal. (2011). Assessing vaccination sentiments with online social media: implications for infectious disease dynamics and control. *PLoS Computational Biology*, 7, e1002199.

Scheufele, Dietram A., and David Tewksbury. (2007). Framing, agenda setting, and priming: the evolution of three media effects models. *Journal of Communication*, 57, 9–20.

Selvakumar, Meena, and Erika Shugart. (2015). Translation and dissemination of health services research for health policy: key insights from museum studies. Washington, DC: AcademyHealth.

Shiffman, David S. (2012). Twitter as a tool for conservation education and outreach: what scientific conferences can do to promote live–tweeting. *Journal of Environmental Studies and Sciences*, 2, 257–262.

Shumate, Michelle, Rahinah Ibrahim, and Raymond Levitt. (2010). dynamic information retrieval and allocation flows in project teams with discontinuous membership. *European Journal of International Management*, 4, 556–575.

Southwell, Brian G. (2013). *Social networks and popular understanding of science and health: sharing disparities*. Baltimore, MD: Johns Hopkins University Press.

Southwell, Brian G., Suzanne Dolina, Karla Jimenez–Magdaleno, Linda B. Squiers, and Bridget J. Kelly. (2016). Zika virus–related news coverage and online behavior, United States, Guatemala, and Brazil.

Emerging Infectious Diseases, 22, 1320–1321.

Southwell, Brian G., Elizabeth M. B. Doran, and Laura S. Richman (Eds.) (2016). *Innovations in home energy use: a sourcebook for behavior change*. Research Triangle Park, NC: RTI Press.

Southwell, Brian G., and Joseph J. Murphy. (2014). Weatherization behavior and social context: the influences of factual knowledge and social interaction. *Energy Research & Social Science*, 2, 59–65.

Southwell, Brian G., and Alicia Torres. (2006). Connecting interpersonal and mass communication: science news exposure, perceived ability to understand science, and conversation. *Communication Monographs*, 73, 334–350.

Southwell, Brian G., and Marco C. Yzer. (2007). The roles of interpersonal communication in mass media campaigns. In: Christina S. Beck, ed., *Communication yearbook 31*. New York: Lawrence Erlbaum Associates, 420–462.

Tarde, Gabriel. (1903). *The laws of imitation*. Translated by Elsie W. C. Parsons. New York: H. Holt and Company.

White, Connie M. (2012). *Social media, crisis communication, and emergency management: leveraging Web 2.0 technologies*. Boca Raton, FL: CRC Press.

Zillmann, Dolf. (1999). Exemplification theory: judging the whole by some of its parts. *Media Psychology*, 1, 69–94.

推荐阅读

Beam, Elizabeth, L. Gregory Appelbaum, Jordynn Jack, James Moody, and Scott A. Huettel. (2014). Mapping the semantic structure of cognitive neuroscience. *Journal of Cognitive Neuroscience*, 26, 1949–1965.

Besley, John C., Victoria L. Kramer, Qingjiang Yao, and Chris Toumey. (2008). Interpersonal discussion following citizen engagement about nanotechnology: What, if anything, do they say? *Science Communication*, 30, 209–235.

Contractor, Noshir S., and Leslie A. DeChurch. (2014). Integrating social networks and human social motives to achieve social influence at scale. *Proceedings of the National Academy of Sciences of the United States of America*, 111, 13650–13657.

Hilgartner, Stephen. (1990). The dominant view of popularization: conceptual problems, political uses. *Social Studies of Science*, 20, 519–539.

Hwang, Yoori, and Brian G. Southwell. (2007). Can a personality trait predict talk about science? sensation seeking as a science communication targeting variable. *Science Communication*, 29, 198–216.

Leshner, Alan I. (2003). Public engagement with science. *Science*, 299, 977.

Rawlings, Craig M., Daniel A. McFarland, Linus Dahlander, and Dan Wang. (2015). Streams of thought:

knowledge flows and intellectual cohesion in a multidisciplinary era. *Social Forces*, 93, 1687–1722.

Southwell, Brian G. (2013). *Social networks and popular understanding of science and health: sharing disparities*. Baltimore, MD: Johns Hopkins University Press.

Wagner, Wolfgang. (2007). Vernacular science knowledge: its role in everyday life communication. *Public Understanding of Science*, 16, 7–22.

第二十五章
在科学与公共政策交汇处设计公共协商机制

约翰·加斯蒂尔（John Gastil）

摘要： 小规模的协商论坛成为一个越来越流行的公众参与方式。论坛的参会人数从几十到几百甚至上千不等，参会者通过面对面或在线的方式讨论具有重大科学影响的政策问题。在设计这样的过程时，决策者和公民组织需要考虑他们如何招募并留下参与讨论的人员，如何设计协商过程，以及希望对参与者个人和广大的社会产生什么样的冲击。虽然关于公众协商的研究显示这些过程十分有效，关于其他类型协商方式的系统研究有益于整个研究领域的发展；研究者尤其需要研究决策体系应在什么时候进入协商过程。

关键词： 公民组织；群体决策；公众会议；决策者；协商方式；公共舆论

每一个公共政策问题都免不了权衡实验证据和道德问题。政策制定者和公民一样必须考量很多政策的潜在后果，以及哪些结果最符合他们心中伦理和公正的概念。即使诸如修建桥梁和开发疫苗等看似纯技术性的问题也需要考虑哪些人群获益最多，哪些人对此的需求最大。像大麻合法化和限制堕胎这些表面上与道德有关的问题更是要求人们从生理、心理和社会影响的角度反思科学问题和社会科学问题。

因此，要解决社会面临的最严重的问题，诸如气候变化、贫困和暴力犯罪，需要实施一整套复杂的政策和公众参与活动。甚至一些看起来属于纯科学的问题具有道德层面的潜在含义，需要公众监督和介入（Kitchner，2003）。因为所有这些原因，政府和公民社会需要找出有效方法与广大公众接触，而不仅仅限于专家委员会和决策者，从而在这些重大问题上取得进展。

不幸的是，传统的公众参与方式在建立网络信息门户、播出公共服务通告或是邀请公民参与公共听证会等方面，存在局限之处，而这些恰恰是公众听取专家和政府官员介绍的地方。当一个机构或组织寻求直接接触公众时，这通常意味着公众需要在问卷调查中或焦点小组会议上回答问题，而这不过是肤浅地记录公众观点（Mathews，1999）。

过去的 25 年里出现了一大批其他选择，它们通常被称作"参与式接触"或"公众协商"。一个过程若被称作参与式的话，这意味着它邀请广大公众就某个政策问题分享他们的观点和忧虑，而一个协商过程将公民聚集起来，他们交流信息，提出问题，并与其他公民讨论某一问题，政策制定者和专家也常常参与讨论。这些活动不仅在于让公众表达观点，而且使参会各方经过充分讨论和思考，得出深思熟虑、更有分量的结论（Yankelovich，1991）。

为了更清晰地描述公众协商的最佳场景，我找出了这些过程的主要特点和常见效果。我广泛回顾了有关协商问题的文献，但重点强调公众协商在涉及重大科学问题和争议等场景下的实践。我在本章也讨论了各个独立的协商活动与更大范围内的社会体系之间的相互作用，指出下一步研究的方向，并提出相关研究在政策方面的意义。

为公众协商设计公开会议

公众协商项目有广泛的共同目标，也采用各种相似但略有不同的参与方法。这些过程通过设计，用以帮助公众、公民社会组织和政府达成更开明、更合乎伦理的政策决定。不那么明显的是，这些过程寻求改变社会的文化和组织结构，这反映了对公共教育、公众协商、坚持贯彻决策与实施的强力承诺。

简单来讲，协商改革的目的在于改变传统的方式，将精英决策和大众动员合二为一，在所有层面上提倡形成对价值的协商判断和协调统一的公共行动（Leighninger，2016）。第二个要点常常被忽视：公众协商的目的在于产生政策决断，公共观点被视为合法——并且在某些案例中能帮助政策的实施（Cohen，1997）。这个观点更多地出现在关于小型群体行为的研究中（Schyns，2006），在这些案例中，一个小型群体通过达成共识的方式改进各方联合决定的后续行动，降低由多数人做出决定的机会成本（Gastil，2014）。

参与者们

因为微观协商过程通常涉及 10 ~ 20 人组成的群体，用小型群体来做类比十分贴切

（Gastil 和 Levine，2005），同样地，在欧洲和北美，公民陪审团、规划单元和共识会议被用来审议科学和技术问题（O'Doherty 和 Einsiedel，2013；Einsiedel 和 Eastlick，2000；Joss 和 Durant，1995）。这三个过程设计有不同，也有更多相同之处。它们都招集数量不多的非专业人士参加持续多日的会议（或者总长为一天的会议分多日进行），在会上参会公民（通常通过分层随机挑选产生）与其他参会者和专家嘉宾一起讨论政策问题。会议结束时，公民回答（或提出）一系列问题，这能帮助决策者了解拥有足够智识的公民是如何看待政策困境的。

其他常见的会议一次召集数百名民众参加协商民意调查（Fishkin，2009）或公民大会（Carson 等，2013；Warren 和 Pearse，2008），专家建议 21 世纪市镇会议最好一次能容纳数千名公民参会（Lukensmeyer 等，2005）。在这类活动中，参会者大部分时间都花在小组活动上，这样他们有机会一起深度讨论和思考问题。

这些较大规模的协商会议里的小组会议有助于在与会者之间形成共同的常常是情感上的——纽带，它能帮助参会者持续投入挑战性任务（Mansbridge，1983），但是它在大型会议上作用有限。这类活动只是寻求广泛的建议，在开展协商民意调查的情况下，了解公民个人在会前和会后的态度变化。在不列颠哥伦比亚公民大会的案例里，与会公民直接出台了政策建议，他们通过一系列会议达成若干选举改革建议，并为此而奔走，正是这种强有力的纽带在整个过程中给予他们支持（Warren 和 Pearse，2008）。

专门小组成员的多元化构成是协商设计的第二个标志。正如常用于讨论环境问题的公民陪审团那样，很多过程都依赖分层随机抽样来保证参会者的多样性（Crosby，1995；Crosby 和 Nethercutt，2005），其中的一个例子就是一个澳大利亚公民陪审团，他们负责调查在丹翠雨林（Daintree rainforest）中筑路对环境的冲击（Goodin 和 Niemeyer，2003）。诸如协商民意调查这类更为大型的活动（Fishkin，2009）采用更传统的随机抽样的办法选取参会者，或者它们一边随机发送参会邀请，一边瞄准一直以来没有得到充分代表的人群，将这两种办法结合起来（Lukensmeyer 等，2005）。即使在有关科学问题的讨论中，这种多样性不仅能带来不同的价值取向，也能为讨论引入更多样的人生经验，比如不同社区对环境污染和疾病有不同体验。一些团体的代表过多也可能是好事，因为这样可以突出传统上为人忽视的意见，比如在加拿大就核废料处理进行对话时，原住民作为利益相关方的一员发出不容忽视的声音（Johnson，2008）。

当非专业人士有动力参与协商过程时，这类会议出席率很高，能持续数日或整个周末（Carman 等，2015；Fishkin，2009；Warren 和 Pearse，2008）。组织者通常为多日协商会议的参会者支付旅费和住宿费，一些组织者还提供每日 50 美元到 200 美元不等的酬金。另一个常见激励方式是给参会者提供某种直接接触政策制定者的途径，要么政府官员参加会议（通常以观察员的身份），要么会后撰写报告呈送给政府官员（Carson 等，2013；Fishkin，2009；Lukenmeyer 等，2005）。其他组织，例如丹麦技术委员会（Klver 等，2005）已经融入了公共机构（例如立法机构、政府部门和法庭）。这给了参会者直接影响政府决策的途径。

过程设计

一个公共政策问题的科学层面越是复杂，人们在考虑如何将专业信息融入协商过程时就要愈加谨慎。每一个协商设计通过一种或多种的方式将事实证据纳入讨论过程，提供背景资料是最普遍的做法。美国国家议题论坛把这种方式变成了一种艺术，焦点小组、专家委员会和专业写作者在会上细致地将公众争议勾勒成三到四种政策选项，阻止将问题简化成正反两方的辩论（Melville 等，2005；Gastil 和 Dillard，1999）。这类过程不能仅仅理解为简单的信息传输，而要看作将问题框架化的过程，组织者必须小心应对，免得关键的利益相关方认为某个问题的提法对他们有偏见（Calvert 和 Warren，2014）。

除了报告材料之外，理想的协商过程让公民、科学家和决策者齐聚一堂。这使得非专业人士得到最直接且迅捷的答复，让他们了解科学事实与决策过程。遵循这一模式，人们在一系列广泛问题的讨论中取得良好效果，其中包括在不列颠哥伦比亚成立生物银行，政府与大学联手，为普通公民提供了各种角色，他们参与制定政策，指导科学家如何使用生物银行的人体生物样本进行医学研究（Burgess，2014；O'Doherty 和 Burgess，2009）。

这个例子表明高效协商过程还有另外一个标志，那就是拟定一个清楚明确的任务，提出一个亟待解决的问题。公民陪审团将其称为活动组织者赋予公民的"职权"（Crosby，1995，2005），类似法官给陪审团成员的指示，帮助陪审团思考整个案件（Vidmar 和 Hans，2007）。其他过程，例如协商民意调查，让参会者考虑一系列范围很广的问题（Fishkin，2009），结果只得到更肤浅的思考成果。这里的挑战不仅是为每一个任务提供足够的时间，而且也要鼓励参会者认真关注自己的职责。即使参会者认真对待此事，委员会的公民代表仍面临着工作和其他责任带来的双重挑战。

虽然大部分因科学问题而召集的协商组织仅扮演顾问的角色，但它们用来得出最终建议的规则反映了立法机构的做法。即便是协商民意调查这样的活动汇聚收集到的公民个人观点，也可能类似于少数服从多数的民主决策过程。这些民意调查结果就相当于投票过程，它能使政府重新设定需要优先考虑的基础建设项目，强调满足民众基本需要，例如修建污水处理厂（He 和 Warren，2012；Fishkin 等，2010）。

稍小一些的团体在协商结束之时要提出联合建议，对于他们来说最好的选择就是一个基于共识的混合型过程，该过程仍然能够通过多数票解决分歧——或者在合适的情况下采取绝大多数人的意见（Gastil，2014；Knobloch 等，2013）。在其他案例中，协商目标可能是澄清分歧的本质，而非寻找解决方案（O'Doherty 和 Burgess，2009）。在这种情况下，参与协商的团体可以采用多数原则。一些会议成果中包含足够的细节，一页长度的报告包括关键的调查结果和正反双方的不同意见（Knobloch 等，2013），有原则的妥协能够帮助各方建立一个明确、获得绝大多数人支持的决定（Gutmann 和 Thompson，2014）。

在观察一小群公民决策时，一些人会感到焦虑，因为他们担心这个群体会做出极端决定（Barnir，1998）或者陷入"群体思维"（Park，1990）。这是因为这些旁观者没有认识到，直接明了的群体协商过程设计能够阻止这种情况的发生，并能有效地实现我在上文提到的协商目的。简单的技巧，比如引入中立的协调员，使参会群体接受外界检验，组织者也可采用多种参会讨论方法，比如循环讨论和匿名反馈等，这些方法能清除上述问题的病根。

比方说，哈姆雷特（Hamlett）和科布（Cobb）2006 年研究了小型协商团队立场极端化的情况。他们就纳米技术问题召开共识会议，会议模仿丹麦技术委员会的设计。经过面对面和在线协商会议之后，参会者极少表现出"采取两极分化的极端立场"的迹象。研究者认为这个结果归究于两个在协商过程中常见的特征——强有力的协调工作和丰富、实实在在的讨论。

即使对群体讨论过程持批评意见的知名人士（Sunstein，2009）也得出结论，精心设计的讨论机制能够避免最坏结果的出现（Sunstein 和 Hastie，2014）。如果小的群体真的从根本上无法运作，它们也不能在政府、企业和非政府组织中扮演如此重要的角色，毕竟这些机构在每一个层级都依靠群体决策。甚至看似拥有自主权的人物，例如公司首席执行官和国家元首，都依赖群体给他们提供信息和决策所需的伦理方面的评估建议。

在这些因素中，会议协调员可能最为重要。虽然公民陪审员常常能独立权衡科学证据的分量，就像陪审团成员思考有关 DNA 样本和申请科学发现专利等复杂问题那样（Vidmar 和 Hans，2007），公众协商通常雇佣一个或多个协调员。他们的工作不是提供科学信息，而是保证与会者相互尊重，保障公平信息的自由流动，这些都为高效协商会议做出贡献（Gaskil，2006；Mansbridge 等，2006）。因为任务复杂，一些协商过程会让会议协调员和助手分担责任（Knobloch 等，2013）。

最后，面对面会谈和网络会议两者孰优孰劣，尚未有定论。设计一个在线协商过程需要做出无数个决定（Davies 和 Chandler，2012），这说明用两分法来比较这两种方法其实将问题过于简化。少数几个协商会议大致采用面对面和线上平行的方式，结果差异不大（Carman 等，2015；Fishkin，2009；Gronlund 等，2009；Min，2007）。无论如何，正如有关公民参与实践的评论而言，面对面的方式仍是开展复杂的政策协商会议的主流模式（Lee，2014；Nabatchi 等，2012）。这种选择反映人们坚信面对面的会谈方式有助于维系参会者的注意力，鼓励他们互相尊重，避免潜在的技术障碍（Gastil，2000）。有关网络学习的研究（例如 Moadllem，2015）表明不同步的交流环境使参会者缺乏紧迫感和社会联系，与一个活生生的人讨论问题让人全神贯注，但从远处观察则十分乏味。

但是改进在线会议的界面可能在将来可能产生不同的结果，我们不能否认互联网会议的可扩展性，特别是在移动技术更为普及的当下。为提高协商活动的效率和质量，针对一些政策问题，包括诸如城市规划和有害废料处理设施选址这类的地理空间问题，组织者将会继续同时尝试采用面对面的方式和数字技术（Gordon 和 Manosevitch，2010）。

有关科技问题的协商会议的影响

虽然存在着很多协商活动的设计方案，大量研究发现这些过程能有效取得一系列令人满意的结果（Nabatchi 等，2012）。多个设计方案已被证明能有效组织多元化的公众，使他们仔细考虑问题，得出合理决定，或撰写高质量的建议。感兴趣的政策制定者通常认为这些协商成果富有洞见，有时为此实施某些特定政策（Barrett 等，2012；Fishkin，2009；Joss 和 Durant，1995）。委员会成员对整个协商流程感到极为满意，常常在很长时间内对这些流程不做太多修改。参会者也受到深远影响，他们获得知识，转变态度，甚至对更大范围内的政治过程的态度也有所改变，他们对其他公民、政府官员、甚至对他们自己的态度也有所变化（Delli Carpini 等，2004；Pincock，2012；Searing 等，2007）。

一些持怀疑态度的人认为协商会议产生的信息不多。他们指出仅靠提供新信息难以改变公众的基本态度（Nisbet，2005），而且即便人们知晓大量信息，在他们之间关于科学问题的观点分歧仍难以消除（Kahan 等，2012）。一种看法认为协商会议能产生元共识（meta-consensus），例如人们在关键事实、价值考量和其他问题上达成一致意见，但并未直接形成政策上的共识（Niemeyer 和 Dryzek，2007）。这些结果能为形成相互理解和尊重铺平道路，然后能帮助人们跨越意识形态的界限形成包容性的政策（Gutmann 和 Thompson，2014）。

关于协商会议的系统性观点

如早期观察者的观点所言，协商活动可能对决策体系产生顺流效应。实际上，大量研究已深入探讨了这类在系统层面上的考量（Parkinson 和 Mansbridge，2012）。例如，当考虑到动机在协商过程中的作用时，我注意到赋予公民一定的机构权利，能够激励公民陪审团和法庭陪审团的成员（Gastil 等，2010）。一些协商模型已经开始寻找进入决策体系的路子，就像不列颠哥伦比亚公民大会那样（Warren 和 Pearse，2008）和俄勒冈州公民动议复审（Oregon Citizens' Initiative Review）那样（Knobloch 等，2013）。前者有权制定法律草案供全民公投，后者撰写政策分析，并在动议投票前将其寄给投票人。在俄勒冈州的例子里，参会者在协商会议上讨论复杂的科学问题，例如禁止转基因种子和标识转基因食品（Gaskil 等，2015）。

社会和文化因素也能限制协商活动有效进行。如前所述，协商活动的目的是平衡不同的观点。当有人为了与科学无关的目的蓄意制造了一个科学争议（Ceccarelli，2011），协商会议力图平衡不同的观点，反而过度抬高了虚假观点。

与此类似，协商进程中很难容得下强烈的宗教信仰。同样的道德激情能激发政治参与，但也使人不愿保持开放的心态，无意考虑对立的观点（Shields，2007）。公立学校尝试在社区中传播互惠原则时，就面临着平衡不同道德观念的难题，因为一些父母对他们自己的价值体系之外的任何选择一概拒绝（Gutmann 和 Thompson，1996）。虽然一些人认为这种冲突是可调和的，至少在原则上是这样（Latterell 和 Witte，2015），但当宗教信仰阻止人们分享对科学证据的理解之时，这个问题就会激化。正如皮尔斯和利特尔约翰（Pearce 和 Littlejohn，1997，97）在一场关于创造论的辩论中描述的那样，每当人们提及"最好的科学证据"，对方就会反驳："你又来这一套! 信科学不信上帝。"即便如此，让人欣慰的是这种情况在本章里回顾过的无数协商会议中极为稀少。

在美国全国范围内和各全球性机构范围内，如果不经任何改动或与利益相关方协商，在某一文化背景中开发出来的协商模型被强加到其他文化中时，也有可能出现错误。例如，纽厄尔（Newell）2010 年比较了各国就生物农业技术风险与收益召开的协商会议。在《卡塔赫纳生物安全议定书》的鼓舞下，一些国家开创了生物技术公共参与的协商办法，但另一些国家直接照搬了这些办法，它们几乎没有考虑其他参与方式，例如公开听证会这样的活动，而这些活动恰恰能给予对此感兴趣的各方，如活动积极分子和非政府组织，不受限制地参与讨论的机会。再举一个例子，西泽（Nishizawa，2005，485）展示了一个共识会议如何无法就转基因作物产生令参会者和会议组织者双方满意的过程和结果，这都是因为"决策者不愿在管理决策中反映协商成果，从而与协商会议的目的发生冲突"。

就政策争议举办公众协商会议也能对其他形式的政治行动产生抵消效应。无数有关决策的案例研究和社会学调查已证实了社会活动积极分子的担忧（Levin 和 Nierras，2007），协商活动能转移对非主流观点的注意力，并能压制激进的政治改革（Hendriks，2011）。比如，在讨论核废料处理问题时，如果把"将核能作为能源来源是否明智"这种更基本的问题排除在讨论之外，参会公民将感到沮丧（Johnson，2008，215）。批评公众参与行业的社会学家认为支持协商过程的人无视该过程的负面效应，因为这些支持者在推广他们自己的特定公众参与模式时顾及自身利益（Lee，2014；Ryfe，2007）。

但是，从更积极的角度来看，社会体系如能推动公众协商原则，实现各方对协商过程的期待，能够产生积极的反馈效应（Burkahalter 等，2002；Richards 和 Gastil，2015）。科学问题的公众协商的普及和效率依赖于健康的协商生态系统，研究证明如果给予公民参与协商会议的体验，能使公民对协商前景持乐观态度（Gastil 等，2010），这种情况甚至发生在俄罗斯这样的后极权主义国家（Frost 和 Makarov，1998）。基于这些原因，我们不仅需要将公众协商体验活动融入公民教育，而且要将它更广泛地纳入公共教育，甚至是 K–12 教育低年级阶段，这才是合理的做法（Parker，2003）。

避免坠入协商会议的误区中

在有关科学和政策制定的讨论中，公众协商在提高讨论质量方面具有巨大潜力，但政府机构和非政府组织在设计公众参与过程时需要的不仅仅是善意。无论它们是意在创建一个能独立运行的协商论坛，还是提高更大范围内协商体系的质量，身为革新者的公民必须小心提防协商过程中的诸多陷阱。

首先，仅有"协商"的名号并不意味着它具有协商的本质。协商一词的分量过于沉重，不能简单地用它来点缀任何讨论和决策。如果在诸如民意协商调查这类活动中不顾及现实产生的话语的质量，这种风险发生的概率最大，因为人们在协商活动尚未发生之前就用"协商"一词来描述这个过程。因为"协商"一词暗示程序正义，人们必须认识到它可能被用来掩盖积弊很深的公众参与过程（Johnson，2008，2015）。比如，如果组织者不给予公众充分的背景材料，也不提供足够的证人，在这种情况下要求公众权衡复杂的科学技术问题，组织者显然没有向公众提供足够信息将公众的道德观点和相关的问题细节联系起来。

更为微妙的是，协商过程经常构成一个"迷你公众"，它是从更大的公众群体中抽样产生（Grondlund 等，2014）。菲什金（Fishkin）2009 年强调这样的小群体要有足够的规模和质量才称得上"随机抽样"，但一个更大的问题是我们是否应该认为生活在同一政治边界内的人们算作一个单一的"公众"。从杜威（Dewey，1927）到普莱斯（Price，1992）以来的学者们都强调种种环境和话语构成了各类公众群体，它们通过公共争议、共同的目标和互动而成型。因此，组织者在召集公众协商问题之前，可以扪心自问参会的"公众"是否名副其实。如果在一个社会里，不同社区拥有的科学知识和对科学方法的信念差别极大，召集大众进行公众协商可能会分外困难。

另一个办法是承认一个大型的公众包含许多次级公众群体。有时候，最好的办法是在单独的社会飞地中开展各自的协商活动（Karpowitz 和 Raphael，2014）。这种做法让不同群体在作为一个更广泛的公众群体中的一分子参加集会之前，找到他们的声音。

最为重要的是，看似协商活动的日程往往存在两个问题。首先，公众参与活动在一个讨论开始之前就划定一个话题的框架，这可能过度限制潜在的政策选项，制造毫无根据的假设，甚至导致科学争议。近来的批评意见认为在公众协商会议开始之前，组织者需要设计更为包容、透明的讨论过程（Karpowitz 和 Raphael，2014；Lee，2014）。

其次，虽然协商意味着在某种程度上的决策活动，只有少数参与协商的机会给予公众直接发挥影响的途径（Gastil，2013）。当一个协商过程邀请公众分享他们对新兴纳米技术在伦理上的担忧，组织者应该清楚地说明公众的声音是否产生任何结果。组织者甚至能赋予小型协商团体一定程度的直接权力（Leib，2004），但政府机构或非政府组织至少可以承诺会直接回应参会者提出的问题——这种做法即便不能形成任何决定，也能为决策提供合理理由。

研究日程和政策后果

如前所述，任何推广协商式的科学传播与决策过程的尝试都有一定风险，因此需要优先考虑未来研究的方向。继续试验不同的协商方式，有利于此类研究，但这个领域需要大规模的研究项目，研究者需要完整地实施整个协商过程，通过不同方式评价协商成果。研究者常常没有把传播过程本身计入评价标准，虽然现在有办法评价民主协商过程的不同方面（Steiner，2012；Black 等，2011）。同样地，不同调查和案例研究中使用的结果变量之间的差异如此之大，以至于很难直接比较不同讨论方式的效率（Gastil 等，2012）。

但是一些新的研究迎接了这些挑战，并试图采用随机控制过程系统地比较各式协商方法。目前最好的例子是卡门（Carman）等人的研究（2015），他们比较了五种用来调查参与者的医疗保健知识和态度的教育类/协商类会议模板。控制组只收到阅读材料。另外几种模式有：一个短暂、两小时的论坛（类似美国国家议题论坛）；一个为期两周的协商会议，其中参会者亲身参与讨论以及在网上进行延时讨论，时长 6 个小时（类似一个短暂的学习圈）；一个在线协商民意调查，分为四节，耗时共 5 个小时；最后是一个时长 20 个小时、在 3 ~ 4 天内完成的公民小组会议。76 个群体在四个不同的城市参与了这些不同的协商讨论活动。

卡门等人的研究（2015）得出若干结论，其中最为明显的结论是：在传递政策相关知识方面，所有的协商过程都优于只阅读参考材料的控制组。实际上，不同协商活动产生不同成果，难以区分这些方式有效性。公民小组会议讨论最为集中，在一系列成果方面效果最好，例如它使得参与讨论者将重点放在"就医疗方案做出决定时，需要知晓相关医学证据"。公民小组会议是唯一导致参会者态度转变的讨论方案，在"选择医疗方案时，医疗服务提供者和病人是否应该考虑证据"这个问题上，参会者的态度发生转变，青睐以证据为本的方式。公民小组会议在这些方面的出色表现与之前的研究发现一致，公民小组会议的参会者更为了解科学和政策问题的细微之处（Crosby 和 Nerthercutt，2005；Gastil 等，2015）。

未来的研究应该在比较不同的协商设计时强调它们在决策体系中扮演的不同角色。一个更加密集的协商会议过程产生更强的效果，这不足为奇，但从参与者、政策制定者和发生协商活动的广大公民与政治社区的角度来看，哪种方式能产生富有成效的态度转变和政策成果，这个问题还有待解答。

到目前为止的研究有力地证明在主动与公众接触时，无论任何时候都要采用协商会议手段。特别是在制定机构制度方面，各级政府有权广泛地引导公众参与，如果将公众参与与宣传工作和研究结合起来，使研究范围超过卡门等人的试验（2015），这是最理想的情况。特别是研究者对于协商理论和方法在环境问题方面的应用有着极大兴趣（例如 Barber，2004；Renn 等，1995），仅仅是把在关于环境问题的公共会议和宣传活动中使用的讨论方式协调整合，就能获得一个庞大的样本规模——这个样本不仅包括很多个人，还包含众多独立的事件。

按照这种方法实施协商会议活动，研究者和政策制定者都应该关注以下问题：参会公民背景的多样性、协商会议本身的质量、对最终建议和决定产生影响的证据与反思、会议成果对政策的冲击以及开展协商会议而产生的广泛影响。这样政策制定者不仅能评价他们开展的公共参与实践活动的民主协商质量，而且能评估他们对协商体系整体的长期贡献，这一宏观体系包括一系列复杂的文化政治实践和制度。最终，正是这个更广泛的体系支持着这些协商会议活动，在公众讨论科学技术问题和政策困境之时，想要进行开明、深刻的公共辩论，这些活动必不可少。

参考文献

Baber, Walter F. (2004). Ecology and democratic governance: toward a deliberative model of environmental politics. *Social Science Journal*, 41, 331–346.

Barnir, Anat. (1998). Can group–and issue–related factors predict choice shift? A meta–analysis of group decisions on life dilemmas. *Small Group Research*, 29(3), 308–338.

Barrett, Gregory, Miriam Wyman, and Vera Schattan P. Coelho. (2012). Assessing the policy impacts of deliberative civic engagement in the health policy processes of Brazil and Canada. In: Tina Nabatchi, John Gastil, Michael Weiksner, and Matt Leighninger, eds., *Democracy in motion: evaluating the practice and impact of deliberative civic engagement*. Oxford: Oxford University Press, 181–203.

Black, Laura W., Stephanie Burkhalter, John Gastil, and Jennifer Stromer–Galley. (2011). Methods for analyzing and measuring group deliberation. In: Erik P. Bucy and R. Lance Holbert, eds., *Sourcebook for political communication research: methods, measures, and analytical techniques*. New York: Routledge, 323–345.

Burgess, Michael M. (2014). From "trust us" to participatory governance: deliberative publics and science policy. *Public Understanding of Science*, 23(1), 48–52.

Burkhalter, Stephanie, John Gastil, and Todd Kelshaw. (2002). A conceptual definition and theoretical model of public deliberation in small face–to–face groups. *Communication Theory*, 12, 398–422.

Calvert, Aubin, and Mark E. Warren. (2014). Deliberative democracy and framing effects: why frames are a problem and how deliberative mini–publics might overcome them. In: Kimmo Gronlund, Andre Bachtiger, and Maija Setälä, eds., *Deliberative mini-publics: involving citizens in the democratic process*. Colchester, UK: ECPR Press, 203–223.

Carman, Kristin L., Coretta Mallery, Maureen Maurer, Grace Wang, Steve Garfinkel, Manshu Yang, et al. (2015). Effectiveness of public deliberation methods for gathering input on issues in healthcare: results from a randomized trial. *Social Science & Medicine*, 133, 11–20.

Carson, Lyn, John Gastil, Janette Hartz–Karp, and Ron Lubensky (Eds.). (2013). *The Australian Citizens'*

Parliament and the future of deliberative democracy. University Park: Pennsylvania State University Press.

Ceccarelli, Leah. (2011). Manufactured scientific controversy: science, rhetoric, and public debate. *Rhetoric & Public Affairs*, 14(2), 195–228.

Cohen, Joshua. (1997). Deliberation and democratic legitimacy. In: James F. Bohman and William Rehg, eds., *Deliberative Democracy: Essays on Reason and Politics*. Cambridge, MA: MIT Press, 67–91.

Creighton, James L. (2005). *The public participation hand-book: making better decisions through citizen involvement*. San Francisco, CA: Jossey–Bass. http://www.wiley.com/ WileyCDA/WileyTitle/ productCd–0787979635.html.

Crosby, Ned. (1995). Citizen juries: one solution for difficult environmental questions. In: Ortwin Renn, Thomas Webler, and Peter Wiedemann, eds., *Fairness and competence in citizen participation: evaluating models for environmental discourse*. Boston: Kluwer Academic, 157–174.

Crosby, Ned, and Doug Nethercutt. (2005). Citizens juries: creating a trustworthy voice of the people. In: John Gastil and Peter Levine, eds., *The deliberative democracy handbook*. San Francisco, CA: Jossey–Bass, 111–119.

Davies, Todd, and Reid Chandler. (2012). Online deliberation design: choices, criteria, and evidence. In: Tina Nabatchi, John Gastil, Michael Weiksner, and Matt Leighninger, eds., *Democracy in motion: evaluating the practice and impact of deliberative civic engagement*. New York: Oxford University Press, 103–133.

Delli Carpini, Michael X., Fay Lomax Cook, and Lawrence R. Jacobs. (2004). Public deliberation, discursive participation, and citizen engagement: a review of the empirical literature. *Annual Review of Political Science*, 7, 315–344.

Dewey, John. (1927). *The public and its problems*. Athens, OH: Swallow Press.

Einsiedel, Edna F., and Deborah L. Eastlick. (2000). Consensus conferences as deliberative democracy—a communications perspective. *Science Communication*, 21, 323–343.

Fishkin, James S. (2009). *When the people speak: deliberative democracy and public consultation*. New York: Oxford University Press.

Fishkin, James S., Baogang He, Robert C. Luskin, and Alice Siu. (2010). Deliberative democracy in an unlikely place: deliberative polling in China. *British Journal of Political Science*, 40, 435–448.

Frost, Sheri, and Denis Makarov. (1998). Changing posttotalitarian values in Russia through public deliberation methodology. *PS: Political Science & Politics*, 31, 775–781.

Gastil, John. (2014). *Democracy in small groups: participation, decision making, and communication*, 2nd ed. State College, PA: Efficacy Press.

Gastil, John. (2006). How balanced discussion shapes knowledge, public perceptions, and attitudes: a case study of deliberation on the Los Alamos National Laboratory. *Journal of Public Deliberation*, 2, 1–39.

Gastil, John. (2000). Is face–to–face citizen deliberation a luxury or a necessity? *Political Communication*, 17(4), 357–361.

Gastil, John, E. Pierre Deess, Philip J. Weiser, and Cindy Simmons. (2010). *The jury and democracy: how jury deliberation promotes civic engagement and political participation*. Oxford: Oxford University Press.

Gastil, John, and James Price Dillard. (1999). The aims, methods, and effects of deliberative civic education through the national issues forums. *Communication Education*, 48, 1–14.

Gastil, John, Katherine Knobloch, and Meghan Kelly. (2012). Evaluating deliberative public events and projects. In: Tina Nabatchi, John Gastil, Michael Weiksner, and Matt Leighninger, eds., *Democracy in motion: evaluating the practice and impact of deliberative civic engagement*. New York: Oxford University Press, 205–229.

Gastil, John, Katherine R. Knobloch, and Robert Richards. (2015). *Empowering voters through better information: analysis of the Citizens' Initiative Review, 2010-2014*. Report presented to the CIR Commission, Pennsylvania State University, University Park, PA.

Gastil, John, and Peter Levine (Eds.). (2005). *The deliberative democracy handbook: strategies for effective civic engagement in the twenty-first century*. San Francisco, CA: Jossey–Bass.

Goodin, Robert E., and Simon J. Niemeyer. (2003). When does deliberation begin? internal reflection versus public discussion in deliberative democracy. *Political Studies*, 51, 627–649.

Gordon, Eric, and Edith Manosevitch. (2010). Augmented deliberation: merging physical and virtual interaction to engage communities in urban planning. *New Media & Society*, 13, 1–21.

Gronlund, Kimmo, Andre Bachtiger, and Maija Setälä (Eds.). (2014). *Deliberative mini-publics: involving citizens in the democratic process*. Colchester, UK: ECPR Press.

Gronlund, Kimmo, Kim Strandberg, and Staffan Himmelroos. (2009). The challenge of deliberative democracy online—a comparison of face–to–face and virtual experiments in citizen deliberation. *Information Polity*, 14, 187–201.

Gutmann, Amy, and Dennis F. Thompson. (1996). *Democracy and disagreement*. Cambridge, MA: Harvard University Press.

Gutmann, Amy, and Dennis Frank Thompson. (2014). *The spirit of compromise: why governing demands it and campaigning undermines it*. Princeton, NJ: Princeton University Press.

Hamlett, Patrick W., and Michael D. Cobb. (2006). Potential solutions to public deliberation problems: structured deliberations and polarization cascades. *Policy Studies Journal*, 34, 629–648.

He, Baogang, and Mark E. Warren. (2012). Authoritarian deliberation: the deliberative turn in Chinese political development. *Perspectives on Politics*, 9(2), 269–289.

Hendriks, Carolyn M. (2011). *The politics of public deliberation: citizen engagement and interest advocacy*. New York: Palgrave Macmillan.

Johnson, Genevieve F. (2008). *Deliberative democracy for the future: the case of nuclear waste management in Canada*. Toronto: University of Toronto Press.

Johnson, Genevieve F. (2015). *Democratic illusion: deliberative democracy in Canadian public policy*. Toronto: University of Toronto Press.

Joss, Simon, and John Durant. (Eds.). (1995). *Public participation in science: the role of consensus conferences in Europe*. London: NMSI Trading.

Kahan, Dan M., Ellen Peters, Maggie Wittlin, Paul Slovic, Lisa Larrimore Ouellette, Donald Braman, and Gregory N. Mandel. (2012). The polarizing impact of science literacy and numeracy on perceived climate change risks. *Nature Climate Change*, 2, 732–735.

Karpowitz, Christopher F., and Chad Raphael. (2014). *Deliberation, democracy, and civic forums: improving equality and publicity*. Cambridge, UK: Cambridge University Press. Kitcher, Philip. (2003). *Science, truth, and democracy*. New York: Oxford University Press.

Kluver, Lars. (2000). The Danish Board of Technology. In: Norman J. Vig and Herbert Paschen, eds., *Parliaments and technology: the development of technology assessment in Europe*. Albany, NY: SUNY Press.

Knobloch, Katherine R., John Gastil, Justin Reedy, and Katherine Cramer Walsh. (2013). Did they deliberate? applying an evaluative model of democratic deliberation to the Oregon Citizens' Initiative Review. *Journal of Applied Communication Research*, 41(2), 105–125.

Latterell, Justin, and John Witte Jr. (2015). Law, religion, and reason in a constitutional democracy: Goodman v. Rawls. *Political Theology*, 16(6), 543–559.

Lee, Caroline W. (2014). *Do-it-yourself democracy: the rise of the public engagement industry*. New York: Oxford University Press.

Leib, Ethan J. (2004). *Deliberative democracy in America: a proposal for a popular branch of government*. University Park, PA: Pennsylvania State University Press.

Leighninger, Matthew. (2006). *The next form of democracy: how expert rule is giving way to shared governance—and why politics will never be the same*. Nashville, TN: Vanderbilt University Press.

Levine, Peter, and Rose Marie Nierras. (2007). Activists' views of deliberation. *Journal of Public Deliberation*, 3, 1–14.

Lukensmeyer, Carolyn J., Joe Goldman, and Steven Brigham. (2005). A town meeting for the twenty-first century. In: John Gastil and Peter Levine, eds., *The deliberative democracy handbook*. San Francisco, CA: Jossey-Bass, 154–163.

Mansbridge, Jane J. (1983). *Beyond adversary democracy*. Chicago: University of Chicago Press.

Mansbridge, Jane J., Janette Hartz–Karp, Matthew Amengual, and John Gastil. (2006). Norms of deliberation: an inductive study. *Journal of Public Deliberation*, 2.

Mathews, David. (1999). *Politics for people: finding a responsible public voice*, 2nd ed. Urbana: University of Illinois Press.

Melville, Keith, Taylor L. Willingham, and John R. Dedrick. (2005). National issues forums: a network of communities promoting public deliberation. In: John Gastil and Peter Levine, eds., *The deliberative democracy handbook: strategies for effective civic engagement in the twenty-first century*. San Francisco, CA: Jossey–Bass, 35–58.

Min, Seong–Jae. (2007). Online vs. face–to–face deliberation: effects on civic engagement. *Journal of Computer-Mediated Communication*, 12(4), 1369–1387.

Moallem, Mahnaz. (2015). The impact of synchronous and asynchronous communication tools on learner self–regulation, social presence, immediacy, intimacy and satisfaction in collaborative online learning. *Online Journal of Distance Education and e–Learning*, 3(3), 55–77.

Nabatchi, Tina, John Gastil, Michael Weiksner, and Matt Leighninger. (Eds.). (2012). *Democracy in motion: evaluating the practice and impact of deliberative civic engagement*. New York: Oxford University Press.

Neblo, Michael A. (2015). *Deliberative democracy between theory and practice*. Cambridge, MA: Cambridge University Press.

Newell, Peter. (2010). Democratising biotechnology? Deliberation, participation and social regulation in a neoliberal world. *Review of International Studies*, 36, 471–492.

Niemeyer, Simon, and John S. Dryzek. (2007). "The ends of deliberation: meta–consensus and inter-subjective rationality as ideal outcomes." *Swiss Political Science Review*, 13, 497–526.

Nisbet, Matthew C. (2005). "The competition for worldviews: values, information, and public support for stem cell research." *International Journal of Public Opinion Research*, 17, 90–112.

Nishizawa, Mariko. (2005). Citizen deliberations on science and technology and their social environments: case study on the Japanese Consensus Conference on GM crops. *Science and Public Policy*, 32, 479–489.

O'Doherty, Kieran, and Michael Burgess. (2009). Engaging the public on biobanks: outcomes of the BC Biobank deliberation. *Public Health Genomics*, 12, 203–215.

O'Doherty, Kieran, and Edna Einsiedel. (Eds.). (2013). *Public engagement and emerging technologies*. Vancouver: University of British Columbia Press.

Park, Won–Woo. (1990). A review of research on groupthink. *Journal of Behavioral Decision Making*, 3, 229–245.

Parker, Walter C. (2003). *Teaching democracy: unity and diversity in public life*. New York: Teachers College Press.

Parkinson, John, and Jane Mansbridge. (Eds.). (2012). *Deliberative systems: deliberative democracy at the large scale*. New York: Cambridge University Press.

Pearce, W. Barnett, and Stephen W. Littlejohn. (1997). *Moral conflict: when social worlds collide*. Thousand Oaks, CA: SAGE.

Pincock, Heather. (2012). Does deliberation make better citizens? In: Tina Nabatchi, John Gastil, Michael Weiksner, and Matt Leighninger, eds., *Democracy in motion: evaluating the practice and impact of deliberative civic engagement*. New York: Oxford University Press, 135–162.

Price, Vincent. (1992). *Public opinion*. Newbury Park, CA: SAGE.

Renn, Ortwin, Thomas Webler, and Peter M. Wiedemann. (Eds.). (1995). *Fairness and competence in citizen participation: evaluating models for environmental discourse*. Dordrecht: Springer.

Richards, Robert, and John Gastil. (2015). Symbolic–cognitive proceduralism: a model of deliberative legitimacy. *Journal of Public Deliberation*, 11(2).

Ryfe, David M. (2007). Toward a sociology of deliberation. *Journal of Public Deliberation*, 3, 1–27.

Schyns, Birgit. (2006). Are group consensus in leader–member exchange (LMX) and shared work values related to organizational outcomes? *Small Group Research*, 37, 20–35.

Searing, Donald D., Frederick Solt, Pamela Johnston Conover, and Ivor Crewe. (2007). Public discussion in the deliberative system: does it make better citizens? *British Journal of Political Science*, 37(4), 587–618.

Shields, Jon A. (2007). Between passion and deliberation: the Christian right and democratic ideals. *Political Science Quarterly*, 122(1), 89–113.

Southwell, Brian G., and Alicia Torres. (2006). "Connecting interpersonal and mass communication: science news exposure, perceived ability to understand science, and conversation." *Communication Monographs*, 73, 334–50.

Steiner, J rg. (2012). *The foundations of deliberative democracy: empirical research and normative implications*. New York: Cambridge University Press.

Sunstein, Cass R. (2009). *Going to extremes: how like minds unite and divide*. New York: Oxford University Press.

Sunstein, Cass R., and Reid Hastie. (2014). *Wiser: getting beyond groupthink to make groups smarter*. Boston, MA: Harvard Business Review Press.

Vidmar, Neil, and Valerie P. Hans. (2007). *American juries: the verdict*. Amherst, NY: Prometheus Books.

Warren, Mark, and Hillary Pearse (Eds.). (2008). *Designing deliberative democracy: The British Columbia Citizens' Assembly*. Cambridge, UK: Cambridge University Press.

Yankelovich, Daniel. (1991). *Coming to public judgment: making democracy work in a complex world.* Syracuse, NY: Syracuse University Press.

推荐阅读

Creighton, James L. (2005). *The public participation handbook: making better decisions through citizen involvement.* San Francisco, CA: Jossey–Bass.

Fishkin, James S. (2009). *When the people speak: Deliberative democracy and public consultation.* New York: Oxford University Press.

Gastil, John, and Peter Levine (Eds.). (2005). *The deliberative democracy handbook: Strategies for effective civic engagement in the twenty-first century.* San Francisco, CA: Jossey–Bass.

Johnson, Genevieve. F. (2015). *Democratic illusion: deliberative democracy in Canadian public policy.* Toronto: University of Toronto Press.

Karpowitz, Christopher F., and Chad Raphael. (2014). *Deliberation, democracy, and civic forums: improving equality and publicity.* Cambridge, MA: Cambridge University Press.

Nabatchi, Tina, John Gastil, Michael Weiksner, and Matt Leighninger. (Eds.). (2012). *Democracy in motion: evaluating the practice and impact of deliberative civic engagement.* Oxford: Oxford University Press.

Nabatchi, Tina, and Matt Leighninger. (2015). *Public participation for 21st century democracy.* Hoboken, NJ: Jossey–Bass.

Neblo, Michael A. (2015). *Deliberative democracy between theory and practice.* Cambridge, MA: Cambridge University Press.

Sunstein, Cass R., and Reid Hastie. (2014). *Wiser: getting beyond groupthink to make groups smarter.* Boston, MA: Harvard Business Review Press.

第二十六章
把科学转化成政策和立法：
以证据为前提的决策制定

贾森·加洛（Jason Gallo）

摘要： 制定以证据为前提的政策是一个小心细致的过程，其中证据分析是达成公共政策决策的必要步骤。政策决策固然存在风险，决策者必须经常权衡对成本的考虑；社会经济与环境影响；同一结果对各利益相关方的不同意义以及政治上的考量。政策制定者依靠证据来减少不确定性，并化解诸多风险。本章把政策制定过程当作基础设施，从建构主义的角度来发展证据。本章强调在证据供求和有关权力、权威、专业智识和包容性的诸多问题之间存在弛豫效能。最后，本章解决了将证据应用于复杂问题时面临的若干挑战，此时若干不同质的变量影响了结果。在本章末尾，研究者呼吁开展进一步的研究，调查在过程设计中的决定、价值观念和准则，研究技术架构的发展，开发用于政策分析和决策支持的方法和过程。

关键词： 政策；证据；决策；证据知情的政策；公共政策决策；决策过程

运用知识、数据、信息和证据来指导政策决策，这种做法与治理本身一样古老，证据的使用越来越多地成为政府治理的一个正规特征，也被用于需要做出明智决定的不同领域。有鉴于此，本章把它看作一个审慎的过程，它依靠证据分析这一必要步骤达成公共政策决策。要充分讨论建立在证据基础上的公共政策决定过程，本章关注以证据为前提的政策这个大概念，其中证据是正式政策决策过程中一个重要但非唯一的因素（Head，2016；Dicks 等，2014；Schwandt 等，2012；Kay，2011）。以证据为前提的政策涵盖建立在证据之上的政策这个概念，在这个概念里，证据往往来自随机的、控制下的过程，然后被用于一个经过充分定义的政策问题，并且是最终决定唯一或是主要的决定因素。本章尝试重点介绍一系列建立在证据分析基础上的公共政策决策。近几十年来，以证据为前提的政策在健康和社会政策方面得到最为广泛的应用，人们常常在正式管理过程或系统评价方法中运用研究成果，度量政府项目的功效。但是证据分析也被用于从货币政策这类的宏观经济模型（Bernanke，2010；Rudebusch 和 Wu，2002）到核武器维护（Adams 和 Drell，2008）等公共政策的制定过程。

在理想情况下，要做出所有治理层面上的决定，无论是在法律、政策和规定中明确提出的内容，还是涉及拨款和管理社会、商业和科学实践活动的项目实施，都应该等到政策制定者完成对现有最佳证据的评估后进行。风险是政策决定内在的一部分，负责做出决定的人们经常被要求在众多因素之间取得平衡，这些因素包括成本、社会经济与环境的冲击、结果对各利益相关方的不同意义以及政治考量（Stanrzali 和 Aravossis，2–16；Dunlop 等，2012）。比如，一个像机场这样的大型基础设施项目的选址可能需要决策者在批准项目之前评价项目的环境效应和经济效益，开展交通和土地使用研究，分析法规，考虑多个利益相关方的观点。以可靠的证据作为决策基础，使得决策者能做出明智的决定，避免他们因偏见和无知受到指责。

以证据为前提的政策过程已被用于一些科学管理项目和行动计划，例如美国国家环境保护局、美国食品和药物管理局和美国国家健康研究院。这些机构与其他国内和国际组织一道开发方法和技巧来量化风险和收益，设定安全门槛，制定标准，并在各自的管辖范围内评价各种产品和活动是否合乎标准。简而言之，以证据为前提的政策应当开发和应用各种可用于决策的方法，"这些方法可用来收集证据，并用科学的方式学习这些材料，这样才有希望逐渐累积有用的知识"（Deaton，2010，425）。

在正式的政策制定过程中使用的严谨的证据越来越多，这从总体上讲是好事。但是有不少因素——政策制定过程的复杂性、知识的建构主义本质、关于"证据"和"准确性"的不同定义，以及证据产生和使用中的政治和权力问题——使得证据在涉及不同领域的政策决策过程中的运用极富挑战，道路坎坷。

政策和过程

政策制定是一个长期复杂的决策过程，依赖由行动者和机构组成的错综复杂的多个系统，这些行动者和机构参与知识和证据的产生，传播、理解和分析证据，并且最终做出决定（De Marchi 等，2014；Lancaster，2014；Schwandt 等，2012；Bijker 等，2009；Graham 等，2006）。政策决策是一个独立过程的一部分，该过程的主要目的是发展并实施政策、法律、条例和规章，用以约束落入其管辖范围内的活动。可以把这种正式的政策制定过程想象成由机构、行动者、条例和原则构成的一种基础设施。拉斯库姆（Lascoumes）和勒盖尔斯［Le Gales（2007，4）］将这种基础设施描述为公共政策工具，并表示："工具的选择和使用（技巧、运作方法和设备），使政府政策变得有实质性和可操作性"。在政策决策过程中运用证据的政策基础设施从全球到本地都处于各级治理机构的核心。它们存在于公共事业部门和私营机构之中，从政府间的机构到区域性机构，它们无处不在。但是本章仅考虑各国政府内部的政策制定问题。

一国政府之内的政策制定决策由获得授权的若干个人做出。他们所在的政策制定机构在一个正式、有边界的政治体系中运作。他们有权做出决定，提供证据支持某个决策，选择供分析用的证据，或是资助证据开发，这些行为反映了一个特定政体的背景、结构和实践手段。因此，证据在政策决策中的应用受正式条例和原则的影响，这些规则决定由谁来产生并呈现证据，要考虑哪些证据，并且由谁来考虑（Greenhalgh 和 Wieringa，2011；Bijker 等，2009）。

在一个政策决策中，证据的产生和使用既不简单也非线性（Strassheim 和 Kettunen，2014）。毫无偏见的实证不会简简单单地从一个独立自主的研究体系中浮现出来，供决策之用。在大部分社会中，证据和政策盘根错节。政府为政府内外的研究提供资助以满足多个目标，这些目标从保障健康、高产的科学事业与劳动力再到与某些任务相关的具体目标等。为达到这个目的，政府从事科研政策决策，为基础和应用研究拨款，设定优先发展的研究项目和研究目标，评价科研过程和研究项目成果。政府、科研群体和广大社会之间的相互作用塑造了证据产生和使用的方式。因此政策和科学之间存在大量反馈和自反关系（Oliver 等，2014）。在研究科学建议在治理中的作用时，比尔克（Bijker）等人2009年强调科学知识的建构主义视角，他们认为知识是通过社会过程构建而来。科学通常由人组成的团队来实施，通常在公共或私营机构内进行，由政府、组织、基金会和公司资助。这些由机构和个人组成的群体的结构依据它们所在的社会不同而有所差异，反映了它们所处社会的价值观念和权利结构（Daniell 等，2015）。

透过一个政策基础设施来施行权利，即获得授权，收集并集中数据和信息，将其用于政策决策（Lascoumes 和 Le Gales，2007）。丹尼尔（Daniell）等人2015年认为专业政策分析作为一个正式过程，在政策基础设施中扮演一定角色。他们认为政策分析是政策决策循环中的一系列活动，包括："确定问题发生的背景，决定其他政策选项，预测政策产生的结果，评估政策成果，并推荐一个待选政策"。这些研究者承认这个理想化的过程过度简化了实际情况，政策分析和政策决策过程涉及诸多行动者和各种活动，真实的情况要棘手得多；需要了解政策分析专业人士如何选择证据，如何做出政策决策，明确专业人士如何设计政策选项，并且强调专业人士在这些活动的角色，以上做法十分有用（Schweber 等，2015；Lancaster 等，2014）。专业分析师在政策制定过程中发挥关键作用，证据的产生由专家利用"专业同行设计并接受的分析方法"来完成（Weible，2008，615-616），为证据知情的政策决策中的建构主义方法提供了支持。

因此，政策决策发生的环境极为重要。政策制定过程中证据的产生、引导、应用和评价高度依赖于社会中由政策、研究执行者和机构组成的集合；同时依赖于这些因素之间的权力关系；最后还依赖于在特定背景下有关权威、专业、价值观念和伦理等诸多观念。与某些机构和商业实体的附属关系和资金援助能增强人们对其合法性和权威性的认知。政治组织和研究团体中的个人持有的观点随着研究领域和政治组织的不同而发生变化。环境能产生影响，将证据应用于决策的具体环境也是如此，这两者在多个领域内的作用已有相关研究：卫生政策（Orton 等，2011）；环境政策（Deaton，2010；Juntti 等，2009）；和气候政策（Dilling 和 Demos，2011）等。当环境随时间变化，有关权威、专业、价值观念和伦理的观念也会变化。建构主义视角的有用之处在于思考政策、环境和社会过程这三者之间的关系。人们应用随机对照试验（RCT）或双盲同行评审这类过程和方法生成或审查证据，这些做法本身也由社会构建，用以解决有关权威和客观性的问题，建构主义的角度在思考这些过程与方法的吸引力和效用时也有一定帮助。

证　据

1985 年，佐治亚理工学院的梅尔文·克兰兹伯格（Melvin Kranzberg）在密歇根州迪尔伯恩市的亨利·福特博物馆向美国技术史学会发表主席演讲时强调有关技术、历史和社会文化变革的六条"定律"或常理（Kranzberg，1986）。第一条是"技术不好也不坏；但也不是中立的"，这条定律在思考有关证据的问题时很有用。据克兰兹伯格所言："技术发展的结果往往超越技术设备与实践本身的迫切目的，对环境、社会和人类均产生影响，同样的技术引入不同环境或在不同情况下引入，会产生截然不同的结果"（1986，545-546）。我们可以从类似的角度看待证据；证据本身不好也不坏，但它肯定也不是中立的。证据嵌入于社会和政治过程之中，这些过程决定证据如何得到发展以及如何得到应用（还存在证据被滥用或被忽视的可能）。证据的价值是上述社会过程的功用之一。高质量证据的存在并不能保证最佳政策决定的产生，甚至任何决定的必然产生。

例如在 1990 年，美国的政策决策者为解决酸沉降（酸雨）问题，以科学证据为基础修订《清洁空气法案》，发展管理机制，控制化石燃料燃烧产生的硫氧化物和氮氧化物。与上述例子形成鲜明对比的是，25 年之后，类似的科学证据显示人类活动导致环境恶化和气候变化，却招来一片反对之声。这并非因为科学证据的产生和可信度有什么改变，而是在此期间美国政治体系和文化发生了改变。

简而言之，在政策制定过程中要尽可能地依赖来自科学探索和严谨研究与测试的信息，特别是通过对照试验获取的证据，这种做法既合乎逻辑又无懈可击。但是在实践中人们往往没有细致审慎地运用证据。以证据为前提的政策作为一个具体正式的过程，植根于 20 世纪后几十年兴起的循证医学运动。埃迪（Eddy，2005，16）把循证医学定义为"一系列原则和方法，其目的是尽可能保证医疗决定、指导原则和其他种类的政策都基于并符合有效、有益的良好科学证据"。以证据知情为基础的政策试图更积极地搜集医学证据，更充分地将证据融入医学决策，通过例如随机对照试验等方法化解临床医学研究和临床医学实践之间的矛盾（De Marchi 等，2014；Oliver 等，2014；Eddy，2005）。

各种实验方法和随机对照试验在临床医学之外的政策决策领域得到日益广泛的应用，特别是在社会政策和政策行为学领域，这些方法的应用已受到严格的审查。在其他领域，随机对照试验方法在狭隘的医学案例应用之外的有效性和相关性已得到大量研究，其局限性也得到深入探讨（Cartwright 和 Munro，2010；Deaton，2010；Sampson，2010；Denzin 和 Lincoln，2009；Cartwright，2007，2010，2011）。问题不在于随机对照试验是否是一个卓越的演绎工具，能否产生决策所需的严谨证据，而在于认为随机对照试验产生的证据优于其他以同样可信的方式产生的证据，这样做埋没了这些额外的数据，使它们对政策制定者没有吸引力，得不到政策制定者的采用。

供与求

为什么在政策决策中使用证据？谁又为何使用这些证据？可以信任由谁来产生与政策有关的证据？我们刚解答了第一个问题；其他两个问题与政策决定中对证据的供和求有关（Green 等，2009；McNie，2007；Sarewitz 和 Pielke，2007）。对于萨雷维茨（Sarewitz）和皮尔克（Pielke）来说，供求的概念借自经济学领域，它们能帮助人们区分参与证据发展和证据使用这两个不同阶段的过程和行动者。制定政策所用证据的供求运作于错综复杂的政策与研究系统之中。科学政策决策由政府做出，因应得到感知的社会需求，希冀产生预期的收益。这些决定反过来影响了从科学研究而来的证据供给。

但是一些研究者认为证据的供给不一定总是符合决策者的需求（Simmons，2015；Avey 和 Desch，2014；Schwandt 等，2012；Head，2010；Green 等，2009；McNeil，2007；Sarewitz 和 Pielke，2007）。他们的批评主要基于这样的观点：对已积累的科学知识的利用是无规律的，无论是应用方式还是速度。在理想情况下，证据产生于独立且活跃的研究环境，并且早已做好准备被纳入政策决策，知识干干净净地从这里流出。但在大部分的案例中，决策者并不沿着这条线性路径吸收科学知识。事实上，供与求这两个空间之间的相互作用既复杂又多向（Strassheim 和 Kettunen，2014；Kirchhoff 等，2013；Beck，2011；Greenhlgh 和 Wieringa，2011；Hertin 等，2009）。部分因为这种内在的复杂性，许多政府发展出各种机制，帮助它们在政策决策中吸收、分析和使用证据。黑德（Head，2010）讨论了政府和政府资助的研究之间的共生关系如何导致了职业化现象，政策分析单位在政府内部成立，在准政府研究组织、大学、基金会、非政府组织和咨询公司内也成立了类似部门，它们提供的研究和政策分析被用于决策（Schwandt 等，2012）。

公众对政府透明度和问责的要求日益提高，政府需要在决策时寻求支持，对政策分析的需求应运而生（Tsoukias 等，2013）。美国审计总署（GAO）的各项活动就是很好的例子，政府需要（或获得授权）行使监管，并保证责任制的实行，这就产生了对证据的需求。美国审计总署扮演监管者的角色，定期开展并发表研究报告，审查并索取美国政府机构在决策过程中使用的证据。例如在 2015 年，美国审计总署为提高各政府项目的效率和问责机制，要求改善对证据的使用，并发布研究报告：美国审计总署改进了美国公民及移民服务局的难民欺诈风险评估过程（GAO，2015a），为住房抵押贷款借贷方保险取得更可靠的数据（GAO，2015b），加强了对高风险海运货物装运的监管（GAO，2015c），并且为退伍军人福利建立了更为明确的资格标准（GAO，2015d）。

以证据为前提的政策的一个特点得到了广泛应用，这就是在管理过程中使用的成本效益分析。成本效益分析在美国和其他国家是管理过程的一个正式组成部分，被用于估算得到推荐的政策、项目和条例的成本、风险和潜在收益（Coates，2015；Fischoff，2015；Sunstein，2014；Shapiro 和 Morrall，2012）。第 12866 号行政命令《管理计划和审查》宣称"每个机构应在最佳、可以合理获得的科学、技术、经济和其他信息的基础上，就拟定实行的管理条例的需求和产生的后果，做出其（管理）决定"（1993）。美国信息与规划事务办公室（OIRA）是美国总统行政办公室下属美国预算管理局的一部分，它成立于

1980 年，负责审查政府规章制度、信息收集行为、政府统计数据和隐私政策。美国信息
与规划事务办公室审查政府规章，保证政府规章基于可以获得的最优证据，力保规章一
旦实施，产生的收益大于预期的成本，并为任何产生的风险提供适当的理由。近期针对
美国信息与规划事务办公室的指导原则，如第 13563 号行政命令《改进规划和规划审查》
强调证据对管理过程的核心地位，宣布"各政府机构应当保证用以支持该机构管理行为
的任何科学和技术证据的客观性"。美国信息与规划事务办公室，按其前任主任卡斯·桑
斯坦（Cass Sunstein）的话来说，是一个政府内部的"信息整合者"，它把来自多个机构
的专业信息整理分析，供负责制定制度的机构决策之需（Sunstein, 2012）。

正如菲舍霍夫（Fischoff, 2015, 257）所言，正式的成本效益分析过程给予决策者
"多个透明的方法来集结合并相关证据，以此支持复杂的决策"，所有的过程要求"伦理
判断，决定将会产生什么结果，抽取这些结果的政策影响"。因为伦理判断反映决策者
与决策过程中涉及的机构的价值观念，对于理解任何政体内部政策制订过程的组织方式，
以及了解其所处的社会，都是十分重要的。这些价值观念也塑就了决策者理解和评价风
险的方式，决策者往往需要评估多个动态变量之间关系。因为风险分布不均，政策一旦
实行，往往在不同利益相关方的身上产生有差异的或积极或消极的影响，所以在政策分
析和形成阶段使用的证据来源、质量和可信度至关重要。

这些角色的正式化加强了政策和科学之间的自反关系。正式的政策分析需要证据，
这使得政府和政府附属机构建立了专业政策分析机构。对这些机构的职业要求使得政策
分析所需的证据的产生和吸收成为必须。接着，这种需求将注意力引向研究和拨款的特
定领域，帮助塑造了证据供给。在 2005 年，时任美国总统行政办公室下属美国科技政
策办公室主任的约翰·马伯格三世（John Marburger Ⅲ）在对美国科学促进会发表的主题
演讲中呼吁发展一门"研究科学政策的科学"，为"给政策决定提供更有说服力的指导"
（Marburger, 2005）。马伯格为他的呼吁给出注解，声称："我们选择收集的数据反映了我
们如何理解科学、政府和社会之间的关系"（1087）。他的演讲突出两点：需求由产生需
求的环境塑就，现有证据不能完全满足科学和技术政策决策者的需要。

为了响应这个呼吁，美国国家科学基金会（NSF）成立了科学和创新政策的科学
（SCISIP）项目，意在通过外部拨款培育相关研究。在 2006 年，美国国家科学技术委员
会成立一个跨机构任务小组，就这个问题开发了一个跨机构的协调解决方案。这些活动
着眼于改善科学和技术政策决策中严格发展的证据，改善其供给、质量和可得性，特别
强调资金筹措和投资决策。在 2008 年 11 月，跨机构任务小组得出结论："专家意见仍

是科学政策制定者现有最佳的政策支持工具，但科学政策领域出现一个新兴群体；他们的潜力巨大，在不久的将来能提供严谨、量化的决策支持工具"（Valdez 和 Lane 2008，1）。任务小组将专家意见和新兴量化决策支持工具并列，说明至少跨机构任务小组认为他们需要更理性的科学技术决策行为。这个报告直截了当地声称亟须严谨的证据分析为决策引路。

像美国国家科学基金会成立的科学和创新政策的科学项目一样，政策决策者建立基金项目，为的是改善他们能够获取的证据。这是一个积极的举动。与此同时，它加深了政策和研究群体之间的联系和自反关系，同时突出了证据的供与求之间的共生关系。这两者的汇流让我们有机会检验与证据相关的选择性、排他性和权力等问题，特别是针对政策需求或为某项政策而特别提取的证据。政策制定者可能在有意或无意之间影响研究项目，或是有选择性地挑选可用证据，使其符合现有的政策目标。这种风险现在仍然存在（Strassheim 和 Kettunen，2014；Sharman 和 Holmes，2010；Banks，2009；Hunter，2009；Marmot，2004）。政策制定者努力扩大用于政策决策的证据基础，而非将目光局限于专家意见和研究成果，以便反映更广阔的价值观念和视野，他们如今越来越多地通过参与式证据收集机制征求信息，这些机制有公共听证会、征求公众意见和与利益相关方直接接触等（Newig 等，2016；Trembley 和 Abizeid，2015）。要解决政策过程中可能出现的偏见，决策者必须做的第一步就是承认这种可能，并将他们部门内部与外部的证据收集和决策过程置于监督之下，着眼于发现隐藏的种种偏见。

挑　战

在制定政策的过程中，决策者依赖特定的几种证据，排除其他形式的证据，例如定性研究、观察数据和政策分析师与决策者的经验等，这是有危险的。德·马尔奇（De Marchi）等人的研究（2014，27–31）指出以证据为前提的政策在三个地方存在缺陷，一些特定政策问题、某些科学研究领域和政策制定过程的复杂性没有得到充分解决：①存在多种形式的证据，证据的等级制度不是中立的，不同行动者对证据的诠释不同，他们的诠释反映他们的价值和伦理观念；②政策制定过程是复杂的，它依赖于诸如专业知识、经验、价值观念和伦理等多个因素；并且③证据具有偶然性。凯（Kay，2011，238）认为与其采用狭隘的政策概念，只有将清楚无误的证据应用于政策领域，才能产生清楚无误的结果，不如认为"不同种类的合理行为适合……相应的政策制定情况和环境，在这些场景中不同形式的证据能发挥各种功能"。这种观点支持更宽泛的政策概念，政策、条例和指导原则都基于现有最佳证据，接受严格的分析检验，考虑接纳额外信息，例如经验知识、社会洞见和政策专业知识等。

黑德（Head，2010）提出在跨越各个政策领域、以证据为前提的政策实践中，证据的吸收不均有五个原因：①一些领域尚无坚实的研究基础可供汲取，或者从现存证据中不能得出合理结论来作为政策基础；②政策管理者和政治家的决定是基于多个因素，并非总是牢牢建立在证据之上；③与政策目的相关的证据传播不佳；④专业知识和经验越来越多地被认为是政策制定的关键；⑤在高度复杂、动荡的政策领域中运用证据的行为很可能被政治化。第五点凸显了将证据应用于复杂问题或高度争议领域的核心难点之一。在许多领域中，产生明白无误、确凿无疑的证据，要么绝不可能，要么尚未实现（Kay，2011）。

例如，气候研究中的一个尚未解决的挑战是减少不确定性，以便更好地设计复杂的气候现象模型，生成更准确的预测。从这项研究中产生的证据被作为政策基础，或用来呼吁实施特定政策，例如碳税或碳交易体系。萨瑞拉（Saarela）和索德曼（Söderman）2015年认为设计气候政策是一个复杂的社会生态问题。在这个政策领域，在政策与研究群体之间和人类与自然界之间存在着多个反馈环，它们需要持续、多向的知识分享，方能产生准确、开明的决策。必须通过这些相互作用来提炼证据，减少并解决不确定性。这两个系统存在巨大风险，因为被研究的现象直接受人类与自然耦合系统的影响，政策行为（或不作为）不仅影响人类系统也直接影响自然系统。

黑德（Head，2010）发现：政策制定者对证据的诠释缺乏一致性，经常导致这种情况的原因之一是证据传播效果不佳，特别是以政策服务为目的的证据的可能性和不确定性没有得到有效传递。菲施霍夫2012年认为传播效果不良可能会导致永久性损害，如果个人和政策制定者不能将相关信息用于决策，将会立刻导致损害，若是低下的传播效果侵蚀公众对科学发现的信任，则会导致永久性损害。对于科学社群来说，向政策制定者传播不确定性和风险是一个艰巨的挑战，特别是在政策制定者试图利用证据为他们的决定背书的时候，却发现他们依赖的证据存在不确定性（Dietz，2013；Pidgeon和Fischhoff，2011）。人们通过观察和测量复杂的物理或社会过程与系统而产生证据，当决策者在处理此类证据时尤其如此；如果某个决定影响像气候变化这样紧密耦合的物理和社会过程时，情况更是如此（Kahan，2014），此时是否采取行动的决定直接影响整个过程，该过程既产生采取行动的需求，又影响决策所需的证据。因此用于传播复杂过程的大部分证据必须依靠诸多模型，这些模型利用一系列变量、输入和参数，产生的各种结果代表着一个概率上的结果范畴，每个范畴代表着结果预测的不确定性。

当政策影响复杂的社会问题，例如教育、犯罪司法和贫困等问题时，情况也是如此。研究者通过研究多个变量之间的相互作用，确定这些变量如何影响具体的结果，从而发展证据。因为很多社会结果的驱动因素经常是多变量因素，难以明确分辨是单个变量还是一小组变量影响了最终结果。在缺乏确定性和必须权衡非常真实的成本和效益的情况下，循证政策的局限就暴露了，包括它在多大程度上无法充分说明政策决策工具受到的外部压力。这种情况在既得利益根深蒂固、政策行为可能带来重大社会经济变革的领域特别明显。

额外的研究导致了一个矛盾现象，它常常暴露之前证据的不足之处，并揭示知识上的鸿沟（Head 2010）。这一结果在一定意义上令人满意。发现知识鸿沟，能帮助人们改进证据，或减少预测结果的不确定性，改善有用信息的整体质量。但是暴露这些局限和鸿沟能导致公众对政策制定者的信心的侵蚀。其中一个例子就是美国卫生与公众服务部和美国农业部（2015）联合发表的《美国膳食指南》，该指南每五年更新一次；按照法律规定，《美国膳食指南》应当"基于现有科学和医学知识的主流观点"。美国大众媒体多年来广泛报道《美国膳食指南》具体建议的各种变化。例如《华盛顿邮报》的一篇文章宣称："联邦政府在周四告诉美国人不用过于担心饮食中的胆固醇，大量饮用咖啡没有问题，不吃早餐不再被认为对健康有害"（Whoriskey，2016）。这种对《美国膳食指南》内容变化的轻松报道可能不会引起什么严重后果，对于政府政策制定者和决策者来说，重要的是是否通过公平的过程挑选最佳证据支持这些指南。在这个案例中，美国国会在2015年年末发起对《美国膳食指南》的审查，国会要求美国国家医学院成立一个独立调查委员会深入研究这些问题（Whoriskey，2015）。

从总体上讲，以证据为前提的政策经过演进，融合进最新的研究，是件好事。但是我们还需要进一步研究和思考规章制度变化带来的一系列后果。一个令人担忧的事实就是指导原则如果随着时间变化而变化，可能导致关键利益相关方失去对指导原则和科学研究的信任。因此有必要开展更多研究改进管理科学，特别是例如政府决定采取的行动可能引发证据的量变，从而达到或超过了某些风险门槛。因为鲜有静态的管理过程，而且管理过程通常针对的是动态变化，特别是像食品安全或毒理学这样的领域，管理过程对人体安全和环境保护来说具有重大意义。

未来的研究

正如丹尼尔（Daniell）等人（2015，5-6）所说：政策"分析学"的出现是基于 21 世纪开发的商业分析技巧。这两个领域汲取大数据科学、统计学、社会学、心理学和经济学在运算能力和研究方法方面的进步，能够分辨并评价大规模、不同质、快速产生的数据组中的模式。与此同时，越来越多的注意力被放到"大数据"在政策决策中的应用，学者们指出这能为政策制定者提供新的数据和信息（Daniell 等，2015；Höchtl 等，2016；Jassen 和 Kuk，2016；Goldsmith 和 Crawford，2014）。计算政策分析学的兴起要求学者和政策制定者重新审视很多问题，因为这门学科重新定义什么是证据，如何获得证据，以及如何将证据应用于政策。

因为人们设计和发展政策分析学的技术构架和过程，他们的决定、价值观念和道德原则被嵌入其中，这些因素以微妙的方式改变了可能出现的政策结果的范围，所以这些因素极为重要。框架设计和构架方面的决定影响了数据搜索、检索、决策支持和分析。我们需要更多研究以便更好地了解数据科学技术在政策决策中大规模应用的影响。解答以下问题将会产生重要答案，它们包括：算法管理依赖于自动证据生成、分析和基于门槛触发机制的决策，算法管理的提高会带来什么样的成本、风险和收益？这些触发条件是否基于多个变量之间的高度相关关系？在政策决定中使用的算法逐步运作，有哪些假设和价值观念存在于这些步骤之中？

政策制定充满价值判断。回到克兰兹伯格 ［Kranzberg（1985）］的观点，用于支持政策分析的技术构架和工具不好也不坏；但它们也并非中立。政策机构、分析师、研究者、计算机科学家与工程师、数据和信息科学家，以及社会与行为科学家之间积极对话，讨论决策基础设施中含有的价值观念——包括人、机构和工具——这是极为必要的。没有它，我们无法保证在严格审视下的政策过程不会出现不公平现象。

参考文献

Adams, M., and S. Drell. (2008). Technical issues in keeping the nuclear stockpile safe, secure, and reliable. In: *Nuclear weapons in 21st century US national security.* Washington, DC: American Association for the Advancement of Science.

Avey, P. C., and M. C. Desch. (2014). What do policymakers want from us? Results of a survey of current and former senior national security decision makers. *International Studies Quarterly*, 58(2), 227–246. doi:10.1111/isqu.12111.

Banks, G. (2009). Evidence–based policy making: What is it? How do we get it? In *ANU public lecture series*. Canberra: Australian Government Productivity Commission.

Beck, S. (2011). Moving beyond the linear model of expertise? IPCC and the test of adaptation. *Regional Environmental Change*, 11(2), 297–306.

Bernanke, Ben S. (2010). Monetary policy and the housing bubble. Paper presented at the annual meeting of the American Economic Association, Atlanta, GA.

Bijker, W. E., R. Bal, and R. Hendriks. (2009). *The paradox of scientific authority: the role of scientific advice in democracies*. Cambridge, MA: MIT press.

Cartwright, N. (2011). A philosopher's view of the long road from RCTs to effectiveness. *The Lancet*, 377(9775), 1400–1401.

Cartwright, N. (2007). Are RCTs the gold standard? *BioSocieties*, 2(1), 11–20.

Cartwright, N. (2010). What are randomised controlled trials good for? *Philosophical Studies*, 147(1), 59–70.

Cartwright, N., and E. Munro. (2010). The limitations of randomized controlled trials in predicting effectiveness. *Journal of Evaluation in Clinical Practice*, 16(2), 260–266.

Coates, C. (2015). Cost–benefit analysis of financial regulation: case studies and implications. *Yale Law Journal*, 124(4), 882–1345.

Daniell, K. A., A. Morton, and D. Ríos Insua. (2015). Policy analysis and policy analytics. *Annals of Operations Research*, 236(1), 1–13. doi:10.1007/s10479–015–1902–9.

De Marchi, G., G. Lucertini, and A. Tsoukiàs. (2014). From evidence–based policy making to policy analytics. *Annals of Operations Research*, 236(1), 15–38. doi:10.1007/ s10479–014–1578–6.

Deaton, A. (2010). Instruments, randomization, and learning about development. *Journal of Economic Literature*, 48(2), 424–455. doi:10.1257/jel.48.2.424.

Denzin, N. K., and Y. S. Lincoln. (2009). Qualitative research. *Yogyakarta: PustakaPelajar*.

Dicks, L. V., I. Hodge, N. P. Randall, J. P. W. Scharlemann, G. M. Siriwardena, H. G. Smith, R. K. Smith, and W. J. Sutherland. (2014). A transparent process for evidence–informed policy making. *Conservation Letters*, 7(2), 119–125. doi:10.1111/conl.12046.

Dietz, Thomas. (2013). Bringing values and deliberation to science communication. *Proceedings of the National Academy of Sciences*, 110 (Suppl. 3), 14081–14087. doi:10.1073/ pnas.1212740110.

Dilling, L., and M. C. Lemos. (2011). Creating usable science: opportunities and constraints for climate knowledge use and their implications for science policy. *Global Environmental Change-Human and Policy Dimensions*, 21(2), 680–689. doi:10.1016/j.gloenvcha.2010.11.006.

Dunlop, C. A., M. Maggetti, C. M. Radaelli, and D. Russel. (2012). The many uses of regulatory impact assessment: a meta–analysis of EU and UK cases. *Regulation & Governance*, 6(1), 23–45. doi:10.1111/j.1748–5991.2011.01123.x.

Eddy, D. M. (2005). Evidence–based medicine: a unified approach. *Health Affairs (Millwood)*, 24(1), 9–17. doi:10.1377/hlthaff.24.1.9.

Executive Order 12866 of September 30, 1993. (1993). Regulatory planning and review. *Code of Federal Regulations*. Washington, DC.

Executive Order 13563 of January 18, 2011. (2011). Improving regulation and regulatory review. *Code of Federal Regulations*. Washington, DC.

Fischhoff, Baruch. (2013). The sciences of science communication. *Proceedings of the National Academy of Sciences*, 110(Suppl. 3), 14033–14039. doi:10.1073/pnas.1213273110.

Fischhoff, B. (2015). The realities of risk–cost–benefit analysis. *Science*, 350(6260), aaa6516. doi:10.1126/science.aaa6516.

Goldsmith, S., and S. Crawford. (2014). *The responsive city: engaging communities through data-smart governance*: Hoboken, NJ: John Wiley.

Government Accountability Office. (2015a). Asylum: additional actions needed to assess and address fraud risks. GAO–16–50.

Government Accountability Office. (2015b). Lender–placed insurance: more robust data could improve oversight. GAO–15–631.

Government Accountability Office. (2015c). Supply chain security: CBP needs to enhance its guidance and oversight of high–risk maritime cargo shipments. GAO–15–294.

Government Accountability Office. (2015d). Veterans' disability benefits: VA can better ensure unemployability decisions are well supported. GAO–15–464.

Graham, I. D., J. Logan, M. B. Harrison, S. E. Straus, J. Tetroe, W. Caswell, and N. Robinson. (2006). Lost in knowledge translation: time for a map? *Journal of Continuing Education in Health Professions*, 26(1), 13–24. doi:10.1002/chp.47.

Green, L. W., R. E. Glasgow, D. Atkins, and K. Stange. (2009). Making evidence from research more relevant, useful, and actionable in policy, program planning, and practice slips "twixt cup and lip." *American Journal of Preventive Medicine*, 37(6 Suppl. 1), S187–S191. doi:10.1016/j.amepre.2009.08.017.

Greenhalgh, T., and S. Wieringa. (2011). Is it time to drop the "knowledge translation" metaphor? A critical literature review. *Journal of the Royal Society of Medicine*, 104(12), 501–509. doi:10.1258/jrsm.2011.110285.

Hamburg, M. A. (2011). Advancing regulatory science. *Science*, 331(6020), 987. doi:10.1126/science.1204432.

Head, B. W. (2010). Reconsidering evidence–based policy: key issues and challenges. *Policy and Society*, 29(2), 77–94. doi:10.1016/j.polsoc.2010.03.001.

Head, B. W. (2016). Toward more evidence-informed policy making? *Public Administration Review*, 76(3), 472–484.

Hertin, J., K. Jacob, U. Pesch, and C. Pacchi. (2009). The production and use of knowledge in regulatory impact assessment—an empirical analysis. *Forest Policy and Economics*, 11(5–6), 413–421. doi:10.1016/j.forpol.2009.01.004.

Höchtl, J., P. Parycek, and R. Schöllhammer. (2016). Big data in the policy cycle: policy decision making in the digital era. *Journal of Organizational Computing and Electronic Commerce*, 26, 147–169. doi:10.1080/10919392.2015.1125187.

Hunter, D. J. (2009). Relationship between evidence and policy: a case of evidence-based policy or policy-based evidence? *Public Health*, 123(9), 583–586. doi:10.1016/j.puhe.2009.07.011.

Janssen, M., and G. Kuk. (2016). Big and open linked data (BOLD) in research, policy and practice. *Journal of Organizational Computing and Electronic Commerce*, 26, 3–13. doi:10.1080/10919392.2015.1124005.

Juntti, M., D. Russel, and J. Turnpenny. (2009). Evidence, politics and power in public policy for the environment. *Environmental Science & Policy*, 12(3), 207–215.

Kahan, Dan M. (2014). Making climate-science communication *evidence*-based—all the way down. In: M. Boykoff and D. Crow, eds., *Culture, politics and climate change*. New York: Routledge Press, 203–220.

Kay, A. (2011). Evidence-based policy-making: the elusive search for rational public administration. *Australian Journal of Public Administration*, 70(3), 236–245. doi:10.1111/ j.1467–8500.2011.00728.x.

Kirchhoff, C. J., M. C. Lemos, and S. Dessai. (2013). Actionable knowledge for environmental decision making: broadening the usability of climate science. *Annual Review of Environment and Resources*, 38(1), 393–414. doi:10.1146/ annurev-environ-022112-112828.

Kranzberg, M. (1986). Technology and history: "Kranzberg's laws." *Technology and Culture*, 27, 544–560.

Lancaster, K. (2014). Social construction and the evidence-based drug policy endeavour. *International Journal of Drug Policy*, 25(5), 948–951. doi:10.1016/j.drugpo.2014.01.002.

Lascoumes, P., and P. Le Gales. (2007). Introduction: understanding public policy through its instruments—from the nature of instruments to the sociology of public policy instrumentation. *Governance: An International Journal of Policy and Administration*, 20(1), 1–21. doi:10.1111/ j.1468–0491.2007.00342.x.

Marburger, J. H. III. (2005). Wanted: better benchmarks. *Science*, 308(5725), 1087. doi:10.1126/ science.1114801.

Marmot, M. G. (2004). Evidence based policy or policy based evidence? *BMJ*, 328(7445), 906–907.

doi:10.1136/ bmj.328.7445.906.

McNie, E. C. (2007). Reconciling the supply of scientific information with user demands: an analysis of the problem and review of the literature. *Environmental Science & Policy*, 10(1), 17–38. doi:10.1016/ j.envsci.2006.10.004.

Newig, J., E. Kochskamper, E. Challies, and N. W. Jager. (2016). Exploring governance learning: how policymakers draw on evidence, experience and intuition in designing participatory flood risk planning. *Environmental Science & Policy*, 55, 353–360. doi:10.1016/j.envsci.2015.07.020.

Oliver, K., T. Lorenc, and S. Innvaer. (2014). New directions in evidence–based policy research: a critical analysis of the literature. *Health Research Policy and Systems*, 12, 34. doi:10.1186/ 1478–4505–12–34.

Orton, L., F. Lloyd–Williams, D. Taylor–Robinson, M. O'Flaherty, and S. Capewell. (2011). The use of research evidence in public health decision making processes: systematic review. *PLoS One*, 6(7), e21704. doi:10.1371/journal. pone.0021704.

Pidgeon, Nick, and Baruch Fischhoff. (2011). The role of social and decision sciences in communicating uncertain climate risks. *Nature Climate Change*, 1(1), 35–41.

Rudebusch, G. D., and T. Wu. (2002). *Macroeconomic models for monetary policy*. San Francisco: Federal Reserve Bank of San Francisco.

Saarela, S. R., and T. Söderman. (2015). The challenge of knowledge exchange in national policy impact assessment—a case of Finnish climate policy. *Environmental Science & Policy*, 54, 340–348. doi:10.1016/j.envsci.2015.07.029.

Sampson, R. J. (2010). Gold standard myths: observations on the experimental turn in quantitative criminology. *Journal of Quantitative Criminology*, 26(4), 489–500. doi:10.1007/ s10940–010–9117–3.

Sarewitz, D., and R. A. Pielke. (2007). The neglected heart of science policy: reconciling supply of and demand for science. *Environmental Science & Policy*, 10(1), 5–16. doi:10.1016/ j.envsci.2006.10.001.

Schwandt, T. A., M. L. Straf, and K. Prewitt. (2012). *Using science as evidence in public policy*. Washington, DC: National Academies Press.

Schweber, L., T. Lees, and J. Torriti. (2015). Framing evidence: policy design for the zero–carbon home. *Building Research and Information*, 43(4), 420–434. doi:10.1080/09613218.2015.1004658.

Shapiro, S., and J. F. Morrall. (2012). The triumph of regulatory politics: benefit–cost analysis and political salience. *Regulation & Governance*, 6(2), 189–206. doi:10.1111/ j.1748–5991.2012.01131.x.

Sharman, A., and J. Holmes. (2010). Evidence–based policy or policy–based evidence gathering? biofuels, the EU and the 10% target. *Environmental Policy and Governance*, 20(5), 309–321. doi:10.1002/ eet.543.

Simmons, R. (2015). Constraints on evidence–based policy: insights from government practices. *Building

Research and Information, 43(4), 407–419. doi:10.1080/09613218.2015.1002355.

Strantzali, E., and K. Aravossis. (2016). Decision making in renewable energy investments: a review. *Renewable and Sustainable Energy Reviews*, 55, 885–898. doi:10.1016/ j.rser.2015.11.021.

Strassheim, H., and P. Kettunen. (2014). When does evidencebased policy turn into policy–based evidence? Configurations, contexts and mechanisms. *Evidence & Policy: A Journal of Research, Debate and Practice*, 10(2), 259–277. doi:10.1332/ 174426514x13990433991320.

Sunstein, C. R. (2012). Office of Information and Regulatory Affairs: myths and realities, *Harvard Law Review*, 126, 1838.

Sunstein, C. R. (2014). The real world of cost–benefit analy–sis: thirty–six questions (and almost as many answers). *Columbia Law Review*, 167–211.

Tremblay, J., and I. Abi–Zeid. (2015). Value–based argumentation for policy decision analysis: methodology and an exploratory case study of a hydroelectric project in Québec. *Annals of Operations Research*, 236(1), 233–253. doi:10.1007/ s10479–014–1774–4.

Tsoukias, A., G. Montibeller, G. Lucertini, and V. Belton. (2013). Policy analytics: an agenda for research and practice. *EURO Journal on Decision Processes*, 1(1–2), 115–134. doi:10.1007/s40070–013–0008–3.

US Department of Agriculture, and US Department of Health and Human Services. (2015). 2015–2020 dietary guidelines for Americans. Washington, DC: Authors.

Valdez, B., and J. Lane. (2008). The science of science policy: a federal research roadmap. report to the Subcommittee on Social, Behavioral and Economic Sciences, Committee on Science, National Science and Technology Council. Washington, DC: Office of Science and Technology Policy, Executive Office of the President.

Weible, C. M. (2008). Expert–based information and policy subsystems: a review and synthesis. *Policy Studies Journal*, 36(4), 615–635. doi:10.1111/j.1541–0072.2008.00287.x.

Whoriskey, P. (2015). Congress: we need to review the dietary guidelines for Americans. *The Washington Post*, December 18. https://www.washingtonpost.com/news/wonk/wp/2015/12/ 18/congress–we–need–to–review–the–dietary–guidelines–for–americans/.

Whoriskey, P. (2016). Government revises dietary guidelines for Americans: go ahead and have some eggs. *The Washington Post*, January 7. https://www.washingtonpost.com/news/ wonk/ wp/ 2016/ 01/ 07/ government–revises–dietary–guidelines–for–americans–go–ahead–and–have–some–eggs/.

推荐阅读

Bijker, Wiebe E., Roland Bal, and Ruud Hendriks. (2009). *The paradox of scientific authority: The role of scientific advice in democracies*. Cambridge, MA: MIT Press.

Daniell, Katherine A., Alec Morton, and David Ríos Insua. (2016). Policy analysis and policy analytics. *Annals of Operations Research*, 236(1), 1–13.

Deaton, Angus. (2010). Instruments, randomization, and learning about development. *Journal of Economic Literature*, 48(2), 424–455.

Head, Brian W. (2010). Reconsidering evidence–based policy: Key issues and challenges. *Policy and Society*, 29(2), 77–94.

Fischhoff, Baruch. (2015). The realities of risk–cost–benefit analysis. *Science*, 350(6260), aaa6516.

Kay, Adrian. (2011). Evidence - based policy - making: the elusive search for rational public administration. *Australian Journal of Public Administration*, 70(3), 236–245.

Oliver, Kathryn, Theo Lorenc, and Simon Innvær. (2014). New directions in evidence–based policy research: a critical analysis of the literature. *Health Research Policy and Systems*, 12(1), 34.

Schwandt, Thomas A., Miron L. Straf, and Kenneth Prewitt. (Eds.). (2012). *Using science as evidence in public policy*. Washington, DC: National Academies Press.

Strassheim, Holger, and Pekka Kettunen. (2014). When does evidence–based policy turn into policy–based evidence? Configurations, contexts and mechanisms. *Evidence & Policy: A Journal of Research, Debate and Practice*, 10(2), 259–277.

Weible, Christopher M. (2008). Expert - based information and policy subsystems: a review and synthesis. *Policy Studies Journal*, 36(4), 615–635.

第二十七章
回顾中介机构在传播科学中的角色：一种综合体

阿什利·R.兰德勒姆

摘要：各种中间人扮演着重要角色，在科学家和社会之间搭建桥梁，它们面临的固有挑战是科学传播的关键。这些挑战包括：中间人如何让大众注意到其代表的机构和发出的信息，中间人如何提高其可信度，中间人如何在不损害自身可信度的情况下把信息呈现给不同类型的观众，中间人如何在与政策相关的科学问题上与广大公众交流。本章描述了中间人需要承担的五个目标或角色，接着简要概述在本书第四部分讨论到的各种中间人。本章最后重点强调若干与中间人传播作用相关的主题和挑战，并稍作铺陈。

关键词：科学机构；专业协会；博物馆；基金会；学术出版社和学术期刊；政府管理部门；社交网络网站；公众参与；信任和可信度

本书的前一部分讨论了若干案例，在这些例子中科学问题得到解决，并融入公共政策之中。在第四部分，我们把注意力转向中间人[1]——各种在促进这一过程中发挥关键作用的组织结构。这些组织有的深植于科学共同体中，也有的不单为科学服务，还在科学和社会之间搭起沟通的桥梁。

事实上，在本部分中讨论到的所有中间人都发挥着重要的传播功能，这些功能可分为以下五个主要目标或角色：

1. 提高和指导研究工作；

2. 整合已知的科学知识；

3. 向其他领域的科学家和专家，以及属于非专业人士的普通大众等利益相关方传递已知的科学知识；

4. 在政策决策中整合相关科学知识到；

5. 在这个过程中接触其他利益相关方（或鼓励与其他利益相关方接触）。

这些目标当然相互联系，并且大部分的中间人能实现多个功能。本部分的各章详细讨论了每个中间人从事的多个角色，描述了它们在扮演这些角色时遇到的挑战，以及它们如何在这些角色之间取得平衡。特别要提到的是，这些挑战包括：各个中间人需要扩大影响范围，增强它们的可信度；它们需要决定应该给不同的受众呈现哪些信息，同时在这么做的时候如何维持它们的可信度；在与政策相关的科学问题上，中间人如何与广大公众高效接触。在这个综述里，我首先概括在本书中提及的各种中间人和它们扮演的角色。接着我将就之前提到的中间人面临的特殊挑战进行进一步的阐述。

科学机构扮演中间人角色

各科学机构扎根于科学共同体，这些组织为实现上文列出的诸多功能而设立。第四部分的前几章讲述了五个这样的机构：专业协会、学术出版社和学术期刊、博物馆、私人基金会和政府部门。虽然这些中间人的一些目标相互重合，但每一个都对科学过程做出独特的贡献。

专业协会

专业协会有时又称学术团体或专业团体（Platt，2015），是由会员组成的机构。它们为机构成员提供了一个分享和讨论科学发现的论坛，也为他们提供与其他利益相关方接触的机会，例如政策制定者、其他专业人士和公众等。更重要的是，这些专业协会关注的范围不同，一些瞄准较窄的次级学科（例如认知发展和环境科学传播），而另一些则代表更为广阔的科学研究领域。

美国科学促进会（AAAS）和美国国家科学院、工程院和医学院（NASEM）是两家精英专业协会，研究范围广泛。蒂法尼·洛沃特和马丁·斯多克斯狄耶克（Martin Storksdiek，第十九章）讲述了这两个协会肩负的多个角色。它们除了促进会员与院士之间的交流之外，还综合整理科研信息，并传播给广大公众（第2和第3个目标），成了科学的公共代言人。例如美国国家科学院、工程院和医学研究院创建的工作小组撰写报告，就某个话题整理已知科学信息，指出还需要进一步研究的领域，为政策决策提供帮助。在另一方面，美国科学促进会会员人数更多，目标更广，从宣传和捍卫科学诚信到扶持科学教育，再到提高公众参与科学等（第 5 个目标）。这两个机构都面对着传递科学信息的挑战，它们需要保证传递的信息能够被不同的目标受众理解，保证科学知识清楚易懂的同时，不能牺牲科学复杂性和不确定性带来的种种细微之处。

学术出版社和学术期刊

学术出版社和学术期刊专门出版并传播科学资料，这使得科学家能在前人研究的基础上推动知识进步（第 2 和第 3 个目标）。在很多案例中，这些出版社从专业协会的会员费中得到补助，但正如芭芭拉·克莱·波普和伊丽莎白·马林科拉（第二十章）所说的那样，学术出版业处于变革之中，一部分缘于互联网带来的技术进步，一部分因为科学文化的变迁，诸如开放透明的研究实践，开放获取研究资料，以及要求批判性地评价同行审议和影响因子的呼声。

博物馆

博物馆也是传播科学知识的中间人。博物馆传播知识（第 3 个目标），在科学问题上与公众和其他利益相关方展开接触（第 5 个目标）。国际博物馆协会把博物馆定义为非营利性机构，它服务公众，向公众开放，并且以教育、研究和娱乐为目的保存、创造、研究、传播和展出科学资料（Alexander 和 Alexander，2007）。维多利亚·凯恩和卡伦·A.雷德（第二十二章）讨论博物馆的角色如何随着时间变迁。此外，她们认为博物馆承诺增进科学知识并宣传科学，如今它们在这两个承诺之间努力取得平衡。博物馆培养新的观众，迎合不那么专业的公众，吸引捐款人，这些活动导致博物馆更像主题公园，而非学术机构（第 205 页）。并且当一些科学问题引来争议时，博物馆努力解决公众是否应该进行这类争议性对话的问题。如果是的话，应该在什么时候以什么方式进行？

慈善基金会

慈善基金会像其他拨款机构一样，通过为目标研究领域提供拨款来指导研究活动（第 1 个目标）。伊丽莎白·古德·克里斯托弗森（第二十三章）认为基金会不像政府和公司那样受到各种束缚，拥有独特的自由，这使得基金会可以目光长远，追寻更有风险的研究项目。她也注意到需要进行更多的研究，调查基金会推动科学工作的有效性。

政府监管部门

政府部门，像美国食品和药物管理局（FDA）、美国农业部（USDA）和美国国家环境保护局（EPA）从事科学监管工作（或监管分析，例如 McGarity，2005），它们综合整理与风险有关的研究成果（第 2 个目标），将这些成果汇总到政策决定中（第 4 个目标）。这种形式的中间人具有监管功能，涉足推广和强制实行与国会授权一致的各项标准，意在保护公众免受侵害。杰弗里·莫里斯（第二十一章）认为将与风险相关的研究转化成公共政策，这一过程受到多个因素干扰，其一是各利益相关方考虑到风险的存在，要求科学证据和科学结论的确定性达到无法企及的程度，其二是公共决策涉及风险之外的众多因素，包括经济因素、伦理 - 法律 - 社会问题（简称 ELSI）和其他诸多考量。

其他中间人

除了上面提到的科学机构，还有一些中间人能对科学施加影响，虽然这并非它们存在的理由。

大学信息办公室

大学信息办公室又称大学媒体办公室或新闻办公室（不要和大学媒体混淆）没有在这些章节中得到讨论，但在本书第二部分讨论与媒体打交道时成为研究的对象。这些办公室主要负责推销大学整体，并处理从运动赛事到丑闻的各项事务（Brass 和 Rowe，2009），但它们也传播它们自己所属学术机构产生的学术信息（第 2 个目标；Fassin，2000）。在某些方面，这些办公室比其他传播途径能更好地将科学研究的复杂性压缩成更利于公众理解的形式；因为它们是研究人员和公众之间的中间人，大学信息办公室往往在如何描述新的科学研究方面有首先发言的权力（Sumner 等，2014）。但正如在本书第二部分中暗示的那样，即使大学信息办公室也会犯下过度宣传或不负责任报道的错误。像其他中间人一样，这些办公室在它们扮演的多个角色之间挣扎着保持平衡，它们既要向广大受众推销大学的研究，又要准确地呈现信息（Rowe 和 Brass，2011；Brass 和 Rowe，2009）。我们还需要进行更多的研究，审视大学信息办公室发挥的中间人作用。

社交网络和社交网络网站

社交网络网站（SNS）也在科学传播中扮演关键的角色。社交网络网站是指网站或网页应用，它们允许用户个人建立公开或半公开的档案，列出他们希望联系的用户名单，通过公开或半公开的联系方式分享信息（Ellison，2007）。布莱恩·索思韦尔（第二十四章）讨论了在线社交网络如何作为科学传播的中间人同时发挥正面和负面影响。例如，科学家能够通过这些网络与其他科学家接触，创造之前无法实现的协作机会，因而加强了研究探索（第 1 个目标）。此外，科学家们能够通过社交网络或者脸书和推特一类的社交账号与他人分享自己的工作（第 3 个目标）。属于非专业人士的公众也能通过他们自己的社交网络与科学接触（第 5 个目标），但是这是一把"双刃剑"。虽然科学信息能超越精英学术期刊的纸页得到分享，社交网络鼓励科学知识的传播和与科学近距离的接触，但社交网络能逐渐破坏科学的权威，使政策制定复杂化，而且给谣言和错误信息的传播火上浇油。

用科学指导公共政策

把这些不同的中间人放在一起，它们影响科学进步的方向。但重要的是，除非科学在满足好奇心之外还能产生摸得着的好处，否则社会不会向科学研究投入时间、金钱和资源。人们期待社会能利用已知的科学事实指导具体的政策决定。但是就如莫里斯暗示的那样，科学仅仅是决策者需要考虑的问题之一：很多公共政策决定中蕴藏着关于伦理－法律－社会方面的考量，这些远远超过科学能够解答的范畴。当决策者需要决定如何以最佳的方式将科学与政策结合，他们要考虑的不仅仅是台面上的科学家们，其他利益相关方也必须参与决策。

公众参与

公众参与是运用科学指导决策中的重要一环，因为公共政策决策常常要求从伦理－法律－社会的角度衡量证据，公众监督和参与不无裨益。约翰·加斯蒂尔（第二十五章）定义了包括参与接触和公众协商在内的各种公众接触方式，参与接触邀请公众就某项具体公共政策提问并表达他们的担忧，而公众协商邀请公民与专家和政策制定者见面讨论问题并做出经过深思熟虑的判断（第 5 个目标）。加斯蒂尔辩称虽然公众协商对于公共决策十分重要，但社会文化因素和情绪激烈的信仰也可能会阻碍有效的公众协商。他得出结论，建议研究者和政策制定者接下来应该将更多因素纳入考虑范畴，例如参与协商活动的公民的多样性、协商成果对政策的影响和开展协商活动带来的广泛冲击等因素。

将科学转化为以证据为依据的政策

将科学转化为公共政策是一个多方面的过程。贾森·加洛（第二十六章）讨论了基于证据的政策制定过程，在这个过程中，科学证据被政策决策吸收（第4个目标）。与莫里斯和加斯蒂尔的观点类似，加洛强调这些决定更多地涉及多重考量（超出科学范畴之外）并能对不同利益相关方产生不同结果。他认为因为证据是社会和政治过程密不可分的一部分，这些过程能决定如何使用证据；实验证据本身不好也不坏，也非中立的。因此仅拥有证据并不足以保证能产生可能为最优的决策。

科学传播常见主题和挑战

各个中间人追求实现上述的五个目标。当它们寻求维护科学价值观，保持与公众的接触并参与政策制定过程的时候，它们至少面对以下四个挑战：

1. 提高公众对于精英科学专业协会的身份、权威和消息的意识；

2. 增强公众对担任科学知识守护者的机构的信任；

3. 避免偏见的产生，并维持可信度；

4. 在与政策相关的科学问题上与各利益相关方接触。

提高公众对于精英科学专业协会的身份、权威和消息的意识

精英专业协会，如美国国家科学、工程和医学院（NASEM）和美国科学促进会（AAAS）（第十九章），以及政府组织和监管部门（第二十一章）综合整理已知科学知识，并向包括公众在内的多个利益相关方传播这些信息。像洛沃特和斯多克斯狄耶克在第十九章所描述的那样，美国国家科学、工程与医学院的共识报告（以及篇幅稍短的执行摘要）的影响范围和有效性亟待检验。尽管在美国内战结束之后就成立了美国国家科学院，安纳伯格（Annenberg）公共政策中心从美国全国收集的代表性数据显示不到一半的受访者熟悉美国国家科学院的各分支机构[2]。

鉴于此，出现下面这种情况也不足为奇：尽管媒体广泛报道了题为《基因改造农作物：经验和前景》（National Academies of Sciences and Medicine，2016b）的共识报告，仅有18%的受访者听说过这个于2016年5月17日发布的关于转基因生物（GMO）的报告。至于发布于2016年6月8日题为《基因驱动出现在地平线上：推动科学进步，避开不确定性，并且保障科学研究与公共价值一致》（National Academies of Sciences and Medicine，

2016a）的共识报告，听说过的人更是少之又少（2%）。未来的研究应该寻找检验有效途径，提高这些组织和它们发出的讯息的能见度和可信度，并改进目前使用的传播方法。

增强公众对担任科学知识守护者的机构的信任

假设不同群体的利益相关方意识到这些机构身为科学知识的守护者，重要的一点是这些机构被认为可信；例如这些机构被认为是能够胜任，并很可能行事可靠（Landrum，Eaves，Shafto，2015；Hendriks，Kienhues，Bromme，2016）。但是对于像政府部门这样负责监管风险的科学机构，公众在多大程度上认为它们值得信赖，这一点时刻处于变化之中。如果这样的机构犯了错，例如美国疾病控制与预防中心主任通知全美要求医院做好准备接诊感染埃博拉病毒的病人，该机构的可信度就会受损（Dutton 等，2014）。如果多个机构分担某个监管责任，公众信任的流失情况随着机构的不同也会有所不同。比如安纳伯格（Annenberg）公共政策中心在最近的调查中要求受访者回答在监管转基因生物这个问题上，他们对各机构（即联邦政府、州政府、地方政府、美国国家环境保护局、美国农业部和美国食品和药物管理局）分别有多大信心。约有 60% 的人对美国农业部和美国食品和药物管理局很有信心或比较有信心，大约 55% 的受访者对美国国家环境保护局很有信心或比较有信心，仅有 42% ～ 45% 的人表示对各地方、各州和联邦政府有同样的信心（Annenberg Public Policy Center，2016）。

避免偏见的产生，并维持可信度

当科学传播者就一个特定话题，告诉公众相关信息或试图说服他们的时候，很多研究都在关注传播者能否产生效果这个问题。有一个挑战与此有关，但又鲜有人问津：传播者挑选什么样的信息，又是如何呈现这些信息，科学传播者的这些选择是如何改变公众对信息可信度的认知、公众对信息来源持有的偏见以及公众对信息来源的信任的（Landrum 等，2015；Hovland 和 Weiss，1951）？诸如博物馆、媒体渠道这样的中间人机构必须一方面准确报道科学信息，另一方面渴望被公众当作没有偏见、值得信赖的机构。例如在科学传播者和受众中存在一种假设，即公正的信息来源会给出多个经常互相冲突的观点（Entman，1990，30）。但是这种偏见本身会错误地反映证据之间的相对分量（Kohl 等，2016；Dixon 和 Clarke，2013；Boykoff 和 Boykoff，2004）。举例来说，凯恩和雷德讲述了一家博物馆因为展出北极圈野生动物保护区照片被指控有倾向性的事情，美国国会后来在展开关于在阿拉斯加开采石油的辩论时使用了这些照片。凯恩和雷德提出，如果博物馆要解决这个问题，避免被人认为立场不公，就需要在讨论争议性话题时强调科学以过程为导向的本质。在这个研究的基础上进一步研究社会认知问题，我们未来研究的机遇包括调查中间人机构如何就容易引起争议的话题传播科学信息，同时维持自身的可信度。

在与政策相关的科学问题上与各利益相关方接触

科学在政策制定中扮演的角色有限。正如本书的介绍部分和本部分中的若干章节所说，政策决定涉及多方考量，它们包括社会、经济和环境冲击；法律和伦理义务；形式各异的道德考量；以及在不同利益相关方之间取得平衡的需要（我们要认识到任何决定都可能给属于不同群体的人们带来不同的后果）。一些人坚信让所有利益相关方参与决策，应可帮助社会达成更合乎伦理、更有利的政策决断。但是我们需要开展更多研究，检验在具体实践中多大程度上确实如此；找出与来自多元背景的多个利益相关方群体进行接触的方法；判明能取得最有效成果的途径；并且探寻应该如何将这些公众参与活动纳入制定政策的决策中去。

注　释

1. 在参考文献中的一些地方，这些中间人组织中的一些被称作边界组织（Smith 等，2016；Guston，2001；Miller，2001）。但我们在本书中采用一个更广义的定义，它不仅涵盖边界组织，也包括其他类型的中间人组织。

2. 相比之下，80% ~ 86% 的受访者熟悉美国疾病控制与预防中心、美国食品和药物管理局、美国国家环境保护局和美国农业部。

参考文献

Alexander, Edward P, and Mary Alexander. (2007). *Museums in motion: An introduction to the history and functions of museum.* Lanham, MD: Rowman & Littlefield.

Annenberg Public Policy Center. (2016). *GMO Crops/Food and Regulation Omnibus Study.* May 21, 2016. Unpublished raw data.

Boykoff, M. T., and J. M. Boykoff. (2004). Balance as bias: global warming and the US prestige press. *Global Environmental Change-Human and Policy Dimensions*, 14(2), 125–136.

Brass, Kylie, and David Rowe. (2009). Knowledge limited: public communication, risk and university media policy. *Continuum: Journal of Media & Cultural Studies*, 23(1), 53–76.

Dixon, Graham N, and Christopher E Clarke. (2013). Heightening uncertainty around certain science media coverage, false balance, and the autism–vaccine controversy. *Science Communication*, 35(3), 358–382.

Dutton, Sarah, Jennifer De Pinto, Anthony Salvanto, and Fred Backus. (2014). Public confidence in CDC nosedives, poll finds. www.cbsnews.com.

Ellison, Nicole B. (2007). Social network sites: definition, history, and scholarship. *Journal of Computer–Mediated Communication*, 13(1), 210–230.

Entman, Robert M. (1990). *Democracy without citizens: media and the decay of American politics.* Oxford: Oxford University Press.

Fassin, Yves. (2000). The strategic role of university–industry liaison offices. *Journal of Research Administration*, 1(2), 31.

Guston, David H. (2001). Boundary organizations in environmental policy and science: an introduction. *Science, Technology & Human Values*, 26(4), 399–408.

Hendriks, Friederike, Dorothe Kienhues, and Rainer Bromme. (2016). Trust in science and the science of trust. In: Bernd Blöbaum, ed., *Trust and communication in a digitized world*. Dordrecht: Springer, 143–159.

Hovland, Carl I., and Walter Weiss. (1951). The influence of source credibility on communication effectiveness. *Public Opinion Quarterly*, 15(4), 635–650.

Kohl, Patrice Ann, Soo Yun Kim, Yilang Peng, Heather Akin, Eun Jeong Koh, Allison Howell, and Sharon Dunwoody. (2016). The influence of weight–of–evidence strategies on audience perceptions of (un)certainty when media cover contested science. *Public Understanding of Science*, 25(8), 976–991.

Landrum, Asheley R., Baxter S. Eaves Jr., and Patrick Shafto. (2015). Learning to trust and trusting to learn: a theoretical framework. *Trends in Cognitive Sciences*, 19(3), 109–111. doi:10.1016/j.tics.2014.12.007.

McGarity, Thomas O. (2005). *Reinventing rationality: the role of regulatory analysis in the federal bureaucracy.* Cambridge, UK: Cambridge University Press.

Miller, Clark. (2001). Hybrid management: boundary organizations, science policy, and environmental governance in the climate regime. *Science, Technology & Human Values*, 26(4), 478–500.

National Academies of Sciences, Engineering, and Medicine. (2016a). *Gene drives on the horizon: advancing science, navigating uncertainty, and aligning research with public values.* Washington, DC: National Academies Press.

National Academies of Sciences, Engineering, and Medicine. (2016b). *Genetically engineered crops: experiences and prospects.* Washington, DC: National Academies Press.

Platt, Jennifer. (2015). Social science learned societies and professional associations A2—Wright, James

D. In: Neil J. Smelser and Paul B. Baltes, eds., *International encyclopedia of the social & behavioral sciences*, 2nd ed. Oxford: Elsevier, 674–678.

Rowe, David, and Kylie Brass. (2011). "We take academic freedom quite seriously" : how university media offices manage academic public communication. *International Journal of Media & Cultural Politics*, 7(1), 3–20.

Smith, Hollie, Brianne Suldovsky, and Laura Lindenfeld. (2016). Science and policy: scientific expertise and individual participation in boundary management. *Journal of Applied Communication Research*, 44(1), 78–95.

Sumner, Petroc, Solveiga Vivian-Griffiths, Jacky Boivin, Andy Williams, Christos A Venetis, Aimée Davies, et al. (2014). The association between exaggeration in health related science news and academic press releases: retrospective observational study. *BMJ*, 349, g7015.

第五部分
媒体在传播科学中的角色、权力和危险性

第二十八章
（不断变化的）科学家与媒体互动的本质：一项跨国分析

萨拉·K.约（Sara K. Yeo）　多米尼克·布罗萨德（Dominique Brossard）

摘要：科学议题常常引发公众的兴趣，传播技术的发展提高了公众对技术的全面利用，特别是在科学、技术、工程和数学（STEM）相关议题方面的参与。当下科学与媒体的关系变得日益密切，科学家、媒体和公众之间的关系随之凸显出来。因为科学共同体的领导者们呼吁更广泛的社会参与，所以对这些关系的理解变得更为重要。本章审视了关于科学家和媒体之间双向互动的研究，并针对影响科学家与大众互动意愿和能力的各项因素，整合概述了相关研究。在开放科学的情景下，本章的结论部分对问题进行了讨论，强调相关研究的潜在意义，并为未来的研究提供了方向。

关键词：公共传播；科学受众；科学议题；STEM议题；科学家与媒体

科学家们必须在向公众进行直接传播中表现得更好一些……传达科学在世界中扮演的重要角色，并强化提升公众对科学和科研过程的积极态度。

　　　　　美国国家科学院主席，拉尔夫·赛瑟罗恩（Ralph Cicerone）（2006）

科学家需要清晰地与新闻工作者进行沟通，新闻工作者为解释科学家的工作的本质和影响提供了一个强大的工具。科学家还应该与各类公众见面，并且讨论那些让双方感到不舒服的内容。……科学家必须坦率地回应公众的关注……我们需要对话而不是训话。

　　　　　美国科学促进会荣誉首席执行官，艾伦·莱什纳（Alan Leshner）（2015）

可以说自哥白尼和伽利略的天文学理论以来，科学争论的本质基本没有改变过

（Sherwood，2011）。尽管这些早期科学争议的某些方面可能会一直存在（例如人类可以多大程度上改变自然环境），科学本质的"革命"（Khushf，2007）正发生在众多学科的交叉点上。这场革命的特点是不断加快的研究步伐与随之而来的伦理、法律和社会议题交织在一起。围绕着基因工程、基因编辑和人工智能的争论就是例子，这些争论主要关注隐私、法律权利与保障、人的尊严和动物福利等问题。

我们应该在这一场景下解读本章开头引用的美国重要科学机构领袖的观点。他们仅仅是近来公开呼吁科学家与公众进行互动的诸多科学家中的两位（Gennaro，2015；Shugart 和 Racaniello，2015；Taffe，2015；Woodgett，2014；Claussen 等，2013；van Eperen 和 Marioncola，2011），代表着对这些互动潜在目的的不同观点。尽管只有其中一位提到了媒体，但两种观点都暗示传播渠道的重要作用，因为那是接触更广泛公众的方式。但对于科学家如何以及为何使用媒体来接触属于非专业人士的受众，我们又知道多少呢？

从传统上讲，科学家在他们的学科领域之外传播他们的研究时，主要通过主流媒体为中介来完成，这些媒介的目标是让普通公众可以获取复杂的研究结果（Gregory 和 Miller，1998；Nelkin，1995）。在传统模型中，非专业受众从大众主流媒体的科学版块获取有关新研究的信息，而科学记者依靠科学家作为信源。因此科学家与媒体互动的实证传播学研究主要聚焦于理解两者之间的关系并假设这种关系是线性的。当今技术的发展改变了我们交流的方式。媒体无处不在，变得碎片化且个体化（Chaffee 和 Metzger，2001）。科学家、他们所属的机构和他们所产生的知识被卷入包括多媒体以及脸书（社交网络平台）、推特（微博平台）、油管（视频分享平台）等社交媒体、搜索引擎和许多其他互动网站在内的新媒体环境之中。重要的是科学家和公众可以通过新媒体直接互动。鉴于我们交流的工具和方式发生了改变，科学家和公民开始乐于在媒介环境下进行直接沟通。

本章旨在回顾科学家与媒体互动的实证研究。我们对科学家与媒体互动的定义涵盖科学家与记者、与其他媒体专业人士的互动，也包括科学家越过诸如新闻记者这样的中介与网络平台媒介开展的互动。我们承认在不同的理论框架下关于科学家与媒体互动的分析已取得丰硕成果，例如媒体化视角方面的研究（Ivanova 等，2013；Weingart，2012；Schäfer，2009；Weingart，1998）产出了大量的研究成果，我们会提及这个视角但不会对此进行彻底的回顾。更准确地说，我们想回答以下具体问题：我们对科学家与媒体互动的本质有哪些了解？互动的主要动机和阻力有哪些？开展科学家与媒体互动研究面临哪些挑战？最后，要深入了解并提高科学家与媒体互动的效率，我们还需要知道什么？

我们首先介绍科学家与媒体互动研究的历史视角。紧接着我们讨论在这一学术方向的研究面临的一些主要挑战，接下来讨论媒介环境下驱动和妨碍科学家努力与公众交流的影响因素。根据来自不同国家的数据，我们找出与科学家和公众交流的能力和意愿相关的因素。然后我们在近期开放科学运动的情景下开展讨论，并在结论部分讨论研究对政策的启示以及未来研究方向。

科学与媒体互动：历史视角

科学家与媒体互动成为学术界关注的焦点已经有几十年了。所使用的方法包括调查研究和质性访谈。研究特别关注量化互动的频率和分析互动的本质。

科学家公众传播活动的频率

早期研究发现，总体而言，科学家与媒体互动的频率比较低。一项对 1540 位英国科学家的调查发现，从 1999 年到 2000 年只有 29% 的科学家在前一年中至少与媒体沟通过一次（Wellcome Trust，2007）。来自法国国家科学研究中心（National Center for Scientific Research，Centre National de la Recherche Scientifique，CNRS）10000 多名科学家的数据显示，在 2003 年至 2004 年间大约有 75% 的科学家没有参与过任何公众传播活动（Jensen，2005）。进一步观察发现，在法国国家科学研究中心的同一批研究人员样本中，那些最活跃的传播者占所有公众传播活动的 70%（Jensen 和 Croissant，2007）。同时，科学家的传播活动有着广泛的学科差异。总体而言，社会科学家和人文学者比生物学家和物理学家更愿意与公众交流（Jensen 等，2008；Jensen，2005；Dunwoody 和 Ryan，1985）。

最近的研究发现，总体而言，科学家与媒体之间有着更高水平的接触，并且科学家更多地参加了公众参与活动。2005 年一项对英国工程师和科学家的调查发现，其中 74%的成员在过去的一年中至少参加了一次公众传播或公众参与活动（Royal Society，2006）。另一份调查数据来自五个国家的流行病学和干细胞研究领域的生物医学研究者，其结果要更正面一些（Peters 等，2008）。这五个国家（法国、德国、日本、英国和美国）中受访的生物医学专家中有超过 30% 的人在过去的三年中与记者有一到五次的交流，接近 30% 的科学家汇报有六次或六次以上的互动。特别是在德国、英国和美国，有接近五分之一的研究者在过去三年中与记者接触超过十次。

科学家与媒体互动的本质

直到 2005 年前后，科学家和记者之间的关系都充满争议，记者被认为是科学和公众的中间人。这一方向的研究主要依靠量化调查、质性访谈和圆桌讨论，该领域的研究结果显示，记者常常发现科学家们不合作或者不愿意成为信息源（Weigold，2001；Bragg，1998），科学家的态度或傲慢自大或怀有戒心（Hartz 和 Chappell，1997），要么自私（Weigold，2001），要么在时间和内容方面过分操纵新闻故事（Dunwoody 和 Ryan，1985），要么缺乏通过媒体交流他们工作的相关训练（Russell，2010；Waddell 等，2005）。

　　科学家也不满他们与记者之间的关系，并且质疑科学新闻报道准确性，这种态度更是由来已久（Carsten 和 Illman，2002；Singer，1990；Borman，1978；Tichenor 等，1970）。直到2005年左右，科学家们倾向于认为新闻报道往往炒作和歪曲研究成果（Roefs，2011；Gregory 和 Miller，1998），或是假装公平，或是过于简化事实，抑或带有偏见（Nelkin，1995），一些科学家指出糟糕的媒体报道是导致公众科学素养水平不足的原因之一（De Boer 等，2005；Wellcome Trust，2000）。

　　有关这种冲突关系的一种解释是不同职业价值观的差别。科学通常被认为是一种客观努力，而传统的新闻业则被认为更主观（Weigold，2001）。另外一个原因是科学对节奏和时机的掌握与新闻是不一致的（Corley 等，2011；Dunwoody 和 Ryan，1985）。学术研究通常需要较长的时间才能发表。相比之下，记者和新闻编辑则常常受限于相对较短的期限。最后，当媒体想呈现有新闻价值和热门的话题时，许多学术期刊却遵守以《新英格兰医学期刊》（*The New England Journal of Medicine*）前主编弗朗兹·英杰芬格（Franz Ingelfinger）命名的英杰芬格规则（Ingelfinger Rule），该规则不提倡在学术期刊见刊之前向公众提供详细的信息。根据这本期刊后来的一位编辑所说，英杰芬格规则旨在"劝阻研究报告在该期刊发表之前通过医学报纸和大众媒体传播"（Relman，1981）。

　　学术界的历史和传统规范也许同样劝阻科学家不要与公众交流并广泛传播他们的研究发现（Gregory 和 Miller，1998；Nelkin，1995；Burnham，1987；Dunwoody 和 Ryan，1985）。在20世纪早期，让普通公众了解科学主要是记者的责任，通常不鼓励或奖励科学家们自己进行科学普及工作（Gregory 和 Miller 1998）。实际上，科学家从事公众传播和公众参与活动会受到非议（Burnham，1987），被认为有损科学家的诚信和权威（Dunwood 和 Ryan，1985）。与这种想法一致，以受欢迎的天文学家卡尔·萨根（Carl Sagan）的名字命名的"萨根效应"（Sagan Effect，Shermer，2002）被创造出来，用以描述科学家在大众中受欢迎程度与他的研究产出成反比的关系。正如哈茨（Hartz）与查普尔（Chappell）（1997，9）所说：

如果一个科学家与公众对话太多或太流畅，他很有可能会被其他科学家鄙视，甚至受排挤。卡尔·萨根在国家科学院被投反对票，几乎可以确定是因为同行之间的专业妒忌。科学共同体在与媒体互动方面一直都有某种程度上的不畅。

有一些人甚至指出萨根在公众传播上的工作是哈佛大学拒绝他终身教职申请的理由之一（Shermer，2002）。

缺乏职业激励是科学家从事公众传播的一种障碍（Jacobson 等，2004）。来自对英国高等教育机构的科学家和工程师的质性访谈（2005 年开展）的研究结果证实了这一看法，即科学家的公众传播行为会被同行轻视并损害其学术生涯，甚至有人断言这些活动是那些"不能胜任"象牙塔中学术事业的科学家的领域（Royal Society，2006）。实际上，有多项研究发现科学家们认为传播活动是留给那些二流研究者的（Royal Society，2006；Gascoigne 和 Metcalfe，1997），这个结果与"萨根效应"一致。

但来自上述五国流行病学和干细胞研究领域研究者的调查数据结果更为正面，认为在 2005 年前后科学家与记者的互动不像传统所认为的那样有争议，起码在生物医学领域不是。在 2005 年的研究中调查的所有五个国家（法国、德国、日本、英国和美国）的生物医学科学家都以一种正面的方式评价他们个人与记者的互动。并且在所调查的五个国家中，大部分生物医学家认为记者提问恰当，倾听他们所述，且在对话中表现得很礼貌（Peters 等，2008）。这些发现挑战了对科学家和媒体互动的原定假设，可能反映出这项研究采用的方法更可靠，或可能揭示了不同研究领域的观点有差异，也或许反映了科学文化的一种可能转向。

2005 年后：科学文化的转向

一些负面观点在科学学术文化中至少会持续存在，并且仍然在一些有争议性的科学议题中体现出来。波特（Porter）及他的同事（2012）通过访谈参与英国异种胚胎（将动物和人的遗传物质结合）研究的科学家，得出结论：科学家认为通过媒体参加这样的公众争论对他们的事业有负面影响。2009 年的一项针对纳米技术领域研究者的调查得出的结果则褒贬不一。尽管总体说来这些科学家认为媒体报道对科学没有敌意，但他们不太信任媒体对纳米技术的报道的准确性，也不确信记者的工作做得非常好（对"纳米技术的媒体报道不准确"这一陈述的反应平均值是 3.12，其中 1 是不同意，5 是同意，Corley 和 Scheufele，2011）。从另一方面来说，2012 年一项针对美国科学促进会成员的调查发现，这些负面看法对成员与非专业受众交流的意愿几乎没有影响（Besley，2015），很有可能是因为美国科学促进会是一个倡导传播的群体。

两种因素或许正在促使科学向公众传播的文化观念转向。首先，尽管一些资助机构一直要求把公众参与和拓展活动作为项目申请书的一部分，在过去十年中他们通过要求申请书必须清楚地审视和执行这样的项目，以进一步优先开展这样的活动。例如，由美国国家科学基金会（US National Science Foundation）资助的促进非正式 STEM 学习项目（Advancing Informal STEM Learning）的目标就包括提供"多种途径来扩大获得并参与科学、技术、工程和数学（STEM）学习体验"以及"提升非正式环境下的 STEM 学习的创新研究及评估"（National Science Foundation 2015）。这些项目是对美国国家科学基金会强调的更广泛影响标准的一个补充，旨在将科学研究的影响扩展到学术界以外的、由该机构资助的任何项目。这个转向可能会提高科学家的认知，即公众传播活动是增加外界回报机会的一种方法（Allgaier 等，2013）。

其次，与媒体互动（和其他公众参与活动）的科学家人数不断增加，这本身也许促使了科学文化的转向。实际上，研究者已经发现描述规范性的认知能积极影响科学家与媒体的互动（Poliakoff 和 Webb，2007）。在 2005 年曼彻斯特大学开展的一项关于英国科学家的研究中，研究者发现那些认为他们的同行在积极参与科学传播的科学家们自己也更倾向于参与科学传播。

最后，正如本章开头引用的那些美国主要科学机构领导者的观点所示，科学传播的重要性在美国和其他国家的政府层面得到了强调。著名的美国国家科学院的萨克勒研讨会（Sackler Colloquium of the US National Academy of Sciences）连续两年专注于科学传播的科学，就明确发出信号表明科学对待传播活动观念的文化正在转变。

近期研究强调那些与媒体互动的科学家们可以获得额外的学术回报。法国国家科学研究中心（CNRS）中在科学公众传播中更活跃的科学家与不那么活跃的同行相比，他们的论文被引用的次数更多，发表的成果也更好（Jensen 等，2008）。此外，像微博和推特等新媒体技术可以提高与记者互动的科学家的引用率（Liang 等，2014），这一点将会在后面有关网络媒体环境的讨论中提到。

有意思的是，大部分关于科学家与媒体关系的研究没有发现性别对这些互动有重要影响（Dudo，2013；Bentley 和 Kyvik，2011）。但其他因素对科学家参与公众传播活动的可能性有重要影响，这或许正影响着过去十年所观察到的文化转向。

科学家与媒体互动的动机和阻力

下面我们回顾在一些实证研究中发现的激励或阻止科学家与媒体互动的因素。这些因素包括人口统计数据、规范、自我效能的认知以及内在和外在的因素。

地位、时间限制和过往经历

2005 年之后开展的研究（Allgaier 等，2013）仍然发现"没有时间"这个 20 世纪90 年代中期最初发现的因素（Allgaier 等，2013；Gascoigne 和 Metcalfe，1997；Pearson等，1997）仍是阻碍科学家参与传播活动的主要因素。2005 年后的研究还强调了科学家的地位与他 / 她的媒体互动次数之间的正相关关系（Dudo，2013；Bauer 和 Jensen，2011；Dunwoody 等，2009；Jensen 等，2008）。换言之，那些事业上走得更远、学术产出更多的科学家更倾向于跟记者谈论他们的研究。但是很多这类研究本质上都是横断式的，这限制了我们做出因果推测。

科学家的过往经历在预测科学家与媒体互动行为方面有一定作用。除了与积极的行为意图相关外（Poliakoff 和 Webb，2007），对公众参与的过往经历还与科学家如何看待相关的媒体有关。具体说来，那些有着公众传播与参与正面体验的科学家更倾向于对媒体持正面态度（Gascoigne and Metcalfe，1997；Dunwoody 等，1985）。因此，鼓励科学家更积极地参与公众传播活动，为科学家参与公众传播活动专门划拨时间，有可能提升科学家与媒体和公众互动的意愿。

规范信念和内在与外在因素

关于科学家与媒体和普通公众互动的研究考察了内在和外在因素在科学家进行传播的意愿和能力中的作用。这类研究大部分都依赖于计划行为理论（Ajzen，1985，1991），这是一种预测人类行为的心理学理论。根据这个理论框架，态度、规范和科学家对自己传播能力的认知（往往被称为知觉行为控制）是行为和行为动机的主要预测指标。

在与这个理论脉络一致的文献中，内在因素通常被称为"态度"，指的是那些科学家感知到的与媒体互动可能带来的内在回报。例如，科学家指出乐趣是首要的内在回报（Poliakoff 和 Webb，2007；Dunwoody 等，1985）。其他的内在回报包括感知为社会做出贡献或实现某种责任感（Allgaier 等，2013；Martín-Sempere 等，2008；Gascoigne 和 Metcalfe，1997）。这两种内在回报也被称作道德规范（Poliakoff 和 Webb，2007）。

一方面，外在因素既有正面维度，也有负面维度。与科学家的公众传播相关的正面外在因素通常显而易见，诸如提高获得基金资助的可能性和提升某组织或机构的可见度和声誉等方面的预期。例如从 2011 年 7 月至 2012 年 6 月间开展的一项对神经科学家的半结构性访谈发现，不断增长的公众支持和基金资助是科学家与媒体互动的外界回报（Allgaier 等，2013）。在西班牙和荷兰等其他不同国家开展的研究也得出了类似的结论（Roefs，2011；Martín-Sempere，2008）。

另一方面，负面的外界因素阻碍科学家与媒体进行互动，与学术界之内的规范性认知密切相关，尤其是那些认为承担这种活动缺少回报或奖励的科学家。例如 2009 年开展的一项针对美国生物学家和物理学家的研究显示，几乎三分之一（31%）的科学家指责学术界把研究放在首位，并且在这个过程中并没有为公众参与提供足够的奖励（Ecklund 等，2012）。

传播培训和自我效能

因为传播培训和感知到的自我效能可以用来预测科学家与媒体的互动，因此在运用计划行为理论的研究中被作为认知行为控制因素（Paliakoff 和 Webb，2007），也被概念化为"社会化"的表现（Dunwoody 等，2009）。大量研究发现一个人对自己传播能力的信心和一些传播培训是预测公众参与活动和与媒体互动的重要因素（Kaye 等，2011；Roefs，2011；Dunwoody 等，2009；Jacobson 等，2004；Gascoigne 和 Metcalfe，1997）。不过尽管传播课程有提升科学家自我效能感的可能性，但是鲜有物质科学和生命科学的毕业生培训计划对学生提出这个要求。

然而，人们日益认同对科学家进行传播培训的重要性，这促使机构努力解决这个鸿沟。例如美国科学促进会从 2008 年起为科学家提供传播培训。此外，该组织还提供了一个网络平台，科学家可以在上面讨论在科学传播领域的学术研究及其应用。在高等教育层面，威斯康星大学麦迪逊分校的科学学科的研究生可以从生命科学传播系获得生命科学传播专业的辅修博士学位，但这些例子都是例外而不是常态。这里呈现的实证结果表明机构和组织应该在科学家的科学传播课程方面投入更多的资源。

科学媒体化

我们应该提到被称作科学媒体化这一方向的学术研究（Weingart，2012），它强调媒体和科学之间互相依赖的关系（Ivanova 等，2013；Schäfer，2009；Weingart，1998，

2012）。简单说来，这种耦合允许科学家和媒体之间形成互惠关系：科学家利用媒体，使他们的研究发现在学术圈之外合法化并公之于众，而媒体则依靠公共知识分子作为信息源（Scheufele，2014）。由于有研究显示接触某一现象可以在一个人对该现象的认知上产生正面影响（Zajonc，1980），并且与媒体化的观点相一致，研究者探讨了科学家接触媒体是否影响以及如何影响他们与媒体的互动。尽管没有证据表明对媒体的熟悉度（以使用与接触媒体为衡量指标）与科学家的公众传播活动直接相关（Dunwoody 等，1985），但利用同样的数据集却发现了通过对媒体化的认知而产生的间接影响（Dudo，2013）。

那些更愿意用网络媒体的科学家也似乎更能意识到科学媒体化，并更愿意与公众互动（Dudo，2013）。虽然还需要更多的研究来探讨媒体使用、媒体化、科学家与公众互动的意愿等之间关系的程度，这些网络结果看起来是有道理的，因为更多使用网络媒体使得科学家能更清楚地观察到媒体化的过程，由此意识到科学传播和参与活动的必要性。

科学家与媒体互动研究的不足

到目前为止，我们认为有关科学家与媒体互动研究的发现是多样化和复杂的，这很有可能是由于研究开展方式的不同。因此对这类研究进行概括和解读具有挑战性。在对文献进行综述的过程中，我们找出了与这一学术方向相关的一些问题。

科学通常被单一地呈现

目前所回顾的研究无一例外地都将科学看作一种单一的机构（Corley 和 Scheufele，2011；Dunwoody 等，2009；Peters 等，2008），而我们知道科学家与媒体互动会因学科的差异而有所不同。因此很难得出关于所有科学家的总体结论。另外，不同的科学学科对科学有不同的观点和文化倾向，这也会影响这些科学家是如何以及为什么参与传播活动（Salmon 等，2015）。这些科学学科之间的差异也导致了这些科学家在其中发挥作用的社会政治、伦理和制度场景的不同。

推而广之，在所回顾的研究中对到底谁才可以被看作一名科学家这一问题，并无明确的答案。有些学者认为科学家是那些产出科学知识的人（即发表同行评议的研究）。有些学者认为那些在政府、非政府组织、工业界、合作推广机构或科学博物馆工作的有科学领域高等教育学位的个体也是科学家。无论如何，明确谁可以被看作是科学家这个概念很重要，如同研究使用的样本一样重要。例如，有些研究以美国著名的专业科学组织美国科学促进会的成员为样本。像这样的样本很有可能包括新闻发布官和拓展活动专员，他们有博士学位但未必是参与科学知识生产的研究人员。他们也往往比美国研究人员群体年龄更大并且没那么多样化（Science，Media and the Public Lab，2015）。此外，像美国科学促进会这样倡导科学传播组织的成员是自愿入会的，这也会导致从这个群体抽样有问题。任何不考虑这个缺点的分析都有可能产生误导。

缺乏对"公众参与""公众传播"和科学家与媒体互动的区分

在科学家与媒体互动方面，已有研究所发现的差异也可以归因于公众参与和科学传播的宽泛性。在不同的实证数据集中，研究者如何定义"互动"以及如何测量这个概念是不同的。例如，除了与新闻出版人员联系之外，有些研究者还将为大众杂志撰写文章以及参与公众辩论和"开放"活动作为他们对互动的操作性定义（Jensen 等，2008；Jensen，2005）。另外一些研究者的概念更为狭窄，将互动定义为与媒体记者专业联系的频率（Peters 等，2008）。还有另一些人则把科学的大众出版作为这种关系的操作性定义（Bentley 和 Kyvik，2011）。

此外，"公众传播"和"公众参与"这两个概念在不同研究中的操作性定义并不一致。有关科学的公众参与研究倾向于将媒介环境下与非专业受众的传播作为参与的一种形式。其他类型包括市政厅集会讨论、诸如科学博物馆和科学咖啡馆等拓展活动以及公共讲座等。并且尽管我们主要关注科学家通过媒介环境向公众传播他们的研究，但这个方向的研究通常包括这些更广泛定义下的公众参与活动（Dudo，2013）。缺乏学术上的细分给那些试图在科学家与媒体互动方面得出结论的学者带来了挑战。在讨论这些发现的不足如何成为未来研究的基础之前，我们先简要地转向网络媒体和开放科学运动。

网络媒体和开放科学

在科学家长期以来使用网络开展学术合作（Kouzes 等，1996）的同时，公众也正在依靠网络技术获得科学信息。在 2006 年，电视仍然是大部分美国公众获取科学信息的主要来源，只有 20% 的美国人上网获取科学信息（Pew Research Center，2006）。最近，根据美国国家科学委员会（National Science Board，2016）提供的数据，超过 45% 的美国人转向网络获取关于科学和技术的新闻，对某些具体科学信息，同年上网的公众比例达到有史以来的最高（67%；National Science Board，2016）。因为越来越多的个人转向网络媒体获取关于 STEM 议题的信息，科学的公众传播，特别是通过 Web 2.0 平台，能接触到更广泛的受众。Web2.0 媒体指的是所有具有信息发出者和接收者互动特征的网络媒体形式。

换言之，Web 2.0 技术指互动网络媒体。

在某种程度上，作为对传播技术发展的一种反应，我们或许会看见一种身份与开放科学运动相符的新型科学家的涌现。这场运动并非什么新观念，只是最近因网络的出现而脱颖而出（Lievrouw，2010），它倡导让科学和科学研究过程更容易获取和分享（Nielsen 2011）。因为它认识到了科学和社会之间可渗透的、可逾越的界限，这场运动与诸如后常规科学这样的概念密切相连（关于本章提出的知识产出概念的回顾参见 Hessels 和 van Lente 2008 年文献）。

当代科学要比以往更多地嵌入社会之中。在这个时代，科学的特征是"后常规"的（Funtowicz 和 Ravetz，1993），这与作为科学事业日常方面的库恩的"常规"科学（Kuhn，1970）概念形成对照。常规科学范畴下的研究通常是在已建立的范式下开展的，库恩（Kuhn）称这是对某一范式的"扫尾工作"（Kuhn，1970，24）。在另一方面，后常规科学的特征在某种程度上是由它的跨学科本质所带来的不确定性，以及高风险的伦理、法律和社会影响（Funtowicz 和 Ravetz，1993）所引起的。如今，后常规科学体现在纳米技术、生物技术和信息技术以及认知科学的交叉技术中。

后常规时代的新型科学家

媒体化和这个科学的后常规时代创造了一种对新型科学家友好的环境，这类科学家愿意且有能力在以网络为特色的媒介环境中与公众直接联系，不仅分享科学知识，也分享研究过程。尽管有一些数据仍然表明科学内部沟通和面向公众传播之间存在差距（Peters，2013），但也有指标显示科学家开始利用网络媒体来打开科学的大门。例如，著名学术期刊《自然》最近撤销了一篇关于产生干细胞的新方法的研究论文（Obokata 等，2014），就是受到论文发表后网络同行评议的驱动（Ghosh 等，2012）。保罗·克内普夫勒（Paul Knoepfler）是一位研究干细胞的学者，他在博客上批评了该项有缺陷的研究，他指出网络媒体在撤稿中起到了重要作用："这股势头是从博客和推特开始，然后就一发不可收拾……我相信如果没有社交媒体，现在那篇万能细胞（STAP）的论文还不会被撤稿"（Cossins，2014，2）。这仅仅是媒体技术将科学过程展现于更广大的公众途径的例子之一，这样一来公众有可能参与科学知识的构建（Brossard，2013）。另外一个例子是关于砷基生命的辩论（Wolfe-Simon 等，2011），美国国家航空航天局（National Aeronautics and Space Administration）的科学家声称发现并培育了能够在主要生理构造块中用砷替代磷的细菌。如果该发现能被证实，将成为重要范例；磷被认为是构成所有生命组织的必需品，而砷则通常被认为是有毒的。该假设发表后，科学界人士在博客上通过 14 个月的讨论和评议（Yeo 等，2016），最终推翻了这个结论（Reaves 等，2012）。

显而易见，主要研究型大学的科学家逐渐使用社交媒体，起码美国的大学是这样做的（Science，Media and the Public Lab，2014，2015；Brossard，2013）。重要的是，数据显示大部分科学家认为社交媒体受众对他们分享的科学内容感兴趣（Science，Media and the Public Lab，2015）。当然除了科学共同体内部认为网络能够将科学话语开放给民主辩论，并对此持乐观态度，同时我们也需要注意某些事项。例如，霍尔（Hall，2014）设计出卡戴珊指数（K Index）作为防止出现关注数和点赞数等社交媒体沟通指标超过更传统的科学成功的关键指标的一种工具。这个指标以没有任何科学成就或科学公信力的名人金·卡戴珊（Kim Kardashian，推特关注数最多的人之一）来命名，它衡量的是，"科学家的社交媒体资料和［学术］出版记录之间的差别"（Hall，2014，1）。当科学家的 K 指数大于或等于 5 的时候，他们在社交媒体上的受欢迎程度要大于他们的学术产出率和记录保证。在这个个案中，霍尔建议"应该远离推特去写论文"（3）。尽管有这样的告诫，Web 2.0 媒体对科学家与媒体互动仍然有许多作用。在本章的最后一部分，我们转向讨论科学家与媒体互动的启示，并为将来的研究提供一些方向。

继续向前

这一章所归纳的研究中一个显而易见的启示是，亟须对科学家进行科学传播培训。虽然一些像美国科学促进会和艾伦·阿尔达科学传播中心（Alan Alda Center for Communicating Science）这样的组织提供了这些机会，但是要靠科学家个体来寻找这些机会。同时这类培训的技能导向的性质可能让人觉得，科研结果的实质内容没有传播所使用的工具那么重要。也有必要指出，对很多科学家来说，科学传播培训与学术界传统的优先考虑的事项冲突，因而导致了经常提到的时间限制这个障碍。将来的研究应该探讨如何更好地设计并把正式的传播课程融入 STEM 教育项目。但是，在为科学家设计传播课程的时候，我们应该摒弃科学传播的缺失模型。科学传播一直以来都以这个模型为基础，该模型假设无知是公众对科学和技术各类议题持负面态度的基础。（关于缺失模型的综述和它在科学传播中的持续性，参见 Simis 等，2016）。这个公认的直觉模型导致了基于灌输提升科学素养的举措，这一概念在过去几十年中引起激烈争论，并且正受到美国国家科学院审议。但是科学传播的学术研究不断显示：知识不是唯一对非专业受众形成对科学的态度产生影响的因素。其他因素比如对宗教的虔诚（Brossard 等，2009）和政治意识形态（Yeo 等，2014）也在公众态度的形成中起着重要作用。

　　培训的议题对学术界中的公众传播和参与的价值提出了问题。如果学术界重新思考这些服务活动（有关研究和教学），那么它们在教师终身聘任制中的价值和重要性可能会有所收获，特别是在一个科学不断媒体化的时代（Hoffman 等，2015）。在重新评估公众传播活动的时候，（高校和科研）机构也需要考虑到科学家对于阻止他们参加这些活动的时间限制因素的看法。如果学术界中的文化持续产生变迁，更重视与公众互动，我们强调的公众参与的价值很有可能也会提高，从而能给从事这些活动的人们正式安排更多的时间。

　　学者们也可受益于科学家对公众传播的态度和行为等方面更全面且持续的（在操作化层面上）数据，特别是在这些活动和职业规范的污名化方面。另外一个成果丰硕的研究领域是记者和其他的科学传播者关于与科学家合作的态度和认知。

　　社交媒体也很有可能成为将来学术研究的另外一个领域。随着科学家更大胆地在社交媒体平台向公众进行传播，我们必须了解他们以这种方式与非专业受众进行沟通的频率和原因，以及达到了什么样的效果。一些研究已经开展了这方面的探索，例如近期研究调查了科学家使用推特的相关因素。具体来说，2013 年在一所位于美国中西部的大学开展的针对试图获得终身教职的研究者的一项调查显示，科学家更倾向于使用推特（与脸书相比）来分享他们的科学研究（Yeo 等，2014）。除了这一类的研究，我们也需要衡量这些活动的影响。例如，如果真的有的话，这些网络公众参与如何影响科学家的事业？对公众态度和行为的更广泛的测度有哪些影响？随着科学与社会交织渐深，这些问题的答案越来越显得十分重要。

参考文献

Ajzen, Icek. (1985). From intentions to actions: a theory of planned behavior. In: Julius Kuhl and Jürgen Beckmann, eds., *Action control: from cognition to behavior*. Berlin: Springer, 11–39. http://dx.doi.org/10.1007/978-3-642-69746-3_2 http://link. springer.com/chapter/10.1007%2F978-3-642-69746-3_2.

Ajzen, Icek. (1991). The theory of planned behavior. *Organizational Behavior and Human Decision Processes*, 50(2), 179–211. doi:10.1016/0749-5978(91)90020-T.

Allgaier, Joachim, Sharon Dunwoody, Dominique Brossard, Yin-Yueh Lo, and Hans Peter Peters. (2013). Medialized science? Neuroscientists' reflections on their role as journalistic sources. *Journalism Practice*, 7(4), 413–29. doi:10.1080/ 17512786.2013.802477.

Bauer, Martin W., and Pablo Jensen. (2011). The mobilization of scientists for public engagement. *Public Understanding of Science*, 20(1), 3–11. doi:10.1177/0963662510394457.

Bentley, Peter, and Svein Kyvik. (2011). Academic staff and public communication: a survey of popular science publishing across 13 countries. *Public Understanding of Science*, 20(1), 48–63. doi:10.1177/0963662510384461.

Besley, John C. (2015). What do scientists think about the public and does it matter to their online engagement? *Science and Public Policy*, 42(2), 201–214. doi:10.1093/scipol/scu042.

Borman, Susan Cray. (1978). Communication accuracy in magazine science reporting. *Journalism & Mass Communication Quarterly*, 55(2), 345–346. doi:10.1177/107769907805500220.

Bragg, Melvyn. (1998). Opportunity knocks! *Science*, 281(5380), 1138–1139. doi:10.1126/science.281.5380.1138.

Brossard, Dominique. (2013). New media landscapes and the science information consumer. *Proceedings of the National Academy of Sciences*, 20(110 Suppl. 3), 14096–14101. doi:10.1073/pnas.1212744110.

Brossard, Dominique, Dietram A. Scheufele, Eunkyung Kim, and Bruce V. Lewenstein. (2009). Religiosity as a perceptual filter: examining processes of opinion formation about nanotechnology. *Public Understanding of Science*, 18(5), 546–558. doi:10.1177/0963662507087304.

Burnham, John C. (1987). *How superstition won and science lost: publicizing science and health in the United States*. New Brunswick, NJ: Rutgers University Press.

Carsten, Laura D., and Deborah L. Illman. (2002). Perceptions of accuracy in science writing. *IEEE Transactions on Professional Communication*, 45(3), 153–156. doi:10.1109/ TPC.2002.801632.

Chaffee, Steven H., and Miriam J. Metzger. (2001). The end of mass communication? *Mass Communication & Society*, 4(4), 365–379. doi:10.1207/S15327825MCS0404_3.

Claussen, Julie E., Patrick B. Cooney, Julie M. Defilippi, Sarah Gilbert Fox, Sarah Michele Glaser, Elden Hawkes, et al. (2013). Science communication in a digital age: social media and the American Fisheries Society. *Fisheries*, 38(8), 2013, 359–62. doi:10.1080/03632415.2013.816289.

Corley, Elizabeth A., Youngjae Kim, and Dietram A. Scheufele. (2011). Leading US nano–scientists' perceptions about media coverage and the public communication of scientific research findings. *Journal of Nanoparticle Research*, 13, 7041–7055. doi:10.1007/s11051–011–0617–3.

Cossins, Daniel. (2014). Setting the record straight. *The Scientist*. http:// www.the–scientist.com/?articles.view/articleNo/ 41056/title/Setting–the–Record–Straight/.

De Boer, Martine, Mary McCarthy, Mary Brennan, Alan L. Kelly, and Christopher Ritson. (2005). Public understanding of food risk issues and food risk messages on the island of Ireland: the views of food safety experts. *Journal of Food Safety*, 25(4), 241–265. doi:10.1111/j.1745–4565.2005.00020.x.

Dudo, Anthony. (2013). Toward a model of scientists' public communication activity: the case of biomedical researchers. *Science Communication*, 35(4), 476–501. doi:10.1177/1075547012460845.

Dunwoody, Sharon, Dominique Brossard, and Anthony Dudo. (2009). Socialization or rewards? Predicting U.S. scientistmedia interactions. *Journalism & Mass Communication Quarterly*, 86(2), 299–314.

Dunwoody, Sharon, and Michael Ryan. (1985). Scientific barriers to the popularization of science in the mass media. *Journal of Communication*, 35(1), 26–42.

Ecklund, Elaine Howard, Sarah A. James, and Anne E. Lincoln. (2012). How academic biologists and physicists view science outreach. *PLoS One*, 7(5). doi:10.1371/journal. pone.0036240.

Funtowicz, Silvio O., and Jerome R. Ravetz. (1993). Science for the post–normal age. *Futures*, 25(7), 739–755. doi:10.1016/ 0016–3287(93)90022–L.

Gascoigne, Toss, and Jenni Metcalfe. (1997). Incentives and impediments to scientists communicating through the media. *Science Communication*, 18(3), 265–282. doi:10.1177/1075547097018003005.

Gennaro, Susan. (2015). Scientists and social media. *Journal of Nursing Scholarship*, 47(5), 377–378. doi:10.1111/ jnu.12161.

Ghosh, Satrajit S., Arno Klein, Brian Avants, and K. Jarrod Millman. (2012). Learning from open source software projects to improve scientific review. *Frontiers in Computational Neuroscience*, 6. doi:10.3389/fncom.2012.00018.

Gregory, Jane, and Steve Miller. (1998). *Science in public: communication, culture, and credibility*. Cambridge, MA: Basic Books.

Hall, Neil. (2014). The Kardashian index: a measure of discrepant social media profile for scientists. *Genome Biology*, 15(7), 424.

Hartz, Jim, and Rick Chappell. (1997). *Worlds apart: how the distance between science and journalism threatens America's future*. Nashville, TN: First Amendment Center.

Hessels, Laurens K., and Harro van Lente. (2008). Re–thinking new knowledge production: a literature review and a research agenda. *Research Policy*, 37(4), 740–760. doi:10.1016/ j.respol.2008.01.008.

Hoffman, Andrew J., Kristi Ashworth, Chase Dwelle, Peter Goldberg, Andrew Henderson, Louis Merlin, et al. (2015). *Academic engagement in public and policy discourse: Proceedings of the Michigan meeting, May 2015*. Ann Arbor: Michigan Publishing.

Ivanova, Ana, Mike S. Schäfer, Inga Schlichting, and Andreas Schmidt. (2013). Is there a medialization of climate science? Results from a survey of German climate scientists. *Science Communication*, 35(5), 626–653. doi:10.1177/1075547012475226.

Jacobson, Nora, Dale Butterill, and Paula Goering. (2004). Organizational factors that influence university-based researchers' engagement in knowledge transfer activities. *Science Communication*, 25(3), 246–259. doi:10.1177/1075547003262038.

Jensen, Pablo. (2005). Who's helping to bring science to the people? *Nature*, 434(7036), 956–956.

doi:10.1038/434956a.

Jensen, Pablo, Jean–Baptiste Rouquier, Pablo Kreimer, and Yves Croissant. (2008). Scientists who engage with society perform better academically. *Science and Public Policy*, 35, 527–541. doi:10.3152/030234208X329130.

Jensen, P., and Y. Croissant. (2007). CNRS researchers' popularization activities: a progress report. *Journal of Science Communication*, 6(3).

Kaye, Dan K., Jennifer Bakyawa, Nelson Kakande, and Nelson Sewankambo. (2011). The media's and health scientists' perceptions of strategies and priorities for nurturing positive scientist–media interaction for communicating health research in Uganda. *Journal of Media and Communication Studies*, 3(3), 112–117.

Khushf, George. (2007). The ethics of NBIC convergence. *Journal of Medicine and Philosophy*, 32(3), 185–196. doi:10.1080/03605310701396950.

Kouzes, Richard T., James D. Meyers, and William A. Wulf. (1996). Collaboratories: doing science on the Internet. *Computer*, 29(8), 40–46. doi:10.1109/2.532044.

Kuhn, Thomas S. (1970). *The structure of scientific revolutions*. Chicago: University of Chicago Press.

Liang, Xuan, Leona Y.–F. Su, Sara K. Yeo, Dietram A. Scheufele, Dominique Brossard, Michael A. Xenos, et al. (2014). Building buzz: (scientists) communicating science in new media environments. *Journalism & Mass Communication Quarterly*, 91(4), 772–791. doi:10.1177/1077699014550092.

Lievrouw, Leah A. (2010). Social media and the production of knowledge: a return to little science? *Social Epistemology*, 24(3), 219–237. doi:10.1080/02691728.2010.499177.

Martín–Sempere, María José, Belén Garz ó n–García, and Jesús Rey–Rocha. (2008). Scientists' motivation to communicate science and technology to the public: surveying participants at the Madrid Science Fair. *Public Understanding of Science*, 17(3), 349–367. doi:10.1177/0963662506067660.

National Science Board. (2016). Science and engineering indicators 2016. Arlington, VA: National Science Foundation. http://www.nsf.gov/statistics/2016/nsb20161/#/.

National Science Foundation. (2015). Advanced Informal STEM Learning (AISL). http://www.nsf.gov/funding/pgm_ summ.jsp?pims_id=504793.

Nelkin, D. (1995). *Selling science: how the press covers science and technology*. New York: W. H. Freeman.

Nielsen, Michael. (2011). An informal definition of open science. http://www.openscience.org/blog/?p=454.

Obokata, Haruko, Teruhiko Wakayama, Yoshiki Sasai, Koji Kojima, Martin P. Vacanti, Hitoshi Niwa, et al. (2014). Retraction: stimulus–triggered fate conversion of somatic cells into pluripotency. *Nature*, 511(7507), 112–112. doi:10.1038/ nature13598.

Pearson, Gillian, Susan M. Pringle, and Jeffery N. Thomas. (1997). Scientists and the public understanding of science. *Public Understanding of Science*, 6(3), 279–289. doi:10.1088/ 0963–6625/6/3/006.

Peters, Hans Peter. (2013). Gap between science and media revisited: scientists as public communicators. *Proceedings of the National Academy of Sciences*, 110(Suppl. 3), 14102–14109. doi:10.1073/ pnas.1212745110.

Peters, Hans Peter, Dominique Brossard, Suzanne De Cheveigné, Sharon Dunwoody, Monika Kallfass, Steve Miller, and Shoji Tsuchida. (2008). Interactions with the mass media. *Science*, 321, 2–3. doi:10.1126/science.1157780.

Pew Research Center. (2006). The Internet as a resource for news and information about science. Pew Internet & American Life Project. Pew Research Center. http://www.pewinternet. org/Reports/2006/ The–Internet–as–a–Resource–for–News–and–Information–about–Science.aspx.

Poliakoff, Ellen, and Thomas L. Webb. (2007). What factors predict scientists' intentions to participate in public engagement of science activities? *Science Communication*, 29(2), 242–263.

Porter, James, Clare Williams, Steven Wainwright, and Alan Cribb. (2012). On being a (modern) scientist: risks of public engagement in the UK interspecies embryo debate. *New Genetics and Society*, 31(4), 408–423. doi:10.1080/ 14636778.2012.687138.

Reaves, Marshall L., Sunita Sinha, Joshua D. Rabinowitz, Leonid Kruglyak, and Rosemary J. Redfield. (2012). Absence of detectable arsenate in DNA from arsenate–grown GFAJ–1 cells. *Science*, 337(6093), 470–473. doi:10.1126/ science.1219861.

Relman, Arnold S. (1981). The Ingelfinger rule. *The New England Journal of Medicine*, 305(14), 824–826. doi:10.1056/ NEJM198110013051408.

Roefs, Maaike M. (2011). The science–media interaction in health care: opinions of scientists and science journalists on participation in science communication activities. Thesis, University of Twente.

Royal Society. (2006). Science communication: survey of factors affecting science communication by scientists and engineers. London: Author. https://royalsociety.org/topics–policy/publications/2006/ science–communication/.

Russell, Cristine. (2010). Covering controversial science: improving reporting on science and public policy. In: Donald Kennedy and Geneva Overholser, eds., *Science and the media*. Cambridge, MA: American Academy of Arts & Sciences, 13–43.

Salmon, Rhian A., Rebecca K. Priestley, and Joanna Goven. (2015). The reflexive scientist: an approach to transforming public engagement. *Journal of Environmental Studies and Sciences*, 2015, 1–16. doi:10.1007/s13412–015–0274–4.

Schäfer, Mike S. (2009). From public understanding to public engagement: an empirical assessment of changes in science coverage. *Science Communication*, 30(4), 475–505. doi:10.1177/1075547008326943.

Scheufele, Dietram A. (2014). Science communication as political communication. *Proceedings of the*

National Academy of Sciences, 111(Suppl. 4), 13585–13592. doi:10.1073/ pnas.1317516111.

Science, Media, and the Public Lab. (2015). *Scientists and social media.* Madison: Department of Life Sciences Communication, University of Wisconsin–Madison.

Science, Media, and the Public Lab. (2014). *Scientists consuming and producing science information in a new media environment.* Madison: Department of Life Sciences Communication, University of Wisconsin–Madison.

Shema, Hadas. (2014). Introduction to open peer review. *Scientific American* Blogs. http://blogs. scientificamerican. com/ information–culture/ 2014/ 06/ 28/ introduction–to–open–peer–review/.

Shermer, Michael B. (2002). The view of science: Stephen Jay Gould as historian of science and scientific historian, popular scientist and scientific popularizer. *Social Studies of Science*, 32(4), 489–524. doi:1 0.1177/0306312702032004001.

Sherwood, Steven. (2011). Science controversies past and present. *Physics Today*, 64(10), 39–44. doi:10.1063/PT.3.1295.

Shugart, Erika C., and Vincent R. Racaniello. (2015). Scientists: engage the public! *mBio* 6(6). doi:10.1128/ mBio.01989–15.

Simis, Molly J., Haley Madden, Michael A. Cacciatore, and Sara K. Yeo. (2016). The lure of rationality: why does the deficit model persist in science communication? *Public Understanding of Science*, 25(4), 400–414. doi:10.1177/0963662516629749.

Singer, Eleanor. (1990). A question of accuracy: how journalists and scientists report research on hazards. *Journal of Communication*, 40(4), 102–116. doi:10.1111/j.1460–2466.1990.tb02284.x.

Taffe, M. A. (2015). Drug abuse scientists should use social media to engage the public because their primary translational product is information. *Drug and Alcohol Dependence*, 154, 315–319. doi:10.1016/j.drugalcdep.2015.05.012.

Tichenor, Philip J., George A. Donohue, and Clarice N. Olien. (1970). Mass media flow and differential growth in knowledge. *The Public Opinion Quarterly*, 34(2), 159–170. doi:10.2307/2747414.

van Eperen, L., and F. M. Marincola. (2011). How scientists use social media to communicate their research. *Journal of Translational Medicine*, 9. doi:10.1186/1479–5876–9–199.

Waddell, Charlotte, Jonathan Lomas, John N. Lavis, Julia Abelson, Cody A. Shepherd, and Twylla Bird–Gayson. (2005). Joining the conversation: newspaper journalists' views on working with researchers. *Healthcare Policy*, 1(1), 123–139.

Weigold, Michael F. (2001). Communicating science: a review of the literature. *Science Communication*, 23(2), 164–193. doi:10.1177/1075547001023002005.

Weingart, P. (1998). Science and the media. *Research Policy*, 27(8), 869–879. doi:10.1016/S0048–7333(98)00096–1.

Weingart, Peter. (2012). The lure of the mass media and its repercussions on science. *Sciences' Media Connection: Public Communication and Its Repercussions*, 28, 17–32. doi:10.1007/978–94–007–2085–5_2.

Wellcome Trust. (2000). The role of scientists in public debate. London: Author. http://www.wellcome.ac.uk/About–us/ Publications/Reports/Public–engagement/WTD003429. htm#.

Wolfe–Simon, Felisa, Jodi Switzer Blum, Thomas R. Kulp, Gwyneth W. Gordon, Shelley E. Hoeft, Jennifer Pett–Ridge, et al. (2011). A bacterium that can grow by using arsenic instead of phosphorus. *Science*, 332(6034), 1163–1166. doi:10.1126/science.1197258.

Woodgett, Jim. (2014). Burning platforms: friending social media's role in #scicomm. *Trends in Cell Biology*, 24(10), 555–557. doi:10.1016/j.tcb.2014.08.002.

Yeo, Sara K., Dominique Brossard, Molly J. Simis, and Dietram A. Scheufele. (2014). *Scientists consuming and producing science information in a new media environment.* Madison: University of Wisconsin–Madison.

Yeo, Sara K., Michael A. Cacciatore, Dominique Brossard, Dietram A. Scheufele, Kristin Runge, Leona Y. Su, et al. (2014). Partisan amplification of risk: American perceptions of nuclear energy risk in the wake of the Fukushima Daiichi disaster. *Energy Policy*, 67, 727–736. doi:10.1016/ j.enpol.2013.11.061.

Yeo, Sara K., Xuan Liang, Dominique Brossard, Kathleen M. Rose, Kaine Korzekwa, Dietram A. Scheufele, and Michael A. Xenos. (2016). The case of #arseniclife: blogs and Twitter in informal peer review. *Public Understanding of Science*. Advance online publication. doi:10.1177/0963662516649806.

Zajonc, R. B. Feeling and thinking: preferences need no inferences. (1980). *American-Psychologist*, 35(2), 151–175. doi:10.1037//0003–066x.35.2.151.

推荐阅读

Besley, John C., Anthony Dudo, and Martin Storksdieck. (2015). Scientists' views about communication training. *Journal of Research in Science Teaching*, 52(2), 199–220. doi:10.1002/ tea.21186.

Brossard, Dominique. (2013). New media landscapes and the science information consumer. *Proceedings of the National Academy of Sciences*, 110(Suppl. 3), 14096–14101. doi:10.1073/pnas.1212744110.

Brossard, Dominique, and Dietram A. Scheufele. (2013). Science, new media, and the public. *Science*, 339(6115), 40–41. doi:10.1126/science.1232329.

Dudo, Anthony. (2015). Scientists, the media, and the public communication of science. *Sociology Compass*, 9(9), 761–775. doi:10.1111/soc4.12298.

Liang, Xuan, Leona Y.–F. Su, Sara K. Yeo, Dietram A. Scheufele, Dominique Brossard, Michael A. Xenos, et al. (2014). Building buzz: (scientists) communicating science in new media environments.

Journalism & Mass Communication Quarterly, 91(4), 772–791. doi:10.1177/1077699014550092.

Scheufele, Dietram A. (2013). Communicating science in social settings. *Proceedings of the National Academy of Sciences*, 110(Suppl. 3), 14040–14047. doi:10.1073/ pnas.1213275110.

Simis, Molly J., Haley Madden, Michael A. Cacciatore, and Sara K. Yeo. (2016). The lure of rationality: why does the deficit model persist in science communication? *Public Understanding of Science*, 25(4), 400–414. doi:10.1177/0963662516629749.

Yeo, Sara K., Michael A. Cacciatore, and Dietram A. Scheufele. (2015). News selectivity and beyond: motivated reasoning in a changing media environment. In: Olaf Jandura, Thomas Petersen, Cornelia Mothes, and Anna–Maria Schielicke, eds., *Publizistik und gesellschaftliche verantwortung: festschrift für Wolfgang Donsbach*. Berlin: Verlag Springer.

第二十九章
基于知识的新闻新模型

马修·C.尼斯比特（Matthew C. Nisbet） 德克兰·费伊（Declan Fahy）

摘要： 本章论证了基于知识的新闻在政治化科学争议中的必要性，详细介绍了使争论更具建设性的具体措施和媒体结构。本文在讨论的同时分析了开展基于知识的新闻的三个主要模型，以那些可以作为新一代专业人士学习模仿的典型和值得媒体机构投资的资深记者为例。通过结合这些方法，新闻记者和他们所属的新闻机构可以将专家知识和有冲突的观点置于事件发生的背景下考虑并进行批判性评估，促进弥合根深蒂固的意识形态分歧的讨论并推动考虑更大范围的政策选项和技术。近期出现的几家专注新闻业的企业聚焦于更深层形式的解释性、分析性和数据驱动的新闻，这表明至少有一些新闻行业的领导者和慈善家意识到需要新的、基于知识的新闻。但这些企业的出现进一步证明了新闻教育需要巨大变革。

关键词： 基于知识的新闻；政治化的科学；记者；媒体机构；数据驱动的新闻；新闻教育

杰出的新闻学学者托马斯·帕特森（Thomas Patterson）在 2013 年《告新闻书》（*Informing the News*）一书中全面回顾了那些批判我们当代新闻体系的陈词滥调所依赖的证据。记者经常对准确的描述、错误的事实和不恰当的观点给予同等重视，聚焦冲突和策略而非以事实为基础，偏爱名人、戏剧性事件和娱乐信息的倾向大于全局性分析和厘清事件的来龙去脉。他总结道，这些趋势不大可能有变化，除非记者能更深刻地理解他们所报道的主题和他们的故事将如何影响社会决定。帕特森（Patterson）呼吁一种新的"基于知识的新闻"（knowledge-based journalism），要求记者不仅擅长采访、调查和讲故事，也擅长应用相关专业技能。他认为，"如果新闻是让人们理性思考和谈论关于公共事件的一种方式，那它必须包含让公民理解这些事件的背景信息"（2013，93）。

帕特森认为新闻机构的挑战不是迎合受众的兴趣，而是关注像气候变化这样的重要议题并把它们变得有意思。在基于知识的新闻上投入的新闻机构更有可能产出受众需要的并愿意向他人推荐的内容。他认为，这种高质量的新闻内容能使新闻机构在存在众多网络新闻来源、极具竞争性的环境中长期保持影响力和受众份额，并有助于修复新闻机构受损的名声并改善它们的财务状况。

在大西洋的另一边，已故德国传播研究学者沃尔夫冈·东斯巴赫（Wolfgang Donsbach，2013）也认同帕特森（Patterson）关于新闻学要彰显其社会"新知识行业"角色的号召。他写到，对某个内行领域的专业理解使得记者可以做出"对事件新闻价值的正确判断"。"只有那样他们才能向当事人提出关键问题，找到合适的专家，也只有那样他们才能在决策中抵制非专业因素的渗透"（Donsbach，2013，668）。帕特森和东斯巴赫指出，不仅需要诸如经济学和环境科学等主题的"内容"知识，也需要"过程"知识。这第二个维度包括意识到影响记者新闻判断的因素和新闻报道决定对受众的效果。例如，过程知识可以被记者用来预防个人偏见和错误，从不同的故事讲述技巧中选择能更吸引受众的技巧，以及利用各种数字工具来促进理解和扩大受众面。

基于这些开创性的想法，我们在2015年的一篇文章（Nisbet和Fahy，2015）中提出具体的基于知识的新闻实践和媒体结构来使得科学争论更具建设性。基于此，我们在本章详细介绍开展基于知识的新闻工作的三个当代模型：知识经纪人、对话经纪人和政策经纪人。在报道政治化的争论中将这些方法融合起来，记者和他们的新闻机构可以将专家知识和有冲突的观点置于事件背景下考虑并进行批判性评估，促进弥合根深蒂固的意识形态分歧的讨论和推动考虑更大范围的政策选项和技术（Nisbet和Fahy，2015）。

为进一步阐明这些模型，我们在这一章中使用资深记者作为例子，这些记者的工作可以鼓舞新一代专业人士。因为他们是所在领域的专家并且对相关话题或事件的报道有着多年的经验，这些资深记者能够融复杂的知识于接地气的报道中，向更多的受众提供一条清晰、易读并且引人入胜的故事主线。他们为读者将点连接起来，提供更广的视角、更大的画面，并且评估复杂的观点和快速发展的趋势。作为基于知识的记者，他们常常跨越不同的个案和议题进行演绎推理及分析，自上而下找出关系，做出推理，对原因和解决方案进行理论化推导，并提供判断。他们将学者的思维习惯与故事讲述大师的技能融合起来，提供背景知识和解释观点，使得公众能够理解复杂的科学争议和趋势。

知识经纪人

在第一个模型中，作为"知识经纪人"的记者起了非常重要的作用，为他们的读者剖析专业知识产生的过程，调查科学研究是如何及为何开展的，有时候记者也就心理健康、气候变化和传染疾病等复杂问题的持续争论提出别的解释或是把争议与其他问题联系起来。知识经纪人关注影响科学研究的生产和解读的体制、假设、意识形态、政治因素和人物。通过这个视角，读者不但可以了解科学的基本事实，还可以知道科学研究是如何开展、解读、传播和被质疑的。这些资深记者通常运用"证据权重报道"，这种技巧是记者用于寻找和表达关于某个议题的专家观点的优势所在（Dunwoody，2005）。但大部分运用这一有价值思想的记者过分遵从专家的判断，而"没有触及一点科学证据的皮毛"（Kohl 等，2015）。知识经纪人会进一步深究他们所做的专业研究，调查它是如何和为什么生产出来的，综合及对比不同学科的发现并评估它是否对所提方案有用。

有点自相矛盾的是，只有通过这种以批判为动机的报道才能维持公众对科学的信任。知识经纪人向读者展示科学到底是如何工作的，而不是将科学和科学家描述为真理的终极守护者。当出现的争议与舞弊、偏差、解释、丑闻、炒作、诚实的过错或利益冲突相关时，那些关注这种新闻形式的人群更有可能判断这些行为属于异常还是正常。跟用于纠正此类错误的科学内部同行评审和其他已建立的规范一样，身为旁观者的知识经纪人扮演类似重要、互补的角色。

《科学美国人》（*Scientific American*）的特约撰稿人约翰·霍根（John Horgan）在过去几十年中都是一个典型的知识经纪人，他开创了一种有价值的科学批判主义风格。因为不满受传统新闻报道所限，他转向更观点化和解读型的新闻报道，同时也寻找用"被夸大或错误的科学观点"来质疑和揭穿其真相。他说："我说服自己这实际上是一件好事情，因为科学已经成为需要科学批判的权威"他还说："这是一个悖论：用主观性来最终获得关于事物的更清晰和客观的描述"（Fahy 和 Nisbet，2011，787）。

在他的获奖新闻报道中，霍根不仅戳穿一些科学家对他们发现的夸大其词，也跟科学哲学家们的想法进行斗争。这些主题都汇集在 1996 年的畅销书《科学的终结》（*The End of Science*）中，在书中霍根（2015）认为科学对自然界的描述十分成功以至于科学已达到知识的极限。他认为，没有新的科学框架能够超越达尔文的自然选择、生物学的基因理论和物理学的标准模型的解释力。《科学的终结》凝练了霍根所特有的批判视角，对科学知识的局限性向读者提供了一个自始至终充满疑虑的评价。1999 年，霍根在《未被发现的心智》（*The Undiscovered Mind*）一书中拓展了这个视角，他认为行为遗传学、进化心理学、认知科学和其他领域仍然未能发布关于意识和个性的定论，也未能为其他重要问题提供满意的答案。

作为后续两本书的作者，霍根（2000）也将他的批判方法应用于他在《科学美国人》（*Scientific American*）上长期坚持的博客"交叉查证"（Cross-Check）上。这种形式得益于他强大的个人声音和标志性的怀疑精神。他说："我觉得科学被它自己的公关行为给害了"。他还说："我其实倾向于认为我是为科学本身做好事，帮助消除一些人们对科学抱有的错觉……我觉得科学需要这个"（个人交流，2014）。受哲学家卡尔·波普尔（Karl Popper）关于科学本质的尝试性和暂时性思想的启发，霍根的长期目标是传递一种给人希望的怀疑精神，这种精神可以"在保护我们免受自身对答案的欲望之害的同时，让我们保持足够开放的态度，以便万一真正的真相来临之时我们能够辨别出来"（Horgan，2000，13）。

目前为新闻调查网站 ProPublica 撰文的资深环保记者安德鲁·列夫金（Andrew Revkin）是知识经纪人的第二个例子。在他原来任职的《纽约时报》（*New York Times*）的"点地球"（Dot Earth）博客中，他经常提醒人们注意，研究机构和期刊倾向于炒作关于气候变化的科学发现，忽略研究中固有的不确定性。这种炒作被环境辩论双方的倡导者、记者和博客作者放大，也被那些总是有着很强动机去寻找"头版思路"的新闻机构和记者放大。将列夫金所扮演的知识经纪人角色与 2015 年气候学家詹姆斯·汉森（James Hansen）发表的一项研究联系起来看。基于来自复杂计算机建模的证据，汉森和他的 16 位合作者（2015）警告说，极地冰盖的融化速度很有可能比原来所估计的要快得多。汉森和他的同事警告：几十年内，像波士顿和上海等沿海城市将被水淹没，引发军事冲突、大规模移民、和经济崩溃，这些将"导致地球无法被掌控，威胁文明的根基"。

尽管汉森发表了令人惊恐的结论，他的研究在同行评审发表传统中处于一种矛盾的、不稳定的地位。该论文投至《大气化学和物理》（*Atmospheric Chemistry and Physics*），这本期刊的大部分同行评审过程以网络开放获取形式进行。几个月的时间里，专家被邀请来阅读论文并发表实质性的网络评论。编辑只有在审查累积收到的专家评论之后才决定是否录用并正式发表论文。但是在论文被放到网上评审之前，汉森与一个公关公司合作将论文发给记者，并且举办可以由记者提问的电话新闻发布会。他告诉记者他的目的是为了影响将在年底举办的国际气候变化协商会议的结果。

"气候预言家詹姆斯·汉森发布了他的警告预测",这是记者发布会之后《每日野兽》(*Daily Beast*)上一篇文章夸张的新闻标题。记者写道:汉森研究的影响是"广阔而深远的"。这个"轰动研究"和它的"世界末日场景"是"让政客非常头痛的事情",是对那些过于谦和的气候外交目标的轰炸(Hertsgaard,2015)。同一天,《石板》(*Slate*)杂志刊登了标题为"地球上最著名的气候学家发出令人震惊的关于海平面的警告"的文章。《石板》告诉它的读者,汉森的"令人吃惊的新研究"的影响是"让人心惊"的。"纽约市和地球上其他每一个海岸城市可能都只有几十年的居住年限了"(Holthaus,2015)。

《纽约时报》美联社、BBC 和《卫报》等媒体的记者选择不报道这篇论文,认为在同行评审之前报道该研究操之过急。列夫金在他的"点地球"博客中则选择了另外一种策略。在两篇长篇博文中,他不仅仅报道具体的研究发现,而且分析作者显而易见的动机,让读者了解汉森作为一个"从气候学家转型的活动家"的事业发展轨迹。同时列夫金也找出发布在期刊的网络论文中的论证与提供给记者的支撑材料之间的关键不同,包括像海平面的急剧上升"很有可能在本世纪内发生"等观点。他也邀请一流的气候学家对这篇论文做出反应并贴出了邮件回复,大部分专家都对汉森和他同事的假设持批评态度。

根据他与两位地质学家的通信,列夫金在期刊网站提交了评审意见,认为汉森的论文中有被认为过于偏颇的地质证据。期刊的其他评论者随后质疑列夫金的专业知识。其中一位写道:"科学评审是给那些'懂行'的人评论,你显然不是"。列夫金的回应是要求期刊明确在它的开放评审过程中,谁是"科学共同体"的成员,以及谁有权利评论。随后他将这一交流信息提供给他在《纽约时报》的博客读者,包括摘录和链接,使得读者可以详细探究到底(Revkin,2015a,2015b)。

正如学者摩根·迈耶(Morgan Meyer,2010)写道:作为知识经纪人的记者可以做的不仅仅是评价或批判科学,他们还可以通过提供新的解读和结论来使专家知识改观,由此影响科学家的思维。劳丽·加勒特(Laurie Garrett)是这个知识经纪人功能的一个典型例子。她在事业早期关于全球公共健康威胁的前线报道最终在 1994 年成书《逼近的瘟疫:失衡世界中新出现的疾病》(*The Coming Plague*:*Newly Emerging Diseases in a World Out of Balance*)。这本书讲述了艾滋病、肺炎、疟疾和埃博拉等病毒全球蔓延的故事,详细阐述了人们如何在脆弱的全球公共健康系统、抗生素和抗病毒剂的滥用、局部战争和难民迁徙中助长和复苏了这些传染病。

在《逼近的瘟疫：失衡世界中新出现的疾病》中，劳丽·加勒特（Laurie Garrett，1994）整合了不同学科而得出理解传染疾病的一种新方式，将它们看作一个只能通过跨学科的研究方法才能解决的统一问题。她的书通过让读者看到这些新瘟疫造成的破坏，提高了关于传染病的公众意识，改善了抗疫研究者和机构的形象、名声和研究资助。加勒特（Garett，2003）接着出版《背信弃义：全球公共健康的坍塌》（*Betrayal of Trust：The Collapse of Global Public Health*），在书中她提出一个系统的解决方案来保护世界各地人口免受致命流行病之害。这本书对健康政策的批判使得她进入了政治领域。2004 年她成为外交关系理事会（Council on Foreign Relations）的全球健康高级研究员，她融合了记者、研究者和专家评论员的角色，撰写科普文章、政策报告，甚至成为好莱坞 2011 年的惊悚片《传染病》（*Contagion*）的编剧顾问。

对话经纪人

随着新闻机构投资于系列的数字和网络新方案，开展另外一个基于知识的新闻业的互补策略很有可能会被证明与科学传播尤其相关。在这个"对话经纪人"模型中，一个专业记者使用博客、播客、视频访谈、推特、脸书和其他社交媒体工具来召集一群职业和政治背景各异的嘉宾与读者进行讨论。

这种将一系列嘉宾联系起来的做法是网络化新闻的一个例子（Russell，2011）。但对话经纪人所使用的的的方法也是受对话能帮助读者理解别人的观点并接受他们之前不认同的事实这样一个观点所驱动。纽约大学的杰伊·罗森（Jay Rosen，2012）认为诸如气候变化或生物技术等复杂而极化的辩论是很难达到政治共识的。但他写道："这样一个世界是有可能的：不同的利益相关方'明白'，有着不同利益的人对这个世界有着不一样的看法"。

在这个场景中，我们所需要的是基于知识的记者召集讨论，迫使人们进行批判性反思和审查，而不是在一群意识形态相近的受众面前演戏。通过发布博客和其他数字工具等方式，对话经纪人在提供科学和政策观点背景的同时，重点突出多元和对比的视角。他们常常会根据新的进展、其他记者和专家的回应以及读者反馈而更新他们最初的发布。新媒体学者唐纳德·马西森（Donald Matheson，2004）提出，这是一种"在知识作为过程而不是知识作为产品的模型下将事物联系起来而不是将事物确定下来的新闻学"。

基于对话的网络化新闻形式反映出社会理论家的许多观点，这些理论家研究气候变化等有政治争议的议题领域。正如雷纳（Rayner，2006）所认为，进步不是对某个有争议的领域提出一个强硬派立场然后苛责那些不同意的人，而是认可和理解多方立场并寻找方法从中开展有建设性的协商。他警告说：摒弃来自不同视角的观点不仅弱化我们理解这些议题的复杂性的能力，还带来失去合法性和关键利益群体信任的风险。

列夫金在他《纽约时报》的"点地球"博客中不仅起到阐释者和知情的科学批评者（知识经纪人）作用，也扮演着熟练的召集者（对话经纪人）角色，在为具体的观点提供背景知识时使用他的博客和其他各种数字工具来促进专家、倡导者和读者之间的讨论。他在"点地球"中的召集者和对话经纪人角色受益于他阅读的社会科学研究文献，这些研究质疑他长期以来作为一名记者的假设，认为"解决全球变暖的方案基本就是更清楚的沟通：……如果我们能更清晰地解释问题，人们能看得更清楚，然后他们会改变"（Revkin，2016）。在"点地球"上，为了促成与读者对话，他喜欢抛出问题，描述专家和其他人的答案。列夫金将他的角色看作"质疑–探索问题，不向你提供我的答案……我觉得任何一个告诉你他们知道这些复杂问题的答案的人都不是特别诚实"（Brainard，2010）。

对话经纪人模型的第二个例子是纳撒内尔·约翰逊（Nathanael Johnson）关于转基因食品的谷物网站 Grist.org 系列。他这一系列做法旨在打破关于这一话题的两极分化思维，最终他促成了技术反对者和支持者进行对话。通过对话，他促成一种关于为什么人们对这个话题的分歧如此之大的共识。正如约翰逊指出的，记者尝试为他们的读者促成这样一种对话的价值是显而易见的，特别是对于转基因食品这样的议题，谷物网站 Grist.org 的许多读者倾向于怀疑它的安全性，并且不信任那些为该技术代言的科学家。他写道：

> 如果你试图交叉查证转基因辩论双方的观点，你会碰到困难，因为这些交战各派各执一词。他们最基本的假设将他们引向相反的方向，他们面对不同的场景却只顾着自说自话。这会让旁观者觉得有人在说谎。但往往沟通不畅源于视角的不同（Johnson，2013）。

政策经纪人

考虑到科学争议的复杂性以及对有关未来的预测进行证伪的难度，一种可能的情况是，对有效的政策选项和解决方案存在着同等似乎可信的叙述。这种模棱两可为倡导者提供了机会，让他们去推广与他们的"好社会"愿景一致的方案。正如环境研究学者小罗杰·皮尔克（Roger Pielke Jr.，2010）贴切地描述的那样，像气候变化这种"劣性"

问题已经"有点像政策上的墨迹测试，人们把他们所期望和珍视的，与他们认为的一个更好的世界该是什么样的愿景，以及相关联的议题都映射在这些墨迹之上"。面对这样一种模棱两可的局面，记者起着关键作用，记者能帮助专家、倡导者和政治领导者网络建立一个共同的展望和语言，助力于协调决策和执行。但如果一个问题的定义和整套解决方案在新闻报道中被优先考虑而不报道其他的，这样的影响可以锁定强大的群体思维，摒弃有价值的另类诠释和行动方案（Nisbet，2014）。

因此我们所需要的是一种基于知识的新闻风格，这种风格可以通过拓展公众和政治团体所考虑的政策选项和技术范围来抵制群体思维和扩散科学争议的极端化。这个记者的政策经纪人模型源于皮尔克（Pielke）的研究，他通过一系列的个案研究证明科学相关争议中的决策者拥有政策和技术选择越广泛的，决策者就前进道路达成协议的机会就越大（Pielke，2007）。在写到关于气候变化的争论中，他认为一旦有了新技术，大部分关于科学不确定性的政治争论都会逐渐消失。这些技术进步会使得人们更容易开展关于气候变化的低成本、有意义的行动。那样也会更容易从各种政治派别和发达及发展中国家获得支持。例如，他在2013年一篇合作论文中认为，限制煤炭和天然气能源计划排放的碳捕获将"转变这个政治辩论"。这是因为这一技术"不要求国民经济、全球贸易和个人生活的彻底改变"，从而"解放了那些传统气候政策下损失最惨重的群体"（Sarewitz 和Pielke，2013）。

这些结论与丹·卡亨和他同事的研究类似，后者研究了公众对争议性科学话题形成看法的过程（参见本书第三章）。他们的结果显示诸如气候变化这种具有文化争议性的议题往往依赖于政策和技术，并且极端化的情形很可能是在关注多样化而不是有限的选择的情况下得以扩散。丹·卡亨认为："有着个人主义价值观的人们不接受气候变化是一个严重威胁的科学证据，因为他们一直假设约束工业发展的碳排放限制是主要的解决方案。但是，如果他们意识到对气候变化的可能回应包括核能和地球工程以及对他们来说象征着人类智慧的企业的话，他们也许会更正面地看待这些证据"（Kahan，2014，173）。

想想在气候变化的辩论中这些原则如何应用于记者作为政策经纪人的角色。在2007年至2010年间，人们游说采取行动应对这个议题，他们关注的重点是设定一个全球碳价格，以促进"软能源路径"的变革，从依赖矿物燃料向靠风能、太阳能和能效技术的经济转型。相比之下，对核能或碳捕获及存储等"硬能源路径"的先进技术的关注要少得多，这些技术在减排方面对全球经济转型的要求要低得多（Nisbet，2011）。从那些年起，有几位扮演政策经纪人角色的记者帮助扩大与气候辩论相关的技术选项的范围，呼吁更多关注硬能源路径技术和政府主导的创新策略。这些记者挑战许多环保主义者和活动家长久以来的观点，这些观点认为太阳能、风能和其他可再生资源是仅有的用来对抗气候变化的能源技术。这样，他们将政策辩论的注意力从提升矿物燃料价格的狭隘目标拓展为关注降低低碳技术多样化组合的成本（Nisbet，2011）。

在一系列促成 2015 年联合国气候变化峰会以及在峰会期间的专栏中，《纽约时报》的"经济状况"（Economic Scene）专栏作家爱德华多·波特（Eduardo Porter）是比较突出的扮演政策经纪人角色的记者之一，他质疑气候倡导者的常规假设。波特为该主题带来了独特视角和背景。他拥有两个物理学学位，是从业二十年的资深记者，2004 年以经济学专栏编辑专家身份加入《泰晤士报》之前曾在巴西、日本东京、英国伦敦、墨西哥和美国洛杉矶从事商业、财经和政治新闻报道。

在他的专栏中，波特批判性地评估了那些狭隘地关注软能源路径和能源效率策略的观点。他也强有力地质疑了环保运动左翼的记者和学者，这些人认为解决气候变化问题迫使经济增长停止并导致全球资本体系的终结。这些长期存在的观点最近因娜奥米·克莱因（Naomi Klein）的国际畅销书《这改变一切：资本主义与气候》（*This Changes Everything：Capitalism vs. The Climate*）而得到了相当大的关注（Klein，2014）。

波特 2015 年反驳道，像克莱因（Klein）推进 100% 可再生能源和效率策略等的提议"很多时候缺乏扎实的分析基础，更多是受希望而非科学所驱动的"。他总结道，在这种情况下，"将世界碳排放控制住的目标是服务于其他意识形态或经济议程的，这限制着这个世界的选择"。波特写道，作为一种替代路径，气候变化的成功"需要在许多技术大道上开展密集的实验，迅速从失败中学习并继续"。基于各种不同的研究和分析，波特主张投资碳捕获和存储技术以及拓展核能。这些技术与可再生能源结合起来使世界经济在脱碳的同时能满足印度、中国、非洲和其他发展中国家增长的需求。他们也需要用作间歇性太阳能和风能技术的储备能源来源。

波特（2015）也同样警告那些鼓吹经济负增长必要性的观点危害到联合国气候谈判。他写道，"不管这种情况有何种道德优点，无增长的提议是绝不可能有机会成功的"。他对历史学家和经济学家进行了访谈，指出通过减少稀缺资源的竞争，过去这个世纪的经济增长带来了巨大的社会效益，有助于减少战争和冲突，使政治和民主的共识成为可能，并赋予女性权力。即便克莱因和她的盟友是正确的，认为气候变化意味着颠覆资本主义和全球化，波特怀疑"这能否带来他们所设想的工人们的乌托邦"。相反，他警告道，在一个没有经济增长的世界中，为稀缺资源而发生的冲突将意味着弱势和最脆弱的群体最有可能遭殃。这个世界最能让穷人受益的是发展更多的新能源技术，使世界远离矿物燃料，而不是结束资本主义（Porter，2015）。

动荡时代的新闻

近年来多个革新性的数字新闻风险项目聚焦于更深入解释与分析和由数据驱动的新闻，它们的出现说明至少一些新闻产业的领袖、投资者和慈善家意识到了新型的基于知识的新闻的必要性。2015 年《波士顿环球报》（*The Boston Globe*）的亿万富翁掌门人启动了 STAT——一个深入报道健康、医疗和生命科学的纵向数字新闻机构。STAT 的创始人约翰·亨利（John Henry）说："在接下来的二十年里，世界上最重要的一些故事将涌现于生命科学领域。"STAT 的目标是成为"这个国家生命科学必须检索的新闻来源"（Healy 2015）。为了报道生命科学并对其进行分析，STAT 雇用了一批基于知识的记者，这些记者对报道这个话题有着几十年的综合经验。例如定期专栏作家沙伦·贝格利（Sharon Begley），他"对头条的背后情况进行深入调查来理解科学主张"，撤稿观察（Retraction Watch）博客的伊凡·欧兰斯基（Ivan Oransky）和亚当·马库斯（Adam Marcus）重点关注行为不端、造假和科学诚信等议题。

在其他例子中，由《华盛顿邮报》（*Washington Post*）的"书虫博客"（Wonkblog）前作者埃兹拉·克莱因（Ezra Klein）于 2014 年共同创立的沃克斯（Vox.com）初创新闻网站聚焦于解释性新闻，为术语和概念提供维基百科一样的标签，用最新的数字设计技术为读者提供深入详尽的议题背景（Klein 等，2014）。《纽约时报》的"要点"（The Upshot）于 2014 年启动，是一个博客类的栏目，旨在通过记者和学者的分析以及数据可视化来提升读者对新闻的理解，使读者可以"很好地抓住宏大而复杂的故事，并能向他们的朋友、亲人和同事解释那些故事的来龙去脉"（Leonhardt，2014）。紧随其后，《华盛顿邮报》网站（The Washington Post.com）创办了一系列聚焦科学、技术和环境的博客，供记者发布他们的日常报道、分析和评论。线上新闻网站"巴兹费德"（Buzzfeed）和"全球之声"（Mashable）雇用了资深的科学记者来提供深度报道的新闻故事。彭博社（Bloomberg），政客新闻网（Politico）和能源及环境新闻（Energy & Environment News）已经分别在科学、技术和环境政策的深度报道上进行投资，资金来源于用户订阅和以商业、倡导者和游说集团为目标群体的广告收入。慈善家和基金会也出资创办了一些著名的非营利性新闻风险机构，比如谷物网站（Grist.org）、气候新闻内幕（Inside Climate News）、气候中心（Climate Central）和对话（The Conversation）等，同时也继续支持像《琼斯母亲》（*Mother*

Jones），《民族周刊》（*The Nation*）和公共电台等发布渠道的报道。

这些营利性和非营利性的新闻风险投资并不是没有局限和取舍的，他们的可持续性有待证明，并且值得对其开展批判性的学术分析。相关问题包括：受众如何解读这些跨媒体机构混杂的新闻、分析和观点，尤其是当内容是通过社交媒体来获取、分享和评论的时候？基于知识的新闻记者如何在一个受众党派分明的时代获得并保持他们的可信度和粉丝量？一个新闻机构的广告、订阅和资助模型如何影响新闻决策和解读气候变化或食品生物技术等复杂议题？

对许多大学的新闻专业培养项目来说，这些新媒体风险投资和问题是最新的证据，表明他们有必要重新审视以采访和故事讲述技巧为主的传统职业培训。的确，新闻专业培养项目由于招生变差而承受着压力，他们的未来或许取决于转向更有效地满足社会和职业的需求。他们的未来也许不是依靠招收本科生和硕士生，而是保有那些不同专业领域背景的学生和专业人士，为他们提供各种辅修、证书、奖章、短期课程和奖学金。在这点上，慈善家可以起到很重要的作用，出钱资助那些专门的培养项目，以满足对新型的基于知识的记者和传播者的需求。例如在多伦多大学，有一个特色项目招收已经有学科专长的学者和专业人士，培训他们可以像自由撰稿记者一样为新闻机构提供他们学科领域的故事（Rosentie，2013）。总而言之，我们在本章中描述的这些基于知识的新闻业的互补模型和例子是从中学习和评价的起点。我们需要研究、愿景和领导力来推动新闻如何报道科学及其各种争议，但在这个过程中，已经有许多可以参考的例子了。

参考文献

Brainard, Curtis. (2010). Dot earth moves to opinion section. *Columbia Journalism Review Online*, April 1. http://www. cjr.org/the_observatory/dot_earth_moves_to_nyt_opinion. php?page=all&print=true.

Donsbach, Wolfgang. (2014). Journalism as the new knowledge profession and consequences for journalism education. *Journalism*, 15(6), 661–677, 668.

Dunwoody, Sharon. (2005). Weight-of-evidence reporting: What is it? Why use it? *Niemen Reports*, 59(4), 89–91.

Fahy, Declan, and Matthew C. Nisbet. (2011). The science journalist online: shifting roles and emerging practices. *Journalism: Theory, Practice and Criticism*, 12(7), 778–793.

Garrett, Laurie. (2003). *Betrayal of trust: the collapse of global public health*. Oxford: Oxford University Press.

Garrett, Laurie. (1994). *The coming plague: newly emerging diseases in a world out of balance*. New

York: Farrar, Straus and Giroux.

Hansen, James, Makiko Sato, Paul Hearty, Reto Ruedy, Maxwell Kelley, Valerie Masson–Delmotte, et al. (2015). Ice melt, sea level rise and superstorms: evidence from paleoclimate data, climate modeling, and modern observations that 2°C global warming is highly dangerous. *Atmospheric Chemistry and Physics Discussions*, 15(14), 20059–20179.

Healy, Beth. (2015). Globe's owner unveils site focused on health, life–sciences. *The Boston Globe*, November 4. https:// goo.gl/29yuou.

Hertsgaard, Mark. (2015). Climate seer James Hansen issues his direst forecast yet. *The Daily Beast*, July 20. http://www. thedailybeast.com/articles/2015/07/20/climate–seer–james–hansen–issues–his–direst–forecast–yet.html.

Holthaus, Eric. (2015). Earth's most famous climate scientist issues bombshell sea level warning. Slate. com, July 20. http:// www.slate.com/blogs/the_slatest/2015/07/20/sea_level_ study_james_hansen_ issues_dire_climate_warning.html.

Horgan, John. (2015). *The end of science: facing the limits of knowledge in the twilight of the scientific age*. New York: Basic Books.

Horgan, J. (2000). *The undiscovered mind: how the human brain defies replication, medication, and explanation*. New York: Simon & Schuster.

Johnson, Nathanael. (2013). The GM safety dance: what's rule and what's real. The Grist.org, July 10. http://grist.org/food/ the–gm–safety–dance–whats–rule–and–whats–real/.

Kahan, Dan. (2014). Fixing the communications failure. *Nature*, 463(7279), 296–297.

Klein, Ezra, Melissa Bell, and Matt Yglesias. (2014). Welcome to Vox: a work in progress. Vox.com, April 6. http://www.vox. com/2014/3/30/5555690/welcome–to–vox.

Klein, Naomi. (2014). *This changes everything: capitalism vs. the climate*. New York: Simon & Schuster.

Kohl, Patrice Ann, Soo Yun Kim, Yilang Peng, Heather Akin, Eun Jeong Koh, Allison Howell, and Sharon Dunwoody. (2015). The influence of weight–of–evidence strategies on audience perceptions of (un)certainty when media cover contested science. *Public Understanding of Science*. doi:10.1177/0963662515615087.

Leonhardt, David. (2014). Navigate news with the upshot. *The New York Times*, April 22. http://nyti. ms/1nlJHL6.

Matheson, Donald. (2004). Weblogs and the epistemology of the news: some trends in online journalism. *New Media & Society*, 6(4), 443–468.

Meyer, Morgan. (2010). The rise of the knowledge broker. *Science Communication*, 32(1), 118–127.

Nisbet, Matthew C. (2011). Climate shift: clear vision for the next decade of public debate. American University School of Communication. http://climateshiftproject.org/wp–content/ uploads/2011/08/

ClimateShift_report_June2011.pdf.

Nisbet, Matthew C. (2014). Disruptive ideas: public intellectuals and their arguments for action on climate change. *Wiley Interdisciplinary Reviews: Climate Change*, 5(6), 809–823.

Nisbet, Matthew C. (2014). *Engaging in science policy controversies*. Routledge Handbook of Public Communication of Science and Technology. New York: Routledge.

Nisbet, Matthew C., and Declan Fahy. (2015). the need for knowledge–based journalism in politicized science debates. *The ANNALS of the American Academy of Political and Social Science*, 658(1), 223–234.

Patterson, Thomas E. (2013). *Informing the news*. New York: Vintage.

Pielke, Roger A. Jr. (2010). *The climate fix: what scientists and politicians won't tell you about global warming*. New York: Basic Books.

Pielke, Roger A. Jr. (2007). *The honest broker: making sense of science in policy and politics*. Cambridge, UK: Cambridge University Press.

Porter, Eduardo. (2015). Climate change calls for science not hope, *The New York Times*, June 23. http:// nyti.ms/ 1Hd5RII.

Porter, Eduardo. (2015). Imagining a world without growth. *The New York Times*, December 1. http://www. nytimes.com/ 2015/12/02/business/economy/imagining–a–world–without–growth.html.

Rayner, Steve. (2006). Wicked problems: clumsy solutions— diagnoses and prescriptions for environmental ills. Jack Beale Memorial Lecture on Global Environment, University of New South Wales, Sydney, Australia, July. http://www. insis.ox.ac.uk/ fileadmin/ InSIS/Publications/ Rayner_–_ jackbealelecture. pdf.

Revkin, Andrew C. (2015a). A rocky first review for a climate paper warning of a stormy coastal crisis. *The New York Times*, July 25. http://nyti.ms/1Iv5sEc.

Revkin, Andrew C. (2016). My climate change. *Issues in Science and Technology*, Winter, 27–36.

Revkin, Andrew C. (2015b). Whiplash warning when climate science is publicized before peer review and publication, *The New York Times*, July 23. http://nyti.ms/1JBfH4j.

Rosen, Jay. (2012). Covering wicked problems: Keynote address to the 2nd UK Conference of Science Journalists. PressThink Blog, June 25. http://pressthink.org/2012/06/ covering–wicked–problems/.

Rosenstiel, Tom. (2013). Why we need a better conversation about the future of journalism education. Poynter.org, April 15. http://www.poynter.org/2013/why–we–need–a–better–conversation–about–the– future–of–journalism–education/210196/.

Russell, Adrienne. (2011). *Networked: a contemporary history of news in transition*. London: Polity.

Sarewitz, Daniel, and Pielke, Roger Jr. (2013). Learning to live with fossil fuels. *The Atlantic*, April 24. http://www.theatlantic.com/magazine/archive/2013/05/learning–to–live–with–fossil–fuels/309295/.

推荐阅读

Donsbach, Wolfgang. (2014). Journalism as the new knowledge profession and consequences for journalism education. *Journalism*, 15(6), 661–677.

Fahy, Declan, and Matthew C. Nisbet. (2011). The science journalist online: shifting roles and emerging practices. *Journalism: Theory, Practice and Criticism*, 12(7), 778.

Horgan, J. (2000). *The undiscovered mind: how the human brain defies replication, medication, and explanation.* New York: Simon & Schuster.

Nisbet, Matthew C. (2014). Disruptive ideas: public intellectuals and their arguments for action on climate change. *Wiley Interdisciplinary Reviews: Climate Change*, 5(6), 809–823.

Nisbet, Matthew C., and Declan Fahy. (2013). Bioethics in popular science: evaluating the media impact of The Immortal Life of Henrietta Lacks on the biobank debate. *BMC Medical Ethics*, 14(1), 10.

Nisbet, Matthew C., and Declan Fahy. (2015). The need for knowledge–based journalism in politicized science debates. *The ANNALS of the American Academy of Political and Social Science*, 658(1), 223–234.

Patterson, Thomas E. (2013). *Informing the news.* New York: Vintage, 2013.

Revkin, Andrew C. (2016). My climate change. *Issues in Science and Technology*, Winter, 27–36.

第三十章
公民理解科学问题：
数字时代科学新闻和信息的供求因素

迈克尔·A. 瑟诺斯（Michael A. Xenos）

摘要： 过去几十年中可供选择的媒体大幅度增多，这对几乎所有公众关注的议题的传播过程产生了深远的影响。尤其对科学议题而言，接触到某个特定话题的信息往往受具体动机所驱动，并通常发生于高度碎片化的在线交流世界中。现有关于两极化的媒体环境下的信息寻求研究可以指导我们去思考个体如何理解当代科学议题。但是，科学话题的独特之处使得任何对现有理论的简单应用都变得复杂，特别是那些跟新兴科学和技术领域相关的话题。尽管已经有少量研究关注这些议题，但是，建立扎实的、基于实证的方案来提升个体寻求资讯并形成观念将需要重大的新研究。

关键词： 媒体选择；碎片化；极化的媒体环境；信息寻求；科学议题；在线交流

引　言

过去的四分之一世纪以来，通信技术的巨变颠覆了公共议题的讨论和辩论过程，改变了公民个人如何理解这些议题并形成相关看法的过程。内容产出和分发成本的变化使得新闻的种类（Baum，2003）和其他消费者可获取的内容（Benkler，2003）呈指数级增长，这极大程度地改变着政治行动者发表他们关于科学议题等公众关注事物的看法时的媒体环境。公民面对不断增加的媒体选择，所做出的的回应是不断按照偏好定制他们消费的媒体内容，无论这些内容是总体倾向于新闻还是更娱乐性质的（Prior，2007），还是与他们的意识形态和党派倾向有关（Stroud，2011；Iyengar 和 Hahn，2009）。这些发展使得政治极端化的研究迅速发展。这些研究回应了如下担忧，即当代媒体环境凸显了极端的政治观点，削弱了与政治观点相左的公众的共同基础，并且普遍威胁到了健康的公共协商过程。

本章首先回顾了在我们当代的信息环境中，针对政治科学和相关领域与科学传播相关问题的各个方面所开展的研究，介绍了与极化政治相关的最令人担忧的情况，同时也指出了对采用一些经验模式来缓和意识形态的巴尔干化的普遍担忧。在讨论已有研究状况和未来研究方向之前，本章首先概述科学议题的一些独特之处，这些特征对相关现象的研究来说特别重要。

极化的信息环境

在媒体极化报道所描述的一般景象中（Sunstein，2001；Negroponte，1995），公民仅仅关注志趣相投的内容来加强他们已有的观点和品位，并且全力避开那些与他们已有信条和态度不一致的信息和论点。同时，不断增加的媒体选择使得大部分群体完全不再关注政治信息。这会导致公众更加两极分化，那些对政治更感兴趣和有更强偏好的人在政治对话和选举中占主导地位（Prior，2007）。那些依靠互联网获取新闻的人不但可能倾向持有更极端的政治观点，也更可能对政治议程有着不同的理解（Nie 等，2010）。为了分离出极化科学信息环境下最重要的元素，本章按照聂（Nie）等人的方法将相关维度分为供给（在我们当代信息环境下控制相关内容生产的动力机制）和需求（个体如何对可获取内容进行选择）。

供给方的核心特征是由数字技术带来的内容生产和分发成本结构的改变所驱动的。这些变化不仅增加了内容的数量，也移除了在工业（与网络相对）信息经济由于生产内容的高昂前期成本而导致的激励结构（Benkler，2003）。早期，当信息主要是通过大批量生产的实体媒介和集中的广播系统进行传达时，内容生产者需要寻求尽可能广泛的受众面（为了收回工业生产的成本；Benkler，2003）。通过数字媒体而出现的新型信息生产和分发模型意味着，（除了其他之外）现在面向一小部分受众发布政治内容在经济上更可行。此外，在更多竞争的压力下，生产者更有动力来迎合细分读者，往往远超那些传统媒体所定位的"中位选民"群体（Nie 等，2010）。因此，数字媒体提高了可以获得的政治内容的专业性，但同时导致这些内容片面失衡（Baum 和 Groeling，2008）。这些发展和激励联合起来产生了几乎无限的选择以及极端而片面的政治内容的大幅增长。

对需求方来说，个体喜欢那些聚焦他们关心的话题的内容，而对于关心政治的人来说，他们关心与他们已有政治信仰和看法相一致的消息（Nie 等，2010），这个结论与选择性接触（参见例如 Knobloch-Westerwick 等，2015a，2015b；Knobloch-Westerwick 等，2011；Stroud，2011；也参见本书第四十章）以及与源于费斯汀格（Festinger，1957）的认知失调理论相一致。一项研究已经发现，个体甚至将他们的党派过滤器应用于非政治内容［如保守派更倾向于通过福克斯新闻（Fox News）选择旅行和运动故事，而不是美国国家公共电台（NPR）或美国有线电视新闻网（CNN）的同样故事；Iyengar 和 Hahn，2009］。其他研究发现了一个这样的趋势：有一部分人在考量态度不一致的信息时倾向于选择劣质而不是高质量的信息源，显然更容易不理会任何与他们态度不一致的论点（Westerwick 等，2013）。总而言之，个体的动机和喜好在需求方显得尤为突出，并且研究者最常探讨的动机都是为现有政治信仰和态度提出辩护。

鉴于存在着这些供给和需求因素的互动，那些在意民主进程质量的人有足够的理由表示担忧。那些追求"意识形态纯粹性"的人可以并且的确在网络上发现了这种情况，很可能要以接触到不同的观点为代价（Nie 等，2010，432）。这些模式对那些受协商民主理论影响的人来说特别麻烦，这种理论强调公民通过思考政治问题来仔细审查政敌所提出的理由和论点，要么通过直接面对面的讨论，要么间接地通过跟踪新闻媒体上不同意见领袖的热烈讨论（一个被称作"调解协商"的过程）（关于更广泛的协商民主内容，参见 Xenos 和 Kim，2008；Gutmann 和 Thompson，2004；Page，1996）。另外，正如有关气候变化争论的研究显示，即使在存在强有力的科学共识的情况下，那些通晓信息的自由派和保守派也有可能在围绕着政治化科学议题的基本事实上产生分歧（Bolsen 等，2015）。像这些的模式让那些热衷于善意协商科学议题的人担忧，这些人既通晓信息也关注相关的政治和价值冲突。在缺乏富有活力的协商过程中，大部分公众有可能基于不太正确的科学理解而建立（并容易强化）政治立场，这本有可能通过健康的辩论和讨论来补救。

尽管这些情景也许令人不安，但也很重要的是，要考虑那些防止数字化时代最乌托邦式的极化政治描述的因素。首先，关于态度极化和党派新闻消费的实证文献显示，大量态度极化的模式集中在我们当中那些最咄咄逼人的思想家和活动家身上。正如马库斯·普赖尔（Markus Prior，2013）的观点和聂（Nie 等人，2010）提出的证据显示：我们发现主要问题是那些政治参与度高的强势党派人士的态度与政党认同紧密相关，或与完全依赖于像福克斯新闻这种党派鲜明的有线电视品牌相关。相比之下，"大部分美国人的政治态度维持相对中间派"，并且几乎没有极化的证据（Prior，2013，102）。第二个缓解的因素是选择性接触和防御性回避之间的重要差别。个体偏爱观点相似的内容的事实不一定意味着他们会积极避免志趣不一致的内容。有多项研究显示尽管有明显的选择性接触模式，许多信息寻求者也会故意使自己接触大量网络和非网络上态度相左的媒体内容（Garrett 等，2011；Gentzkow 和 Shapiro，2011；Kelly，2009）。回到供给方，我们发现了第三个因素：许多传统的新闻媒体继续为广泛且意识形态不同的受众提供更平衡的政治和公共事务报道，这样一来就为那些可能偶然接触新闻的普通公众和强势党派人士提供了相反的政治信息，就像第二个因素所揭示的一样（关于这一点有用的实证文献回顾，参见 Prior，2013）。因此，尽管现在让公众以偏颇的方式理解政治议题要容易得多，但对于大部分公众和大部分议题来说，些许开放的心态，加之持续地可以接触到更平衡的话语，减弱了这些模式出现最坏情景的程度。换言之，当供给方的动力机制为令人担忧的极化模式带来巨大潜能时，平衡的实证研究显示这些潜能实现的程度是有限的。

极化环境中的科学议题

作为一个一般的类别，科学议题的一系列独特之处将它与那些极化政治研究者通常考虑的议题以及那些新闻媒体中最常见的议题区别开来。本部分讨论是什么让这些议题如此独特以及为什么（精英和普通公众一样）在公共领域处理科学议题很重要。

卡门斯（Carmines）和斯廷森（Stimson，1980）把政治议题区分为几乎所有人凭直觉就能掌握的"容易的"政治议题与只有那些最博学和最老年的选民们可能期望融入他们政治决定之中的"难懂的"议题。按照这个著名的定义，我们可以将大部分科学议题归类为超级难懂的类别。首先，它们高度技术化，特别是相比于种族政治或生育权利等这些一个人能够不用牺牲重要细节就可以在象征性层面作出反应的议题来说。尽管许多公众依赖简单启发法来理解科学议题（Brosssard 和 Nisbet，2007；Ho 等，2011），但对这些议题进行可靠的思考则需要深入了解事实和价值观（Dietz，2013）。其次，科学议题（或起码许多议题的科学维度）从根本上说关注的是手段而不是目的。当然，往往是政策可能带来的种种结果给科学议题赋予了政治意义，但如果没有仔细考虑相关的实在事实——这往往涉及意义问题的详细考虑，人们就无法充分分析科学举措的风险和益处。最后，除了一些重要的例外（如核能、气候变化、许多环境议题），绝大部分科学议题都没有很长的公众议程历史。相比于反复出现的诸如税收政策、社会福利项目或者那些与性别或种族相关的话题，科学议题的特征是不那么频繁地在公共话语中出现（如果有的话）。尽管对于"容易的"议题来说，那些哪怕对政治只有一时兴趣的人通常都能轻而易举获得简单的党派或意识形态线索，但对于跟纳米技术、生物技术、信息和认知技术或机器人（被称为 NBIC 领域）相关的事物来说，这些线索却难以寻觅。因此，作为一个议题种类，科学议题满足卡门斯和斯廷森用于区分政治议题从"容易"到"难懂"的三个标准的每一条。

科学信息供给方的最新发展只对科学议题的难度有贡献。同时作为一个信息时代的产品——在这个例子中是由于报纸产业收益萎缩而带来的压力——我们见证了主流媒体机构对科学新闻投资的急剧下降（*Nature*，2009）。为了证明这种情况的流动性和看起来很细微变化的潜在影响，一项关于这一现象的研究的作者甚至指出，在他们论文的写作过程中，一位著名的科学记者离职了，而这位记者的工作在他们所分析的报道中比重最大 [Dudo 等，2011；这位记者名叫巴纳比·费德（Barnaby Feder），他在他们的数据收集和论文发表期间离开了他在《纽约时报》的职位]。因此，尽管早期那些关于高与低社会经济地位之间的知识鸿沟的传播研究倾向于将科学议题和普通公众议题同等对待（Tichenor，Donohue 和 Olien，1970），当今的媒体景象表明这种方法不再合理。

尽管传统新闻媒体对科学报道的减少伴随着科学博客和其他媒体数量的增加，这些发展仍然意味着一个质性转型，对公众如何理解科学议题有着实质影响。例如，直觉和传闻证据表明，数字科技写作也许会出现一些与一般政治领域中促进极化的同样趋势。例如《自然》杂志的记者杰夫·布伦菲尔（Geoff Brumfiel）提到，尽管许多读者通过访问生物学家保罗·迈尔斯（Paul Myers）的博客来获取关于新兴科学议题的技术信息，"他对宗教的抨击 [也] 是博客的主要吸引力"（Brumfiel，2009，276）。另外，尽管基于事件和议程的机会总是为科学信息进入公众意识提供路径，但是这种机会不可预测、不可靠而且越来越少（Dudo 等，2011）。因此，科学议题领域正在失去一个在更广泛的公共领域缓解极化的重要因素：根据大众传媒时代原则而产出的内容的持续供应，这些原则适当地表达了重要专家和政治领导者之间的辩论，同时向一般受众传递技术信息。

在需求方面，两个重要的因素影响了数字时代公众的科学参与。一方面，对于大部分科学议题，特别是诸如纳米技术、生物技术、信息及认知技术等新兴科学和技术来说，公众的知识、意识以及 / 或兴趣较少（Xenos 等，2011）。这一发现与菲利普·康弗斯（Philip Converse，1990，372）关于选民政治知识的著名结论一致：即"平均值很低并且方差很大"。但是，不同于那些处于政治知识分布长尾部分的人，那些对科学议题只有一时兴趣的人无法利用现成的线索和公共话语来"持续很长一段时间不重复地谈论这些话题"（Converse，1990，372）。另一方面，那一小部分对科学高度感兴趣的公众从网络轻松获得大量专业但有可能片面的内容，以及越来越少的主流内容的供应。

上面的最后一点将我们直接带到需求方面的第二个主要特征。对许多个体来说，信息寻求行为不可避免地聚焦于（表面上不存在或模糊的）观点的形成而不是对其进行辩护上。按照有关信息寻求的研究的说法，他们可能更感兴趣的是"引导"（理解一个议题并从零开始形成一个观点）而不是"监视"（维护现有的知识储备和陈旧的信仰及观点体系；Yeo 等，2015）。诚然，监视过程可以帮助形成新的态度，就像某位理论家迅速将新议题融入僵化的世界观的例子一样。但更重要的一点是，绝大多数人都不是理论家，并且许多科学议题的新颖性为开放和审慎的信息寻求和态度形成过程提供了机会。乍看之下，这似乎看起来能减弱与极化政治相关的最糟糕的偏见。但是，根据供给方可观察到的转变，这个特征提出了重要问题。特别是它指出了供给和需求的不匹配。虽然兴趣浓厚的个体有可能错过那些更平衡的内容来缓和选择性接触的模式，但是不太感兴趣的个体面对着一个充斥着可能过于专业和过于片面内容的信息环境，以至于无法用于就科学问题形成知情和审慎的观点。

现有研究与未来研究重点

在不断数字化和极化的媒体环境中，许多研究阐明了理解公众参与科学的一些重要领域。但是，如果我们要发展可靠的实证方法来培育更健康的公众参与科学模式，仍然存在一些重要问题。本文的结论部分关注以下领域所需的研究：①在公共领域科学议题信息的提供；②对科学议题（及其影响）有着内在兴趣的人群的信息寻求习惯；③有哪些过程能够吸引那些对科学不怎么感兴趣的人的有效参与。

与更广泛的数字公共领域的研究相一致（Xenos 和 Kim，2008），现有研究证实了数字媒体在提升信息可及度上的潜力，同时也解除了传统格式的局限（也就是由事件驱动的报道；Cacciatore 等，2012）。此外，网络报道强调的主题与传统和印刷媒体所特有的主题不一样（Anderson 等，2010）。但现有研究缺乏对网络内容的分析，特别是关注主流话语中所体现的政治过滤和意识形态多样性。有些研究揭示了政治多样性的混合总体水平（Gerhards 和 Schafer，2010），但未来的研究应该追求一种更精确的方法，可以捕捉到例如个人资源范围内而不是整个公共领域的不同视角的可得性程度。这样，未来关于科学议题"调解协商"的研究可以告知我们不仅是关于信息的可得性以及在总体层面上代表不同观点的评论，也能告诉我们个体偶遇这种多样性的可能性。这种对供给方的调查能让我们更好地理解感兴趣和不感兴趣的公众选择性接触科学信息的模式。

更好地了解那些对科学有着天生兴趣的群体也很重要，因为对他人来说，这些个体通过非正式对话和其他偶然的方式成了潜在信息源，他们也很有可能是所在社交网络中的意见领导者。毫不奇怪，数字媒体的使用对那些自然倾向于寻求信息的群体的科学知识产生了正面影响（Su 等，2015）。但是，人们对他们所获取的科学信息中的意识形态和信息性内容的混合体知之甚少。尽管有理由期待在这些个体中出现选择性接触和动机性推理，但出乎意料的是，几乎没有研究专门关注也许被我们称为科学新闻迷的信息习惯。未来的研究应该仔细关注这些模式，特别是这些个体如何与那些可能求助于他们去探索科学领域的人们互动的相关部分。

或许最重要的是，未来研究能受益于更多地关注普通公众了解更多科学议题的过程，以及个体对新兴科学发展相关政策问题的最初态度的形成过程。许多研究在默认的情况下探讨了这些动力机制，典型的常见做法是通过招募大学生进入实验室做实验，最容易记录的是选择性接触和动机性推理的模式（例如通过在控制环境下网络浏览的实时跟踪）。一部分这类研究发现，信息寻求是更平衡或更偏颇，这取决于议题的本质（Knobloch-Westerwick 等，2015；Jang，2014）。但是这种研究常常基于简单接触到的受控科学话题的信息清单，并没有深入探讨信息寻求可能反映出偏颇或平衡的条件的变化。其他研究试图调查跟极化政治相关的具体因素，例如基于意识形态或其他相关因素的清晰（与模糊相对）线索的可得性，或是否友善地讨论他人的预期（Yeo 等，2015；Xenos 等，2011）。这个领域的研究为了解个体如何寻求信息并形成我们常常可以假设的新观点提供了有价值的洞见。最为重要的是，这些研究提醒我们，哪怕是相对缺乏经验的人，偏执的信息或固执己见的信息也比更平衡或信息量丰富的内容更有吸引力（Yeo 等，2015；Xenos 等，2011）。对于诸如胚胎干细胞研究或与基因剪辑相关的新兴技术等众多议题来说，很可能在考察更传统党派或意识形态的信号的同时，也需要考察与宗教和伦理倾向相关的更广泛的文化线索。这样的研究将有助于我们更好地理解微观层面的议题关注周期或个体如何先注意到某个议题、形成初始观点然后长时间持有这些观点。尤其重要的是考察个体在这个过程中的信息寻求习惯，明确地关注公众可及的科学议题话语中更广泛的供给方的动力机制。

遗憾的是，现有研究尚未就促进公众健康、慎重地参与有争议的科学议题信息的最佳方式得出明确的、基于实证的结论。当然，扭转专注且独立的科学新闻的衰落将是一个可喜的发展，起码将科学议题回归到与公共领域其他话题相似的地位，使其仍然在主流新闻报道中占有相当数量。但是，除此之外，需要更多的研究来确定是否需要、何时，以及如何促进对科学议题的了解、意见形成和合理的公共辩论的富有成效的模式。当探讨这些途径的时候，学者需要注意科学内容的独特属性，特别是在多大程度上科学议题需要谨慎关联各种各样的事实和有价值的信息。

参考文献

Anderson, Ashley A., Dominique Brossard, and Dietram A. Scheufele. (2010). The changing information environment for nanotechnology: online audiences and content. *Journal of Nanoparticle Research: An Interdisciplinary Forum for Nanoscale Science and Technology*, 12(4), 1083–1094.

Baum, M. (2003). *Soft news goes to war: public opinion and American foreign policy in the new media age*. Princeton, NJ: Princeton University Press.

Baum, Matthew A., and Tim Groeling. (2008). New media and the polarization of American political discourse. *Political Communication*, 25(4), 345–365.

Benkler, Y. *The wealth of networks: how social production transforms markets and freedom*. New Haven, CT: Yale University Press, 2003.

Bolsen, T., J. N. Druckman, and F. L. Cook. (2015). Citizens', scientists', and policy advisors' beliefs about global warming. *The ANNALS of the American Academy of Political and Social Science*, 658(1), 271–295.

Brossard, D., and M. C. Nisbet. (2007). Deference to scientific authority among a low information public: understanding US opinion on agricultural biotechnology. *International Journal of Public Opinion Research*, 19(1), 24–52.

Brumfiel, Geoff. (2009). Supplanting the old media? *Nature*, 458, 274–277.

Cacciatore, M. A., A. A. Anderson, D.–H. Choi, D. Brossard, D. A. Scheufele, X. Liang, et al. (2012). Coverage of emerging technologies: a comparison between print and online media. *New Media & Society*, 14(6), 1039–1059.

Carmines, E. G., and J. A. Stimson. (1980). The two faces of issue voting. *American Political Science Review*, 74(1), 78–91.

Converse, Philip E. (1990). Popular representation and the distribution of information. In: John A. Ferejohn and James H. Kuklinski, eds., *Information and democratic processes*. Urbana: University of Illinois Press, 369–388.

Dietz, T. (2013). Bringing values and deliberation to science communication. *Proceedings of the National Academy of Sciences*, 110(Suppl. 3), 14081–14087.

Dudo, Anthony, Sharon Dunwoody, and Dietram A. Scheufele. (2011). The emergence of nano news: tracking thematic trends and changes in U.S. newspaper coverage of nanotechnology. *Journalism &*

Mass Communication Quarterly, 88(1), 55–75.

Festinger, L. (1957). *A theory of cognitive dissonance*. Stanford, CA: Stanford University Press.

Garrett, R. Kelly, Dustin Carnahan, and Emily K. Lynch. (2011). A turn toward avoidance? Selective exposure to online political information, 2004–2008. *Political Behavior*, 35(1), 113–134.

Garrett, R. Kelly. (2009). Politically motivated reinforcement seeking: reframing the selective exposure debate. *Journal of Communication*, 59(4), 676–699.

Gentzkow, M., and J. M. Shapiro. (2011). Ideological segregation online and offline. *The Quarterly Journal of Economics*, 127(10), 1799–1839.

Gerhards, J., and M. S. Schafer. (2010). Is the Internet a better public sphere? Comparing old and new media in the USA and Germany. *New Media & Society*, 12(1), 143–160.

Gutmann, Amy, and Dennis Thompson. (2004). *Why deliberative democracy?* Princeton, NJ: Princeton University Press.

Ho, S. S., D. A. Scheufele, and E. A. Corley. (2011). Value predispositions, mass media, and attitudes toward nanotechnology: the interplay of public and experts. *Science Communication*, 33(2), 167–200.

Iyengar, Shanto, and Kyu S. Hahn. (2009). Red media, blue media: evidence of ideological selectivity in media use. *Journal of Communication*, 59(1), 19–39.

Jang, S Mo. (2014). Seeking congruency or incongruency online? Examining selective exposure to four controversial science issues. *Science Communication*, 36(2), 143–167.

Knobloch–Westerwick, S., B. K. Johnson, N. A. Silver, and A. Westerwick. (2015a). Science exemplars in the eye of the beholder: how exposure to online science information affects attitudes. *Science Communication*, 37(5), 575–601.

Knobloch–Westerwick, Silvia, Benjamin K. Johnson, and Axel Westerwick. (2015b). Confirmation bias in online searches: impacts of selective exposure before an election on political attitude strength and shifts. *Journal of Computer-Mediated Communication*, 20, 171–187.

Knobloch–Westerwick, Silvia, and Jingbo Meng. (2011). Reinforcement of the political self through selective exposure to political messages. *Journal of Communication*, 61(2), 349–368.

Knobloch–Westerwick, Silvia, Cornelia Mothes, Benjamin K. Johnson, Axel Westerwick, and Wolfgang Donsbach. (2015). Political online information searching in Germany and the United States: confirmation bias, source credibility, and attitude impacts. *Journal of Communication*, 65(3), 489–511.

Nature. (2009). Filling the void: as science journalism declines, scientists must rise up and reach out. *Nature*, 458, 260.

Negroponte, Nicholas. (1995). *Being digital*. New York: Vintage Books.

Nie, Norman H., Darwin W. Miller, Saar Golde, Daniel M. Butler, and Kenneth Winneg. (2010). The World

Wide Web and the U.S. political news market. *American Journal of Political Science*, 54(2), 428–439.

Page, Benjamin I. (1996). *Who deliberates? Mass media in modern democracy*. Chicago: University of Chicago Press.

Prior, Markus. (2013). Media and political polarization. *Annual Review of Political Science*, 16(1), 101–127.

Prior, Markus. (2007). *Post-broadcast democracy: how media choice increases inequality in political involvement and polarizes elections*. New York: Cambridge University Press.

Stroud, N. J. (2011). *Niche news: the politics of news choice*. New York: Oxford University Press.

Su, L. Y.–F., H. Akin, D. Brossard, D. A. Scheufele, and M. A. Xenos. (2015). Science news consumption patterns and their implications for public understanding of science. *Journalism & Mass Communication Quarterly*, 92(3), 597–616.

Sunstein, Cass. (2001). *Republic.com*. Princeton, NJ: Princeton University Press.

Tichenor, P., G. A. Donohue, and C. N. Olien. (1970). Mass media flow and differential growth in knowledge. *Public Opinion Quarterly*, 34(2), 159–170.

Westerwick, Axel, Steven B. Kleinman, and Silvia Knobloch–Westerwick. (2013). Turn a blind eye if you care: impacts of attitude consistency, importance, and credibility on seeking of political information and implications for attitudes. *Journal of Communication*, 63(3), 432–453.

Xenos, Michael A., Amy B. Becker, Ashley A. Anderson, Dominique Brossard, and Dietram A. Scheufele. (2011). Stimulating upstream engagement: an experimental study of nanotechnology information–seeking. *Social Science Quarterly*, 92(5), 1191–1214.

Xenos, Michael A., and Nuri Kim. (2008). New mediated deliberation: blog and press coverage of the Alito nomination. *Journal of Computer-Mediated Communication*, 13(2), 485–503.

Yeo, S. K., M. A. Xenos, D. Brossard, and D. A. Scheufele. (2015). Selecting our own science: how communication contexts and individual traits shape information seeking. *The ANNALS of the American Academy of Political and Social Science*, 658(1), 172–191.

推荐阅读

Cacciatore, M. A., A. A. Anderson, D.–H. Choi, D. Brossard, D. A. Scheufele, X. Liang, et al. (2012). Coverage of emerging technologies: a comparison between print and online media. *New Media & Society*, 14(6), 1039–1059.

Jang, S Mo. (2014). Seeking congruency or incongruency online? Examining selective exposure to four controversial science issues. *Science Communication*, 36(2), 143–167.

Knobloch–Westerwick, S., B. K. Johnson, N. A. Silver, and A. Westerwick. (2015). Science exemplars in the eye of the beholder: how exposure to online science information affects attitudes. *Science*

Communication, 37(5), 575–601.

Nie, Norman H., Darwin W. Miller, Saar Golde, Daniel M. Butler, and Kenneth Winneg. (2010). The World Wide Web and the U.S. political news market. *American Journal of Political Science*, 54(2), 428–439.

Prior, Markus. (2013). Media and political polarization. *Annual Review of Political Science*, 16(1), 101–127.

Su, L. Y.-F., H. Akin, D. Brossard, D. A. Scheufele, and M. A. Xenos. (2015). Science news consumption patterns and their implications for public understanding of science. *Journalism & Mass Communication Quarterly*, 92(3), 597–616.

Xenos, Michael A., Amy B. Becker, Ashley A. Anderson, Dominique Brossard, and Dietram A. Scheufele. (2011). Stimulating upstream engagement: an experimental study of nanotechnology information–seeking. *Social Science Quarterly*, 92(5), 1191–1214.

Xenos, Michael A., and Nuri Kim. (2008). New mediated deliberation: blog and press coverage of the Alito nomination. *Journal of Computer-Mediated Communication*, 13(2), 485–503.

Yeo, S. K., M. A. Xenos, D. Brossard, and D. A. Scheufele. (2015). Selecting our own science: how communication contexts and individual traits shape information seeking. *The ANNALS of the American Academy of Political and Social Science*, 658(1), 172–191.

第三十一章
科学在流行文化中不断变化的形象

戴维·A. 柯比（David A. Kirby）

摘要： 关于流行文化的研究显示，与早期的刻板描述相比，当代科学的形象已经变得没那么负面且更加复杂。科学家如今更有可能被刻画成英雄而非恶棍，并且现代科学家的特征展现出以往画像中所没有的道德复杂性。但历史上将科学家描绘为享有特权的美国白人男性的这一描述并没有改变。学术分析展示了一种转变：从科学知识是本质危险的虚构式解读到科学只有在不受管控或没有伦理约束的情况下才有威胁性的表征。最近的娱乐媒体通过揭秘科学过程而使得科学更容易为人所知，尽管这些文本仍然将科学描述为精英的领域。过去将科学表征为秘密和神秘的实践，已经被一种新的科学公共形象所替代，这种新的形象认为科学是一种超乎寻常的确定性的实践。

关键词： 科学家；文本；表征；形象；流行文化；刻板印象；小说；娱乐媒体

科学和娱乐代表着两种最强大的人类发展出来理解和探索世界的文化体制。大部分人都不是科学家。因此，公众通常通过流行文化的描述来了解科学的形象。[1]如今，当代娱乐媒体作品强调从幻想作品到戏剧等不同体裁的现实主义。科学与现实主义的概念之间有着长期的联系，使得电影制作人、电视制片人、漫画书作者和电脑游戏设计者越来越多地寻求科学的帮助将他们自己的文本置于一个现实主义框架中。流行文化不断增加对科学的使用，这意味着我们目前正在经历着一个科学与娱乐相融合的黄金时代。奥斯卡获奖电影如《地心引力》（*Gravity*，2013）和《万物理论》（*The Theory of Everything*，

2014）等以及电视收视率巨头如《犯罪现场调查》（*CSI*，2000—2015）和《生活大爆炸》（*The Big Bang Theory*，2007—）等都证明了，基于科学的娱乐产品既可以广受好评，又能在经济上取得成功。不仅仅是电影大片和热播电视节目欣然接受科学。著名电脑游戏《生化危机》（*Resident Evil*，2002—）系列和《生化奇兵》（*Bioshock*，2007）等，以及畅销漫画如《蜘蛛侠》（*Spiderman*）和《绿巨人》（*Hulk*）等都证明注入了科学的流行文化有着大量受众。

科学界一直对娱乐媒体所描述的科学表示担忧，因为他们认为这些描述一律都是负面的。但流行文化中对科学的批判者，包括许多科学传播研究者［例如穆尼（Mooney）和柯珊保（Kirshenbaum），2009］倾向于在更久远的或者历史研究的基础上做出判断，这些研究聚焦于1990年以前的表现形式。科学在流行文化中的形象在过去25年间发生了巨大的变化。有证据显示流行文化的描述对受众的知识、信仰和行为产生影响（Kirby，2014）。为了理解这些形象对公众科学态度的影响，我们首先得理解近期研究所展示的当代娱乐媒体是如何表达科学和科学家的。

科学在流行文化中的形象包括所谓的"科学系统"（Kirby，2011）。科学系统包括事实生产过程中被称作科学的所有重要元素，例如科学方法、科学家的社会互动、实验室设备、工业和政府联系以及科学政策。娱乐描述提供视觉、文字、符号和主题等线索，这些线索向受众传达了正在展示中的"科学"，并且在这个过程中将关注点放在政治、经济和社会对科学的使用相关的议题上。我在本章总结了近期学者们对科学流行形象所揭示的内容，并指出潜在的政策启示和仍然需要学术关注的领域。虽然本章关注历史表征，但其主要关注的是，1995年至今的最新研究能告诉我们在过去的25年间流行文化中的科学描述发生了什么变化。

从恶棍到英雄：不断变化的科学家形象

科学不是一个在社会之外运作的抽象、无实质的实体，而是一项人类事业。科学家的行动使得机构成为社会、政治和文化力量的代理。那么毫无意外，科学家是科学实践中最突出和最可识别的符号，是这一事业的中介表征。因为他们代表科学的公共形象，所以对科学家的描述可以塑造公众和精英的看法（Pansegrau，2008；Dhingra，2003）。以往的流行文化研究显示了一个满是对科学家负面描述的娱乐景观，但过去25年对科学家特征的研究揭示了一个相当不同的画面。尽管对科学家的描述在不同媒体类型和体裁类型中不一样，但近期研究显示相比于以前的刻板印象，当代画像变得更加复杂和没那么负面了。即便是"疯狂科学家"这个最容易识别的刻板印象也在演变，它不再像过去几十年里那样代表疯狂、邪恶和痴迷。但这些研究也揭示了科学家作为拥有特权的美国白人男性的历史描述没有改变。

不断变化的新刻板形象

随着时间推移，有大量学术研究关注科学家刻板印象的概念。在对中世纪到 20 世纪的文学和电影中有关科学家的描述进行的全面研究中，海恩斯（Haynes，2003）找出 7 种反复出现的科学家刻板印象：邪恶的炼金术师、愚蠢的科学家、无人性的理性主义者、疯狂的科学家、探险家型的科学家、无能的科学家和社会理想主义者。其他研究者发现更广泛的刻板印象类型，包括心不在焉的教授和超人（Frayling，2005）；暴君、间谍和叛徒（Perkowitz，2007）；男巫师、令人费解之人和书呆子（VanGorp 等，2014）。也有像英国的"研究员"等具有文化特殊性的刻板印象（Jones，1997）。尼斯比特（Nisbet）和杜多（Dudo，2013）认为，所有这些描述都可以浓缩为四种总体的刻板印象：疯狂的科学家、身为无权走卒的科学家、古怪且反社会的极客和动作英雄的主角（也包括作为聪明助手的科学家），我用这四种类型来组织我的讨论。

这些刻板印象反复出现是因为他们在视觉导向的娱乐媒体中具有叙事速记的效用。因为观众能快速识别出这些科学家的漫画形象，娱乐专业人士不需要将宝贵的屏幕时间用于建立角色背景。要表明一个角色是科学家，最直接的视觉信号是将科学家装扮成与科学家刻板印象相关的样子：毛茸茸的"爱因斯坦"头发或光头、大胡子、厚眼镜和实验服。但近期研究显示这不再是当代小说里科学家的标准外形。相反，魏因加特（Weingart）和他同事 2003 年发现这种视觉漫画形象在电影院很少见，且往往仅限于喜剧或恐怖电影。

实验服是"科学家"最具标志性的指代物，因此它可以将一个角色确定为科学家而不需要自动地指明他 / 她的奇怪或古怪行为。因此，当代电脑游戏中有一半的科学家仍旧穿着实验服和戴眼镜。但更重要的是，这些游戏中大部分科学家角色都外貌迷人并且没有其他刻板印象的特征（Dudo 等，2014）。经典刻板科学家的最后避难所似乎是儿童媒体，叙事的简单性增加了快速地传达一个角色职业的信息又不带有模糊性的重要性（Van Gorp 等，2014；Long 等，2010；Vílchez-Gonzalez 和 Palacios，2006）。

科学家刻板印象的流行和本质随着时间推移而改变。虽然疯狂科学家和无权走卒或许是 20 世纪大部分时间内最主流的刻板印象，但过去的 25 年间，英雄和书呆子成了主流刻板印象。同时，疯狂科学家的描述已经演变。当对 20 世纪 90 年代以及进入 21 世纪以来"疯狂、坏和危险"的刻板印象进行描绘时，海恩斯（Haynes，2016）发现如今的娱乐媒体极少将科学家描述为恐惧或嘲讽的对象。相反，许多作者发现不同的媒体中英雄科学家刻板印象呈上升趋势（Van Gorp 和 Rommes，2014；Nisbet 和 Dudo，2013；Kirby，2011；Cavender 和 Deutsch，2007；Perkowitz，2007；Frayling，2005；Locke，2005；Flicker，2003）。举个例子，林泰里斯（Lynteris，2016）对近期世界末日瘟疫电影中流行病学家描述的调查发现，这些电影一致将他们描述为一种新型的"文化英雄"，他们不仅展现出无私和自我牺牲的英雄特质，而且他们的科学工作也防止了社会崩溃。

量化和质性研究都显示，流行文化中的科学家画像从奇怪和邪恶转向了普遍正面。与 20 世纪 70 年代和 80 年代的电视科学家（Gerbner，1987）不同，杜多（Dudo 等人，2011）对当代电视节目的调查发现，大部分节目都将科学家描绘为"好"人，最不可能被描述为"坏"的角色类型。杜多等人（2014）在研究电子游戏中科学家角色时发现了相近的结果，他们发现，科学家通常展现出正面角色特征并且他们的行动往往对游戏故事情节有正面影响。同样，魏因加特（Weingart 等人，2003）的研究得出结论认为，大部分电影将科学家刻画成"慈善的"和"好的"而不是邪恶的。

即使已经出现了转向，将科学家刻画成"好"的形象，但许多科学家仍然具有性格古怪和不善社交的特征，这些都是曾经被认为是负面的社会属性。最新的科学家刻板印象——书呆子，来源于 1984 年的电影《菜鸟大反攻》（*Revenge of the Nerds*）（Bednarek，2012；Kendall，1999）。最初与电脑科学有关，聪明但社交白痴的书呆子成了所有娱乐媒体形式所熟悉的人物（Kohlenberger，2015；Kendall，2011）。尽管他们与传统负面的科学家刻板印象不一致，电子游戏中的科学家角色更可能被刻画成古怪而不是墨守成规的，并且是书呆子型而不是酷型的（Dudo 等，2014）。在过去几年间，电视上的书呆子也大量增加（Cardiel，2012；Quail，2011）。热门电视剧《生活大爆炸》（*The Big Bang Theory*）中几个角色的特征就是书呆子的刻板印象，包括典型的谢尔顿（Sheldon）（Weitekamp，2015；Bednarek，2012）。流行文化中书呆子形象显著增加的同时伴随着从鄙视书呆子的叙事转向打趣笑话这个角色（Kendall，2011）。

疯狂科学家是最经久不衰的科学家刻板印象，这曾对科学家的流行看法产生了最大的影响。许多学者坚持认为疯狂科学家代表了对科学的不可及性、享有特权和潜在危险本质的普遍担忧（Larsen，2011；Weingart，2006；Frayling，2005）。实际上，奥西雅（Orthia，2011）指出大部分学术研究都默认疯狂科学家仅仅是反科学批判者的象征性替身。她指出这个假设体现了缺失模型思维，即受众对疯狂科学家角色做出的反应千篇一律。她还认为疯狂科学家不总是对科学的批评，因为这些表述比原来的认识要更复杂。更新的研究将"疯狂科学家"这一范畴视为需要解决的问题，同时也揭示了这一当代描述的内在复杂性。

当代娱乐媒体中的疯狂科学家画像常常与新兴、复杂和不受管制的科学领域相关（Larsen，2011），例如克隆技术（Haran，Kitzinger，等，2008；Gerlach 和 Hamilton，2005）和纳米技术（Jackson，2008）。同时，娱乐界对现实主义的新强调已经延伸到疯狂科学家的刻画上，如今这些科学家展示出早期刻板印象版本中没有的道德复杂性。举个例子说，疯狂科学家通常并不"疯狂"，他们不是非理性的行动者。相反，他们的道德过失是由过分的理性而导致，他们的实验通常来源于为社会做好事的愿望（Hark，2004）。漫画书中的科学家恶棍甚至演变成跟那些名字出现在封面的超级英雄一样面临道德冲突的角色。诸如章鱼博士（Dr. Octopus）、柯特·康纳斯博士（Dr. Curt Connors）和弗里兹先生（Mr. Freeze）等角色的动机现在来源于一种改善社会的被误导的愿望（Locke，2005）。电视剧《绝命毒师》（*Breaking Bad*）（2008—2013）中道德上模棱两可的化学家沃尔特·怀特（Walter White）也许是非传统的新型疯狂科学家的最好例证。虽然间接的经济压力促使他决定利用科学来犯罪，但本质上是他的傲慢将他变成了一个科学恶棍（Brodesco，2014；Edelson，2014；Fahy，2013）。

流行文化中科学家的人口统计学和量化研究

量化研究揭示科学家角色在不同娱乐类型中的流行程度存在着有趣的差别。杜多等人（2011）发现，科学家角色在电视节目中极其罕见，在 2000 年到 2008 年黄金时段电视节目中，科学家角色只占 1%。相比之下，杜多等人 2014 年发现，大部分（55%）电子游戏故事包含一个或多个科学家角色。他们还确定这些游戏中的大部分科学家都是主角而不是配角。但是，从人口统计学的角度看，这些内容分析揭示了不同媒体形式展示的科学家在年龄、民族、种族、和性别构成上惊人一致的现象。

来自电影（Steinke，2005；Weingart 等，2003）、电视（Van Gorp 等，2014；Dudo 等，2011；Quail，2011；Long 等，2010；Steinke 和 Long，1996）、电子游戏（Dudo 等，2014）和漫画书（Van Gorp 和 Rommes 2014）的实证证据一致表明，娱乐媒体中的大部分科学家被刻画成年长的白人男性。不同媒体在种族多样性上有细微差别，电子游戏中的东亚和非洲裔美国科学家要稍微多于其他媒体中的科学家（Dudo 等，2014）。尽管一个针对四个儿童电视节目的研究发现对男性和女性科学家的描述是一样的（Long 等，2010），但是娱乐媒体中科学家角色的整体多样性景象是同质的。科学家角色缺乏多样性，与媒体多样性的普遍研究一致，这显示了女性和少数族裔在各行各业中的代表性不足（Smith 等，2016）。

女性科学家在娱乐媒体中的代表性不足推动了一些专门针对性别差异的研究。不同当代媒体的研究显示，女性科学家的智商和能力与男科学家不相上下，并且女科学家角色跟男性科学家一样有可能担任更高的职务（Merrick，2012；Long 等，2010；Steinke，2005）。但这些学术研究也发现，女性科学家的形象通过明显或不易觉察的歧视形式强化了传统社会和文化关于女性在科学中的作用的刻板印象，例如男性同事对她们专业特长的持续挑战和她们没有男性同事那么独立（Haran，Chimba，等，2008；Steinke，2005）。此外，不同媒体对女科学家的画像给人带来的印象是，在女性的科学事业和个人生活之间存在冲突。大部分电影中的女科学家没有孩子（Steinke，2005；Weingart 等，2003），并且只有一小部分女科学家在电视上被刻画为已婚或是母亲的形象（Long 等，2010）。

女性科学家的刻板印象与她们的男同事差别很大。相比于女性科学家，男性科学家角色更有可能被打造为书呆子或极客（Long 等，2010）。事实上，在绝大多数的当代流行文化中，女性科学家仍然符合外表和穿着上女性美的传统观念，而追求异性浪漫仍然是一个主旋律（Bergman，2012；Steinke，2005）。男性疯狂科学家的特征极少适用于女性科学家角色（Steinke，2005；Flicker，2003）。作为疯狂科学家的替代品，弗利克（Flicker，2008）发现娱乐媒体存在七类女科学家：老处女、男人婆、无知专家、邪恶阴谋家、女儿或助理、孤独女英雄和聪明的数字美女。尽管娱乐媒体已经开始纳入更多前卫的女科学家画像，但是反复出现的女性科学家形象强化了人们关于女性在科学中角色的传统社会和文化假设。

从神秘危险到可知可控：科学作为一种机构形象上的变化

虽然科学家的公众形象在过去 25 年间转向将科学家刻画成"好人"，而作为一种机构形象的科学，它的变化要复杂得多。1990 年以前开展的研究揭示了一种流行的文化景象，表达了 20 世纪期间对科学根深蒂固的恐惧（Goldman，1989；Basella，1976；Hirsch，1958）。近期研究证明，如今也能在生物技术和克隆等最近的科学进步中发现伴随着 20 世纪 50 年代的原子科学和 80 年代的计算机科学而出现的同样焦虑。

当代科学的危险

然而，娱乐媒体不再将科学实践描述为固有的危险；相反，当代流行文化中的科学风险来自科学知识假设的中立性。科学在当今流行文化中是好是坏完全依赖人类的意愿来规范对这种知识的使用。近期研究还显示，当代娱乐媒体常常通过对科学过程的去神秘化来将科学变得更容易获得，哪怕这些文本也仍然将科学描述为精英的领地。但过去将科学作为秘密和神秘工作的描述被新的公共形象所替代：科学是一项有着近似超乎寻常的确定性的工作。

科学最古老和最经久不衰的流行形象之一是，追求知识是危险的，尤其是如果科学家失去对他们研究的控制的话。玛丽·雪莱（Mary Shelley）的《科学怪人》（*Frankenstein*）为整个 20 世纪所产出的大部分科幻小说奠定了基调（Larsen，2011；Turney，1998）。近期的娱乐媒体有一个转变，不再把科学知识描述为固有危险的（即有些事情人类不应该知道），而转变为科学只有在不受管制以及没有伦理约束的情况下才是危险的。

当代娱乐文本将生物技术和克隆描述为科学探究中特别危险的领域（Eberl，2010；Haran，Kitzinger，等，2008；Kirby，2007）。在将《科学怪人》故事改编成像《人兽杂交》（*Splice*）（2009）等电影、像《生化奇兵》（*Bioshock*）等电脑游戏和像《危机边缘》（*Fringe*）（2008—2013）等电视剧中，21 世纪生物科学制片人将故事原来对科学知识固有危险的关注点转向更当代的科学监管和科学参与消费资本主义的担忧（Schmeik，2015；Ginn 等，2014；Murdoch 等，2011）。例如，一项针对十大最畅销生物技术主题的电子游戏的研究发现，每个游戏中的灾难都是基因工程出错的直接结果。但这些游戏中基因工程的危险要么是不受管制的科学工作的副产品，要么是在缺乏伦理标准情况下使用基因工程技术导致的（Murdoch 等，2011）。

揭秘科学

对以往科学公共形象的学术分析发现，1990 年前的娱乐媒体常常将科学描述为神秘而且神奇的过程（Goldman，1989；Carter，1988；Gerbner，1987）。这暗示科学几乎是一种神圣的事业，由一个能够理解和生产这类专业知识的精英或特权群体来监管（Hornig，1990）。例如，超级英雄漫画中的科学通常替代了对魔法和迷信的信仰，但这些故事也将科学本身描述为不可知的、神奇般超凡的实体，其中科学家的作用等同于巫师或牧师（Locke，2005）。因为科学仪器被描述为是奇异的，科学方法是复杂和难懂的，因此科学家用以获得他们知识的过程是神秘的。科学研究方法通常隐藏在公众的视野之外。娱乐媒体的科学描述可能提供一个潜在的窥见这个隐藏世界的机会，但事实上科学的表征常常不包括描绘那些真正从事科学工作的科学家（Weingart，2006）。这意味着 1990 年前流行文化中的科学家按常规提供科学信息，却不解释他们是如何获得这些知识的。

当代娱乐媒体不再将科学描述为一种恰好"发生"的事情。近期描述倾向于通过明确地关注科学的方法手段来实现对科学过程的去神秘化，同时继续将这个过程描述为精英知识分子的领域。例如，电子游戏常常摒弃科学是神秘、不可思议和迷信的观念，并强调科学方法的严谨性。但这些游戏也将科学描述为有智力天赋的人的领域（Dodo 等，2014）。

科学的去神秘化是过去 25 年间电视节目的一个特色。例如一项关于 20 世纪 90 年代流行儿童节目的研究证明，这些节目没有将科学描述为神秘或神奇的，而是描述成了每个人都能理解的日常生活的组成部分（Long 和 Steinke，1996）。尽管《流言终结者》（*Mythbusters*）（2003 —）过分简化了科学实践，但它依然描述了一种容易理解、易于识别的科学方法的精华（Zavrel，2011）。同样地，无论在《犯罪现场调查》（*CSI*）中的科学是否真实，这部剧呈现科学的方式引起了人们关注科学家是如何生产这些知识的（Deutsch and Cavender，2008）。像这样的流行科学节目引导着当今的观众去期待电视中虚构的科学家解释他们到底是如何得到他们的结果的。但对电视上的科学所进行的每一项研究也都发现，这些节目仍然将科学活动描述为科学家的特权领域（Dudo 等，2011；Long 等，2010）。

尽管流行文化不再将科学描述为一个神秘和难以理解的过程，但科学已经获得一种新的神奇力量，以一种近乎超自然的能力来产生确定性。在电影、漫画书和电脑游戏中，科学确定性主要通过越来越多地使用科学来将异想天开的故事置于一个现实主义框架中体现出来（Kirby，2011；Locke，2005）。电视上的科学将科学描述为一种一贯正确的解决问题的极端方法论。例如，儿童电视节目一直将科学家描述成无所不能的，将科学描述成人们判断真理的唯一方法（Long 和 Steinke，1996）。

像《流言终结者》（*Mythbusters*）这种节目中的科学也对科学探究确定性强化了一种过于权威的描述（Nisbet 和 Dudo，2013）。像《幽魂猎人》（*Ghost Hunters*，2004 —）和《远古外星人》（*Ancient Aliens*，2010）这种利用所谓的"科学的"方法来支持伪科学信仰的电视节目也将科学描述为一个过于确定的过程（Hill，2011）。并非所有的电视节目都采用这种规范。20 世纪 90 年代的许多电视剧，像《X 档案》（*The X-Files*，1992 — 2002）用更多对科学探究的尝试性描述反驳了这种对科学确定性的描述。正如一些学者所争论的那样，把科学作为一种经常不确定的解释性行为更真实地反映了这项事业实际运作的方式（Nisbet 和 Dudo，2013；Dhingra，2006）。

流行文化中出现过于权威的科学确定性最多的是过去 20 年的司法娱乐媒体。像《犯罪现场调查》（CSI）这种虚构的电视剧和像《法医档案》（Forensic Files，1996—）这种娱乐导向的真实犯罪纪录片呈现了法医科学作为一个"真相机器"的形象，这种观点弱化或忽略了科学实践中固有的疑问、不确定性和模糊性（Bull，2015）。法医电视剧倾向于美化基因法医检测手段，他们普遍将 DNA 检测描述为常规、快速、有用和可靠的（Ley等，2012）。这些电视节目中将法医科学刻画为一贯正确的做法导致了将科学等同于"正义"的描述（Bergman，2012；Kruse，2010），并且同样将它作为甚至比目击者证词还要好的最佳方法来将罪犯绳之以法（Caudill，2008；Cavender 和 Deutsch，2007）。法医电视节目通常为了故事情节的推进而需要不确定性，但这些故事中所涉及的任何不确定性都完全归咎于人类错误或误解而不是科学。最终，通过确认罪犯已经被找到并将被惩罚，法医科学的确定性结束了叙事（Kirby，2013）。

科学机构的形象

戈德曼（Goldman）1989 年发现，当年及以前出品的虚构媒体内容经常将科学家描述为无助地受制于企业、政治或军事机构的误导性议程的形象。几项对当代电脑游戏的分析显示，游戏极少将科学与政治或宗教联系起来，却将它描述为与军事或企业机构有一定联系（Dudo 等，2014；Murdoch 等，2011）。但是与戈德曼的研究结果相反，这些游戏没有将科学家角色描绘成无权的机构走卒。相反，这些科学家是这些军事和企业实体活跃的代理。游戏不是将科学描述为无权的机构，而是作为腐败的企业，科学家按惯例则成为制造大规模杀伤性武器的同谋。

许多此类游戏还强调"医药巨头"这种医药公司的刻板印象是贪婪和缺乏道德的企业。因此，例如在《生化危机》（Resident Evil）系列电影中，保护伞公司制造了病毒使公众感染（Murdoch 等，2014）。由于广受好评的电视剧《绝命毒师》（Breaking Bad）的成功，化学与企业制造的联系也成为当代娱乐媒体中非常重要的一部分。一些分析者将这个节目看作是对现代市场力量如何在资本社会中支配科学使用的诠释（Brodesco，2014；Wetherbee 和 Weaver，2013）。化学与制造商之间的强力联盟使其成为一个过分专注于获得下一个科学创造"产品"的消费者市场的完美象征替身。

科学与其他社会机构之间联系中最突出的流行形象来自电影对气候变化的描述。尽管从 20 世纪 90 年代起诸多非纪实性电影就已经关注这个话题，但过去十年里出现了大

量与气候变化有关的电影（Svoboda，2015）。许多这些电影使用了缺失模型来传播气候
变化，因为他们将社会在应对气候变化上的无能置于主要源于无知或不理性的框架之下
（Sakellari，2015）。通过将白人男性定位为决策者和权威声音，这些电影也重申了种族、
社会性别和生理性别的刻板印象（McGreavy 和 Lindenfeld，2014）。此外，有关气候变化
的电影对气候变化可能对地球造成的影响描绘出失衡的观点。涉及该主题的电影集中在
五种可能的影响上——极端天气事件、洪水、北极融化、饥荒／干旱和地球进入新的冰河
时代的可能——并排除了其他所有可能的后果（Svoboda，2015）。这些虚构故事越来越多
地表现出一种绝望和对当局会采取行动缺乏信心的特征（Clode 和 Stasiak，2014）。这些
电影中试图缓解气候变化的起因往往比气候变化本身更具灾难性，这一事实加剧了这种
绝望（Sakellari，2015；Svoboda，2015）。

政策影响和未来研究的途径

本章概述的研究揭示了在过去的 25 年间流行文化中的科学形象如何演变的复杂画面。
但文献中大量的研究空白使得研究者无法对这些形象有一个全面的理解。一个主要的问题
是，这个话题的文献展示出对电视和电影中的科学研究的强烈偏好。从某种意义上说来，
这种偏颇是可以理解的，因为电影和电视是 20 世纪最主流的娱乐媒体，电影和电视每年都
生产一定量的文本，使得它们更容易被研究。不太让人理解的是，科学传播学者却缺乏对
电脑游戏和漫画的研究，而这些媒体特别受欢迎，尤其是对年轻人群。有可能是因为科学
传播学者仍然难以认真地将这些媒体作为研究对象。在新兴数字媒体，如在线视频平台油
管（YouTube）和科学连环漫画"xkcd"中对科学画像的研究也很缺乏。数字媒体形式是科
学传播的下一个前沿，正因如此，我们才需要批判性分析它们对科学流行形象的贡献方式。

这项研究的一个主要优势在于，它在探索社会性别与科学表征问题方面开展了大
量的工作。尽管女性科学家角色的代表性不足这个有充分证据的事实表明了把研究聚焦
在这一点上是正当的，但也仍需要拓展这些研究，调查其他差异形式的表征。这类文献
中一个很明显的不足是，缺少在国际流行文化中对科学的研究工作。大部分已有研究一
般是关于英语的娱乐媒体，尤其是美国节目。我们需要更多的国际化研究来确定英语媒
体中所得出的描述是否普遍，抑或是具有文化特异性。对科学和娱乐媒体的研究也仅限
于少数科学领域。尽管有许多当代研究分析流行文化中的生物医学、化学和生态学，但
对物理学、天文学或气象学的流行形象的研究相对较少。出乎意料的是，流行文化中的
"奇迹"主题一直没有得到足够的研究，它描绘了一种对自然和科学理解自然界的能力近

乎宗教般的敬畏感。娱乐领域的科学迷们如果觉得自己正在经历"奇迹过载"是可以谅解的，但对这一现象还没有任何有意义的研究。

几项科学普及的研究显示，影响公众对科学态度的最重要因素可能是它的文化意义，而不是它的知识（Nisbet 和 Scheufele，2009）。科学在流行文化中的形象可以通过塑造、培养或强化这些科学的"文化意义"来对公众的科学态度产生重要影响。政策影响促使科研共同体参与流行文化产品的制作。通过为娱乐产品提供咨询，科学家和科研机构可以直接影响娱乐文本描述科学的方式（Kirby，2011）。实际上，许多著名的科研机构——包括国家科学院的科学与娱乐交流部门（National Academy of Sciences' Science and Entertainment Exchange）、南加州大学的好莱坞健康与社会项目（USC's Hollywood Health and Society Program）和娱乐产业理事会（Entertainment Industries Council）——已经制订了将娱乐专业人士与科学家联系起来的计划（Merchant，2013；Kirby，2011；Beck，2004）。有几个机构甚至专门着眼提升女科学家在娱乐界的形象［例如，吉娜·戴维斯媒体中的性别问题研究所（the Geena Davis Institute on Gender in Media）和德国机构米特提芙（MINTiFF）］。最终，这些机构相信科学在流行文化中的形象承载着一种文化实力，影响着我们对科学作为一种社会、文化和政治力量的看法。

这些举措的成功有助于解释为什么科学流行文化在过去 20 年间产生如此巨大的变化。当娱乐专业人士越来越多地与现实生活中的科学家合作制作他们的媒体产品时，他们就越来越难以坚持负面的刻板印象（Kirby，2011）。出于纯商业原因，媒体制作人也愿意融入更多的科学内容。像《侏罗纪公园》（*Jurassic Park*，1993）和《龙卷风》（*Twister*，1996）这种 20 世纪 90 年代高票房的电影和像《犯罪现场调查》（*CSI*）和《生活大爆炸》（*The Big Bang Theory*）这种 21 世纪初期高收视率的电视剧让媒体制作人知道，基于科学的产品有着大量观众。明星科学家如尼尔·德格拉斯·泰森（Neil deGrasse Tyson）和布赖恩·考克斯（Brian Cox）的崛起也促使人们相信，科学不再是一个仅仅对极客有吸引力的话题，科学已经变得很"酷"（Fahy，2015；Kohlenberg，2015）。总体而言，在过去的 20 年中，受众变得更见多识广，他们要求更复杂的流行文化产品，包括对科学内容更复杂的处理。当代受众不再满足于以前的科学家刻板印象或者科学是固有危险的旧画像了。

注　释

1. 我将"科学在流行文化中的形象"定义为在电视、电影、电脑游戏和漫画书等视觉导向的流行文化中对科学家和科学的描述。这个定义包括那些主要为娱乐而不是为信息或教育目的而设计的大众传媒。它不包括大部分纪录片，但的确包括确定目标是为了娱乐的非虚构媒体文本，例如电视节目《流言终结者》（*Mythbusters*）。考虑到关注点在"形象"，我也将讨论限于视觉大众传媒，排除音乐、广播和文字文本。在本章，"流行文化""娱乐媒体"和"科学在流行文化中的形象"这几个词语的所指相同。

参考文献

Basella, George. (1976). Pop science: the depiction of science in popular culture. In: Gerald Holton and William Blanpied, eds., *Science and its Public*. Dordecht: D. Reidel, 261–278.

Bednarek, M. (2012). Constructing "nerdiness": characterisation in *The Big Bang Theory*. *Multilingua*, 31(2), 199–229.

Beck, Victoria. (2004). Working with daytime and prime-time television shows in the United States to promote health. In: Arvind Singhal, Michael J. Cody, Everett M. Rogers, and Miguel Sabido, eds., *Entertainment-education and social change: history, research, and practice*. Hillsdale, NJ: Lawrence Erlbaum, 207–224.

Bergman, Kerstin. (2012). Girls just wanna be smart? The depiction of women scientists in contemporary crime fiction. *International Journal of Gender, Science and Technology*, 4(3). genderandset.open. ac.uk/index.php/genderandset/article/ viewFile/224/438.

Brodesco, Alberto. (2014). Heisenberg: epistemological implications of a criminal pseudonym. In: David P. Pierson, ed., *Breaking Bad: critical essays on the contexts, politics, style, and reception of the television series*. Lanham, MD: Lexington Books, 53–70.

Bull, Sofia. (2015). Televisual forensics on the edge of chaos: postgenomic complexity in *CSI: Crime Scene Investigation*. *Screen*, 56(1), 64–80.

Cardiel, Christopher. (2012). Are we cool yet? A longitudinal content analysis of nerd and geek representations in popular television. Master's thesis, Portland State University.

Carter, Henry A. (1988). Chemistry in the comics. *Journal of Chemical Education*, 65(12), 1029–1035.

Caudill, David S. (2008). Idealized images of science in law: the expert witness in trial movies. *St. John's Law Review*, 82(3), 921–950.

Cavender, Gray, and Sarah K. Deutsch. (2007). *CSI* and moral authority: the police and science. *Crime Media Culture*, 3, 67–81.

Clode, Danielle, and Monika Stasiak. (2014). Fictional depictions of climate change. *International Journal of Climate Change*, 5(4), 19–29.

Deutsch, Sarah K., and Gray Cavender. (2008). *CSI* and forensic realism. *Journal of Criminal Justice and*

Popular Culture, 15(1), 34–53.

Dhingra, Koshi. (2003). Thinking about television science: how students understand the nature of science from different program genres. *Journal of Research in Science Teaching*, 40(2), 234–256.

Dhingra, Koshi. (2006). Science on television: storytelling, learning, and citizenship. *Studies in Science Education*, 42(1), 89–124.

Dudo, Anothony, Dominique Brossard, James Shanahan, Dietram A. Scheufele, Michael Morgan, and Nancy Signorielli. (2011). Science on television in the 21st century: recent trends in portrayals and their contributions to public attitudes toward science. *Communication Research*, 38(6), 754–777.

Dudo, Anthony, Vincent Cicchirillo, Lucy Atkinson, and Samantha Marx. (2014). Portrayals of technoscience in video games: a potential avenue for informal science learning. *Science Communication*, 36(2), 219–247.

Eberl, Jason. (2010). I, clone: how cloning is (mis)portrayed in contemporary cinema. *Film and History*, 40, 27–44.

Edelson, Cheryl D. (2014). Talking bout Heisenberg: Experimenting with the mad scientist. In: Jacob Blevins and Dafydd Wood, eds., *The methods of Breaking Bad: essays on narrative, character and ethics*. Jefferson, NC: McFarland, 183–200.

Fahy, Declan. (2013). The chemist as anti–hero: Walter White and Sherlock Holmes as case studies. In: Donna J. Nelson, Kevin R. Grazier, Jaime Paglia, and Sidney Perkowitz, eds., *Hollywood chemistry*. Washington, DC: American Chemical Society, 175–188.

Fahy, Declan. (2015). *The new celebrity scientists: out of the lab and into the limelight*. Lanham, MD: Rowman & Littlefield.

Flicker, Eva. (2003). Between brains and breasts—women scientists in fiction film: on the marginalization and sexualization of scientific competence. *Public Understanding of Science*, 12(3), 307–318.

Flicker, Eva. (2008). Women scientists in mainstream films: social role models—a contribution to the public understanding of science from the perspective of film sociology. In: Bernd Hü ppauf and Peter Weingart, eds., *Science images and popular images of the sciences*. New York, Routledge, 241–256.

Frayling, Christopher. (2005). *Mad, bad and dangerous*. London: Reaktion.

Gerbner, George. (1987). Science on television: how it affects public conceptions. *Issues in Science and Technology*, 3, 109–115.

Gerlach, Neil, and Sheryl N. Hamilton. (2005). From mad scientist to bad scientist: Richard Seed as biogovernmental event. *Communication Theory*, 15(1), 78–99.

Ginn, Sherry, Paul Zinder, and Tanya R. Cochran (Eds.). (2014). *The multiple worlds of fringe: essays on the J.J. Abrams science fiction series*. Jefferson, NC: McFarland.

Goldman, Steven. (1989). Images of technology in popular films: discussion and filmography. *Science,*

Technology & Human Values, 14, 275–301.

Haran, Joan, Mwenya Chimba, Grace Reid, and Jenny Kitzinger. (2008). *Screening women in SET: how women in science, engineering and technology are represented in films and on television.* UKRC Research Report Series No. 3. Bradford, UK: UK Resource Centre for Women in Science, Engineering and Technology.

Haran, Joan, Jenny Kitzinger, Maureen McNeil, and Kate O'Riordan. (2008). *Human cloning in the media: from science fiction to science practice.* New York: Routledge.

Haynes, Roslynn D. (2003). From alchemy to artificial intelligence: stereotypes of the scientist in Western literature. *Public Understanding of Science*, 12(3), 243–253.

Haynes, Roslynn D. (2016). Whatever happened to the "mad, bad" scientist? Overturning the stereotype. *Public Understanding of Science*, 25(1), 31–44.

Hark, Ina Rae. (2004). Crazy like a prof: mad science and the transgressions of the rational. In: Murray Pomerance, ed., *Bad: infamy, darkness, evil, and slime on screen.* Albany: State University of New York Press, 301–314.

Hirsch, Walter. (1958). The image of the scientist in science fiction a content analysis. *American Journal of Sociology*, 63(5), 506–512.

Hornig, Susanna. (1990). Television's Nova and the construction of scientific truth. *Critical Studies in Mass Communication*, 7(1), 11–23.

Jackson, J. Kasi. (2008). Gender, mad scientists and nanotechnology. *Spontaneous Generations*, 2(1), 45–55.

Jones, Robert A. (1997). The boffin: a stereotype of scientists in post–war British films (1945–1970). *Public Understanding of Science*, 6(1), 31–48.

Kendall, Lori. (1999). Nerd nation: images of nerds in US popular culture. *International Journal of Cultural Studies*, 2(2), 260–283.

Kendall, Lori. (2011). White and nerdy: computers, race, and the nerd stereotype. *Journal of Popular Culture*, 44(3), 505–524.

Kirby, David A. (2007). The devil in our DNA: a brief history of eugenic themes in science fiction films. *Literature and Medicine*, 26(1), 83–108.

Kirby, David A. (2011). *Lab coats in Hollywood: science, scientists and cinema.* Cambridge, MA: MIT Press.

Kirby, David A. (2013). Forensic fictions: storytelling, television production, and forensic science. *Studies in History and Philosophy of Science*, 44(1), 92–102.

Kirby, David A. (2014). Science and technology in film: themes and representations. In: Massimiano Bucchi and Brian Trench, eds., *Handbook of public communication of science and technology*, 2nd ed. New York: Routledge, 97–112.

Kohlenberger, Judith. (2015). *The new formula for cool: science, technology, and the popular in the American imagination*. Bielefeld, Germany: Transcript.

Kruse, Corinna. (2010). Producing absolute truth: CSI science as wishful thinking. *American Anthropologist*, 112(1), 79–91.

Larsen, Kristine. (2011). Frankenstein's legacy: the mad scientist remade. In: Jamey Heit, ed., *Vader, Voldemort and other villains: essays on evil in popular media*. Jefferson, NC: McFarland, 46–63.

Ley, Barbara L., Natalie, and Paul Brewer. (2012). Investigating CSI: Portrayals of DNA testing on a forensic crime show and their potential effects. *Public Understanding of Science*, 21(1), 51–67.

Locke, Simon. (2005). Fantastically reasonable: ambivalence in the representation of science and technology in super–hero comics. *Public Understanding of Science*, 14(1), 25–46.

Long, Marilee, and Steinke, Jocelyn. (1996). The thrill of everyday science: images of science and scientists on children's educational science programmes in the United States. *Public Understanding of Science*, 5(2), 101–119.

Long, Marilee, Jocelyn Steinke, Brooks Applegate, Maria Knight Lapinski, Marne J. Johnson, and Sayani Ghosh. (2010). Female scientists in television programs popular among middle school–age children. *Science Communication*, 32(3), 356–382.

Lynteris, Christos. (2016). The epidemiologist as culture hero: visualizing humanity in the age of "the next pandemic." *Visual Anthropology*, 29(1), 36–53.

McGreavy, Bridie, and Laura Lindenfeld. (2014). Entertaining our way to engagement? Climate change films and sustainable development values. *International Journal of Sustainable Development*, 17(2), 123–136.

Merchant, Ann G. (2013). The Science & Entertainment Exchange: The National Academy of Sciences goes to Hollywood. In: Donna J. Nelson, Kevin R. Grazier, Jaime Paglia and Sidney Perkowitz, eds., *Hollywood chemistry*. Washington, DC: American Chemical Society, 97–109.

Merrick, Helen. (2012). Challenging implicit gender bias in science: positive representations of female scientists in fiction. *Journal of Community Positive Practices*, 4, 744–768.

Mooney, Chris, and Sheril Kirshenbaum. (2009). *Unscientific America: how scientific illiteracy threatens our future*. New York: Basic Books.

Murdoch, Blake, Christen Rachul, and Timothy Caulfield. (2011). Biotechnology and science in video games: a destructive portrayal? *Health Law Review*, 20(1), 13–17.

Nisbet, Matthew, and Dietram A. Scheufele. (2009). What's next for science communication? Promising directions and lingering distractions. *American Journal of Botany*, 96(1), 1767–1778.

Nisbet, Matthew C., and Anthony Dudo. (2013). Entertainment media portrayals and their effects on the public understanding of science. In: Donna J. Nelson, Kevin R. Grazier, Jaime Paglia and Sidney Perkowitz, eds., *Hollywood chemistry*. Washington, DC: American Chemical Society, 241–249.

Orthia, Lindy A. (2011). Antirationalist critique or fifth column of scientism? Challenges from *Doctor Who* to the mad scientist trope. *Public Understanding of Science*, 20(4), 525–542.

Pansegrau, Petra. (2008). Stereotypes and images of scientists in fiction films. In: Peter Weingart and Bernd Huppauf, eds., *Science images and popular images of the sciences*. New York, Routledge, 257–266.

Perkowitz, Sidney. (2007). *Hollywood science*. New York: Columbia University Press.

Quail, Christine. (2011). Nerds, geeks, and the hip/square dialectic in contemporary television. *Television & New Media*, 12(5), 460–482.

Sakellari, Maria. (2015). Cinematic climate change, a promising perspective on climate change communication. *Public Understanding of Science*, 24(7), 827–841.

Schmeink, Lars. (2015). Frankenstein's offspring: practicing science and parenthood in Natali's *Splice*. *Science Fiction Film and Television*, 8(3), 343–369.

Smith, Stacey L., Marc Choueiti, and Katherine Pieper. (2016). *Inclusion or invisibility? Comprehensive Annenberg report on diversity in entertainment*. Los Angeles: USC Annenberg School for Communication and Journalism.

Steinke, Jocelyn. (2005). Cultural representations of gender and science: portrayals of female scientists and engineers in popular films. *Science Communication*, 27(1), 27–63.

Steinke, Jocelyn, and Marilee Long. (1996). A lab of her own? portrayals of female characters on children's educational science programs. *Science Communication*, 18(2), 91–115.

Svoboda, Michael. (2015). Cli-fi on the Screen(s): patterns in the representations of climate change in fictional films. *WIREs Climate Change.* doi:10.1002/wcc.381.

Turney, Jon. (1998). *Frankenstein's footsteps*. New Haven, CT: Yale University Press.

Van Gorp, Baldwin, and Els Rommes. (2014). Scientists in Belgian comics: typology, chronology and origins. *Journal of Graphic Novels and Comics*, 5(2), 154–169.

Van Gorp, Baldwin, Els Rommes, and Pascale Emons. (2014). From the wizard to the doubter: prototypes of scientists and engineers in fiction and non-fiction media aimed at Dutch children and teenagers. *Public Understanding of Science*, 23(6), 646–659.

José Miguel Vílchez–Gonzàlez and F. Javier Perales Palacios. (2006). Image of science in cartoons and its relationship with the image in comics. *Physics Education*, 41(3), 240–249.

Weingart, Peter. (2006). Chemists and their craft in fiction film. *Hyle*, 12(1), 31–44.

Weingart, Peter, with Claudia Muhl and Petra Pansegrau. (2003). Of power maniacs and unethical geniuses: science and scientists in fiction film. *Public Understanding of Science*, 12(3), 279–287.

Weitekamp, Margaret A. (2015). "We're physicists" : gender, genre and the image of scientists in *The Big*

Bang Theory. Journal of Popular Television, 3(1), 75–92.

Wetherbee, Ben, and Stephanie Weaver. (2013). "You know the business and I know the chemistry": the scientific ethos of *Breaking Bad. Excursions*, 4(1). www.excursions–journal.org. uk/index.php/ excursions/article/view/91.

Zavrel, Erik A. (2011). How the Discovery Channel television show 'Mythbusters' accurately depicts science and engineering culture. *Journal of Science Education and Technology*, 20(2), 201–207.

推荐阅读

Dudo, Anothony, Dominique Brossard, James Shanahan, Dietram A. Scheufele, Michael Morgan and Nancy Signorielli. (2011). Science on television in the 21st century: recent trends in portrayals and their contributions to public attitudes toward science. *Communication Research*, 38(6), 754–777.

Dudo, Anthony, Vincent Cicchirillo, Lucy Atkinson, and Samantha Marx. (2014). Portrayals of technoscience in video games: a potential avenue for informal science learning. *Science Communication*, 36(2), 219–247.

Haynes, Roslynn D. (2016). Whatever happened to the "mad, bad" scientist? overturning the stereotype. *Public Understanding of Science*, 25(1), 31–44.

Kirby, David A. (2011). *Lab coats in Hollywood: science, scientists and cinema.* Cambridge, MA: MIT Press.

Locke, Simon. (2005). Fantastically reasonable: ambivalence in the representation of science and technology in super–hero comics. *Public Understanding of Science*, 14(1), 25–46.

Murdoch, Blake, Christen Rachul, and Timothy Caulfield. (2011). Biotechnology and science in video games: a destructive portrayal? *Health Law Review*, 20(1), 13–17.

Nisbet, Matthew C., and Anthony Dudo. (2013). Entertainment media portrayals and their effects on the public understanding of science. In: Donna J. Nelson, Kevin R. Grazier, Jaime Paglia and Sidney Perkowitz, eds., *Hollywood chemistry.* Washington, DC: American Chemical Society, 241–249.

Orthia, Lindy A. (2011). Antirationalist critique or fifth column of scientism? Challenges from *Doctor Who* to the mad scientist trope. *Public Understanding of Science*, 20(4), 525–542.

Steinke, Jocelyn. (2005). Cultural representations of gender and science: portrayals of female scientists and engineers in popular films. *Science Communication*, 27(1), 27–63.

Svoboda, Michael. (2015). Cli–fi on the screen(s): patterns in the representations of climate change in fictional films. *WIREs Climate Change.* doi:10.1002/wcc.381.

第三十二章
我们对娱乐产业所刻画的科学了解有多少？这如何影响公众对科学的态度？

詹姆斯·沙纳汉（James Shanahan）

摘要：由于娱乐媒体在大部分时间里占据着大众受众的绝大部分的注意力，多年来学者已经投入相当多的精力来理解它们的影响。但是，尽管大量娱乐内容是聚焦于科学的，但科学传播领域对其关注相对较少。没有多少研究者认为娱乐对我们如何理解科学议题关系重大。确实有研究显示早期电视上用扭曲的方式刻画的科学家形象可能会导致对科学的恐惧。不过近期研究展示了一个更复杂的景象。科学的一些部分被表现得更正面，这或许有助于科学作为一个可信机构的适应性。未来更复杂的娱乐环境可能产生更复杂的效果。

关键词：娱乐；科学传播；电视；大众受众；娱乐环境

在众多传播科学理念的方式和机制中，大众娱乐媒体通常是最受诋毁和误解的。具有讽刺意味的是，尽管这些大众传播的模式和方法（从印刷工业的萌芽开始）促进了科学的繁荣和发展，但同样的媒介渠道也存在破坏或歪曲科学理念的危险，因为这些理念通过媒体从实验室传到了起居室。尽管科学家喜欢用受控的渠道进行信息创造和传播，但娱乐圈却陷于行业的喧嚣之中，关注引人入胜的故事讲述而不大在意科学细节或细微差别。当一个人时不时听到关于美国人不懂科学的疾呼之时，大众传媒常常被指责是歪曲科学的罪魁祸首。这些遗漏和过失是对娱乐媒体表征科学的许多批判的两个主基调。

第二个讽刺是科学常常从它似乎鄙视的娱乐圈寻求关注。尽管没人认为像《侏罗纪公园》（*Jurassic Park*）这样的电影准确地描述了科学，但它给年轻人带来的古生物学热情至少受到科学共同体心照不宣地认可。此外，尽管大部分科学学科倾向于对其成员（科学家）寻求过多的宣传进行惩罚，但大学、公司和其他机构受益于对他们科学活动开展的正面的公共关系宣传。媒体对科学的关注可以说是一把双刃剑。

既然科学和娱乐媒体都不会消失，并且它们之间似乎存在一种活跃的张力，我们有充分的理由去研究它们是如何影响对方的。尽管我的大部分注意力放在媒体如何描述科学上，但我必须承认科学也明里暗里地影响着媒体。

一个自然的假设

即便在广播媒体时代之前，娱乐基本就等同于讲故事。讨论将科学带给公众想象的故事，似乎总是会回到一个具体的试金石，即《科学怪人》（*Frankenstein*）。这本书通常被看作我们现在所说的"科幻小说"的开端，科幻小说毫无疑问在我们如何内化科学理念中起了重要作用，无论是好是坏。玛丽·雪莱（Mary Shelley）所建立的主题非常强大，她能够构建如此强大的主题的原因有很多种，而这些原因大多对文学评论家更重要，对科学传播的科学手册的读者来说则不然。尽管如此，我们常常将那些典型形象披着文学和娱乐外衣与科学联系起来——疯狂科学家、想要"扮演上帝"、感觉科学失控——是许多早年研究（从 20 世纪 70 年代到 80 年代）娱乐媒体对科学的影响所选取的形象。疯狂科学这一比喻，既满足了人们对冲突和新奇的戏剧性需求，也为受众提供了一种工具，让人们了解在科学快速演变和革命的过程中，他们是如何看待科学的。

从这个源头出发，一系列文学里程碑接踵而至。[1]电影和广播媒体的发展提供了渠道，对专业故事讲述有了巨大需求；通常这些故事取材于科幻小说领域，因为它们很适合新的视觉媒体。这也许并不是一个偶然事件，最重要的早期电影杰作之一是《月球之旅》（*A Trip to the Moon*）（Meliés，1902）。主要内容是在一次奇幻的冒险中，一枚火箭被发射到月球的表面，宇航员奇遇当地"部落人"，然后他们勉强能够安全返回。电影的某些方面，比如火箭的形状，与像阿波罗等任务的最终现实相差不是太大，表明在某些情况下科学或技术的进步是被科幻小说或电影所预见的。

然而，科幻作为小说遵守许多与科学实践不符的结构和特征。小说是叙事，而大多数传统科学回避叙事，而是基于假设和数据的说明性形式（见本书第三十三章）。因此小说所需的戏剧性、生动性、新颖性和叙事性并不是大部分科学家在工作中会应用的特征。除了社会学研究显示科学家本身是一个无法完全坚持这种理想的团体（Merton，1973）之外，事实仍然是，支配科幻小说的原则常常与科学事实相冲突。这些冲突激发了很多关于娱乐媒体影响的研究。除了科学怪人弗兰肯斯坦（Frankenstein）这个虚构人物，其他那些传播科学疯狂和失控的著名人物包括杰基尔博士（Dr. Jekyll）、海德先生（Mr. Hyde），电影《2001》中的哈尔（HAL）电脑，以及《奇爱博士》（*Dr. Strangelover*）的片名角色。从这些观察得出一个"自然"假设：大众娱乐炒作科学。关于娱乐对于科学的作用的其他观点往往与此相反。

文化指标和科学

在传播研究领域，一些理解娱乐之于科学影响的最初尝试来自一个叫作"文化指标"的项目。这个项目由宾夕法尼亚大学的乔治·格布纳（George Gerbner）领导，是一个旨在了解媒体（尤其是电视）在社会许多不同领域影响的广泛尝试（Gerbner 和 Gross，1976）。格布纳和他的同事最初出名是因为调查娱乐媒体中接触暴力与人们对"现实世界"的看法有何种关系。这个观点与他们的"涵化"视角相关，认为持续接触电视信息导致较重度的观众逐渐吸收它的世界观。他们最为人所知的发现是，较重度电视观众更倾向于认为世界是暴力的，他们称之为"卑鄙世界综合症"。这类发现被证明既令人信服也令人不安，因为学者意识到电视上"歪曲"的世界观也许有其他尚未理论化的影响。在科学界，文化指标团队的调查集中在发现是否对科学扭曲的认知导致了对科学家的恐惧。

在格布纳和他的同事的研究中记录了在电视黄金时段出现的科学家的性质和人口统计学特征，发现电视上每一个"邪恶的"科学家就有五个"善良的"科学家，似乎是一个正比例。但因为其他职业（律师、医生、警察等）中善良与邪恶的比例要高得多，因此这项研究支持那个看法，即科学家相对而言更经常扮演"坏人"的角色（Gerbner 等，1981）。格布纳指出，科学家是一个"相对稀缺和专业的戏剧角色"，他们进入情节往往标志着走向怪诞和诡异。在格布纳分析的节目中，科学为主旋律的只占4%。"科学家有更多棘手和矛盾的描述"（Gerbner，1987，111）。"他们比其他专业人员要更年老和奇怪一点，并且更有可能是外国人"（Gerbner，1987，111）。格布纳还发现，重度电视观众对科学更没信心，就像重度电视观众也认为世界更暴力一样。因此，科学描述作为一种产生恐惧和戏剧化兴趣的方式似乎与格布纳的总体观点比较一致。

主流化

格布纳和他的同事提出的另外一个观点是主流化。正如他们论证道：

"主流"可以被看作是电视所倾向于涵化的多种观点的相对共性。我们说的"主流化"指某类人群中重度电视观众所分享的上述共性，而轻度电视观众持各种不同观点。换而言之，重度电视观众中其他因素和社会力量所导致的差异会被弱化甚至消失。因此，在某些情况下我们可能只能在那些主流之"外"的人群中找到涵化的证据。而在其他一些情况下，我们也许会发现观看电视可以"缓和"轻度观看电视的人群所倾向于持有的极端看法。但在所有情况下，观看更多的电视似乎标志着观点的融合而不是所有群体绝对全面的增加（Gerbner 等，1980，15）。

图 32.1 呈现了主流化与科学关系的证据。轻度电视观众中的高收入群体对科学的支持最高，但重度电视观众中不同收入群体的差异要小一些。这个模式与其他涵化研究所得相似，尤其是那些关注公众意识形态分裂问题的研究。

正如所讨论过的，格布纳工作的核心是，与"真实世界"相比，科学的形象被严重歪曲，科学家常常被呈现为邪恶、精神不稳定和一般都是"疯狂科学家"的原型。他们得出结论：

总体说来，电视似乎没有为科学带来什么朋友——但也许会混淆或离间那些最有可能成为它的学习者和支持者的人。我们可能面临着一个严重的全国性问题，妨碍我们更好地理解和支持科学，这个问题值得更深入、更广泛和更明确地探讨（Gerbner 等，1981，44）。

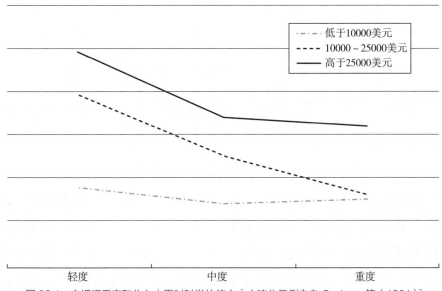

图 32.1　电视观看率和收入水平对科学的信心［主流化示例来自 Gerbner 等（1981）］

更新的文化指标研究结果

20世纪80年代早期以来所收集的科学内容数据的确呈现出变化。与2000年前后的数据相比，西格诺瑞利（Signorielli）发现科学人物中"好"的角色从大约50%上升并超过80%。在最近几年的数据集中，有更多的科学家成为法医调查者；在这种情势下，这些总是"好"的人物在运用科学手段和技巧侦破犯罪时表现出了聪明才智和决心。这些当今的夏洛克·福尔摩斯做了许多吸引支持者的事情，也可以说使科学变"酷"。因为执法角色类型在电视上总是被善待（正如格布纳的许多分析所示），将科学与执法联系起来可能有助于提高科学的总体形象。在西格诺瑞利数据中（个人沟通），科学角色参与暴力的比例也在后来几年急剧下降，这个变化与科学家画像变得更正面并且破坏性小的总体变化一致（参见图32.2，显示公众对科学的信任在过去几十年中的恢复程度，与其他机构相比较）。

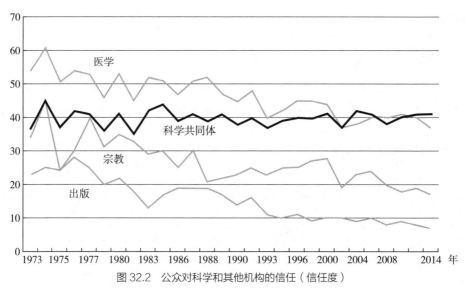

图 32.2　公众对科学和其他机构的信任（信任度）

来源：由马修·尼斯比特所整理的数据。

所谓的"犯罪现场调查效应"（CSI effect）也是过去几年科学形象可能提升的影响因素之一。随着电视节目聚焦于越来越受欢迎的法医类科学节目，轶事证据显示陪审员要求更多（和更"科学"）的证据来做决定。一个明显的启示就是接触到这些节目使得陪审员相信这种证据标准可以被期待用于几乎所有的警察和刑事司法中。这样一个结论与犯罪现场调查类（CSI-type）节目越来越高的人气一致，尽管显然文学作品中总会有聪明的调查员（夏洛克·福尔摩斯就是典型例子）。

但是，这种现象的证据顶多算混合的。一项研究发现"在要求科学证据作为有罪前提下，那些看和不看《犯罪现场调查》的陪审员没有显著差异"（Shelton 等，2006，362）。这项研究假定社会中更普遍的"技术效应"（社会各阶层对技术及其力量的认识普遍提高）或许能解释法律制定者的观念。这样的一个解释如果是正确的话，仍然会涉及媒体成分，因为对大部分人来说，许多对科学和技术的认知只能通过媒体，并且往往人们意识到的新技术就是媒体本身。因此，不能排除一般通过电视，甚至通过某些特别节目，来对技术认知进行涵化。另外一篇论文呼应了社会对科学的看法可能提升的观点：

犯罪现场调查效应无法使用美国人的个人主义、责任感和自立的价值观来解释。那么哪些文化价值观能解释犯罪现场调查效应的显著共鸣呢？对我们来说，答案是清晰的：科学在现代社会中日益提升的权威和声望（Cole 和 Dioso-Villa，2010，188）。

因此，当犯罪现场调查效应假设一种媒体综合征导致陪审员要求更多的科学的时候，也很有可能只是社会上科学声望的总体提升伴随着法庭上感觉需要更多的"技术"证据。

更复杂的画面

格布纳早期的发现非常有力，但也有点简单。后来关于科学家画像的研究显示了一个更复杂的画面。尼斯比特等人 2002 年指出在娱乐媒体上可以找到科学家形象的"群集"。除了科学怪人弗兰肯斯坦形象之外，还有无权的科学家，听命于掌权政治的人或经济代理人（参见本书第二十九章）；反社会科学家，天赋异禀；精英科学家，穿着实验服，说着无人能懂的语言；甚至有神秘科学家，能从元素力量中创造新现象（Nisbet 等，2002）。显然，屏幕上的科学家形象比格布纳早期描述的要更多样化。看待媒体内容的眼光越是复杂，意味着对媒体产生的复杂效果了解更多。

试图将媒体内容数据与有关科学的态度数据关联起来的研究者有一些可供挖掘的有意思的地方。尼斯比特（Nisbet 等人，2002）将媒体使用数据与米勒（Miller 等人，1997）提出的两个构想联系起来；①对科学和技术的"保留意见"；②对科学和技术承诺的信念。根据尼斯比特和他同事的结果，这些测量手段得出美国人总体上对科学持正面看法。在尝试使用米勒等人的态度构念来建立媒体影响中，尼斯比特等人分析了各种类型的媒体使用（一般的报纸和电视，以及科学专属的报纸和电视），并将这个与米勒等人的测量手段联系起来。事实和程序科学知识也包括在内。对本章来说最有意思的是，这项研究发现一般的电视使用与更少的事实和程序科学知识有关，这又与更多的保留意见有关。

更多的电视使用与对科学承诺的信念和对知识无法解释的科学的保留意见的涵化都直接相关。尼斯比特等人的研究显示，格布纳的研究认为电视是一个单一的"消息系统"，这一看法所得出的早期趋势在一个消息更多样化且体量大的世界中也许不能完全让人满意。

最近，杜多等人 2010 年对一些类似现象的测试包括了对网络使用的测量。他们的态度构念与米勒等人的不一样［杜多等人的数据来自"综合社会调查"（General Social Survey）］。如同早期的研究，他们的分析再次显示重度电视观众的科学知识水平更低，并且他们对科学的态度更负面。相反，网络使用与更多的科学知识和更正面的态度相关。我们逐渐进入一个电视越来越不占主导地位的媒体体系，并且网络提供越来越多的科学相关材料，也许有必要用更精细的分析来逐一解构某种具体媒体的影响。杜多等人也发现了一些与格布纳的研究相似的主流模式。图 32.3 显示在电视观看更多的情况下，对科学的态度倾向于汇集。这些研究发现，连同尼斯比特等人的早期发现，都表明一般娱乐媒体"取代"了科学专属的媒体注意力。换言之，一般娱乐妨碍用户对科学专属内容的关注，由此导致更少的科学知识，而这是尼斯比特等人研究发现的关键。

娱乐和对环境的信念

可以说，我们当今面临最重要的科学议题是气候变化。尽管气候是否在变化的问题在所有的科学和媒体场合中得到了广泛关注，但仍然有个体否认这一现实。许多研究致力于讨论这个议题的新闻方面，得出结论认为新闻之间存在的重大分歧和结构缺失扭曲

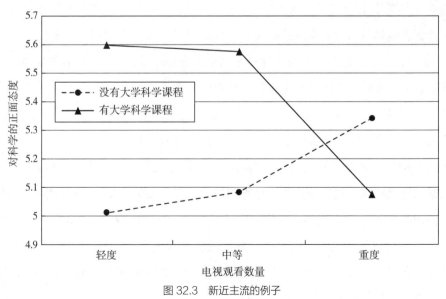

图 32.3　新近主流的例子

来源：Dudo 等，2010。

了报道这个议题的方式（Boykoff 和 Boykoff，2004）。关注娱乐在描述气候变化中的作用的研究要少一些，但有一系列研究调查了电视对环保意识的影响中所起的作用。

首先，我们应该注意到在过去一个世纪中，大众媒体在环保主义的发展中起了重要作用。约翰·缪尔（John Muir）关于国家公园和其他以环境保护为主题的书之所以成功，部分归因于它们的娱乐价值和讲故事的价值。蕾切尔·卡森（Rachel Carson）的《寂静的春天》（*Silent Spring*）虽然是一本学术专著，但它的文学影响力跟它的科学影响力一样强大，促生了我们现在所认为的"环保主义"。比尔·麦吉本（Bill McKibben）的《自然的终结》（*The End of Nature*）也凝聚了早期气候变化议题的观点。但这些努力更多属于新闻领域而不是娱乐领域。虽然一些媒体引起了对环境议题的关注，但其他一些媒体也许转移了对环境议题的注意力或减缓了本来的进展。

大约从 20 世纪 70 年代开始，断断续续有人调查电视对环境价值（支持保护资源行动的信念）的影响。一个引起不少共鸣的概念是韦博（Wiebe，1973）提出的"博识的无效"，指现代媒体输入（即便是在 20 世纪 70 年代早期）的噪声对于普通消费者来说是过量了，导致一种无法通过更多的信息来更正的失范状态。尽管如此，在 20 世纪 80 年代中后期，人们曾希望像电视这样的媒体真正可以推动大众对环保的关注和行动。好莱坞明星开始参与到其中，公关部门开始出现，将环境议题"放进"电视中。像泰德·特纳（Ted Turner）这种媒体大亨的态度具有那个年代的特征，他创作关注环保议题的儿童卡通片《地球超人》（*Captain Planet*），这个举动是不同娱乐媒体中出现文化略微绿化的一个例子。那是媒体开始关注环保议题并对它有点恐慌的年代；《时代》（*Time*）将地球评为1989 年的"年度人物"，因为野火、干旱和海滩上的医疗废物触动了公众的神经。

但媒体关注会带来不同吗？或者甚至会有害吗？虽然关注新闻效应的研究很多，但关注具体的娱乐内容或总体的媒体注意力的研究却要少得多。1997 年，沙纳汉（shanahan）等人发现电视观看实际上与更低的环保意识有关。从涵化的角度看，这些发现被认为反映了这样一个事实，即电视作为一个产业实际上更多与消费和经济增长有关，这在某些方面与环保理论是对立的。这些结果也与葛伯纳的早期观点一致，认为电视倾向于吸引观众采取更温和和更保守的立场，并因此远离受左翼欢迎的环保主义。沙纳汉和麦科马斯（McComas，1999）对此进行了拓展，他们的内容分析显示娱乐电视倾向于淡化环境议题。但这个议题在比尔·麦吉本（Bill McKibben，2014）的著作《资讯遗失的时代》（*The Age of Missing Information*）中描述得最为贴切，他认为电视倾向于向观众掩饰大自然所提供的关于世界的教训。

沙纳汉得出结论认为电视成为一种对环境的"象征性湮灭"（环境未得到很多关注，因此人们也不过多考虑环境事宜），而麦吉本提议两种强烈对立的伦理。进一步的研究有助于将这一点分得更开一些。古德（Good，2007）发现电视观看与物质价值观呈正相关，而这反过来又与环境价值观负相关。对重度电视观看者来说，电视中的环境形象是否有问题变得不如经济价值重要。此外，正如尼斯比特和杜多以及他们同事的研究一样，越来越清晰的是重度电视观看者对环境了解得更少，这就影响了他们的关切能成为一种行动主义。霍尔伯特（Holbert 等人，2003）也参与了这个话题的讨论，他们的发现是对公共事物和"基于自然"的节目的关注与环保主义正相关，但虚构类节目似乎没什么关系。

电影的影响

娱乐的影响不仅限于电视。故事片产业的庞大规模，加之它优于电视的艺术成就意味着电影也有可能具有影响力。但奇怪的是，关注电影影响的实证研究却少得多。或许这是因为电影研究倾向于人文主义和批判主义，对观众的影响不如艺术作品本身重要。

如同我前面的论证，显然一些电影塑造了我们对科学的观点。最近，电影影响的潜力得到提升。尽管科幻小说常常被看作是一种特殊的体裁——书呆子的领域，但它显然变得越来越重要。从 2000 年到 2013 年，最高票房的好莱坞科幻电影的收入从相对次要份额上升到了最大份额（见图 32.4）。

这种增长部分归因为漫画改编电影的出现成为驱动力，以及好莱坞越来越倾向于让

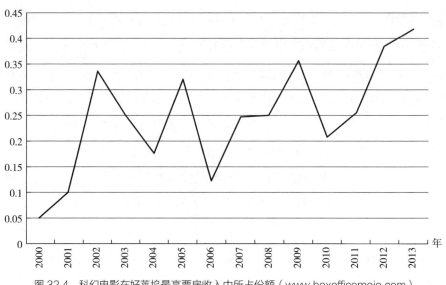

图 32.4　科幻电影在好莱坞最高票房收入中所占份额（www.boxofficemojo.com）

它的电影吸引更年轻的群体。但是像《侏罗纪公园》（*Jurassic Park*）和《侏罗纪世界》（*Jurassic World*）这样大型系列电影的影响至少吸引了人们对科学的关注。回到我们前面的讨论，科学家在这些电影中扮演各种从好到坏的角色，因此很难像格布纳分析电视一样强调科学家的某一种效果。

有一些电影可以说有相当持久的影响，例如《中国综合症》（*The China Syndrome*）。核能依然没有回到它在20世纪50年代的辉煌。加姆森（Gamson）和莫迪利亚尼（Modigliani）（1989，21）强调这部电影在围绕一个有争议的技术构建对话中的作用：

> 就在三里岛（Three Mile Island）核事故短短几个星期前，随着一部好莱坞大片《中国综合症》的发行，反核言论对公众意识的影响达到了顶峰。这部电影的明星包括简·方达（Jane Fonda），她是一位与反核运动密切相关的女演员，因此支持核能群体将她作为反核运动的象征。电影强调的主题暗示公共责任和逃亡方案，但它最重要的成就在于提供一个具体而生动的形象，说明灾难性的核能事故将如何发生。当然，它仅仅是一部电影。

但是，大多数电影都没有像《中国综合症》这么让人难忘，因此它们的影响将是短暂的。电影《后天》（*The Day After Tomorrow*）就是一个例子，展示了世界被冰封的气候变化情景下可能发生的事情。尽管雷萨罗特斯（Leiserowtiz等人，2004）发现电影在若干衡量公众对气候变化的兴趣上起到了推动作用，但是这些影响很快就消失了。

《后天》是新型电影体裁的模板，有时候叫作"气候科幻（cli-fi）"，使用即将发生或真实的气候灾难作为世界末日剧情的背景。在某种意义上，气候已经取代核战争成为科幻小说背景的作用。和气候一样，流行的"僵尸世界末日"体裁也常常有一些依稀起源于气候的科学背景。如今公众几乎普遍接受气候变化作为一种有效且可理解的机制去推动情节，标志着气候变化在公众接受程度上已经达到了何种程度，而媒体显然在这方面扮演着赋予地位的角色。但故事情节构建并不一定要以准确的科学作为主要关注点，正如斯沃博达（Svoboda，2016，4）对"极端天气事件"类电影的总结所示：

> 这些电影遵循三个基本情节之一：①科学家或风暴追逐者在竞争收集更多数据的同时测试他们关于极端天气的知识；②一个声誉不好的科学家向社区发出关于即将到来的极端天气的警告，但被忽略或嘲笑直至一场致命的风暴袭击该社区；③在几乎没有警报的情况下，每个普通人都面临着安全引导自己家人和朋友度过一个极端天气事件的挑战。

这个领域需要更多的研究，探讨单部电影的影响以及对故事片主体的广泛影响。赛克拉里（Sakellari）（2015）为理解"电影中的气候变化"提供了量规，表明电影在气候劝服方面所运行的机制跟电影技术本身一样是多样化的。她认为基于恐惧的沟通模式和基于公众知识缺失的沟通，在激励行动上不大可能起作用。但在电影传播中，什么才是持续有效的技巧？她并没有给出结论。

结　论

尽管科学家也许喜欢抱怨他们在媒体中的形象，但他们的形象还找不到一个单独的主导效应。以大众为中介的娱乐世界变得甚至比以前更多样化和碎片化，像涵化这样的理论，试图描述出媒体效应的粗略轮廓，需要其他观点来补充。随着数字娱乐选择的增加，弄清"媒体"对既定话题的看法将变得更困难。像转基因生物或者疫苗等复杂话题的观点，可能从病毒的错误/假信息中获得，就像从大大小小的屏幕上看到的任何信息一样。在这种不和谐的氛围中，可以说科学家们比现在更难掌控如何传播他们的发现。

正如我们之前讨论过的那样，电视和电影在当前的发展说明科学与之相关，并且就像在《生活大爆炸》（*Big Bang Theory*）或《火星救援》（*The Martian*）这类电视节目和电影体现出的那样，科学还有那么一些小有名气的酷炫感。科学和技术产业一直断断续续地努力与媒体"交叉"以确保他们的形象是"正确的"。但叙事和故事讲述很有可能保持不变，并将起重要作用（参见本书第三十三章）。强有力的叙事激发公众兴趣，而事实的形成常常会适应大众喜欢的故事线。在不损害科学本身的情况下，娱乐产品在科学的戏剧化和个性化上有许多选择。同时，科学必须对抗有问题的叙事：不能允许娱乐故事改写科学运作和报告结果的根本性非叙事的方式。

我们也应该意识到"科学"不是概念上的单一整体。有些科学比其他科学更有可能被描述为负面：例如，一位核能物理学家比生态学家更有可能被描述为精神不稳定。硬科学和社会科学中可能的描绘范围是很大的。

一些最持久的科学公众态度问题仍然难以解决。例如，没有太多的研究可以告诉我们关于娱乐在否认气候变化中的作用。新闻和娱乐之间不断模糊的界限也可能在此起一定的作用，但需要更多的研究。的确，娱乐对科学本身影响的研究时断时续，需要做很多工作来跟上当今媒体生态系统的变化。

注 释

1. 朱尔斯·维恩、埃德加·赖斯·伯勒斯、赫伯特·乔治·韦尔斯

参考文献

Boykoff, Maxwell T., and Jules M. Boykoff. (2004). Balance as bias: global warming and the US prestige press. *Global Environmental Change*, 14(2), 125–136.

Cole, Simon A., and Rachel Dioso–Villa. (2010). Investigating the "CSI Effect" Effect. In Ackerman, G. (2010). *Law and Courts: Current Perspective from InfoTrac*. Cengage Learning, 188.

Dudo, Anthony, Dominique Brossard, James Shanahan, Dietram A. Scheufele, Michael Morgan, and Nancy Signorielli. (2010). Science on television in the 21st century: recent trends in portrayals and their contributions to public attitudes toward science. *Communication Research*, 38(6), 754–777.

Gamson, William A., and Andre Modigliani. (1989). Media discourse and public opinion on nuclear power: a constructionist approach. *American Journal of Sociology*, 95(1), 1–37.

Gerbner, George. (1987). Science on television: how it affects public conceptions. *Issues in Science and Technology*, 3(3), 109–115.

Gerbner, George, and Larry Gross. (1976). Living with television: The violence profile. *Journal of Communication*, 26(2), 172–194.

Gerbner, George, Larry Gross, Michael Morgan, and Nancy Signorielli. (1981). Scientists on the TV screen. *Society*, 18(4), 41–44.

Gerbner, George, Larry Gross, Michael Morgan, and Nancy Signorielli. (1980). The mainstreaming of America: violence profile no. 11. *Journal of Communication*, 30(3), 10–29.

Good, Jennifer. (2007). Shop 'til we drop? Television, materialism and attitudes about the natural environment. *Mass Communication & Society*, 10.3, 365–383.

Holbert, R. Lance, Nojin Kwak, and Dhavan V. Shah. (2003). Environmental concern, patterns of television viewing, and pro–environmental behaviors: integrating models of media consumption and effects. *Journal of Broadcasting & Electronic Media*, 47(2), 177–196.

Leiserowitz, Anthony A. (2004). Day after tomorrow: study of climate change risk perception. *Environment: Science and Policy for Sustainable Development*, 46(9), 22–39.

McKibben, Bill. (2014). *The age of missing information*. New York: Random House Trade Paperbacks.

Meliés, George. (1902). *A trip to the moon*. Paris: Star Film Company.

Merton, Robert K. (1973). *The sociology of science: theoretical and empirical investigations*. Chicago: University of Chicago Press. Miller, Jon D., Rafael Pardo, and Fujio Niwa. (1997). *Public perceptions of science and technology: a comparative study of the European Union, the United States, Japan, and Canada*. Bilbao: Fundación BBV, 1997.

Nisbet, Matthew C., Dietram A. Scheufele, James Shanahan, Patricia Moy, Dominique Brossard, and Bruce V. Lewenstein. (2002). Knowledge, reservations, or promise? A media effects model for public perceptions of science and technology. *Communication Research*, 29(5), 584–608.

Sakellari, Maria. (2015). Cinematic climate change, a promising perspective on climate change communication. *Public Understanding of Science*, 24(7), 827–841.

Shanahan, James, and Katherine McComas. (1999). *Nature stories: depictions of the environment and their effects*. Cresskill, NJ: Hampton Press, 1999.

Shanahan, James, Michael Morgan, and Mads Stenbjerre. (1997). Green or brown? Television and the cultivation of environmental concern. *Journal of Broadcasting & Electronic Media*, 41(3), 305–323.

Shelton, Donald E., Young S. Kim, and Gregg Barak. (2006). A study of juror expectations and demands concerning scientific evidence: does the "CSI effect" exist? *Vanderbilt Journal of Entertainment & Technology Law*, 9, 331–368.

Svoboda, Michael. (2016). Cli–fi on the screen(s): patterns in the representations of climate change in fictional films. *Wiley Interdisciplinary Reviews: Climate Change*, 7(1), 43–64.

Wiebe, Gerhart D. (1973). Mass media and man's relationship to his environment. *Journalism & Mass Communication Quarterly*, 50(3), 426–446.

推荐阅读

Dudo, Anthony, Dominique Brossard, James Shanahan, Dietram A. Scheufele, Michael Morgan, and Nancy Signorielli. (2010). Science on television in the 21st century: recent trends in portrayals and their contributions to public attitudes toward science. *Communication Research*, 38(6), 754–777.

Gerbner, George, Larry Gross, Michael Morgan, and Nancy Signorielli. (1981). Scientists on the TV screen. *Society*, 18(4), 41–44.

Nisbet, Matthew C., Dietram A. Scheufele, James Shanahan, Patricia Moy, Dominique Brossard, and Bruce V. Lewenstein. (2002). Knowledge, reservations, or promise? A media effects model for public perceptions of science and technology. *Communication Research*, 29(5), 584–608.

Shanahan, James, and Katherine McComas. (1999). *Nature stories: depictions of the environment and their effects*. Cresskill, NJ: Hampton Press.

Shanahan, James, Michael Morgan, and Mads Stenbjerre. (1997). Green or brown? Television and the cultivation of environmental concern. *Journal of Broadcasting & Electronic Media*, 41(3), 305–323.

第三十三章
叙事如何在娱乐中发挥传播科学的作用

马丁·卡普兰（Martin Kaplan） 迈克尔·达尔斯特伦（Michael Dahlstrom）

摘要： 娱乐媒体可以利用讲故事，如戏剧、人物塑造和冲突等叙事工具来吸引受众更深入地了解科学内容。不对所传达内容进行详细审查的话，娱乐就有可能歪曲科学知识并扭曲信念，但娱乐也有吸引公众注意力、提升公众参与度和促进公众理解及享受科学的用处。叙事是娱乐媒体的底层结构，代表着一种独特的传播工具，通过与人类经验交叉的方式来描述科学。本章概述在娱乐媒体中向公众传播科学时传播的叙事格式在心理、社会、专业和伦理方面的作用。本章的三个简短叙事体现了通过讲故事传播科学的风险和潜力。

关键词： 传播；娱乐；叙事；故事；讲故事；注意力；科学内容

你是一位气候学家，你很不安。当你点击暂停你正在看的视频时，你的博士后从休息室打来电话："我们又没有脱咖啡因的咖啡了吗？"

"我们面临的问题比那更糟糕，"你说。

她手里拿着一个冒着热气的杯子出现了，看着你的脸。"怎么了？"

你指着屏幕上的图像。"这是一场灾难。"

"就应该这样，不是吗？这是一部灾难片。"

"但结局皆大欢喜，"说着你按下了播放键。屏幕上，世界各地欢欣鼓舞的人群为大屏幕上航天器把一连串薄薄的折射盘送入距地球之上 100 万英里（1 英里约等于 1.6093 千米）轨道的影像而欢呼。

"你在期待什么？"她说。"这是好莱坞。如果他们展示升高 5 度就能造成不可逆转的破坏——谁会花钱去看？"

"我真不应该答应接受《60 分钟》（*60 Minutes*）的采访，"你说，这时音乐变响、字幕滚动。"他们随时有可能到这里。我应该跟他们说什么？"

"你不是电影评论员。这不是他们要访谈你的原因。他们想要了解现实状况。说真话就行。"

"什么？靠一种不存在的技术救命是一种非常危险的消遣？即便联合国的每一个国家都能实现地表温度上升控制在 2 摄氏度以内的目标（这将是奇迹），但到 2050 年仍会有洪水、饥荒、极度热浪、灭绝和 2 亿的气候难民？"

"不——那只会让人放弃。将各个点连接起来，这不是你的工作，也不是我们作为科学家的工作。我们的工作是提供这些点。将判断留给政策制定者。你拥有数据。你只要尽可能清楚、可信地说出来就行了。"

"如果我那样做，人们会睡着的。"

"那别的办法？简化？讲恐怖故事？我来你实验室工作是因为你所做的科学，不是因为你是某种……"她撇了撇嘴。"娱乐家。"

你的电话响了。"喂，你好，"你用尽可能很开心的语气说。"上来吧。"

娱乐媒体经常传播科学。他们用讲故事、戏剧和冲突来吸引观众更深入地进入内容之中。有些人抵制这些方法；他们认为科学的客观知识和娱乐的主观演出之间存在天壤之别。虽然通过娱乐传播科学确实有歪曲内容的可能，但它也能吸引公众注意力、提升公众参与度和促进公众理解及享受科学的力量。本章概述了目前所理解的娱乐媒体向公众传播科学时复杂且时而令人惊讶的方式。

叙事、图式、脚本和框架

大部分娱乐内容最基础的传播结构是叙事。叙事是聚焦于特定角色的行为以及这些行为在一段时间内因果关系的信息（Dahlstrom，2014）。这就是大部分人说的"他们要讲一个故事"的意思。尽管在一些语境下"故事"也许会暗示虚假性或虚构性，但叙事形式本身并不以真实为定义——它可以被用来架构任何种类的信息，无论是真实还是虚构的。

叙事与其他的心理学和传播学概念相关，但也有区别。图式是关于知识如何在大脑中构建的心理概念。它们表征了个体所经历的一个概念的不同个案的思想聚集，并指引对该概念有关的未来信息的诠释（Axelrod，1973）。脚本是有时间成分的图式；它们表示某一过程内事件的总体期待（Abelson，1981）。本书第三十七章探讨的媒体框架表征作者从许多可供选择的可能焦点中选出来架构消息的主题重点（Scheufele，1999）。

叙事超越主题或抽象。它们提供发生在特定角色身上的一个具体案例。例如，图式可能将快餐店与低成本、不健康和好吃得出乎意料的冰激凌等概念联系起来。一个脚本可以将快餐过程抽象为排队等待、点餐、付钱和站到一边等餐。记者可以从快餐的营养价值、快餐在工业化农业中的经济位置或它对公共健康政策的影响等方面选择快餐的信息框架。相比之下，叙事可以讲述一个故事，关于个体角色到访某家快餐店时体验的具体事件和个人反应。正是这种包含角色视角所体现的信息的具体性使得叙事具有独特性。

说明、说理和叙事形式

叙事是传播科学的三种常见形式之一。在说明形式中，科学内容被表达为抽象的科学事实（Avraamidou 和 Osborne，2009）。这种形式关注知识的传播。它占据了大部分科学教科书，也主导着其他情境，比如科学被描述为个体可以寻求答案的百科全书。说理形式试图通过劝说和证据来验证科学信息或其解读（Avraamidou 和 Osborne，2009）。这种形式着重于科学信息所具有的正当理由。它在某些场景中很常见：科学可能与已有的信念背道而驰，个体可能会质疑信息的有效性，或者倡导者群体试图说服受众接受某一个科学立场。说理形式在学术期刊中也占据主导地位，科学家必须说服负责验证他们研究的科学价值的同行评审者。

叙事形式将科学描述为与科学信息互动的具体角色的鲜活经历（Dahlstrom，2014；Avraamidou 和 Osborne，2009）。与说明形式和说理形式相比，叙事更关注体现科学的人类体验而不是科学知识本身。例如，为了传达洗手的医学重要性，说明形式或许会说，"洗手是预防疾病传播的有效方式"。说理形式或许会解释，"以下是洗手能有效减少疾病传播的原因"。叙事形式可能会说，"这是劳拉。她洗了手，减少了疾病的传播"。叙事形式常见于以下语境：其他信息也在争夺受众的注意力，受众期待寻找快乐而不是获取知识——这是娱乐的常见语境。这三种形式（说明、说理、叙事）中的每一种，某种程度上当然都可以出现在任何一种信息中。

叙事的力量

叙事吸引了科学传播者的注意并且引起他们关注的一个因素是它们影响受众的能力。叙事很强有力。它们可以传达信息，但也可以进行宣传。它们可以教导，也可以误导。它们可以让真相更生动，但也可以使虚构更逼真。关于叙事风险和责任的第一次伟大思考出现在柏拉图的《理想国》（*Republic*）（Plato，1930）。柏拉图用的术语是"诗歌"，但我们不应该将它理解为精英群体曲高和寡的追求；在雅典时期的希腊语中，正如伯涅特（M. F. Burnyeat，1997）在他的泰纳讲座（Tanner Lectures）中提到，诗歌曾是"最流行的娱乐形式，最接近我们的大众媒体"。

《理想国》的任务是设计一种最利于形成一个良好社会的教育。几何学在这样一个课程体系中有一席之地，教导推理、逻辑和计算——体育课也是，教导竞争、风度和韧性。柏拉图的问题是：诗歌教什么？几乎没有什么好的东西。这个问题始于人们的幼年，当可塑性强的年轻人接触到怪谈、神话和寓言——那些故事会在他们的大脑中留下不可磨灭的幻想烙印。随着他们的长大，他们接触到悲剧、喜剧和叙事诗，这些对现实的模仿"在身体、言语和思想上成为习惯以及（第二）本能"（Plato，1930）。诗歌的影响不仅仅是精神上的，也是生理上的。观众都是梦想家，没有能力区分虚构和现实、观点和知识、故事和历史、幻想和现实，这很危险。对于柏拉图来说，这些诗人兼故事讲述者利用了我们对语言、情感、奇观和幻觉着迷的习性。这个思想的高潮出现在《理想国》第十册，在那里诗人被理想国放逐："如果你允许甜言蜜语的缪斯进入抒情诗或史诗，那么欢乐与痛苦将取代法律成为你城市的领主"（Plato，1930）。

关于叙事传播效果的实证研究确认了这些潜在强大影响力的古老警告。与处理其他形式的信息相比，大脑使用一种不同的认知路径来处理叙事（Fisher，1984）。与说明形式或者说理形式相比，这个路径效率更高，能更快地处理并更好地理解叙事（Bruner，1986）。这种叙事偏差在儿童期发展中自然发生；相比之下，推理性和逻辑性更强的思维需要通过正规教育的训练（Boyd，2009）。这就是为什么叙事被认为是人类思维的默认形式，引导我们如何理解现实并据此做出反应（Boyd，2009；Schank 和 Abelson，1995）。一个想法没有通过故事在头脑中组织起来，就无法让人知晓。

例证、认同和身临其境

这种通过人类经验来理解世界的偏差可以用例证理论（*exemplification theory*）来证

明（Zillmann，2006）。一个范例就是一个事件发生的具体案例。这与抽象概括形成对比，抽象概括常常被概念化为一个事件发生的统计基准率。当两种信息都在一个消息中出现，受众主要依靠范例来形成他们的态度和理解（Zillmann，2006）。例如，统计信息显示鲨鱼袭击事件非常罕见，这能使海滩游客放心。但如果在同样信息中出现爱冲浪的乔被鲨鱼攻击失去了大腿的例子，那些同样的海滩游客更有可能忽略抽象的统计数据，为了安全而在泳池里游泳。

在大部分娱乐情景中，叙事更详细，其他机制赋予叙事更大的影响。受众可能会认同叙事中的角色，从而采纳角色的视角，并对角色所表达的情感产生共鸣（de Graaf 等，2012；Cohen，2001）。同样，受众可能会被带入故事的世界；他们可能投入过多的精力来处理和享受故事，导致他们认知资源不足，不能质疑叙事中的观点（Green 和 Brock，2000）。对叙事不断增加的带入感和对角色不断增加的认同感提升了观众与故事的信念和态度保持一致的可能性（Braddock 和 Dillard，2016；de Graaf，2014；Green，2004）——即便是那些本来会抵触它们表达的观点的观众（Moyer-Guse 和 Nabi，2010）。不同于使用相关和可信来赢得信息接受度的其他的劝说形式（Trumbo 和 McComas，2003；Cacioppo 和 Petty，1984），叙事劝说依靠对一个连贯的故事世界的参与度，使得事实与虚构之间的差别不那么相关。这就是为什么观众乐意相信虚构叙事中的信息是真的（Dahlstrom，2012）。

叙事不仅仅是有说服力。还可以终结我们的理性，使得我们相信那些在我们有更好判断力的情况下会质疑的事情。正如伯涅特（Burnyeat，1997）对柏拉图（Plato）进行的诠释所说，"就好像眼睛和耳朵为画家和诗人提供了一个相对独立的认知装置的入口，与感官相联系，通过这个装置，模仿图像可以绕过我们的知识并且渗入我们的灵魂"（Green 等，2004）。受众就算知道它们仅仅是故事而已，也不能免受影响。

你是一个电视新闻杂志的记者。你在给你的制片人展示你那部分的粗略剪辑。屏幕上，一位气候学家在他的实验室，向你解释一个图表。"那条黑线，"他说，"是迄今为止的碳排放。红线是不限制目前温室气体排放的情况下到 2100 年的排放。"

在视频中，你问他，"哪个地方？"

"大气中二氧化碳的浓度达到 0.1%，会使全球平均气温上升 3.2 ~ 5.4 摄氏度。"

"如果我们在地球和太阳之间放 1 万亿个圆盘呢？"一部科幻电影的片段显示地球被太阳辐射毯保护着。"这会使上升的温度控制在 2 摄氏度吗？"

"我们需要在 2050 年以前每年从大气中移除 100 亿吨的二氧化碳，"他说。

"那些圆盘可以吗？"

气候学家压制自己的愤怒。"我们没有数据表明这个。"

"你不知道？"

气候学家叹了口气。"那只是纯粹的猜想。"

你的制片人闭着她的眼睛并且大声打呼噜。

"等等！"你告诉她。

屏幕上现在出现的是巡回演说的政客。"他们承认了！"他喊道，"他们甚至都不知道！他们想让我们放弃我们的运动型多功能汽车（SUV），放弃我们的烧烤，扼杀我们的经济，拿走我们的工作——他们不会告诉你这些，但他们所谓的模型是建立在对你的生活方式怨恨的假设之上的。那不是科学——那是偏执！精英的偏执！"

你的制片人摇头，把她的手轻轻地放在你的肩膀上，说道："听我说，我明白你的意思。冲突吸引人的注意力。但这种他说 / 他说的做法太老套。我们看了一百万次。你需要一个真实的故事。悬念、逆境、胜利。你需要一个男主角。"

"电影中的明星？你想让我做一个演员的简介？"

"不是。"她倒完录像带。当我们看见一个硬汉在山路上骑行，她点击播放。他的二头肌上环绕着一个太阳辐射折射盘的刺青。

我们听到他那英式口音。"真相是——耶。我实际上的确想过有一天他们会拍一部关于我的电影。我只是没有想到他们拍的时候我还活着。"

"这就是你的男主角，"她说，"敢于拥有伟大梦想的企业家。现实生活中的发明家能拯救世界。这就是你的故事。"

愚化？

叙事与科学目标是对立的吗？在一些科学圈子里，"普及"是一个贬义的术语。其释义是为了不专业的受众而简化科学，并且在此过程中经常歪曲科学（Hilgartner，1990）。诺利斯（Norris 等人，2004）宣称因为科学主要谋求分享关于抽象和重复发生的现象的信息，叙事的特殊本质使得它不大可能成为科学教育的恰当形式。他们指出叙事"不能充分适应科学写作所要求的小心、谨慎和试探性"（Norris 等，2004，560）。《自然》中有一封来信，题为"反对科学结果的故事讲述"，概括了许多常见的对科学叙事的批判，包括它们不具代表性、简化科学的复杂性，以及故事讲述者"为了引起受众的反应而修饰和隐藏信息"（Katz，2013，1045）。这种批判的公开表达通常发生在新闻媒体询问科学家关于近期卖座的大片里的科学是否正确的时候。

当然有许多叙事导致人们歪曲理解科学的例子。看看全球年收入超过 5000 亿美元的广告产业（Tadena，2015）。如果广告无法避开我们客观理性的雷达，那么它不可能达到这个规模（Kaplan，2010）。制药产业惯常使用叙事将产品卖给消费者，并转移受众对副作用披露的注意力，这就是为什么美国食品和药物管理局提出限制"不一致的视觉内容和分散注意力的音乐"的原因（Edwards，2009）。或者看看一些公共话语中最具争议性的科学话题，例如气候变化，或者所谓的儿童疫苗接种和自闭症之间的联系，或者作为与进化论相对应的课程——"智慧设计"。人们总是容易假设实证证据可以说服受众接受全球变暖的存在、它起源于人类行为并严重危害地球。同样，关于免疫方案安全性的临床数据应该能让家长们放心。同时化石记录和进化能力同样可以解释复杂的生物器官和系统，并可证明达尔文理论的解释力。

但是相信以更准确的方式传播更多事实将会解决公众理解的缺失并赢得对科学的接受度，这个科学传播缺失模型的一个假设一直被批判为幼稚和无效（Wynne，2006）。拥护缺乏科学支持观点的人并不会因为缺乏数据而痛苦，他们被另一种叙事激活，这种叙事构成了他们的身份和文化归属，并且不依赖于实证失验（Kahan 等，2012）。科学本质上无法胜过故事。

注意力经济

娱乐叙事本身并不反科学。它们为科学传播者提供一个实现其目标的工具。科学像其他话语一样，面临着一场艰苦的战斗，以赢得那些它希望触及的人的注意力。科学传播者像其他传播者一样别无选择，只能是在哪找到受众就在哪见到受众。但今天的受众面临着信息以指数爆炸式增长的情形。数字宇宙的规模每两年就翻一倍（EMC2，2014）。据估计，美国人每人每天平均花 15.5 小时在媒体上——74 千兆字节的数据（Short，2015）。于 1978 年获得诺贝尔经济学奖的赫伯特·西蒙（Herbert Simon，1971，40–41）在 1970 年说道：

信息消费是相当明显的：它消费接收者的注意力。因此信息的丰富导致注意力的匮乏，需要在可能消费这些注意力的过于丰富的信息来源中有效地分配注意力。

注意力分两种：自上而下和自下而上（Mangun，2012）。只有自上而下的注意力，常常被称为大脑的"执行功能"，才有能力进行西蒙1971年所描述的有效分配。它是自愿的；我们有意识地控制它（Katsuki 和 Constantinidis，2014）。它是威廉·詹姆斯（William James）所定义的自由意志的核心——决定关注什么内容的力量（Perry，1936）。这就是2002年的诺贝尔经济学奖获得者、心理学家丹尼尔·卡尼曼（Daniel Kahneman）2011年在《思考，快与慢》（*Thinking，Fast and Slow*）一书中所称的系统2。它是理性、缓慢的。但西蒙的模型并没有包括自下而上的注意。卡尼曼称之为系统1，并且它是快速的。它会本能地、感性地，甚至非理性地集中注意力。不管我们愿意与否，它都会集中注意力。我们无法控制，它就在我们的脑回路中。

什么东西拥有独立于我们的意愿而抓住和保持我们注意力的力量？进化生物学家可以给出部分答案。像许多其他动物一样，人类对某些刺激产生生理反应。自然选择所偏好的物种本能地注意到特定感官输入赋予他们适应的优势。危险（Oehman，2007）、性（Sukel，2013）、新奇（Gallagher，2011）和玩耍（Huizinga，1971）都本能地、感性地甚至非理性地控制我们的注意力。所有这些捕获注意力的因素都在故事讲述中出现，这是一种人类独有的能力，这是为什么叙事动物（*Homo narrans*）也被认为是我们这个物种的名字（Fisher，1989）。在英语中有一个单词可以描述占据我们注意力的力量：娱乐（Gabler，2000）。娱乐的词根是"tenir"——保持住。所保持的是我们的注意力，而保持的机制是叙事。这样说来，叙事的力量恰恰就是娱乐的力量。

寓教于乐

寓教于乐领域利用这些特征将亲社会信息嵌入娱乐叙事来赢得观众的注意力，同时通过叙事的认知路径来影响他们（Shen 和 Han，2014）。寓教于乐的信息不是明确说明观众应该相信什么或做什么，而是描述个体对某个目标议题所做出的决定并面对其后果的故事。大部分寓教于乐的研究集中在健康议题，在诸如精神病（Ritterfeld 和 Jin，2006）、酗酒（Kim 等，2014）和饮食选择（Ayala 等，2015）等话题上创造影响观众的叙事。

举个例子，坦桑尼亚于1992年开始一项国家计划生育运动，试图通过倡导使用避孕手段来减缓人口增长（Vaughan 等，2000）。这个运动包括开发一部广播肥皂剧，名为《让我们跟随纳塔卡》（*Twende ta Nakata*），这部剧的角色被设计为正面和负面的典范。在四年多的播放中，与对照组相比，观众报告说他们增加了计划生育的自我效能感和支持，也增加了避孕药具的使用（Vaughan 等，2000）。这个节目也成了卫生部诊所 25% 新病人的来源（Vaughan 等，2000）。

就像《让我们跟随纳塔卡》一样，最有影响力的寓教于乐的运动发生在发展中国家，那里的媒体系统尚未充分发展，因此单个节目可以有更大的覆盖范围和影响力（Sherry，2002）。然而即便在有着复杂媒体系统和多样化内容的国家，娱乐媒体依然可以在科学信息上影响受众。看过气候变化灾难电影《后天》的人报告说他们更关注气候变化，并且更愿意采取行动来解决问题（Leiserowitz，2004）。同样，一项对急诊室电视剧《急诊室的故事》（ER）观众的调查发现，一半人汇报说他们跟自己的家人或朋友谈论过来自节目的健康话题，三分之一的人说他们使用节目内容来影响个人和家庭的健康决策（Brodie 等，2001）。这些证据促使美国疾病控制与预防中心从 2001 年开始支持南加州大学安纳伯格传播学院（USC Annenberg）诺曼·李尔中心（Norman Lear Center）的好莱坞、健康与社会项目，向那些寻找准确公共健康信息的编剧开放免费资源（Hollywood Health & Society，2016）；类似的关于讲故事对观众影响的认识促使美国国家科学院（National Academy of Sciences，2016）于 2008 年启动了"科学与娱乐的交流"（Science and Entertainment Exchange）。

尽管可能有效，但在娱乐叙事中融入科学可能引起一些伦理问题（Asbeek Brusse 等，2015；Dahlstrom 和 Ho，2012）。嵌入娱乐叙事中的科学信息可以获得认可的机制恰恰是科学家常常谴责的——叙事能够在不仔细审查内容的情况下影响信念。什么时候科学传播的目标应该与叙事的力量保持一致来影响公众观点？有些人可能认为有必要使用这种默认的劝说策略来建立在公共健康和公共政策目标方面的共识，例如在疫苗、缓解气候变化和预防肥胖等方面。其他人也许会反对为了影响观众而利用任何叙事手段来传达科学知识的做法，因为这种做法没有让观众有机会仔细思考这些话题。

但是，当科学传播的目的是传播知识，促使个体可以在一个有争议的情境下得出自己的结论，或者是使受众接触一些在其他情况下可能被忽略的抽象科学概念时，叙事也可以很有效（Cohen 等，2015；Dahlstrom 和 Ho，2012）。更有效的叙事处理路径能够提升对科学内容的理解和传达它与人类经历的相关性，同时保持准确和具有代表性。但是，科学知识的不断增加并不一定带来更多的共识。事实上，对有争议性议题拥有更多科学知识的个体也很有可能是那些最极端化的人（Kahan 等，2012）。科学传播跨越多重情境，每一个情境都有独特的目标和传播者的预期角色（Pielke，2007）。决定何时以及如何使用叙事涉及伦理方面的考虑，这些考虑来自某一特定科学传播情境中的个人、组织和情形的边界。

未来的研究

叙事可以是实现科学传播目标的有力工具。正如本章引用的研究表明，叙事是一种独特的传播形式，可以吸引注意力并对我们的信仰和决策产生更大的影响。一些科学共同体的成员将叙事和娱乐媒体看作是无聊的，或者甚至把它与科学对立，并且有许多例子表明叙事试图说服受众持有不被科学共识所支持的观点。但也有例子显示科学家和传播者利用叙事吸引受众更深入地融会科学知识。

叙事是复杂的信息结构，体现了对背景、角色和视角等元素的具体选择（Bal 1997）。尽管被叙事吸引的人们可能展现出很强的效果，但很难预测哪些叙事元素的组合能吸引特定的受众。未来的研究需要超越检测叙事信息存在与否，继续探讨特定的叙事元素如何互动来提升和影响不同受众群体的参与度。

研究已经探讨了娱乐叙事对科学认知的影响，但在媒体环境下与科学议题相关的叙事的实际分布，我们对此知之甚少。例如，有证据显示反疫苗提倡者比疫苗支持者要更多地使用叙事（Shelby 和 Ernst，2013），但更详细地描述哪些提倡者以及关于哪些议题的哪些论点在传播中使用娱乐叙事，将有助于科学传播者更好地评估何时以及如何叙事，以便能更适用于各自的传播情境。

大部分科学传播的研究假设目标是传播关于科学的知识或改变与科学问题相关的态度和行为，这的确是科学家自身的普遍目标（Besley 等，2015）。但一个附加的目标是激发或向受众灌输科学的神奇。尽管一些研究已经开始从心理学角度探讨敬畏的认知（Shiota 等，2007），但没有研究探讨了大众科学传播如何得以分享这个志向或者是关于敬畏可以为科学认知带来何种影响。因为叙事将科学的抽象与个体的情感经验联系起来，所以它们是这个探索路线的逻辑起点。

许多已知的利用娱乐叙事来传播科学的研究都是从科学传播者的视角来展开的。虽然科学叙事可以影响受众，但受众有能动性；他们积极选择、评估和解读他们所消费的叙事。他们在选择科学叙事的时候在寻找什么？他们如何解读娱乐叙事所包含的科学？他们如何评估他们的需求是否得到满足？这些领域的研究正在启动（Asbeek Brusse 等，2015），但更好地理解目标受众的用途与满足感可以有助于生产者满足这些需求，并由此更有效地传播科学。

娱乐叙事不应该被看作本质上与科学对立，也不应该被看作向非专业人士传播科学的奇方。叙事反而代表着一种独特的传播工具，以一种生动地与人类体验交叉的方式来描述科学。对于想让个体参与到科学的特定方面的科学传播者来说，这个工具的强大力量值得了解和使用。

你是一位社会心理学家，你刚在一个资助气候变化的非政府组织基金会上展示了你关于气候变化态度的结果。你接受大家的提问。

问题：有一部刚上映的关于气候变化的灾难电影。你看了吗？

你：那位拯救地球的地理工程师？没，还没看，但我看了《60 分钟》（*60 Minutes*）里的相关内容，它的广告我肯定也看了起码十几次，公共汽车和广告牌上到处都是。我儿子看了电影。他说 3D 效果很棒。

问题：你觉得它的影响会是什么？它会改变公众看法吗？跟我们资助的群体所试图传达的气候变化信息相比怎么样？

你：呃，我估计那一部电影的广告预算是你们过去五年花在气候变化媒体拨款额的所有总和。如果它的反响巨大，到那时，任何有手机的人都可以下载一个盗版，过不了多久，世界上十亿或更多的人将会直接或间接地接触到它。

问题：这会有什么差别？

你：我们知道在某些情境中，叙事可以有说服力。如果你是一位认为人类要遭受厄运的人，或许这部电影能让你更乐观一些。从另一方面来说，有越多的人认为我们将会被 30 年后天上掉下的馅饼所拯救，就越难在 30 个月后让一位政客投票支持碳税收。

问题：我们很多拨款项目都资助传播。我们支持纪录片。公共广播电台设有气候变化的节目。新闻网站总有气候变化的报道。大量的应用程序。对科学家的媒体训练——尽管有时候那可能是真正的逆战。

你：是的——他们认为引言、方法、结果和讨论已经有足够了。

问题：我们所资助的叙事——你觉得他们的信息应该是什么？最有说服力的案例是什么？

你：你瞧。这个房间的每个人都知道怎样可以避免我们正在走向的噩梦。这是人类集体行为的最大变化——快速、持续并在未来 50 年内的每一年都会发生。如果你想激励人们参与其中，需要做得比手机应用程序更多一些。需要讲述世界历史上最引人入胜的故事。

参考文献

Abelson, R. P. (1981). Psychological status of the script concept. *American Psychologist*, 36(7), 715–729.

Asbeek Brusse, Elsbeth D., Marieke L. Fransen, and Edith G. Smit. (2015). Educational storylines in entertainment television: audience reactions toward persuasive strategies in medical dramas. *Journal of Health Communication*, 20(4), 396–405.

Avraamidou, L., and J. Osborne. (2009). The role of narrative in communicating science. *International Journal of Science Education*, 31(12), 1683–1707.

Axelrod, R. (1973). Schema theory: an information processing model of perception and cognition. *The American Political Science Review*, 64(4), 1248–1266.

Ayala, Guadalupe X., L. Ibarra, L. Horton, E. M. Arredondo, D. J. Slymen, M. Engelberg, et al. (2015). Evidence supporting a promotora–delivered entertainment education intervention for improving mothers' dietary intake: the Entre Familia: Reflejos De Salud Study. *The American Political Science Review*, 20(2), 165–176.

Bal, M. (1997). *Narratology: introduction to the theory of narrative*. Toronto: University of Toronto Press.

Besley, John C., Anthony Dudo, and Martin Storksdieck. (2015). Scientists' views about communication training. *Journal of Research in Science Teaching*, 52(2), 199–220.

Boyd, Brian. (2009). *On the origin of stories: evolution, cognition, and fiction*. Cambridge, MA: Belknap Press.

Braddock, K., and J. P. Dillard. (2016). Meta–analytic evidence for the persuasive effects of narrative on beliefs, attitudes, intentions, and behaviors. *Communication Monographs*, 83(4), 446–467.

Brodie, M., Ursula Foehr, Vicky Rideout, Neal Baer, Carolyn Miller, Rebecca Flournoy, and Drew Altman. (2001). Communicating health information through the entertainment media, *Health Affairs*, 20(1), 192–199.

Bruner, J. (1986). *Actual minds, possible worlds*. Cambridge, MA: Harvard University Press.

Burnyeat, Myles. (1997). *Culture and society in Plato's Republic: The Tanner lectures on human values*. http://tanner–lectures.utah.edu/_documents/a–to–z/b/Burnyeat99.pdf.

Cacioppo, J. T., and R. E. Petty. (1984). The elaboration likelihood model of persuasion. *Advances in Consumer Research*, 11, 673–675. http://www.acrwebsite.org/volumes/.

Cohen, J. (2001). Defining identification: a theoretical look at the identification of audiences with media characters. *Mass Communication and Society*, 4(3), 245–264.

Cohen, Jonathan, Nurit Tal–Or, and Maya Mazor–Tregerman. (2015).The tempering effect of transportation: exploring the effects of transportation and identification during exposure to controversial two–sided narratives. *Journal of Communication*, 65(2), 237–258.

Dahlstrom, M. F. (2012). The persuasive influence of narrative causality: psychological mechanism, strength in overcoming resistance, and persistence over time. *Media Psychology*, 15(3), 303–326.

Dahlstrom, M. F., and S. S. Ho. (2012). ethical considerations of using narrative to communicate science. *Science Communication*, 34(5), 592–617.

Dahlstrom, Michael F. (2014). Using narratives and storytelling to communicate science with nonexpert audiences. *Proceedings of the National Academy of Sciences of the United States of America*, 111, 13614–13620.

de Graaf, Anneke. (2014). The effectiveness of adaptation of the protagonist in narrative impact: similarity influences health beliefs through self–referencing. *Human Communication Research*, 40(1), 73–90.

de Graaf, Anneke, Hans Hoeken, José Sanders, and Johannes W. J. Beentjes. (2012). Identification as a mechanism of narrative persuasion. *Communication Research*, 39(6), 802–823.

Edwards, Jim. (2009). Why Schering–Plough's Nasonex bee is to blame for FDA's new drug ad rules. CBS News, May 27. http://www.cbsnews.com/news/why–schering–ploughs–nasonex–bee–is–to–blame–for–fdas–new–drug–ad–rules/.

EMC2. (2014). Executive summary: data growth, business opportunities, and the IT imperatives. http://www.emc. com/ leadership/ digital–universe/ 2014iview/ executive–summary.htm.

Fisher, W. R. (1984). Narration as a human–communication par–adigm: the case of public moral argument. *Communication Monographs*, 51(1), 1–22.

Fisher, Walter R. (1989). *Human communication as narration: toward a philosophy of reason, value, and action*. Columbia: University of South Carolina Press.

Gabler, Neal (2000). *Life: the movie: how entertainment conquered reality*. New York: Vintage.

Gallagher, Winifred. (2011). *New: understanding our need for novelty and change*. New York: Penguin Press.

Green, M. C. (2004). Transportation into narrative worlds: the role of prior knowledge and perceived realism. *Discourse Processes*, 38(2), 247–266.

Green, M. C., and T. C. Brock. (2000). The role of transportation in the persuasiveness of public narratives. *Journal of Personality and Social Psychology*, 79(5), 701–721.

Green, M. C., J. Garst, and T. C. Brock. (2004). The power of fiction: determinants and boundaries. In: L. J. Shrum, ed., *The psychology of entertainment media* (pp. 161–176). Mahwah, NJ: Lawrence Erlbaum.

Hilgartner, S. (1990). The dominant view of popularization: conceptual problems, political uses. *Social Studies of Science*, 20, 519–539.

Hollywood Health & Society. (2016). Hollywood, Health & Society. https://hollywoodhealthandsociety.org/.

Huizinga, Johan. (1971). *Homo ludens: a study of the play-element in culture*. Boston: Beacon Press.

Kahan, Dan M., Ellen Peters, Maggie Wittlin, Paul Slovic, Lisa Larrimore Ouellette, Donald Braman, and Gregory Mandel. (2012). The polarizing impact of science literacy and numeracy on perceived climate change risks. *Nature Climate Change*, 2(10), 732–735.

Kahneman, Daniel. (2011). *Thinking, fast and slow*. New York: Farrar, Straus and Giroux.

Kaplan, Marty. (2010). Side effects include denial. *The Huffington Post*, April 18. http://www.huffingtonpost.com/ marty–kaplan/side–effects–include–deni_b_463996.html.

Katsuki, Fumi, and Christos Constantinidis. (2014). Bottom–up and top–down attention: different processes and overlapping neural systems. *Neuroscientist*, 20(5), 509–521.

Katz, Yarden. (2013). Against storytelling of scientific results. *Nature Methods*, 10(11), 1045–1045.

Kim, Kyongseok, Mina Lee, and Wendy Macias. (2014). An alcohol message beneath the surface of ER: how implicit memory influences viewers' health attitudes and inten–tions using entertainment–education. *Journal of Health Communication*, 19(8), 876–892.

Leiserowitz, A. A. (2004). Before and after The Day After Tomorrow: a US study of climate change risk perception. *Environment*, 46(9), 22–37.

Mangun, George R. (2012). *The neuroscience of attention: attentional control and selection*. New York: Oxford University Press.

Moyer–Guse, E., and R. L. Nabi. (2010). Explaining the effects of narrative in an entertainment television program: overcoming resistance to persuasion. *Human Communication Research*, 36(1), 26–52.

National Academy of Sciences. (2016). Science and Entertainment Exchange. http://www.scienceandentertainmentexchange.org/.

Norris, S. P., Sandra M. Guilbert, Martha L. Smith, Shahram Hakimelahi, and Linda M. Phillips. (2005). A theoretical framework for narrative explanation in science. *Science Education*, 89(4), 535–563.

Oehman, Arne. (2007). Has evolution primed humans to beware the beast? *Proceedings of the National Academy of Sciences of the United States of America*, 104(42), 16396–16397.

Perry, Ralph Barton. (1936). *The thought and character of William James*. Boston: Little, Brown.

Pielke, R. A. (2007). *The honest broker: making sense of science in policy and politics*. Cambridge, UK: Cambridge University Press.

Plato. (1930). *Plato. Volumes V and VI, Republic Books I–V and VI–X*. London: Heinemann.

Ritterfeld, U., and S. A. Jin. (2006). Addressing media stigma for people experiencing mental illness using an entertainment–education strategy, *Journal of Health Psychology*, 11(2), 247–267.

Schank, R. C., and R. Abelson. (1995). Knowledge and memory: the real story. In: R. Schank and R. Abelson, eds., *Knowledge and memory: the real story* (pp. 1–86). Hillsdale, NJ: Lawrence Erlbaum.

Scheufele, D. A. (1999). Framing as a theory of media effects. *Journal of Communication*, 49(1), 103–122.

Shelby, Ashley, and Karen Ernst. (2013). Story and science how providers and parents can utilize storytelling to combat anti–vaccine misinformation. *Human Vaccines & Immunotherapeutics*, 9(8), 1795–1801.

Shen, Fuyuan, and Jiangxue Han. (2014). Effectiveness of entertainment education in communicating health information: a systematic review. *Asian Journal of Communication*, 24(6), 605–616.

Sherry, J. L. (2002). Media saturation and entertainment–education. *Communication Theory*, 12(2), 328–347.

Shiota, Michelle N., Dacher Keltner, and Amanda Mossman. (2007). The nature of awe: elicitors, appraisals, and effects on self–concept. *Cognition & Emotion*, 21(5), 944–963.

Short, James E. (2015). How much media? 2015 report on American consumers. http://www.marshall.usc. edu/faculty/ centers/ctm/research/how–much–media.

Simon, H. A. (1971). Designing organizations for an information–rich world. In: Martin Greenberger, ed., *Computers, communication, and the public interest* (pp. 38–72). Baltimore, MD: Johns Hopkins Press.

Sukel, Kayt. (2013). *This is your brain on sex: the science behind the search for love.* New York: Simon & Schuster.

Tadena, Nathalie. (2015). Firms trim ad spending growth forecasts for 2016. *The Wall Street Journal*, December 7. http:// www.wsj.com/articles/ firms–trim–ad–spending–growth–forecasts–for–2016–1449464401.

Trumbo, C. W., and K. A. McComas. (2003). The function of credibility in information processing for risk perception. *Risk Analysis*, 23(2), 343–353.

Vaughan, P. W., E. M. Rogers, A. Singhal, and R. M. Swalehe (2000). Entertainment–education and HIV/ AIDS prevention: a field experiment in Tanzania. *Journal of Health Communication*, 5, 81–100.

Wynne, B. (2006). Public engagement as a means of restoring public trust in science –hitting the notes, but missing the music? *Community Genetics*, 9(3), 211–220.

Zillmann, D. (2006). Exemplification effects in the promotion of safety and health. *Journal of Communication*, 56, S221–S237.

推荐阅读

Braddock, K., and J. P. Dillard. (2016). Meta–analytic evidence for the persuasive effects of narrative on beliefs, attitudes, intentions, and behaviors. *Communication Monographs*, 83(4), 446–467.

Brusse, Elsbeth D. Asbeek, Marieke L. Fransen, and Edith G. Smit. (2015). Educational storylines in entertainment television: audience reactions toward persuasive strategies in medical dramas. *Journal of Health Communication*, 20(4), 396–405.

Dahlstrom, M. F., and S. S. Ho. (2012). Ethical considerations of using narrative to communicate science. *Science Communication*, 34(5), 592–617.

Green, M. C. (2006). Narratives and cancer communication. *Journal of Communication*, 56, S163–S83.

Kirby, David A. (2013). Forensic fictions: science, television production, and modern storytelling. *Studies in History and Philosophy of Biological and Biomedical Sciences*, 44(1), 92–102.

Muurlink, Olav, and Peter McAllister. (2015). Narrative risks in science writing for the lay public. *JCOM: Journal of Science Communication*, 14(3), A01, 1–17.

Nabi, Robin L., and Melanie C. Green. (2015). The role of a narrative's emotional flow in promoting persuasive outcomes. *Media Psychology*, 18(2), 137–162.

Olson, Randy. (2015). *Houston, we have a narrative: why science needs story*. Chicago: University of Chicago Press.

第三十四章
讽刺新闻和深夜喜剧节目中关于科学的假设

劳伦·费尔德曼（Lauren Feldman）

摘要：因为像《每日秀》（*The Daily Show*）和《科尔伯特脱口秀》（*The Colbert Report*）等讽刺新闻节目大量关注科学，本章探讨它们作为科学态度和信息来源的重要性。本章第一部分讨论讽刺新闻的一般属性以及这些属性可以如何促进公众关注、积极参与并理解科学。随后本章强调讽刺在传播科学中的局限性，包括使用幽默对传达特定科学议题严肃性的挑战、受众误读讽刺意图的潜在可能性，以及传播目标与讽刺表演真实性之间的张力。本章运用了那些明确分析讽刺新闻节目在科学传播情境中的作用的研究，同时也提出了重要的尚未回答的研究问题。

关键词：讽刺；科学传播；每日秀；科尔伯特脱口秀；讽刺新闻

在过去的十年左右，讽刺新闻节目，如美国喜剧中心（Comedy Central）频道的《每日秀》和《科尔伯特脱口秀》等在美国的文化和政治版图中占据了重要地位。因此，引起了传媒研究、传播学和政治科学学者的兴趣，这些学者记录了这些节目解读和传播公共事务的独特方式（Baym，2010；Jones，2010；Baym，2005），以及它们对受众的政治态度、知识和行为的影响（Hardy 等，2014；Feldman，2013b；Hoffman 和 Yound，2011；Baumgartner 和 Morris，2006）。虽然普遍认为讽刺新闻节目是政治话语和批评的重要场所，但它们最近却因为对科学的关注而被关注。例如，卓越新闻计划（Project for Excellence in Journalism）在 2008 年对 2007 年的新闻报道进行分析发现，与主流媒体相比，《乔恩·斯图尔特每日秀》(*The Daily Show with Jon Stewart*)将更大部分的"新闻窗口"给了科学、技术和环保话题。在2010年，当时为《今日美国》(*USA Today*)撰稿的科学记者丹·韦尔加诺(Dan Vergano)问道："电视上最佳科学节目是否是美国喜剧中心频道的斯图尔特(Stewart)和科尔伯特(Colbert)?"(Vergano, 2010)。确实，《每日秀》和《科尔伯特脱口秀》特别播出的讽刺新闻部分广泛关注科学议题，包括：气候变化、进化论、疫苗、太空探索、干细胞研究、人工智能、粒子物理和遗传学，以及访谈科学家、科学政策制定者、科学作家和科学倡导者(Feldman 等, 2011)。《每日秀》和《科尔伯特脱口秀》对科学的关注则激发了一些学术研究，这些研究分析了这些节目中隐式和显式报道中关于科学的假设和主张(Brewer, 2013; Feldman, 2013a)，以及这些节目对观众的科学参与和态度的影响(Brewer 和 McKnight, 2015; Feldman 等, 2011)。

基于这部分研究，本章探讨讽刺新闻作为一种科学传播形式的意义。既然大部分非专业公众不直接与科学和科学家互动，因此一般而言媒体被认为在向公众翻译科学中起到核心作用(Scheufele, 2014)。但遗憾的是，广泛的公众参与科学的可能性由于主流新闻媒体的科学报道不足，以及确实存在公众对科学新闻的关注不足而被最小化(National Science Board, 2014)。同时，个体对科学议题的取向常常由他们的政治和文化价值观所塑造(Kahan 等, 2011)；这种现象加剧了在党派和意识形态方面的民意分歧，许多美国人的观点与诸如气候变化和进化等议题的主流科学研究相左(Pew Research Center, 2015)。因为讽刺新闻在一些重要方面不同于传统新闻，本章的一个主要考虑是讽刺新闻是否有助于克服主流科学报道的不足和鼓励公众参与科学，同时也有助于减少一些有争议的科学议题的极化现象。

本章首先讨论讽刺幽默，探讨讽刺新闻节目的一般属性如何帮助拓展公众参与和理解科学。这部分讨论结合实证研究的发现，这些研究分析了《每日秀》和《科尔伯特脱口秀》中科学报道的内容及它们对观众的影响。尽管数量不多，但这些研究显示这些节目可以为传统的科学新闻报道提供一个重要的替代选项，也能对公众对科学的关注和态度产生重要影响。本章的后半部分强调未解决的议题以及使用讽刺传播科学的潜在局限，包括使用幽默来传达气候变化等议题的严肃性问题，受众误解讽刺意图的可能性，讽刺本身的分歧以及有策略的传播目标与讽刺表演的真实性之间的张力。值得注意的是因为只有少量学术研究明确地分析讽刺新闻和科学之间的关系，所以本章在更大范围的文献中探讨政治情境下新闻和娱乐的交集。

讽刺新闻节目是吸引公众参与科学的希望

《每日秀》在 1999 年斯图尔特（Jon Stewart）接手主持后声名鹊起；在 16 年间，斯图尔特把这个喜剧节目变成了对政治和媒体进行尖锐批判的场所，在这里与政策制定者、活动家、商业领袖、名人和其他公众人物进行犀利访谈。当斯图尔特 2015 年 8 月离开这个节目的时候，媒体评论员中一个普遍的评价是斯图尔特的声音在公共领域变得多么"重要和有影响力"，尤其是帮助观众理解 911 恐怖主义袭击、伊拉克战争和 2008 金融危机等事件（Remnick，2015；Schwartz，2015；vanden Heuvel，2015）。《科尔伯特脱口秀》是《每日秀》的衍生节目，构思于 2005 年，由《每日秀》的前记者斯蒂芬·科尔伯特（Stephen Colbert）主持。科尔伯特以一名保守派脱口秀主持人的形象，利用滑稽模仿和反语来批判右翼媒体和政治以及更广泛的政治文化主题（Baym，2010）。虽然这两个节目作为当代政治讽刺的典范引起了学术界很大的兴趣，但如今它们都已经不再是当初的形式了。《每日秀》现在由南非喜剧演员特雷弗·诺亚（Trevor Noah）（也被称为崔娃）主持，而《科尔伯特脱口秀》则在 2014 年停播；科尔伯特现任哥伦比亚广播公司（CBS）《深夜秀》（The Late Show）的主持，那是一档更流行的喜剧节目。但是这两个节目都留下了恒久的遗产，将讽刺新闻确立为现代媒体版图中不可缺少的组成部分。这类风格的节目继续发展和演变，例如 2014 年春在家庭影院（HBO）频道首次亮相的新节目《约翰·奥利弗上周今夜秀》（Last Week Tonight with John Oliver）以及直至 2016 年年底在美国喜剧中心频道《科尔伯特脱口秀》之前的时间段播出的《拉里·威尔默夜间秀》（The Nightly Show with Larry Wilmore）。《上周今夜秀》每周一次，用讽刺平台来深究公共事务话题；威尔默秀是围绕当前议题的小组讨论来架构的。两个节目都包括科学话题。

虽然这些节目之间有很大的不同，但在对喜剧和讽刺的运用上它们有几个共同属性，体现了这类节目在科学领域吸引和影响观众的能力。讽刺是"巧妙的政治批判"（Caufield，2008，4），因为它利用娱乐和游戏来吸引观众，不仅仅揭露强权机构和个体的不法行为，也揭露他们的荒谬之处（Gray 等，2009；Fletcher，1987）。照此，一些学者认为像《每日秀》和《科尔伯特脱口秀》这种讽刺新闻节目可作为新闻的另一种模型（Young，2008a；Baym，2005）。在某种程度上，这是由于贝姆（Baym）所指的"话语整合"（discursive integration）——这些节目将新闻和娱乐的话语进行互补而非竞争性的编排。根据贝姆的观点，喜剧吸引观众并为节目提供最初的吸引力，但也"提供了参与严肃政治批评的方法"（Baym，2005，273）。

讽刺的核心是富有攻击性的形式，它使用幽默来对某一个特殊的目标进行攻击和审判，常常是为了挑战传统的权力结构（Test，1991）。在《每日秀》和《科尔伯特脱口秀》上的科学报道中，这些目标倾向于瞄准保守派和共和党人对科学的立场。基于对《每日秀》中科学报道的质性分析，布鲁尔（Brewer）2013年发现这个节目谴责了某些共和党人发动"对科学的战争"，同时用讽刺方式削弱了共和党人政治化、操纵和贬低科学以及科学研究的努力。费尔德曼2013年也同样发现《每日秀》中与气候变化相关的幽默最常针对的是保守派和共和党政客，几乎近半的气候变化部分都集中在这个群体。科尔伯特也在超过四分之一的气候变化相关部分中特别关注保守派和共和党人的说辞和行动，使这类节目部分成为他第二大经常讽刺对象，仅次于一般的气候怀疑主义。通过这些讽刺批判，这些节目积极地解构那些有争议的科学断言，这些断言不仅被战略活动者利用来破坏关于气候变化的公共确定性（Dunlap 和 McCright，2011），也常常被保守媒体观众当作事实（Feldman 等，2014）。

同样地，因为讽刺新闻节目主要是娱乐节目，它们不受客观规范和相关新闻惯例的限制（Young，2008a）。这样的话，它们可以断言"真相"并提供主流新闻来源可能缺失的批判视角。例如《每日秀》被认为有效地使用了讽刺来质疑布什政府在"9·11"之后决定入侵伊拉克的动机，并且批判了新闻媒体作为同谋支持这个政府的议程（Bennett，2007；Baym，2005）。同时，讽刺新闻节目可以避免在传统新闻报道中普遍存在的虚假平衡，尤其是在科学观点不一致的时候。传统新闻报道对诸如气候变化、进化和疫苗安全等议题的辩论一直受到批判，因为它采用了一种他说/她说的方式、鹦鹉学舌般重复双方的观点而不是点评这些观点的优点（Boykoff，2008；Clarke，2008；Mooney 和 Nisbet，2005），但布鲁尔（Brew）和费尔德曼2013年发现《每日秀》和《科尔伯特脱口秀》在这些议题上站在了科学共识的一边。例如，根据布鲁尔的分析，在报道公立学校教授下述话题的争议中，《每日秀》认为进化论是正确的，而智慧设计论是错误的。同样，《每日秀》将气候变化的现实呈现为一个已经解决的问题，强调关于气候变化的主流科学共识，嘲笑或挑战气候怀疑论者。与这个解读相一致，费尔德曼发现《每日秀》中70%和《科尔伯特脱口秀》中64%与气候变化相关的节目部分都明显肯定全球变暖的存在。

讽刺新闻节目在其专题议题和报道深度上有更多的自由。例如，像全球变暖这样的问题（因为它渐进、抽象和复杂的本质）在很大程度上是与传统新闻价值观不相容的（Revkin，2007）。因此，虽然全球变暖常常无法获得主流新闻媒体的持续关注（Boykoff 等，2015），但能够在《每日秀》上得到相对多的报道（Project for Excellence in

Journalism，2008）。类似地，虽然电视新闻的平均长度是 142 秒（Pew Research Center，2013），斯图尔特的单个议题报道往往长达 8 分钟（Baym，2005），而在相对难懂的公共事务话题上，约翰·奥利弗（John Oliver）号称的"长吼"（long rants）持续 10 到 20 分钟（Paskin，2014）。因此讽刺新闻也许能以传统电视新闻所特有的简短镜头无法实现的方式来描述围绕着科学研究的复杂性以及确定性和不确定性的程度。事实上，在 2016 年 5 月，约翰·奥利弗花了 20 分钟来批判新闻媒体如何通过呈现脱离情境的、过于简化的结论而模糊了科学研究的细微差别，最终将科学与娱乐混为一谈。

如前所述，《每日秀》和《科尔伯特脱口秀》常常包括访谈科学共同体成员等各种公众人物；这与网络电视上传统的深夜喜剧节目不一样，比如《今夜秀》（*The Tonight Show*）等深夜节目的嘉宾很大比例都来自娱乐界。贝姆 2005 年认为特别是斯图尔特通过民间交流、复杂论证和互相理解的目标来吸引他的访谈嘉宾参与，为公众议题的协商讨论提供了一个论坛。布鲁尔 2013 年同样将《每日秀》与科学相关的访谈描述为一个讨论科学和社会的空间，提供"关于科学以及其他更广泛社会因素相互之间如何反应、塑造和有时相互冲突的各种不同的以及竞争性的视角"（Brewer，2013，462）。例如，他引用的访谈话题考虑了诸如将美式科学和医学观点输出国外的伦理问题，以及科学与宗教之间的张力等［值得注意的是，拉里·威默尔（Larry Wilmore）在 2015 年的一个专题讨论中也探讨了后一个话题］。费尔德曼（Feldman，2013）分析了《每日秀》和《科尔伯特脱口秀》中访谈和非访谈节选部分讨论气候变化的框架。在两个节目中，主要的框架都是一种冲突，即在政治策略和精英之间的权力斗争的情景下描述气候变化。这很有可能是因为这个框架普遍用于传统的气候变化新闻报道（Hart 和 Feldman，2014），并且两个节目都依赖已有的新闻报道作为素材。但是，在两个节目中，特别是《科尔伯特脱口秀》中，访谈部分的框架比非访谈部分要更经常将参考框架从政治冲突转向强调气候变化的环境、经济、公共健康和道德维度。考虑到宗教、政治、文化、道德和社会价值观在科学决策中的整体作用（Scheufele，2013），这些访谈讨论可能在公众对科学的理解和反思，以及科学如何与更广泛的社会问题产生联系等方面起到重要作用。

讽刺新闻节目也使用琼斯（Jones）（2010，34–35）所说的"常识"叙事，这种叙事迎合人类讲故事的本能，以通俗易懂的话语将议题表达出来。例如，在 2011 年几乎一年的时间里，斯蒂芬·科尔伯特通过在节目上实际创建了自己的超级政治行动委员会（super PAC）和 501c4 组织（指按照美国税法 501c4 条款成立的政治游说团体），与他的观众一起了解了竞选财务的复杂度。正如哈迪（Hardy 等人，2014）所展示的，观看《科尔伯特脱口秀》比观看任何主流新闻报道更能提高对竞选财务规则知识的了解，这很有可能是科尔伯特创造的叙事思路所致。科尔伯特用了好几个月来构建这个叙事，但一个扣人心弦的叙事也可以在一个单独的片段内完成，就像约翰·奥利弗（John Oliver）在《上周今夜秀》（*Last Week Tonight*）上展示的一样。在他的"长吼"中，奥利弗通过提供一个完整的叙事来吸引观众，讲述了复杂而密集的话题，诸如网络中立性或监狱系统：这是议题，这是它为什么重要，这是你可以怎么做（Rose，2014）。他也用幽默类比来帮助阐明复杂思想和揭示简单真相。例如，在他关于网络中立性的节目片段，他暗示让原产业界说客汤姆·惠勒（Tom Wheeler）来领导美国联邦通信委员会（FCC）就像是雇了一条澳洲野犬来帮你看孩子一样。在该节目一个与科学相关的节目片段，奥利弗举行了一场关于"统计准确"的气候变化"辩论"，有 97 位相信全球变暖的气候科学家和 3 位不相信的气候科学家参加了这场辩论。

讽刺新闻的松散结构可以使得科学这种复杂话题更容易被观众理解和更具吸引力。这也许能吸引原本不会关注这些话题的观众。确实，鲍姆（Baum，2003）发现接触娱乐导向或软性新闻节目提高了公众对外交政策的关注，尤其是那些对政治不感兴趣的公众，因为这些节目常常将政治依附于娱乐，由此增加参与的好处而减少参与的认知成本。将政治与流行文化融合起来为关注提供了社会动机，政治变成"办公室饮水机旁"闲聊的谈资。同时，将政治与人们已经被鼓励去关注的信息联系起来，并将它以更容易获得的方式包装起来，从而减少受众所需的投入。费尔德曼等人 2011 年探讨类似的过程是否会提高受众对科学和环境的关注。根据 2008 年国家调查数据的横截面分析，他们发现，观看《每日秀》和《科尔伯特脱口秀》与关注科学和技术新闻、环保新闻以及全球变暖的信息正相关。此外，这些收益尤其惠及那些正式教育水平更低的人群——对这些人来说，关注科学会消耗最大的认知成本。换言之，讽刺新闻可能有助于平衡传统教育中科学新闻关注和知识方面的差距（Tichenor 等，1970）。

讽刺新闻在其他方面也很独特，对它在受众中产生的影响也有启示。讽刺的一个本质特征是它的逗趣性（Test，1991）。讽刺新闻不像新闻一样将信息呈现为可供学习或消费的东西，而是鼓励受众"玩政治，调查它、检测它和质疑它"（Gray 等，2009，11）。因此讽刺有助于促进积极的观众参与和批判性反思，同时获得愉悦的体验（Jones，2010）。鉴于《每日秀》讽刺分析了政客，尤其是保守派，如何歪曲科学证据，布鲁尔（Brewer，2013，466）提出：这是否会鼓励观众批判性评估这些政客的言论和行动，进而也许会促使观众更积极地在节目之外寻找科学的真相。再者，正如戴（Day，2011）所主张的那样，讽刺可以为那些参与笑话的人群提供身份构建和社区构建的作用。通过表明志同道合的人的存在，讽刺创造一种分享理解和共同经历的感觉，这可以赋权和动员观众。类似地，扬（Young）等人（2014，1113）在考虑科尔伯特的超级政治行动委员会节目的影响时，认为他最大的影响也许是"通过构建一种政治共鸣、讽刺的流行文化经历"。换言之，由于讽刺作品的趣味性，它可能会鼓励观众成员与主题以及互相之间建立一种情感联系。同样地，对科学议题的讽刺性处理可以促进与科学和科学家的联系感和参与感。在布鲁尔 2013 年对《每日秀》的分析中，他将该节目的科学报道描述成具体化"科学的奥秘"（Nelkin，1995），将科学家描述为无所不知和英雄人物，将科学本身描述为优越而独立的文化。考虑到它对许多其他社会机构的批判立场，这个趋势在《每日秀》中不常见。最终，如同布鲁尔所主张的，这种赞颂可能有助于创造公众对科学共同体的正面看法，但同时也阻止了公众批判性地参与科学，并拉开了公民与科学过程的距离。这些关于受众效应的对比观点应该在未来的研究中得到实证检验。

在一定程度上，由于讽刺的公共功能，有证据显示讽刺者可以鼓励公民采取行动。2010 年，超过 20 万人到场支持斯图尔特和科尔伯特在华盛顿国家广场举办的"恢复理智集会"（Montopoli，2010），并且最近约翰·奥利弗受到了赞扬，因为他推动了回应美国联邦通信委员会（FCC）的网络中立决定的公共评论的飙升（Williams 和 Shelton，2014）。此外，因为喜剧中心频道把它的节目做成小短片放在它的网站（《约翰·奥利弗上周今夜秀》的短片也同样在油管共享），这个节目的内容可以被普通公民和活动人士共享或重新利用，并可用于口头宣传和动员工具。例如，贝姆（Baym）和沙阿（Shah）2011 年分析《每日秀》和《科尔伯特脱口秀》中剪辑出来的 10 个环保短片在多层在线发行网络中的数据流，他们发现，环保积极分子使用这些短片来传达和传播他们主要的担忧和偏爱的解决方案，与同盟联系，并用作集体行动的资源。

最后，一些证据显示因为幽默打乱了对信息的反驳，因此它可以具有说服力（Young，2008b；Nabi 等，2007）。通常，传统的说服性信息是无效的，因为受众仔细检查和反驳他们的主要前提（Petty 和 Cacioppo，1986），通过克服这些倾向，幽默可以帮助说服别人。幽默以两种方式减少反驳——要么通过将本来用于反驳的认知资源转向去处理幽默（Young，2008b），要么利用信息打折，就是让观众认为喜剧信息与他们的态度无关而不采用反驳策略（Nabi 等，2007）。虽然讽刺新闻在政治语境中的劝说效果证据很弱，并且高度依赖于消息、情景和受众因素的条件（Boukes 等，2015；LaMarre 等，2014；LaMarre 和 Walther，2013；Holbert 等，2011；Nabi 等，2007），但一些研究已经将接触讽刺新闻节目与对政治议题和行动者的态度联系起来（Hardy 等，2014；Baumgartner 和 Morries，2006）。不过，讽刺新闻节目中的科学观点有可能会影响观众的态度和看法。只有一项研究探讨了这种可能。布鲁尔（Brewer）和麦克奈特（McKnight）2013 年进行了一个实验，对比来自《每日秀》和《科尔伯特脱口秀》中讽刺气候怀疑论并肯定气候变化现实的节目节选部分与一个跟气候变化不相关的对照视频的效果。他们发现，在两个讽刺新闻的条件下，参与者对全球变暖正在发生的确信度都远高于对照视频，虽然效应量很小；此外，这些效果没有因个体的政治倾向不同而呈现差异。

这部分文献综述显示，起码在政治领域讽刺幽默可以修正主流新闻报道，有助于提高受众的积极参与性，起到社区建设的作用和作为行动主义的工具，并且在一些情况中用作劝说的工具。明确分析讽刺新闻和科学之间关系的研究会发现，尤其是《每日秀》和《科尔伯特脱口秀》有可能成为传统科学新闻报道的重要替代，有助于提升公众对科学和环保新闻的兴趣，将公众对气候变化等有争议的议题的态度转向与主流科学研究所提供的证据更相一致的方向。这些结果无疑暗示了讽刺作为吸引公众参与科学的工具的潜能，当然假设讽刺者像斯图尔特和科尔伯特一样支持科学，但他们的结论来自一小部分的研究。在科学传播语境下，这里综述的许多潜在影响尚未得到目前研究的充分探讨，包括讽刺新闻在培养对科学和科学家的感情联系的能力，它在鼓励对科学议题、科研机构和科学过程的批判性思考中的作用，以及它对科学相关行为和行动主义的影响。此外，从现有研究来看，讽刺作为科学传播来源的有效性存在一些潜在的限制。这些局限性为未来研究提出了重要问题，并将在下一部分进行讨论。

在科学传播中使用讽刺时尚未解决的问题和潜在局限性

幽默的使用可以使得它在传达气候变化等议题的严肃性上面临挑战，尤其是当幽默的关注点是议题本身的时候。例如，费尔德曼（Feldman，2013）发现在《每日秀》和《科尔伯特脱口秀》中，超过三分之一有关气候变化的节目片段都包含了明确的陈述，弱化了该话题的后果或重要性，将议题描述为容易解决的或者将它看作正面现象。尽管这些陈述大体上都是反语或讽刺，但它们的明确信息挑战了关于气候变化严重性的主流科学观点（略少于三分之一的节目片段明确肯定气候变化的严重性）。重要的是，已有研究显示，观众的态度可能更直接地追随讽刺者的显式信息而不是隐含信息（Baumgartner 和 Morris，2008）。更笼统地说，健康传播的实验研究发现，在情景喜剧中使用与议题相关的幽默，而不是整体上使用幽默，会降低议题所能看到的严重性，并导致观众中的回旋镖效应（Moyer-Guse 等，2011）。正如波尔和里德（Borel 和 Reid，2014）所提到的，讽刺常常在观众和主题之间制造距离，而为了鼓励人们关注这个议题就必须克服这一距离。尽管这个命题有待验证，但最有效的科学幽默不一定直接跟议题相关。例如，在《上周今夜秀》（Last Week Tonight）中，约翰·奥利弗（John Oliver）往往不拿议题本身开玩笑，节目的幽默来自奥利弗自己对媒体报道的反应或政客对事情的反应而不是对议题本身的反应。另外一个建立严肃意图的策略是在讽刺中融入明确界定的真实时刻（Bore 和 Reid，2014），像斯图尔特在他担任《每日秀》主持人期间和他在 2010 年的"恢复理智集会"（Rally to Restore Sanity）后期时在各种不同场合所做的那样。

这有一个问题就是观众可能会误读讽刺意图。费尔德曼 2013 年对《科尔伯特脱口秀》中气候变化报道的分析发现，科尔伯特的显式和隐含消息之间存在不一致：虽然他表面上将气候变化称为"骗局"或"神话"，但他这样做是具有讽刺意味的，目的是批判气候怀疑者的说辞。布鲁尔（Brewer）和麦克奈特（McKnight）2013 年的实验研究发现，这种模糊性使得政治保守的观众比自由派要更难准确识别科尔伯特对气候变化的观点；对主持人关于气候变化信仰的看法依次预测了个体自己对气候变化现实的看法。这与早期的研究结果相一致：科尔伯特的讽刺使用可能导致一些观众尤其是保守派接受他的表面意义（LaMarre 等，2009；Baumgartner 和 Morris，2008）。这样的反应可能是偏好处理的结果，即个体从模糊刺激中读出他们想要读出的内容，以此来保护他们自己的社会身份和自我形象（Kunda，1990）。因此不大相信气候变化的保守派有理由将科尔伯特看成是赞同他们。如果使用反语讽刺使得一些观众更难以识别讽刺观点背后的真正信息，这就面临讽刺只是白费口舌的问题：讽刺能真的改变那些本来就不赞同喜剧演员潜台词的观众的态度并纠正错误信息吗？虽然约翰逊（Johnson）等人 2010 年发现，哪怕错过了笑话，积极的观众依然能够明白讽刺视频的潜台词，但讽刺幽默的模糊性被证明是其他情境下社会变革的障碍（Vidmar 和 Rokeach，1974）。

讽刺幽默本身也是分化社会的。从定义上看，它是激进和批判的，它的重心在于识别并指出敌人的荒谬和虚伪。因此当讽刺可以用于群体内的社区和身份构建的时候，它也可能导致极化（Day，2011）。例如,《每日秀》和《科尔伯特脱口秀》关于气候变化的幽默常常诋毁不接受气候科学的保守派和共和党人（Brewer，2013；Feldman，2013）。同样的，约翰·奥利弗（John Oliver）前面提到的"统计上具有代表性"的气候辩论贬损了那些不认可气候变化的科学共识的群体。虽然幽默可以减少反驳和促进劝说，但对人表示鄙视的信息（例如对那些相信全球变暖不存在的人群）可能会在那个群体内引发动机性推理和防御性处理。确实，一些研究已经发现，当幽默贬低了一个人的小圈子或与一个人的观点偏好不一致时，就会被视为没那么娱乐或好玩（Boukes 等，2015；Becker 2014）。同时，嘲笑式幽默可以使得对幽默所针对的社会群体的偏见正常化（Ford 等，2008）。斯特劳德和马迪满（Strand 和 Muddiman，2013）发现，相比于严肃的新闻网站，讽刺新闻网站不鼓励人们阅读持相反态度的文章，进而降低他们对持相反观点的党派人士的容忍度。总体而言，在对科学的讽刺处理中，常常受到攻击的是那些针对科学议题的特定观点或机构立场（例如，否认气候科学，相信疫苗和自闭症之间有联系），这可能疏远而不是说服受攻击的一方。同时，这样的幽默可能强化那些认同喜剧演员信息的群体的团结，但会使得他们对另外一方感到更加愤怒。

这引出问题：讽刺是否还有其他可能不那么具有分化性的目标。例如，科纳（Corner）2015 年认为关于气候变化的讽刺笑话可以是关于"直接受到气候变化影响的几十个主题中的任何一个——对能源账单、旅行和旅游的家庭争议或者改变消费习惯"。而且，讽刺新闻节目不仅仅报道气候变化等本身极化的议题。例如，科尔伯特用讽刺来哀悼美国航天飞机项目的结束，或许有助于说服观众关于太空探索的价值。他也在一个重复的节目片段中嘲笑制药业，"与美国药品食品管理局的史蒂芬·T. 科尔伯特博士一起欺骗死亡"（Cheating Death with Dr. Stephen T. Colbert，D.F.A.），在节目片段中他会引入一个真正的医疗问题，然后提供一个由虚构的、剥削性的普雷斯科特制药公司（Prescott Pharmaceuticals）赞助的解决方案；这种疗法通常会产生可怕而且荒唐的副作用。尽管没有研究关注这些节目片段的影响，但它们或许鼓励观众（不论政治倾向如何）总体上不那么相信制药业和医学科学。

从某种程度上来说，讽刺新闻节目可以劝说观众，改变他们对科学议题的看法（Brewer 和 McKnight，2015）。我们不清楚这些效果与美国公共电视网的《新星》节目（PBS's *NOVA*）或 21 世纪福克斯在 2014 年重拍的《宇宙》（*Cosmos*）等流行科学媒体的效果相比如何，但这些节目就像《每日秀》和《科尔伯特脱口秀》一样，倾向于支持有争议性议题的科学共识。从一方面说来，讽刺新闻可以触及那些原本对科学不感兴趣并因此不关注科学相关媒体的观众（Feldman 等，2011；Nisbet 和 Scheufele，2009），但也许讽刺作为一种信息传播策略与科学传播的其他媒体化形式的效果没有不同。需要对讽刺和非讽刺的科学呈现效果展开实验对比研究。

另外一个突出的问题是在《斯图尔特每日秀》（*The Daily Show with Jon Stewart*）和《科尔伯特脱口秀》（*The Colbert Report*）之外产生的。科尔伯特的新《深夜秀》（*Late*

Show）在网络电视播放，因此更受到市场压力的影响，他也许没有那么大的自由度来报道复杂的科学话题。但是，一个鼓舞人心的信号是，他与早期的访谈对象，包括天体物理学家奈尔·德·格拉斯·泰森（Neil De Grasse Tyson）；奥巴马总统的能源部长、核物理学家和前美国麻省理工学院教授欧内斯特·莫尼兹（Ernest Moniz）；以及电动汽车制造商特斯拉和航天制造商和空间运输服务公司 SpaceX 的首席执行官埃隆·马斯克（Elon Musk）进行了一场关于太空的深度讨论。还有待观察的是，《每日秀》中斯图尔特的接替者特雷弗·诺亚（Trevor Noah）是否会像他的前辈一样给予科学同样的关注。总体而言，讽刺是否可以在深夜喜剧秀、电影、情景喜剧或网络视频等其他情境中有效吸引公众参与科学是非常重要的。当然存在这样的例子——最容易想到的是热门情景喜剧《生活大爆炸》（Big Bang Theory）——但它们还没有被系统地研究过〔虽然可以参见 Bore 和 Reid 2014 年为评估推动公众参与气候科学而设计的加拿大讽刺舞台剧〕。此外，值得注意的是《每日秀》和《科尔伯特脱口秀》都是以总体上支持有争议议题的科学共识的方式来进行讽刺的，喜剧和讽刺也可以以相反的方向来吸引观众。

最后，强调有策略的科学传播目标和讽刺表演的真实性之间的张力很重要（Day，2011）。讽刺新闻节目的主持人、作家和制片人倾向于以自己的价值观和兴趣为基础来开展工作，从新闻内容中挖掘幽默，而不一定是为了告知或劝说。有策略地使用讽刺新闻来专门劝说或激活受众，可能会削弱从讽刺所感知到的真实性，并且在这个过程中削弱受众对信息的共鸣（Young 等，2014；Holbert 等，2011）。同时，很重要的是牢记喜剧演员不是科学家或记者，因此他们很容易歪曲科学。他们在何种程度上应该或能够为把科学搞正确而负责任？威廉姆斯和德利·卡尔皮尼（Williams 和 Delli Carpini，2011）就讽刺新闻和政治提出了类似问题，最后认为有必要让讽刺新闻同其他更"严肃"的媒体接受同样的审视。

总而言之，有证据显示，讽刺新闻节目可以以传统新闻甚至科学媒体所不具备的方式为公众生动地展示和解释科学议题，同时也激活那些对喜剧演员所传递的潜在信息持同情态度的人。此外，讽刺可能无法触及足够多的人群，或者提供持续并且足够严肃的科学报道来改进公众不关注科学新闻的现象，改善公众对重要科学议题的冷漠，和 / 或修正错误信息。由于它咄咄逼人的立场，讽刺新闻不大可能消除动机性推理和减少许多科学议题中明显的政治和文化极化现象。不过，进一步研究这些前提的时机已经成熟。

虽然关注讽刺新闻在政治语境下的效果的文献众多，但我们无法想当然地假设这些现有成果可以迁移到科学传播的语境。科学和政治虽然紧密相连，但在认识论上是不同的。科学由一个系统的认知方式支撑，尽管这是一个不完美的和固有的人类过程，但它有自我修正机制，包括同行评审、重复验证和撤稿。因此有关科学的讽刺论点可能与有关政治的观点所引起的反响不一样。最终，我们需要更多的研究，尤其是定性和定量分析，以检验科学的讽刺描述如何影响受众的知识、情感、态度和行为。虽然气候变化情境下的研究很有价值，但对研究者来说，研究没那么政治化或者受众不那么熟悉的其他科学议题的讽刺新闻报道的内容和效果也很重要。目前，除了气候变化话题之外，几乎没有确凿的发现。最后，虽然专题讨论针对科学的喜剧价值以讽刺新闻节目的编剧为主（例如 Health，Hollywood 和 Society，2014），但研究者应该尝试系统地研究这些节目的制作，以揭示那些可以对科学报道有所启发的关于科学和科学传播的假设，如果这些假设存在的话。

参考文献

Baum, Matt. A. (2003). *Soft news goes to war*. Princeton, NJ: Princeton University Press.

Baumgartner, Jody C., and Jonathan S. Morris. (2008). One nation, under Stephen? the effects of the Colbert Report on American youth. *Journal of Broadcasting & Electronic Media*, 52(4), 622–643. doi:10.1080/08838150802437487.

Baumgartner, Jody, and Jonathan S. Morris. (2006). The Daily Show effect: candidate evaluations, efficacy, and American youth. *American Politics Research* 34(3), 341–367. doi:10.1177/1532673X05280074.

Baym, Geoffrey. (2010). *From Cronkite to Colbert: the evolution of broadcast news*. Boulder, CO: Paradigm.

Baym, Geoffrey. (2005). The Daily Show: Discursive integration and the reinvention of political journalism. *Political Communication*, 22(3), 259–276. doi:10.1080/10584600591006492.

Baym, Geoffrey, and Chirag Shah. (2011). Circulating struggle: the online flow of environmental advocacy clips from *The Daily Show* and *The Colbert Report*. *Information, Communication & Society*, 14(7), 1017–1038. doi:10.1080/ 1369118X.2011.554573.

Becker, Amy B. (2014). Humiliate my enemies or mock my friends? Applying disposition theory of humor to the study of political parody appreciation and attitudes toward candidates. *Human Communication Research*, 40(2), 137–160. doi:10.1111/hcre.12022.

Bennett, W. Lance. (2007). Relief in hard times: A defense of Jon Stewart's comedy in an age of cynicism. *Critical Studies in Media Communication*, 24(3), 278–283. doi:10.1080/07393180701521072.

Bore, Inger–Lise Kalviknes, and Grace Reid. (2014). Laughing in the face of climate change? Satire as a device for engaging audiences in public debate. *Science Communication*, 36(4), 454–478. doi:10.1177/1075547014534076.

Boukes, Mark, Hajo G. Boomgaarden, Marjolein Moorman, and Claes H. de Vreese. (2015). At odds: laughing and thinking? The appreciation, processing, and persuasiveness of political satire. *Journal of Communication*, 65(5), 721–744. doi:10.1111/jcom.12173.

Boykoff, Maxwell T. (2008). Lost in translation? United States television news coverage of anthropogenic climate change, 1995–2004. *Climatic Change*, 86(1–2), 1–11. doi:10.1007/ s10584–007–9299–3.

Boykoff, Maxwell T., Marisa B. McNatt, and Michael K. Goodman. (2015). Communicating in the anthropo-cene: the cultural politics of climate change news around the world. In: Anders Hansen and Robert Cox, eds., *The Routledge handbook of environment and communication*. London: Routledge, 221–231.

Brewer, Paul R. (2013). Science: What's it up to? The Daily Show and the social construction of science. *International Journal of Communication*, 7, 452–470. http://ijoc.org/index.php/ ijoc/article/view/1941.

Brewer, Paul R., and Jessica McKnight. (2015). Climate as comedy: the effects of satirical television news on climate change perceptions. *Science Communication*, 37(5), 635–657. doi:10.1177/1075547015597911.

Caufield, Rachel Paine. (2008). The influence of "infoenterpropagainment" : exploring the power of political satire as a distinct form of political humor. In: Jody Baumgartner and Jonathan S. Morris, eds., *Laughing matters: humor and American politics in the media age*. New York: Routledge, 3–20.

Clarke, Christopher E. (2008). A question of balance the autism–vaccine controversy in the British and American elite press. *Science Communication*, 30(1), 77–107. doi:10.1177/1075547008320262.

Corner, Adam. (2015). Why it's good to laugh at climate change. *The Guardian*, January 20. http:// www. theguardian.com/ environment/ 2015/ jan/ 20/ why–its–good–to–laugh–at–climate–change.

Day, Amber. (2011). *Satire and dissent: interventions in contempo-rary political debate*. Bloomington: Indiana University Press. Dunlap, Riley E., and Aaron M. McCright. (2011). Organized climate change denial. In: John S. Dryzek, Richard B.

Norgaard, and David Schlosberg, eds., *The Oxford handbook of climate change and society*. Oxford: Oxford University Press, 144–160.

Feldman, Lauren. (2013a). Cloudy with a chance of heat balls: the portrayal of global warming on The Daily Show and The Colbert Report. *International Journal of Communication*, 7, 430–451. http://ijoc.org/ index.php/ijoc/article/view/1940.

Feldman, Lauren. (2013b). Learning about politics from The Daily Show: the role of viewer orientation and processing motivations. *Mass Communication and Society*, 16(4), 586–607. doi:10.1080/15205436.20 12.735742.

Feldman, Lauren, Anthony Leiserowitz, and Edward Maibach. (2011). The science of satire: The Daily

Show and The Colbert Report as sources of public attention to science and the environment. In: Amarnath Amarasingam, ed., *The Stewart/Colbert Effect: essays on the real impacts of fake news.* Jefferson, NC: McFarland, 25–46.

Feldman, Lauren, Teresa A. Myers, Jay D. Hmielowski, and Anthony Leiserowitz. (2014). The mutual reinforcement of media selectivity and effects: testing the reinforcing spirals framework in the context of global warming. *Journal of Communication*, 64(4), 590–611. doi:10.1111/ jcom.12108.

Fletcher, M. D. (1987). *Contemporary political satire: narrative strategies in the post-modern context.* Lanham, MD: University Press of America.

Ford, Thomas E., Christie F. Boxer, Jacob Armstrong, and Jessica R. Edel. (2008). More than "just a joke": the prejudice–releasing function of sexist humor. *Personality and Social Psychology Bulletin*, 34(2), 159–170. doi:10.1177/0146167207310022.

Gray, Jonathan, Jeffrey P. Jones, and Ethan Thompson. (2009). The state of satire, the satire of state. In: Jonathan Gray, Jeffrey P. Jones, and Ethan Thompson, eds. *Satire TV: politics and comedy in the post-network era.* New York: New York University Press, 3–36.

Hardy, Bruce W., Jeffrey A. Gottfried, Kenneth M. Winneg, and Kathleen Hall Jamieson. (2014). Stephen Colbert's civics lesson: How Colbert super PAC taught viewers about campaign finance. *Mass Communication and Society*, 17(3), 329–353. doi:10.1080/15205436.2014.891138.

Hart, P. Sol, and Lauren Feldman. (2014). Threat with–out efficacy? climate change on US network news. *Science Communication*, 36(3), 325–351. doi:10.1177/1075547013520239.

Hoffman, Lindsay H., and Dannagal G. Young. (2011). Satire, punch lines, and the nightly news: untangling media effects on political participation. *Communication Research Reports*, 28(2), 159–168. doi:10.10 80/08824096.2011.565278.

Holbert, R. Lance, Jay Hmielowski, Parul Jain, Julie Lather, and Alyssa Morey. (2011). Adding nuance to the study of political humor effects: experimental research on Juvenalian satire versus Horatian satire. *American Behavioral Scientist*, 55(3), 187–211. doi:10.1177/0002764210392156.

Hollywood, Health & Society. (2014). What's so funny about climate change? Hollywood, Health & Society, September 19. https://hollywoodhealthandsociety.org/events/whats–so–funny–about–climate–change.

Johnson, Ann, Esteban Del Rio, and Alicia Kemmitt. (2010). Missing the joke: a reception analysis of satirical texts. *Communication, Culture & Critique*, 3(3), 396–415. doi:10.1111/j.1753–9137.2010.01077.x.

Jones, Jeffrey P. (2010). *Entertaining politics: satiric television and political engagement.* Lanham, MD: Rowman & Littlefield.

Kahan, Dan M., Hank Jenkins - Smith, and Donald Braman. (2011). Cultural cognition of scientific consensus. *Journal of Risk Research*, 14(2), 147–174. doi:10.1080/ 13669877.2010.511246.

Kunda, Ziva. (1990). The case for motivated reasoning. *Psychological Bulletin*, 108(3), 480–498. http://dx.doi.org/ 10.1037/0033–2909.108.3.480.

LaMarre, Heather L., Kristen D. Landreville, and Michael A. Beam. (2009). The irony of satire: political ideology and the motivation to see what you want to see in The Colbert Report. *The International Journal of Press/Politics*, 14(2), 212–231. doi:10.1177/1940161208330904.

LaMarre, Heather L., Kristen D. Landreville, Dannagal Young, and Nathan Gilkerson. (2014). Humor works in funny ways: examining satirical tone as a key determinant in political humor message processing. *Mass Communication and Society*, 17(3), 400–423. doi:10.1080/15205436.2014.891137.

LaMarre, Heather L., and Whitney Walther. (2013). Ability matters: testing the differential effects of political news and late–night political comedy on cognitive responses and the role of ability in micro–level opinion formation. *International Journal of Public Opinion Research*, 25(3), 303–322. doi:10.1093/ijpor/edt008.

Mooney, Chris, and Nisbet, Matthew C. (2005). Undoing Darwin. *Columbia Journalism Review*, 44(3), 30–39.

Montopoli, Brian. (2010). Jon Stewart rally attracts estimated 215,000. CBS News, October 31. http://www.cbsnews.com/ news/jon–stewart–rally–attracts–estimated–215000/.

Moyer–Gusé, Emily, Chad Mahood, and Sarah Brookes. (2011). Entertainment–education in the context of humor: effects on safer sex intentions and risk perceptions. *Health Communication*, 26(8), 765–774. doi:10.1080/10410236.2011.566832.

Nabi, Robin L., Emily Moyer–Gusé, and Sahara Byrne. (2007). All joking aside: a serious investigation into the persuasive effect of funny social issue messages. *Communication Monographs*, 74(1), 29–54.

National Science Board. (2014). *Science and engineering indica-tors (2014)*. NSB 14–01. Arlington, VA: National Science Foundation. http://www.nsf.gov/statistics/seind14/.

Nelkin, Dorothy. (1995). *Selling science: how the press covers science and technology*. New York: Freeman.

Nisbet, Matthew, and Dietram Scheufele. (2009). What's next for science communication? Promising directions and lingering distractions. *American Journal of Botany*, 96, 1767–1778. doi:10.3732/ajb.0900041.

Paskin, Willa. (2014). John Oliver's #Longrants. *Slate*, July 29. http://www.slate.com/articles/arts/television/2014/07/john_ oliver_s_last_week_tonight_and_the_art_of_the_viral_rant. html.

Petty, Richard E., and John T. Cacioppo. (1986). *Communication and persuasion: central and peripheral routes to attitude change*. New York: Springer New York.

PewResearchCenter.(2015). *Americans, politics, and science issues.*Pew Research Center, July 1. http://www.pewinternet.org/2015/07/ 01/chapter–1–patterns–underlying–public–views–about–science/.

Pew Research Center. (2013). *State of the news media 2013*. http://www.stateofthemedia.org/2013/.

Project for Excellence in Journalism. (2008). *Journalism, satire or just laughs? The Daily Show with Jon Stewart, examined*. Project for Excellence in Journalism, May 8. http://www. journalism.org/ node/10953.

Remnick, David. (2015). Exit, stage left. *The New Yorker*, August 10. http://www.newyorker.com/ magazine/2015/08/10/ exit–stage–left.

Revkin, Andrew. C. (2007). Climate change as news: challenges in communicating environmental science. In: Joseph.

F. C. DiMento and Pamela Doughman, eds., *Climate change: what it means for us, our children, and our grandchildren,*. Cambridge, MA: MIT Press, 139–159.

Ross, Terrance F. (2014). How John Oliver beats apathy. *The Atlantic*, August 14. http://www.theatlantic. com/entertainment/archive/2014/08/how–john–oliver–is–procuring–latent–activism/ 376036/.

Scheufele, Dietram A. (2013). Communicating science in social settings. *Proceedings of the National Academy of Sciences*, 110(Suppl. 3), 14040–14047. doi:10.1073/ pnas.1213275110.

Scheufele, Dietram A. (2014). Science communication as political communication. *Proceedings of the National Academy of Sciences*, 111(Suppl. 4), 13585–13592. doi:10.1073/ pnas.1317516111.

Schwartz, A. Brad. (2015). Jon Stewart and Stephen Colbert's greatest legacy: teaching millennials to think. *Vanity Fair*, August 6. http://www.vanityfair.com/hollywood/2015/08/ jon–stewart–stephen–colbert–legacy.

Stroud, Natalie J., and Ashley Muddiman. (2013). Selective exposure, tolerance, and satirical news. *International Journal of Public Opinion Research*, 25(3), 271–290. doi:10.1093/ ijpor/edt013.

Test, George A. (1991). *Satire: spirit and art*. Tampa: University of South Florida Press.

Tichenor, P. J., G. A. Donohue, and C. N. Olien. (1970). Mass media flow and differential growth in knowledge. *The Public Opinion Quarterly*, 34(2), 159–70. http://www.jstor.org/ stable/2747414.

vanden Heuvel, Katrina. (2015). Jon Stewart's progressive legacy. *The Washington Post*, July 28. https:// www.washingtonpost. com/opinions/jon–stewarts–progressive-legacy/2015/07/28/ f6587a2a–34a5–11e5–adf6–7227f3b7b338_story.html.

Vergano, Dan. (2010). Best science on TV: Comedy Central's Stewart, Colbert? *USA Today*, March 2. http://www.usato–day.com/tech/science/2010–03–02–sciencecomedy02_ST_ N.htm.

Vidmar, Neil, and Milton Rokeach. (1974). Archie Bunkers big–otry: a study in selective perception and exposure. *Journal of Communication*, 24(1), 36–47. doi:10.1111/j.1460–2466.1974.tb00353.x.

Williams, Alex T., and Martin Shelton. (2014). What drove spike in public comments on net neutrality? Likely, a comedian. Pew Research Center Fact Tank, September 5. http:// www.pewresearch.org/fact–tank/2014/09/05/what–drove–spike–in–public–comments–on–net–neutrality–likely–a–comedian/.

Williams, Bruce A., and Michael X. Delli Carpini. (2011). Real ethical concerns and fake news: The Daily Show and the challenge of the new media environment. In: Amarnath Amarasingam, ed., *The Stewart/ Colbert effect: essays on the real impacts of fake news.* Jefferson, NC: McFarland, 181–192.

Young, Dannagal G. (2008a). The Daily Show as new journalism: in their own words. In: Jody C. Baumgartner and Jonathan S. Morris, eds., *Laughing matters: humor and American politics in the media age.* New York: Routledge, 241–259.

Young, Dannagal G. (2008b). The privileged role of the late−night joke: exploring humor's role in disrupting argument scrutiny. *Media Psychology,* 11(1), 119–142. doi:10.1080/15213260701837073.

Young, Dannagal G., R. Lance Holbert, and Kathleen Hall Jamieson. (2014). Successful practices for the strategic use of political parody and satire: lessons from the P6 Symposium and the (2012) election campaign. *American Behavioral Scientist,* 58(9), 1111–1130. doi:10.1177/0002764213506213.

推荐阅读

Baym, Geoffrey. (2005). The Daily Show: Discursive integration and the reinvention of political journalism. *Political Communication,* 22(3), 259–276. doi:10.1080/10584600591006492.

Brewer, Paul R. (2013). Science: What's it up to? The Daily Show and the social construction of science. *International Journal of Communication,* 7, 452–470. http://ijoc.org/index.php/ ijoc/article/view/1941.

Brewer, Paul R., and Jessica McKnight. (2015). Climate as comedy: the effects of satirical television news on climate change perceptions. *Science Communication,* 37(5), 635–657. doi:10.1177/1075547015597911.

Boukes, Mark, Hajo G. Boomgaarden, Marjolein Moorman, and Claes H. de Vreese. (2015). At odds: Laughing and thinking? The appreciation, processing, and persuasiveness of political satire. *Journal of Communication,* 65(5), 721–744. doi:10.1111/jcom.12173.

Feldman, Lauren. (2013). Cloudy with a chance of heat balls: the portrayal of global warming on The Daily Show and The Colbert Report. *International Journal of Communication,* 7, 430–451. http://ijoc.org/ index.php/ijoc/article/view/1940.

Feldman, Lauren, Anthony Leiserowitz, and Edward Maibach. (2011). The science of satire: The Daily Show and The Colbert Report as sources of public attention to science and the environment. In: Amarnath Amarasingam, ed., *The Stewart/Colbert effect: essays on the real impacts of fake news.* Jefferson, NC: McFarland, 25–46.

Gray, Jonathan, Jeffrey P. Jones, and Ethan Thompson. (2009). The state of satire, the satire of state. In: Jonathan Gray, Jeffrey P. Jones, and Ethan Thompson, eds., *Satire TV: Politics and comedy in the post-network era.* New York: New York University Press, 3–36.

Jones, Jeffrey P. (2010). *Entertaining politics: satiric televi-sion and political engagement.* Lanham, MD: Rowman & Littlefield.

LaMarre, Heather L., Kristen D. Landreville, and Michael A. Beam. (2009). The irony of satire: political ideology and the motivation to see what you want to see in The Colbert Report. *The International Journal of Press/Politics*, 14(2), 212–231. doi:10.1177/1940161208330904.

Young, Dannagal G., R. Lance Holbert, and Kathleen Hall Jamieson. (2014). Successful practices for the strategic use of political parody and satire: lessons from the P6 Symposium and the (2012) election campaign. *American Behavioral Scientist*, 58(9), 1111–1130. doi:10.1177/0002764213506213.

第三十五章
扼要重述：媒体在科学传播中的角色、权力和风险

李　楠（Nan Li）　罗伯特·B. 勒尔（Robert B. Lull）

摘要： 科学是在一个快速发展的媒体环境中传播的，其特征便是第五部分的三个主题：科学议题的政治化，科学、叙事和娱乐的融合，讽刺新闻节目和深夜喜剧的兴起。媒体关于科学的报道总体上更加碎片化、政治化，并且也比以前更加复杂，因为在一些情况下媒体能够直接从科学机构获取报告。这个回顾描述了这些趋势，并鼓励科学家和记者接受那些更适合不断发展的媒体环境的模型，例如为科学家提供正式的传播训练和为媒体提供基于知识的新闻。

关键词： 科学媒体；科学新闻；数据新闻；极端化；科学娱乐；公众参与

怎么强调媒体在科学传播中的角色都不过分：第三部分所描述的科学传播的失败与成功是通过媒体而呈现出来的，第四部分提到的中介机构会使用媒体来获得可见度和社会合法性，第六部分涉及的启发式和偏差影响了媒体对科学信息的曝光和处理。本书的前面章节强调了科学得以传播的媒体环境。

当今的科学传播环境有三个主要趋势——科学新闻的政治化（第三十章）；科学、叙事和娱乐的融合（第三十一章、第三十二章）；讽刺新闻节目和深夜喜剧的兴起（第三十四章）。这些趋势对公众与科学的互动有重要启示；科学家应该就吸引媒体和公众的有效传播技术接受训练（见第二十八章），并且媒体应该采取基于知识的新闻作为模型，通过这个模型他们可以起到知识经纪人、对话经纪人和政策经纪人的作用，来培育有效的科学话语（见第二十九章）。

科学新闻的政治化

面对与网络媒体日益激烈的竞争，广播和印刷媒体大幅减少用于科学新闻的播放时间和版面。在 2013 年至 2014 年间，科学新闻占美国三大广播网络（美国广播公司 ABC、哥伦比亚广播公司 CBS 和美国全国广播公司 NBC；美国科学委员会，2016）所有晚间新闻的 2% 左右。传统媒体机构的全职科学记者的数量同步下降（Russell，2010）。原来由专家记者报道的科学故事现在被分配给经验不足的记者，他们倾向于优先考虑政治影响而不是科学发现本身（Russell，2010）。类似的模式也出现在一些欧洲国家，在长达数十年增长之后，这些国家科学新闻的份额趋于稳定（见第四章）。

同时，大规模、跨国科学的性质不断变化，使得记者更有必要去报道科学研究的复杂性及其法律、社会和政治影响（Scheufele，2013）。缺乏科学专业知识的记者会采用这个视角，所以他们经常会使用政治和党派立场的视角来报道科学故事（Dudo 等，2011）。博客和其他网络渠道经常使用同样的倾向来推动政治两极分化。正如迈克尔·瑟诺斯所提到的，根据传统新闻原则"优先平衡的同时传达技术信息"（p. XX）制作出来的内容在网上已经被更极端化的议程中的内容所取代。

此外，可供受众选择的网络媒体的增多扩大了线下已有的极化。毫不意外，个体对有争议科学议题的导向常常依赖于他们的政治和文化价值观（Kahan 等，2011）。人们倾向于寻找与他们的文化立场一致的信息，以捍卫或确认他们已有的观点（见第四十五章）。网络也使得兴趣浓厚的公众更容易获得与他们的态度一致的信息，而社交媒体上意识形态倾向网络的兴起，推动了单边信息在受众内部的传播（Colleoni 等，2014）。尽管网络可以为个体提供更多了解科学的机会，但它没有克服选择性接触的倾向（Stroud，2008）。同时，读写能力更低的个体面对的网络环境可能既过于专业也过于偏颇，以至于无法用来形成关于科学议题的明智观点。

科学、叙事和娱乐的融合

电视节目、电影和电子游戏的制作人不断将他们的内容置于现实的科学框架内。在过去的 25 年中，娱乐媒体中对科学的流行表述变得不再那么负面且更多样化（见第三十一章和第三十二章）。总体而言，对科学家的描述从古怪和道德上不明确转向了无私和富有社会责任感。科学知识的虚构描述也从本质上很危险转为当不受管制和没有伦理约束时的潜在威胁。近期的娱乐节目通过明确描述科学方法和强调其严谨性来揭开科学研究过程的神秘面纱。尽管如此，将科学描述为一种绝无错误的知识体系和检测真理的决定论方法仍旧盛行。

一些学者担心通过娱乐媒体传播科学的潜在负面影响。例如，关于涵化的纵向研究显示，一般的电视接触与科学的事实性和程序性知识负相关，后者又与对科学持更多的保留态度相关（见第三十二章）。

尽管如此，叙事作为一种普遍的修辞工具可以吸引个体的注意力、增加参与度和提升对科学的理解和享受（见第三十三章）。叙事可以生动地将科学与人类经验交织在一起来描述科学，使得受众认同其中的人物并将他们自己带进故事世界。通过这些机制，叙事可以在不需要诱发对内容的审查的情况下影响信念，并且有可能歪曲科学知识。但是，对有着伦理辩护目标的科学传播者来说，叙事也提供了一种独特的传播工具来有效地向非专业人士传播科学信息。

讽刺新闻节目和深夜喜剧的兴起

讽刺节目和深夜喜剧通过批判、讽刺和幽默的混合来传递新闻。虽然被广泛认为是政治批判的重要场所，讽刺新闻节目对科学问题也投入了不少关注。正如劳伦·费尔德曼指出，讽刺新闻节目使用幽默来攻击和评价某一个特定目标。例如，在《每日秀》和《科尔伯特脱口秀》以科学为主题的故事中，共和党人和保守派所持的科学立场通常是攻击的目标。因为其灵活的结构和解读风格，讽刺新闻节目可以将科学研究的复杂性和不确定性的特征呈现出来，这对于简短的传统电视新闻节目片段来说是不可能的。

虽然讽刺新闻节目能吸引公众的注意力，鼓励他们积极参与科学，但它们传播科学的能力受限于"运用幽默传达某些科学议题的严肃性所带来的挑战，观众误读讽刺意图的可能性以及传播目标与讽刺表现的真实性之间的张力"。虽然这些节目使用嘲讽幽默和讽刺观点可以使得科学更有吸引力和更容易理解，但它们也可能阻止人们寻找反面观点的信息，以及增加他们对反方观点的不可容忍性。

改善科学新闻和科学家与媒体互动的策略

不断碎片化和极化的媒体环境对科学传播者来说既是机会也是挑战。为了缓和党派分歧并开展有建设性的科学议题的审议，需要恢复新闻的民主功能。根据资深科学记者和著名作家的第一手经验，马修·尼斯比特和德克兰·费伊提出一个基于知识的新闻模型。他们建议记者应该不仅仅报道科学事实，还要报道在社会和政治现实中是如何进行科学研究并对其展开争论的。此外，记者应该召集相互关联的和跨平台的讨论，将有关科学的辩论置于其发生的背景之下。同样重要的是，科学记者要呈现对立视角来帮助受众理解为什么他们可能会彼此意见相左，并且在政策制定者和专家之间构建一种共同观念和语言。

同时，某种程度上受外界奖励（如联邦研究基金）和科学共同体的文化转型的驱动，科学家已经开始利用线上和线下媒体在限定的学术网络之外宣传他们的工作（见第二十八章）。科学家不仅使用社交媒体和博客等网络工具来传播知识，还分享他们自己研究的幕后信息。为了提高科学家传播努力的准确性和公众效用，科学相关的高等教育应该包括相应的培训项目。正如萨拉·约（Sara Yeo）和多米尼克·布罗萨德（Dominique Brossard）指出的那样，这样的培训不应该仅仅是教会科学家如何向外行听众构建知识，也应该为他们提供一套广泛的技能，以重新构建科学辩论、建立信任和培育公众参与。

未来研究方向

已有研究阐明媒体呈现科学不断变化的本质，以及它可能如何影响公众的观点和认知。然而，这一部分的章节也指出了若干开放问题。詹姆斯·沙纳汉认为，不断碎片化的媒体环境将挑战诸如涵化等已有范式，因为新媒体话语要求对媒体信息和受众参与进行更细致入微的审查。的确，一项研究发现，关于电影《雷神》（*Thor*）中女科学家的推特对话并不强调她的魅力，或是关注所谓女科学家在电影中一脸难以置信的场景，这与媒体描写中一直推行的性别刻板印象的期待相反（Simis 等人，2015）。未来的研究应该继续检测新媒体语境下的涵化以及其他理论的边界。

戴维·柯比认为，媒体技术的快速发展将为科学传播研究创造新情景。例如，电子游戏叙事直到近期才变得复杂，值得展开科学传播研究。一项研究发现，电子游戏对科学的描述很广泛并且总体是正面的（Dudo 等，2014），但另外一项研究发现，基因工程灾难在流行的电子游戏叙事中很常见（Murdoch 等，2011）。未来的研究应该进一步描述科学表征的特征，并检验电子游戏中科学传播的影响。同样地，诸如增强现实移动应用和虚拟现实体验机等沉浸式技术也可能为研究科学参与提供新的环境（Akcayir，2016）。

未来的研究也应该继续调查科学家、媒体职业人士、公民和各种利益方之间互动的方式。约和布罗萨德认为，新媒体培育了对公众参与的更大需求，而鉴于社会的利害关系，强大的科学发展要求通过他们本身的努力而全面参与（National Academies of Sciences，Engineering，and Medicine，2016；National Research Council，2008）。第四部分讨论的中介机构起到很重要的作用，但公众的直接参与是高显示度研究不可缺少的部分。未来的案例研究、焦点小组、调查和实验都可以为公众参与提供最佳实践。

结　论

新闻价值、冲突以及吸引并留住观众的能力就像过滤器一样，为公民了解新兴科学发现和争论提供框架（Scheufele，2014）。通过诸如议程设置、框架设置和启动引发等机制，大众媒体和社交媒体是否影响公众对科学的看法，如果产生影响的话将会如何影响（Scheufele 和 Tewksbury，2007）。网络及其伴随的发布和社交工具已经改变了媒体产业的激励结构和媒体专业人士的工作模式（Nie 等，2010）。虽然为大众设计的传统科学新闻数量已经下降，但党派媒体和小众媒体都在网络和电视中蓬勃发展（Russell，2010）。关于科学的媒体报道更加碎片化、政治化，并且比以前要更复杂，因为在一些情况下能够直接从科学机构获取报告。公民不断通过党派话语和另外的媒体类型，诸如黄金时段电视和电影叙事以及讽刺新闻等，来理解科学故事。

在这些趋势中明显的是，当今的科学传播环境与之前的环境只是中等程度的相似。有些发展体现了随着时间推移的自然进化——当今讽刺新闻节目的起源明显来自其标志性的前身，诸如电视上的《周六夜现场》（*Saturday Night Live*）和网络上的《洋葱》（*The Onion*）。其他发展更适合用对现状的颠覆来描述——在 2004 年脸书发布的时候，很少人能预测到它可以在 12 年之后触及接近四分之一的世界人口（Facebook，2016）。

这些趋势对当今科学传播的启示是清晰的：调整适应过去的改变和预测未来的变化。必须承认这是个老生常谈的建议，但前面的章节为如何适应新的情况和提前做出准备提供了一些指引。尼斯比特和费伊讨论了记者如何通过最近的创新来适应，例如《纽约时报》的数据新闻倡导项目"终点"（The Upshot），约和布罗萨德讨论了科学家该如何接受训练来预测一个具有可及性、跨学科性以及媒体与公众参与的新的"后常规"时代。

融入这些为适应变化做出的改变和对未来的预期，是充分理解当今的媒体环境的要求。这是科学传播的科学将继续履行的角色，探究媒体环境不断演化和颠覆而出现的问题。如果没有这样的理解，科学传播者就会碰到更多的失败而不是成功，中介机构就会面临他们倡导项目的有限可见度和对他们使命具有的破坏性怀疑，以及启发式的方法和偏见将继续加深有关科学的党派分歧，而不是确立科学的理性话语。

参考文献

Akçayir, Murat, Gökçe Akçayir, Hüseyin M. Pektaş, and Mehmet A. Ocak. (2016). Augmented reality in science laboratories: the effects of augmented reality on university students' laboratory skills and attitudes toward science laboratories. *Computers in Human Behavior*, 57, 334–342. doi:10.1016/j.chb.2015.12.054.

Colleoni, Elanor, Alessandro Rozza, and Adam Arvidsson. (2014). Echo chamber or public sphere? Predicting political orientation and measuring political homophily in Twitter using big data. *Journal of Communication*, 64(2), 317–332, doi:10.1111/jcom.12084.

Dudo, Anthony, Vincent Cicchirillo, Lucy Atkinson, and Samantha Marx. (2014). Portrayals of technoscience in video games: a potential avenue for informal science learn–ing. *Science Communication*, 35(2), 219–247. doi:10.1177/1075547013520240.

Dudo, Anthony, Sharon Dunwoody, and Dietram A. Scheufele. (2011). The emergence of nano news: tracking thematic trends and changes in U.S. newspaper coverage of nanotech–nology, *Journalism & Mass Communication Quarterly*, 88(1), 55–75, doi:10.1177/107769901108800104.

Facebook. (2016). Facebook reports first quarter 2016 results and announced proposal for new class of stock. News release. https://s21.q4cdn.com/399680738/files/doc_news/2016/ FB_News_2016_4_27_Financial_Releases.pdf.

Kahan, Dan M., Hank Jenkins–Smith, and Donald Braman. (2011). Cultural cognition of scientific consensus. *Journal of Risk Research*, 14(2), 147–174. doi:10.1080/ 13669877.2010.511246.

Murdoch, Blake, Christen Rachul, and Timothy Caulfield. (2011). Biotechnology and science in video games: A destruc–tive portrayal? *Health Law Review*, 20(1), 13–17.

National Academies of Sciences, Engineering, and Medicine. (2016). *Gene drives on the horizon: advancing science, navi-gating uncertainty, and aligning research with public values*. Washington, DC: National Academies Press.

National Research Council. (2008). *Public participation in environmental assessment and decision making*. Edited by Thomas Dietz and Paul C. Stern. Washington, DC: National Academies Press.

National Science Board. (2016). Science and technology: public attitudes and understanding. In: *Science and engineering indicators 2016*. Arlington, VA: National Science Foundation. https://www.nsf.gov/statistics/2016/nsb20161/uploads/1/ 10/chapter–7.pdf.

Nie, Norman H., Darwin W. Miller III, Saar Golde, Daniel M. Butler, and Kenneth Winneg. (2010). The World Wide Web and the U.S. political news market. *American Journal of Political Science*, 54(2), 428–439, doi:10.1111/ j.1540–5907.2010.00439.x.

Russell, Cristine. (2010). Covering controversial science: improving reporting on science and public policy. In: Donald Kennedy and Geneva Overholser, eds., *Science and the media.* Cambridge, MA: American Academy of Arts and Sciences, 13–43. doi:10.1016/S0048–7333(98)00096–1.

Scheufele, Dietram A. (2013). Communicating science in social settings. *Proceedings of the National Academy of Sciences of the United States of America*, 110, 14040–14047, doi:10.1073/pnas.1213275110.

Scheufele, Dietram A. (2014). Science communication as political communication. *Proceedings of the National Academy of Sciences of the United States of America*, 111, 13585–13592. doi:10.1073/pnas.1317516111.

Scheufele, Dietram A., and David Tewksbury. (2007). Framing, agenda setting, and priming: the evolution of three media effects models. *Journal of Communication*, 57(1), 9–20. doi:10.1111/j.0021–9916.2007.00326.x.

Simis, Molly J., Sara K. Yeo, Kathleen M. Rose, Dominique Brossard, Dietram A. Scheufele, Michael A. Xenos, and Barbara Kline Pope. (2015). New media audiences' perceptions of male and female scientists in two sci–fi movies. *Bulletin of Science, Technology & Society*, 35(3–4), 93–103. doi:10.1177/0270467616636195.

Stroud, Natalie J. (2008). Media use and political pre–dispositions: revisiting the concept of selective exposure. *Political Behavior*, 30(3), 341–366. doi:10.1007/ s11109–007–9050–9.

第六部分
在极化的环境中
传播科学的挑战

第三十六章
抵抗错误信念：对撤稿和更正科学错误信息的最佳实践的证据及建议的分析

陈文培　克里斯托弗·琼斯　多洛雷丝·阿尔巴拉辛

摘要：本章首先回顾了科学上的撤稿和更正说明的趋势，表明已发表的学术成果被证明无效这个基本的传播功能方面的失效。本章描述了最近出现的实用的传播发展趋势，也就是不断增加的撤稿的透明度和可见性，以及对学术欺诈或者错误科学发现的修正，并且考察了对谬见进行修正的最后障碍：持续影响效应。本章以决策树的形式对持续影响效应及其当前基于心理学建议的荟萃分析结果进行了回顾，以期指导科学家和从业者的工作，并且为科学传播学者和从业者提供了八条最佳实践建议，以帮着他们持续地对抗错误信息。

关键词：错误信息；撤稿；更正；持续影响；信念；荟萃分析；科学传播

最近科研论文撤稿的增加很有可能归因于公众意识的提高以及科学家们对此给予了更多的关注。这样的变化并不必然意味着科研不端行为的增加：

自闭症是一种流行病。25 年前，35 年前，你看看统计数据，还差得远呢。它如今完全失控了。……就在几天前，2 岁的，2 岁半的孩子，天真烂漫的孩子前去注射疫苗，然后回家了，一周后就患上了严重的感冒，非常严重，现在就有了自闭倾向。（Donald Trump，Republican presidential debate，CNN 2015）

尽管科学界一再地表明预防麻风腮的三联疫苗与自闭症之间宣称的关联是伪造的，但是这种错误观念在 2015 年一位共和党总统候选人的全国辩论中却得到了强化（CNN

2015）。这个案例阐明了错误信念可以让相当大一部分人口面临不必要的健康风险，并且给科学传播带来严重的挑战（Lewandowsky，2016；Ranney 和 Clark，2016）。

麻风腮三联疫苗与自闭症之间不可信的关联是一个错误信息具有潜在持久性的证据充分的案例（比如，已经被宣告无效或者被证明是错误的知识）。这种令人不安的关联由韦克菲尔德（Wakefield）及其同事在 1998 年发表于《柳叶刀》（*The Lancet*）上的一篇论文中提出来的，并且今天仍然持续存在，尽管它存在着让其最初结果无效的方法论上的问题（Chen 和 DeStefano，1998），以及对传言中的关联的真相予以揭穿的研究（Honda等，2005；Fombonne 和 Cook，2003）。奥布莱恩（O'Brien）及其同事开展的调查（1998）在 2004 年揭露了与该论文的第一作者相关的未被披露的利益冲突（Deer，2004）。此外，一众科学家展示出了驳斥疫苗—自闭症关联的压倒性的证据（Elliman 和 Bedford，2007），因而使这一论文的部分作者在 2010 年《柳叶刀》最终发布一个全面撤稿之前部分地撤回了这篇文章。然而，这次撤稿只是发生在了英国医学总会（British General Medical Council）吊销了韦克菲尔德的行医执照并随之对他的操守失检进行调查之后（Deer，2011）。

对疫苗效果的错误认识以及对预防接种的拒绝持续推动着这种可以完全被避免的疾病的令人遗憾的高发生率（美国疾病控制与预防中心，2015），因而明显地表明在一个议题上的科学共识并不足以产生公众共识。与重要的媒体报道一同出现的是，对令人怀疑的疫苗－自闭症关联上的信念（比如，主观概率）在 21 世纪初达到顶峰（Brainard，2013；Lewis 和 Speers，2003）。在较小的程度上，这种信念今天仍在持续存在，美国盖洛普调查中有 6% 的受访者表示疫苗会导致自闭症，并且超过一半的受访者表示对这种关联存在与否不确定（Newport，2015）。尽管我们看到了科学证据的重要性，但是因为存在着经常出镜的倡导者（他们对易轻信的公众施加的影响要比科学家更直接且难以置信）而让错误信息效应被放大了。这些错误的信念可能导致了近年来在美国拒绝让孩子进行免疫接种的数量增长了 1.7 倍，并且使英国麻风腮三联疫苗的覆盖率下降了 7%（Smith 等，2008），非医学免疫豁免与可以通过免疫预防的传染病的暴发之间存在着明显的区域关联性（Majumder 等，2015；Atwell 等，2013）。

对受到怀疑的科研成果的顽固坚持给科学传播，以及学术性的撤稿（比如，宣布此前报道的成果是错误的，宣布侵犯了伦理行为，或者变更作者权以及所有人权益）和更正（比如，当对文档的修正并未影响到实际结果时，对有关以前传播的错误主张的证据的本质进行的声明）都带来了日益增加的挑战。在过去几十年里，对科研论文进行撤稿的告示的数量增加了十倍，超过了总体出版物的增长速度，将近 67% 的撤稿源于不端行为（Marcus 和 Oransky，2014；Davis，2012；Fang 等，2012；Budd 等，2011；Steen，2011；Van Noorden，2011）。这个问题在从业者中已经引发了越来越多的关注，并且促使人们在科学研究的诚实性及其传播扩散方面付出更多的努力。在本章中，我们对一些证据进行了考察，这些证据证明了撤稿有时候在其最基本的信息性功能方面（标志着一篇发表出来的成果是不可靠的）是无效的。然后我们提出了一些方式方法，让从业者可以增加对被更正的或被撤稿的研究成果不再被作为可靠的文献而进行引述的可能性，检查了对更正前和更正后错误信息的持续性进行解释的理论，并且对荟萃分析的结果进行了描述，我们从这些荟萃分析中可以找到根除受到怀疑的信息的建议方法。

在学术文献中降低被撤稿成果的持续性的传播策略

与更正错误信息以及撤稿不正确的或有欺骗性的科研成果的挑战有关的传播应该包括即刻撤稿、发布详细的撤稿、广泛扩散的撤稿、把撤稿或更正与错误信息关联起来，以及研发监测和预警系统。

即刻撤稿与更正

虽然我们没有找到与这一事实相符的研究，但是假设对受到怀疑的成果进行即刻撤稿会最小化其后续影响似乎是合理的。尽管学术界一而再再而三地未能复制韦克菲尔德的研究成果，但是《柳叶刀》却用了 12 年时间才撤稿了韦克菲尔德具有欺骗性的这一成果。缺乏来自期刊表明这项成果未得到证实的明确信号，记者们更有可能以建议开展双方辩论的方式来报道这个争议，而不是科学清晰且明确地表明没有证据显示出韦克菲尔德宣称的这种相关性（见 Hall-Jamieson，2015；Brainard，2013）。这个案例提出了关于当前系统的充分性的问题，这个系统让期刊编辑在不经作者同意的情况下自己就拥有撤稿论文的权力，但除了威胁要撤稿之外却没有对不端行为的指控进行调查的资源或权威性，期刊出版机构实施了撤稿，但是却没有能以及时且有效的方式来对撤稿通知予以指导的程序。这种指控是由研究机构或监管机构发起的，期刊则依赖于它们的调查结果。

然而，在某些情况下，只有出版物的内容本身可能证明不端行为。对撤稿进行的一项分析发现，几乎一半的撤稿是因为出版方面的不端行为，这指的是剽窃（包括自我剽窃）以及重复率，违反期刊政策在不同的渠道发表相同的数据（Grieneisen 和 Zhang，

2010）。一项近期的技术发展可能有助于加速对出版方面的不端行为的识别：2008年，一款名为剽窃文献检测系统（CrossCheck）的新剽窃监测软件被发明出来，它会把提交的底稿同数据库中超过2500篇已发表的论文进行对比。新的统计程序也会通过对汇报的结果的可疑类型进行隔离来加速对有问题的出版物的识别（Simonsohn等，2014）。

建议1：一旦错误信息的发布被证实就及时地发布撤稿和更正。及时性可以减少让大量受众接触错误的和欺骗性的信息，并且有可能是最小化误解的最佳方法。理所当然的是，在期刊延迟发布撤稿通知方面，背后存在着正当的理由，比如围绕着不端行为指控的冗长的法律咨询过程［见《自然》（2014）讨论部分］。然而，在这个过渡期间，期刊应该发布编辑关切以提醒读者。

确保撤稿要详细

随着对研究性期刊的实践是否充分的关注日益增加，有人建议改变撤稿本身的发布方式，并且在某些情况下这些建议得以实施。对1988年到2008年医学文献资料库中的撤稿进行的研究发现：期刊的撤稿实践各不相同。有些撤稿没能陈述原因，因而没能将错误与不端行为区别开来（Wager和Williams，2011）。组织机构对此作出回应的方式是给期刊施压以更全面地解决撤稿的问题。比如，国际医学期刊编辑委员会（International Committee of Medical Journal Editors）明确规定了撤稿应该在期刊中公开发布的方式，包括撤稿（贴上如此标签的内容）应该刊登在期刊突出的位置，列在内容页面上，以及在标题栏包括原始文章的题目。这种结构性变化很有可能会通过让被撤稿的文章更可能在网络搜索中被贴上这种标签的方式来增加撤稿的可见性。

此外，其他建议则解决了模糊性的问题："撤稿的文本应该解释为何该论文被撤稿，以及包括参考书目"（International Committee of Medical Journal Editors，2015；Wager等，2009）。还有另外一类建议赞成要对不同类型的撤稿进行区分，以避免把一个学者发现的诚实过错与欺诈科学合并，以及在这个过程中激励对事实的掩盖和阻碍修正（Alberts等，2015）。在一名研究者的一篇论文被撤稿之后对其之前工作的引用进行的研究发现，科学共同体对这类作者的处理方法在很大程度上得到了很好的校准。卢（Lu）及其同事2013年发现，总体上撤稿会导致以前研究论文的引用的损失，但是对于那些因自我报告的错误而导致的撤稿来说，这种效果并不存在。然而，其他研究表明，同整个调查的领域相关的研究论文可能会在引人注目的撤稿之后遭受到引用率的损失（Azoulay等，2015），这可能会伤害到那些没有做错过什么的研究人员。

建议 2：让撤稿和更正详细一点，区分诚实错误与欺骗，避免让作为一个整体的研究领域受到质疑。正如已经描述过的那样，深入的解释在推动对撤稿的接受方面是必要的。出版社可以通过网络上公开提供的一种表格来获取有关撤稿的精确信息。基于复选框的撤稿表格应该遵循撤稿观察（Retraction Watch）清单以及科学出版伦理委员会（COPE）指南，并且包括下述内容：①期刊何时首次对可能存在的问题发出了提醒；②同一个群体的其他论文是否受到影响；③是否有开始机构调查，如果有的话，调查结果是什么。具体的信息应该用来更好地打消错误信念，而不会让学术质询的整个领域都受到怀疑。缺乏必要的细节会增加对信息进行修正的意愿，并且可能增加错误信息在暴露于撤稿之下的受众中持续存在的概率（Johnson 和 Seifert，1994；Wilkes 和 Leatherbarrow，1988）。

广为传播的撤稿

有关撤稿的另外一个传播维度就是期刊努力对这种撤稿广为传播的充分性。这种关切隐含的逻辑是，期刊对维持其声誉的兴趣有可能会凌驾于对某一篇论文被撤稿进行广为告知的兴趣之上。有些人认为当研究性期刊发布撤稿时，它们的速度太慢了，也十分不情愿提供相关信息（Marcus 和 Oransky，2014）。需要就公众如何认识撤稿，撤稿给他们带来什么影响以及记者如何更有效地对其进行报道开展一些研究。在不同的非学术人群中的个体接触有关撤稿信息的频率或者对这些信息的接触会如何影响他们对科学认知的方面，我们所知甚少。鉴于绝大多数个体都不太可能去研读学术期刊，他们可能只是从大众媒体中了解到撤稿信息的（见第八章）。对撤稿的影响的研究应该考察原始论文是否被广为传播扩散，如果是的话，那么就要考察撤稿的消息是否获得了与原始论文同样多的媒体报道。在这里针对如何提升错误广告更正的新闻有效性的学术文献是有指导意义的。通过提供相关的链接有可能会弱化错误信息在诸如脸书这样的社交媒体上的不必要传播。研究表明，在脸书上阅读包含错误信息但同时也包含修正错误信息报道的帖子的个体明显地降低了他们的错误观念（Bode 和 Vrage，2015）。在这些情况下，错误的或受质疑的信息不应该被重复地视为真的，然后紧跟着自相矛盾的评论，而是应该被作为存疑的，并且用正确的信息对其进行覆盖。期刊出版机构会用叠加在原始论文 PDF 版本上的"撤稿"水印来表明该论文已被撤稿，并且在谷歌学术搜索中也很容易发现。这种技术类似于揭露广告中错误主张真相的一种有效措施。

建议 3：广泛且清晰地对更正和撤稿进行传播扩散。奥兰斯基（Oransky）2015 年在报告中说，对已经撤稿的研究论文继续存在着令人吃惊的引用可能是因为缺乏对撤稿这一消息的传播扩散。当媒体对某一成果进行广为宣传时，同一个媒体不应该仅仅对撤稿进行报道，而且还应该以可能去除受质疑的信息的方式来对其进行报道。当更正得到了媒体的关注时，他们应该立刻发布更正。就错误是什么，为何会发生以及它是如何被更正的提供信息，以便让读这个新闻的每个人都明白澄清和更正的是什么。

把撤稿或更正同错误信息关联起来

在理想状况下，撤稿应该确保被撤销的文章极少地被再次引用，以及任何引用都应该承认这个撤稿。然而一项早期的研究发现，超过 200 篇被撤稿的论文在撤稿之后仍被引用了 2034 次（Budd 等，1998）。这个问题在近几十年里显然持续存在（Neale 等，2010）。一篇被撤稿的关于一种蛋白的胰岛素效果大概会被内脏脂肪分泌的论文在撤稿之后被引用了 776 次，比它被撤稿之前的引用数高了三倍多（Oransky，2015）。此外，一篇论文假定给慢性阻塞性肺病的患者服用欧米伽 –3 补充剂会产生效果，但是它只进行了对照试验，该论文在被撤稿后引用次数达到了 52 次，其中只有两次引用提到了撤稿的问题（Fulton 等，2015）。为解决剔除引用的困难，正在着手开展新的值得称赞的工作。剽窃文献检测系统的使用给学者们提供了他们需要的信息，以证明他们正在使用最新且可靠的文本。读者只需点击 PDF 文件或网页版上的标签，状态栏就会告诉他们该文本是最新的还是可以获得更新的版本了。通过把更正与撤销关联起来，剽窃文献检测系统给学者提供了最新的进展，并且尽可能减少对已被撤稿的成果的依赖。我们敦促期刊出版机构安装这个系统，并且为更正和撤稿提供详细信息，把它们作为现有记录的一部分，比如哪些信息是错误的和为什么是错误的；对技术的创新性使用就引出了有关最佳实践的第四个建议。

建议 4：永久地把更正和撤稿同错误信息关联起来。因为对信息的重复会提升对相关素材的熟悉性和一致性（Ecker 等，2011；Schwarz 等，2007），从业者只要有可能就应该用正确的信息对错误结论进行重新语境化。这种实践不仅会强化错误信息和撤稿之间的关联，而且会避免提高对错误信息的熟悉程度。

建立监测和预警系统来追踪撤稿

2010 年，伊万·奥兰斯基（Ivan Oransky）和亚当·马库斯（Adam Marcus）成立了撤稿观察平台（Retraction Watch），以就科学方面的更正和撤稿提供开放获取的信息。撤稿观察平台通过努力解决了撤稿的曝光和不透明的问题。除了发布撤稿告示之外，撤稿观察平台的员工还会联系通信作者和编辑以对每个案例获取详细信息。与透明指标一起，撤稿观察的博客给记者和感兴趣的公众提供了跟踪所有科学领域的撤稿的一种途径，从而在科学和新闻之间发挥了一种重要的转化性功能，因而我们接下来的建议就是应该鼓励和支持这样的系统。

建议 5：建立和维持检测及预警系统来跟踪撤稿。一个正在进行的对撤稿进行跟踪的监测系统可以为读者提供任何撤稿的最新动态。后续的调查和采访可以作为被撤文章的预警系统，并可以为读者维持一种开放的对话，以研究这种不连贯性并让错误信息失效。同诸如 PubPeer 网站这样的撤稿监测平台一起，撤稿观察平台应该成为同记者以及公众进行学术对话的一个永久组成部分。期刊出版机构应该跟这些平台关联起来，并且为读者列出所有相关的撤稿新闻。

克服错误信念的心理机制和传播策略

即便传播工作对撤稿进行了传播扩散，但是研究已经表明，当从逻辑上来说这些信息不会再有深入的影响时，有关撤稿或更正的信息仍然会对像判断和行为这样的结果施加影响（Lewandowsky 等，2012；Seifert，2002）。近期的一项研究（Greitemeyer，2014）表明对于被宣告无效的科研结果来说这种持续的影响是如何发生的。首先给参与者提供一个研究假设，表面上得到了一篇真实的研究论文的支持。尽管后来被告知这篇论文被撤稿了，但是随后的研究表明和对照组相比，这些参与者仍然对这个假设有较高的信任度。错误信息持续存在的原因显然是个体产生了他们自己的与这种假设关系的存在相一致的因果性解释。这些解释似乎在主观上继续有效，因而尽管论文被撤稿了，也会导致他们对被撤稿论文的假设深信不疑。简言之，撤稿没能消除被撤稿文章中表达出来的观点的接受程度（Greitemeyer，2014）。

尽管公众和学者都关注错误信息的传播扩散，但是综合全面地理解错误信念的持续存在（错误信息、撤稿和持续的影响）是难以实现的。我们在其他文章中进行了荟萃分析（Chan 等）以对解释观念持续性的两个被提出来的理论进行评估：心智模型理论和双重过程理论。

心智模型理论和为支持错误信息产生依据

对推理的心智模型进行的一种概念化（Johnson-Laird，1994；Johnson-Laird 和 Byrne，1991）认为，人们会构建一种从中获取因果结论的心智模型网络。随着新信息浮现出来，信息接收者会建立新的模型或者拓展现有模型，但当不存在可行的选择来填补空白时，他们通常会不情愿地丢弃关键信息（Johnson 和 Seifert，1994；Wilkes 和 Leatherbarrow，1988）。这个理论表明那些对错误主张进行精心构思的人很有可能会对错误信息的因果结论产生心智模型。如若这样，对错误信息产生解释的可能性越高，错误信息的持续性就越强，并且撤稿所产生的效果就越差。此外，对于因果解释来说，对信息进行更正不足以填补心智模型中的差异（Johnson 和 Seifert，1994；Wilkes 和 Leatherbarrow，1988）。因而简单地把信息来源标记为不正确的更正并不能填补这个空白，并且也不能把更正整合进连贯的心智模型网络中来减少对错误信息的证伪（Johnson 和 Seifert，1994；Wilkes 和 Leatherbarrow，1988）。

对此进行的一项多元回归分析（Chan 等，无日期）确实表明在产生错误信息的解释方面存在着反向相关。对错误信息的推敲或心智模型越大，所能实现的撤稿就越弱。此外，产生与错误信息一致的解释的人越多，基于那个错误信息的错误信念或者观点的持续性就越强。同把之前的信息贴上不正确的标签相比，提供新的可靠的信息可以给撤稿带来更强的影响。

这个分析表明个体坚持他们的错误信念是因为错误信息的心智模型，通常这个模型会得到为支持这个模型而产生论据的过程的强化。当人们更有可能为错误信息产生解释时，撤稿的效果就会比他们不为此提供解释差很多。与这个发现相一致的是，当接受者更有可能为此产生解释时，错误信息的影响更有可能持续；当错误信息只是简单地被贴上不正确的标签时，撤稿的效果就弱很多，而当在更正中引入新的可靠的信息时，其效果就强很多。

建议 6：降低与错误信息相一致的论点的产生，并且用新信息修正错误信息。我们回顾的研究成果表明，产生让错误信息合法化的解释会降低后来对更正的接受程度。详细说明一个特定事件的原因会让接受者形成一种心智模型，这种模型会对后期处理新信息的过程产生偏见，并且让证伪起初的观念变得更困难。因而，媒体和决策者应该确保对错误信息的报道绝不可以不呈现修正的信息。对错误信息未经修正地重复会为产生与错误信息相一致的观念提供机会。此外，简单地否定是不充分的：应该用新的被证实的信息替换错误的信息。

双重过程理论以及为错误信息产生反驳论点

解释观念持续的另外一个理论形成于双重过程框架之中（Evans，2008）。系统 Ⅰ 过程包括一个快速的、本能的且情绪性的思维风格，而系统 Ⅱ 过程包括较慢且更慎重的推理（见 Croskerry 等，2013；Kahneman，2003）。与这个模型相一致的是，对不正确的观念进行受控且认真的剖析通常会促进对正确信息的习得（Kowalski 和 Taylor，2009）。此外，对信息进行深入的处理以及更正会帮助人们解决不连续性，并最终接受更正（Osborne，2010）。

另外一项研究表明，由政治候选人提供的对错误信息进行详细的更正在降低不正当的影响方面是有效的（Jerit，2008）。对超过 40 个舆论调查进行的分析表明，让一个反对者参与到对话当中是一项有效的政治辩论策略，也许是因为发言人可以更详细地驳斥其观点。这些发现会让人们对下述情况产生怀疑，即增加错误信息产生备选方案的可能性应该增加撤稿的效果，并且降低其持续的影响。荟萃分析表明反驳错误信息的可能性越高，撤稿的效果就越强。换句话说，当错误信息的接受者有可能对错误信息进行驳斥时，撤稿的效果实际上要比他们不驳斥时更强。

建议 7：创造加强监督且驳斥错误信息的条件。因为驳斥错误信息增强了修正会被接受的可能性，当撤稿或更正被发布出来之后，推动对错误信息的理解并且产生详细的反驳论点应该会产生最理想的撤稿效果。因而更正应该详细地对错误信息进行驳斥。

有关错误信息的领域及其更正的其他发现

荟萃分析发现，在不同的信息领域中错误信息和更正的效果存在着巨大的差异。对不同类型新闻报道（比如，政治性的与社会性的）进行的多元回归分析考察了这种效果。政治新闻包括政治候选人以及他们在政策方面的看法的信息，而社会新闻包括火灾、盗窃或犯罪的信息。错误信息和撤稿在政治领域中的效果要比它们在社会领域中的效果强 2 ~ 5 倍，多元回归分析所得到的结果与这种观点是一致的，然而社会新闻的影响要比政治新闻的影响更具有持久性。

建议 8：在不同的领域中建立预警系统。决策者应该意识到有关社会事件的错误信息的持续性，比如犯罪或事故。因而，虽然在政治领域中存在着很多预警系统，比如事实核查网站（FactCheck.org）、政治事实（PolitiFact）以及《华盛顿邮报》的事实核查员，有必要扩展这种活动，以纳入社会领域中的监测和更正。像谣言粉碎机这样的发挥了这种功能的网站应该得到支持和宣传。

在接触到更正和撤稿之后降低错误观念的建议总结

我们在图 36.1 中以决策树的形式揭示出了这些建议，包括：①及时地发布撤稿和更正；②让撤稿和更正尽量详尽；③广泛且清晰地传播更正和撤稿；④把更正和撤稿同错误信息永久地关联起来；⑤设立监测和预警系统来最终撤稿；⑥减少与错误信息相一致的论点的产生；⑦创造推动仔细审查的环境；⑧在不同领域中发展、支持和宣传预警系统。当然，如果其中的某些人已经对错误的主张持有强烈信念的话（比如，文化上的错误观念），那么贯彻落实这些建议可能产生的效果很小。此外，没有单一的一条建议可以保证每个人都不落入错误信息的陷阱。然而，这种总结的研究确实表明加大理论驱动的且由学术工作所指引的努力至少能够在某些时候让某些人明白某些错误观念的真相。此外，撤稿程序的改善也可能会降低公众一开始就接触到伪造信息的可能性。

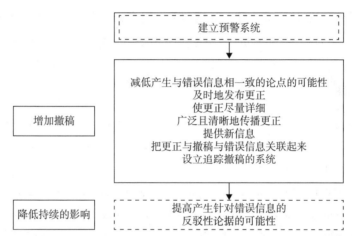

图 36.1　抵制错误观念的决策树（实线表示在政治领域中抵制错误观念的任务的相对重要性；虚线表示在社会领域中抵制错误观念的任务的相对重要性）

结　论

我们的建议列在了图 36.1 中。当撤稿和更正没有及时发布，发布的不够详细以及没能和错误信息关联起来时，科学上的错误信息就会持续。我们的综述还注意到了错误信息趋缓的特征以及接受者的认知活动，这与认知和信息加工的基本理论相一致。我们认为更正对于在错误信息方面预先形成了心智模型的接受者来说不太有效。近期的研究表明，阴谋论思维的存在也是错误观念持续存在的一个原因。阴谋论的概念化指的是，把一个重大的政治或社会事件解释为强有力的个体或机构的一种密谋且不能给某些信息贴上欺诈标签的心理倾向（Lewandowsky 等，2015；Sunstein 和 Vermeule，2009）。随着时间的推移，阴谋论可能会带来非常强大且难以消除的心智模型，减少了证伪，甚至会强化错误思想（Lewandowsky 等，2015）。阴谋论思维的影响对未来有关意识形态与错误信息效果之间关联的工作提供了一个明显的出发点。

最后，重要的是要考虑新兴媒体在网上和通过电子社交网络迅速传播和强化（错误）信息方面的作用。互联网已经成为未经核实的或者错误的信息大量扩散的不受监督的介质。实际上，在谷歌趋势（Google Trends）中对"麻风腮三联疫苗与自闭症"的搜索正在下降，但对这个错误的科学主张仍然存在着强烈的吸引力，尤其是在纽约和加利福尼亚。此外，像 http://vaccineresistancemovement.org 这样的反疫苗论坛仍然活得好好的，尤其是在美国和英国。近期对脸书的公共页面进行的分析表明，网络属性（比如，同质性和极化）强烈地影响着对错误观念的黏性（Del Vicario 等，2016）。随着学者们对这些网络特征的研究以及对聚合社区的个体差异的研究，对在错误信息的持续性发挥作用的变量以及对根除未经改正的信息和更正错误的信息方面将会浮现出更全面的看法。

参考文献

Albarracín, D., A. Sunderrajan, S. Lohman, M. S. Chan, and D. Jiang. (2012). The psychology of attitudes and persuasion. In: Kay Deaux and Mark Snyder, eds., *The handbook of personality and social psychology*, 2nd ed. Oxford: Oxford University Press.

Alberts, Bruce, Ralph J. Cicerone, Stephen E. Fienberg, Alexander Kamb, Marcia McNutt, Robert M Nerem, et al. (2015). Self-correction in science at work. *Science*, 348(6242), 1420–1422. doi:10.1126/science.aab3847.

Atwell, Jessica E., Josh Van Otterloo, Jennifer Zipprich, Kathleen Winter, Kathleen Harriman, Daniel A. Salmon, et al. (2013). Nonmedical vaccine exemptions and pertussis in California, 2010. *Pediatrics*, 132(4), 624–630. doi:10.1542/ peds.2013–0878.

Azoulay, Pierre, Jeffrey L. Furman, Joshua L. Krieger, and Fiona Murray. (2015). Retractions. *Review of Economics and Statistics*, 97(5), 1118–1136. doi:10.1162/REST_a_00469.

Bode, Leticia, and Emily K Vraga. (2015). In Related News, That Was Wrong: The Correction of Misinformation through Related Stories Functionality in Social Media. *Journal of Communication*, 65(4). 111 RIVER ST, HOBOKEN 07030–5774, NJ USA: Wiley Subscription Services, Inc.: 619–638. doi:10.1111/jcom.12166.

Brainard, Curtis. (2013). Sticking with the Truth: How "bal–anced" Coverage Helped Sustain the Bogus Claim That Childhood Vaccines Can Cause Autism. *Columbia Journalism Review*. http://www.cjr.org/feature/sticking_with_the_truth. php#sthash. rPxZZupK.dpuf.

Budd, J. M., Z. C. Coble, and K. M. Anderson. (2011). Retracted publications in biomedicine: cause for concern. In: Dawn M. Mueller, ed., *Declaration of interdependence: the proceedings of the ACRL 2011 conference, March 30-April 2, 2011, Philadelphia, PA.* Chicago: Association of College and Research Libraries, 390–395. http://0-www.ala.org.sapl.sat. lib.tx.us/ala/mgrps/divs/acrl/events/national/2011/papers/ retracted_publicatio.pdf.

Budd, J. M., M. Sievert, and T. R. Schultz. (1998). Phenomena of retraction: reasons for retraction and citations to the publi–cations. *JAMA*, 280(3), 296–297. http://www.ncbi.nlm.nih. gov/pubmed/9676689.

Centers for Disease Control and Prevention. (2015). Measles cases and outbreaks. http://www.cdc.gov/measles/cases–outbreaks.html.

Chan, Man–pui Sally, Christopher R. Jones, Kathleen Hall–Jamieson, and Dolores Albarracin. (n.d.) Debunking: A Meta–Analysis of Effective Countering and Persistence of News Misinformation. *Psychological Science.* (revise and resubmit).

Chen, Robert, and Frank DeStefano. (1998). Vaccine adverse events: Causal or Coincidental? *Lancet*, 9103, 611–612. doi:10.1016/S0140–6736(05)78423–3.

CNN. (2015). CNN Reagan Library debate: later debate full transcript. Cable News Network. http://cnnpressroom.blogs.cnn.com/ 2015/ 09/ 16/ cnn–reagan–library–debate–later–debate–full–transcript/.

Croskerry, Pat, Geeta Singhal, and Sílvia Mamede. (2013). Cognitive debiasing 1: origins of bias and theory of debiasing. *BMJ Quality & Safety*, 22(Suppl. 2), ii58–ii64. doi:10.1136/bmjqs–2012–001712.

Davis, Philip M. (2012). The persistence of error: a study of retracted articles on the internet and in personal libraries. *Journal of the Medical Library Association*, 100(3), 184–189. doi:10.3163/1536–5050.100.3.008.

Deer, Brian. (2011). How the case against the MMR vaccine was fixed. *BMJ*, 342, c5347. doi:10.1136/bmj. c5347.

Deer, Brian. (2004). Revealed: MMR research scandal. *The Sunday Times*, February. http://briandeer.com/mmr/ lancet–deer–1.htm.

Del Vicario, Michela, Alessandro Bessi, Fabiana Zollo, Fabio Petroni, Antonio Scala, Guido Caldarelli, et al. (2016). The spreading of misinformation online. *Proceedings of the National Academy of Sciences*, 113(3), 17441. doi:10.1073/ pnas.1517441113.

Ecker, Ullrich K. H., Stephan Lewandowsky, Briony Swire, and Darren Chang. (2011). Correcting False Information in Memory: Manipulating the Strength of Misinformation Encoding and Its Retraction. *Psychonomic Bulletin & Review*, 18(3), 570–578. doi:http://dx.doi.org/10.3758/ s13423–011–0065–1.

Elliman, D., and H. Bedford. (2007). MMR: Where Are We Now? *Archives of Disease in Childhood*, 92(12), 1055–1057. doi:10.1136/adc.2006.103531.

Evans, Jonathan S. (2008). Dual–processing accounts of reasoning, judgment, and social cognition. *Annual Review of Psychology*, 59, 255–278. doi:10.1146/annurev.psych.59.103006.093629.

Fang, Ferric C., R. Grant Steen, and Arturo Casadevall. (2012). Misconduct Accounts for the Majority of Retracted Scientific Publications. *Proceedings of the National Academy of Sciences*, 109(42), 17028–17033. doi:10.1073/pnas.1212247109.

Fombonne, E., and E. H. Cook. (2003). MMR and autistic enterocolitis: consistent epidemiological failure to find an association. *Molecular Psychiatry*, 8(2), 133–134. doi:10.1038/sj.mp.4001266.

Fulton, Ashley, Alison Coates, Marie Williams, Peter Howe, and Alison Hill. (2015). Persistent citation of the only published randomised controlled trial of omega–3 supplementation in chronic obstructive pulmonary disease six years after its retraction. *Publications*, 3(1), 17–26. doi:10.3390/publications3010017.

Greitemeyer, Tobias. (2014). Article retracted, but the message lives on. *Psychonomic Bulletin & Review*, 21(2), 557–561. doi:10.3758/s13423–013–0500–6.

Grieneisen, Michael L., and Minghua Zhang. (2012). A Comprehensive Survey of Retracted Articles from the Scholarly Literature. *PLoS ONE*, 7(10), e44118. doi:10.1371/ journal.pone.0044118.

Hall–Jamieson, Kathleen. (2015). Communicating the Value and Values of Science.*Issues in Science & Technology*,32(1).http://issues. org/32–1/communicating–the–value–and–values–of–science/.

Honda, Hideo, Yasuo Shimizu, and Michael Rutter. (2005). No effect of MMR withdrawal on the incidence of autism: a total population study. *Journal of Child Psychology and Psychiatry*, 46(6), 572–579. doi:10.1111/j.1469–7610.2005.01425.x.

Jerit, Jennifer. (2008). Issue framing and engagement: rhetorical strategy in public policy debates. *Political Behavior*, 30(1), 1–24. doi:10.1007/s11109–007–9041–x.

Johnson, Hollyn M., and Colleen M. Seifert. (1994). Sources of the continued influence effect: when misinformation in memory affects later inferences. *Journal of Experimental Psychology: Learning, Memory, and Cognition*, 20(6), 1420–1436. doi:10.1037/0278–7393.20.6.1420.

Johnson–Laird, Philip N. (1994). Mental models and probabilis–tic thinking. *Cognition*, 50(1–3), 189–209. http://www.ncbi. nlm.nih.gov/pubmed/8039361.

Johnson–Laird, Philip N, and R. M. J. Byrne. (1991). *Deduction*. Hillsdale, NJ: Lawrence Erlbaum.

Kahneman, Daniel. (2003). A perspective on judgment and choice: mapping bounded rationality. *The American Psychologist*, 58(9), 697–720. doi:10.1037/0003–066X.58.9.697.

Kowalski, Patricia, and Annette Kujawski Taylor. (2009). The effect of refuting misconceptions in the introductory psychology class. *Teaching of Psychology*, 36(3), 153–159. doi:10.1080/00986280902959986.

Lewandowsky, Stephan. (2016). Future global change and cognition. *Topics in Cognitive Science*, 8(1),

7–18. doi:10.1111/ tops.12188.

Lewandowsky, Stephan, John Cook, Klaus Oberauer, Scott Brophy, Elisabeth A. Lloyd, and Michael Marriott. (2015). Recurrent fury: conspiratorial discourse in the blogosphere triggered by research on the role of conspiracist ideation in climate denial. *Journal of Social and Political Psychology*, 3(1), 161–197. doi:10.5964/jspp.v3i1.443.

Lewandowsky, Stephan, Ullrich K. H. Ecker, Colleen M. Seifert, Norbert Schwarz, and John Cook. (2012). Misinformation and its correction: continued influence and successful debiasing. *Psychological Science in the Public Interest*, 13(3), 106–131. doi:http://dx.doi.org/10.1177/1529100612451018.

Lewis, Justin, and Tammy Speers. (2003). Misleading Media Reporting? The MMR Story. *Nature Reviews. Immunology*, 3(11), 913–918. doi:10.1038/nri1228.

Marcus, A. and I. Oransky, "What Studies of Retractions Tell Us," *Journal of Microbiology and Biology Education* 15, no. 2 (2014): 1–4.

Majumder, Maimuna S., Emily L. Cohn, Sumiko R. Mekaru, Jane E. Huston, and John S. Brownstein. (2015). Substandard vaccination compliance and the (2015) measles outbreak. *JAMA Pediatrics*, 1–2. doi:10.1001/jamapediatrics.2015.0384.

Neale, Anne Victoria, Rhonda K. Dailey, and Judith Abrams. (2010). Analysis of Citations to Biomedical Articles Affected by Scientific Misconduct. *Science and Engineering Ethics*, 16(2), 251–261. doi:10.1007/s11948–009–9151–4.

Newport, Frank. (2015). In U.S., percentage saying vaccines are vital dips slightly. Gallup, Inc. http://www.gallup.com/poll/ 181844/percentage–saying–vaccines–vital–dips–slightly.aspx.

O'Brien, S. J., I. G. Jones, and P. Christie. (1998). Correspondence: autism, inflammatory bowel disease, and MMR Vaccine. *The Lancet*, 351(9106), 906–907.

Oransky, I. (2015). Top 10 most highly cited retracted papers. *Retraction Watch*. http://retractionwatch.com/the–retraction–watch–leaderboard/top–10–most–highly–cited–retracted–papers/Osborne, Jonathan. (2010). Arguing to learn in science: the role of collaborative, critical discourse. *Science*, 328(5977), 463–466. doi:10.1126/science.1183944.

Ranney, Michael Andrew, and Dav Clark. (2016). Climate change conceptual change: scientific information can transform attitudes. *Topics in Cognitive Science*, 8(1), 49–75. doi:10.1111/tops.12187.

Schwarz, N., L. J. Sanna, I. Skurnik, and C. Yoon. (2007). Metacognitive Experiences and the Intricacies of Setting.

People Straight: Implications for Debiasing and Public Information Campaigns. Adv Exp Soc Psychol. *Advances in Experimental Social Psychology*, 39, 127–191. doi:10.1016/S0065–2601(06)39003–X 127.

Seifert, C. M. (2002). The continued influence of misinforma–tion in memory: What makes a correction effective? *The Psychology of Learning and Motivation*, 41, 265–292.

Simonsohn, Uri, Leif D. Nelson, and Joseph P. Simmons. (2014). P–curve: a key to the file–drawer. *Journal of Experimental Psychology*, *General*, 143(2), 534–547. http://www.ncbi.nlm. nih.gov/ pubmed/23855496.

Smith, Michael J., Susan S. Ellenberg, Louis M. Bell, and David M. Rubin. (2008). Media coverage of the measles–mumps–rubella vaccine and autism controversy and its relationship to MMR immunization rates in the United States. *Pediatrics*, 121(4), e836–843. doi:10.1542/peds.2007–1760.

Steen, R Grant. (2011). Misinformation in the medical literature: What role do error and fraud play? *Journal of Medical Ethics*, 37(8), 498–503. http://search.proquest.com/ docview/894163746?account id=14553.

Sunstein, Cass R., and Adrian Vermeule. (2009). Conspiracy theories: causes and cures. *Journal of Political Philosophy*, 17(2), 202–227. doi:10.1111/j.1467–9760.2008.00325.x.

Van Noorden, Richard. (2011). Science publishing: the trouble with retractions. *Nature*, 478(7367), 26–28. doi:10.1038/478026a.

Wager, Elizabeth, and Peter Williams. (2011). Why and how do journals retract articles? An analysis of medline retractions 1988–2008. *Journal of Medical Ethics*, 37(9), 567–570. doi:10.1136/ jme.2010.040964.

Wager, E., V. Barbour, S. Yentis, and S. Kleinert. (2009). Retraction Guidelines. *Committee on Publication Ethics*. http://publicationethics.org/files/retraction guidelines.pdf.

Wilkes, A. L., and M. Leatherbarrow. (1988). Editing episodic memory following the identification of error. *The Quarterly Journal of Experimental Psychology A*, 40 (2), 361–387. doi:10.1080/02724988843000168.

推荐阅读

Cappella, Joseph N., and Kathleen Hall–Jamieson. (1994). Broadcast adwatch effects: a field experiment. *Communication Research*, 21(3), 342–365. doi:10.1177/009365094021003006.

Chen, Robert, and Frank DeStefano. (1998). Vaccine adverse events: Causal or coincidental? *Lancet*, 9103, 611–612. doi:10.1016/S0140–6736(05)78423–3.

Deer, Brian. (2011). How the case against the MMR vaccine was fixed. *BMJ*, 342, c5347. doi:10.1136/bmj. c5347.

Hall–Jamieson, Kathleen. (2015). Communicating the value and values of science. *Issues in Science & Technology*, 32(1), 72–79. (2015). Communicating the value and values of science. *Issues in Science & Technology*, 32(1), 72–79.

Kahneman, Daniel. (2003). A perspective on judgment and choice: mapping bounded rationality. *The*

American Psychologist, 58(9), 697–720. doi:10.1037/0003–066X.58.9.697.

Lewandowsky, Stephan. (2016). Future global change and cognition. *Topics in Cognitive Science*, 8(1), 7–18. doi:10.1111/ tops.12188.

Lewandowsky, Stephan, Ullrich K. H. Ecker, Colleen M. Seifert, Norbert Schwarz, and John Cook. (2012). Misinformation and its correction: continued influence and successful debiasing. *Psychological Science in the Public Interest*, 13(3), 106–131. http://dx.doi.org/10.1177/1529100612451018.

Lewis, J., and T. Speers. (2003). Misleading media reporting? The MMR story. *Nature Reviews Immunology*, 3(11), 913–918.

第三十七章
利用框架来让科学传播更有效

詹姆斯·N. 德鲁克曼（James N. Druckman）　阿瑟·卢皮亚（Arthur Lupia）

摘要：科学可以作为制定公共政策的一个重要的基础。为了让科学发挥这种效果，必须把科学有效地传播给个体、组织和机构。有效的科学传播通常涉及强调科学发现或议题某个特定方面的框架。本章讨论可以用来有效地推动科学传播的框架的方式——尤其是在注意力局限性、政治极化以及科学的政治化方面探讨了框架的影响。本章的主要结论是选择特殊的框架以产生更有效的传播是有特定条件的。而理解这些条件并不必然会保证获得成功，它可以帮助科学传播者避免常见的错误。

关键词：框架；极化；政治化；注意力

科学可以为个体、共同体和国家做很多有价值的事情。它可以澄清自然界很多重要的属性。它可以帮助个体、组织和机构理解当前的或者潜在行动的后果。它可以为公共服务提供者赋予能够用来改善他人生活质量的知识。

科学能够产生这些效果的能力不仅取决于研究活动的内容，而且取决于这些内容是如何被有效地传播的。科学传播者面临的一个挑战来自人类的专注能力与科学信息通常复杂的内容之间的关系。当与科学共同体可以产生的所有信息进行对比时，人类的专注能力就是非常有限的。

确实，人类在一段时间内只能关注非常少量的信息。虽然对这些限制进行的测量存在差异，但是一种经常提到的估算把这种界限置于 5～9 个信息"块"之间（Miller,

1956）。按照这种说法，一个信息"块"就是一个概念或一种关系，是人们在不需要进一步努力去理解这个概念或关系是什么的情况下就能记住的东西。为了理解新信息，人们必须全力以赴地去分析这个信息，并且把其内容与他们现有的信息"块"中的内容关联起来。

对于试图想把从复杂现象的研究中搜集到的见解进行传播的科学家来说，有限的专注能力这一事实就迫使他们去决定如何传递他们知道的东西。科学家们通常挣扎于如何有效地做出这种决定。他们的挣扎源于很多科学现象有很多可描述的属性这一事实。因为潜在的初学者不会对复杂现象所有现存的事实都予以关注，所以科学传播者必须决定去强调某个话题的哪个部分。

这不仅仅是科学传播者面临的挑战。科学过程本身也是一个复杂的现象。比如，以一个研究人员如何去考察气候变化为例。当研究气候变化时，研究人员会选择以气候的哪种属性作为研究焦点。了解了这个焦点之后，研究人员就要选择在哪、何时以及如何去收集证据。研究人员还要选择用什么指标来描述观察结果。比如，当测量海洋温度时，研究人员可以提供一个持续的指标或一个离散的指标。这个指标可以描述海洋中非常小的一部分，或者非常大的一部分。有了这些措施，研究人员就可以选择如何分析这些观测结果。在很多情况下，研究人员会选择使用一个特别的统计模型——这种选择不仅包括纳入或排除哪些可能的解释变量而且包括是利用日志还是特定值的平方根。理解科学发现的全部意义的尝试取决于知晓这种发现是如何产生的。

因为科学现象和方法可能很复杂，所以科学传播者就不得不对所研究现象有关的信息和研究过程进行选择以向潜在的初学者进行传播。科学传播者必须决定首先对话题和研究设计的哪个方面进行描述，以及随后对哪个方面进行传播。他们必须决定注脚或技术附录中应该包括和排除哪些方面。做出这些决定的科学传播者参与了压缩的行为。他们在寻找一种把高维的研究现象和多层面的研究过程转换成对目标受众来说易获取且有意义的语言的途径。

如何让这些传播选择更加有效，本章对这方面最新研究文献进行了综合。在这一章中，我们对从有关框架的研究中获得的相关且具有可行性的结果进行了评述。我们聚焦于学者们所谓的"强调框架"或"议题框架"，行动者（比如，科学家、候选人、利益集团、媒体机构、舆论领袖）借此对一项技术、一名政客、一个议题或事件凸显出一部分可能相关的考量（Druckman，2001；另见 Chong 和 Druckman，2007，104）。反过来，这种强调可以改变其他人在构建他们自己的观点时所采用的考量（比如，框架效果）。比如，在讨论纳米技术时，媒体通常把其置于科学和经济收益的框架中，这可能会让新闻消费者着眼于这种技术的积极方面并且支持纳米技术的发展（Scheufele 和 Lewenstein，2005）。这种框架类型有别于经由卡恩曼（Kahneman）和特沃斯基（Tversky）推广的等效框架或效价框架，在那种情况下，其焦点就是有关一个议题或事件上可供选择但在逻辑上相等的特征是否会影响态度（比如，为食品设置的框架是 95% 无脂肪，或者 5% 含有脂肪；见 Cacciatore 等，2016）。

所有的科学传播者都参与到了框架之中（比如，Nisbet，2009；Nisbet 和 Mooney，2007；Scheufele，2006）。每当他们决定对一个科学现象中一种属性的强调超过另外一种时，以及每当他们选择对其研究设计的某些方面进行凸显时，他们就是在参与框架的设计——他们正在做出会指挥潜在初学者的注意力的决定，以影响他们对正谈论的话题所引发的思考方式。这同样适用于对科学进行报道的媒体机构；比如，在报道干细胞研究时，媒体采用了诸如道德、监管尤其是其科学应用这样的框架（Nisbet 等，2003）。

框架有时候被视为一种操纵的手段（见 Druckman，2001 年对此的讨论）；然而，如已经解释过的那样，框架不可避免的是压缩的行为，以及是人类传播的核心要件，对通过共有基模来对意义进行传播至关重要。确实，对特定框架的选择会对有效地传播至关重要，这一点也是科学信息的关键。在下文中，我们利用现有文献来描述框架决定如何能产生更好的学习结果。为了让这些信息对科学传播者更有用，我们聚焦于框架如何能帮助科学传播者应对三个具有挑战性，但越来越常见的传播环境类型。

第一个特征是对*注意力的竞争*。互联网的出现以及相关的社会变迁使得科学信息的很多潜在受众可以关注除科学之外不计其数的事情。科学传播者面临的一个问题就是如何突破。我们描述了揭示这样做的一种策略的一些研究。举例来说，针对气候和天气之间的关系这个问题，我们尝试着去纠正那些常见但存在的错误观念。在这种情况下，一个相对简单的框架决定就可以让潜在的初学者更容易获取到更重要的经过矫正的信息。反过来，这在可用性方面的益处会促使很多人重新思考他们的初始观念，并更好地把他们后续的观念与已有的科学内容调和好。

第二个环境的特征是*政治极化*。比如，在美国，对气候科学的看法往往与人们长期的政党隶属关系密切相关（Kahan，2015）。共和党往往对气候科学的很多方面更加持怀疑态度，而民主党人则更加接受气候科学。在其他话题方面，比如水力压裂，持怀疑态度的则是民主党人（Davis 和 Fisk，2014）。更一般地来说，极化会让人们越来越用党派性的视角来看待科学话题（见第三章对极化的讨论）。我们描述了可以被用来激发对以科学为基础信息的信息内容更大关注的框架方法。反过来，这种对信息的关注可以帮助人们更好地把他们随后的观念同科学共识调和起来。

第三个环境的特点是*政治诱发的现状偏差*。因为科学在公共部门和私营部门中变得越来越具有影响，它也变得越来越有争议和政治化。当争议出现时，很多人试图维持现状以求得安逸（Mullainathan，2007）。在设法就新技术或疫苗为公众提供信息方面，现状偏差是会产生问题的。我们对表明在不同时间如何使用框架来抵消政治诱发的现状偏差的研究进行了描述。这些研究表明框架如何能够引导人们形成与基本的科学更一致的观点。

总之，我们表明当存在注意力的竞争、政治极化或现状偏差时，科学传播者如何利用框架文献中获得的见解来更有效地传播重要的信息。同时，关键是要指出框架不是一剂灵丹妙药。很多框架尝试没有能够产生出很多科学传播者所寻求的学习结果。在本章的过程中，我们讨论了框架的一些重要局限性。本章的一个主要结论是选择特殊的框架以产生更有效的传播是有特定条件的。虽然理解了这些条件并不确保会成功，但是它有助于科学传播者避免常见的错误。反过来，避免这些错误可以扩大科学传播者帮助他人做出更好决策的环境范围。

框架和有效的科学传播

在这一部分，我们展示了一些框架如何在三种常见的情形中改变科学传播结果的典范：当存在对注意力的竞争时，当存在政治极化时，以及当存在政治引导的现状偏差时。

我们的第一个案例涉及个体如何在存在着极大的对注意力竞争的饱和信息环境中进行决策。在这种情境下，个体一般依赖启发法来简化决策，也就是某些信息片段可以取代其他（往往是更广泛的）信息。这样一种策略被称为"代替归因"。"当个体通过用一个判断对象的更容易出现在脑海中的另外一个属性（启发式属性）来替代具体的目标属性进行评估时，"替代归因就会出现（Kahneman 和 Frederick，2002）。举例来说，当投票者对现任的总统候选人能够成功地管理经济进行评价时，他们可能倾向于评估他在办公室最初四年的表现。然而，对整个时期获取相关的记忆的尝试往往是困难的。因而，很多投票者会用在认知上容易获取的近期的经济信息来代表这个较长的时间（Healy 和 Lenz，2014；另见 Scruggs 和 Benegal，2012 年有关短期经济状况与气候变化看法之间的关系）。这里发挥作用的心理特征就类似于记忆可及性或一种无意识的充填过程（这在心理学上不同于框架，它往往更有意识）。

　　类似这样的过程会影响对科学信息的反应。一个尤其值得注意的情况被称为"局部变暖效应"。当特别炎热的日子影响了个体对较长时期气候趋势的观念时，这种效应就会发生[1]。尤其是，当人们认为当天局地气温比往常要高很多时（比如，一条非常容易获取的信息），他们往往会高估过去一年炎热天气的数量。反过来，这些人往往更加相信全球变暖，也更关心全球变暖（比如，Zaval 等，2014；Egan 和 Mullin，2012；Lewandowski 等，2012；Li 等，2011；Risen 和 Critcher，2011；Joireman 等，2010）。有些学者认为这种效应是令人烦恼的。伊根（Egan）和穆林（Mullin）（2012，806）认为"人们利用当地气温的波动来重新评估他们对全球变暖的实在性的想法"这一事实"让对公众参与有关全球变暖的深度辩论感兴趣的每一个人都麻烦缠身"（另见 Weber 和 Stern，2011，318）。

　　然而，有一种框架策略可以抵消局部变暖效应（见 Healy 和 Lenz，2014）。关键在于采用一个让人能够想起气候的变异的框架。这种策略可以通过切断给定一天的气温与较长期现象之间关联的方式来抵消局地变暖效应。实际上，德鲁克曼（2015b，176）在以前的冬天极冷的一个地区对异常温暖的秋天开展了实验。他随机地让一半受访者接触到下面这个框架："当思考过去一年的气温时，记得气温模型是不同的；仔细想想去年冬天和今天的比较。因而你不仅要思考今天的感受，还要考虑下这一年你感觉如何。"他发现局部变暖效应在那些接触这种"时间框架"的人之中消失了。接触这种框架的受访者并未根据他们对当天气温的认知来评估过去一年温暖的天数，并且他们对当天气温的认知并未同他们在全球变暖的现存性和显著性上的观念具有相关性。相反，局部变暖效应仍然存在于那些并未解除这个框架的参与者中。另外一项研究重复了这一发现，并且还表明局部变暖效应在一周之后开展的后续调查问卷中并未再次出现（Druckman 和 Shafranek，2015）。这项工作表明让人想起（也就是可供使用的）气候的变异的框架在抵消日常气温对全球变暖态度的效果上具有持续的效应。

　　我们现在转向政治极化的情境下框架在影响科学传播方面的作用。越来越多的证据表明人们通过党派性的认知过滤网来阐释很多政策相关的信息类型。学者们记录了很多这样的情形，当某项政策被认为是"民主党人出台的"时候，民主党人士会把它视为有效的（比如，一项新的经济刺激计划），但当同一项政策被认为"共和党人出台的"时，他们就会认为其不太有效（比如，Druckman 和 Bolsen，2011）。其他人发现民主党（共和党）往往认为在民主党（共和党）执政期间经济状况向好，但当他们的党派不再当权时就会表达出相反的看法（比如，Lavine 等，2012；Bartels，2002）。

在科学可以发挥更核心作用的话题上，学者们也发现了类似的结果，比如能源生产（Kahan 出版中）。比如，德鲁克曼及其同事 2013 年对支持在大西洋沿岸及墨西哥湾东部开采石油和天然气进行了研究。受访者被随机地分配了一些论点，以改变他们的事实信息的质量，以及政策被特定政党描述为支持性的或反对性的程度。在很多情况下，作者们发现受访者着眼于提供给他们的论点的品质。当受访者被清楚地告知两党在这个议题上存在着极化时，一个明显的例外出现了。当发生这种情况时，同党们明显地更有可能去追随他们的政党，不管论点的其他品质如何。换句话说，被告知这些观点上存在着"极化"的民主党人（共和党人）明显地更有可能把未向其提及极化时其他民主党人（共和党人）所接受的论点视为无效的（另见 Dietz，2013）。

在美国，当代政治的本质产生了用极化的眼光来看待特定科学主张的很多尝试。近期的研究表明了在极化环境中的科学传播者如何能够增加他们的信息被听到的机会。博尔森（Bolsen）及其同事（2014b）开展的一项实验性研究着眼于《2007 能源独立与安全法案》（*Energy Independence and Security Act of 2007*）。这项法案要求汽车制造商增加轿车的里程油耗，资助对生物燃油、太阳能和地热能的研发，并且为能源效率提升提供小额商业贷款。在制定法律的过程中，这项法案在不同时间点分别得到了两党的支持（比如，起初是由民主党发起的，但却是由共和党总统布什签署为法案的）。

在这项试验中存在差异的两个因素是哪个政党支持这项法案以及提示参与者去证明他们观点的有效性。具体来说，参与者被随机地分配了没有任何政党给这份法案背书，表明这项法案得到了民主党的背书，表明这项法案得到了共和党的背书，或者表明这项法案得到了两党某些代表但不是所有人（即"跨党派"框架）的背书。[2] 此外，某些参与者被告知他们应该从不同的视角来看待这项法案，并且随后要证明他们政策观点的正当性，也就是"论证"框架。[3]

作者们发现，相对于没有收到背书和称义框架的对照组来说，当个体接收到了没有称义框架的他们自己政党的背书时（比如，共和党参与者收到了共和党的背书），他们就成了具有强烈动机的推理人员，他们追随自己的政党并且加大了对这项政策的支持力度。在收到在野党背书框架的情况下，他们也成了具有动机的推理人员（比如，共和党参与者接收到了民主党的背书），在这里他们的支持就不那么强烈了（反对在野党的背书）。总体来看，党派性对同一项政策的支持或反对仅仅取决于背书框架。然而，当被告知两党成员都支持这项法案时（也就是，跨党派框架），参与者对政策内容展示出了认真的分析，开始模仿起那些没有收到背书但被鼓励着去证明自己反应正当性的参与者的行为。

当然，利用跨党派框架对于两党存在强烈分歧的议题来说通常不是一种选择。同一项研究表明框架在这种情况下仍然是富有成效的——因为收到称义框架的参与者没有展示出党派的动机性推理的证据，不管就两党对这项法案的支持方面告诉了他们什么。比如，被告知只有共和党支持或只有民主党支持这项法案的民主党人士分析了这项政策的内容，并且所表达的观点与事实性信息的内容是一致的。党派的动机性推理消失了（对动机性推理的一般性讨论，见 Kahan 著的文献）。

从实践的立场看，这一研究结果强调了以激发公民去对内容加以思考的方式来为科学议题或技术设置框架所产生的潜在力量。其他研究表明强调议题的当地影响的框架（Leeper，2012）可以加强受访者对这些议题的参与。确实，斯坎纳尔（Scannell）和吉福德（Gifford）2013 年认为，相对于对照组，那些接触到强调气候是如何影响当地区域的框架的人随后会更多地参与气候变化议题（比如，寻求气候变化信息；另见 Spence 等，2012）。斯坎纳尔和吉富德（2013，63）解释说，这种当地框架"要比全球影响更有吸引力"（Spence 和 Pidgeon，2010）。

我们现在来看看在存在着政治诱发的现状偏差时，框架如何影响科学传播结果。[4] 当某个行动者利用"科学不可避免的某些不确定性方面来对总体上的科学提出质疑……并因而在公众头脑中放大这种怀疑"时，政治化就发生了（Steketee，2010，2；Oreskes 和 Conway，2010；Peilke，2007；Jasanoff，1987，195）。结果就是"即便当几乎所有相关的观测者最终得出结论说累计起来的证据可以被视为足以公布一项稳固的科学结论时……有论点（持续地）认为这些发现不是决定性的"（Freudenburg 等，2008，28）。举个例子——在对表明就全球气候变化"主要"源于人类活动上存在着科学共识的《美国气候变化的影响》（Climate Change Impacts in the United States）报告的回应中（这份报告反映了300 多位专家的意见，并且由来自石油公司的代表在内的众多机构进行了审查），佛罗里达州参议员马克·卢比奥（Marco Rubio）说："气候总是在变化的。问题是，人为活动在气候变化方面的作用是最大的吗？我在那个原则上看到了合理的讨论（Davenport，2014，A15）。"政治化的后果就是个体容易坚守现状，并且不太愿意接受新观点、政策或技术（Korobkin，2000；另见 Dietz，2013；Mullainathan，2007，98）。

考虑到这些动力机制，博尔森等人（2014a，5）解释说，"凸显政治化的框架会在一个人是否信任基于科学的论点上引入不确定性"（Bolsen 和 Druckman，2015）。在就政治诱发的现状偏差对核能态度的作用所开展的一项实验中，他们（10）告诉一些受访者：

很多人指出，有研究表明相较于会释放温室气体并导致污染的化石燃料而言，比如煤炭和石油，替代能源（比如核能）会极大地改善环境。比如，不像化石燃料，来自核能的废料不会释放到环境中。美国国家科学院近期一份出版物认为，"在科学和技术上存在共识，深层地质处置可以对核废料进行可预测且有效的长期隔离"。

当受访者只收到这些信息时（这实际上确实来自美国国家科学院的报告），对核能的支持上升了。然而，当用政治化框架对这些信息加以处理，变成"非专家越来越难以评估科学——政客和其他人通常会歪曲科学并且有选择地倡导那些支持他们的议程的科学"时，这种支持就下降了。作者们呈现的证据表明，对核能支持的下降源于对使用核能不断增加的担忧。结果表明，政治化框架有可能会导致个体不知道该相信什么，这会导致他们摒弃本来可信的证据并产生严重的现状偏差。

抵消政治化框架效果的一种方式就是在恰当的时候采用一个强调实际上存在着一种科学共识的直接的对立框架。通过被告知这种共识，可以引导个体考虑这种内容的优点。博尔森和德鲁克曼2015年发现了这种效果，尽管有些歪曲。他们认为时机至关重要——也就说，科学共识框架如果出现在政治化框架之前就是最有效的。他们在碳纳米技术和水力压裂法的实验中对这个猜想进行了测试。就像在核能研究中一样，他们表明当伴随着这些技术描述的是一个政治化框架，现状偏差就会发挥作用，并且对这些活动的支持就会下降。然而，在这些实验中，有些受访者被随机地选择接触早期的"警告"（755），比如说，"碳纳米技术的评估不应该被政治化；科学家之间的共识认为碳纳米技术要比其他能源生产方法对环境更加友好。"作者们发现（早期的）科学共识框架遏制了政治化的影响，并且和对照组相比，对既定技术的支持实际上增加了。[5]简言之，框架激发了个体去克服现状偏差。

当存在这种共识时，那么关键就是要从共识的角度为科学设置框架。如范·德·林登（van der Linden）及其同事（2015，2，6）解释的那样，"人们有可能利用领域专家之间的共识作为启发法来指导他们的观念和行为。"确实，范·德·林登等人发现，当个体接收到一条在该信息相关的真正的科学共识方面设置框架的气候科学信息时，他们对这条信息和这个话题后续的观念会与科学的内容更加一致。作者们发现，共和党（他们通常不太相信气候变化）对科学共识信息的反应尤其好，并且提供了共识框架可以抵消党派的动机性推理的证据。

框架和反框架的局限性

如果我们在科学传播的情境下没能认识到框架的局限性，那么我们可能会疏忽大意。比如，可以用共识框架为例。存在着很多共识框架难以使用的情况，以及这种框架的使用被认为是不道德的其他情况。当讨论那些共识并不存在或共识难以界定的很多科学话题时，共识框架就难以使用或不可能被使用（Druckman，2015a）。在其他情况下，对共识的主张起源于共识信息的潜在接受者对框架了解得不够。比如，考虑一下这种情况，科学研究通常会给测量以及以特定假设或理论框架为基础的发现带来不确定性。无法明确表达这些依赖性会导致共识主张令人误解（Dietz，2013；Leiserowitz，2007）。一般来说，科学传播牵涉对框架的选择，这些框架所带来的理解要与该研究的实质内容相一致。即便这样做了，共识框架可能也无法奏效。确实，利用共识框架的另外一个基本挑战就是存在着个体根据他们既往的党派性对共识产生误解的情况——尤其是当科学主张涉及采取了明确立场的政治化议题时，这种情况就会发生（Kahan 等，2011）。

尤其是当框架被用来抵消像党派的动机性推理以及现状偏见这样的心理趋势时，框架的另外一个局限性就是，对于那些依赖这些趋势的人来说，它们并不总是不好的。换句话说，人们不应该从我们对文献的综述中得出结论说有效的框架策略能够确保更有理性的观点。理由是科学提供了理解概念和关系的一种方式，但它不是唯一一种在社会方面或个人层面上相关的思维方式。虽然科学能够澄清有关当前的或潜在的观念和行动的后果，但是科学不能决定人们在缺乏准则的情况下该做出什么选择，这些准则受到个人境况和更宽泛的道德和理论感受的影响。有时候，党派的动机性推理和现状偏差有助于人们改善他们自己的生活质量或他人的生活质量（见 Kahan 著的文献；Lupia，2016；Druckman，2014）。在某些情况下，完全地依赖于自己的政治党派是实现重要的规范性目标或技术目标的最有效方式（Sniderman 和 Stiglitz，2012）。

框架的另外一个局限性来源于竞争（Chong 和 Druckman，2013）。大多数现有的框架研究评估了受控环境中的具体框架。在现实情况下，科学传播工作上的努力会与其他刺激因素争夺大众的注意力。这种竞争可能会限制任何特定框架的影响力。勃诺尔（Bernauer）和麦克格拉斯（McGrath）（2016，3）解释说，"公民接触到了很多竞争性的主张……信息的丰富性意味着……识别出重要的框架效果越来越不可能。"这就强调了未来研究的必要性，为在很多传播环境中发现的各种类型的竞争存在的情况下，分离出在实验室或在调查过程中记录的框架结果在多大程度上是稳健的（Albertson 和 Busby，2015；

Aklin 和 Uperlainen，2013；Druckman 和 Leeper，2012）。哪种框架会赢得竞争性的框架斗争？有些研究表明对道德具有吸引力的框架似乎尤其有效；然而，那反过来要取决于道德吸引力的类型以及其他发挥作用的框架的本质（Clifford 等，2015；Nisbet 等，2012；Feinberg 和 Willer，2012）。

了解竞争的影响以及某些类型的框架和反框架在什么条件下仍然有效，可以通过参与其他旨在改善科学传播成果的文献来加快理解和认知。这样的一种文献着眼于信源的可信性（Druckman 和 Lupia，2016 进行的综述；Lupia，2016）。可信性对于科学传播者说是一项重要的资产。然而很多学者和科学传播者对如何建立和维持可信性存在着错误观念，尤其是在竞争性的和政治性的环境中。具体来说，很多科学传播者认为发言人或作者的真实品质、人口属性或学术门第（比如，"我有博士学位"或"其他学者引用了我的成果几百次"）这样的因素就足以将一个人视为可靠的信息来源了。虽然在某些情况下，这些因素与来源的可信度存在相关性，但文献表明这些因素（比如真实品质）并不决定信源的可信性。

信源可信性可以被更精确地描述为受众赋予的一种认知。信源可信性代表着在多大程度上受众把一个传播者视为可以从其话语或阐释中获得益处的人。卢皮亚和麦库宾斯（McCubbins）1998 年利用一系列实验和数学方面展示了在建立和维持一个信源的可信性方面发挥作用的两种因素。一种因素是察觉到的公共利益，即潜在的初学者在多大程度上把一个发言人看作是为了实现让初学者获得益处的目标而进行传播的。另外一种因素是感知到的相对专业知识，在未来的学习者看来，说话者对听说者所做的选择知道多少，而听说者却不知道。一系列研究表明当受众对发言人的认知不同于发言人自己的真实属性时，决定潜在的初学者在多大程度上会相信他们读到、看到或者听到的内容是这种认知而并非事实（Pornpitakpan，2004）。有关这个话题的研究和框架研究的交叉点是对情境和内容进行广泛且清晰地整合，这有助于科学传播者更有效地利用框架来向重要的受众传递关键信息。

结　论

借助于众多的测量手段，在一系列社会相关话题上的科学研究会比以往更加彻底和可靠。这种工作对于改善全球的个人生活质量，完善组织和社会都有巨大的潜力。同时，科学传播者面临新的挑战。电子传播技术的进展使得人们可以关注的对象的数量和范围呈爆炸式的发展。同时，文化和政治上的变化致使在某些地方对科学的怀疑有所增加。

今天很多科学家在有效地回应新挑战方面表现糟糕。在过去的时代，在科学传播上没有什么培训，也没有或很少有激励他们拓展传播技能的措施，以帮助他们在竞争性或政治化的环境中传播重要的思想。因为科学给社会做出了许多重要的贡献，应该激励科学家去学习有效的传播技能。理解框架如何影响传播结果有助于科学传播者为更多的人提供更多的见解。如果科学传播者能够选择那些可以吸引潜在初学者关注的框架，同时对隐含在研究中的实际行为和原则表里如一，那么他们就可以给受众提供巨大的价值。

通过携手合作，框架研究者和各种类型的科学家都有能力搞清楚在哪些条件下，特定的框架在帮助目标受众学习有关自然界和社会新知识方面是必要的或充分的。虽然理解这些条件并不保证会取得成功，但是它可以增加科学传播者帮助其他人做出更好决策的环境范围。

鸣　谢

我们感谢亚当·豪厄特（Adam Howat）和理查德·沙弗拉克（Richared Shafranek）对我们研究的帮助。我们还要感谢凯瑟琳·霍尔·贾米森，一位盲评的审稿人，以及安纳伯格科学传播的科学会议的参与者提出了宝贵的建议。

注　释

1. Schuldt 等（2011）表明，根据使用的是"全球变暖"还是"气候变化"这个术语的不同，观点也会存在差异；然而，Zaval 等（2014，144）发现局部变暖效应并不依赖于这样的术语。

2. 另外一种情况阐明了这个法案得到了共和党和民主党两党的支持；那种情况的结果表明受访者把这种共识框架视为类似于党内框架。

3. 另外一个理由充分的情况（条件）把这种环境描述成具有高度的党派性，即政府是有分歧的，并且党派成员几乎不赞成受访者后来不得不解释他或她属于哪个党派的原因。这与先前讨论过的实验中的两种对立情况是相同的，这些情况下产生的结果表明强烈的党派动机推理。

4. 部分讨论来自 Druckman（2015a）。

5. 作者们还考察了如果科学共识框架在政治化框架被接收之后才被接收的话，科学共识框架是否能抵消政治化的问题。他们发现这样的后来"更正"能够发挥作用，尤其是当个人有很高积极性时。

参考文献

Aklin, Michaël, and Johannes Urpelainen. (2013). Debating clean energy: frames, counter-frames, and audiences. *Global Environmental Change*, 23(5): 1225–1232.

Albertson, Bethany, and Joshua William Busby. (2015). Hearts or minds? Identifying persuasive messages on climate change. *Research and Politics*, 2(1), http://dx.doi.org/10.1177/ 2053168015577712.

Bartels, Larry M. (2002). Beyond the running tally: partisan bias in political perceptions. *Political Behavior*, 24(2), 117–150.

Bolsen, Toby, and James N. Druckman. (2015). Counteracting the politicization of science. *Journal of Communication*, 65, 745–769.

Bolsen, Toby, and James N. Druckman, and Fay Lomax Cook. (2014a). How frames can undermine support for scientific adaptations: politicization and the status quo bias. *Public Opinion Quarterly*, 78, 1–26.

Bolsen, Toby, James N. Druckman, and Fay Lomax Cook. (2014b). The influence of partisan motivated reasoning on public opinion. *Political Behavior*, 36, 235–262.

Bernauer, Thomas, and Liam F. McGrath. (2016). Simple reframing unlikely to boost public support for climate policy. *Nature Climate Change*, 6, 680–683. doi:10.1038/ nclimate2948.

Cacciatore, Michael. A., Dietram A. Sheufele, and Shanto Iyengar. (2016). The end of framing as we know it ... and the future of media effects. *Mass Communication and Society*, 19(1), 17–23.

Chong, Dennis, and James N. Druckman. (2013). Counterframing effects. *Journal of Politics*, 75, 1–16.

Chong, Dennis, and James N. Druckman. (2007). Framing theory. *Annual Review of Political Science*, 10, 103–126.

Clifford, Scott, Jennifer Jerit, Carlisle Rainey, and Matt Motyl. (2015). Moral concerns and policy attitudes: investigating the influence of elite rhetoric. *Political Communication*, 32(2), 229–248.

Davenport, Coral. (2014). Miami finds itself ankle-deep in climate change debate. *The New York Times*, May 7. http:// www.nytimes.com/2014/05/08/us/florida-finds-itself-in-the-eye-of-the-storm-on-climate-change.html.

Davis, Charles, and Jonathan M. Fisk. (2014). Energy abundance or environmental worries? Analyzing public support for fracking in the United States. *Review of Policy Research*, 31(1), 1–16.

Dietz, Thomas. (2013). Bringing values and deliberation to science communication. *Proceedings of the National Academy of Sciences*, 110, 14081–14087.

Druckman, James N. (2015a). Communicating policy-relevant science. *PS: Political Science & Politics*, 48(Suppl. S1), 58–69.

Druckman, James N. (2015b). Eliminating the local warming effect. *Nature Climate Change*, 5, 176–177.

Druckman, James N. (2014). Pathologies of studying public opinion, political communication, and democratic responsiveness. *Political Communication*, 31, 467–492.

Druckman, James N. (2001). The implications of framing effects for citizen competence. *Political Behavior*, 23, 225–256.

Druckman, James N., and Toby Bolsen. (2011). Framing, motivated reasoning, and opinions about emergent technologies. *Journal of Communication*, 61, 659–688.

Druckman, James N., and Thomas J. Leeper. (2012). Learning more from political communication experiments: pretreatment and its effects. *American Journal of Political Science*, 56, 875–896.

Druckman, James N., and Athur Lupia. (2016). Preference change in competitive political environments. *Annual Review of Political Science*, 19, 13–31.

Druckman, James N., Erik Peterson, and Rune Slothuus. (2013). How elite partisan polarization affects public opinion formation. *American Political Science Review*, 170, 57–79.

Druckman, James N., and Richard M. Shafranek. (2015). The conditional nature of the local warming effect. Working Paper, Northwestern University.

Egan, Patrick J., and Megan Mullin. (2012). Turning personal experience into political attitudes: the effect of local weather on Americans' perceptions about global warming. *Journal of Politics*, 74(3), 796–809.

Feinberg, Matthew, and Robb Willer. (2012). The moral roots of environmental attitudes. *Psychological Science*, 24(1), 56–62.

Freudenburg, William R., Robert Gramling, and Debra J. Davidson. (2008). Scientific certainty argumentation methods (SCAMs), science and the politics of doubt. *Sociological Inquiry*, 78(1), 2–38.

Healy, Andrew, and Gabriel S. Lenz. (2014). Substituting the end for the whole: why voters respond primarily to the election–year economy. *American Journal of Political Science*, 58(1), 31–47.

Jasanoff, Sheila S. (1987). Contested boundaries in policy–relevant science. *Social Studies of Science*, 17(2), 195–230.

Joireman, Jeff, Heather Barnes Truelove, and Blythe Duell. (2010). Effect of outdoor temperature, heat primes and anchoring on belief in global warming. *Journal of Environmental Psychology*, 30(4), 358–367.

Kahan, Dan M. (in press). The politically motivated reasoning paradigm. *Emerging Trends in Social & Behavioral Sciences*. Forthcoming.

Kahan, Dan M. (2015). Climate–science communication and the measurement problem. *Political Psychology*, 36(Suppl. 1), 1–43.

Kahan, Dan N., Hank Jenkins–Smith, and Donald Braman. (2011). Cultural cognition of scientific consensus. *Journal of Risk Research*, 14, 147–174.

Kahneman, Daniel, and Shane Frederick. (2002). Representativeness revisited: attribute substitution in intuitive judgment. In: Thomas Gilovich, Dale Griffin, and Daniel Kahneman, eds., *Heuristics and biases: the psychology of intuitive judgment*. New York: Cambridge University Press, 49–81.

Korobkin, Russell. (2000). Behavioral economics, contract formation, and contract law. In: Cass R. Sunstein, ed., *Behavioral Law & Economics*. New York: Cambridge University Press, 116–143.

Lavine, Howard, Christopher Johnston, and Marco Steenbergen. (2012). *The ambivalent partisan*. New York: Oxford University Press.

Leeper, Thomas J. (2012). Essays on political information and the dynamics of public opinion. PhD diss. Northwestern University.

Leiserowitz, Anthony. (2007). Communicating the risks of global warming: American Risk perceptions, affective images, and interpretive communities. In: Susanne C. Moser and Lisa Dillin, eds., *Creating a climate for change: communicating climate change and facilitating social change*. New York: Cambridge University Press, 44–63.

Lewandowski, Gary W., Natalie J. Ciarocco, and Emily L. Gately. (2012). The effect of embodied temperature on perceptions of global warming. *Current Psychology*, 31(3), 318–324.

Li, Ye, Eric J. Johnson, and Lisa Zaval. (2011). Local warming: daily temperature change influences belief in global warming. *Psychological Science*, 22(4), 454–459.

Lupia, Arthur. (2016). *Uninformed: why people know so little about politics and what we can do about it*. New York: Oxford University Press.

Lupia, Arthur, and Matthew D. McCubbins. (1998). *The democratic dilemma: Can citizens learn what they need to know?* New York: Cambridge University Press.

Miller, George A. (1956). The magical number seven, plus or minus two: some limits on our capacity for processing information. *Psychological Review*, 63(2), 81–97.

Mullainathan, Sendhil. (2007). Psychology and development economics. In: Peter Diamond and Hannu Vartiainen, eds., *behavioral economics and its applications*. Princeton, NJ: Princeton University Press.

Nisbet, Matthew C. (2009). Framing science: a new paradigm in public engagement. In: LeeAnne Kahlor, and Patricia Stout, eds. *Communicating science: new agendas in communication*. New York: Routledge.

Nisbet, Matthew C., Dominique Brossard, and Adrianne Kroepsch. (2003). Framing science: the stem cell controversy in an age of press/politics. *Harvard International Journal of Press-Politics*, 8, 36–70.

Nisbet, Matthew C., Ezra M. Markowitz, John E. Besley. (2012). Winning the conversation: framing and moral messaging in environmental campaigns. In: Lee Ahern, and Denise Sevick Bortree, eds., *Talking green: exploring contemporary issues in environmental communications* (pp. 9–36). New York: Peter Lang.

Nisbet, Matthew C., and Chris Mooney. (2007). Framing science. *Science*, 316, 56.

Oreskes, Naomi, and Erik M. Conway. (2010). *Merchants of doubt: how a handful of scientists obscured the truth on issues from tobacco smoke to global warming*. New York: Bloomsbury Press.

Pielke, Roger S. Jr. (2007). *The honest broker: making sense of science in policy and politics*. Cambridge, UK: Cambridge University Press.

Pornpitakpan, Chanthika. (2004). The persuasiveness of source credibility: a critical review of five decades' evidence. *Journal of Applied Social Psychology*, 34(2), 243–281.

Risen, Jane L., and Clayton R. Critcher. (2011). Visceral fit: while in a visceral state, associated states of the world seem more likely. *Journal of Personality and Social Psychology*, 100(5), 777–793.

Scannell, Leila, and Robert Gifford. (2013). Personally relevant climate change: the role of place attachment and local versus global message framing in engagement. *Environment and Behavior*, 45(1), 60–85.

Scheufele, Dietram A. (2006). Five lessons in nano outreach. *Materials Today*, 9, 64.

Scheufele, Dietram A., and Bruce V. Lewenstein. (2005). The public and nanotechnology: how citizens make sense of emerging technologies. *Journal of Nanoparticle Research*, 7, 659–667.

Schuldt, Jonathon P., Sarah H. Konrath, and Norbert Schwarz. (2011). "Global warming" or "climate change"? Whether the planet is warming depends on question wording. *Public Opinion Quarterly*, 75(1), 115–124.

Scruggs, Lyle, and Salil Benegal. (2012). Declining public concern about climate change: Can we blame the great recession? *Global Environmental Change*, 22(2), 505–515.

Sniderman, Paul M., and Edward J. Stiglitz. (2012). *The reputational premium: a theory of party identification and spatial reasoning*. Princeton, NJ: Princeton University Press.

Spence, Alexa, and Nick Pidgeon. (2010). Framing and communicating climate change: the effects of distance and outcome frame manipulations. *Global Environmental Change*, 20, 656–667.

Spence, Alexa, Wouter Poortinga, and Nick Pidgeon. (2012). The psychological distance of climate change. *Risk Analysis*, 32(6), 957–972.

Steketee, Mike. (2010). Some skeptics make it a habit to be wrong. *The Australian*, November 20. http://www.theaustralian.com.au/national–affairs/some–sceptics–make–it–a–habit–tobe–wrong/story–fn59niix–1225956414538?nk=88273c4b51f76 81ad3c1847e54436548.

van der Linden, Sander L., Anthony A. Leiserowitz, Geoffrey D. Feinberg, and Edward W. Maibach. (2015). The scientific consensus on climate change as a gateway belief: experimental evidence. *PLoS One*, 10(2), e0118489.

Weber, Elke U., and Paul C. Stern. (2011). Public understanding of climate change in the United States. *American Psychologist*, 66(4), 315–328.

Zaval, Lisa, Elizabeth A. Keenan, Eric J. Johnson, and Elke U. Weber. (2014). How warm days increase belief in global warming. *Nature Climate Change*, 4, 143–147.

推荐阅读

Clarke, Christopher E., Philip S. Hart, Jonathon P. Schuldt, Darrick T.N. Evensen, Hilary S. Boudet, Jeffrey B. Jacquet, and Richard C. Stedman. (2015). Public opinion on energy development: the interplay of issue framing, top–of–mind associations, and political ideology. *Energy Policy*, 81, 131–140.

Druckman, James N. (2015). Communicating policyrelevant science. *PS: Political Science & Politics*, 48(Suppl. S1), 58–69.

Kahan, Dan M. (in press). The politically motivated reasoning paradigm. *Emerging Trends in Social & Behavioral Sciences*. Forthcoming.

Lupia, Arthur. (2013). Communicating science in politicized environments. *Proceedings of the National Academy of Sciences*, 110, 14048–14054.

Lupia, Arthur. (2016). *Uninformed: why people know so little about politics and what we can do about it*. New York: Oxford University Press.

Nisbet, Matthew C. (2009). Framing science: a new paradigm in public engagement. In: LeeAnne Kahlor, and Patricia Stout, eds. *Communicating science: new agendas in communication* (pp. 40–67). New York: Routledge.

Scheufele, Dietram A. (2014). Science communication as political communication. *Proceedings of the National Academy of Sciences*, 111, 13585–13592.

Suhay, Elizabeth, and James N. Druckman. (2015). The politics of science: political values and the production, communication, and reception of scientific knowledge. *The Annals of the American Academy of Political and Social Science*, 658, 6–306.

第三十八章
公民利用科学的哲学障碍

乔森纳·巴伦（Jonathan Baron）

摘要： 本章讨论了在制定公共政策的过程中恰当地利用科学所面临的三个障碍。第一，公民和决策者遵从的是道德规范而非那些涉及后果的准则，然而科学在政策中的主要角色就是预测结果。第二，公民认为他们的恰当角色是提升他们自我的利益或某些小团体的利益，因而忽视了会对当下及未来的人类产生影响的政策议题与科学的相关性。第三，人们没能认识到科学的本质植根于积极的开放式思维中，因而相对于一些形成信仰的可替代的方式来说，科学就具有某种优势。

关键词： 积极的开放式思维；地方观念；公民；自我利益；道德规范

科学可以和公共政策相关，但是那些位于政府部门中的人通常会忽视相关的科学，部分原因在于那些把他们放到这个位置上的公民忽视了相关的科学，另一部分原因是政府官员本身也是公民。在一定程度上来说，那些把科学视为相关的与那些并未这样看的人之间的差异就是不同的哲学立场所导致的结果。在本章中，我讨论了三种情况：后果在决策中的作用；民主社会中公民的恰当角色；作为一种积极的、自我批评的追求真理的科学的本质。

后果在决策中的作用

这些议题之一就涉及道德哲学中的功利主义（或者说与结果主义的形式紧密相关）。功利主义认为应该根据选项的预期结果的价值（有用性）加上这项选择对每个人的影响来对选项进行评估。如果我们选择了在这一点上存在不足的选项，那么我们的选择就会损害某些人而不能给任何人带来补偿收益。与功利主义存在冲突的任何道德规范都会带来这类的损害。当然，在任何情况下解决这种简单观念的启示都存在着复杂性。功利主义者认为，在这种复杂性的情况下，我们最好竭尽所能，而不是采用某些有时候肯定会让事情变糟糕的替代原则。当然功利主义适用于那些位于备选的公共政策中的选择。

科学之所以与政策相关，是因为它可以告诉我们不同选择的预期后果。它与那些把他们的道德观点建立在忽视了后果的规则之上的人们不相关。这些原则中的一些把财产、自主性或自然法则视为绝对的限制，不论后果如何都必须遵守。这种规则会让人们反对那些使所有人都受益的规章制度，比如自愿默认器官捐献的以及供研究使用的医疗记录和组织，或者化石燃料的限制，纵然很明显的是这些规则是有益的。

其他的非功利主义的原则涉及以传统意识形态为基础的限制条件，比如在某些国家阻止女性参加选举或驾车。当然，那些对可以带来益处的规章或加强自由权予以反对的人通常会说服他们自己，所提出的变化是有害的，即便这并不是他们加以反对的最初动因。

在公共政策的问题上，功利主义的作用尤为明显。也就是说，当人们倾向于选择处于他们自我利益中的选项（缺陷）而非处于他者更大利益中的选项（合作）时，功利主义者的推理偏好于强制性规定以在社会两难处境中强化合作。例如，过度使用抗生素、过度捕捞、滥发垃圾邮件、过度制造温室气体、使用户外排便（在某些国家）、在无法支持人口高速增长的地区大量生育子女，以及维护私人兵工厂。一些反对法律控制的声音源于权利原则，如财产权或自主权。

需要注意的是，当人们遵从了忽视后果的道德准则时，他们就不太需要科学。当人们反对自愿退出器官捐赠或更严格的武器监管时，因为这违反了基本权利，这些人就不需要有关器官捐赠比率或者意外死亡减少的统计数据。他们的异议受到了适用于任何后果的道德规则的支配。同样的异议也会发生在其他情况下，比如对强制使用的限制或者在人口过快增长的国家推动生育控制技术。

我的研究以及很多其他人的研究都发现，与忽视后果的道德准则相比，在支持功利主义的方法方面存在着很大的个体差异。这些差异中的一些源于功利主义的论点对很多人来说是不熟悉的，比如部分出于震慑的原因而加以惩罚是正当的这种看法。教育者至少应该确保学生们听到过这些论点。我们无法期望科学家自己或记者成为呼吁关注后果的倡导者。但是我们至少可以指出的是，当我们因为一项政策对每个人来说都是最好的时候对其进行倡导时，任何可选的政策，不论其基础是什么，都会让一些人变得更糟糕而不能给其他人带来充分的补偿性改善。我们甚至可以质疑那些反对我们偏好的政策的人，让他们跟我们解释为什么他们的原则必须要强加于我们，而我们不接受他们的原则有权凌驾于其他考量之上。

公民的角色

另外一个议题关乎公民的角色，比如，作为选举人。对投票的一种简单的功利主义看法就是一个人应该投票给他（她）认为当前以及未来会给每个人带来最大好处的东西或人。如果每个人都用这种方式投票，那么仍然会存在分歧，因为我们在什么或谁会这样做方面有不同的观念。但是这并不是有多少人会去思考投票，而且无法用这种方式来思考会增加分歧。尤其是，很多人认为投票的目的是捍卫他们自己的利益，或者某些群体的利益。

让人感兴趣的是公民对下列关键点的理解：在提升自我利益或小团体的狭隘利益方面，政治参与是成本高收效低的，但是在提升公共利益方面是具有成本效益的。每个公民对政策结果非常小的影响致使政治参与在作为提升自我利益的一种方式上几乎毫无用处。如果公民充分关注其他人的话，这种微弱的影响会因为可能受到这些结果所影响的大量的人所补偿。在自我利益方面，一次投票的预期收益大约与 $1/N$ 成正比，这里的 N 是投票人的数量。但是在假定某些利他主义假设只有投票者会受到这个结果所影响的功利主义的计算方法中，投票所带来的益处必须乘以 N。这种相乘就抵消了投票者 N 增加所带来的稀释作用。如果我们考虑一下对那些没有投票的人产生的影响，比如儿童、外国人等，那么总的受益就要大几个数量级。我们考虑的圈子越大，一次投票被放大的微小影响就越大，因而就越值得用我们的投票（或者其他形式的参与）来提升我们对他人利益的关注。因而，在面对为自我利益而投票与为共同利益而投票之间的冲突时，自我利益的选项通常不如根本就不去投票，但是因为对如今及未来的人们充分的利他关切，共同利益的选项是值得的。虽然不那么强劲，但是同样的论点也适用于偏狭的投票选择与为所有人而进行投票的对比。

人们可能会想这种论点是不切实际的，并且没有人会用这种方式来看待这种论点。也许极少的人会自始至终地经历这整个论点，从理解为何出于自我利益的投票不具有成本效益（尽管它可能具有成本效益的）到为所有人的利益而投票。然而大量的公民确实支持一种世界公民观，即从长远来看，他们的政治目标是努力为全球带来最好的益处。

当然，并不是所有人都认同它的全部内涵。在下一部分，我认为某些分歧可以通过思维的改善来进行修补。

民主公民的第二个相关特征涉及政府的角色（包括世界政府，比如它现在或可能会成为的政府）。很多政策问题涉及让人们开展合作，即为整体上的每个人都做最好的事情，即便这需要某些自我牺牲。这方面的例子包括接种疫苗、对个人使用有限资源的限制以及交税。让人们做这些事情的一种好的方式就是如果他们不照做就用惩罚来威胁他们。政府（从定义上来讲）有权利这样做。此外，通过投票的方式来支持政府这样做的成本比自愿性地展开合作的成本要小很多。因而，投票支持政府征收更高的税金（当需要的时候，以及当政府会惩罚那些逃税的人的时候）的人要比那些自愿地把钱送给政府的人要多很多，而且投票的成本通常要比增税计划所筹集到的钱少很多。政府高压政治的成本也低，因为惩罚的威胁在引起合作方面是有效的。即便惩罚的代价很高，它也很少需要被用到。因为高压政治的有效性，人们通常会用投票的方式让政府有权力去使他们和其他人做他们自己不愿意做的事情。

政府旨在通过解决像这些社会两难困境（或提供公共物品）的方式来服务于公共利益的这种观念并没有得到广泛的理解；有些人似乎认为政府制裁很少是正当的，或者政府是地方群体之间用来竞争的一种工具。然而，在我自己的研究中，我发现很多人确实从什么是对所有人最好的角度来看待政府。人们在参与政治行动时可以"从大处着眼"的想法并不是天上掉馅饼的理想主义。很多人用这种方式来思考了，通常是在全球层面上。

尤其是，在一些观点上，如人们是否认为每个公民的责任是提升所有人的福祉，提升某些群体的福祉上，比如一个国家或民族，还是提升公民自己的福祉，不管对其他人会有什么影响，我发现了很大的差异。我给人们提供了如下的场景：

从事石油业务的琼是一个美国公民和常住居民。她的公司为全球各地的大型石油公司建造钻探设备。美国政府提出了一个针对所有石油用品的增税计划，以降低大气中的二氧化碳排放。琼强烈地认为这种税收会有助于降低全球变暖，所以全球的每个人都会受益，尤其是那些可能被海洋的上升所伤害的低洼地区。但是这项税收会严重地影响她的生意。

政府决定对这项提议实行全民公投，投票即将结束。琼应该如何抉择呢？（选择一项）

A. 投票支持这项提议。

B. 投票反对这项提议。

C. 她不应该投票。

为什么呢?

A. 人们应该支持那些认为符合自己利益的。然后去选择最佳的提议。

B. 人们应该支持那些在总体上对所有人都有好处的,即便他们认为这对于他们个人来说会比较糟糕。

C. 人们应该支持那些认为符合他们自己以及与自己类似的人的利益。他们应该忠于他们群体内的人。

有些场景使得自己与群体和整个世界形成对抗。即对自己来说较好的东西,对其他群体和全世界来说就是更坏的东西。其他场景则把群体与个人和全世界形成对抗,作为本位主义的一种测试,即便当总体效果对每个人来说都是不好的,也愿意牺牲一个群体的利益。我发现了这三种类型的回应(比例取决于特定的故事)。很多人认为他们应该为自己的利益,他人的利益而投票,为他们的群体投票,以及为全球的其他人投票。

这些态度可能与对后果相关性的信念有关。一旦我们开始把政策的后果视为采用这些政策的决定性因素,那么就难以有好的理由去忽视所有受到影响的后果。功利主义者因而往往把公民的道德责任视为帮助促进所有人的福祉。最极化的政策问题似乎是那些科学把它对全世界的后果以及对尚未出生的人和如今在世的人的后果都告诉了我们,比如气候变化。

虽然我们科学家和学者在多么强烈地提倡世界大同主义方面受到限制,但是我们至少可以指出这是很多人持有的一种合乎情理的观点。对它的反对表明,不能通过让内部人士获得充分的补偿的方式来对让局外人的情况变得更糟的政策给予支持。

科学的本质

第三个议题是科学的本质本身,它以积极的开放性思维为基础,通过挑战其自己的试验性观念而得以改进。积极的开放性思维就是人们为了避免"自我中心偏见"而从事的事情:这种偏见是对支持一项偏好的结论寻求理由的一种趋势,当人们发现这种理由时就会以表面价值对其进行判断的一种趋势,同时又挑剔或忽视其他方面的理由,以及不能寻找替代性的可能结论,或者(就决策制定而言)不能寻找被忽视了的目标。因而积极的开放性思维会积极地寻找反证,以及寻找替代性的可能结论。

大多数文献依靠积极的开放性思维来进行自我改善。天文学不同于占星术,原因在于后者对其断言进行批判性地思考方面没有标准的程序。这同样也适用于众多宗教教义。相反，科学让积极的开放性思维参与进来，至少是作为一个群体，如果不是在个体科学家的头脑之中的话。因为发现了其他科学家的结论中的问题，科学家可以得到回报（出版物、资助、晋升、工作）。个体科学家在试图发表某些东西之前就会尝试着（也许并不总是太艰难）预测可能的批判。这就是让科学在越来越接近真相以及理解方面更加有效的原因。

不幸的是，这种在公众中开展的批判过程可能会给人留下"科学家不认同"的印象。这个问题有所加剧，因为对于有待考验的一项方案，经过了大量测试的方案以及如今被作为未来进步基础的方案都会用同一个词语——"理论"来表达。但是获得了大量关注的这些批判中的很多实际上被证明是错误的或考虑不周的，或者它们会导致稍微的修改。很多有关科学的过去的结论也不再受到质疑了。

卡尔·波普尔把这个过程称为"猜想与反驳"。在描述非洲传统思维与西方实验科学之间的差异时，波普尔的追随者罗宾·霍顿（Robin Horton）说道：

> 实验的本质在于未成形的理论的持有者并不只是等待事件出现并且表明（该理论）是否拥有良好的预测性能。他用人为的事件对其进行轰炸，以至于它的优势或缺陷会尽快且尽可能清晰地展现出来。

（同一点也适用于观察，以及实验。）科学家寻找它们的原因在于他们有可能会挑战某些假设。霍顿指出非洲传统思维和科学一样复杂。但是前者出现错误的时候，它没有办法进行自我纠正。

我们没有更好的办法。像"信念"或接受权威的话这样的替代方案在自我修正方面没有内置的机制。如果它们是错的，我们也没有办法知道，因而，我们也没有办法知道他们是否是正确的。

因而关于积极的开放性思维的论点非常简单。判断的错误和糟糕的决定很常见。尤其是当不同人的判断发生冲突时，就像对宗教或公共政策的信念，至少有一个党派一定是错的。我们如何保护自己免受这种错误呢？约翰·米尔（J.S.Mill）为我们提供了答案，就是积极的开放性思维的本质（比如，《论自由》，第二章，第七段）：

> 人类判断的全部力量和价值有赖于其以正刊误的特性，而它之所以可资依赖，又仅在于改正之法常不离左右。为什么某些人的判断真正值得信赖，那是如何做到的呢？那

是因为他一直放开别人对其意见和行为的批判；因为他一直习惯倾听所有反对他的意见，从其中一切正确的东西里吸取益处，并向自己，必要时向他人解释错误之为错误的所在。

在教授科学的过程中，我们需要同时教授科学知识是如何获得的，以及为什么会获得这些知识，尽管它是持续发展的，它基于一种比其他选择更有可能产生正确的观念和好的决策的思维。在学校里，它有助于我们了解那些现在被视为理所当然的一些科学知识是如何获得的。对于中学和小学的孩子来说，巴斯德（Pasteur）发现炭疽热原因的故事就是一个好的例子。一开始他就问到，通过把一只受感染羊的血液注射给另外一只羊是否会传染这种疾病。（可以。）所以他知道血液中有某种东西。如果在注射之前对血液进行煮沸是否会让羊传染呢？（不会。所以不管血液里有什么都会通过煮沸被破坏。）以此类推，就好像在解决一个谜团。一个类似的故事是塞麦尔维斯（Semmelweis）发现产褥热的原因。更优秀的学生可能会理解一系列有关太阳系的理论，从托勒密（Ptolomy）到哥白尼（Copernicus），第谷·布拉赫（Tycho Brahe），开普勒（Kepler）和牛顿（最后一步需要发明微积分）。

在向公众传播科学时，重复地回顾我们是如何走到这里的历史可能会有所帮助。比如，在讨论气候变化时，除了呈现有关温室效应以及温室气体增加的基本事实，对于公众来说，偶尔看到这个基本理论是如何受到挑战的，以及人们采取了哪些措施来反驳这些挑战，或修改主要叙述以考虑到这些挑战，这都是很好的。

把积极的开放性思维视为一种可以通过重复而进行反复灌输的习惯是有用的，但是这还不止于此。认为自己应该以自我批判的方式进行思考的人倾向于这样做。在积极的开放性思维的个体差异方面，一个最有用的测量方式就是对人们如何思考的观念进行简短的测试。有些条目（认同／不认同，五分制，有些是反向打分）是："让自己被一个相反的论点说服是好品质的表现"；"人们应该思考那些与他们的信念相反的证据"；"人们应该修正他们的信念，以回应新的信息或证据"；"改变主意是软弱的表现"；"在做决策时，直觉是最好的指南"；以及"即便当证据与你的信念相左，坚持自己的信念也是重要的"。这个测试预测了有成效的预报，以及直觉任务中的有效搜索行为和功利主义道德判断。

我发现令人惊讶的是，很多人在这个量表中得分很低。比如，对我来说，难以想象怎么会有人对最后一个问题给出"完全赞同"的答案。对这种固执的支持难道不会令人尴尬吗？然而有些人确实这样做了。他们是谁呢？贾里德·皮亚扎（Jared Piazza）的工作对较低分数的来源提供了一些洞见，他发现结果主义者和功利主义者的判断不仅与政治保守主义以及宗教热忱负相关，而且，尤其是与"神令论"负相关，这一主张是人们无法理解或质疑上帝的道德声明，而且也不应该这样去做。我们发现，这种理论中对信念的一种测试与自我报告的积极的开放性思维得分和功利主义的道德判断极其负相关。更一般地来说，这些结果表明，作为一种特质的积极的开放性思维受到文化的强烈影响。有些文化（或亚文化）从孩提时代起就教授孩子，过度的思考、好奇心和质疑是错误的，不应该得到鼓励。

除帮助理解科学之外，积极的开放性思维还有其他益处。政治分歧通常是人们基于不仅不正确——至少在很多分歧中有一方面是不正确的——而且形式不佳的观念而采取的行动的结果。比如，参与纳粹大屠杀的很多人的观念。虽然他们遭到了自己的所作所为的排斥，但是他们认为有必要这样做，因为德国在抗击全球性的布尔什维克/犹太阴谋方面形单影只。目前，人们做出他们认为是为了更大的公众利益的可怕事情的例子并不难找到。不那么引人注目的是，对积极的开放性思维的增加会在具有相似目标的人群中增加他们对事实的更大的共识，比如，世界公民。

积极的开放性思维的缺失也是一般意义上的公民中政治极化的一部分来源。对一方或另一方的政治观点可能会因为对事实性证据或道德观点缺乏批判思维而得以维持。请注意，我说的是"一方或另一方"。各方都具有积极的开放性思维并不必然导致中间观点是正确的结论，甚至可能不是很常见。一旦人们把致力于错误的一方作为自我中心偏见的一种结果，他们就会使用他们所有的认知工具，而非积极的开放性思维来捍卫那一方。如丹·卡亨反复地发现的那样，这甚至会表明那些知道更多的人是最极化的（对"知道更多"的一种衡量方法就是对科学的事实性知识进行测试；其他的测试在本质上是一个数学测试。二者都不是积极的开放性思维的测试）。

当人们在政治方面采取行动以提升那些在积极的开放性思维测试中并不会幸存下来的观点时，他们的成功在一定程度上就伤害了其他人。因而导致这种行动的认知过程就可能会被视为道德失败。这种失败的事实不会因为指出它源于文化影响而被抵消掉，就像大多数不道德行为所做的那样。重要的是，人们的实际思维似乎反映了他们对为何积极的开放性思维是高级的思维方式的理解，或者对这种理解的缺乏。这种理解对于欣赏为何科学"起作用"以及是什么把科学同形成观念的其他方式区别开来的也是必要的。

积极的开放性思维还能回答我们如何保护自己免受与事实有关的危险的错误观念和无法辩解的道德原则的影响这样的问题，比如纳粹分子所做的那些事情。积极的开放性思维不是一种保证，但是它是我们为了保护自己而所能做的一切。这个结论并未表明欠佳的思维应该受到惩罚，而是表明，对积极的开放性思维的支持必须来自文化，开始于学校。教授意识形态又不鼓励提出问题的学校——在全世界随处可见——应该进行改革或被取代。

结　论

在一定程度上来说，对科学进行传播的问题是哲学上分歧的结果，很难说谁应该做些什么来修补这些问题。少有人会倡导用世界性的功利主义学者来强行接管教育体系。除了这种行动的不可能性之外，它还会鼓励那些带有相反观点的群体去做同样的事情。即使是教授对科学方法的理解方面做温和的努力，有时候也会撞上出于政治目的的反对者，这些反对者把这视为一种左翼教化形式。

然而，这些温和性的努力必须继续下去。这里所讨论的其他哲学立场也必须做同样的事情。我们不需要用功利性的世界主义来教化公民或学生，但是我们可以确保他们听说过与其他观点一起出现的这些观点。我的一些研究表明大多数美国人，甚至包括法律专业的学生和法官，都没有听说过功利主义最著名的理念之一，也就是，惩罚是一种伤害，因而是错误的，除非是出于防止更大的伤害。这种理念是政府管理的历史的一部分。它不是艰深的学问。每个学生都应该知道这个理念的存在。对我所讨论过的其他理念来说也同样适用。

气候变化就是摆在我们面前的一个例子。很多美国人说他们不相信全球气候正在向坏的方面变化，并且这种变化可以通过降低大气中的二氧化碳和甲烷含量得以缓解。据推测，他们这种明显的怀疑态度在很大程度上源于这个结论的政策启示（可能涉及在全球层面上使用政府权力）以及让他们青睐自由而非政府高压政治和国家自主权的道德原则。当被问及他们是否接受有关气候变化的科学结论时，他们可能会说不接受，只是简单地表达了他们对其他人所采取的这些结论所暗示的是对政策的反对。

在某些情况下，他们可能会偏狭地思考，因而认为气候变化对于美国来说并不坏，虽然它对于作为总体的全球来说会很糟，或者美国所采取行动的收益在很大程度上会给他人带来好处，因而对此进行支持不是作为公民的我们的职责的一部分。这不是不接受科学的结论，而是另一种方法使得一部分结论显得无关紧要，即那些对世界其他国家的后果进行预测的结论。

否认者可能会通过解释事实来进行有偏见的思考，以维持"科学家是错误的"这种信念。或者，导致他们对立的政治和道德信仰，可能是缺乏反思的原因，不知道如何为反对更大利益的信仰辩护。当涉及这种自我中心偏见时，它就会成为一种道德上的失败，因为它影响了其他人。积极的开放性思维与有关道德性和公民身份的思维相关，并且是科学思维本身的核心。最后，有些否认者可能会发现，驳回科学家的结论会比较容易，因为他们并不理解积极的开放性思维在得出这些结论方面的作用。虽然他们可能知道科学的事实，但是他们可能没有充分理解科学是什么。

总之，虽然我们不能强迫同胞们去接受让科学与他们更相关的那些理念，但是我们可以尝试着去确保他们熟悉这些理念，包括积极的开放性思维的本质，以及它在科学和其他类型的思维中的作用。就像积极的开放性思维需要我们对自己偏好的结论提出挑战一样，我们可以对反对者用来捍卫他们自己的原则的特定结论提出挑战，而不是简单地认为它是不可避免且珍贵的，就像它们是温室里的花朵一样，无法忍受室外的空气。最后，在历史的进程中，好的理念的力量获得成功的速度会很慢，但是肯定会成功，就像它已经发生的那样。此外，尤其是记者可能会花费更多的时间来讨论政策的后果。我已经指出了，正是这些后果决定我们的回应。

推荐阅读

Baron, J. (1993). Why teach thinking? An essay. *Applied Psychology: An International Review*, 42, 191–237.

Baron, J. (1994). Nonconsequentialist decisions. *Behavioral and Brain Sciences*, 17, 1–42.

Baron, J. (2012). The "culture of honor" in citizens' concepts of their duty as voters. *Rationality and Society*, 24, 37–72.

Baron, J., and Jurney, J. (1993). Norms against voting for coerced reform. *Journal of Personality and Social Psychology*, 64, 347–355.

Buchan, N. R., M. Brewer, G. Grimalda, R. Wilson, E. Fatas, M. and Foddy, M. (2011). Global social identity and global cooperation. *Psychological Science*, 22, 821–828.

Edlin, A., Gelman, A., and N. Kaplan. (2008). Vote for charity's sake. *The Economists' Voice*, 5(6), article 6.

Horton, R. (1967). African traditional thought and Western science (pts. 1–2). *Africa*, 37, 50–71, 155–187.

McFarland, S., M. Webb, and D. Brown. (2012). All humanity is my ingroup: a measure and studies of identification with all humanity. *Journal of Personality and Social Psychology*, 103, 830–853.

Mill, J. S. (1859). *On liberty*. London: J. W. Parker & Son.

Pauer–Studer, H., and J. D. Velleman. (2011). Distortions of normativity. *Ethical Theory and Moral Practice*, 14, 329–356.

Piazza, J., and J. F. Landy. (2013). "Lean not on your own understanding" : belief that morality is founded on divine authority and non–utilitarian moral judgments. *Judgment and Decision Making*, 8, 639–661.

Popper, K. R. (1962). *Conjectures and refutations: The growth of scientific knowledge*. New York: Basic Books.

第三十九章
在传播科学时克服证实偏误和盲点偏误

凯特·肯斯基（Kate Kenski）

摘要： 本章着眼于两个引导人们偏离于公正地评估证据和科学研究的偏见——证实偏误和盲点偏误。本章首先讨论人们处理信息的不同方式，并且评述在决策时利用认知捷径的成本和效益。其次，解释了两个常见的认知偏差——证实偏误和盲点偏误。然后探讨了"除偏"的文献。最后，考察了在对科学进行传播的情境下证实偏误和盲点偏误所带来的启示，并且在理解和缓解这些偏见的未来研究方面提供了一个议程。

关键词： 证实偏误；偏见盲区；信息；认知偏见；除偏

科学发现的过程究其本质而言是可以证伪的。科学家不是提供理论，而是提出以实验为条件的可检验的思想（Popper，1959）。这种理解的逻辑不同于人类如何凭借直觉理解世界。人类认知，因而也包括判断，通常会把个体引向那些与他们已经相信的东西相一致的证据、选择和偏好。当涉及理解和传播科学时，我们利用启发式的信息处理的倾向（通过我们用来理解世界的认知捷径）时常会使得我们难以拒斥我们对科学话题的最初感觉，并且去考虑眼前的证据，尤其是当那种证据与我们已经相信的或者想要相信的东西相冲突时。然而我们通常会认为我们至少与我们周围的人一样没有什么偏见。

本章着眼于通常会妨碍人们公正地评估科学证据和科学研究的两个偏见——证实偏误和盲点偏误。本章开始于讨论人们处理信息的不同方式，并且评述在决策时利用认知捷径的成本和效益。其次，解释了两个常见的认知偏差——证实偏误和盲点偏误。然后探讨了"除偏"的文献。最后，考察了在对科学进行传播的情境下证实偏误和盲点偏误所带来的启示，并且在理解和缓解这些偏见的未来研究方面提供了一个议程。

信息处理：一种综述

在对人类的判断进行考察时，很多心理学家赞同在理解信息处理方面有一个双重系统模型。它认为，"系统 1 的运行是无意识且快速的，不怎么费脑力，没有感觉，完全处于自主控制状态"（Kahneman，2011，20）。相反，"系统 2 会把注意力转移到需要费脑力的大脑活动上来，包括复杂的运算"，并且它的运行"通常与行为、选择和专注力等主观体验相关"（Kahneman，2011，21）。这些系统可以用来阐述心智的不同能力，一个着眼于自动处理，另一个通过努力和深思熟虑来获得判断。系统 1 通常与外围处理的概念相关，而系统 2 等同于中央处理区。当一个人在进行判断时遇到困难，需要付出精力的一方就会发挥作用。但当没有危险信号或警告出现时，高效且自动的系统就会快速地处理信息。然而，效率并不总是能够产生精确的判断。很多我们用来做出有效率的决策的认知捷径，被称为启发法，会导致判断中的错误。有时候这些错误对我们的总体福祉无关紧要，并且有助于我们更好地去体验世界，以使得我们不必把时间和认知资源用于我们视为微不足道的话题或议题之上。

比如，考虑这样一种情形，要求诉讼案中的陪审团成员去决定被认为对环境渎职行为负责的法人实体的损害赔偿金。虽然法院系统提供的组织结构可能会促进中央信息的处理，但是我们的倾向很有可能会在一开始就让我们对证据的定位偏向特定的方向。一项研究的结果表明，陪审团成员的意识形态会影响惩罚性赔偿评估，政治上开明的陪审团成员会比他们保守的同行建议开出更高的惩罚性赔偿（Lee 和 Sweeney）。他们还表明披露一个公司的企业网站会降低赔偿裁定额的总量。披露网站所提供的证据可以增强一个公司的公信力，因而影响陪审团成员对该公司的观点。换句话说，人们的倾向与信息捷径结合起来就会影响他们的判断。我们的捷径表明如果一个受到审查的实体披露了信息，那么这个实体就应该获得某种公信力的提升。

大多数研究人员接受了人们在决策中存在系统性偏见的事实（Larrick，2004）。那些受过良好教育且富有经验的人对判断中的失误也不会免疫。特沃斯基（Tversky）和卡尼曼（Kahneman，1974，1130）认为"富有经验的研究人员也倾向于同样的偏见——当他们直觉地思考的时候"。对启发法的利用似乎是人类状况所特有的，因为潜在的偏见来自对那些认知捷径的采用。方德（Found，2015，388）解释说："偏见只是与我们知觉过程和认知过程不完美的本质有关的人类状况的一个特征。"

托德（Todd）和吉恩泽（Gigerenzer，2000，727）解释说，快且简单廉价的启发法是"用现实的精神资源来做决策时的适应性工具箱中的简单规则"。这些工具会在有限理性的条件下使用，意思是说这种决策会受到可用于处理这个信息或议题的时间约束，可用知识和能量的影响。当面临一项决策时，绝大多数人不会花太多时间并集结有限的认知资源。波普金（Popkin）1991年创造了"低信息理性"这个短语来描述人们是如何快速地做决策的，他们充当了那些想用最少的努力做出合理决策的信息消费者。

对启发法的采用通常会产生精确且有效的决定。吉恩泽和布莱顿（Brighton）2009年提出，因为人类的认知局限性，启发法被误解为处理信息的第二最佳工具，并且对更多的信息、计算和时间必然地会产生更好的决策的观点提出了挑战。"与利用更多的信息和计算的策略相比，启发法可以产生更精确的推断，"他们说道。"因而，精确性–努力的折中并不总是正确的；存在着较少的努力可以获得更高精确性的情况。即便信息和计算是完全免费的情况，也存在着一个少就是多的典型情况"（Gigerenzer和Brighton，2009，110）。

然而，有时候我们的倾向会以导致带有偏见的处理和决策的方式来筛查信息。研究表明，我们此前的观念会影响我们如何同化信息（McFadden和Lusk，2015）。当呈现出科学信息时，和其他类型的信息一样，人们在处理它的时候可能会有一段艰难的时期，因为"科学的本质就是'非普通常识'。也就是说，科学是非自然的，因为它通常需要我们推翻我们对自然界的直观感觉"（Lilienfeld等，2012，13）。虽然某些学者拒绝对科学进行界定，因为在不同的学科之间会用不同类型的方法，但是心理学家斯科特·O.利林菲尔德（Scott O. Lilienfeld；2010，282）注意到，"特定的更高阶的认识共同性适合于大多数或者所有的科学领域，"他认为"科学是抵制证实偏误的一套系统性保障措施，也就是说，确认偏误是指寻求与我们的假设相一致的证据且蔑视、驳回或曲解与这些假设背道而驰的证据的趋势"。

两种认知偏差：证实偏误和盲点偏误

认知偏差与成见或常规的偏好并不是同义的。不论眼前的话题是什么，人类都倾向于那些会系统性地影响判断并因而影响精确性的各种类型的偏见。有时候，这些趋势有助于整理信息，但是它们也会产生误导。在这一部分，我们考虑两种偏见：证实偏误和偏见盲区。证实偏误指的是着眼于证实那些位于某人头脑中的叙事、理解或假设信息的趋势。偏见盲区处理的则是这样一种看法，即一个人认为别人对自己有偏见的倾向并不像其他人所感知到的偏见那样明显。

证实偏误

当个体依赖支持性证据时，通常会做出不正确的推论，因为"不同的假设可能会兼容同样的数据"（Wason，1960，129）。通过对可能不确凿的证据的集合来测试我们的观念会对世界产生稳健的阐释。如 P.C. 沃森（P.C.Wason，1960，129）解释的那样，"科学推论依据的是排除假设的原则，而暂时地接受那些仍然存在的（假设）"。因为人们采用了归纳推理，所以这里会用到两种方法：点数推理和消除推理（Wason，1962，250）。前者涉及产生一种解释，并着眼于支持那种解释的情况或证据。后者以寻找与一种假设不一致的情况，或者以不假定或支持一种解释为特征。理想状况下，人类在理解复杂话题时会利用这两种方法，比如气候变化或疫苗对儿童健康的效果。

实验表明，在用不确凿的证据来测试观念或者利用证实了对一种情况的假设的证据之间做出选择时，人们会趋向于支持性证据，从而展示出一种所谓的证实偏误。简单地说，他们无法考虑可供替代的假设。证据"表明赞成支持性证据的偏见可能是人类推理的一个普遍且跨越处境的特征"（Mynatt 等，1977，87）。然而当伪造的或不确凿的信息明确地接近人们的时候，他们愿意通过抛弃它们或者至少把它们视为部分正确的方式以来重新思考他们起初的倾向。事实是人们愿意利用伪造的证据，如果对这种证据的获取受到鼓励的话，但是有时候让那些信息落入个体手中以供其使用是存在着障碍的。

克诺布洛赫 – 韦斯特威克（Knobloch–Westerwick）及其同事（2015）开展的研究表明，在网络上的科学信息中，证实偏误存在于四类科学话题里——水力压裂，转基因食品，生物燃料和纳米技术。然而，S. 莫·江（S. Mo Jang，2014）发现，在两个富有争议的议题上——干细胞和转基因食品，公民实际上会选择那些挑战而非证实他们预先存在的态度的科学信息。他认为，新奇的觉知或对话题的威胁或对实用性的认知会导致个体去让自己接触与他们预先存在的态度相违背的信息。对政治领域中选择性暴露进行的研究通常发现，随着人们有选择地让自己接触与态度相一致的信息，预先存在的态度会逐渐形成证实偏误（见第四十章）。

S. 莫·江（2014）的研究发现了与接触态度一致性信息相关的两个个体层面上的特征：感知到的科学知识和宗教性。认为自己拥有足够的科学知识且表现出高水平宗教性的个体更可能比他们的同伴展示出证实偏误。实际的科学知识与证实偏误没有关系，这表明遍及整个知识领域的个体都会受到它的影响。

倾向于证实偏误的那些人往往过于自信，这也许是所认知到的知识而非真正的知识与偏见正相关的原因。拉宾（Rabin）和施拉格（Schrag，1999，63）认为，"因为遭受到证实偏误的行为主体在对不同的行动会获得成功的判断上过于自信，他可能倾向于采取更危险且更'极端'的行动，而非最适宜的"。当科学信息对旨在提升人类状况的个体选择或政策行动具有暗示意义的时候，这种倾向就值得特别关注，就像疫苗这个案例一样，它既旨在保护个体免于伤害，又在别人染上疾病的时候保护那些共同体中处于危险境地的人。此外，当人们对自己的立场过于自信时，在正确的信息被送达到他们手上时，他们就会变得桀骜不驯。比如，奈汉（Nyhan）和雷福乐（Reifler，2015）发现，与那些接收到有关流感风险的信息或并未接收关于流感的任何信息的人相比，即便提供一些信息来破除"流感疫苗会让人患上流感"的这种谣言之后，对流感疫苗的副作用严重关切的人仍然不太可能去注射流感疫苗。

对于那些为克服证实偏误而寻求干预措施的人来说，他们面临的一种挑战就是教育和信息并不必然会抑制证实偏误对态度的影响。在一项研究中，研究人员发现具有最高水平科学素养的人也是最极化的人（Kahan 等，2012）。总而言之，这些发现表明对教育干预措施而言存在着一个难以对付的挑战。

科学的"发现通常会遇到来自科学之外的经济、技术、宗教和意识形态元素的抵制"（Nickerson，1998，194）。很少获得承认的是科学共同体内对新观念的抵制，尤其是当这种发现对此前所持的理论立场提出了挑战或证明其无效时。"比如，伽利略不会接受开普勒月亮导致了地球上的海洋出现潮汐运动的假设，"雷蒙德·尼克森（Raymond Nickerson，1998，194）解释说。"牛顿拒绝相信地球的年龄可能超过 6000 年，这是基于大主教亚瑟（Archbischop Usher）将地球诞生的时间定在公元前 4004 年的推理。"换句话说，科学家，跟外行一样，对证实偏误也不能免俗。通过研究人员的坚忍不拔以及在方向上足够多元的科学家组成的共同体提供的证明某些东西不成立的证据来反驳人类证实偏误的倾向，科学发现才能够得以推动。

偏见盲点

人类自己所持的标准不同于他们要对其进行判断的人。如普罗宁（Pronin，2008，1177）注意到，"我们根据自己的所见来判断其他人，但是我们对自己进行判断时根据的则是我们的想法和感受。"人类倾向于认为他们采集的信息或他们对信息的阐释代表着真理，并且当他们自己对世界的理解受到他们所持的偏见所左右或影响的时候却没有意识到。然而我们并没有把我们给予自己的理解现实的能力慷慨地授予其他人。"实际上，在看待（甚至是夸大）偏见对其他人判断的影响上，人们展示出了一种广泛且普遍的趋势，同时又否认这种偏见对他们自己的影响"（Pronin，2018，1178）。在多大程度上我们认识到自身的偏见以及在多大程度上我们在其他人身上看到偏见二者之间的差异就被称为偏见盲点。

自我评估不同于对亲属的评估这种模式盛行于很多领域之中。与人们对其他人打分的平均值相比而言，人们对自尊心的维护在一般的正向特质方面会带来更高的自我感知，而在负面特质方面带来较低的自我感知（Alicke，1985）。同其他人相比，人们往往认为自己对自私的偏见方面参与较少（Friedrich，1996）。就人们在多大程度上愿意承认自己的偏见来说，他们在观念上比较愿意这样做，但是在具体情况下则不太愿意如此（Ehrlinger 等，2005）。他们还假定其他人要比他们自己更容易受到媒体的影响——第三人效果（Davison，1983）。当涉及从心脏病到氢暴露这样的问题时，人们也会在认知的脆弱性上展示出乐观偏差，他们认为别人面临的风险要比自己高很多（Gifford，2011，293）。比如，人们往往相信环境状况在未来二十五年会变得更差，但是其对别人的影响要大过对自己的影响。

偏见盲点的一个潜在来源就是朴素实在论，它假定个体相信他们对世界的看法是客观的，无中介的，且没有歪曲的（Pronin 等，2002，379）。"这种信念是不可避免且深远的，它管理着我们日常的功能，尽管我们可能知道认知的建构本质"（Pronin 等，2004，783）。偏见盲点的另外一个来源就是在自己身上而非他人身上对与行为相关的内省性过高的评价（Pronin 和 Kugler，2007）。

普罗宁和同事们 2002 年发现偏见盲点发生于四种不同类型的偏差评估中。他们认为，"当我们没有把分歧和偏见归因于普通的心理过程，而是邪恶的战略设计或我们'对手'的独特品质时，在与他们不认同的人身上找到共同点的能力上的误解、不信任、冲突的升级，以及无端的悲观情绪就会成为可能的后果"（379）。这些后果是严重的，因为它们可能会阻止我们在自己的一方认识到错误的认知，然后这会让我们在处理自己的认知偏见时变得困难，比如证实偏误。

消除人类判断的偏见

在让判断更加精确方面有不同的方式。这些方法分成两个常规领域：结构性的和规范性的。抑制偏见的一种方式就是改变个体赖以存在的系统结构或环境。比如，可以追溯到 2014 年 12 月迪士尼乐园接触麻疹而引起的疫情暴发导致了超过 134 人受到这种疾病的影响（Gunnison，2015）。疾病的扩散归因于加利福尼亚有很大数量的家长反对接种疫苗。加利福尼亚对选择不给他们的孩子接种疫苗的家长的回应是，通过立法要求入学儿童必须接受疫苗免疫，并终止因宗教和个人原因的豁免（Nagourney，2015）。这种做法在个体层面上并没有消除一个人的偏见，但是结构的反应缓和了这种偏见的施行，从而认为结构政策是比个体凭借自身的力量可能做出的选择要好很多的一种判断。值得注意的是，大规模的结构改变通常难以采用且需要时间来贯彻执行。

环境的改变可以鼓励人们如何思考信息，而非指导他们该如何行动。克雷曼（Klayman）和布朗（Brown）1993年认为，可以用环境来促进偏见较少的决策。他们对疾病诊断开展的研究表明，培训中的对举结构——给个体提供与两种疾病相关的病状体征的信息——会对没有展现出共同特性的两种疾病有关的信息产生更精确的判断。

通过鼓励人们替代或取代对他人特定的偏见，外部因素也可以来操纵个体的判断而非将精确性或事实作为一个独特的目标。比如，如果一个人想让个体消除他们对证实偏误的倾向，他就可以教育和鼓励个体总是去寻找消除偏见的信息——用消除偏见的信息来替代证实偏误。出于同样的原因，如果一个人关注在多大程度上人们会觉得他人比自己更具有偏见，那么他就可以用他人总是比自己能更精确且展示出更多的正向特质以及更少的负面特质这种观点来取代偏见盲点。不幸的是，用另外一种偏见来取代一种偏见的行为并不必然会导致更好的决策。偏见替代只不过是取代了另一类问题而已。

为改善个体决策精确性，人们测试了各种描述性的去除偏见的干预性策略。去除偏见涉及一种对偏见进行根除的修正，而不是让情况以不同的方式变得更糟。我们人类的偏见不大可能被完全地根除，但我们通过给人们提供他们在决策情境中可以记住的策略来试着缓解那些更显著的类型。更好的决策通常会留给个体去做。对个体来说，一种方式就是通过修订认知策略（Larrick，2004，317）。肖（Shaw）及其同事2016年表明，通过提供可以发展出克服偏见的策略的体验式学习，数字化的训练游戏可以用来缓解证实偏误以及根本性的归因错误，并且来自这些游戏的对偏见的缓解在八周之后仍然会持续存在。

然而，个体通常在他们自己的局限性方面不是一个好的评估者，并且必须认识到的是，"培训"有时候会产生一种个体克服了他（她）的人类局限性的错误认知。因为当评估自我时，对内省的依赖就是偏见盲点的一个因素。普罗宁和库格勒2007年测试了通过一篇有关无意识过程的重要性的文章，文章测试了对内省的局限性进行教育可以在多大程度上缓和偏见盲点。他们发现，通过教育人们"珍视内省的价值有可能会导致人们在对自我影响的判断上迷失方向"，这样能够消除偏见盲点（575）。

来自修正策略的实验的证据表明，可以通过鼓励个体直接地考虑他们所持立场的对立面或者为人们提供可以让他们关注相反立场的材料的方式来部分地缓和偏见（Lord 等，1984）。这些策略似乎比强迫个体不要有偏私的指令具有更强的校正效果。"维持社会判断最有效的形式可能涉及策略而非动机的一种变化"（Lord 等，1984，1241）。

这些策略还可以促进更好的群体决策。比如，研究表明，通过事先指出消除偏见的信息的价值，利用反事实的思维模式的策略可以最小化决策失误。利用基于"挑战者号"航天飞机灾难的信息所建立的场景，克雷（Kray）和格林斯基（Galinsky）2003 年发现，反事实的思维模式帮助群体做出了正确的决策，并且改善了群体判断的精确性。

理解和减轻对科学偏见性理解的议程

因为这些偏见会导致公众中的知识缺失，以及对专家依靠科学证据所制定和执行的政策的阐释错误，因而需要做更多的工作来解决与具体的科学传播问题有关的偏见。大量的研究表明，认知偏见无所不在。虽然学者们发现了去除偏见的技术可以改善个体和群体决策的精确性，但是科学传播者需要专家和非专家在个体情景和协作情境中能够使用的更广泛的技术。成功的技术所具有的共同点是，对搜索的培养以及对去除偏见的信息的认知。在协助去除偏见的过程或注入其他原则方面，可能还存在着让搜索和理解事实的过程更加有力的其他技术。

与个体科学家评估他们自己的工作或评估对他们的工作提出挑战的工作的大方向相比，科学作为一种制度会更加地反对证实偏误。"作为一种制度，科学坚持通过公开的可辨认的方法对假设的客观可测性进行检验，这确保了它能够相对独立于从业者的偏见"（Nickerson，1998，194）。如果这些原则可以用于个体层面的情景之中，个体和他们的共同体都会受益。

在某些话题上可以发现科学态度和理解方面的极化，比如气候变化，并且也与人们对媒体的看法有关（Hart 等，2015）。那些渴望科学成为有关真理的确定且不可动摇的仲裁者的人有可能会失望，因为科学最终是一个对真理的认知不断地遭受到挑战的过程。"科学史可以被视为克服证实偏误的一场持续且基本上取得了成功的斗争……换句话说，科学就是修正错误的历史"（Wood 和 Nezworski，2005，657）。那些修正有望带领我们对周围的世界有更精确的认知，这可能有助于引导我们在个体层面和共同体层面上的决策。如果给个体提供了解决证实偏误和盲点偏误的工具，他们可能对科学能够而且确实提供了更有信心和更现实的理解，这可能会减轻公众对待科学态度的极化现象。

参考文献

Alicke, Mark D. (1985). Global self-evaluation as determined by the desirability and controllability of trait adjectives. *Journal of Personality and Social Psychology*, 49(6), 1621–1630.

Davison, W. Phillips. (1983). The third-person effect in communication, *Public Opinion Quarterly*, 47(1), 1–15.

Ehrlinger, Joyce, Thomas Gilovich, and Lee Ross. (2005). Peering into the bias blind spot: people's assessments of bias in themselves and others. *Personality and Social Psychology Bulletin*, 31(5), 1–13.

Found, Bryan. (2015). Deciphering the human condition: the rise of cognitive forensics. *Australian Journal of Forensic Sciences*, 47(4), 386–401.

Friedrich, James. (1996). On seeing oneself as less self-serving than others: the ultimate self-serving bias?. *Teaching of Psychology*, 23(2), 107–109.

Gifford, Robert. (2011). The dragons of inaction: psychological barriers that limit climate change mitigation and adaptation, *American Psychologist*, 66(4), 290–302; 293.

Gigerenzer, Gerd, and Henry Brighton. (2009). Homo heuristics: why biased minds make better inferences. *Topics in Cognitive Science*, 1, 107–143.

Gunnison, Robert B. (2015). California parents opposing statemandated vaccinations of children delay vote. *The New York Times*, April 15. Retrieved February 12, 2017 from https://www.nytimes.com/ 2015/ 04/ 16/ us/ california-parents-opposing-state-mandated-vaccinations-of-children-delay-vote.html?action= click&contentCollection=U.S.&module= RelatedCoverage&region=Marginalia&pgtype=article.

Hart, P. Sol, Lauren Feldman, Anthony Leiserowitz, and Edward Maibach. (2015). Extending the impacts of hostile media perceptions: influences on discussion and opinion polarization in the context of climate change, *Science Communication*, 37(4), 506–532.

Jang, S. Mo. (2014). Seeking congruency or incongruency online? Examining selective exposure to four controversial science issues. *Science Communication*, 36(2), 143–167.

Kahan, Dan M., Ellen Peters, Maggie Wittlin, Paul Slovic, Lisa Larrimore Ouellette, Donald Braman, and Gregory Mandel. (2012). The polarizing impact of science literacy and numeracy on perceived climate change risks. *Nature Climate Change*, 2, 732–735.

Kahneman, Daniel. (2011). *Thinking, fast and slow*. New York: Farrar, Straus and Giroux.

Klayman, Joshua, and Kaye Brown. (1993). Debias the environment instead of the judge: an alternative approach to reducing error in diagnostic (and other) judgment. *Cognition*, 49, 97–122.

Knobloch–Westerwick, Silvia, Benjamin K. Johnson, Nathanial A. Silver, and Axel Westerwick. (2015). Science exemplars in the eye of the beholder: how exposure to online science information affects attitudes. *Science Communication*, 37(5), 575–601.

Kray, Laura J., and Adam D. Galinsky. (2003). The debiasing effect of counterfactual mind–sets: increasing the search for disconfirmatory information in group decisions. *Organizational Behavior and Human Decision Processes*, 91, 69–81.

Larrick, Richard P. (2004). Debiasing. In: Derek J. Koehler and Nigel Harvey, eds., *Blackwell handbook of judgment and decision making*. Malden, MA: Blackwell, 316–337.

Lee, W. Eric, and John T. Sweeney. (2015). Use of discretionary environmental accounting narratives to influence stakeholders: the case of jurors' award assessments. *Journal of Business Ethics*, 129, 673–688.

Lilienfeld, Scott O. (2010). Can psychology become a science? *Personality and Individual Differences*, 49, 281–288.

Lilienfeld, Scott O., Rachel Ammirati, and Michal David. (2012). Distinguishing science from pseudoscience in school psychology: science and scientific thinking as safeguards against human error. *Journal of School Psychology*, 50, 7–36.

Lord, Charles G., Mark R. Lepper, and Elizabeth Preston. (1984). Considering the opposite: a corrective strategy for social judgment. *Journal of Personality and Social Psychology*, 47(6), 1231–1243.

McFadden, Brandon R., and Jayson L. Lusk. (2015). Cognitive biases in the assimilation of science information on global warming and genetically modified food. *Food Policy*, 54, 35–43.

Mynatt, Clifford R., Michael E. Doherty, and Ryan D. Tweney. (1977). Confirmation bias in a simulated research environment: an experimental study of scientific inference. *The Quarterly Journal of Experimental Psychology*, 29(1), 85–95.

Nagourney, Adam. (2015). California mandates vaccinations in its schools. *The New York Times*, July 1, p. 19.

Nickerson, Raymond S. (1998). Confirmation bias: a ubiquitous phenomenon in many guises. *Review of General Psychology*, 2(2), 175–220.

Nyhan, Brendan, and Jason Reifler. (2015). Does correcting myths about the flu vaccine work? An experimental evaluation of the effects of corrective information, *Vaccine*, 33, 459–464.

Popkin, Samuel L. (1991). *The reasoning voter*. Chicago: University of Chicago Press.

Popper, Karl. (1959). *The logic of scientific discovery*. London: Hutchinson.

Pronin, Emily. (2008). How we see ourselves and how we see others. *Science*, 320, 1177–1180.

Pronin, Emily, Thomas Gilovich, and Lee Ross. (2004). Objectivity in the eye of the beholder: divergent perceptions of bias in self versus others. *Psychological Review*, 111(3), 781–799; 784.

Pronin, Emily, and Mathew B. Kugler. (2007). Valuing thoughts, ignoring behavior: the introspection illusion as a source of the bias blind spot. *Journal of Experimental Social Psychology*, 43, 565–578.

Pronin, Emily, Daniel Y. Lin, and Lee Ross. (2002). The bias blind spot: perceptions of bias in self versus others. *Personality and Social Psychology Bulletin*, 28(3), 369–381.

Rabin, Matthew, and Joel L. Schrag. (1999). First impressions matter: a model of confirmation bias. *Quarterly Journal of Economics*, 114(1), 37–82.

Shaw, Adrienne, Kate Kenski, Jennifer Stromer–Galley, Rosa Mikeal Martey, Benjamin A. Clegg, Joanna E. Lewis, et al. (2016). Serious efforts at bias reduction: the effects of digital games and avatar customization on three cognitive biases. *Journal of Media Psychology*. Online advance publication. http://dx.doi.org/10.1027/1864–1105/a000174.

Todd, Peter M., and Gerd Gigerenzer. (2000). Précis of *Simple heuristics that make us smart. Behavioral and Brain Sciences*, 23, 727–780.

Tversky, Amos, and Daniel Kahneman. (1974). Judgment under uncertainty: heuristics and biases. *Science*, 185(4157), 124–1131.

Wason, P. C. (1960). On the failure to eliminate hypotheses in a conceptual task. *The Quarterly Journal of Experimental Psychology*, 12(3), 129–140.

Wason, P. C. (1962). Reply to Wetherick. *The Quarterly Journal of Experimental Psychology*, 14(4), 250.

Wood, James M., and M. Teresa Nezworski. (2005). Science as a history of corrected mistakes. *American Psychologist*, 60(6), 657–658.

推荐阅读

Jang, S. Mo. (2014). Seeking congruency or incongruency online? Examining selective exposure to four controversial science issues. *Science Communication*, 36(2), 143–167.

Knobloch–Westerwick, Silvia, Benjamin K. Johnson, Nathanial A. Silver, and Axel Westerwick. (2015). Science exemplars in the eye of the beholder: how exposure to online science information affects attitudes. *Science Communication*, 37(5), 575–601.

Lord, Charles G., Mark R. Lepper, and Elizabeth Preston. (1984). Considering the opposite: a corrective strategy for social judgment. *Journal of Personality and Social Psychology*, 47(6), 1231–1243.

Mynatt, Clifford R., Michael E. Doherty, and Ryan D. Tweney. (1977). Confirmation bias in a simulated research environment: an experimental study of scientific inference. *The Quarterly Journal of Experimental Psychology*, 29(1), 85–95.

Nickerson, Raymond S. (1998). Confirmation bias: a ubiquitous phenomenon in many guises. *Review of General Psychology*, 2(2), 175–220.

Pronin, Emily. (2008). How we see ourselves and how we see others. *Science*, 320, 1177–1180.

Wason, P. C. (1960). On the failure to eliminate hypotheses in a conceptual task. *The Quarterly Journal of Experimental Psychology*, 12(3), 129–140.

第四十章
在对科学进行传播时理解和克服选择性暴露和判断

纳塔莉·约米尼·斯特劳德

摘要： 在讨论对克服选择性暴露和判断的策略进行评估之前，本章表明，这些选择性过程只发生在科学之中，而非发生于所有的情境之内。根据所传达的信息以及遭遇到科学信息的人的动机状态，本章讨论了控制选择性发生的策略。讨论了把有关对其他人的责任、焦虑、自我肯定、防御性信心以及规范性信息的理论和研究作为降低选择性的方式。没有任何一种策略可以成为灵丹妙药，因而促使我们去呈现一种未来研究的议程，以考察克服选择性暴露和判断的策略。

关键词： 责任；焦虑；自我肯定；选择性暴露；选择性判断

具有保守倾向的福克斯新闻（Fox News）的一则标题问到"政府胡乱地修改了全球变暖数据吗？"而自由主义倾向的微软全国广播公司（MSNBC）的一则标题则警告说："对抗全球变暖的最后一次机会出现了。"根据皮尤研究中心（Pew Research Center）近期的一项民调显示，其结果遵循着类似的模式，92% 的自由民主党成员认为有强有力的证据表明地球的平均温度正在上升，持这一看法的保守的共和党人只有 38%（Kiley，2015）。有关科学话题的极化都有可能会影响人们所遇到的信息，以及他们处理那些信息的方式，这种现象被称为选择性暴露和选择性判断。这些选择性过程意味着人们的观念、态度和行为预示着他们选择的信息以及他们判断的信息是可信的。选择性暴露和判断与科学家通常所赞同的价值背道而驰，比如对信息无偏见的加工处理。在本章中，我对当面临科学信息时选择性暴露和判断发生的证据进行了综述，然后转向讨论可能会减弱这些趋势的策略。

在遇到科学时的选择性暴露和判断

选择性暴露是有动机地对与一个人的观念相匹配的信息进行选择，以及同那些表达了相反态度的观点相比更加青睐那些与其志同道合的信息。比如，那些认为全球变暖是一个严重问题的人非常有可能去看那些支持全球变暖存在的科学证据，而非那些对此表示质疑的信息。对气候变化是否正在发生表示怀疑的人更有可能会被那些表明气候变化存在的证据被夸大了或者存在缺陷的科学研究所吸引。虽然选择性暴露并非在任何情况下都会发生，但是有证据表明这种现象存在于各种各样的情境之下（见 Cotton 1985 年以及 Sears 和 Freedman1976 年有关选择性暴露何时会发生的讨论；Hart 等 2009 年和 Stroud 2011 年有关选择性暴露发生的证据）。

选择性判断涉及对信息有偏见的处理，在此过程中证实性信息能够轻易地被采纳并整合进一个人的思维框架，相矛盾的信息则被彻底地抛弃，或受到强化审查，以最小化它们对一个人的观念和态度的影响（Lord 等，1979）。仍以前面提到的气候变化为例，同那些认为气候变化是自然气候波动的结果的人相比，认为人类导致了气候变化的人会不太批判地看待与其合意的研究，并且较少地用反论来驳斥它。虽然对选择性暴露进行的荟萃分析证实了这种效应处于很小到中等的水平（Hart 等，2009；D'Alessio 和 Allen，2002），但是对选择性判断并没有进行同样的系统性评估。然而，不久后的回顾表明，证据支持了它的发生率。

在不同的标签下，选择性暴露和判断可以联合在一起，包括动机性推理和证实偏误。这两个过程共同保护（也有可能是强化）已经持有的观念和态度。在没有遇到与态度相反的信息的情况下，一个人不太可能会改变他的看法。对存在差异的信息进行反驳确保了一个人现有的观点仍然会维持不变。比如，有些研究发现了前面的证据，而没有发现后面的证据（Feather，1962）。这两个过程的前提和后果也存在差异（Pomerantz 等，1995）。确实，试图对选择性的一个方面进行最小化的技术，比如强迫人们把存在矛盾的信息视为最小化选择性暴露的一种途径，可能会通过例如增加反证这样的情况导致其他方面的问题。

从规范上来说，这些现象令人担忧。在某种程度上来说，人们没有接触或没考虑信息的多样来源，他们就可能无法根据新信息来更新他们现有的观念，并且可能会依赖错误的认知来支持他们的态度和行为。尤其是对科学来说，选择性暴露和判断与要求对证据进行均衡性考虑的科学规范是背道而驰的。我首先在科学传播的范畴内对选择性暴露和判断的发生进行综述和评估。在确定了它们确实存在之后，我转向对能够或可以用来克服这些过程的技术进行描述。

选择性暴露和科学信息

在科学话题方面，有证据表明存在着选择性暴露，虽然对截至目前的文献进行综述表明在科学领域中对志趣相投信息的偏好不如党派政治话题明显。早期的研究表明，对一般新闻媒体的接触和持有与像全球变暖这样的议题的科学共识相一致的观念和态度相关（Zhao，2009）。然而，由于意识到并非所有的新闻媒体都是一样的，更近期的研究对媒体接触的措施进行了分解，以阐明利用不同的信息渠道与对科学的不同态度是相一致的。对于全球变暖来说，那些关注科学新闻的人也往往认为全球变暖正在发生（Zhao 等，2011）。然而，那些关注政治新闻的人不太可能认可全球变暖。存在这种差异的一个原因可能在于，科学新闻更有可能展示出一个话题方面的科学共识，而政治行为更有可能会呈现不同的观点（Nisbet 等，2015）。传统媒体渠道可能会出于平衡的规范而对政治上存在争议的科学议题呈现出多元的视角。

党派性的媒体，比如福克斯新闻和微软全国广播公司，对科学的讨论是不同的，并且会用与党派性相一致的科学议题的不同认知来吸引受众。费尔德曼及其同事 2012 年对2007 年和 2008 年福克斯新闻、微软全国广播公司和美国有线新闻网发布的有关全球变暖和气候变化的报道进行了分析，结果揭示出了这些电视网络存在着巨大的差异。相较于微软全国广播公司和美国有线新闻网，福克斯新闻对气候变暖的报道更加轻蔑。横向的调查数据反映了新闻报道的差异，那些观看美国有线新闻网或者微软全国广播公司的人更容易接受全球变暖，而那些观看福克斯新闻的人则不太容易接受。

然而，有必要在受众对科学的观念和这些新闻渠道传递的科学信息的关系方面提出三个注意事项。首先，目前尚不清楚科学观念本身是否是寻求接触特定有线电视网络的关键激励因素。相反，人们可能会出于党派性原因而去寻求一个有线电视网络，而他们获得的科学信息可能是他们媒体选择的一个意外结果。这不同于选择性接触的传统观念，即人们的观念激励着他们去接触特定话题。然而，鉴于党派性和科学态度之间在像全球变暖这样的议题上存在着明显的一致性，重要的是不能过分夸大这种可能性。其次，很有可能的是，有线电视网络的视角影响了人们的科学观念，这是一个相反的时间顺序而非选择性暴露所提供的顺序。平行数据证实了党派性媒体使用对全球变暖的观念的间接效果（Feldman 等，2014；Hmielowski 等，2014）。除全球变暖之外，实验工作表明，根据对党派性和更主流渠道媒体接触的不同，对富有争议的基斯通原油管道（Keystone Pipeline）的环境影响的观念是存在差异的（Stroud 和 Curry，2015）。这并不是表明选择性接触没有发生；相反它凸显的是态度和媒体接触之间的关系可能是双向的。再次，尽管研究发现人们的科学观点与他们选择的电视网络相同，但是也有例外。比如，那些首次了解到监管纳米技术的党派性立场之后的人们同那些没有获得有关纳米技术党派性立场的人相比，更有可能从提供相反态度的渠道选择有关纳米技术的额外信息（自由派的福克斯新闻，保守派的微软全国广播公司）（Yeo 等，2015）。也许在了解到党派性信息的一些基本水平之后，人们在从不同的意识形态中获取信息上会更加自由一些。

然而，并不是所有的科学话题都与党派性视角相一致。虽然像全球变暖和基斯通原油管道这样的话题与党派性紧密相关，但是目前对转基因食品的态度与意识形态立场的关联还不十分清晰。比如，皮尤研究中心发现，在转基因食品是否可以安全食用的态度方面，并不存在着明显的政党差异或意识形态差异（Funk 和 Rainie，2015）。对于不太具有政治性的话题，有关选择性暴露的证据也不太清晰。比如，在有关选择性暴露的早期研究中，费瑟（Feather）1962 年分析了人们如何回应有关肺癌和吸烟之间的关系的证据。有关吸烟的态度是非政治化的，结果表明吸烟者和非吸烟者之间对有关吸烟与肺癌之间关联的信息的偏好是没有差异的。实际上，吸烟者偏好于表明吸烟与肺癌之间存在关联的信息——恰恰是选择性暴露会表明的相反的方面。

几乎没有研究去考察不同的科学领域以理解选择性暴露在不同的话题方面是如何存在差异的，尤其是那些会产生冲突性结果的话题。江（Jang，2014）针对四个议题分析了选择性暴露：干细胞研究、进化、转基因食品和全球变暖。他建了一个网站，展示每个话题的三个标题和导语，其中两个是相反的观点，一个是中立的视角。研究参与者可以点击标题阅读原文，对他们的网站浏览行为进行了悄悄的追踪。对于有关转基因食品和干细胞研究的文章来说，参与者选择了与他们既有的看法更不一致的文章，而非更一致的文章，并且花在上面的时间也更多。当提供有关进化的信息时，参与者选择与其看法一致和不一致的文章的概率一样，并且在各方上所用的时间也差不多。然而，中立性的内容要比表达不同看法的文章获得的关注量少很多。对于全球变暖来说，在一致的、中立的或不一致的文章方面，参与者的选择和用时量没有差异。作者认为不同议题之间的差异是标题和导语的其他特征导致的结果，比如他们是否讨论了风险和收益，或者这个辩论的其他方面。对不同标题的差异进行更严格的控制之后，克诺布洛赫－韦斯特威克

（Knobloch–Westerwick）及其同事（2015）在四个不同议题之间利用几乎相似的程序考察了选择性暴露：水力压裂、转基因食品、生物燃料和纳米技术。现在，参与者把更多的时间用在了与其志趣相投的文章上而非提供了相反态度的文章上，这种效应并没有根据议题的不同而存在差异。克诺布洛赫－韦斯特威克和她的合作者认为，样本的差异以及新闻媒体刺激因素的建构可能是导致这种情况的原因。

纵观这些研究，有证据表明在科学话题上存在着选择性暴露，但并不是普遍存在的，在某些情况下，存在着相反模式的迹象——对提供相反态度的信息的关注。

选择性判断与科学信息

选择性判断，或者说依靠一个人先前的观念对信息进行有差别的评价，在科学领域中有着充分的记载。这种有偏见的处理形式受到人们对于科学的观念、党派性身份以及文化价值的驱动。

当人们拥有特定的观念，或参与特定的行为时，他们不太会接受那些不支持他们当前想法和行动的科学信息。至于行为，经常吸烟者认为吸烟与肺癌之间的关系远非不吸烟者那么有说服力（Feather，1962）。至于态度，这些反对转基因食品或者碳纳米管的人认为"在提供信息或者提出论点方面"，得出反对这些技术的结论的研究要比产生更为有利的结果的研究更有效（Druckman 和 Bolsen，2011）。相反的模式出现在那些赞成转基因食品和碳纳米管的人之中。对科学信息的新闻报道受到类似审查的左右。在水力压裂这个议题方面，主体会根据他们此前的观念对新闻形象进行解读——与赞成水力压裂的人相比，那些反对水力压裂的人认为照片描述了更多的环境危害和更少的经济收益（Sarge等，2015）。

这种不友好的媒体现象表明，人们会根据他们的观念对媒体中的偏见进行不同的判断，这是选择性判断的一种形式。一项研究让那些对全球变暖持不同看法的人去阅读一篇中立性的文章，该文章是最高法院发布的有关气候变化的决定，并且让他们提供自己的评估（Kim，2011）。在全球变暖倡导者中，那些认为全球变暖是自然因素导致的人认为这些内容有着很强的偏见，而在那些认为人为因素导致了全球变暖的人当中只发现了些许的偏见。

对于那些科学态度越来越与党派身份相一致的议题来说，也有证据表明存在着选择性判断。在读完一篇有关气候变化对居住于遥远地区和国家的人所产生的健康影响的文章之后，相对于那些没有阅读这个文章的人来说，民主党人士和共和党人士对气候减缓政策产生了更加极化的态度（Hart 和 Nisbet，2012）。

选择性判断也会基于人们的文化身份而出现。对文化认知的研究表明对像气候变化、核能、转基因食品这样的科学议题上的态度以及私藏手枪法律的效果可以通过人们的文化世界观得到预测，比如他们对个人主义和等级制度的观点（Druckman 和 Bolsen，2011；Kahan 等，2011）。如卡亨等人（2011，149）解释的那样，"个体会更容易地回想起专家采取了与他们的文化倾向相一致的立场而非与其不一致的立场的情形"。

在这些广泛的例子中，个体的先验观念影响着他们如何处理科学信息并形成对科学的判断。因而表明人们对科学话题持有不同的态度，或者在接触到科学信息之后他们的观点会存在差异，为选择性判断的存在提供了证据。然而，这并未揭示出人们如何处理科学信息。相关的研究表明情绪反应和认知反应似乎都是这种有偏见的处理形式的原因。

对信息的情感反应可能会推动选择性判断。比如，愤怒的经历会导致人们根据他们的先验观念来判断信息。然而，这方面的证据比较含糊。金（Kim；2011）认为，没有证据表明愤怒调节了人们在全球变暖这个议题上的立场与他们对这个主题上推定无偏见的文章的反应之间的关系。然而，尼斯比特等人（2015）发现，接触科学信息确实诱发了基于个人的倾向而存在差异的情绪反应。相较于那些被要求去阅读同党派性反应关联较少的议题的科学信息（比如天文学或地质学）的保守主义者而言，阅读有关气候变化或人类进化（这些话题上的科学信息会与所持有的观念相悖）的保守主义者会经历强化的负面影响。阅读有关水力压裂与核能（这些话题上的科学信息与进步主义信念相悖）的自由主义者会比阅读同样信息的保守主义者经历更大的负面影响。情感的经历可能解释了人们对提供相反态度的信息为何会更具批判性。

除了会激发出选择性判断的情感反应，认知因素也可能会发挥作用。选择性判断可能会因为人们不正确地阐释了信息或他们对信息的精确性提出质疑而出现。在有关全球变暖或转基因食品上接收到来自具有较高声誉来源的数据后，有些人会产生误解，其他人则会质疑其精确性（McFadden 和 Lusk，2015）。无论是误解的人还是提出质疑的人都更有可能会报告说他们的态度没有发生变化，或者认为他们的态度与科学信息存在分歧。对信息的精确性进行质疑极其有可能出现在那些在科学和一个人的政治观点之间引发冲突的科学议题上（Nisbet 等，2015）。同那些具有相同意识形态但阅读的议题在党派性上不太清晰的人相比，比如天文学或地质学，阅读有关气候变化或人类进化议题的保守主义者和阅读有关水力压裂与核能议题的自由主义者会更多地驳斥和挑战这些信息。

选择性暴露、选择性判断与科学

总而言之，有证据表明，人们的观念是与他们出于选择性暴露的目的而接触的科学信息存在相关性的。然而，也非常明显的是，这些效果并不是始终如一的。在某些研究中，科学话题激发了基于以前所持有的观念而产生的暴露决策，而在其他研究中则没有。虽然明显地调查了选择性判断的研究提供了更一致的发现，但是很多医学治疗措施和科学技术的广泛使用表明，并非所有的科学话题都会产生这种形式的有偏见的信息处理。尽管有证据表明存在着这两种选择性的过程，但是并不能从当前的文献中探知到它们的相对强度。在分析选择性暴露和选择性判断同时发生方面付出更多的努力会让我们对于哪种过程在何种情况下更普遍获得一些见解。

然而，对于科学话题而言，两种情况似乎会增加选择性暴露和判断发生的概率。第一，用政治化的术语讨论的议题似乎会增加选择性暴露和判断。确实，当科学的政治化被提及时，人们会改变他们的科学态度。在一个实验中，那些阅读一篇指出政客们有选择地利用科学来促进他们自己议程的短文的人就变得不太支持使用核能了（Bolsen 等，2014a）。第二，当分歧利用一种重要的社会身份或价值时，选择性暴露和判断就应该得到强化。这可能会是对一个人进行界定的党派性、文化认知或像吸烟这样的行为。当这两种属性同时存在时，选择性暴露和判断的可能性似乎大大提高了。基于这些建议，未来的研究应该着眼于更好地理解科学话题何时会产生选择性暴露和判断以及为何会产生。

克服选择性暴露和判断

鉴于选择性暴露和判断的规范性后果，克服这些过程的努力是恰当的。下面要讨论的策略旨在降低先验观念对评估科学信息的影响。我们的期望是，人们以更加符合科学理想的方式（客观、中立、无偏见）来处理信息。接下来的综述概述了已经被提出但并非十分全面的一些策略。相反，我的意图是为这种类型的工作提供一些案例，以表明存在着各种各样的机会和方向。进而，很有可能的是，不同的技术在降低选择性暴露和选择性判断方面会更加有效。然而，因为研究的缺乏，目前尚不清楚哪种技术在解决哪种选择性过程方面最有效。

克服选择性暴露和判断的基于信息的策略

可以对科学信息的实质进行调整以增加人们关注提供相反态度的信息并在没有反论的情况下做出回应的概率。接下来回顾一下若干个这样的策略。

科学信息

克服选择性暴露和判断的一个建议就是，广泛地传播精确的科学信息或以让人们更易于理解和接受的方式对信息进行定制。这是一种与信息缺失模型有关的视角，这种视角认为通过引入信息，人们会了解更多的科学，并因而在那些议题上产生与科学结论相一致的更加理智的态度（Hart 和 Nisbet，2012）。比如，在某些情况下影响健康行为方面，通过大众媒体的宣传来提供信息被证明是有效的（Wakefield 等，2010）。

然而，就所有情况下降低选择性暴露和判断来说，提供科学信息可能不是一个理想的解决方案。从某种程度上来说，在科学领域中存在着相反的立场，增加信息可能不会让公众采用共识的科学立场。比如，有关气候变化风险的观点在那些具有较高科学知识和推理能力的人群中就更加极化（Kahan 等，2012）。类似的是，当遇到科学信息时，谨慎的信息加工者更有可能会进行动机性推理（Kahan，2013）。此外，当对有关转基因食品和碳纳米管的框架增加事实性信息的效果进行分析时，德鲁克曼和博尔森2011 年发现，事实并未影响人们如何对这个话题的论点做出回应。总之，如果人们不愿意或者不能以无偏见的方式消化科学信息，那么对该科学话题提供更多的信息可能不足以激发出反映对当代科学的理解的判断。

信任以及对科学过程的描述

或许人们忽视科学信息或者为看待证实性信息进行辩解的原因是，他们认为科学家是不值得信任的。如果是这样的话，降低选择性暴露和判断的另外一种方式可能会增加对科学的信任，或者提醒人们关注科学探究所需要的科学方法和标准。表明这种方法是一种有用的策略的证据是混杂的。一方面，认同像"科学家帮助解决问题"这样的陈述与事实性的科学知识负相关（Takahashi 和 Tandoc，2016）。因而有可能的是，增加信任会削弱科学学习，但是需要开展更多的研究来理解这种相关性研究的因果性含义。另一方面，把科学信息与科学价值的提醒进行配对（"科学研究涉及系统性地收集可观测的、可测量的且可复制的证据——同样地，它对新信息提供了一种相对客观且无偏见的基础"）会增加对像核能这样的科学话题的支持（Bolsen 等，2014b）。这至少表明提醒人们科学过程会影响他们对科学结论的态度。

科学信息的来源

科学信息的来源也会影响人们对科学信息的阐释。有两种来源特别值得关注。第一种是科学家之间的共识。当在科学结论上存在着广泛的一致看法时，传播这种信息会让人们采取支持这种共识的态度（Bolsen 和 Druckman，2015）。当共识性信息与提醒人们科学方法和科学使命的信息配对时，它似乎就非常有效（Bolsen 等，2014a）。然而，在这些关于共识性信息的研究中，其分析并未考察不同的人如何对该信息做出回应。有可能的情况是，那些倾向于认同共识性信息的人改变了他们的观点，转向了支持性的方向，而那些持有不同观点的人在其印象中受到了反向效应，就像选择性判断可能表明的那样。因而需要开展额外的研究以理解共识性信息是否会影响选择性判断和暴露。

另外一个信息来源也大有前景——从一个受信任的来源了解与倾向背道而驰的科学信息。当一个与自己志趣相投的党派性来源传播了反倾向性的信息时，它就更有影响力（Groeling，2010）。至于 HPV 疫苗，既看到由一个与自己共有某种文化价值的来源传播的提供了相反态度的论点，也看到与自己不共有某种文化价值的来源传播的亲态度性的论点，可以降低信息的极化程度（Kahan 等，2010）。从某种程度上说，这些来源是可用的，让意料之外的倡导者传播科学信息可能会更加有力。

关于科学的极化的灌输

当人们被告知他们可能会遭遇到一种论点，并且对该信息提供一种反驳时，就会出现传播上的灌输（McGuire，1964）。当被灌输时，个体对态度的改变就会更加抵制。至于科学的政治化，类似的过程也会奏效。虽然没有利用预防接种理论，但是博尔森和德鲁克曼 2015 年认为，警告人们科学不应该被政治化减弱了让科学共识遭受质疑的政治化尝试或努力的效果。被灌输的信息在人们遭遇到政治化努力之前要比之后具有更好的效果。至少对于水力压裂和碳纳米管这样的话题来说，这个结果是建议性的。需要进行更多测试的是，这种形式的灌输对于其他科学议题来说是否同样奏效，以及那些或多或少倾向于认同科学共识的人是否同样易受影响。

定制信息

用定制信息来解决人们为什么会避免接触信息可能是另外一种降低选择性暴露的方法。比如，在预防艾滋病病毒项目中，人们可以看到使用避孕套频率较高的样本（Noguchi 等，2007）。这是一种选择性暴露形式，即那些最需要干预的人最不可能参与。潜在的参与者可能会避免参与进来，因为他们认为该项目会迫使他们改变他们不愿意去调整的行为。然而，增加暴露的一种策略就是告诉参与者，在接收到最新信息之后，他们可以自由地选择是否改变自己的行为。实验研究表明，直接地解决选择自由的诉求会增加预防艾滋病病毒项目的参与人数（Albarracin 等，2008）。此外，那些在使用避孕套上意向很低但被诱导着参与到干预中的人，在之后展示出了更高的避孕套使用意向。其他研究证实了定制化的信息会增加参与这类项目的意愿（McCulloch 等，2008）。对于科学话题来说，指出为何人们会避开科学，然后来评估信息是否可以进行定制以解决他们的关切，可能是增加对提供相反态度的科学信息接触的一种方法。

克服选择性暴露和判断的动机性策略

到目前为止，已综述了的降低选择性判断和暴露的策略涉及科学信息的实质。相反，其他的做法提出了心理学上的解决方案，比如接下来要讨论的。因为选择性过程在本质上是具有动机的，所以这些解决方案旨在接触和处理信息之前影响人们的动机。如果克服选择性是一个人的目标，那么这里提出的每种策略都有其优势，但是没有一种是万能药。

责 任

应对选择性暴露和判断的一种可能方式是增加某人对他人的责任。为唤起这种情感，以往的研究告诉实验的参与者，期望他们在研究的后期与其他人面对面地解释并证明他们观点的正当性（Tetlock，1983）。不是去抛弃那些没有充分反思的提供了相反态度的主张，而是期望那些愿意参与到一个特定话题的讨论之中的参与者更加认真地审查这些论点（Lerner 和 Tetlock，1983；Telock，1983）。

在科学的领域中，有关责任操纵的有效性的证据是非常有限的。考察了纳米技术的一项研究发现责任会影响人们选择的信息。尤其是，瑟诺斯及其同事 2011 年对是否告诉研究参与者他们稍后要与其他人、志趣相投的人、不相同的人进行对话交流或不告诉他们稍后要进行对话交流进行了随机处理。研究结果显示，当研究参与者期望与那些持相反观点的人进行讨论时，相较于那些在信息搜索之后并不期望有这种遭遇的参与者而言，他们更有可能会去看与纳米技术有关的社论文章或观点性文章，而非普通的新闻。然而，如果研究参与者浏览了持有亲态度性观点或相反态度观点的社论文章，那这种效果就不明显。此外，还不清楚这是否是由选择性判断所导致的。不论对参与者进行分配的条件是什么，他们都正确地回答了有关纳米技术的类似数量的事实性知识问题。还需要开展额外的工作来理解责任操纵对降低选择性过程的有效性。

精确性

降低选择性暴露和判断的另外一个可能性是鼓励人们在信息搜索过程中做到精确。坤达（Kunda，1990）对方向性目标（当观念通过像选择性暴露和判断这样的过程影响了推理）与精确性目标（当人们力图做出正确决策）进行了区分。如果追求的是精确性目标，也许人们在选择和判断信息时就不太会依靠他们的倾向。确实，有几项研究表明当人们被激励着去追求精确性时，他们在信息搜索过程中就会更加注重均衡（Kim，2007）。

至于科学，有几项研究表明精确性动机会对科学信息产生更加公正的处理。当对有关能源政策的信息做出回应时，那些在实验中被诱导着想要追求精确的人不会受到党派性暗示的影响（Bolsen 等，2014b）。与此类似，当考察对水力压裂和碳纳米管的反应时，即便面临着自相矛盾的政治视角的信息，追求精确性的动机会让人们形成与科学共识相一致的态度（Bolsen 和 Druckman，2015）。这些研究对通过提升形成精确印象的重要性来克服选择性暴露和判断，带来了起初的乐观主义。

肯 定

自我肯定是积极地看待自我的一种经历（Steele 和 Liu，1983）。被肯定的自我对于可能让人不太舒服的心理状况会更加开放，比如遭遇到存在矛盾的信息。大量的研究发现那些通过比如反映受珍视的价值而获得自我肯定的人会比那些没有自我肯定的人要更加乐于接受互相矛盾的信息。即便是在像堕胎这样的有争议的政治话题上，自我肯定的研究参与者对提供相反态度的视角也会更加开放（Binning 等，2010；Cohen 等，2007）。

在降低选择性判断的效果方面，自我肯定在科学领域中也得到了一些支持。与那些没有自我肯定的人相比，自我肯定的研究参与者很少会否认气候变化或否认他们在采取行动以减缓气候变化方面的自我能力（Sparks 等，2010）。在那些起初比较怀疑人类干预自然的能力的人当中也发现了类似的效应（Van Prooijen 和 Sparks，2014）。然而自我肯定并不总是会产生这样的结果。自我肯定在某些情况下会增加极化的观点，而不是增加开放性（Van Prooijen 等，2012）。此外，我发现自我肯定在选择性暴露方面似乎并没有出现与选择性判断同样的积极效果。此时，自我肯定操纵并非万灵药；它们的有效性存在着很大缺陷。

防御型信心

那些防御型信心很高的人认为他们可以成功地防范他们的观点受到攻击。阿尔巴拉辛和米切尔（Mitchell）2004 年发现，在实验中强化的防御型信心会增加人们看待有关堕胎的互相矛盾的信息的意愿。因而启动防御型信心可能是降低选择性暴露的一种方式。作为更多地接触来自对立视角的有力证据的结果，高度自信的人也表现出了更多的态度变化。其他分析表明，至少在某些选举中，具有较高防御型信心也是与有更大的可能性投票给予某人的党派性立场相反的候选人相一致的（Albarracin 等，2011）。这种结果意味着防御型信心，乍一看似乎会增加选择性暴露的一种因素，实际上可能会降低选择性，并增加对其他观点的开放性。深入的研究应该评估这些研究发现在科学领域中是否也能站得住脚，因为在科学领域中，对捍卫个人观点的能力的看法会根据这种防卫是植根于科学知识还是植根于道德和党派论据的不同而存在差异。

恐惧与焦虑

焦虑的感觉可能会促进更加均衡的信息搜索，以及在同所持观念相悖的信息的判断上不那么具有批判性。比如，对政治和当前事件感到焦虑的公民可能会从很多视角来看待政治信息，而不是着眼于他们认同的信息（MacKuen 等，2010；Redlawsk 等，2010）。虽然焦虑可能会降低选择性暴露，但是还有一些注意事项。首先，难以把像焦虑这样的一种单独的情绪分离出来。如果其他情感被激发了，比如愤怒，那么所有的信息搜索都将会降低（Valention 等，2008）。其次，过多的焦虑会降低对信息的开放性。比如，与气候变化相关的恐惧的经历会让人们在总体上避免参与这样的议题（O'Neil 和 Nicholson-Cole，2009）。

规　范

诉诸规范可能会影响人们是否会考虑以及公平地评价科学信息。恰尔迪尼（Cialdini，2003）对两种类型的社会规范进行了区分：描述性规范和指令性规范。描述性规范涉及有多少人会从事某种行为或者持有某种态度的事实描述。指令性规范则是在社会上认可的或不认可的态度和行为。比如，人们不应该浪费水的理念在指令性规范中是广泛存在的。可能通过一种精确的调查进行测量的确实节约用水人的比例会是一种描述性规范。

很多研究中都展示出了强调社会规范的效能。比如，舒尔茨（Schultz）及其同事（2007）考察了社会规范是否会影响电能的使用。向人们提供其邻居平均能耗的信息会降低那些位于平均水平之上的用户的能源使用。然而，在那些低于平均水平的人身上却会产生反效应，他们会增加自己的能源使用量。当描述性规范与指令性规范进行配对时——皱眉或微笑的表情符号，那些高于平均水平的人的能源使用率会下降，而那些低于平均的人的能源使用率也不会上升。虽然，对以系统且无偏见的方式评估科学的社会规范加以强调的信息可能会降低选择性暴露和判断，但学者们尚未彻底地考察这种可能性。

未来的方向和结论

虽然本文提出了克服选择性暴露和判断的众多策略，但是还需要开展更多的研究。尤其是，应该优先考虑下面四个未来研究的方向。

第一，在本文中提出来的几种技术的有效性上存在着互相冲突的证据。在利用不同的方法来理顺哪种策略有效以及哪种策略无效方面，我们需要开展额外的研究。理解哪种方法会产生逆火效应并因而增加选择性暴露和判断尤其重要。此外，有可能的是某些策略在特定情境下会更有效，但是我们对边界条件的理解程度有限。同样重要的是，需要把这些各种各样的策略进行一一对比以找到哪种策略在哪种情况下最有效。

第二，这里给出的列表也是不完整的。文章并非回顾了旨在降低选择性的所有尝试，我只是综述了新近的、获得大量关注的或似乎非常有前景的一部分。除了考察已经获得研究关注的其他可能策略之外，还应该有一些新颖的策略。在如何克服选择性暴露和判断上我们需要更多的创新性思维。

第三，我们需要从理论上理解什么策略有助于削弱选择性暴露，以及哪种策略有助于抵消选择性判断。这两个过程并不一样，克服它们的方式也存在差异。比如，自我肯定似乎对选择性判断来说要比选择性暴露更有效。指出哪种策略对于哪种选择性过程更有效首先会让我们更好地理解为何选择性暴露和判断会发生。

第四，我们需要切实可行的方法来贯彻落实成功的策略。虽然本文中描述的一些技术通过新闻媒体实施起来比较容易，但是其他的技术则涉及复杂实验过程，大规模地实施则不那么容易。当共识性信息可利用的时候对其进行传播会容易一些。更具有挑战性的是，让人们在实验室之外的情境中去预测同其他人对话的结果。

正如著名的参议员丹尼尔·帕特里克·莫伊尼汉（Daniel Patrick Moynihan）所说的那样："人人都有权持有自己的看法，但无权拥有自己的事实。"当这个我于本章中所聚集的过程在发挥作用时，这种区别就并非那么清晰。选择性暴露和判断会把看法和事实混为一谈，从而使得人们通过他们自己具有的倾向来获取和阐释信息。正如本章所概述的那样，当谈及对科学进行传播的时候，存在着这两个过程的证据是显而易见了。然而，虽然人们确实会以不那么科学的方式来接近科学信息，但是经验告诉我们，很多科学创新和结果都是在选择性过程不存在的情况下由大量各种各样的人口所采用的。此外，在争议性的科学话题上，对选择性接触和判断记录在案的发生率予以规避方面，有很多富有前景的策略。如今我们面临的重要任务是，在我们发现降低选择性偏见效应新方法的过程中对它们进行系统性评估。

参考文献

Albarracín, Dolores, Marta R. Durantini, Allison Earl, and Joanne B. Gunnoe. (2008). Beyond the most willing audiences: a meta-intervention to increase exposure to HIV-prevention programs by vulnerable populations. *Health Psychology*, 27(5), 638–644. doi:10.1037/0278-6133.27.5.638.

Albarracín, Dolores, and Amy L. Mitchell. (2004).The role of defensive confidence in preference for proattitudinal information: how believing that one is strong can sometimes be a defensive weakness, *Personality and Social Psychology Bulletin*, 30(12), 1565–1584. doi:10.1177//0146167204271180.

Albarracín, Julia, Wei Wang, and Dolores Albarracín. (2011). The role of defensive confidence in partisan defection, attention to politics, and political participation. In: John.

H. Aldrich and Kathleen M. McGraw, eds., *Improving public opinion surveys: interdisciplinary innovation and the American National Election Studies*. Princeton, NJ: Princeton University Press, 46–62.

Binning, Kevin R., David K. Sherman, Geoffrey L. Cohen, and Kirsten Heitland. (2010). Seeing the other side: reducing political partisanship via self–affirmation in the 2008 presidential election. *Analyses of Social Issues and Public Policy*, 10(1), 276–292. doi:10.1111/j.1530–2415.2010.01210.x.

Bolsen, Toby, and James N. Druckman. (2015). Counteracting the politicization of science. *Journal of Communication*, 65(5), 745–769. doi:10.1111/jcom.12171.

Bolsen, Toby, James N. Druckman, and Fay Lomax Cook. (2014a). How frames can undermine support for scientific adoptions: politicization and the status–quo bias. *Public Opinion Quarterly*, 78(1), 1–26, doi:10.1093/poq/nft044.

Bolsen, Toby, James N. Druckman, and Fay Lomax Cook. (2014b). The influence of partisan motivated reasoning on public opinion. *Political Behavior*, 36(2), 235–262. doi:10.1007/s11109–013–9238–0.

Cialdini. Robert B. (2003). Crafting normative messages to protect the environment. *Current Directions in Psychological Science*, 12(4), 105–109. doi:10.1111/1467–8721.01242.

Cohen, Geoffrey L., David K. Sherman, Anthony Bastardi, Lillian Hsu, Michelle McGoey, and Lee Ross. (2007). Bridging the partisan divide: self–affirmation reduces ideological closed–mindedness and inflexibility in negotiation. *Journal of Personality and Social Psychology*, 93(3), 415–430. doi:10.1037/0022–3514.93.3.415.

Cotton, John L. (1985). Cognitive dissonance in selective exposure. In: Dolf Zillmann and Jennings Bryant, eds., *Selective exposure to communication*. Hillsdale, NJ: Lawrence Erlbaum, 11–33.

D'Alessio, Dave, and Mike Allen. (2002). Selective exposure and dissonance after decisions. *Psychological Reports*, 91(2), 527–532. doi:10.2466/PR0.91.6.527–532.

Druckman, James N., and Toby Bolsen. (2011). Framing, motivated reasoning, and opinions about emergent technologies. *Journal of Communication*, 61(4), 659–688. doi:10.1111/j.1460–2466.2011.01562.x. p. 669.

Feather, N. T. (1962). Cigarette smoking and lung cancer: a study of cognitive dissonance. *Australian Journal of Psychology*, 14(1), 55–64. doi:10.1080/00049536208255449.

Feldman, Lauren, Edward W. Maibach, Connie Roser–Renouf, and Anthony Leiserowitz. (2012). Climate on cable: the nature and impact of global warming coverage on Fox News, CNN, and MSNBC. *The

International Journal of Press/ Politics, 17(1), 3–31. doi:10.1177/1940161211425410.

Feldman, Lauren, Teresa A. Myers, Jay D. Hmielowski, and Anthony Leiserowitz. (2014). The mutual reinforcement of media selectivity and effects: testing the reinforcing spirals framework in the context of global warming. *Journal of Communication*, 64(4), 590–611. doi:10.1111/jcom.12108.

Funk, Cary, and Lee Rainie. (2015). Public opinion about food. In: *Americans, Politics, and Science Issues*, 127–140. Washington, DC: Pew Research Center. http://www.pewinternet.org/files/2015/07/2015–07–01_science–and–politics_FINAL. pdf.

Groeling, Tim. (2010). *When politicians attack: party cohesion in the media*. New York: Cambridge University Press.

Hart, P. Sol, and Erik C. Nisbet. (2012). Boomerang effects in science communication: how motivated reasoning and iden–tity cues amplify opinion polarization about climate mitigation policies. *Communication Research*, 39(6), 701–723. doi:10.1177/0093650211416646.

Hart, William, Dolores Albarracín, Alice H. Eagly, Inge Brechan, Matthew J. Lindberg, and Lisa Merrill. (2009). Feeling validated versus being correct: a meta–analysis of selective expo–sure to information. *Psychological Bulletin*, 135(4), 555–588. doi:10.1037/a0015701.

Hmielowski, Jay D., Lauren Feldman, Teresa A. Myers, Anthony Leiserowitz, and Edward Maibach. (2014). An attack on science? Media use, trust in scientists, and perceptions of global warming. *Public Understanding of Science*, 23(7), 866–883. doi:10.1177/0963662513480091.

Jang, S. Mo. (2014). Seeking congruency or incongruency online? Examining selective exposure to four controversial science issues. *Science Communication*, 36(2), 143–167. doi:10.1177/1075547013502733.

Kahan, Dan M. (2013). Ideology, motivated reasoning, and cognitive reflection. *Judgment and Decision Making*, 8(4), 407–424.

Kahan, Dan M., Donald Braman, Geoffrey L. Cohen, John Gastil, and Paul Slovic. (2010). Who fears the HPV vaccine, who doesn't, and why? An experimental study of the mecha–nisms of cultural cognition. *Law and Human Behavior*, 34(6), 501–516. doi:10.1007/s10979–009–9201–0.

Kahan, Dan M., Hank Jenkins–Smith, and Donald Braman. (2011). Cultural cognition of scientific consensus. *Journal of Risk Research*, 14(2), 147–174. doi:10.1080/ 13669877.2010.511246.

Kahan, Dan M., Ellen Peters, Maggie Wittlin, Paul Slovic, Lisa Larrimore Ouellette, Donald Braman, and Gregory Mandel. (2012). The polarizing impact of science literacy and numeracy on perceived climate change risks. *Nature Climate Change*, 2, 732–735. doi:10.1038/nclimate1547.

Kiley, Jocelyn. (2015). *Ideological divide over global warming as wide as ever*. Washington, DC: Pew Research Center. http:// www.pewresearch.org/ fact–tank/ 2015/ 06/ 16/ ideological–divide–over–global–warming–as–wide–as–ever/.

Knobloch–Westerwick, Silvia, Benjamin K. Johnson, Nathaniel A. Silver, and Axel Westerwick. (2015).

Science exemplars in the eye of the beholder: how exposure to online science information affects attitudes. *Science Communication*, 37(5), 575–601. doi:10.1177/1075547015596367.

Kunda, Ziva. (1990). The case for motivated reasoning. *Psychological Bulletin*, 108(3), 480–498. doi:10.1037/0033–2909.108.3.480.

Lerner, Jennifer S., and Philip E. Tetlock. (1983). Accounting for the effects of accountability. *Psychological Bulletin*, 125(2), 255–275. doi:10.1037/0033–2909.125.2.255.

Lord, Charles G., Lee Ross, and Mark R. Lepper. (1979). Biased assimilation and attitude polarization: the effects of prior theories and subsequently considered evidence. *Journal of Personality and Social Psychology*, 37(11), 2098–2109. doi:10.1037/0022–3514.37.11.2098.

Lundgren, Sharon R., and Radmila Prislin. (1998). Motivated cognitive processing and attitude change. *Personality and Social Psychology Bulletin*, 24(7), 715–726. doi:10.1177/0146167298247004.

MacKuen, Michael, Jennifer Wolak, Luke Keele, and George E. Marcus. (2010). Civic engagements: resolute partisanship or reflective deliberation. *American Journal of Political Science*, 54(2), 440–458. doi:10.1111/j.1540–5907.2010.00440.x.

McCulloch, Kathleen C., Marta R. Durantini, and Dolores Albarracín. (2008). A door to HIV–prevention interventions: how female–targeted materials can enhance female participation. *Journal of Applied Social Psychology*, 38(5), 1211–1229. doi:10.1111/j.1559–1816.2008.00345.x.

McFadden, Brandon R., and Jayson L. Lusk. (2015). Cognitive biases in the assimilation of scientific information on global warming and genetically modified food. *Food Policy*, 54, 35–43. doi:10.1016/j.foodpol.2015.04.010.

McGuire, William J. (1964). Inducing resistance to persuasion: some contemporary approaches. In: Leonard Berkowitz, ed., *Advances in experimental social psychology*, Vol. 1. New York: Academic Press, 191–229.

Mie Kim, Young. (2007). How intrinsic and extrinsic motivations interact in selectivity: investigating the moderating effects of situational information processing goals in issue publics' Web behavior. *Communication Research*, 34(2), 185–211. doi:10.1177/0093650206298069.

Nisbet, Erik C., Kathryn E. Cooper, and R. Kelly Garrett. (2015). The partisan brain: how dissonant science mes–sages lead conservatives and liberals to (dis)trust science. *The ANNALS of the American Academy of Political and Social Science*, 658(1), 36–66. doi:10.1177/0002716214555474.

Noguchi, Kenji, Dolores Albarracín, Marta R. Durantini, and Laura R. Glasman. (2007). Who participates in which health promotion programs? A meta–analysis of motivations underlying enrollment and retention in HIV–prevention interventions. *Psychological Bulletin*, 133(6), 955–975. doi:10.1037/0033–2909.133.6.955.

O'Neill, Saffron, and Sophie Nicholson–Cole. (2009). "Fear won't do it": promoting positive engagement with climate change through visual and iconic representations. *Science Communication*, 30(3), 355–379. doi:10.1177/1075547008329201.

Pomerantz, Eva M., Shelly Chaiken, and Rosalind S. Tordesillas. (1995). Attitude strength and resistance processes. *Journal of Personality and Social Psychology*, 69(3), 408–419. doi:10.1037/0022–3514.69.3.408.

Redlawsk, David P., Andrew J. W. Civettini, and Karen M. Emmerson. (2010). The affective tipping point: Do motivated reasoners ever "get it"? *Political Psychology*, 31(4), 563–593. doi:10.1111/j.1467–9221.2010.00772.x.

Sarge, Melanie A., Matthew S. VanDyke, Andy J. King. and Shawna R. White. (2015). Selective perceptions of hydrau–lic fracturing. *Politics and Life Sciences*, 34(1), 57–72. doi:10.1017/pls.2015.6.

Schultz, P. Wesley, Jessica M. Nolan, Robert B. Cialdini, Noah J. Goldstein, and Vladas Griskevicius. (2007). The con–structive, destructive, and reconstructive power of social norms. *Psychological Science*, 18, 429–434. doi:10.1111/ j.1467–9280.2007.01917.x.

Sears, David O., and Jonathan L. Freedman. (1967). Selective exposure to information: a critical review. *Public Opinion Quarterly*, 31(2), 194–213. doi:10.1086/267513.

Soo Kim, Kyun. (2011). Public understanding of the politics of global warming in the news media. *Public Understanding of Science*, 20(5), 690–705. doi:10.1177/0963662510372313.

Sparks, Paul, Donna C. Jessop, James Chapman, and Katherine Holmes. (2010). Pro–environmental actions, climate change, and defensiveness: Do self–affirmations make a difference to people's motives and beliefs about making a difference? *British Journal of Social Psychology*, 49(3), 553–568. doi:10.1348/014466609X471976.

Steele, Claude M., and Thomas J. Liu. (1983). Dissonance processes as self–affirmation. *Journal of Personality and Social Psychology*, 45(1), 5–19. doi:10.1037/0022–3514.45.1.5.

Stroud, Natalie Jomini. (2011). *Niche news: the politics of news choice*. New York: Oxford University Press.

Stroud, Natalie Jomini, and Alexander Curry. (2015). The polarizing effects of partisan and mainstream news. In: James A. Thurber and Antoine Yoshinaka, eds., *American gridlock*. New York: Cambridge University Press, 337–354.

Takahashi, Bruno, and Edson C. Tandoc Jr. (2016). Media sources, credibility, and perceptions of science: learning about how people learn about science. *Public Understanding of Science*, 25(6), 674–690. doi:10.1177/0963662515574986.

Tetlock, Philip E. (1983). Accountability and complexity of thought. *Journal of Personality and Social Psychology*, 45(1), 74–83. doi:10.1037/0022–3514.45.1.74.

Valentino, Nicholas A., Vincent L. Hutchings, Antoine J. Banks, and Anne K. Davis. (2008). Is a worried citizen a good citizen? Emotions, political information seeking, and learning via the Internet. *Political Psychology*, 29(2), 247–273. doi:10.1111/j.1467–9221.2008.00625.x.

Van Prooijen, Anne–Marie, and Paul Sparks. (2014). Attenuating initial beliefs: increasing the acceptance of anthropogenic climate change information by reflecting on values. *Risk Analysis*, 34(5), 929–936. doi:10.1111/risa.12152.

Van Prooijen, Anne–Marie, Paul Sparks, and Donna C. Jessop. (2012). Promoting or jeopardizing lighter carbon footprints? Self–affirmation can polarize environmental orientations. *Social Psychology and Personality Science*, 4(2), 238–243. doi:10.1177/1948550612450465.

Wakefield, Melanie A., Barbara Loken, and Robert C Hornik. (2010). Use of mass media campaigns to change health behavior. *The Lancet*, 376(9748), 1261–1271. doi:10.1016/ S0140–6736(10)60809–4.

Wilson, Kristina, Marta R. Durantini, Julia Albarracín, Candi Crause, and Dolores Albarracín. (2013). Reducing cultural and psychological barriers to Latino enrollment in HIV–prevention counseling: initial data on an enrollment meta–intervention. *AIDS Care*, 25(7), 881–887. doi:10.1080/09540121.2 012.729803.

Xenos, Michael A., Amy B. Becker, Ashley A. Anderson, Dominique Brossard, and Dietram A. Scheufele. (2011). Stimulating upstream engagement: an experimental study of nanotechnology information seeking. *Social Science Quarterly*, 92(5), 1191–1214. doi:10.1111/j.1540–6237.2011.00814.x.

Yeo, Sara K., Michael A. Xenos, Dominique Brossard, and Dietram A. Scheufele. (2015). Selecting our own science: how communication contexts and individual traits shape information seek–ing. *The ANNALS of the American Academy of Political and Social Science*, 658(1), 172–191. doi:10.1177/0002716214557782.

Zhao, Xiaoquan. (2009). Media use and global warming percep–tions: a snapshot of the reinforcing spirals. *Communication Research*, 36(5), 698–723. doi:10.1177/0093650209338911.

Zhao, Xiaoquan, Anthony A. Leiserowitz, Edward W. Maibach, and Connie Roser–Renouf. (2011). Attention to science/ environment news positively predicts and attention to political news negatively predicts global warming risk perceptions and policy support. *Journal of Communication*, 61(4), 713–731. doi:10.1111/j.1460–2466.2011.01563.x.

推荐阅读

Bolsen, Toby, and James N. Druckman. (2015). Counteracting the politicization of science. *Journal of Communication*, 65(5), 745–769. doi:10.1111/jcom.12171.

Feldman, Lauren, Edward W. Maibach, Connie Roser–Renouf, and Anthony Leiserowitz. (2012). Climate on cable: the nature and impact of global warming coverage on Fox News, CNN, and MSNBC. *The*

International Journal of Press/ Politics 17(1), 3–31. doi:10.1177/1940161211425410.

Jang, S. Mo. (2014). Seeking congruency or incongruency online? Examining selective exposure to four controversial science issues. *Science Communication*, 36(2), 143–167. doi:10.1177/1075547013502733.

Kahan, Dan M., Donald Braman, Geoffrey L. Cohen, John Gastil, and Paul Slovic. (2010). Who fears the HPV vaccine, who doesn't, and why? An experimental study of the mechanisms of cultural cognition. *Law and Human Behavior*, 34(6), 501–516. doi:10.1007/s10979–009–9201–0.

Knobloch–Westerwick, Silvia, Benjamin K. Johnson, Nathaniel A. Silver, and Axel Westerwick. (2015). Science exemplars in the eye of the beholder: how exposure to online science information affects attitudes. *Science Communication*, 37(5), 575–601. doi:10.1177/1075547015596367.

Nisbet, Erik C., Kathryn E. Cooper, and R. Kelly Garrett. (2015). The partisan brain: how dissonant science messages lead conservatives and liberals to (dis)trust science. *The ANNALS of the American Academy of Political and Social Science*, 658(1), 36–66. doi:10.1177/0002716214555474.

Sparks, Paul, Donna C. Jessop, James Chapman, and Katherine Holmes. (2010). Pro–environmental actions, climate change, and defensiveness: Do self–affirmations make a differ–ence to people's motives and beliefs about making a difference? *British Journal of Social Psychology*, 49(3), 553–568, doi:10.1348/014466609X471976.

Van Prooijen, Anne–Marie, Paul Sparks, and Donna C. Jessop. (2012). Promoting or jeopardizing lighter carbon footprints? Self–affirmation can polarize environmental orientations. *Social Psychology and Personality Science*, 4(2), 238–243. doi:10.1177/1948550612450465.

第四十一章
在传播科学时克服数学盲以及对启发法的使用

艾伦·彼得斯（Ellen Peters）

摘要： 因为外行和专家都会对信息诉诸肤浅的启发式过程，而不是理解和利用重要且通常是数值型的信息，所以科学传播是困难的。本章从经验的力量、情感启发式、框架效果方面考察了启发式过程以及这个过程与数学盲的相互作用。在如何改善科学传播以降低对启发式过程的使用以及在风险认知和决策中如何改善对数值型信息的利用方面提出了建议。基于现有证据，科学传播者应该认真地发现传播目标，并且选择基于证据的策略来满足这些目标。基于证据的策略包括提供数值型信息（与不提供这些信息相反），降低认知努力，增加情感意义，以及促使关注关键信息。

关键词： 数学能力；启发法；数值型信息；决策；风险认知；科学传播；经历；情感启发式；框架效果；数学盲

2004 年的印度洋地震是有记载以来最严重的自然灾害之一，它导致的海啸给 14 个国家带来了巨大的经济和个人损失，并导致 23 万人丧生。一些人把这些损失归咎于不充分的科学传播，具体来说就是在预警方面的失败（Dickson，2005）。通过声称海啸是"该国之前从未经历过一种新现象"，印度总理辛格（Singh）试图逃避责任。然而，历史记录不会认同这一观点；印度洋海啸仅仅是发生可能性很小的事件。但正是这种稀少性可能释放出了安全的信号或对难以置信的风险释放出了一种认知（Hertwig 等，2004）。类似的是，在经受过一次灾难后就立刻购买洪水保险的洪泛区的房主通常不会年复一年地更新这份保单，如果没有洪水发生，他们就又一次感觉安全了（Kunreuther 和 Michel-Kerjan，2011）。当然，可能是多种因素决定了这种行为的后果。即便我们改善了自己预测负面事件可能性的能力，人们仍然会误解这些不确定性。比如，"百年一遇"意味着洪水每年发生的概率为 1%，但是相反很多人认为它表明了洪水会多长时间发生一次（Kates，1962）。这些以及其他相似的结果凸显了通过可资利用的形式来呈现科学事实的重要性。

虽然这很困难，但是好的科学传播是有价值的，因为它让个体在把决策建立在重要、通常是数字型信息的基础之上而非肤浅的启发式过程方面面临着旧的和新的危险。本章着眼于我们启发式趋势的影响，以及因而导致的对数值型信息的误用（比如，高估或低估发生负面后果的可能性）。本章也强调了在如何克服这些效果方面我们知道什么以及不知道什么，在本章的最后一部分特别强调了呈现像概率和后果这样的数值型信息的改进方法。

双重过程：思考与感觉

当做出涉及科学（或任何其他事情）的决策时，人类利用两种独立但相互作用的思维方式来处理信息——一种更加周到和深思熟虑，另一种更具情感性和经验性（Reyna，2004；Slovic 等，2004；Kahneman，2003）。情感性/经验性模式依赖经历的力量以及对启发式捷径的使用。这些启发法是有效的策略，它并不符合解决问题的正式的以规则为基础的方式，但是通常会产生令人满意的判断和选择。然而，这些策略会失败并导致被称为偏见的严重错误（Tversky 和 Kahneman，1974）。当信息的情感性（好的/坏的）意义众所周知时，利用情感启发式（后面深入探讨）会促进决策，但是它也会对风险认知形成偏见（Västfjäll 等，2008；Slovic 等，2004）。本章着眼于三种启发法（经历的力量，情感启发式以及框架效果）以及它们会削弱（就情感启发式而言，有时候是支持）对数值型信息的采用方式。

此外，以审慎的模式处理信息更加费力、缓慢，且需要以认真的分析为基础。这通常被视为好的决策的最佳基础，至少在西方世界如此。比如，本杰明·富兰克林（Benjamin Franklin；1956）建议说，一个人应该列出所有的可用选项并认真思考它们的优缺点以做出最好的选择。很多人认为，鉴于情感性/经历性体系只会让决策者误入歧途，审慎的模式对于做出好的决策来说是至关重要的。实际上，从进化的角度来说，审慎的模式是人类对事件的可能性以及对结果的质量产生并利用重要的数值型信息最新能力的基础。

然而，虽然人类在智力上可以取得伟大壮举，但是我们的智力水平是有限的。结果，审慎的模式有时候会让决策者失败（图 41.1）。比如，因为决策者在任何一项选择中只能处理和使用有限数量的信息，所以他们依赖思维捷径或启发法来处理他们面临的选择的复杂性。在认知资源上有更多限制的个体似乎会更频繁地利用思维捷径（比如，不太具有计算能力的成人和老年人；Peters，2012；Mutter 和 Pliske，1994）。

根据某些研究人员的看法，当这两个模式协同工作并且决策者既思考

"My desire to be well-informed is currently at odds with my desire to remain sane."

"我想变得见多识广的期望与我想保持理智的期望不一致。"

图 41.1　审慎思维的缺点

又摸索他们决策的方式时，好的选择非常有可能会浮现出来（Damasion，1994）。在这个过程中，他们会认真地考虑信息，但是也会理解位于那些信息背后的情感意义，并受到这些情感意义的激励。这意味着决策者需要信息可利用、精确、及时以及可理解；为能够把事实整合进判断之中，他们还需要能够理解它们好的和不好的意义。因而情感性和经历性的思维模式对于选择来说是至关重要的。比如，一个本身是烟民的决策者需要知道他有 6% 的患癌风险以及 6% 意味着什么。那 6% 的风险给他带来的感受是好还是坏？对选项的选择和感受的理由都会随着选择情景的变化而变化（Zikmund-Fisher 等，2010；Shafir 等，1993）。这些都是以个体决策者的特征为基础的，比如计算能力（理解和使用概率性和数学信息及概念的能力；Peters 等，2006）。

计算能力对理解和使用科学知识的影响

当做涉及科学知识的决策时（考虑地震或海啸的可能性，与消费一定数量的卡路里相关的体重增加，或者到 20 世纪末海平面上升趋势的预计结束点），决策者通常会考虑数值型信息。但是数字可能难以评估，因为它们是抽象化的符号，并且情景的不同也会改变它们好/坏的意义（3% 的可能性发生海啸，3 卡热量，海平面上升 3 英尺意味着完全不同的事情）。但是数字通常是由科学传播者提供的，因为他们认为这些数字很有用。

使用和理解数字通常被认为是好的决策的基本要求。

然而，在如何理解数字方面，人们存在着非常大的差异。比如，近期在美国开展的一项调查发现，不到三分之二的人正确地回答了简单的计算题（Galesic 和 Garcia-Retamero，2010）。四分之一的人不知道下列问题的答案："下列哪个数字表示患上某种疾病的风险最大：百分之一、千分之一，还是十分之一？"世界经合组织（2013）预测说，29% 的美国成人（大约 6800 万）只具有基础性的计算能力（低于 1 年级），从而使他们只能进行简单的数字运算（比如，计数、分类、基本的代数运算）。只有 9% 的学生达到了最高的计算水平（4 级或 5 级，约有 2100 万成年人），具有量化技能，以理解和使用数字集成信息，来解决一些复杂问题，如糖尿病患者管理。尚不明确的是，在像迈阿密这样的区域理解海平面上升的趋势以及领悟由此产生的启示和可能解决方案上需要什么层次的计算能力。

计算能力关乎的还不仅限于对数字的简单理解。超越对数字的理解是重要的，因为人们需要对信息的多种来源进行整合并采取行动。研究已经表明，计算能力还与对数值型信息和非数值型信息的处理和运用相关。即使给每个人提供同样的信息，计算能力强和弱的人对它的使用也是不同的（Ghazal 等，2014；Peters，2012；Reyna 等，2009；Peters 等，2006）。尤其是，计算能力较差的人似乎会诉诸对信息的启发式过程（比如利用情感启发式），大概是因为对他们来说启发法要比处理数值型信息更容易一些。另外，那些计算能力更强的人更有可能会处理数字，从中获得情感性意义，在决策中更加审慎，并且最终在决策中会更多地使用数字。近期的研究表明，在进行判断和决策时计算能力更强和更弱的个体在经历的力量、对情感启发式的采用以及对框架效果的敏感性方面存在着差异。关于计算能力同其他启发法是否相关的证据还比较少，比如瞄定、可用性、代表性和其他简单的启发法（Gigerenzer 等，2000；Tversky 和 Kahneman，1974）。与计算能力较弱的人相比，计算能力更强的人在不大会引起争论的领域通常会感知到较少的风险（比如健康和金融风险；Burns 等，2012；Peters，2012），但是在争议性的领域会有更多的动机性风险认知（比如气候变化和核电；Kahan 等，2012）。需要开展更多的研究以理解这些领域的差异，尤其是动机认知。

计算能力预测了常见启发法的使用

虽然启发法和它们后续的偏见被认为是普遍现象，但是较低的计算能力与对一系列启发法及偏见性任务的更大敏感性相关（Toplak 等，2011；Peters 等，2006）。在这一部分，我综述了三个常见的启发法及其与计算能力的关系。

经历的力量

个人经历可以被视为一种强有力的启发法。在触碰一个高温火炉一次之后，儿童很快地就会更加仔细的选择；在享受到婴儿咯咯地发出笑声的乐趣之后，成人会做出更加滑稽的表情。基于经历的决策依赖于重要、容易理解、令人难忘且与个体有情感的事件相关的迅速且具有联想性的过程（Weber 和 Stern，2011）。当决策者总是经历这种结果并且这种经历对指导未来而言具有意义时，这个过程就会运转良好。然而，我们的经验性心智也会被系统性偏见所操纵。比如，即便面临着更可靠的统计性信息，我们还是会容易受到叙事性信息的影响（Borgida 和 Nisbett，1977）。比如，在一项有关可能的恐怖分子袭击的风险认知的研究中，具有较强计算能力的人在他们评估风险时更多地采用了所陈述的恐怖分子袭击的可能性，而计算能力较弱的人则更多地着眼于他们大概认为更容易评估和使用的叙事性证据（Dieckmann 等，2009）。与计算能力较弱的乳腺癌患者相比，计算能力较强的患者在他们对治疗有效性的认知方面也更有可能依赖专家对存活率的数值型估计（Lipkus 等，2010）。虽然并不是直接地进行评价，但是来自计算能力较弱的患者的非常低的生存率认知与他们在判断中更多地依赖凄凉的癌症故事的可能性是一致的。类似的是，在计算能力较低的人群中，对疫苗不良事件的风险认知更多的是受到叙事性信息的影响（Betsch 等，2015）。这些结果表明，决策者用不同的方式对预测进行评估，这取决于他们认为更容易评估的信息的类型。因为科学通常涉及统计汇总，但是人们用来自他们自己或他人的经历对这些统计数字进行了放大，所以这些发现是重要的。科学家早就知道了全球气候变化的发生，但是他们的统计汇总对于没有准备好去理解这些数字并且也不想因为所提议的补救形式而产生不便的公众来说毫无差别。最近对异常天气模式的叙述可能促使在对气候变化和缓和气候变化的行动的风险认知方面出现一个转折点。

在帮助我们更好地估计某些事情发生的频率以便我们可以做出更好的预测方面，经历也十分重要。比如，近年来日益增加的炎热日子以及灾难性天气事件的频率可能会告诉公众气候变化不仅正在发生，而且还带来了深远的启示。此外，偶发事件的经历往往传达的信息是这个事件不会再发生了；人们会低估他们经历过的罕见事件的概率（Hertwig 等，2004）。如前面提到的那样，在 2004 年印度洋海啸中印度政府在传播方面的缺乏可能是因为这种经验性的思维方式。还不清楚计算能力是否以及如何可能与从经历中学习的频率有关。更明确的是，与那些计算能力较弱的人相比，那些计算能力更强的人会在他们的判断和选择中更多地依赖并利用统计汇总和所陈述的可能性。

情感启发式

当面临复杂的判断或决策时，我们会依赖我们经验性思维的启发法对任务进行简化。一种常见的启发法——情感启发式——关乎我们依靠情感来形成判断和做选择（Slovic等，2002；另见 Albarracin 和 Kumkale，2003；Schwarz 和 Clore，1983）。正是这些情感使得人们在进化的过程中幸存下来——迅速地发现接近什么是安全的以及避免什么是至关重要的。此外，现代人类从数字中获取情感意义的能力似乎促进了我们在判断和选择中对数值型信息的使用；没有情感意义的信息不太可能被采用（Bateman 等，2007；Slovic等，2004）。

虽然在一般意义上来说情感启发式有用，但是它也会让判断产生偏见。对危害、活动和技术的反应的早期研究发现，风险和收益认知往往呈正相关，但是在人们的心目中却是负相关的（Fischhoff 等，1978）。特别是最近，对一项活动（比如，使用杀虫剂）所具有的认知风险与认知收益之间的这种反比关系同与那种活动相关的正向情感或负向情感的强度有关（Alhakami 和 Slovic，1994）。这个结果表明，人们对一项活动或一种技术的判断不仅以他们怎么看待它为基础，而且还以他们如何感受它为基础；他们会采用情感启发式。如果他们对一项活动的感觉是积极的，那么他们就会判断这种风险很低，而收益很高；如果他们对其的感觉是消极的，那么他们往往会做出相反的判断——高风险，低收益。在这种模式之下，情感先于风险和收益的判断之前出现，并且会指导这种判断。

在各种各样的领域中都可以看到这种情感的力量。比如，对于同样的疾病来说，与贴上有关牛海绵状脑病（bovine spongiform encephalitis，BSE）或者克罗伊茨费尔特－雅各布病（Creutzfeldt–Jakob disease）这种更加抽象且较少情感负荷的科学标签的报道相比，利用"疯牛病"这个更具有情感的标签的报道会导致更大的恐惧，并降低牛肉消费（Sinaceur 等，2005）。同样地，被发现的受害者，无论是挨饿的孩子还是北极熊，都会激发出比统计汇总更多的负面情感，并且会带来更多的捐赠（Markowitz 等，2013；Small等，2007；Kogut 和 Ritov，2005）。出现这种结果的原因在于，公众成员通常并不知道他们对风险的确切感觉，或者他们在帮助改善环境或者那些需要帮助的人方面的最优预算是什么。因而，他们根据可获得的信息建构了自己的风险认知和货币估价，在这些情况下，就会影响对一种结果的经历。

计算能力较弱的个体要比计算能力较强的人更多地利用以肤浅的来源为基础的情感启发式。比如，在计算能力方面较弱的个体依靠情绪状态来评估一个医院（"我感觉不舒服，所以，这家医院一定不好"），而那些计算能力较高的人更多地依靠所提供的数值型的照护品质指标（Peters 等，2009）。帕胡尔（Pachur）以及加列希奇（Galesic）2013 年进一步发现，计算能力较弱的参与者在风险性的选择中更多地采用情感启发式，而计算能力较强的参与者则以更基于理性的方式进行选择，他们会最小化那些可能最糟糕的结果。

然而，对情感的使用是复杂的，因为情感来源于多种渠道。它可能来源于对判断或选择来说不可或缺的表面的刺激因素（比如疯牛病的标签与牛海绵状脑病；Sinaceur 等，2005）或源于肤浅的外部来源（比如情绪状态；Peters 等，2009）。或者，它可能来源于经历（触摸高温火炉会疼）或来源于处理数字以获得情感意义。在后一种情况下，具有较高计算能力的人要比较低计算能力的人从数字和数字比较中更多地获得情感意义，并最终要比计算能力较弱的人更多地利用这种以次级的经过深思熟虑的情感来源为基础的情感启发式（Peters 等，2006）。比如，在一项比率偏见任务中，给参与者提供了一次抽奖的机会，让他们从两个碗中的一个里抽出一颗红色的软心豆粒糖，大碗里红色糖果的绝对数更多，但比例较低（9%），而小碗里的绝对数量较少，但抽中的概率更高（10%）；每个碗下面的概率表述的都很明显（Peters 等，2006）。研究人员假设并发现，首先，计算能力较差的人更多地从客观上较差的碗里进行选择，其次，同他们较差的选择相关的是，他们比计算能力较强的人从明显的概率的对比中获得了不那么精确的情感意义。总之，这个领域的研究表明，计算能力较差的个体更多地利用表面上的情感来源，而那些计算能力较高的人更多地从数字和数字对比中获得情感，并在判断和选择中更多地利用这种次级的情感来源。

框架效果

框架效果至少在一定程度上以对情感的反应为基础，在这种情况下，就是对有效价的框架的积极情感和消极情感。在由特维斯基和卡尼曼 1981 年引入的亚洲病问题的风险－选择框架中，一项选择情境中的风险和安全选项的后果或者是用积极术语描述的（获救的人员数目），或者是用消极术语描述的（致死的人员数目）。决策者往往在他们于消极框架中选择风险选项但是于数字上同等增益的框架中选择安全选项之间展示出了一种偏好翻转。计算能力并不会改变风险－选择框架效果的规模，但是计算能力较强和较弱的个体处理框架信息的方式是不同的。尤其是，计算能力较弱的人的选择对受情感影响的框架展示出了巨大的效果，这远远超出了他们对单独选项的评估的任何影响，而计算能力很强的人对单独选项的吸引力等级则几乎完全地解释了他们的选择（Peters 和 Levin，2008）。与其他研究类似的是（Dieckmann 等，2009），与那些对像有效价的框架或叙事这些非数字化来源的信息给予更虚假地回应的计算能力较弱的人相比，计算能力很强的人似乎把更复杂的信息整合进了他们的偏好之中。

框架的另外一种形式被称为属性框架，它着眼于基于一个单独属性而进行的判断，这种框架是与情感启发式关联最多的一种数值型框架。比如，某个学生答对一项测试中问题的比例为 87%（积极框架）或说回答错误的比例为 13%（消极框架），参与者可能被要求去评估这项工作的质量。此时，与计算能力较强的个体相比，计算能力较弱的个体更容易受到框架效果的影响，从而对以积极而非消极的框架呈现出来的信息做出更积极的回应（Garcia-Retamero 和 Galesic，2010；Peters 等，2006），虽然这些结果并不总是可以重复出来（彼得斯等人 2011 年表明了与既往结果一致的不明显的效果）。彼得斯等人2006 年推测认为，计算能力很高的人可以把给定的框架变换成可选框架，以便计算能力很高的人就有了两种可资利用的框架信息，而计算能力较弱的人只有一种被提供的框架。

计算能力较弱的人更容易受到各种数值型框架效果的影响。比如，有关风险的数字可以用百分比或频率的形式进行呈现（比如，9% 对比 100 人中有 9 人，会产生副作用）。过去的研究表明频率形式会产生更大的情感性意象（Slovic 等，2002），并导致更高的风险认知。然而，这些结果仅限于各种医学及恐怖主义相关领域中那些计算能力较弱的个体（Peters 等，2011；Dieckmann 等，2009；Peters 等，2006）。与属性框架效果相类似的是，计算能力的差异也可以归因于计算能力较高的人更有可能把给定框架转换成其逻辑等价式（10%=100 人中有 10 人），因而与计算能力较弱的人相比，他们的优势就在于有两个可利用的框架。

在这一部分，我着眼于有关决策的文献中所界定的框架效果。还存在其他类型的框架，比如，在传播学和新闻学中，被呈现的信息可以基于相同的事实，但是这些事实的"框架"或者说标签是可以改变的，因而就改变了对情况的认知（比如，被转基因食品称为"弗兰肯食品"或者在加利福尼亚把再生水描述为"从马桶到水桶"）。这些框架是非数值型的，因而不太可能会展示出计算能力上的差异。然而，因为它们也传播了非常强烈的感情，计算能力较差的人可能更容易受到它们的操纵，而计算能力很高的人可能更容易受到其他可获得的数值型信息的影响。然而，在这个话题上没有已知的相关研究。

在如何克服这些影响方面我们知道什么以及不知道什么

在促进对数值型信息的传播以及克服或更好地使用作为结果的启发法方面存在着一些策略。经历的力量、利用情感启发式以及框架效果是可以被改变的，因为信息的情感性过程或审慎的过程会受到选择及信息如何呈现的影响。说服的双重过程理论中明确地阐明的其他效应也很有趣，但是超过了本章所呈现的内容范围（Petty 和 Wegener，1999）。现在我转向简要地回顾基于证据的传播策略：①促进对信息的理解和使用；②在决策中考虑双重过程；③可以降低或改善对特殊启发法的使用。可以在彼得斯等人 2014年的文章中找到每个策略更多的细节。

1. **发现传播的目标。** 为有效地进行传播，传播者首先需要找到传播的目标，以及决策者为达到这个目标需要接收到什么信息。目标可能是增加对极端天气事件的可能性的理解，或者鼓励基于那种理解的保护性行动，以避免利用启发法或者某些完全不同的东西。一旦识别出目标，传播者就应该选择基于证据的技术来满足这个目标。这在对通常似乎主要着眼于"这只是事实，女士"的科学进行传播时是关键，但通常是被忽视的第一步。

2. **提供数值型信息。** 政策制定者和其他人会质疑公众——尤其是计算能力较弱的人是否能够"处理"数值型信息（Schewartz，2011）。比如，利普吉斯（Lipkus）等人 2010年发现，30%～40% 的女性会错误地看待统计学上最大化的无癌存活期的治疗方法；计算能力更强的患者更有可能正确地看待这种治疗方法。数值型信息通常对于在不同领域之间做出选择是重要的，并且这种发现对于是否应该给那些不能正确地使用数字的人提供数字留下了一种两难的困境。然而，现有的证据表明提供数字（与不提供数字相比）会改善患者的理解，以及服用药物的意愿。尤其是，与提供数值型信息相比，当仅提供非数值型信息（比如"常见""罕见"这样的风险标签）时，所有个体（不论其计算能力如何）往往会高估风险可能性，并不太愿意服用所开具的药物（Peters 等，2014；Berry 等，2002）。类似的是，在有多少比例的专家认同气候变化是人为导致的方面，提供数值型信息比不提供数值型信息会在科学的一致意见上带来更高的预测（Myers 等，2013；另见 Hart，2013）。然而，提供数字在其他领域或者实际的行为中只开展过有限测试，从而使得这成为未来研究的一个重要领域。

国际患者决策援助标准（2005）也建议提供某种类型的数字，尤其是提供积极的和消极的信息框架（比如存活率和死亡率）来降低框架效果。然而，支持这种方法的经验数据是有限的，包括在计算能力的作用方面。相反，其他研究人员建议（并且有数据支持他们的这些建议）利用视觉化显示。比如，条形图几乎会完全地消除框架效果（Garcia-

Retamero and Galesic，2010）。

3. **降低认知努力。**如前所述，审慎模式会被复杂且充裕的信息所淹没。然而，通过减少选择的数量以及信息的总量来降低决策者所需要的认知努力会增加对重要信息的理解和使用（Zikmund-Fisher 等，2008；Peters 等，2007）。专家们应该找到一个决策中更为关键和较为不关键的元素（比如，在每个重要的维度上，占支配地位的选项都比其他选项要差得多；更重要及不太重要的内容），以便信息提供者可以从考虑组合中删除它们，或者从策略上选择如何呈现它们。提供信息的方向应该与人们的经历相一致（比如，通常较高的数字意味着要比较低的数字"好"），以促进对选择的理解和改善。比如，医院的照护质量信息可以通过某种形式呈现出来（每 100 位患者对应的注册护士数量），数量值越大越好；对这种形式的理解要好过较低的数量意味着更好的常规形式（每位注册护士的患者数量；Peters 等，2007）；其效果在计算能力较差的人群中也会更强。类似的效果也体现在拉里克（Larrick）和索尔（Soll）2008 年所研究的一种环保情境中，他们表明当把汽车燃油效率呈现为给定距离所消耗的气体总量时（每百英里的加仑数），对汽车燃油效率（会降低气体燃烧和碳排放）的理解要好过以更常规的每加仑英里数所呈现的数据。

总体来说，信息提供者应该帮决策者进行数学计算而非要求他们把自己有限的认知能力导向计算和转换。比如，当对较长的时期评估风险时，通常会告知决策者一段时期的风险并期望他们能够推断出另外一段时期的风险。假如尼娜（Nina）可能被告知了服用避孕药的年度风险，但是她打算多年服用这种药物，假设是十年，那么理解这十年的风险就需要她具有绝大多数人都没有的那种计算水平（Peters 等，2012）。这些累积性风险议题是健康、环境和金融领域所特有的。应该在较长时间内提供对风险的估计，并且用图表进行认真的传播（Jamieson 和 Hardy，2014）。

4. **提供或强调情感意义。**对于信息来说，情感意义需要有分量，并且在判断和选择中被使用（Slovic 等，2002）。这种意义可以通过审慎的模式来产生。比如，计算能力很高的某个人会以计算能力较弱的人不会采用的方式来对两组数字进行对比和认真思考，并且从比较的过程中获得情感意义（Peters 等，2006）。对信息进行呈现的特定形式也会传达更多的情感。用频率来提供信息（100 中有 10 个）被认为会比更直白、抽象的百分比（10%）能激发出更多的情感性图像；因而，当利用频率来进行传播时，同样的风险，比如一个精神病人或一种药物的副作用至少在计算能力较弱的个体中会看起来更危险（Peters 等，2011；Slovic 等，2000）。还可以通过认真地使用标签和符号来提供情感意义。

在一系列研究中，用数值型的照护质量信息来提供评估性标签（差、一般、较好和优秀）会让计算能力较差的人群在判断上更多地使用这些信息，并且较少地依赖不相关的情感状态（Peters 等，2009）。在一种环保情境中，哈迪斯蒂（Hardisty）及其同事（2010）表明对一种描述性名称使用情感性口吻（相反于利用更清楚的评估性标签）会带来差异。带有"碳补偿"这个更积极标签的碳费要比带有更加消极标签的"碳税"获得了更多的关注。

5. 吸引对重要信息的关注。虽然可以通过给患者或消费者提供较少的信息和较少的选项来降低认知努力的方式以增加对信息的理解与使用，但是尽管如此有时候还是必须要提供信息和做出选择。相反，在这些情况下信息的提供者应该吸引对最重要信息的关注，比如通过给数据排序把关键信息置于第一个或最后一个。希巴德（Hibbard）等人（2002）发现，与杂乱地呈现信息相比，通过在保费负担分层中以性能来对健康计划进行排序可以让人们更多地选择更高性能的计划。在根据能源效率而非制造商或价格对产品进行的预先分类的给定目录上，更具能源效率的设备也应该位于产品名单的首位（Johnson 等，2012）。卢皮亚（Lupia，2013）把注意力视为科学传播的一种挑战。人们关注科学信息和考虑组合的能力通常要比很多传播者所期望的要少得多。但确实存在着吸引人们关注关键信息和选择的策略。

结　论

公众决策和专家决策是以情感性 / 经验性以及审慎的理解方式为基础的。在何时以及何处受到或会受到相关的以及不相关的情感和情绪的影响方面，决策者会认真地加以思考。科学传播者不可避免地会通过他们选择如何呈现以及呈现什么的方式来影响决策。但是在成功的科学传播方面存在着一些障碍。外行不擅长理解和使用复杂的数据；而我们通常不懂得计算（Lipkus 等，2010）。同时，传播者会过高地估计其他人知道了什么以及他们自己传播的程度如何（Peters，2014）。结果，改善科学传播的机会没有得到重视。传播者必须意识到存在着科学传播的科学，并且应该在识别出传播的目标之后有策略地对科学传播的科学加以利用。

对数值型信息进行传播的现状在健康领域要比在环境领域和其他领域好一些；这种真空为新的和有趣的研究提供了很多机会。科学传播也通常涉及争议性的领域，在那里充斥着对信息具有动机的处理，也许尤其是在那些更有能力去选择和重新阐释信息的计算能力、更强且富有知识的人群中（Sinatra 等，2014；Nyhan 等，2013；Kahan 等，

图 41.2　在争议领域中对科学传播的半开玩笑的看法

2012），见图 41.2。因为有关对数值型信息继续传播的研究主要开展于非争议性领域之中，所以在争议性领域也需要开展更多的研究。

鸣　谢

本文得到了美国国家科学基金会（SES–1155924）的支持。非常感谢马丁·图斯乐（Martin Tusler）为原稿提供的支持。本文的最后一部分内容在一定程度上源于美国医学研究院健康素养圆桌会议委托撰写的论文，并提供了经费。文中所表达的观点都源于作者，并不必然代表资助者的看法。

参考文献

Albarracín, Dolores and G. Tarcan Kumkale. (2003). Affect as information in persuasion: a model of affect identification and discounting. *Journal of Personality and Social Psychology*, 84(3), 453–469.

Alhakami, Ali Siddiq, and Paul Slovic. (1994). A psychological study of the inverse relationship between perceived risk and perceived benefit. *Risk Analysis*, 14(6), 1085–1096.

Bateman, Ian, Sam Dent, Ellen Peters, Paul Slovic, and Chris Starmer. (2007). The affect heuristic and the attractiveness of simple gambles. *Journal of Behavioral Decision Making*, 20(4), 365–380.

Berry, Dianne C., Peter Knapp, and D. K. Raynor. (2002). Provision of information about drug side–effects to patients. *The Lancet*, 359(9309), 853–854.

Betsch, Cornelia, Niels Haase, Frank Renkewitz, and Philipp Schmid. (2015). The narrative bias revisited: What drives the biasing influence of narrative information on risk percep–tions?. *Judgment and Decision Making*, 10(3), 241–264.

Borgida, Eugene, and Richard E. Nisbett. (1977). The differential impact of abstract vs. concrete information on decisions. *Journal of Applied Social Psychology*, 7(3), 258–271.

Burns, William J., Ellen Peters, and Paul Slovic. (2012). Risk perception and the economic crisis: a longitudinal study of the trajectory of perceived risk. *Risk Analysis*, 32(4), 659–677.

Damasio, Antonio R. (1994). *Descartes' error: emotion, reason, and the human brain.* New York: Avon.

Dickson, David. (2005). Tsunami disaster: a failure in science communication. http://www.scidev.net/ global/disasters/edi–torials/tsunami–disaster–a–failure–in–science–communicati. html.

Dieckmann, Nathan F., Paul Slovic, and Ellen M. Peters. (2009). The use of narrative evidence and explicit likelihood by decisionmakers varying in numeracy. *Risk Analysis*, 29(10), 1473–1488.

Fischhoff, Baruch, Paul Slovic, Sarah Lichtenstein, Stephen Read, and Barbara Combs. (1978). How safe is safe enough? A psychometric study of attitudes towards technological risks and benefits. *Policy Sciences*, 9(2), 127–152.

Franklin, Benjamin. (1956). *Mr. Franklin: a selection from his personal letters.* Edited by Leonard W. Labaree and Whitfield J. Bell. New Haven, CT: Yale University Press.

Galesic, Mirta, and Rocio Garcia–Retamero. (2010). Statistical numeracy for health: a cross–cultural comparison with probabilistic national samples. *Archives of Internal Medicine*, 170(5), 462–468.

Garcia–Retamero, Rocio, and Mirta Galesic. (2010). How to reduce the effect of framing on messages about health. *Journal of General Internal Medicine*, 25(12), 1323–1329.

Ghazal, Saima, Edward T. Cokely, and Rocio Garcia–Retamero. (2014). Predicting biases in very highly educated samples: numeracy and metacognition. *Judgment and Decision Making*, 9(1), 15–34.

Gigerenzer, Gerd, Peter M. Todd, and the ABC Research Group. (2000). *Simple heuristics that make us smart.* Oxford: Oxford University Press.

Hardisty, David J., Eric J. Johnson, and Elke U. Weber. (2010). A dirty word or a dirty world? Attribute framing, political affiliation, and query theory. *Psychological Science*, 21(1), 86–92.

Hart, P. Sol. (2013). The role of numeracy in moderating the influence of statistics in climate change messages. *Public Understanding of Science*, 22(7), 785–798.

Hertwig, Ralph, Greg Barron, Elke U. Weber, and Ido Erev. (2004). Decisions from experience and the effect of rare events in risky choice. *Psychological Science*, 15(8), 534–539.

Hibbard, Judith H., Paul Slovic, Ellen Peters, and Melissa L. Finucane. (2002). Strategies for reporting health plan performance information to consumers: evidence from controlled studies. *Health Services Research*, 37(2), 291–313.

International Patient Decision Aid Standards Collaboration. (2005). IPDAS 2005, criteria for judging the quality of patient decision aids. http://ipdas.ohri.ca/IPDAS_checklist. pdf.

Jamieson, Kathleen Hall, and Bruce W. Hardy. (2014). Leveraging scientific credibility about Arctic sea ice trends in a polarized political environment. *Proceedings of the National Academy of Sciences*, 111(Suppl. 4), 13598–13605.

Johnson, Eric J., Suzanne B. Shu, Benedict G. C. Dellaert, Craig Fox, Daniel G. Goldstein, Gerald Häubl, et al. (2012). Beyond nudges: tools of a choice architecture. *Marketing Letters*, 23(2), 487–504.

Kahan, Dan M., Ellen Peters, Maggie Wittlin, Paul Slovic, Lisa Larrimore Ouellette, Donald Braman, and Gregory Mandel. (2012). The polarizing impact of science literacy and numeracy on perceived climate change risks. *Nature Climate Change*, 2(10), 732–735.

Kahneman, Daniel. (2003). A perspective on judgment and choice: mapping bounded rationality. *American Psychologist*, 58(9), 697.

Kates, Robert W. (1962). *Hazard and choice perception in flood plain management*. Department of Geography Research Paper No. 78. Chicago: University of Chicago Press.

Kogut, Tehila, and Ilana Ritov. (2005). The identified victim effect: an identified group, or just a single individual? *Journal of Behavioral Decision Making*, 18(3), 157.

Kunreuther, Howard, and Erwann Michel–Kerjan. (2011). People get ready. *Issues in Science and Technology*, 28(1). http://issues.org/28-1/kunreuther/.

Larrick, Richard P., and Jack B. Soll. (2008). The MPG illusion. *Science*, 320(5883), 1593.

Lipkus, Isaac M., Ellen Peters, Gretchen Kimmick, Vlayka Liotcheva, and Paul Marcom. (2010). Breast cancer patients' treatment expectations after exposure to the decision aid program adjuvant online: the influence of numeracy. *Medical Decision Making*, 30(4), 464–473.

Lupia, Arthur. (2013). Communicating science in politicized environments. *Proceedings of the National Academy of Sciences*, 110(Suppl. 3), 14048–14054.

Markowitz, Ezra M., Paul Slovic, Daniel Västfjäll, and Sara D. Hodges. (2013). Compassion fade and the challenge of environmental conservation. *Judgment and Decision Making*, 8(4), 397–406.

Mutter, Sharon A., and Rebecca M. Pliske. (1994). Aging and illusory correlation in judgments of cooccurrence. *Psychology and Aging*, 9(1), 53.

Myers, Teresa A., Edward W. Maibach, Ellen Peters, and Anthony A. Leiserowitz. (2013). Simple messages help set the record straight about scientific agreement on human–caused climate change: the results of two experiments. *PLoS One, 10*(3), e0120985–e0120985.

Nyhan, Brendan, Jason Reifler, and Peter A. Ubel. (2013). The hazards of correcting myths about health care reform. *Medical Care*, 51(2), 127–132.

Organisation for Economic Co–operation and Development. (2013). *OECD Skills Outlook 2013: first results from the Survey of Adult Skills*. Paris: OECD Publishing. http:// dx.doi.org/10.1787/9789264204256–en.

Pachur, Thorsten, and Mirta Galesic. (2013). Strategy selection in risky choice: the impact of numeracy, affect, and crosscultural differences. *Journal of Behavioral Decision Making*, 26(3), 260–271.

Peters, Ellen. (2014). Anticipating barriers to the communication of critical information. In: Jay Schulkin and Britta L. Anderson, eds., *Numerical reasoning in judgments and deci-sion making about health*.

Cambridge, UK: Cambridge University Press, 175–192.

Peters, Ellen. (2012). Beyond comprehension: the role of numeracy in judgments and decisions. *Current Directions in Psychological Science*, 21(1), 31–35.

Peters, Ellen, Nathan Dieckmann, Anna Dixon, Judith H. Hibbard, and C. K. Mertz. (2007). Less is more in presenting quality information to consumers. *Medical Care Research and Review*, 64(2), 169–190.

Peters, Ellen, Nathan F. Dieckmann, Daniel Västfjäll, C. K. Mertz, Paul Slovic, and Judith H. Hibbard. (2009). Bringing meaning to numbers: the impact of evaluative categories on decisions. *Journal of Experimental Psychology: Applied*, 15(3), 213.

Peters, Ellen, P. Sol Hart, and Liana Fraenkel. (2011). Informing patients the influence of numeracy, framing, and format of side effect information on risk perceptions. *Medical Decision Making*, 31(3), 432–436.

Peters, Ellen, P. Sol Hart, Martin Tusler, and Liana Fraenkel. (2014). Numbers matter to informed patient choices a ran–domized design across age and numeracy levels. *Medical Decision Making*, 34(4), 430–442.

Peters, Ellen, Howard Kunreuther, Namika Sagara, Paul Slovic, and Dan R. Schley. (2012). Protective measures, personal experience, and the affective psychology of time. *Risk Analysis*, 32(12), 2084–2097.

Peters, Ellen, and Irwin P. Levin. (2008). Dissecting the riskychoice framing effect: numeracy as an individual–difference factor in weighting risky and riskless options. *Judgment and Decision Making*, 3(6), 435–448.

Peters, Ellen, Louise Meilleur and Mary Kate Tompkins. (2014). Numeracy and the Affordable Care Act: opportunities and challenges. Appendix A. In Institute of Medicine, ed., *Health literacy and numeracy: workshop summary*. Washington, DC: National Academies Press, 91–135.

Peters, Ellen, Daniel Västfjäll, Paul Slovic, C. K. Mertz, Ketti Mazzocco, and Stephan Dickert. (2006). Numeracy and decision making. *Psychological Science*, 17(5), 407–413.

Petty, Richard E. and Duane T. Wegener. (1999). The Elaboration Likelihood Model: current status and controversies. In: Shelly Chaiken and Yaacov Trope, eds., *Dual process theories in social psychology*. New York: Guilford Press, 41–72.

Reyna, Valerie F. (2004). How people make decisions that involve risk: a dual–processes approach. *Current Directions in Psychological Science*, 13(2), 60–66.

Reyna, Valerie F., Wendy L. Nelson, Paul K. Han, and Nathan F. Dieckmann. (2009). How numeracy influences risk comprehension and medical decision making. *Psychological Bulletin*, 135(6), 943.

Schwartz, Peter H. (2011). Questioning the quantitative imperative: decision aids, prevention, and the ethics of disclosure. *Hastings Center Report*, 41(2), 30–39.

Schwarz, Norbert. and Gerald L. Clore. (1983). Mood, misattribution, and judgments of well−being: informative and directive functions of affective states. *Journal of Personality and Social Psychology*, 45, 513−523.

Shafir, Eldar, Itamar Simonson, and Amos Tversky. (1993). Reason−based choice. *Cognition*, 49(1), 11−36.

Sinaceur, Marwan, Chip Heath, and Steve Cole. (2005). Emotional and deliberative reactions to a public crisis mad cow disease in France. *Psychological Science*, 16(3), 247−254.

Sinatra, Gale M., Dorothe Kienhues, and Barbara K. Hofer. (2014). Addressing challenges to public understanding of science: epistemic cognition, motivated reasoning, and con−ceptual change. *Educational Psychologist*, 49(2), 123−138.

Slovic, Paul, Melissa L. Finucane, Ellen Peters, and Donald G. MacGregor. (2004). Risk as analysis and risk as feelings: some thoughts about affect, reason, risk, and rationality. *Risk Analysis*, 24(2), 311−322.

Slovic, Paul, Melissa L. Finucane, Ellen Peters, and Donald G. MacGregor. (2002). The affect heuristic. In: Thomas Gilovich, Dale Griffin, and Daniel Kahneman, eds., *Heuristics and biases: the psychology of intuitive judgment*. New York: Cambridge University Press, 397−420.

Slovic, Paul, John Monahan, and Donald G. MacGregor. 2000. Violence risk assessment and risk communication: the effects of using actual cases, providing instruction, and employing probability versus frequency formats. *Law and Human Behavior*, 24(3), 271.

Small, Deborah A., George Loewenstein, and Paul Slovic. (2007). Sympathy and callousness: the impact of deliberative thought on donations to identifiable and statistical victims. *Organizational Behavior and Human Decision Processes*, 102(2), 143−153.

Toplak, Maggie E., Richard F. West, and Keith E. Stanovich. (2011). The Cognitive Reflection Test as a predictor of per−formance on heuristics and biases tasks. *Memory & Cognition*, 39(7), 1275−1289.

Tversky, Amos, and Daniel Kahneman. (1974). Judgment under uncertainty: Heuristics and biases. *Science*, 185(4157), 1124−1131.

Tversky, Amos, and Daniel Kahneman. (1981). The framing of decisions and the psychology of choice. *Science*, 211(4481), 453−458.

Västfjäll, Daniel, Ellen Peters, and Paul Slovic. (2008). Affect, risk perception and future optimism after the tsunami disaster. *Judgment and Decision Making*, 3(1), 64−72.

Weber, Elke U., and Paul C. Stern. (2011). Public understanding of climate change in the United States. *American Psychologist*, 66(4), 315.

Zikmund Fisher, Brian J., Angela Fagerlin, and Peter A. Ubel. (2010). Risky feelings: why a 6% risk of cancer does not always feel like 6%. *Patient Education and Counseling*, 81(Suppl.), S87−S93.

推荐阅读

Fischhoff, Baruch. (2013). The sciences of science communication. *Proceedings of the National Academy of Sciences*, 110(3), 14033–14039.

Gigerenzer, Gerd, Wolfgang Gaissmaier, Elke Kurz–Milcke, Lisa M. Schwartz, and Steven Woloshin. (2007). Helping doctors and patients make sense of health statistics. *Psychological Science in the Public Interest*, 8, 53–96.

Hall Jamieson, Kathleen. (2015). Communicating the value and values of science. *Issues in Science and Technology*, 32(1), 72–79.

Johnson, Eric J., Suzanne B. Shu, Benedict G. C. Dellaert, Craig Fox, Daniel G. Goldstein, Gerald Häubl, et al. (2012). Beyond nudges: tools of a choice architecture. *Marketing Letters*, 23(2), 487–504.

Kunreuther, Howard, and Elke U. Weber. (2014). Aiding deci–sion making to reduce the impacts of climate change. *Journal of Consumer Policy*, 37(3), 397–411.

Peters, Ellen. (2012). Beyond comprehension: the role of numeracy in judgments and decisions. *Current Directions in Psychological Science*, 21(1), 31–35.

Peters, Ellen, Louise Meilleur, and Mary Kate Tompkins. (2014). Numeracy and the Affordable Care Act: Opportunities and challenges. Appendix A. In Institute of Medicine, ed., *Health literacy and numeracy: workshop summary*. Washington, DC: National Academies Press, 91–135.

Slovic, Paul, Melissa L. Finucane, Ellen Peters, and Donald G. MacGregor. (2004). Risk as analysis and risk as feelings: some thoughts about affect, reason, risk, and rationality. *Risk Analysis*, 24(2), 311–322.

Weber, Elke U., and Paul C. Stern. (2011). Public understanding of climate change in the United States. *American Psychologist*, 66(4), 315.

第四十二章
在处理气候时序数据时克服偏见

布鲁·W. 哈迪（Bruce W. Hardy） 凯瑟琳·霍尔·贾米森
（Kathleen Hall Jamieson）

摘要： 本章记录了时序数据在科学中被使用的重要方式，并解释了趋势线是如
何创建和报告的，按事件顺序记录了它们可能会被误用的方式，记录了会导致
过高地估计趋势中的端点的人类偏见，并且概述了将这种偏见最小化的方式。
具体来说，本章界定了趋势线和时序数据，并且解释了它们在科学传播中为何
重要以及如何重要。对趋势线的阐释产生影响的认知偏见，比如端点偏见和结
尾法则、近因效应、易近用性和推断偏差等，对这些进行讨论，并提供给科学
家、记者和其他科学传播者作为克服这些偏见的传播工具。

关键词： 趋势线；时序数据；端点偏见；近因效应；偏见去除；结尾法则；推断
偏差

2013 年 9 月，美国国家冰雪数据中心（National Snow and Ice Data Center）的年度
《北极报告》（*Arctic Report Card*）表明，北极冰雪的范围与前一年的历史新低相比又有
所增加，并且 2013 年的范围是自 1979 年有人造卫星追踪以来的第六低谷。在媒体渠道
以及政府和倡导性组织的网站上，围绕着这种变化的叙事存在着巨大差异。在气候变
化网（Climate.gov）这个美国国家海洋和大气管理局（National Oceanic and Atmospheric
Administration，NOAA）的网站上，其标题是"海冰的范围比 2012 年记录新低还要大，但
是仍然是有记录以来的第六低"（Scott，2013）。相反，福克斯新闻网（FoxNews.com）在

其标题中凸显了端点的改变，宣称"北极海冰在 2013 年扩大了 60%"（"Arctic Sea Ice"，2013）。那篇叙述紧接着补充说，"2013 年海冰的覆盖面积大约比 2012 年增加了一百万平方英里（1 平方英里约等于 2.59 平方千米），上升到了 60% 这样的异常比例。"与其同时出现的视觉图像把来自有记录以来最低年份（2012）的美国国家航空航天局卫星图像与 2013 年表明巨大变化的图像进行了对比（图 42.1）。

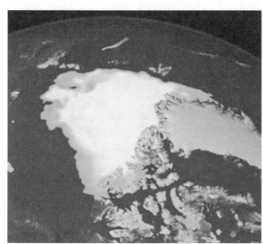

图 42.1　福克斯新闻网采用的 2012 年和 2013 年北极海冰范围的图像

与端点偏见文献相一致的是，我们的研究发现，福克斯新闻网对 2013 年上升趋势的关注影响了对未来南极海冰范围的预测（Hardy 和 Jamieson，2016；Jamieson 和 Hardy，2014）。不论政治意识形态为何，与未接触这篇福克斯新闻文章的对照组相比，接触这篇文章的参与者会明显地更有可能预测说北极海冰会扩展到更高的水平。在福克斯的报道中缺失了的是一张表明 1979 年到 2013 年逐年下降的趋势的图表（图 42.2）。

在本章中，我们记录了时序数据在科学中被使用的重要方式，解释了趋势线是如何被创建并报告的，按事件顺序记录了它们可能会被误用的方式，记录了会导致过高地估计趋势中的端点的人类偏见，并且概述了最小化那种偏见的方式。

趋势为何重要

对 2013 年北极海冰范围积极变化的意义所进行的辩论是影响深远的。如果海冰经历了令人惊讶的持续增加，那么这种转机就会给有关全球变暖影响的最佳可用的解释提出挑战，并且为那些认为在大气中将碳最小化的需要被夸大了的人提供了素材。如果 2013 年的变化处于预期的波动范围之内，那么情况就并非如此。

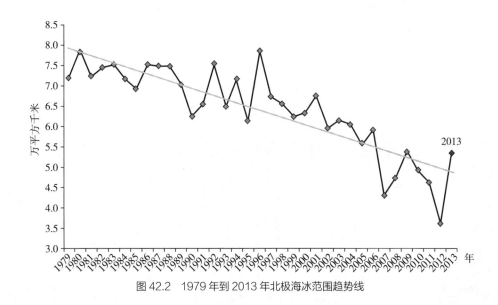

图 42.2　1979 年到 2013 年北极海冰范围趋势线

在很多其他领域中，趋势数据也会影响政策决定。全球发展中心（Center for Global Development）的乔纳·布施（Jonah Busch）2015 年认为，"如果砍伐自己国家的热带雨林，那么其温室气体的排放水平就会介于欧盟和中国之间。而全球因空气污染而过早死亡的人数中，有 5%～10% 是由与森林砍伐相关的森林火灾导致的"。因而，可得出如下的结论：

对于很多人来说，拥有关于森林砍伐的趋势的精确信息是很重要的。森林砍伐的趋势无论是上升还是下降都会对政策策略带来启示。如果森林砍伐的趋势在全球范围内下降了，那么政策制定者可能会认为这个问题自行消失了，并且政策只不过是加速其下降。另外，如果截至目前尽管政府做出了政策方面的努力，但是森林砍伐的趋势仍在上升，那么就应该警惕，从而在政策关注、理念和财务方面带来大量新的投入（Busch, 2015, n.p.）。

自杀方面的趋势数据也驱动了政策干预方面的讨论。虽然男性自杀的比率仍然高于女性，但是后者自杀的数量正在增加，并且在这种上升的数据中，我们看到了一种死亡方式的增加——窒息而死。然而，根据美国疾病控制与预防中心（Centers for Disease Control and Prevention, CDC）的数据，在 2014 年，利用手枪自杀的 21334 例事件大约占到所有自杀事件的一半，并且数量是当年火器致死事件数量的三分之二（美国疾病控制与预防中心，2015）。减少人们接触枪支的机会可以减少这种死亡事件的发生。实际上，像哈佛大学公共卫生学院枪店项目（Harvard School of Public Health's Gun Shop Project；Gun Shop Project，2016）这样的项目利用趋势方法（trend-in-method）数据来证明向枪支商店所有者分配预防自杀资料能够提高他们对有可能实施自杀行为的消费者售卖枪支所产生的可能后果的认识的正当性。

解趋势线

趋势就是不同的时间里数据中内在的与随机的波动相区别的单调趋势（Wu等，2007）。趋势线通常是以时序的等间距数据点为 x 轴，同时 y 轴上也采用相同的方式赋值，并且纵坐标是横坐标的一个函数 $[y=f(x)]$。人们对趋势线背后的东西感兴趣的原因在于这样一种假设：所测量的现象是重要的，并且受到了已知、可测量且隐含的规律性的驱动。

从理论上来说，这种时序是受到驱动的：包括二氧化碳和甲烷在内的气体充当着地球之上的覆盖层，捕捉着太阳的辐射。燃烧化石燃料增加了大气中的温室气体水平，导致的一种结果就是升高了地球表面的平均温度。科学家跟踪全球陆地和海洋表面的温度并以时序曲线图的方式汇报这些结果，位于其下面的跨时间的模式就被呈现为一条线。在学术报告中，科学家解释了这条线是如何设定的。比如，一份有关跨时间的温度和降水的报告认为，因为它推测二者都存在线性趋势，"最拟合的线是由最小平方的方法决定的"并且假设"回归线斜率等于零从统计上来说是经过了假设线性趋势线为正态分布的测试的"（Baker等，1962，283）。

虽然从方法论上来说，跨时间地采集数据有标准的途径——一个趋势中的每个数据点都用同样的方式进行记录，对同一种现象在时间上采用同等间隔（Hamilton，1994）——趋势线的意义就是在文本（在本例中是线形图）、情境、围绕着图形的文字，包括图形上附加的文字以及遭遇到图形的个体所理解的意义之间的交叉中构建出来的。比如，在呈现趋势线时，科学家可能会具体说明导致这个趋势的变量。他们可能会注意到与测量技术有关的错误或对现象进行监测的设备的错误。他们还可能会报告并解释所测量的建构的变异性，并且可能会指出他们希望这个趋势在一系列变异性中沿着所预测的方向继续下去。

位于一个报告的趋势线背后的主要假设是，过去的数据是与现在相关的，从而为阐释当前的数据以及预测未来的数据点创造了条件。当预测被证明是正确的时候，它们的精确性就成了一种证据，表明位于这种趋势背后的科学理解是很强大的。如果某些新的因素发挥了作用或者一种已经被发现的因素施加了不同类型或程度的影响，那同样值得注意。比如，时序数据被用来"更好地理解气候变异性，以及识别可能发出了气候系统发生改变的信号的关键趋势"（Committee on Climate Data Records，2004，vii）。

对趋势数据的误用

对于那些试图确认现有的观念以选择与他们的预期结论相一致的起点和终点的人来说，自然的变异性让这种方式变得更容易了。这种做法是挑选证据的一种形式。为阻止这样的行为，具有警觉性的科学报告人会在他们更长期的情境中设定短期变化。《经济学人》在一份"考察自杀的趋势"的美国疾病控制与预防中心的数据报告中就是这样做的。那些数据表明从1999年到2014年，"自杀率上升了24%"（Suicide，2016）。该文写道，"然而，值得注意的是，自杀率从1986年一直到2000年都是持续下降的，美国疾病控制与预防中心的报告把这个日期作为起始点。美国正在发生的情况更像是回到了80年代中期，而非跳进了某种致命且反乌托邦的未来"（Suicide，2016）。

在另外一个不同的例子中，厄尔尼诺的出现意味着1998年是异常炎热的年份，那一年也确实是有记录以来最热的一年。把它作为一个起点使得人们更容易地认为全球变暖从1998年到2014年都没有加剧（图42.3）。相反，从此后一年（1999）开始绘制数据会

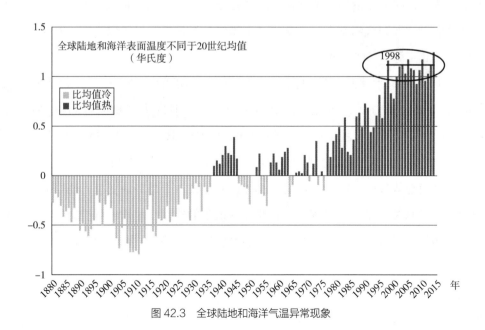

图42.3　全球陆地和海洋气温异常现象

给人留下这样一种印象，即变暖正在发生，这个结论是与跨越既有数据的趋势线相一致的。比如，当 2016 年富有抱负的共和党候选人、得克萨斯州参议员泰德·科鲁兹（Ted Cruz）于 2015 年 3 月出现在美国全国广播公司的《塞斯晚间脱口秀》（*Late Night with Seth Myers*）时，他说：

有关（气候变化）的辩论应遵循科学和数据。很多认为全球变暖的危言耸听者都会遇到了一个问题，因为科学并不支持他们的观点。尤其是，卫星数据显示，在过去 17 年里，全球气候没有任何的变暖，完全没有。这就是为什么——你知道它曾经被称为全球变暖，然后这个理论就魔法般地变成了气候变化吗？原因在于它没有变暖，但是计算机模型仍然认为它在变暖，即使卫星显示它没有变暖（参议员 Ted Cruz，2015）。

参议员科鲁兹在很多次采访中重复这种 17 年的主张。然而，得州人忽视了自十九世纪 80 年代以来采集的完全可用的陆地和海洋气温的趋势数据。虽然引述了自 1979 年开始测量全球气温的卫星数据，并忽视了直接的表面测量，但参议员科鲁兹可以对 100 年的趋势数据置之不理。他还对 1998 年加以利用，将那一年作为其 17 年趋势的开始，那一年因为强烈的厄尔尼诺现象而异常炎热。怀疑科学网站（Skepticalscience.com）制作了一个类似于图 42.4 的 GIF 动图，标题是"上行的自动扶梯正在下降"（Going Down

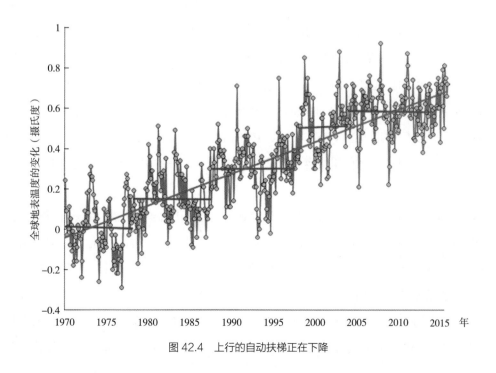

图 42.4　上行的自动扶梯正在下降

the Up Escalator），以凸显挑选出来的数据如何被那些挑战气候变化科学的人所使用（"Still Going Down"，2012）。

以比较的方式来布局所采集到的可用数据并同时与其他渠道独立地采集的信息进行对比是防止确认偏误的第一步。英国、日本和美国的数据采集者在一段时间内所观测到的趋势是相反的，这个事实提振了我们对陆地及地表温度数据的信心。所以，比如，英国气象局（British Met Office）认为"考察年度的时间序列，而非十年际的变化，平均值展示出了年复一年的变异的细节"，并且当对气象局全球气温数据（HadCRUT4）与美国国家海洋和大气管理局以及美国国家航空航天局数据集进行对比时，二者之间的一致性让他们"对记录中的数据更有信心了"（Met Office，2013，8）。

当然，替代方（另一方）试图将收集方法、数据来源、工具校准等方面的变化割裂来看，目的是让人们怀疑这些不完全的数据。为适应新仪器，每一次调整汇报数据时，要注意一些意识形态上随意干预的情况。由于无法对这些变化提供令人信服的解释，它们被党派人士用作证据，来表明科学家正在扭曲数据以迎合他们更为偏爱的叙述。

在阐释趋势数据中的人类偏见

在理解趋势数据时，人类偏见同样也发挥作用。在预测未来以及理解趋势方面人类做得很糟糕。在对未来进行预测方面，即便那些官方任用的专家和权威人士也没有做得更好（Tetlock，2005）。正如荷兰物理学家尼尔斯·波尔（Niels Bohr）经常所说的那样："预测是非常困难的，尤其是有关未来的预测。"但是鉴于在日常生活的基础上人类所做的复杂决定，预测就是必需的。作为缓慢、慎重和理性思维的结果，人类有时候会得出预期推理（Moxley 等，2012；Kahneman，1999），但是我们绝大多数日常预测都是基于快速的直觉和可及性的启发法（Kahneman，1999；Tversky 和 Kahneman，1983）。因为趋势方面的最近信息和显著变化非常容易获取到，人类对未来的预测通常会受到端点偏见的不正确的引导。

在回溯性评估中，人类会过高地估计变化、峰值和终点。虽然投资公司通常会提醒他们的客户说："过去的表现并不能确保未来的结果。"但是投资者往往把他们对未来收益的预测瞄定在当前，以及瞄定在过高地估计端点或未来数据的过程中，并且从中错误地对未来表现或趋势进行推断（Chevalier 和 Ellison，1997）。因此，如我们在引言部分谈到的那样，南极海冰范围这个更长的下降趋势中的一次近期逆转影响了人们对其未来状况的预测（Hardy 和 Jamieson，2016；Jamieson 和 Hardy，2014）。在本章的下一部分，我们会讨论端点偏见影响我们对趋势加以理解的方式，并且作为结果影响对随后的数据点的预测，为什么会出现这种现象以及如何加以避免。

理解端点偏见

在解释时序数据时，绝大多数人都不是有条不紊地。相反，我们倾向于对趋势中的最后一点给予更多的权重，并且在这个过程中过度诠释异常数据。为理解端点偏见并找到避免它们的方式，我们利用了三类文献：有关峰值和端点偏见影响人类评估自己过去经历的方式的研究；有关信息或证据被呈现的顺序的研究，也就是所谓的近因效应；有关会计学、经济学和政治学中人类在目前最新数据或经历中瞄定判断的方式的外推性偏差的研究。在这样做了之后，我们证明了端点偏差影响公众对作为一个趋势的一部分所呈现出来的数据的推断，我们详细的研究表明了规避那些导致过高地估计最新数据点的偏见的方式。

峰终定律

对经历的回溯评估"不仅仅是认知性的或感觉的，它们还是建构性的"（Fredrickson，2000，579）。因为回溯评估在认知上是建构性的，它们受到经历中的那些易于获取、选择和突出的时刻的影响，比如峰值强度和终点（Fredrickson，2000；Fredrickson 和 Kahneman，1993）。简言之，"一个情节的末端的即刻效用及其情感性峰值通常主导了其被记住的效用"（Kahneman，1999，16）。

一项测试终端定律的早期实验让参与者接触那些含有长度不同的让人厌恶内容的影片片段，并且发现对片段的峰值负面情感性反应以及在观影结束后的不适水平占到对不适的总体评估方差的94%（Fredrickson 和 Kahneman，1993）。一项经常被引述的后续研究表明，在结肠镜检查过程中患者对疼痛的评估明显地与峰值和终点的疼痛相关，但是与该过程的持续时间无关（Redelmeier 和 Kahneman，1996）。在广告方面的研究给这类文献增加的建议是，人们偏好于那些激发了高峰值积极影响以及有积极结尾的电视商业片，而非那些没有达到这种效果的片子（Baumgartner 等，1997）。一旦某件事情完成，它的意义就是可知的，它的重要性就是可以评估的（Fredrickson，2000）。因为事件的终点与后果以及对事件成功或失败的评估相重合，所以人们如何感受一个片段的结论会被用来评估事件本身（Fredrickson，2000）。

外推性偏差

行为经济学家发现，外推性偏差——在对未来做决策时，更严重地依赖近期事件的人类趋势——会导致个体期望过去的价格变动会持续发生。当处理股票价格和汇率时，非专家期望价格方面明显的过去"趋势"可以同样用来预测未来的趋势（De Bondt，1993）和近期收益（Andreassen 和 Kraus，1990）。个体会高估明显的信息，比如近期的新闻，而低估不太明显的数据，比如长期均值（Kahneman 和 Tversky，1973；这方面的综述见 Fuster 等，2010）。外推性偏差在政治决策中也会发挥作用。在他们于选举年对现任总统及执政党的绩效进行评估时，投票者会过高地估计了收入的增加并低估了累积性增长（Bartels，2008；Markus，1988）。

近因效应或序列位置效应

从逻辑上来说，两条证据的净效应不应该因为哪一个先呈现和哪一个后呈现而有所不同（Nisbett 和 Ross，1980）。当稍后呈现的证据被高估了的时候，近因效应，也被称为序列位置效应，就会发生。端点偏差在某种程度上可以被看作是近因效应。在会计学方面的研究发现"经历在严重的信息负载的情况下不会缓和顺序/近因偏差"（Arnold 等，2000，110）。近因效应被归因于短期记忆或工作记忆的可接近性（Howard 和 Kahana，2002；另见 Montgomery 和 Unnava，2009）。

信念调整模型（Belief-Adjustment Model）被用来解释对信念进行更新中的顺序效应。这种瞄定和调整模型预测，近因效应很有可能位于复杂的决策之中（Hogarth 和 Einhorn，1992）。它假定信息是以"一步步的"或"时序的"方式被处理的，并且"证据可以用两种方式进行编码，要么作为相对于先前锚定的规模的一种偏离，要么作为被考虑的假设的积极对立面或者消极对立面"（Hogarth 和 Einhorn，1992，1）。

动机级别较低的那些人更容易受到近因效应的影响（Petty 等，1997）。当信息在外围被处理并且几乎没有经过审查的时候，这种效果就更有可能出现。与这种见解相一致的是，中心的、付出努力的处理过程会降低近因效应。因而，当审计员被要求对他们审计结果的基本原理进行记录的时候，近因效应就逐渐丧失了；记录过程会激发出努力、注意力、理解能力以及对审计信息的回忆（Cushing 和 Ahlawat，1996）。类似的是，决策研究发现，如果向人们描述风险前景，与他们被迫依靠个人经验的情况相比，人们会做出不同的选择（Hertwighand 等，2004）。

近因效应可以被视为易近用性偏见的一种形式。"易近用性偏见认为，个体倾向于从长期记忆中只提取信息的一个微小样本。而不是在他们的记忆中到处搜索每一条相关信息,个体选择那些恰好更加便捷地'定位'或获取的信息"(Iyengar,1992,2)。更易于提取的信息主导了观点和决定。在决策、判断和观点中,端点的权重要比累积的平均数或者中间值更大,因为它在认知上更容易提取。

当彼此交流时,科学家也有避免偏见的方法:他们会将报告中关于北极和南极海冰范围的新数据瞄定在跨时间的均值或中位数上,并且记录源于那种数字的偏差。瞄定于跨时间的截距可以对短期的变异性进行情景化并且最小化一个单独的数据点会被过度解读的可能性(图 42.2)。美国国家海洋和大气管理局和世界气象组织的标准建议这个数字是三十年一个周期。这个过程为年度之间的对比提供了一个持续的基线。因而,一旦存在三十年的卫星观测数据,美国国家冰雪数据中心(National Snow and Ice Data Center)的海冰指数就可以转换到那个对比的度量值之中。2013 年,该组织解释说:

科学家把标准偏差作为估计数据的变异性范围的一种方式。在类似于海冰范围这样的气候数据的情境下,它提供了一种对预期状况的范围的感觉。远远地处于这两种标准偏差范围之外的测量或者持续地位于那种范围之外的测量表明,正在发生无法用常规程序解释的某些异常情况("Frequently Asked Questions",2016)

因为在公众中广泛存在着数学盲(见第四十一章),所以很难让公众搞明白一种以对平均值或中间值以及与它们的标准偏差为基础的报告形式。

通过公众克服端点偏见:在一个趋势中启动对变异性的中央处理过程

在普通公众克服端点偏见的过程中,形式是非常重要的。由于对克服在早期概述的峰值和端点研究中所发现的时长忽视产生了兴趣,利尔施(Liersch)和麦肯齐(McKenzie)(2009)发现,增加对持续时间的关注并因而消除忽视的,是一个事件持续时间的图形表征而非一个名单。要求受众对数据一点一点地进行评估也被证明可以克服端点偏见(Hardy 和 Jamieson,2016)。希利(Healy)和伦茨(Lenz)(2014)通过既表明年度增长又表明累积性增长图表(一个位于另一个之上)阻止了对经济状况进行评估中的端点偏见。这种把当前的增长和早年的增长进行相加的累积性数据的呈现方式促使对每一年都给予大体相同的权重,从而克服了对端点赋值过重的情况(Healy 和 Lenz,2014;Huber 等,2012)。

虽然投票者会根据选举那一年的经济状况做出投票的决定,但是希利和伦茨(2014,45)认为:

信息情境相对简单的变化可能会让投票者使他们的领导者更有效地承担责任。即便没有图表，只是简单地着眼于经济新闻和讨论中的累积性增长或收入水平也足以改变投票者的行为。政府部门、新闻媒体甚至是候选人因而可能会通过改变他们为经济数据设置框架的方式而降低投票者无意识的短视行为。

同样地，通过强化受信任渠道的公信力，让受众接触用数据随时间变化而出现的天然变异性来绘制的数据端点的迭代图，促使受访者集中地处理变异性以及下降的趋势，并把经历简略表达成一种旨在捕获由趋势线所引发的推论的类比，影响 – 介入 – 可视化 – 类比（leveraging–involving–visualizing–analogizing，LIVA）信息结构就可以发挥作用（见Hardy 和 Jamieson，2016；Jamieson 和 Hardy，2014）。在影响 – 介入 – 可视化 – 类比研究的初期，北极海冰范围随着时间推移而出现的变化的趋势数据以动画的、迭代的图表呈现出来。在动画中，北极海冰的每一次下降都用红色下划线进行可视化，并且用"下降"这个词语进行表示，并且只要最后一个数据点出现（2013）就用叠加趋势线的方式凸显随时间推移的向下运动。为了避免端点偏见，LIVA 对海冰范围数据进行了动态的呈现，以引出 2013 年的端点与海冰范围较高的前些年之间的对比。影响 – 介入 – 可视化 – 类比模型需要通过邀请对象回答有关趋势的问题，比如"2013 年 9 月的北极海冰范围是1979—2013 年卫星记录以来第六低，这种说法有多精确？"以及"认为在至少过去的 12年里北极海冰范围要比 2013 年低，这种说法有多精确？"——来进入中央处理机制，也就是认真的协商过程。这种变化会让受众在阐释趋势数据方面付出认知努力。

对 2013 年北极海冰范围增加这个推论的具体化并不能得出对长期海冰恢复的乐观主义的结论，可以向参与者提供这样的类比："基于 2013 年的改善而期待海冰范围回到 1979年的水平就好比是第一次考试得了个 C，第二次得了 D，第三次得了 F，第四次得了 D，并以最近的 D 为结果，而预期最后会得到 A。"因为我们所开发的类比要与我们对利用美国国家航空航天局的公信力的期望相一致，在实验中我们把它称为"一个美国国家航空航天局科学家"。影响 – 介入 – 可视化 – 类比模型在不同的意识形态领域都是有效的。

总结和结论

在本章中，我们指出了在科学中时序数据的重要用途，解释了趋势线是如何产生并被报告的，以及按事件顺序记录了它们可能会被误用的方式，记录了会导致在趋势中过高地估计端点的人类偏见，并且概述了最小化那些偏见的方式。虽然像影响 – 介入 – 可视化－类比模型这样的信息策略在实验环境下克服了这些偏见，但是还需要开展未来的研究以评估这些策略在现实世界中的有效性。此外，在缺乏强化的情况下，这些信息策略的效果是短暂的（Jamieson 和 Hardy，2014）。未来的工作可能会专注于延长效果寿命的技术。额外的研究还要去考虑是否存在着一些途径，能够无意地流露出相关的跨时间变化，通过锚定一个跨年的平均数或中位数，能够更好地将那些不懂数学的人和可能决定视觉图像表征变异和偏差的人联系起来。记录全球变化的卫星图像的可用性越来越大，这种数据在网络上的广泛扩散使得用可理解的形式来传播复杂的现象成为可能，与此同时，它们也增加了对不精确的推论进行滥用的机会。

参考文献

Andreassen, P. B., and Kraus, S. J. (1990). Judgmental extrapolation and the salience of change. *Journal of Forecasting*, 9(4), 347–372.

Arctic sea ice up 60 percent in 2013. (2013). Fox News, September 9. http://www.foxnews.com/science/2013/09/09/arctic–sea–ice–up–60–percent–in–2013.html.

Arnold, V., Collier, P. A., Leech, S. A., and Sutton, S. G. (2000). The effect of experience and complexity on order and recency bias in decision making by professional accountants. *Accounting & Finance*, 40(2), 109–134.

Baker, D. G. (1962). Seasonal temperature and precipitation trends at five Minnesota stations. *Monthly Weather Review*, 90(7), 283–286.

Bartels, L. M. (2008). *Unequal democracy: the political economy of the new gilded age*. Princeton, NJ: Princeton University Press. Baumgartner, H., Sujan, M., and Padgett, D. (1997). Patterns of affective reasons to advertisements: the integration of moment–to–moment responses into overall judgments. *Journal of Marketing Research*, 34, 219–232.

Busch, J. (2015). Disruptive data disputes documentation of declining deforestation. Center for Global Development. http:// www.cgdev.org/ blog/ disruptive–data–disputes–documentation–declining–deforestation TITLE. URL.

Centers for Disease Control and Prevention. (2015). 10 leading causes of injury deaths by age group highlighting unintentional injury deaths, United States—2014. https://www.cdc. gov/injury/wisqars/pdf/leading_causes_of_injury_deaths_ highlighting_unintentional_injury_2014–a.pdf.

Chevalier, J. A., and Ellison G. (1997). Risk taking by mutual funds as a response to incentives. *The Journal of Political Economy*, 105(6), 1167–1200.

Committee on Climate Data Records from NOAA Operational Satellites, National Research Council.

(2004). Climate data records from environmental satellites: interim report. http:// www.nap.edu/ download.php?record_id=10944.

Cushing, B. E., and Ahlawat, S. S. (1996). Mitigation of recency bias in audit judgment: The effect of documentation. *Auditing*, 15(2), 110.

De Bondt, W. P. (1993). Betting on trends: intuitive forecasts of financial risk and return. *International Journal of Forecasting*, 9(3), 355–371.

Fredrickson, B. L. (2000). Extracting meaning from past affective experiences: the importance of peaks, ends, and specific emotions. *Cognition and Emotion*, 14(4), 577–606.

Fredrickson, B. L., and Kahneman, D. (1993). Duration neglect in retrospective evaluations of affective episodes. *Journal of Personality and Social Psychology*, 65(1), 45–55.

Frequently asked questions on Arctic sea ice. (2016). National Snow and Ice Data Center. http://nsidc.org/ arcticseaicenews/faq/.

Fuster, A., Laibson, D., and Mendel, B. (2010). Natural expectations and macroeconomic fluctuations. *The Journal of Economic Perspectives*, 24(4), 67.

Gun Shop Project. (2016). Harvard School of Public Health. https:// www.hsph.harvard.edu/means–matter/ gun–shop–project/.

Hamilton, J. D. (1994). *Time series analysis*, Vol. 2. Princeton, NJ: Princeton University Press.

Hardy, B. W., and Jamieson, K. H. (2016). Overcoming endpoint bias in communication of the Arctic sea ice. *Environmental Communication.* Online advance publication. http://dx.doi. org/10.1080/17524032. 2016.1241814.

Healy, A., & Lenz, G. S. (2014). Substituting the End for the Whole: Why Voters Respond Primarily to the Election Year Economy. *American Journal of Political Science*, 58(1), 31–47. Hertwig, R., Barron, G., Weber, E. U., & Erev, I. (2004). Decisions from experience and the effect of rare events in risky choice. *Psychological Science*, 15(8), 534–539.

Hogarth, R. M., and Einhorn, H. J. (1992). Order effects in belief updating: The belief–adjustment model. *Cognitive Psychology*, 24(1), 1–55.

Howard, M. W., and Kahana, M. J. (2002). A distributed representation of temporal context. *Journal of Mathematical Psychology*, 46, 269–299.

Huber, G. A., Hill, S. J., and Lenz, G. S. (2012). Sources of bias in retrospective decision making: experimental evidence on voters' limitations in controlling incumbents. *American Political Science Review*, 106(4), 720–741.

Iyengar, S. (1990). The accessibility bias in politics: television news and public opinion. *International Journal of Public Opinion Research*, 2(1), 1–15.

Jamieson, K. H., and Hardy, B. W. (2014). Leveraging scientific credibility about Arctic sea ice trends in a polarized political environment. *Proceedings of the National Academy of Sciences* no. 111, Supplement 4:13598–13605.

Kahneman, D. (1999) Objective happiness. In: D. Kahneman, E. Diener, and N. Schwarz, eds., *Well-being: foundations of hedonic psychology*. New York: Russell Sage Foundation.

Kahneman, D., and Tversky, A. (1973). On the psychology of prediction. *Psychological Review*, 80(4), 237–251.

Liersch, M. J., and McKenzie, C. R. M. (2009). Duration neglect by numbers—and its elimination by graphs. *Organizational Behavior and Human Decision Processes*, 108(2), 303–314.

Markus, G. B. (1988). The impact of personal and national economic conditions on the presidential vote: a pooled crosssectional analysis. *American Journal of Political Science*, 32(1), 137–154.

Met Office. (2013). The recent pause in global warming: what do observations of the climate system tell us? http://www.metof-fice.gov.uk/media/pdf/e/f/Paper1_Observing_changes_in_ the_climate_system.PDF.

Montgomery, N. V., and Unnava, H. R. (2009). Temporal sequence effects: a memory framework. *Journal of Consumer Research*, 36(1), 83–92.

Moxley, J. H., Ericsson, K. A., Charness, N., and Krampe, R. T. (2012). The role of intuition and deliberative thinking in experts' superior tactical decision-making. *Cognition*, 124(1), 72–78.

Nisbett, R. E., and Ross, L. (1980). *Human inference: strategies and shortcomings of social judgment*. Englewood Cliffs, NJ: Prentice Hall.

Petty, R. E., and Cacioppo, J. T. (1986). *The elaboration likelihood model of persuasion* (pp. 1–24). Springer New York.

Petty, R. E., Wegener, D. T., and Fabrigar, L. R. (1997). Attitudes and attitude change. *Annual Review of Psychology*, 48(1), 609–647.

Redelmeier, D. A., and Kahneman, D. (1996). Patient's memories of painful medical treatments: real-time and retrospective evaluations of two minimally invasive procedures. *Pain*, 116, 3–8.

Scott, Michon. (2013). 2013 Arctic report card: sea ice extent larger than 2012 record low, but still sixth smallest on record. Climate.gov, December 9. https://www.climate.gov/news-features/featured-images/2013-arctic-report-card-sea-ice-extent-larger-2012-record-low-still.

Senator Ted Cruz on his "the world is on fire" comments and global warming. (2015). Late Night: Seth Meyers, March 16. http://www.nbc.com/late-night-with-seth-meyers/video/ senator-ted-cruz-on-his-the-world-is-on-fire-comments-and-global-warming/2853237.

Still going down the up escalator. (2012). Skeptical Science, February 3. https://skepticalscience.com/still-going-down-the-up-escalator.html.

Suicide: The saddest trend. (2016). *The Economist*. April 30–May 6, p. 29.

Tetlock, P. (2005). *Expert political judgment: How good is it? How can we know?* Princeton, NJ:

Princeton University Press.

Tversky, A., and Kahneman, D. (1983). Extensional versus intuitive reasoning: the conjunction fallacy in probability judgment. *Psychological Review*, 90(4), 293–315.

Wu, Z., Huang, N. E., Long, S. R., and Peng, C. K. (2007). On the trend, detrending, and variability of nonlinear and nonstationary time series. *Proceedings of the National Academy of Science*, 104(38), 14889–14894.

推荐阅读

Fredrickson, B. L. (2000). Extracting meaning from past affective experiences: the importance of peaks, ends, and specific emotions. *Cognition and Emotion*, 14(4), 577–606.

Fredrickson, B. L., and Kahneman, D. (1993). Duration neglect in retrospective evaluations of affective episodes. *Journal of Personality and Social Psychology*, 65(1), 45–55.

Hamilton, J. D. (1994). *Time series analysis*, Vol. 2. Princeton, NJ: Princeton University Press.

Jamieson, K. H., and Hardy, B. W. (2014). Leveraging scientific credibility about Arctic sea ice trends in a polarized political environment. *Proceedings of the National Academy of Sciences*, 111(Suppl. 4), 13598–13605.

Petty, R. E., and Cacioppo, J. T. (1986). *The elaboration likelihood model of persuasion* (pp. 1–24). Springer New York.

Tetlock, P. (2005). *Expert political judgment: How good is it? How can we know?* Princeton, NJ: Princeton University Press.

Tversky, A., and Kahneman, D. (1983). Extensional versus intuitive reasoning: the conjunction fallacy in probability judgment. *Psychological Review*, 90(4), 293–315.

第四十三章
在讨论转基因生物时理解
和克服对非天然的恐惧

罗伯特·B. 勒尔　迪特姆·A. 舍费尔

摘要：在评估像基因工程这样的强大技术时，担心非天然会发挥重要的作用。有几个因素导致了对非天然的恐慌，包括启发法和倾向。本章考察可得性启发法、情感启发法以及自然主义谬误。同时还讨论了像环境主义、厌恶感、死亡率和焦虑这些倾向，以及对非天然的恐惧（在与最佳可用的科学证据相一致的情况下）如何成为有关基因修饰的公共讨论的有疑问的基础。通过利用几个对非天然的恐慌得以克服并且有关负责任的创新的公共讨论从本能的恐惧转向实质协商的案例，本章表明克服对非天然的恐慌的策略可以促进社会责任。

关键词：基因修饰；基因工程；对非天然的恐慌；可得性启发法；情感启发法；自然主义谬误；厌恶；责任

2016 年，对于是否应当给反映出成分和生产过程的天然食品精确地贴上标签的关切日益增加，导致消费者组织了三次公民请愿活动，要求美国食品和药品监督管理局取缔"天然"这个术语。美国食品和药品监督管理局以设立一个积案清单来做出回应，就"界定'天然'这个术语是否恰当，如果恰当的话，那么该机构该如何界定'天然'，以及该机构如何在食品标签上恰当地使用这个术语"征求意见（美国食品和药物管理局，2016）。该清单获得了大量的媒体关注，比如《纽约时报》《美国广播公司新闻网》以及《时代杂志》，还有超过 7000 份来自公众的评论。

对天然食品标签数量可观的公众关切表明，很多消费者不仅偏好天然食品，而且在

"什么可以贴上天然的标签来营销"方面需要有严格的标准。这种需求背后的含义是，含有"非天然"要素的食品或利用"非天然"程序生产的食品可能是不健康的，或者是不受欢迎的。对不熟悉事物的怀疑和对非天然事物的恐惧是深深地植根于人类本性中的一种趋势，这对食品生产、偏好和消费具有重大的影响（Lusk 等，2014）。

本章将对非天然的恐惧置于基因修饰或工程化的有机体（转基因生物；对于讨论因"转基因生物"这个词语缺乏精确性而导致的混淆，见本书第一章）的情境下，尤其是聚焦于食品方面。这个焦点非常重要，它考虑到围绕着人类消费的转基因食品的安全性方面持续存在着公共争议，尽管人类消费的转基因作物的安全性与传统种植的作物差不多，这有着广泛的科学共识。在考察了导致对非天然作物产生恐惧的一系列因素之后，我们转向基因工程的几项应用，在这些应用中对非天然的恐惧可能会扼杀重要的创新。最后我们以克服这些恐惧的一些策略来结束本章的内容。

导致对非天然的恐惧的因素

接下来的部分讨论在转基因生物的情境下引起对非天然的恐惧的一些因素。因为本书中的其他章节涉及了这些因素中的一些更多细节（见本书第四十章和第四十一章），所以这里所谈及的因素不是详尽的。我们所讨论的因素被分成两个类别：启发法和倾向。

启发法

可得性启发法

人们会以他们能从记忆中回忆起相关案例的容易程度来做判断（Tversky 和 Kahneman，1973）。换句话说，在某种程度上来说，对一个事件发生的频率或一个事件在未来发生的可能性有多大的判断是由与那个事件相关的案例能被记住的容易程度所决定的。这个被称为可得性启发法的现象是导致对非天然的恐惧的重要影响因素（Lusk 等，2014）。[1]

基于可得性的判断的一个常规来源就是，媒体曝光率以及它让议题在记忆中变得重要的能力（Scheufele，2000）。媒体形象的鲜活性和重复性增加了它们在记忆中的可得性（Shrum，2002；Gerbner 和 Gross，1976）。反过来，态度的形成在一定程度上是以这些形象的可得性为基础的（Hastie 和 Park，1986）。媒体形象、可得性和态度之间的关系通常被称为媒介促发（Iyengar 和 Kinder，2010；Scheufele 和 Tewksbury，2007）。

媒介促发并不是从形象到可得性再到态度的线性级联。原始的信息会产生那些与记忆中的其他建构相关联的记忆痕迹。这些关联形成的一类网络由记忆的激活扩散模型所指定（Collins 和 Loftus，1975）。相关联的网络会影响后续的判断，比如对技术的风险认知和态度。举例来说，一项研究发现，在普遍支持纳米技术方面，在那些把纳米技术与医药的应用、人类生物工程或者机器/电脑关联起来的参与者身上显示出了这些关联与风险认知之间存在着交互效应（Cacciatore 等，2009）。更具体地说，把纳米技术与那些应用关联起来的参与者表明，当他们的风险认知较低时，他们对纳米技术会有更乐观的态度，但是随着风险认知的增加，他们对纳米技术的态度就不那么乐观了。这表明存在着技术应用、风险认知和态度的关联网络，在这种网络中，一项不好的技术可以利用生动媒体形象来促进对这项技术的恐惧性风险认知和态度。即便此技术不再积极地展现这些形象的时候，这种风险认知和态度仍然会持续存在。

转基因生物的反对方通常会利用一些生动的形象，这些形象会充分地利用记忆中对非天然的恐惧的可得性启发法以及关联（Lusk 等，2014）；在谷歌搜索中粗略地查一下"转基因生物"就会得到大量的对番茄进行皮下注射、橙子/奇异果杂交以及有内部电脑芯片的苹果的形象。这种类型的形象在通俗的反转基因渠道上很常见。与之相似的是，"转基因食品"（Frankenfood）这个术语已经成为转基因生物的反对者用来换起对转基因技术是如何产生非天然结果的恐惧的一种常见标签了（Walker，2013）。

这种类型的形象和标签要比支持转基因的对等物更加引人注目，比如，描绘一个带有注射器的番茄要比描绘一个利用更少农药的农民更容易。和不太容易引起记忆的对应物相比，接触到这些生动形象的人更容易记住它们。转基因技术然后就更有可能被与记忆中对非天然的恐惧关联起来，从而产生一种与本章后面要讨论的其他让人担忧的轶事相关的关联网络，比如负向情感和厌恶。反过来，态度和行为有可能反映了有偏见的风险认知，而非科学上精确的信息，以至于觉察因消费非天然食品而产生的消极后果的可能性就比这种结果的实际可能性要大很多。

情感启发法

当情感启发法发挥作用的时候，情感对风险认知的影响就要大过知识（见 Slovic 等，2007 以及本书第四章）。因为人们通常对转基因技术了解并不多，但是对非天然的东西却有强烈的厌恶感（Scott 等，2016；Hallman 等，2002），所以情感启发法在自然性的情境下可能尤其重要。如果对转基因食品极其不天然的描述令人印象深刻，那么结果就是，人们可能会对它们怀有负向情感，这反过来会让他们的风险认知产生偏见。

有研究证实了情感会影响人们对食品技术的认知。一项研究表明，负向情感和对天然食品的偏好都与纳米技术食品更大的认知风险和更低的认知收益相关（Siegrist 等，2008）。与之类似的是，与一个新的抗旱的传统品种玉米相比，一个新的抗旱转基因玉米品种被认为是不天然的，因而会引发负向情感（Siegrist 等，2016）。同样的研究还发现，与转基因玉米品种相比，调查的参与者认为传统玉米品种假定增产 6% 到 10% 是非常重要的。那种评估在一定程度上是被认知到的天然性和情感所"介导的"。这些结果证实了情感启发法的存在以及发挥着作用：如果信息与情感一样重要的话，那么假定 6% ~ 10% 的增产就应该同等重要，不论实现这种增产的技术类型是什么。相反，对技术的个人情感影响了对增长的重要性的认知。

自然主义谬误

自然主义谬误是这样一种观念，即只要是自然界中发生的事情就是好的，并且由此可推论转基因生物是坏的（见 Pinker，2002）。[2] 自然主义谬误在互联网博客和社交媒体上非常盛行，在这些平台上，健康饮食指南和非转基因产品营销把天然食品吹捧为转基因食品的健康替代品（Schultz 和 Morrison，2014）。像非转基因生物工程（Non-GMO Project）、绿色和平（Greenpeace）以及食品和水观察（Food and Water Watch）这样的非营利组织出版了含有植根于自然主义谬误论点的有关转基因生物的情况说明书和报告。比如，"非转基因工程迷思与事实报告"（Non-GMO Project Myths and Truths Report）就有 147 处提及"天然"这个词，通常把它与基因修饰这个理想的替代品并列在一起（Fagan 等，2014）。

自然主义谬误在农业情境下是有问题的，因为自然性是一个相对的术语（Kaiser，2005）。比如，现代小麦是几千年前两种种间交叉基因转移所产生的品种，与其祖先的品种相比，它存在着非天然的复杂 DNA 结构的杂交种（Lusk，2016）。西蓝花、花椰菜和羽衣甘蓝都是野生甘蓝的栽培种，也就是对原生植物进行繁育以产生与其祖先存在明显不同的作物的结果（Newland，2014）。对天然食品的界定是一个阐释问题而非客观事实，这只是众多案例中的一小部分。

倾　向

在众多倾向中（更稳定的方向性）有可能在讨论转基因生物的过程中导致对非天然的恐惧的是个人特质（比如厌恶感、焦虑）和生活方式定位（比如环境主义和道德准则）。[3, 4]

环境主义

环境主义的一个重要组成部分就是认为自然是本善的（Dunlap 等，2000）。因而，环境主义者可能会担心那些非天然的产品和其产生的过程，因为它们给自然带来了危险（Dunlap 等，2000）。与之类似的是，环境主义者会担心那些被定性为非天然的食品，因为他们不想让自己的身体被人为干预的产品所污染（Rozin 等，2004）。

绿色和平组织这样的环境主义群体把对自然的危险以及对污染的担心作为反对转基因技术的核心论点（Reisner，2001）。在生态效果以及可能被夸大的转基因生物收益的证据方面，这种反对的声音提出了重要的问题。然而，有些更极端的反对立场不惜以牺牲建设性的辩论为代价来散播恐慌（Achenbach，2016）。绿色和平组织的反对立场在 2016 年一次高调的冲突中达到高潮，在此期间，超过 100 位诺奖得主严厉斥责该组织压制转基因以应对全球健康议题的重要举措（Nobel Laureates Pro–GMO Campaign，2016）。

厌 恶

厌恶可以作为一种情感状态或一种个人特质而存在。而作为一种情感状态，它是对一种刺激因素的反应，这种因素以恶心、嫌弃以及与刺激因素保持距离为特征（Rozin 等，2008）。作为一种个人特质，厌恶感描述了更有可能经历这种反应的人，比如女性和在神经质测试中得分更高的人（Olatunji 等，2007；Haidt 等，1994）。

在食品和饮食的情境下，厌恶是尤其相关的。实验和调查表明，各种存在转基因食品的场景都会激发出人们的厌恶感，包括无意识的转基因食品消费和对动物的基因修饰（Scott 等，2016；Šorgo 等，2011）。类似的是，在厌恶感方面得分较高的人更有可能反对转基因食品（Clifford 和 Wendell，2016；Scott 等，2016）。这些例子的共同点是，认为转基因与非天然性相关（Blancke 等，2015），这是厌恶的主要前提之一（Rozin 等，2008）。因而，在转基因生物和对非天然的担心的情境下，厌恶既是情感又是个人特质方面的一个重要考量。

道德准则

有关道德准则的个人概念在对非天然的恐惧方面也发挥着作用。更具体地说，"扮演上帝"的观念反复地在有关转基因技术的伦理的讨论中浮现出来（Blancke 等，2015）。转基因技术在植物和动物身上扮演上帝的观念意味着辩论中的自然主义谬误——如果自然是好的，那么干预自然在道德上就是不可接受的。因而，在转基因技术上某些最狂热的反对立场所依据的基础是，担心在指导自然方面非法挪用上帝的角色会带来潜在的危害性后果（Scott 等，2016）。

有意思的是，反对转基因技术的道德立场通常用宗教术语（比如，"扮演上帝""干预自然秩序"）阐释出来，但是在三大主流一神论宗教（犹太教、伊斯兰教和基督教）中，对转基因技术的官方立场实际上是倾向于接受转基因技术的（Omobowale 等，2009）。因而，有关转基因技术的道德上的预留立场类似于一个准宗教的环境主义道德观，这比有组织的宗教本身更严重。此外，当转基因生物被视为是在干预自然秩序时，道德准则通常发挥重要作用（Frewer 等，2013；Bredahl，2001）。

焦　虑

焦虑是在转基因生物的情境下引发对非天然的恐惧的另外一种潜在的个人特质。一项调查显示，对兼收并蓄了各种风险（比如，空中旅行、工作场所事故）的一般性焦虑与对转基因食品的具体风险认知相关（Kahan，2016）。类似的是，另外一项调查发现，消费者对新奇事物的一般性焦虑与他们对新食品技术的恐惧相关（Cox 和 Evans，2008）。虽然这两个调查都没有具体地去测量天然性，但它仍然是对转基因食品的态度的核心要素（Rozin，2005；Tenblt 等，2005）。

对非天然的恐惧的更大问题

为何对非天然的恐惧会人为地限制有关转基因生物的公共辩论，这存在着很多原因。尤其是，转基因技术有可能会缓解与食品和营养、干旱以及健康相关的严重问题。截至目前，与传统种植的食物相比，有强有力的科学证据表明了人类消费的转基因食品的安全性（National Academies of Sciences，Engineering，and Medicine，2016b），对非天然的恐惧可能会扼杀转基因技术的发展以及贯彻落实，这是令人不安的。

食品与营养

食品与营养也许是转基因生物辩论中最明显且最长久的话题。从对生物多样性的影响，到转基因专利损害小型企业化农作的可能性，都是对转基因食品存在顾虑的因素。然而与传统种植的种类相比，消费转基因食品的安全性并不是那些可确定的担忧之一。通过许多研究和可靠的荟萃分析得出的广泛共识表明，美国市场上的转基因食品的安全性与传统种植的同类食物一样（DeFrancesco，2013）。

在争议性的转基因食品方面，一个最重要的例子就是富含 β 胡萝卜素这种维生素 A 的黄金大米。维生素 A 是一种重要的营养要素，尤其是在较贫穷国家，普遍缺乏维生素 A 会导致儿童失明、增加患病风险，以及因感染而死亡（West 和 Darnton-Hill，2008）。据估计，维生素 A 缺乏症导致每年有超过 65 万年龄低于 5 岁的儿童死亡（Black 等，2008）。目前，解决维生素 A 缺乏症的方案包括服用昂贵的保健品和增加食品中维生素 A 的含量。

食用黄金大米是这种昂贵解决方案的一个替代方法，因为大米是很多维生素 A 缺乏症很普遍的国家人民的主食（Ye 等，2000）。然而反对黄金大米的观点普遍存在，并且伴随着具有说服性的恐吓似的伎俩。绿色和平组织的一篇标题为"24 名儿童被当作小白鼠用于基因改造的'黄金大米'实验"（24 Children Used as Guinea Pigs in Genetically Engineered "Golden Rice" Trial）的文章就是一种常用策略的例证：刺激出伦理上值得怀疑的科学家在秘密的实验室里用有风险的技术对弱者进行实验的一种心理表象（Tan，2012）。鉴于可得性启发法和情感启发法的影响，这种表象会串联起不幸的后果，比如 2013 年 8 月反转激进分子破坏位于菲律宾的黄金大米田间试验场的事件。截至 2016 年，黄金大米仍在进行田间试验。

干 旱

干旱是转基因技术有可能缓解环境问题的另外一个领域。近期远在美国加利福尼亚州和澳大利亚地区的干旱凸显了更有效地管理水源利用以及应对气候变化的重要性（Iceland，2015）。对气候变化会在未来几十年里增加水源短缺发生率的预测表明，易受影响的地理区域尤其会遭遇作物减产和食物短缺（Lobell 等，2011）。面对这些危机的一种解决方案就是种植抗旱作物（Rippke 等，2016）。

抗旱转基因玉米已经被批准了，并且目前在美国和中国都有农民种植。美国国家科学院（US National Academy of Sciences，NAS）的报告（2016b，294）认为，没有足够的研究来证明这种类型玉米对抗旱长期有效，并且注意到抗旱是一个需要"广泛且细致分析"的复杂特性。然而，该报告还重申对作物进行改造以抵抗像干旱和炎热这样的气候压力，这种做法在未来是特别重要的。

对抗旱转基因玉米的某些反对意见正式强调了长期效果研究的缺乏。然而，其他反对意见放大了恐惧驱动的担忧，比如从转基因植物向人类的基因水平转移（Mayet，2015）。2016 年的美国国家科学院报告得出结论，这种主张和其他类似的观点是没有根据的，并强调"来自基因修饰作物的基因水平转移……是绝对不可能的，并且不会带来健康风险"（149）。我们再次强调，这个领域需要更多的研究，但是在抗旱作物方面恐惧驱动的担忧会损害这些努力。如果没有深入的研究，在抗旱方面可能有效的转基因作物在田间试验方面就不会有进展，尤其是在那些对转基因法规具有敌意的易受干旱影响的国家，比如乌干达和埃及（Waltz，2014）。

健 康

转基因技术在与食品无关的健康应用方面也具有重大的前景。其中一个例子就是为抗击流行病和疾病而对蚊子进行基因修饰。2015 年，科学家对蚊子的基因进行了修改，以阻止它们将疟疾传染给人类（Gantz 等，2015）。2016 年，在巴西释放了转基因蚊子，并且在开曼群岛和巴拿马进行了实验，以抵抗埃博拉病毒的传播。这些雄性蚊子的基因被修改了，以防止他们的后代存活到"成年"，一种用来抗击经由蚊子传播的登革热、黄热病和奇昆古尼亚热病的常用的转基因技术也在发展之中（Winskill 等，2015）。

与其他的转基因技术一样，对转基因蚊子所持的保留意见是基于对有效性的担忧及本能的恐惧。即便参与到开发转基因蚊子的工作之中的科学家也建议要慎重行事，因为它可能带来生态方面的影响（Akbari 等，2015）。另外，有关"弗兰肯斯坦式蚊子的演化会带来超级疟疾"的声明助推了人们基于恐惧的反应之上的愤怒（Kotler，2015）。这种声称激发了科幻噩梦中的鲜明形象，从而引发了焦虑并污染了围绕着转基因技术的传播环境。比如，2016 年的安纳伯格科学知识（Annenberg Science Knowledge）调查发现，只有 43% 的受访者认为转基因蚊子可能会让寨卡病毒的传播降到最低程度，但是有令人忧虑的 35% 的受访者错误地认为转基因蚊子实际上导致了寨卡病毒的传播（Annenberg Public Policy Center，2016）。

克服对非天然的恐惧

努力对转基因食品及其相关风险和收益进行传播的同时，必须认识到对非天然的恐惧以及这种恐惧的生理心理社会起源（National Academies of Sciences，Engineering，and Medicine，2016b）。在假定理解这些问题应该有助于未来研究的情况下，我们之前对这些起源进行过讨论。

弱化可得性启发法和情感启发法的效果也十分重要。有关给番茄插注射器以及橙子/奇异果杂交的形象是生动的、容易理解的，且在情感上让人不愉悦。要把转基因技术的当前收益——诸如增加耕作效率——刻画得生动、易于理解，以及使用情感上让人愉悦的方式是比较困难的。但是也许转基因技术的前景包含着可以用积极的方式建立可得性和情感的场合。比如，未来的研究可能把生动、易于理解且情感上愉悦的形象作为当前广为扩散的负向有效价的形象的潜在对比物。

类似的是，道德准则和环境主义可能是使个体倾向于产生非天然的恐惧的人格变量，但是也可能存在着改变它们的影响的情况。当易受影响的人群的福祉变得突出时（比如黄金大米），所认知到的非天然性在道德上仍然是重要的吗？当一种珍贵的作物只有通过基因修饰才能避免灭绝时（比如夏威夷木瓜），环境主义人士仍然会对非天然感到恐惧吗？[5] 因为更紧迫的问题，未来的研究应该对可能真正地削弱对非天然恐惧的影响的倾向性情景进行评估。

我们用一些案例来结束本章的内容，这些案例表明可以通过科学传播来对那些与最佳证据不一致的对非天然的恐惧进行反驳。从广义上来说，这三个案例表明那些情景可以促进建立有助于克服偏见的自我责任。在这些情况下，个体动机、社会需要以及作为辩论的结果的折中有助于克服对非天然的恐惧，因为责任会激励利益相关者在考虑问题时超越恐惧。

社会责任

有些情况会激发一个人对他人的责任，或者激发他向别人证明自己观点的需要（Tetlock，1983）。比如，个体在预测自己的观点在未来的互动中会遇到挑战时，他更容易考虑那些与自己的观点相反的信息。那些对这种情境进行预测的人也会用更复杂且微妙的方式来考虑问题。在科学情境下，责任效应在克服带有偏见的信息处理过程时可能会发挥重要的作用（Scheufele，2014）。

个人动机：马克·林纳斯的故事

作为一个撰写了几部有关气候变化的获奖图书的环境主义积极分子，作家马克·林纳斯（Mark Lynas）获得了名声。在成为作家之前，他帮助组织了 20 世纪 90 年代在欧洲举行的反转基因运动。当他于 2004 年为撰写图书《涨潮》（*High Tide*）对气候变化进行研究时，他开始质疑他的反转基因立场。在 2013 年牛津农场主会议期间发表的"我的过错"中，林纳斯宣布他支持转基因作物，并且证明他的态度发生了变化。在这个过程中，他承认他起初的反转基因立场假设——因为生物技术改变了自然，所以一个环境主义分子不应该持有支持生物技术的立场（Storr，2013）。在了解了基因工程中的科学时，他意识到这种立场以不同的方式存在着不一致——有大量的证据表明转基因生物实际上使得环境受益。他因而变成了一个基因工程的捍卫者。

林纳斯的故事可以作为克服偏见的社会责任的有力实证。因为他著的气候变化图书为了具有可信度而需要在科学上合理，他在撰写的过程中认真地核查了科学发现。因而，他意识到在气候变化上标榜科学研究的正确性的同时，在转基因食物安全性上驳斥科学研究成果是矛盾的。由于他愿意采用与他的起初立场相反的证据，他改变了自己对转基因生物安全性的态度。换句话说，《涨潮》需要坚持充分的科学性，使得林纳斯认为在转基因生物方面的科学支撑是充分的。在意识到这一点后，他改变了自己对该技术的反对意见。

想大规模地提升社会责任感是一种挑战。当 107 位诺奖得主试图让绿色和平组织在推广科学上不精确的转基因生物信息方面承担责任时，该倡导组织指控这些诺奖得主是企业影响力的工具，并且质疑把黄金大米作为解决方案的可持续性（Achenbach，2016）。绿色和平组织对企业影响力和可持续方案的关切是合理的，但是有可能缺乏繁荣时期。历史表明当繁荣减弱时，需求就会迫在眉睫。在这些情况下，产生折中方案的辩论和对非天然的恐惧就会让位于更紧迫的关切。

社会需求：日常生活中非天然产品的例证

尽管存在所谓的非天然性，但是现在有些利用合成工艺制作的，或者含有合成材料的产品十分常见。其中常见的一种事实是，显著的社会需求推动了它们的发展和社会接受度。

其中一个例子就是青霉素，在 1928 年亚历山大·弗莱明（Alexander Fleming）发现青霉素的几十年时间里，它是用真菌青霉的霉菌发酵而自然地生产出来的。在整个 20 世纪 30 年代，这个过程成本很高且低效。第二次世界大战的来临使得用青霉素治疗战争伤害的需求激增。这种需求刺激美国和英国政府在 30 个实验室里投入超过 2000 万美元来研究合成产品（Swann，1983；Richards，1964）。在此期间，媒体报道把青霉素盛赞为会加速同盟国的胜利并有助于开创"更幸福且更富足"战后世界的万灵药；对于一个爱国且持乐观看法的媒体来说，用积极方式之外的任何视角来报道这种药物都是不合适的（Adams，1984）。1957 年，化学家约翰·C. 史汗（John C. Sheehan）及其位于麻省理工学院的实验室发现了制造这种药物的一种合成方法（Swann，1983）。他们的发现对于生产常用的青霉素变形来说具有重要作用，比如阿莫西林和氨比西林。

也许与转基因生物和非天然性的讨论最相关的就是消费那些通过非天然过程生产的通常没有被归类为转基因的食物了。这包括得州葡萄柚、意大利小麦和亚洲梨。这些可食用的产品是通过辐射诱发的突变而生产的，[6] 这种技术是让种子有目的地暴露于辐射之中，以诱导出期望的变异性质或防止疾病。美国食品和药品管理局并未对这些食品进行监管，尽管是利用辐射来选择性状这种内在的非天然性。实际上，这个过程可以通俗地被描述为"干扰基因"（Broad，2007）。

辐射育种被用来保存德州葡萄柚诱人的颜色，防止意大利小麦染上叶锈病，防止黑点病损害亚洲梨（Yoshioka 等，1999；Scarascia-Mugnozza 等，1993；Hensz，1971，1985）。75% 的得州葡萄柚和 53% 的意大利硬粒小麦是利用辐射育种繁殖的，这种技术也使得亚洲梨免于灭绝（Ahloowalia 等，2004）。

青霉素和辐射育种的食品拥有的共同点是，它们的发展和扩散都源于巨大的需求。葡萄柚是德州农业的重点产品，因而在 1993 年被命名为德州官方水果。硬粒小麦是制作意面和比萨面团这两种主要意式风味食品的必需品。亚洲梨对于日本鸟取县的贸易来说也是十分重要的，因而在仓吉市有一个专门致力于亚洲梨的博物馆。比对辐射育种的食品的需求更大的是 20 世纪中叶对青霉素的需求。那种抗生素的发展通常被作为第二次世界大战的重要转折点（Oatman，1995）。在第二次世界大战后，由于制药行业快速发展的驱动，这种万灵药促进了现代抗生素的产生以及经济刺激。

这些案例表明对特定技术所感知的非天然性的恐惧会被更紧迫的关切所取代，因为反对者要对不作为的后果承担责任。当战争创伤需要治疗以及主要作物面临灭绝时，对天然性感到焦虑不安似乎显得微不足道了。当然，简单地把制造社会需求作为克服对非天然的恐惧的途径不太可能，或者说不太可取。然而，我们认为时间的推移以及与气候变化、干旱和疾病相伴而来的威胁会产生巨大的社会需求。为了应对这些威胁，就需要用转基因生物这个解决方案，因为自然的另一个选择就是损毁农作物，导致饥荒以及产生经济危机。面临这样的困境，个体应该对持有反应本能的恐惧而非形成反应实质性协商的态度负有责任。毕竟，20 世纪 90 年代，当夏威夷的番木瓜产量因轮斑病毒而暴跌 50% 时，90% 的夏威夷农民为了拯救这种作物，也为了他们的生活，而种上了抗这种病毒的转基因种子（Gonsalves，2001）。几年后，番木瓜蓬勃发展，成了夏威夷第六大出口食品，77% 的夏威夷番木瓜都是转基因品种（US Census Bureau，2015；Callis，2013）。

通过公共辩论达成和解：巴西和美国的转基因生物标签

巴西的案例表明需求可以促进对转基因生物的采用，同时也表明辩论与和解可以削弱对非纯天然食物的恐惧。20 世纪 90 年代，巴西农民从阿根廷非法进口转基因大豆，因为经济收益是非常重要的。当 2003 年发现巴西南部的绝大多数大豆作物都是转基因时，这就引发了一场辩论，结果是政府承诺会更好地执行转基因禁令，随后不久又宣布转基因作物只适用于 2003 年收获的作物，最终政府在 2005 年颁布决策，转基因作物合法但要贴上标签（Massarani and de Castro Moreira，2007）。这一连串的决策虽富有争议但迅速地为公众所知，因为日益增加的经济需求与环境道德观的和解使得倡导者和反对者在自己的立场上拥有同样的责任。

在这些作物的种植方面，巴西现在是转基因发展和使用的全球领先国家，仅次于美国（de Castro，2016）。在巴西开展的公众舆论调查表明，自从转基因食品被合法化并强制要求贴上标签之后，公众对转基因食品的接受程度日益增加。在 2003 年的一项调查中，73% 的受访者表明应该禁止转基因作物（IBOPE，2003）。然而，在 2011 年的调查中，50% 的受访者认为他们会购买贴有转基因标签的食品（de Castro，2016）。事实上，鉴于 2011 年巴西 83% 的大豆作物和 65% 的玉米作物都是转基因的，在人们购买到这些食品的概率方面，这是一个非常大的比例（Celeres，2011）。

转基因生物标签在美国也引发了类似的辩论，美国基因工程的反对者认为消费者有权利知道他们吃的是什么。转基因生物的支持者回应说，标签暗示着风险没有得到数据的支持。这种辩论使得和解成为必需，美国国会在 2016 年以法律的形式强制对转基因食品贴标签，但有重要的豁免和弹性的标准。双方铁杆的支持者都不满意，但是一般而言，贴标签给反对者提供了他们需要的信息，同时在不妖魔化这种技术方面又保有足够的微妙和灵活性（Lusk，2016a）。就像在巴西一样，辩论让双方都对自己的立场负责，结果就是贴标签的标准应该使从恐惧走向更实质性议题的讨论的中心。

结　论

乐观主义表明，责任可以将辩论焦点从关切转基因食品的非天然性转移到与生物技术负责任的创新有关的协商上来。我们有理由看到它的风险和收益。我们对 2016 年美国国家科学院的报告的回应是，基因工程太复杂，以至于不能"在它的收益或不利影响方面做出影响广泛且一般化的陈述"。虽然并未发现转基因作物比传统育种的作物更加有害，但是应该在对农业或社区的经济影响同抗除草剂或抗杀虫剂转基因作物的潜在生态影响进行权衡方面开展合理的辩论。不论人们如何权衡这些不同的因素与其他因素，然而，本能的恐惧——尤其是当它们与最佳可用的科学相冲突时——不是公众辩论的好的基础。

在转基因食物的情境下，辩论应该涉及实质的关切，而非简单地陷入对毫无证据的非天然的恐惧。在讨论转基因生物时，克服没有根据的对非天然的恐惧需要理解隐藏于背后的启发法和倾向性，对较大社会关切的可能益处进行情境化，并且整合以往成功和失败的案例并从中总结经验和教训。

注 释

1. 每个人都容易受到启发法和直觉思维的影响，即便是专家也一样（Tversky 和 Kahneman，1983，Hansen 等，2014）。因而，我们强调目标不是阻止直觉思维的出现，而是克服直觉在态度形成和决策方面的影响。

2. 当然，经常见报的例子给自然主义谬误带来了可信度。比如，美国军方在战争期间把橙剂作为除草的武器，在这会给军事人员以及平民带来重大健康问题并产生大量生态破坏的证据被曝光后，他们遭到了广泛的批评（National Academies of Sciences 2016c，White 和 Birnbaum，2009）。从对橙剂的争议中产生了对转基因生物的攻击：抗除草剂的作物被喷洒了 2，4- 二氯苯氧乙酸，它也是橙剂的一种成分。然而，橙剂导致的主要健康问题与它的另外一种成分有关，即 2，4，5 三氯苯酚代乙酸，而非 2，4- 二氯苯氧乙酸。

3. 此外，有些诸如女性和低收入个体这样的人口（YouGov/Huffington Post，2016）会比其他人更倾向于存在对非天然的恐惧。我们在本章中避免对人口统计学特征的深入讨论，但是"白人男性效应"的文献为风险认知方面的很多人口统计学差异提供了可能的解释（Kahan 等，2007；McCright 和 Dunlap，2013）。

4. 有意思的是，两项调查显示政治意识形态和宗教与转基因生物的态度不相关，至少在美国是这样（Funk 和 Rainie，2015；Kahan，2015）。

5. 见 2016 年美国国家科学院基因的报告，该报告在认知到的自然性和生物技术保育的益处之间的张力方面展开了一个类似的讨论。

6. 与随机突变相反，或者说通过变异而发生的物种演化过程不是由有目的的干预所推动的。

参考文献

Achenbach, J. (2016). 107 Nobel laureates sign letter blasting Greenpeace over GMOs. *The Washington Post*. https://www. washingtonpost.com/news/speaking-of-science/wp/2016/ 06/29/more-than-100-nobel-laureates-take-on-greenpeace-over-gmo-stance/.

Adams, D. P. (1984). The penicillin mystique and the popular press (1935-1950). *Pharmacy in History*, 26(3), 134-142.

Ahloowalia, B. S., M. Maluszynski, and K. Nichterlein. (2004). Global impact of mutation-derived varieties. *Euphytica*, 135(2), 187-204. doi:10.1023/B:EUPH.0000014914.85465.4f.

Akbari, O. S., H. J. Bellen, E. Bier, S. L. Bullock, A. Burt, G. M. Church, et al. (2015). Safeguarding gene drive experiments in the laboratory. *Science*, 349(6251), 927–929. doi:10.1126/science.aac7932.

Annenberg Public Policy Center. (2016). Annenberg Science Knowledge Survey. http://www. annenbergpublicpolicycen-ter.org/half-of-americans-concerned-zika-will-spread-to-their-neighborhoods/.

Black, R. E., L. H. Allen, Z. A. Bhutta, L. E. Caulfield, M. de Onis, M. Ezzati, C. Mathers, and J. Rivera. (2008). Maternal and child undernutrition: global and regional exposures and health consequences. *The Lancet*, 371(9608), 243–260. doi:10.1016/S0140-6736(07)61690-0.

Blancke, S., F. Van Breusegem, G. De Jaeger, J. Braeckman, and M. Van Montagu. (2015). Fatal attraction: the intuitive appeal of GMO opposition. *Trends in Plant Science*, 20(7), 414–418. doi:10.1016/j.tplants.2015.03.011.

Bredahl, L. (2001). Determinants of consumer attitudes and purchase intentions with regard to genetically modified food—results of a crossnational survey. *Journal of Consumer Policy*, 24(1), 23–61. doi:10.1023/a:1010950406128.

Broad, W. J. (2007). Useful mutants, bred with radiation. *The New York Times*, August 28, p. F1. http://www.nytimes.com/ 2007/08/28/science/28crop.html.

Cacciatore, M. A., D. A. Scheufele, and E. A. Corley. (2009). From enabling technology to applications: the evolution of risk perceptions about nanotechnology. *Public Understanding of Science*, 20(3), 385–404. doi:10.1177/0963662509347815.

Callis, T. (2013). Papaya: a GMO success story. *Hawaii Tribune Herald*. http://hawaiitribune-herald.com/ sections/news/ local-news/papaya-gmo-success-story.html.

Celeres. (2011). First review of the adoption of biotechnology in the 2011/12 harvest. http://www. prnewswire.com/ news-releases/brazil-sets-new-record-in-the-adoption-of-transgenic-crops-126698603.html.

Clifford, S., and D. G. Wendell. (2016). How disgust influences health purity attitudes. *Political Behavior*, 38(1), 155–178. doi:10.1007/s11109-015-9310-z.

Collins, A. M., and E. F. Loftus. (1975). A spreading-activation theory of semantic processing. *Psychological Review*, 82(6), 407–428. doi:10.1037/0033-295X.82.6.407.

Cox, D. N., and G. Evans. (2008). Construction and validation of a psychometric scale to measure consumers' fears of novel food technologies: the food technology neophobia scale. *Food Quality and Preference*, 19(8), 704–710. doi:10.1016/ j.foodqual.2008.04.005.

de Castro, B. S. (2016). 15 years of genetically modified organisms (GMO) in Brazil: risks, labeling, and public opinion. *Agroalimentaria*, 22, 104–117.

DeFrancesco, L. (2013). How safe does transgenic food need to be? *Nature Biotechnology*, 31(9), 794–

802. doi:10.1038/ nbt.2686.

Dunlap, R. E., K. D. Van Liere, A. G. Mertig, and R. E. Jones. (2000). New trends in measuring environmental attitudes: measuring endorsement of the new ecological paradigm: a revised NEP scale. *Journal of Social Issues*, 56(3), 425–442. doi:10.1111/0022–4537.00176.

Fagan, J., M. Antoniou, and C. Robinson. (2014). GMO myths and truths. http://www.nongmoproject.org/ wp–content/ uploads/2015/03/GMO–Myths–and–Truths–edition2.pdf.

Frewer, L. J., I. A. van der Lans, A. R. H. Fischer, M. J. Reinders, D. Menozzi, X. Zhang, et al. (2013). Public perceptions of agri–food applications of genetic modification—a systematic review and meta–analysis. *Trends in Food Science & Technology*, 30(2), 142–152. doi:10.1016/j.tifs.2013.01.003.

Funk, C., and L. Rainie. (2015). Americans, politics, and science issues. http://www.pewinternet. org/2015/07/01/ americans–politics–and–science–issues/.

Gantz, V. M., N. Jasinskiene, O. Tatarenkova, A. Fazekas, V. M. Macias, E. Bier, and A. A. James. (2015). Highly efficient Cas9–mediated gene drive for population modification of the malaria vector mosquito *Anopheles stephensi*. *Proceedings of the National Academy of Sciences*, 112(49), E6736–E6743. doi:10.1073/pnas.1521077112.

Gerbner, G., and L. Gross. (1976). Living with television: the violence profile. *Journal of Communication*, 26(2), 172–194. doi:10.1111/j.1460–2466.1976.tb01397.x.

Gonsalves, C. V. (2001). Transgenic virus–resistant papaya: farmer adoption and impact in the Puna area of Hawaii. Master's thesis, SUNY Empire State College.

Haidt, J., C. McCauley, and P. Rozin. (1994). Individual differences in sensitivity to disgust: a scale sampling seven domains of disgust elicitors. *Personality and Individual Differences*, 16(5), 701–713. doi:10.1016/0191–8869(94)90212–7.

Hallman, W. K., A. O. Adelaja, B. J. Schilling, and J. T. Lang. (2002). Public perceptions of genetically modi–fied foods: Americans know not what they eat. http://foodpolicy. rutgers. edu/ docs/ pubs/ 2002 _ Public_ Perceptions_of_Genetically_Modified_Food.pdf.

Hansen, K., M. Gerbasi, A. Todorov, E. Kruse, and E. Pronin. (2014). People claim objectivity after knowingly using biased strategies. *Personality and Social Psychology Bulletin*, 40(6), 691–699. doi:10.1177/0146167214523476.

Hari, V. (n.d.) Investigations. Food Babe. http://foodbabe.com/ investigations/.

Hastie, R., and B. Park. (1986). The relationship between memory and judgment depends on whether the judgment task is memory–based or on–line. *Psychological Review*, 93(3), 258–268. doi:10.1037/0033–295X.93.3.258.

Hensz, R. A. (1985). "Rio Red," a new grapefruit with a deep–red color. *Journal of the Rio Grande Valley*

Horticulutral Society, 38, 75–76.

Hensz, R. A. (1971). "Star Ruby," a new deep–red fleshed grapefruit variety with distinct tree characteristics. *Journal of the Rio Grande Valley Horticulutral Society*, 25, 54–58.

IBOPE. (2003). Pesquisa de opinião pública sobre transgênicos. http://greenpeace.org.br/transgenicos/pdf/ pesquisaIBOPE_ 2003.pdf.

Iceland, C. (2015). A global tour of 7 recent droughts. Insights: WRI's Blog. http://www.wri.org/ blog/2015/06/ global–tour–7–recent–droughts.

Iyengar, S., and D. R. Kinder. (2010). *News that matters: television and American opinion*, 2nd ed. Chicago: University of Chicago Press.

Kahan, D. M. (2015). Climate–science communication and the measurement problem. *Political Psychology*, 36, 1–43. doi:10.1111/pops.12244.

Kahan, D. M. (2016). Scientists discover source of public controversy on GM food risks. Cultural Cognition Project. http:// www.culturalcognition.net/ blog/ 2016/ 4/ 21/ scientists–discover–source–of–public–controversy–on–gm–food.html.

Kahan, D. M., D. Braman, J. Gastil, P. Slovic, and C. K. Mertz. (2007). Culture and identity–protective cognition: explaining the white–male effect in risk perception. *Journal of Empirical Legal Studies*, 4(3), 465–505. doi:10.1111/ j.1740–1461.2007.00097.x.

Kaiser, M. (2005). Assessing ethics and animal welfare in animal biotechnology for farm production. *Scientific and Technical Review*, 24(1), 75–87.

Kotler, S. (2015). Solving malaria using a genetically altered mosquito. *Newsweek*, April 18. http://www. newsweek.com/ solving–malaria–using–genetically–altered–mosquito–323022.

Lobell, D. B., W. Schlenker, and J. Costa–Roberts. (2011). Climate trends and global crop production since 1980. *Science*, 333(6042), 616–620. doi:10.1126/science.1204531 Lusk, J. L. (2016a). Mandatory GMO labeling closer to reality. http://jaysonlusk.com/blog/2016/7/11/mandatory–gmo–labeling–closer–to–reality.

Lusk, J. L. (2016b). *Unnaturally delicious: how science and technology are serving up super foods to save the world*. New York: St. Martin's Press.

Lusk, J. L., J. Roosen, and A. Bieberstein. (2014). Consumer acceptance of new food technologies: causes and roots of controversies. *Annual Review of Resource Economics*, 6(1), 381–405. doi:10.1146/ annurev–resource–100913–012735.

Massarani, L., and I. de Castro Moreira. (2007). What do Brazilians think about transgenics? In: Dominique Brossard, James Shanahan and T. Clint Nesbitt, eds., *The public, the media, and agricultural biotechnology*. Cambridge, MA: CABI, 179–190.

Mayet, M. (2015). ACB to battle South African government, Monsanto over controversial GM "drought tolerant" maize. African Centre for Biodiversity. http://acbio.org.za/acb–to–battle–sa–govt–monsanto–over–controversial–gm–drought–tolerant–maize/.

McCright, A. M., and R. E. Dunlap. (2013). Bringing ideology in: the conservative white male effect on worry about environmental problems in the USA. *Journal of Risk Research*, 16(2), 211–226. doi:10.10 80/13669877.2012.726242.

National Academies of Sciences, Engineering, and Medicine. (2016a). *Gene drives on the horizon: advancing science, navigating uncertainty, and aligning research with public values*. Washington, DC: National Academies Press.

National Academies of Sciences, Engineering, and Medicine. (2016b). *Genetically engineered crops: experiences and prospects*. Washington, DC: National Academies Press.

National Academies of Sciences, Engineering, and Medicine. (2016c). *Veterans and Agent Orange: update 2014*. Washington, DC: National Academies Press.

Newland, D. (2014). Sorry hipsters, that organic kale is a genetically modified food. *Smithsonian Magazine*, September 10. http://www.smithsonianmag.com/science/sorry–hipsters–organic–kale–genetically–modified–food–180952656/?no–ist.

Nobel Laureates Pro–GMO Campaign. (2016). Laureates letter supporting precision agriculture (GMOs). http://support–precisionagriculture.org/nobel–laureate–gmo–letter_rjr.html.

Oatman, E. (1995). The drug that changed the world. *P & S: The yearbook of the College of Physicians and Surgeons, Columbia University in the city of New York*, 25(1).

Olatunji, B. O., N. L. Williams, D. F. Tolin, J. S. Abramowitz, C. N. Sawchuk, J. M. Lohr, and L. S. Elwood. (2007). The Disgust Scale: item analysis, factor structure, and suggestions for refinement. *Psychological Assessment*, 19(3), 281–297. doi:10.1037/1040–3590.19.3.281.

Omobowale, E. B., P. A. Singer, and A. S. Daar. (2009). The three main monotheistic religions and GM food technology: an overview of perspectives. *BMC International Health and Human Rights*, 9(1), 1–8. doi:10.1186/1472–698x–9–18.

Pinker, S. (2002). *The blank slate*. Viking: New York.

Reisner, A. E. (2001). Social movement organizations' reactions to genetic engineering in agriculture. *American Behavioral Scientist*, 44(8), 1389–1404. doi:10.1177/00027640121956746.

Richards, A. N. (1964). Production of penicillin in the United States (1941–1946). *Nature*, 201(4918), 441–445. doi:10.1038/201441a0.

Rippke, U., J. Ramirez–Villegas, A. Jarvis, S. J. Vermeulen, L. Parker, F. Mer, et al. (2016). Timescales of transformational climate change adaptation in sub–Saharan African agriculture. *Nature Climate Change*, 6(6), 605–609. doi:10.1038/ nclimate2947.

Rozin, P. (2005). The meaning of natural: process more important than content. *Psychological Science*,

16(8), 652–658. doi:10.1111/j.1467–9280.2005.01589.x.

Rozin, P., J. Haidt, and C. R. McCauley. (2008). Disgust. In: M. Lewis, J. M. Haviland–Jones and L. F. Barrett, eds., *Handbook of emotions*, 3rd ed. New York: Guilford Press, 757–776.

Rozin, P., M. Spranca, Z. Krieger, R. Neuhaus, D. Surillo, A. Swerdlin, and K. Wood. (2004). Preference for natural: instrumental and ideational/moral motivations, and the contrast between foods and medicines. *Appetite*, 43(2), 147–154. doi:10.1016/j.appet.2004.03.005.

Scarascia–Mugnozza, G. T., F. D'Amato, S. Avanzi, D. Bagnara, M. L. Belli, A. Bozzini, et al. (1993). Mutation breeding for durum wheat improvement in Italy. *Mutation Breeding Review*, 10, 1–27.

Scheufele, D. A. (2000). Agenda–setting, priming, and framing revisited: another look at cognitive effects of political communication. *Mass Communication and Society*, 3(2–3), 297–316. doi:10.1207/S15327825MCS0323_07.

Scheufele, D. A. (2014). Science communication as political communication. *Proceedings of the National Academy of Sciences*, 111(Suppl. 4), 13585–13592. doi:10.1073/ pnas.1317516111.

Scheufele, D. A., and D. Tewksbury. (2007). Framing, agenda setting, and priming: the evolution of three media effects models. *Journal of Communication*, 57(1), 9–20. doi:10.1111/j.0021–9916.2007.00326.x.

Schultz, E. J., and M. Morrison. (2014). Activist or capitalist? How the "Food Babe" makes money. *Advertising Age*, July 14. http://adage.com/article/news/activist–capitalist–food–babe–makes–money/294032/.

Scott, S. E., Y. Inbar, and P. Rozin. (2016). Evidence for absolute moral opposition to genetically modified food in the United States. *Perspectives on Psychological Science*, 11(3), 315–324. doi:10.1177/1745691615621275.

Shrum, L. J. (2002). Media consumption and perceptions of social reality: effects and underlying processes. In: Jennings Bryant and Dolf Zillmann, eds., *Media effects: advances in theory and research*. Mahwah, NJ: Lawrence Erlbaum, 69–95.

Siegrist, M., C. Hartmann, and B. Stterlin. (2016). Biased perception about gene technology: how perceived naturalness and affect distort benefit perception. *Appetite*, 96, 509–516. doi:10.1016/ j.appet.2015.10.021.

Siegrist, M., N. Stampfli, H. Kastenholz, and C. Keller. (2008). Perceived risks and perceived benefits of different nanotechnology foods and nanotechnology food packaging. *Appetite*, 51(2), 283–290. doi:10.1016/j.appet.2008.02.020.

Slovic, P., M. L. Finucane, E. Peters, and D. G. MacGregor. (2007). The affect heuristic. *European Journal of Operational Research*, 177(3), 1333–1352. doi:10.1016/ j.ejor.2005.04.006.

Šorgo, A., N. Jaušovec, K. Jaušovec, and M. Puhek. (2011). The influence of intelligence and emotions on the acceptability of genetically modified organisms. *Electronic Journal of Biotechnology*, 15(1). http://

www.ejbiotechnology.info/ index.php/ejbiotechnology/article/view/v15n1−1.

Storr, W. (2013). Mark Lynas: truth, treachery, and GM food. *The Observer*, March 10. http://www. theguardian.com/envi−ronment/2013/mar/09/mark−lynas−truth−treachery−gm.

Swann, J. P. (1983). The search for synthetic penicillin during World War II. *The British Journal for the History of Science*, 16(2), 154−190. doi:10.1017/S0007087400026789.

Tan, M. (2012). 24 children used as guinea pigs in genetically engineered Golden Rice trial. Greenpeace East Asia Blog. http://www.greenpeace.org/eastasia/news/blog/24−children−used−as−guinea−pigs−in−geneticall/blog/41956/.

Tenb lt, P., N. K. de Vries, E. Dreezens, and C. Martijn. (2005). Perceived naturalness and acceptance of genetically modified food. *Appetite*, 45(1), 47−50. doi:10.1016/ j.appet.2005.03.004.

Tetlock, P. E. (1983). Accountability and complexity of thought. *Journal of Personality and Social Psychology*. 45(1), 74−83. doi:10.1037/0022−3514.45.1.74.

Tversky, A., and D. Kahneman. (1973). Availability: a heuristic for judging frequency and probability. *Cognitive Psychology*, 5(2), 207−232. doi:10.1016/0010−0285(73)90033−9.

Tversky, A., and D. Kahneman. 1983. Extensional versus intuitive reasoning: the conjunction fallacy in probability judgment. *Psychological Review*, 90(4), 293−315. doi:10.1037/ 0033−295X.90.4.293.

US Census Bureau. (2015). State exports from Hawaii. https:// www.census.gov/foreign−trade/statistics/ state/data/hi.html.

US Food and Drug Administration. (2016). Use of the term "natural" in the labeling of human food products. http:// www.fda.gov/ Food/ GuidanceRegulation/ Guidance DocumentsRegulatoryInformation/ Labeling Nutrition/ ucm456090.htm.

Walker, I. (2013). Curse of the frankenfoods. Background Briefing. http://www.abc.net.au/radionational/ programs/ backgroundbriefing/2013−09−15/4950990#transcript.

Waltz, E. (2014). Beating the heat. *Nature Biotechnology*, 32(7), 610−613. doi:10.1038/nbt.2948.

West, K. P. Jr., and I. Darnton−Hill. (2008). Vitamin A deficiency. In: Richard D. Semba, Martin W. Bloem and Peter Piot, eds., *Nutrition and health in developing countries*. Totowa, NJ: Humana Press, 377−433.

White, S. S., and L. S. Birnbaum. (2009). An overview of the effects of dioxins and dioxin−like compounds on vertebrates, as documented in human and ecological epidemiology. *Journal of Environmental Science and Health, Part C: Environmental Carcinogens and Ecotoxicology Reviews*, 27(4), 197−211. doi:10.1080/10590500903310047.

Winskill, P., D. O. Carvalho, M. L. Capurro, L. Alphey, C. Donnelly, and A. R. McKemey. (2015). Dispersal of engineered male *Aedes aegypti* mosquitoes. *PLoS Neglected Tropical Diseases*, 9(11), e0004156. doi:10.1371/journal. pntd.0004156.

Ye, X., S. Al-Babili, A. Klöti, J. Zhang, P. Lucca, P. Beyer, and Potrykus. (2000). Engineering the Provitamin A (β-Carotene) biosynthetic pathway into (carotenoid-free) rice endosperm. *Science*, 287(5451), 303–305. doi:10.1126/ science.287.5451.303.

Yoshioka, T., T. Masuda, K. Kotobuki, T. Sanada, and Y. Ito. 1999. Gamma-ray induced mutation breeding in fruit trees: breeding of mutant cultivars resistant to Black Spot Disease in Japanese Pear. *Japan Agricultural Research Quarterly*, 33, 227–234.

YouGov/Huffington Post. (2016). Support for GMOs rises with education level. https://today.yougov.com/ news/2016/04/ 13/poll-results-science/.

推荐阅读

Blancke, S., F. Van Breusegem, G. De Jaeger, J. Braeckman, and M. Van Montagu. (2015). Fatal attraction: the intuitive appeal of GMO opposition. *Trends in Plant Science*, 20(7), 414–418. doi:10.1016/ j.tplants.2015.03.011.

Brossard, D., J. Shanahan, and T. C. Nesbitt. (2007). *The public, the media, and agricultural biotechnology*. Cambridge, MA: CABI.

Kahneman, D. (2003). Maps of bounded rationality: A perspective on intuitive judgment and choice. In: T. Frängsmyr, ed., *Les Prix Nobel: The Nobel Prizes 2002*. Stockholm: Nobel Foundation, 449–489.

Lusk, J. L., J. Roosen, and A. Bieberstein. (2014). Consumer acceptance of new food technologies: causes and roots of controversies. *Annual Review of Resource Economics*, 6(1), 381–405. doi:10.1146/ annurev-resource-100913-012735.

National Academies of Sciences, Engineering, and Medicine. (2016a). *Gene drives on the horizon: advancing science, navigating uncertainty, and aligning research with public values*. Washington, DC: National Academies Press.

National Academies of Sciences, Engineering, and Medicine. (2016b). *Genetically engineered crops: experiences and prospects*. Washington, DC: National Academies Press.

Rozin, P., and P. M. Todd. (2015). The evolutionary psychology of food intake and choice. In: D. M. Buss, ed., *Handbook of evolutionary psychology*, Vol. 2. Hoboken, NJ: John Wiley.

Siegrist, M., C. Hartmann, and B. Stterlin. (2016). Biased perception about gene technology: how perceived naturalness and affect distort benefit perception. *Appetite*, 96, 509–516. doi:10.1016/ j.appet.2015.10.021.

第四十四章
保护还是污染科学传播环境？
儿童疫苗的案例

丹·卡亨（Dan Kahan）

摘要： 本章讨论儿童疫苗的问题。两个相互关联的目标使得这个话题具有一定的活力。一个是阐述科学传播环境的质量（即让个人与科学中已知的东西相联系的总的实践与线索）如何影响公众对决策相关科学的一种重要形式的认知。另外一个是强调在保护公众健康方面对科学传播环境的质量的自我意识管理的迫切需要。

关键词： 预防接种；科学传播；文化认知；互惠

疫苗与科学传播问题

医学科学的进步持续且稳定地改善了人类的免疫力，对疫苗安全性的公共争议使很多本可预防的疾病的寿命被延长了。当美国疾病控制与预防中心在 2006 年对处于青春期的女孩提出人类乳头状病毒通用的接种提案时，有关这种疫苗的风险的争论在每个州（只有一个州是例外）都把州议会堵得水泄不通，以阻止把它列入学校入学免疫接种名单之中。在受到怀疑的维克菲尔德研究发表将近 20 年之后，强制儿童接种疫苗的反对者继续激进地宣传着麻风腮三联疫苗（MMR）与自闭症之间存在关联的这种不足信的主张（Mnookin，2011）。如今，确保通用免疫接种的益处取决于保护公众免遭对其福祉的一种性质完全不同的威胁：科学传播的异常状态使得他们无力去意识到那些在疫苗安全性上的最佳可用证据（美国科学促进会，2014）。

有两种这样的异常状态。第一种是我们非常熟悉的：一小撮但组织完善且声调很高的反疫苗积极分子（明星发言人扩大了他们获得媒体关注的技巧）刻意地传播错误信息。第二种没有得到广泛的认同，但是却更加重要：在保护有关疫苗的科学传播环境方面，公共健康机构利用基于证据的方法失败了。如本书表明的那样，科学传播研究在对重复发生的影响因素进行编目方面开展了大量的工作，这些重复发生的因素会破坏公众利用这个过程来认知有效的决策相关的科学。坦白地说，公众健康机构目前既缺乏利用这些研究所必需的制度又缺乏所必需的文化（国家疫苗咨询委员会，NVAC，2015）。

不过，认为这种失败对于公共健康机构来说是独一无二的，或者认为它只会影响对疫苗安全性的公共理解可能是错误的。相反，把通用免疫接种的益处置于危险之中的科学传播问题只是对科学传播的科学更加普遍的忽视的一个实例而已。

儿童疫苗：野生的风险传播的危险

本书的第十八章按时间顺序记述了人类乳头状病毒疫苗的公共争议，这是唯一一种没有被纳入美国各州所推行的强制性儿童入学计划之中的通用管理所推荐的儿童免疫接种。人类乳头状病毒疫苗的科学传播所引发的逐渐展开的灾难并没有受到限制，是因为在政府内或政府外都没有一套程序，来保护科学传播环境不受对于指引各类公民的行为与有效的决策相关科学保持一致的社会状况具有破坏性的重复发生的因素所影响。

确实，正是这种缺失如今给已获确认的儿童疫苗带来了最严重的科学传播威胁。在这种情况下，风险才刚刚开始。不过就目前来说，在表明应对腮腺炎、麻疹、风疹、脊髓灰质炎和其他儿童疾病的通用免疫接种的风险和收益的最佳可用证据是什么上，并不存在公共争议的有效条件。但是，儿童疫苗的科学传播环境充斥着可以轻易地产生混乱和冲突的污染物，至少其毒性不亚于让有关人类乳头状病毒疫苗的通用管理的提案脱离轨道。

就像我们在一开始所表明的那样，科学的错误传播者的努力只是这种污染的一种来源。另外一种来源是（很大程度上）出于好心的非专业风险传播者的行动，他们在抗击有预谋的"公共信任危机"上没有证据的、动作不协调的努力会产生令人担心的风险。这些证据贫乏、去中心化的、非专业的且不受管理的风险传播者发挥主要作用的前提条件，就是缺乏在公共健康机构中与别的组织相关的专业风险传播者进行以证据为前提且集中管理的沟通，国家疫苗咨询委员会（National Vaccine Advisory Committee，NVAC）的一个工作组就公众的疫苗信心发布的一份近期报告着重强调了这一点（NVAC，

2015）。

我把这种事态给通用儿童免疫接种带来的危险称为"野生的风险传播"问题。我首先简要地描述一下这种现象，然后为把它视为疫苗科学传播环境的主要威胁，从理论和证据（绝大多数源于供国家疫苗咨询委员会工作组审查的材料）上对其基础进行调查。

对野生的疫苗风险传播进行剖析

公众成员会遭到其他成员有关疫苗的风险认知信息的轰炸。媒体报道、博客、倡导性的报告中的信息，以及偶尔由个体的健康专业人员所推动的信息描绘出了一种导致了"对免疫接种比率的侵蚀"（"Paul Offit on the Anti-Vaccine Movement"，2011）的"日益增加的公众信心危机"的画面（Pettett，2012）。"可预见的是，这种趋势正在导致很久之前就被认为已经消失了的疾病的卷土重来"，包括百日咳和麻疹（"Herd at Risk"，2012；另见 Rho，2013；Salzberg，2012；Szabo，2011）。有人总结说："从塔利班的袭击者到加利福尼亚的足球母亲，那些选择不给孩子接种疫苗以防止可预防的疾病的人正在引发一场公共健康危机"（Krans，2013）。

事实表明，这种画面是错误的，并且是与经验证据不一致的（NVAC，2015）。父母对儿童免疫接种的风险和收益进行评估的最可靠的——实际上是唯一可靠的指标就是他们的行为：他们愿意或不愿意让自己的孩子接受免疫（Luman 等，2008；Suarez 等，1997；McKinney 等，1991；另见图 44.1）。年度的全国免疫调查（National Immunization Survey，NIS）中含有对这种行为的最佳衡量标准，该调查是由代表美国国家卫生统计中心（National Center for Health Statistics）与美国疾病控制与预防控制中心的全国舆论调查中心（National Opinion Research Center）联合开展的（美国疾病控制与预防中心，2013b；NORC，2013）。

全国免疫调查表明，美国儿童接种麻风腮三联疫苗、百日咳、B 型肝炎和脊髓灰质炎疫苗的比率近十年来稳定地保持在 90% 或以上，这是公共健康的目标（HHS，2013）（图 44.2）。尽管在州政府执行的通用免疫接种政策中对反对的家长有立即可用的非医学的"豁免"（NVAC，2015），儿童不进行免疫接种的比例仍然持续保持在 1% 及其以下。

在每年之间变化不大的语言方面，美国疾病控制与预防中心发布了一个新闻通稿，宣布了一个"令人放心的"新闻，即最新的全国免疫调查数据表明，儿童免疫接种的比例或"仍处在高位"或"出现了增长"（美国疾病控制与预防中心，2011）。"与以往任何时候相比，我们在继续保护更多的少年儿童和青少年免受引发严重疾病或死亡的可用疫苗预防的疾病的侵袭，我们通常对这些疾病没有有效的医疗手段"（美国疾病控制与预防中心，2007）。"与白人和少数族裔持续存在重大差异的其他健康服务明显相反的是，对于绝大多数疫苗接种来说，免疫接种的比率在种族或民族之间几乎没有差别"（美国疾病控制与预防中心，2011）。美国疾病控制与预防中心写道："虽然很多人将目光投向不给孩子接种疫苗或从疫苗要求中寻求豁免的父母身上，但是全美国免疫调查发现没有接种疫苗的幼儿比例不到四分之一。"而非"数量庞大且日益增加"的"主流家长"拒绝给他们的孩子接种疫苗（Largent，2012），美国疾病控制与预防中心报告说："几乎所有的家长都选择让自己的孩子免受危险的儿童疾病的侵袭"（美国疾病控制与预防中心，2010a）。

然而，正如美国疾病控制与预防中心通常所警示的那样，存在着疫苗接种率比全美国水平低很多的飞地（美国疾病控制与预防中心，2013a）。这样的飞地通常含有对强制免疫进行直言不讳地批评的群体（Mnookin，2011）。这里也是像麻疹这样的儿童疾病在本地范围内反复发生的地方，公共卫生官员认为这种疾病在美国已经灭绝，但是却可以通过到国外旅游的被感染的个人所带回。因为在其他国家，麻疹的患病率是浮动的，也因为被感染

图 44.1　野生性风险传播信息与美国疾病控制与预防中心的信息关于疫苗接种率的对比

来源：文化认知项目（2014）。

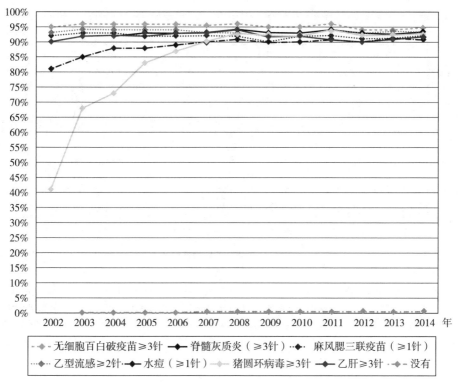

图 44.2　长期以来美国推荐的儿童疫苗免疫的接种率

来源：全国免疫调查（2003—2015）。

个体的返回地点在流行病学上等同于击中了一个人口密度不同的飞镖盘的飞镖，"在美国麻疹病例发生的群体"每年是十分不同的（美国疾病控制与预防中心，2015，见图44.3）。但是"美国有着很高的麻风腮三联疫苗覆盖率（19 ～ 35 月龄的儿童中有91% 注射了疫苗），"美国疾病控制与预防中心认为"这限制了此种疾病暴发的规模"，疫情会不可避免地持续下去，不会留下任何内源性（即非输入性）麻疹病例的自发复燃残余。

　　百日咳在美国也没有完全消失，它的发生率在免疫率较低的飞地也很高（Atwell 等，2013）。但是根据美国疾病控制与预防中心的观点，"拒绝给自己的孩子注射疫苗的家长"并不是近年来这种疾病"大规模暴发的驱动力"（美国疾病控制与预防中心，2013a）。除了"增强意识，改善诊断测验，更充分的报告，以及细菌更多的流动"之外，美国疾病控制与预防中心在"作为主要原因之一的无效的追加注射中"发现了"正在减弱的免疫力"（美国疾病控制与预防中心，2013a），这来自美国疾病控制与预防中心的共识之外的专家的判断（Cherry，2012）。

　　毋庸置疑，一些预防接种不足的情况带来了严重且确定无疑的公共健康问题。它们允许并且要求采用一些实证方法来开展研究，这些方法适于对其产生的影响进行评估，

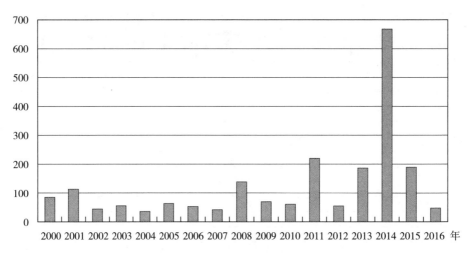

图 44.3　每年报告的麻疹病例

来源：疾病控制中心（2016）。

注：2016 年的病例（48 起）数量都是 7 月 22 日的。2000—2015 年的年度麻疹病例的平均数是 131，标准差为 154。这种浮动并不是美国接种行为的变化的结果，而是其他国家疾病暴发率的变化，以及美国居民到这些国家旅游和从这些国家到美国旅游的情况导致的。比如，2014 年病例的很大数量源于"来自遭受到麻疹大规模暴发的菲律宾的病例，"这种情况持续到了 2015 年（美国疾病控制与预防中心，2016）。

对它们在儿童疾病发生率的影响上进行测量，以及制定一些可能被用来应对和控制它们的办法（NVAC，2015）。

但是低免疫率飞地的存在以及它们所带来的危险并未对这样的断言提供实证性的支持，即存在着"对疫苗免疫日益增加的不信任"（Dvorak，2011）、"美国的麻风腮三联疫苗免疫率下降"（"Offit on Vaccines"，2009）或"不情愿注射疫苗出现了上升趋势"（Gowda和 Dempsey，2013）导致"很多医生甚至没有意识到疾病的复苏出现很久了"（Fumento，2010）。这种主张反应的不是普通家长之中的"恐惧的流行"，而是多样化的参与者中的一种夸张手法的蔓延，他们对基于证据的风险传播诉诸临时的替代方案。

在熟悉的与科学相关的公众争议中，这种形式的无证据风险沟通也倾向于与反对者之间的相互指责相辅相成。因而，很多评论者把儿童疫苗会导致自闭症的观念与不信任进化论以及对气候变化的怀疑主义视为对科学的蠕变的社会性不信任的证据（Hunter，2013；Frank，2013；Egan，2012；"Dopes"，2012；Otto，2012a，2012b；"Anti-Vaccination vs. AGW Denial"，2011；Kirshbaum，2009）。其他人把"反疫苗"情绪归因为这种或那种可辨识的文化风格，从"不信任所有的政府建议的保守群体"（"Herd at Risk"，2012）到"反对……大公司及其产品的平等主义者"（Ropeik，2011；图 44.4）。

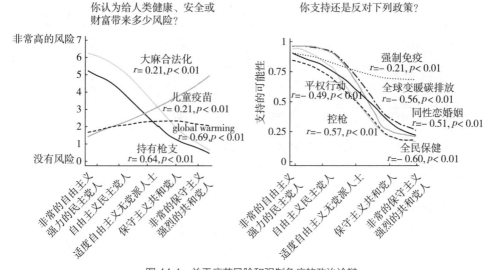

图 44.4　关于疫苗风险和强制免疫的政治论辩

来源：文化认知项目（2014），文化认知透射，安纳伯格公共舆论中心（2015）。

注：全国代表性样本（$n=$ 绘制线反映了局部加权回归）。

这些主张也是错误的。对气候变化或进化的看法与对疫苗风险认知的认知之间没有相关性。这种争议的双方都支持普遍的免疫接种。在通常反对政治的和文化的观点的个体方面，情况也是如此。当然，存在着看法相反的群体。但是在他们所隶属于的任何其他可辨识的群体中——宗教、政治、文化、伦理或社会经济——他们都是局外人（图 44.5）。

野生的风险传播与疫苗科学传播环境

对公众健康来说，因为由一个或另一个文化群体易传染的反科学态度所引发的对疫苗公众焦虑的风潮而导致的疫苗注射率正在暴跌，野生的疫苗风险传播的信息不仅是错误的，而且是危险的。这是科学传播污染的一种开端，它的累积会破坏公众成员赖以识别科学以及对科学给予恰当信任的提示和进程。

风险的社会性放大

正如之前解释的那样，绝大多数美国人并不担心疫苗风险。调查结果和持续的高疫苗注射率都支持了这一发现（NVAC，2015）。但是作为野生的风险传播的结果，它却非常容易变化。科学传播环境在很大程度上是由公众的普通成员与其他普通成员进行的日常交流所组成的（见第四章）。某些潜在风险来源应该被视为一种危险和警告的来源的最强大线索之一就是，理解在其他人身上产生的风险来源的危险和警告。因而，"像你一样

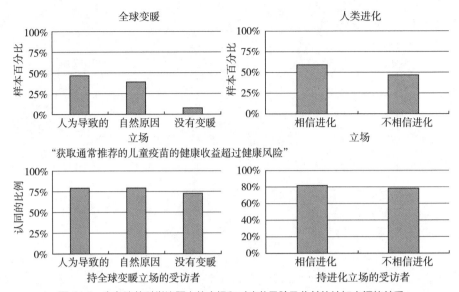

图 44.5　在争议的科学议题上的立场和对疫苗风险及收益的认知之间的关系

来源：CCP（2014）。

的人都感到焦虑"这条信息也会引发焦虑。

　　实际上，通过暗示其他人，试图平息对风险的焦虑实则可能会使焦虑加剧（Kasperson 等，1998）。如果人们反应过度，那么可能最好的建议就是告诫人们不要担心。但如果他们不担心，"保持冷静"的告诫只能带来风险，那就是产生了人们本来打算要预防的焦虑（Lanska，1998）。实际上，不止一个实验发现，旨在用这种方式平息对免疫的恐惧的传播会给那些最有可能对此表示担心的人带来逆火效应（Nyhan 等，2014）。

　　野生的风险传播把这种污染形式注入疫苗的科学传播环境之中（NVAC，2015）。其主导信息表明，"主流家长中数量很大且越来越多的人"（Largent，2012）对疫苗存在着"日益增加的公共信任危机"（Pettett，2012）——不是那些紧张不安的、边缘的局外人，而是像你一样的人（比如，加州的足球母亲；Krans，2013）。

　　负责对这种修辞进行宣传的人（包括通过科普写作和在媒体出镜的方式对此进行推广的个体的公共健康专业人员）毫无疑问地相信，发展这种形式会为解决对普遍免疫怀有敌意的一般人群的一小部分所带来的危险争取到支持。然而，他们"对免疫日益增加的不信任"的断言，除了是错误的之外，也充满了众所周知的触发公众焦虑的自我强化的特征（Kasperson 等，1998）。

　　幸运的是，没有证据表明对儿童疫苗免疫公众关切的持续误解已经引发了这种效果。但是有证据表明它产生了这样一种印象，即对普遍免疫存在着的焦虑和抵制要比现实中存在的更加显著。

具体而言，为国家疫苗咨询委员会准备的一项研究——文化认知项目（2014）发现，各界人士对疫苗的安全性有非常高的信心，包括宗教群体、文化群体、政治群体、社会经济领域、种族群体等。但是这些公众成员极大地高估了对疫苗的关切程度。近一半的受访者持有错误的印象，即儿童疫苗注射率在过去十年里出现了下降。他们还大幅地低估了儿童接受推荐疫苗的百分比，且极大地高估了一种疫苗都不注射的儿童的百分比。

通过实验可以测量出野生的风险传播对这种误解的贡献（图 44.6）。与对照组相比，研究对象看到了一个复杂的情况，包含“普通家长”中“持续增加的信任危机”的典型的现实世界中的表现，他们甚至更有可能低估疫苗接种率，形成疫苗接种率正在下降的错误观念，以及高估根本就没有接受免疫的儿童的比例。相反，另一部分研究对象被提供了美国疾病控制与预防中心在年度免疫调查年度报告发布之后就即刻对外发布的新闻通稿，他们则形成了更精确的估测（图 44.7）。

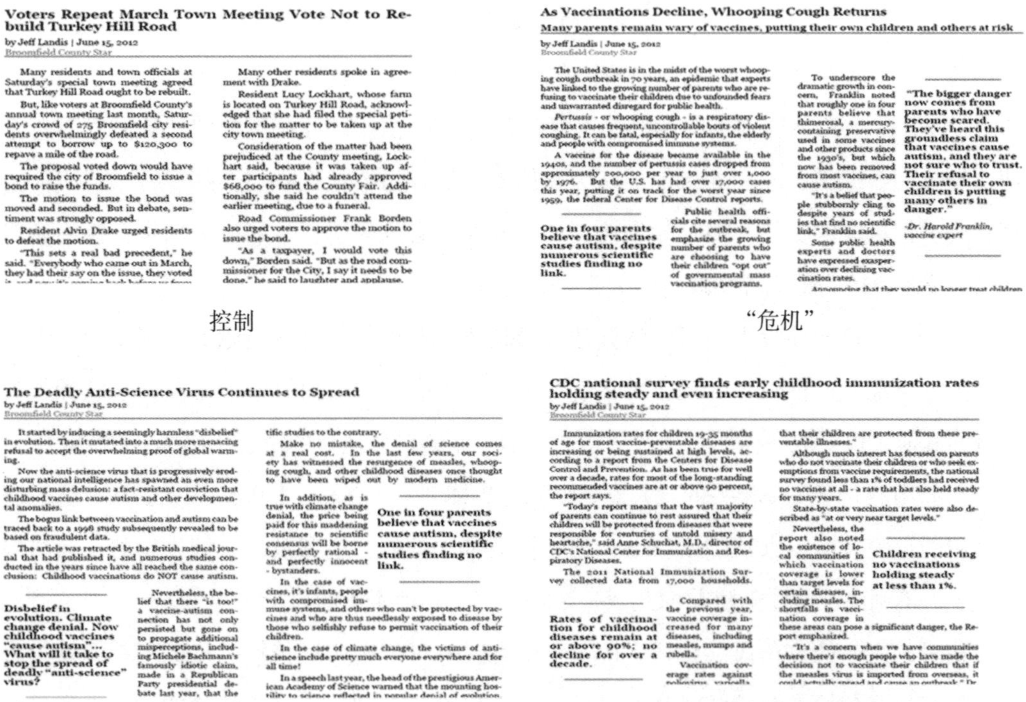

Voters Repeat March Town Meeting Vote Not to Rebuild Turkey Hill Road

by Jeff Landis | June 15, 2012
Broomfield County Star

Many residents and town officials at Saturday's special town meeting agreed that Turkey Hill Road ought to be rebuilt.

But, like voters at Broomfield County's annual town meeting last month, Saturday's crowd of 275 Broomfield city residents overwhelmingly defeated a second attempt to borrow up to $120,300 to repave a mile of the road.

The proposal voted down would have required the city of Broomfield to issue a bond to raise the funds.

The motion to issue the bond was moved and seconded. But in debate, sentiment was strongly opposed.

Resident Alvin Drake urged residents to defeat the motion.

"This sets a real bad precedent," he said. "Everybody who came out in March, they had their say on the issue, they voted

Many other residents spoke in agreement with Drake.

Resident Lucy Lockhart, whose farm is located on Turkey Hill Road, acknowledged that she had filed the special petition for the matter to be taken up at the city town meeting.

Consideration of the matter had been prejudiced at the County meeting, Lockhart said, because it was taken up after participants had already approved $68,000 to fund the County Fair. Additionally, she said he couldn't attend the earlier meeting, due to a funeral.

Road Commissioner Frank Borden also urged voters to approve the motion to issue the bond.

"As a taxpayer, I would vote this down," Borden said. "But as the road commissioner for the City, I say it needs to be done," he said to laughter and applause.

控制

As Vaccinations Decline, Whooping Cough Returns

Many parents remain wary of vaccines, putting their own children and others at risk

by Jeff Landis | June 15, 2012
Broomfield County Star

The United States is in the midst of the worst whooping cough outbreak in 70 years, an epidemic that experts have linked to the growing number of parents who are refusing to vaccinate their children due to unfounded fears and unwarranted disregard for public health.

Pertussis - or whooping cough - is a respiratory disease that causes frequent, uncontrollable bouts of violent coughing. It can be fatal, especially for infants, the elderly and people with compromised immune systems.

A vaccine for the disease became available in the 1940s, and the number of pertussis cases dropped from approximately 200,000 per year to just over 1,000 by 1976. But the U.S. has had over 17,000 cases this year, putting it on track for the worst year since 1959, the federal Center for Disease Control reports.

One in four parents believe that vaccines cause autism, despite numerous scientific studies finding no link.

Public health officials cite several reasons for the outbreak, but emphasize the growing number of parents who are choosing to have their children "opt out" of governmental mass vaccination programs.

To underscore the dramatic growth in concern, Franklin noted that roughly one in four parents believe that thimerosal, a mercury-containing preservative used in some vaccines and other products since the 1930's, but which now has been removed from most vaccines, can cause autism.

"It's a belief that people stubbornly cling to despite years of studies that find no scientific link," Franklin said.

Some public health experts and doctors have expressed exasperation over declining vaccination rates.

"The bigger danger now comes from parents who have become scared. They've heard this groundless claim that vaccines cause autism, and they are not sure who to trust. Their refusal to vaccinate their own children is putting many others in danger."

-Dr. Harold Franklin, vaccine expert

“危机”

The Deadly Anti-Science Virus Continues to Spread

by Jeff Landis | June 15, 2012
Broomfield County Star

It started by inducing a seemingly harmless "disbelief" in evolution. Then it mutated into a much more menacing refusal to accept the overwhelming proof of global warming.

Now the anti-science virus that is progressively eroding our national intelligence has spawned an even more disturbing mass delusion: a fact-resistant conviction that childhood vaccines cause autism and other developmental anomalies.

The bogus link between vaccination and autism can be traced back to a 1998 study subsequently revealed to be based on fraudulent data.

The article was retracted by the British medical journal that had published it, and numerous studies conducted in the years since have all reached the same conclusion: Childhood vaccinations do NOT cause autism.

Disbelief in evolution. Climate change denial. Now childhood vaccines "cause autism"... What will it take to stop the spread of deadly "anti-science" virus?

Nevertheless, the belief that there "is too!" a vaccine-autism connection has not only persisted but gone on to propagate additional misperceptions, including Michele Bachmann's famously idiotic claim, made in a Republican Party presidential debate last year, that the

tific studies to the contrary.

Make no mistake, the denial of science comes at a real cost. In the last few years, our society has witnessed the resurgence of measles, whooping cough, and other childhood diseases once thought to have been wiped out by modern medicine.

In addition, as is true with climate change denial, the price being paid for this maddening resistance to scientific consensus will be borne by perfectly rational - and perfectly innocent - bystanders.

One in four parents believe that vaccines cause autism, despite numerous scientific studies finding no link.

In the case of vaccines, it's infants, people with compromised immune systems, and others who can't be protected by vaccines and who are thus needlessly exposed to disease by those who selfishly refuse to permit vaccination of their children.

In the case of climate change, the victims of anti-science include pretty much everyone everywhere and for all time!

In a speech last year, the head of the prestigious American Academy of Science warned that the mounting hostility to science reflected in popular denial of evolution

“反科学”

CDC national survey finds early childhood immunization rates holding steady and even increasing

by Jeff Landis | June 15, 2012
Broomfield County Star

Immunization rates for children 19-35 months of age for most vaccine-preventable diseases are increasing or being sustained at high levels, according to a report from the Centers for Disease Control and Prevention. As has been true for well over a decade, rates for most of the long-standing recommended vaccines are at or above 90 percent, the report says.

"Today's report means that the vast majority of parents can continue to rest assured that their children will be protected from diseases that were responsible for centuries of untold misery and heartache," said Anne Schuchat, M.D., director of CDC's National Center for Immunization and Respiratory Diseases.

The 2011 National Immunization Survey collected data from 17,000 households.

Rates of vaccination for childhood diseases remain at or above 90%; no decline for over a decade.

Compared with the previous year, vaccine coverage increased for many diseases, including measles, mumps and rubella.

Vaccination coverage rates against

that their children are protected from these preventable illnesses."

Although much interest has focused on parents who do not vaccinate their children or who seek exemptions from vaccine requirements, the national survey found less than 1% of toddlers had received no vaccines at all - a rate that has also held steady for many years.

State-by-state vaccination rates were also described as "at or very near target levels."

Nevertheless, the report also noted the existence of local communities in which vaccination coverage is lower than target levels for certain diseases, including measles. The shortfalls in vaccination coverage in these areas can pose a significant danger, the Report emphasized.

Children receiving no vaccinations holding steady at less than 1%.

"It's a concern when we have communities where there's enough people who have made the decision not to vaccinate their children that if the measles virus is imported from overseas, it

“美国疾病控制与预防中心”

图 44.6　用来测试“科学传播环境”对野生的疫苗风险传播的影响的刺激因素

来源：CCP（2014）。

注：较大的全国代表性样本被分配到四个条件中的一个，每一个都代表不同的传播形式，目的是测试“野生的疫苗风险传播”的影响。

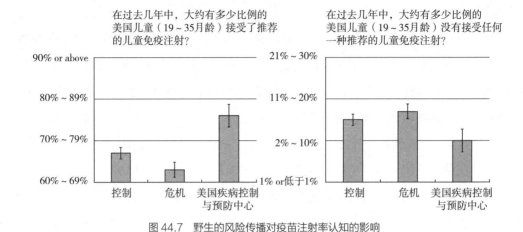

图 44.7　野生的风险传播对疫苗注射率认知的影响

公众估测越精确越好。公众通过欣然地让其子女接受免疫所传播的信心是公众科学传播环境中最重要的传播形式（见第四章）。

互应逻辑——不合乎逻辑的忽略事实的疫苗风险传播

在集体的行动环境中——从税收遵从到资源回收，从投票到对从日托中心按时地接送孩子的非正式规范的观察——个体往往表现得像是道德情感的报答者（Bowles 和 Gintis，2011）。与参与到纯粹的利己主义的计算之中相比，他们更多的是被激发着自愿地给集体利益做出贡献；如果他们认为其他人会那样做，他们就也会那样行事，因为他们希望承担应尽的责任，但是如果他们认为其他人会逃避责任，那么他们也会拒绝做出自己的贡献，因为他们不想成为冤大头。

这个动力机制使得人们不低估其他人给集体利益做出的志愿贡献的程度就变得十分重要。如果他们这样做了的话，那么就有更多的人会不愿做出自己的贡献——这种行为会诱导其他人也采取一样的行动，从而产生不合作的自我强化的螺旋（Kahan，2004）。

与通用的儿童免疫相关的"人群免疫"是集体利益（Olson，1965）。尤其是，通过服从通用的免疫政策，家长们不仅给自己的孩子带来益处，还惠及那些因为年龄、药物限制或子力不利而没能注射疫苗的儿童——降低感染某种疾病的风险。

这里，野生的疫苗风险传播者的主导信息——对疫苗广泛传播的焦虑正在诱发越来越多的家长避免给自己的孩子注射疫苗，这不仅是错误的，而且是危险的。如果家长们相信了，他们自己给人群免疫这个公共利益做贡献的互惠动机就会减弱。

最终，野生的风险传播就会在充满对抗性的文化意义中产生一种让儿童免疫陷入混乱的风险，使得与政策相关科学产生持续的文化极化状况。很自然地，人们会试图培养这样一种印象，即那些赞同与自己的准则不同的人会危害大众的福祉。在有关疫苗的野生风险传播的例子中，这种推动力赋予了"反科学"修辞的活力，它把对疫苗免疫假设的"日益增加的抵制"与在诸如气候变化和进化论这些其他具有争议的风险议题上保持立场的"日益下降的注射率"的群体关联了起来（图 44.8）。

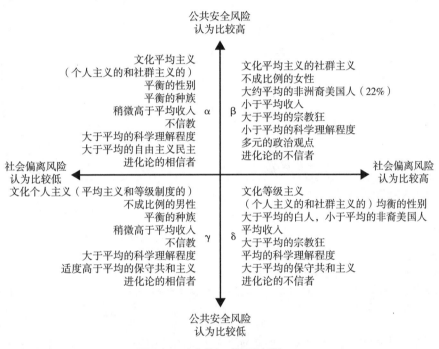

图 44.8　文化认知"诠释社群"

来源：CCP（2014）。

注：基于他们对各种风险集合的认知——有些跟"公共安全"有关（比如，持有枪支，二手烟，有毒废物和核能），有些跟"社会偏离"有关（比如，卖淫的合法化，在学校开展性教育以及大麻的合法化）——受访对象被分为独特的风险认知"诠释社群"成员（Leiserowtiz，2005），以及共享各种文化可识别的特征的成员。

此外，疫苗风险的认知和对这些议题的立场之间，或者疫苗风险的认知和依据文化群体成员资格而将文化群体进行划分的成员资格之间并不存在相关性。但是这些议题是彼此交织的，受到这种信息所轰炸（根据界定轰炸是持续的）的任何一个人都可能形成相反的印象——当个人采取各种信息处理形式，以促进他们认为是定义身份和保护疫苗风险的信念时，这种印象就会产生。这正是艾滋病疫苗被抗拒的原因。

实验证据确证了这种焦虑。在研究公共疫苗风险认知的文化认知项目中，让持不同文化视角的受访对象接触基于真实世界传播（把疫苗风险认知和对气候变化和进化论的反科学立场关联起来）的复合性评论文章。结果，相对于阅读了根据最新的全国免疫调查结果而发布的美国疾病预防与控制中心新闻通稿的对照组的成员而言，在理解儿童免疫的安全性方面具有统一看法的文化群体开始出现极化现象（图 44.9）。

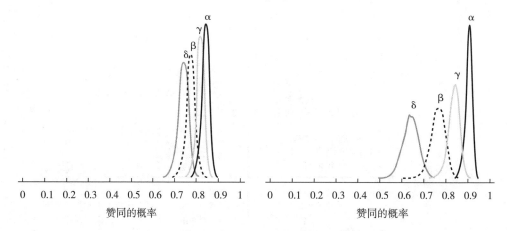

"获得一般推荐的儿童疫苗的健康益处要超过其健康风险。"

图 44.9　野生的风险传播中"反科学"比喻的极化影响。

来源：文化认知项目（2014）。

注：来源于蒙特卡洛（Monte Carlo）仿真，密度分布的概率反映了在特定实验情境下，有特定诠释社群身份的个体预测的认同概率的范围。在控制组中，相对高度聚拢，接触以"反科学"比喻为特征的新闻报道会侵蚀在 β 和 δ 之间的认同的意愿，并且研究对象开始出现极化。

这在现实世界中尚未发生。但是如果野生的风险传播者影响了疫苗风险认知的公众印象，那么它就非常容易出现。

保护疫苗风险传播环境

正如艾滋病疫苗的案例一样，对儿童疫苗的疫苗科学传播环境的威胁是那些对科学传播的科学熟悉的人能够发现和担心的。这些威胁会破坏公众对科学的理解以及公众可以得到的相关认知，这一点已通过预测艾滋病疫苗灾难的相同方法得到了证实。

对于有关儿童疫苗的公共舆论来说，忽视这些威胁的结果可能与有关艾滋病疫苗的公共舆论不一样。没有人能够十分肯定。

如果忽视相同的风险，则是鲁莽的。艾滋病疫苗的教训是，对于保护公众健康来说，应当利用科学传播的科学来预测和抑制对认知最佳证据的公众能力具有破坏作用的机制，这本身就是至关重要的。

实际上，这就是由美国卫生和公共服务部（Department of Health and Human Services）的疫苗国家咨询委员会（National Advisory Committee on Vaccines）于 2015 年夏季所颁布的"评估美国的疫苗信心现状"发布的信息。依靠前面一部分所总结的证据，由负责考察疫苗信心的专家工作组所准备的该报告得出了与此处最先进的看法相一致的结论。

比如，该报告注意到，持续的调查发现表明，"绝大多数家长在推荐的儿童疫苗方面有赞许的信念或认知"。它还注意到像这样的积极态度是一种必须得到保护的科学传播断言。该报告评论说，"家长更有可能对免疫接种推荐有信心，如果他们认为他们所在社会群体中的其他人有更高水平的疫苗接受程度"（NVAC，2015，576，580）。同样地，该报告注意到了一种风险，通过营造很多家长"推迟或减少了所推荐的疫苗"这种夸大的印象，"新闻媒体报道"中具有误导性的陈述会破坏规范在提升疫苗免疫行为方面的作用，因而"降低了家长对疫苗的信心"（NVAC，2015，580）。

最关键的是，该报告对公共健康机构发出了呼吁，让他们把自己在与科学传播和公共舆论形成有关的经验证据的产生、采集和行动上的角色系统化。此外，更重要的是，该报告呼吁要开发"一个基于证据的实践资源库"和"工具包"；同时还有通过"公共健康机构、卫生保健提供者"和包括承诺"提升疫苗信心的家长和社区群体"在内的其他"利益相关方"对这些材料的使用而使其完成制度化的实践（NVAC，2015，585–589）。

保护科学传播环境

到现在为止，本章的真相应该清楚了。它的焦点是，对"疫苗科学传播环境"的忽视会给公共健康带来风险。但是实际上这与回顾的疫苗的动力机制没有什么不同。对人们是如何了解科学所知的一无所知，甚至更糟糕的是无法建立对于依据那些知识而采取行动来说是必要的制度和实践，这是现代民主社会中大量的科学传播问题的根源。

本章和之前的第十八章都着眼于疫苗，其一是因为它们重要，其二是因为它们提供了一个为何这些问题会存在以及要克服它们需要做什么的紧凑且信息丰富的案例研究。在多元的自由民主社会中，享受科学的益处所面临的主要威胁并不是公众的不理性，一个或另一个文化群体的反科学倾向，或者对一般意义上的"科学权威性"的普遍消散。其真正的威胁在于，召唤涉及制定政策相关科学的机构——从大学到教育者再到政府机构，从专业组织到私人基金会——去营造一种保护科学传播环境的氛围。形成一种文化是产生这种能力的第一步，在这种文化中，所有这些组织和个人都意识到他们有责任为保护科学传播环境这一公共福祉贡献力量。

参考文献

American Academy of Arts and Sciences. (2014). *Public trust in vaccines a research agenda*. Cambridge, MA: Author.

Anti-vaccination vs. AGW denial. (2011). *A New Anthropocene*, February 2. http://newanthropocene. wordpress.com/2011/ 02/02/anti-vaccination-vs-agw-denial/.

Atwell, Jessica E., Josh Van Otterloo, Jennifer Zipprich, Kathleen Winter, Kathleen Harriman, Daniel A Salmon, et al. (2013). Nonmedical vaccine exemptions and pertussis in California, 2010. *Pediatrics*, 132(4), 624–630.

Bowles, Samuel, and Herbert Gintis. (2011). *A cooperative species: human reciprocity and its evolution*. Princeton, NJ: Princeton University Press.

Centers for Disease Control and Prevention. (2001). CDC national survey finds early childhood immunization rates increasing. September 1. http://www.cdc.gov/media/releases/ 2011/p0901_cdc_ nationalsurvey.html.

Centers for Disease Control and Prevention. (2010a). CDC survey finds childhood immunization rates remain high. September 16.

Centers for Disease Control and Prevention. (2013a). Measles— United States, Jan. 1–Aug. 24, 2013. *Morbidity and Mortality Weekly Reports*, 62, 741–743.

Centers for Disease Control and Prevention. (2015). Measles— United States, January 4–April 2, 2015. *Morbidity & Mortality Weekly Reports*, 64(14), 373.

Centers for Disease Control and Prevention. (2013b). National, state, and local area vaccination coverage among children aged 19–35 months—United States, 2012. *Morbidity and Mortality Weekly Reports*, 62, 733–740.

Centers for Disease Control and Prevention. (2007). Nation's childhood immunization rates at or above record levels. September 2. http://www.cdc.gov/media/pressrel/2007/ r070830.htm.

Centers for Disease Control and Prevention. (2014). National, state, and local area vaccination coverage among children aged 19–35 months—United States, 2013. *Morbidity and Mortality Weekly Reports*, 63, 741–748.

Centers for Disease Control and Prevention. (2007). Vaccination coverage among adolescents aged 13–17 years—United States, 2008. *Morbidity & Mortality Weekly Reports*, 57(40), 1101.

Cherry J. D. (2012). Epidemic Pertussis in 2012—The Resurgence of a Vaccine-Preventable Disease. *New England Journal of Medicine*, 367, 785–787.

Cultural Cognition Project. (2014). Vaccine risk perceptions and ad hoc risk communication: an empirical assessment. http:// www.culturalcognition.net/browse-papers/ vaccine-risk-perceptions-and-ad-hoc-risk-communication-an-em.html.

Dvorak, Petula. (2011). Diseases of the past coming back, thanks to distrust of vaccines. *The Washington Post*, October 18. http://www.washingtonpost.com/local/epidemic-of-vaccine-fear-triggers-return-of-old-school-diseases/2011/10/17/ gIQAToSgsL_story.html.

Egan, T. (2012). The crackpot caucus. *The New York Times*, August 23. http://opinionator.blogs.nytimes.com/2012/08/ 23/the-crackpot-caucus/.

Frank, Adam. (2013). Welcome to the age of denial. *The New York Times*, August 21. http://www.nytimes.com/2013/ 08/22/opinion/welcome-to-the-age-of-denial.html?_r=0.

Fumento, Michael. (2010). The damage of the anti-vaccination movement. *Los Angeles Times*, February 5. http://articles.lat-imes.com/2010/feb/05/opinion/la-oe-fumento5-2010feb05.

Gowda, C., and A. F. Dempsey. (2013). The rise (and fall?) of parental vaccine hesitancy. *Human Vaccine Immunotherapy*, 9(8), 1755–1762. doi:10.4161/hv.25085.

Henrikson, Nora B., Douglas J. Opel, Lou Grothaus, Jennifer Nelson, Aaron Scrol, John Dunn, et al. (2015). Physician communication training and parental vaccine hesitancy: a randomized trial. *Pediatrics*, 136 (1), 70–79. doi:10.1542/ peds.2014–3199.

HHS. Healthypeople.gov 2020 Objectives (2013). Available at http://www.healthypeople.gov/2020/ topicsobjectives2020/ objectiveslist.aspx?topicId=23.

Hunter. (2013). Couric's anti-vaccination segment a symptom of wider scientific illiteracy. *Daily Kos*, December 5.

Kahan, Dan M. (2013). A risky science communication environment for vaccines. *Science*, 342(6154), 53–54. doi:10.1126/ science.1245724.

Kahan, Dan M. (2004). The logic of reciprocity. In: H. Gintis, S. Bowler and E. Fehr, eds., *Moral sentiments and material interests: the foundation of cooperation in economic life*. Cambridge, MA: MIT Press, 339–378.

Kahan, Dan M. (2014). Vaccine risk perceptions and ad hoc risk communication: an experimental investigation. Cultural Cognition Risk Perception Studies, Rep. No. 17, January 27. http://papers.ssrn.com/sol3/papers.cfm?abstract_id=2386034.

Kasperson, Roger E., Ortwin Renn, Paul Slovic, Halina S. Brown, Jacque Emel, Robert Goble, et al. (1988). The social amplification of risk: a conceptual framework. *Risk Analysis*, 8(2), 177–187.

Kirshbaum, S. (2009). Kind of like a lot of climate change skeptics, evolution denialists, and the antivax movement. *Discover*. http://blogs.discovermagazine.com/intersection/2009/12/16/kind-of-like-most-climate-change-skeptics-evolution-denialists-and-the-antivax-movement/#.V31MuvkrKHs.

Krans, Brian. (2013). Anti–vaccination movement causes a deadly year in the U.S. Healthline.com, December 3. http:// www.healthline.com/health–news/children–anti–vaccination–movement–leads–to–disease–outbreaks–120312.

Lanska, Douglas J. (1998). The mad cow problem in the UK: risk perceptions, risk management, and health policy development. *Journal of Public Health Policy*, 19(2), 160–183. doi:10.2307/3343296.

Largent, Mark A. (2012). *Vaccine: the debate in modern America*. Baltimore: Johns Hopkins University Press.

Luman, Elizabeth, Mariana Sablan, Shannon Stokley, Mary McCauley, and Kate Shaw. (2008). Impact of methodological shortcuts in conducting public health surveys: results from a vaccination coverage survey. *BMC Public Health*, 8(1), 99.

McKinney, P.A., F. E. Alexander, C. Nicholson, R. A. Cartwright, and J. Carrette. (1991). Mothers' reports of childhood vaccinations and infections and their concordance with general practitioner records. *Journal of Public Health*, 13(1), 13–22.

Mnookin, Seth. (2011). *The panic virus: a true story of medicine, science, and fear*. New York: Simon & Schuster.

National Vaccine Advisory Committee. (2015). Assessing the state of vaccine confidence in the united states: recommendations from the National Vaccine Advisory Committee. *Public Health Reports*, 130, 573.

NORC. National Immunization Survey. (2013). Available at http:// www.norc.org/Research/Projects/Pages/national–immunization–survey.aspx.

Nyhan, Brendan, Jason Reifler, Sean Richey, and Gary L Freed. (2014). Effective messages in vaccine promotion: a randomized trial. *Pediatrics*, 133(4), e835–e842.

Olson, Mancur. (1965). *The logic of collective action; public goods and the theory of groups*. Harvard economic studies, Vol. 124. Cambridge, MA: Harvard University Press.

Otto, Shawn. (2012a). Antiscience beliefs jeopardize U.S. democracy. *Scientific American*, October. http:// www.scientificamerican. com/article.cfm?id=antiscience–beliefs–jeopardize–us–democracy Otto, Shawn Lawrence. (2012b). One way to help science: become Republican. *Nature Medicine*, 18(1), 17.

Paul Offit on the Anti–Vaccine Movement. (2011). *NPR Talk of the Nation*, January 7. http://www.npr.org/2011/01/07/ 132740175/paul–offit–on–the–anti–vaccine–movement.

Pettett G. (2012). Routine Vaccination: A Growing Crisis of Public Confidence. *Missouri Medicine*, 109, 6–8.

Rho, Helena. (2013). What's the matter with Vermont? *Slate*, February 13. http://www.slate.com/articles/health_and_science/medical_examiner/2013/02/pertussis_epidemic_how_ vermont_s_anti_vaxxer_activists_stopped_a_vaccine.html.

Ropeik, David. (2011). Vaccines and fear: it's time for society to say enough is enough. *The Huffington Post*, July 21. http:// www.huffingtonpost.com/david–ropeik/vaccines–autism–fear–public–health_ b_901177.html.

Salzberg, Steven. (2012). Anti–vaccine movement causes the worst whooping cough epidemic in 70 years. *Forbes*, July 23.

Suarez, Lucina, Diane M. Simpson, and David R. Smith. (1997). Errors and correlates in parental recall of child immunizations: effects on vaccination coverage estimates. *Pediatrics*, 99(5), e3. doi:10.1542/ peds.99.5.e3.

Szabo, Liz. (2011). Childhood diseases return as parents refuse vaccines. *USA Today*, June 15. http:// usatoday30.usatoday. com/news/health/medical/ health/medical/ story/ 2011/ 06/Childhood–diseases– return–as–parents–refuse–vaccines/ 48414234/1.

The dopes, I mean tropes, of the vaccine, evolution and climate change denialists. (2012). Skeptical Raptor's Blog, January.26. http://www.skepticalraptor.com/skepticalraptorblog. php/the–dopes–i– mean–tropes–of–the–vaccine–evolution–and–climate–change–denialists/.

Wallace, Amy. (2009). An epidemic of fear: how panicked parents skipping shots endangers us all. *Wired*, October 19. http://www.wired.com/magazine/2009/10/ff_waronscience.

推荐阅读

American Academy of Arts and Sciences. (2014). *Public trust in vaccines a research agenda*. Cambridge, MA: Author.

Cultural Cognition Project. (2014). Vaccine risk perceptions and ad hoc risk communication: an empirical assessment. http:// www.culturalcognition.net/browse–papers/ vaccine–risk–perceptions–and–ad–hoc– risk–communication–an–em.html.

Kahan, Dan M. (2014). Vaccine risk perceptions and ad hoc risk communication: an experimental investigation. Cultural Cognition Risk Perception Studies, Rep. No. 17, January 27. http://papers.ssrn. com/sol3/papers.cfm?abstract_id=2386034.

Mnookin, Seth. (2011). *The panic virus: a true story of medicine, science, and fear*. New York: Simon & Schuster.

National Vaccine Advisory Committee. (2015). Assessing the state of vaccine confidence in the united states: recommendations from the National Vaccine Advisory Committee. *Public Health Reports*, 130, 573.

Nyhan, Brendan, Jason Reifler, Sean Richey, and Gary L Freed. (2014). Effective messages in vaccine promotion: a randomized trial. *Pediatrics*, 133(4), e835–e842.

第四十五章

克服错误的归因：揭穿麻风腮三联疫苗与自闭症之间关联的真相

李　楠（Nan Li）　纳塔莉·约米尼·斯特劳德（Natalie Jomini Stroud）
凯瑟琳·霍尔·贾米森（Kathleen Hall Jamieson）

摘要： 在《柳叶刀》于 1998 年发表的一项研究中，英国研究人员维克菲尔德及其同事描述了麻疹、风疹和腮腺炎疫苗（MMR，俗称麻风腮三联疫苗）与自闭症爆发之间的关系。虽然麻风腮三联疫苗与自闭症的关联无法复制，并且该文的第一作者名誉扫地，但是二者之间这种谣传的关系降低了公众对疫苗安全的信心。家长们持续地把麻风腮三联疫苗的争议视为使他们给自己的孩子注射疫苗的决定变得复杂化的一种因素。本章着眼于涉及错误归因的错误信息，并且讨论论文即便在被撤稿之后，它如何对个体的记忆和推断产生持久的影响。此外，通过把麻风腮三联疫苗争议作为一个研究案例，本章找到了一些使得错误归因难以被处理的边界状况。本章还推荐了克服错误归因的一些传播策略并且讨论了未来的研究方向。

关键词： 错误归因；因果律；麻风腮三联疫苗；自闭症；错误信息

1998 年，来自伦敦皇家自由医院（Royal Free Hospital）的英国研究人员维克菲尔德及其同事（1998）在《柳叶刀》发表了一系列病例，宣称他们已经"在一组以前正常的儿童中发现相关的消化道疾病和发育中的退化，这通常与可能的环境触发的时间相关联。"该文章宣称在接受了麻风腮三联疫苗注射后，一小群儿童发展出了自闭症相关的症状，包括炎症性肠道综合征和丧失习得的语言技能。通过宣传麻风腮三联疫苗和自闭症谱系障碍（ASD）之间假设的关联，记者放大了这篇文章的辐射范围（Speers 和 Lewis，

2004）。不仅其他人屡次的尝试没能复制这一发现，而且这一研究也被认为在方法论和伦理基础上是不可信的，并且在 2010 年被正式地撤销（Editors，2010）。同时，未发现有大规模的研究能够支持这种假设的关系（Jain 等，2015）。

维克菲尔德等人在 1998 年发表了该研究，接下来的几年里，麻风腮三联疫苗的平均注射率在英国从 92% 下降到 88%，甚至在某些区域下降到了 65%（Owens，2002）。根据美国疾病控制与预防中心（美国疾病控制与预防中心，2016）的数据显示，2013 年美国 19 ~ 35 月龄的儿童中有 92% 注射了麻风腮三联疫苗，这个比例自 1995 年以来就没有太大的变化。然而，地域上聚集的拒绝给其子女注射疫苗的家长开始在美国出现（Lieu 等，2015）。降低的麻风腮三联疫苗覆盖率被归咎于欧洲和美国出现的几次麻疹暴发——这些地区在 2000 年就宣布已经消灭了（但未根除）麻疹（Owens，2002）。最近以来，英国卫生部（Department of Health）把中学生中麻疹病例的增加部分地归因于 1999 年到 2005 年间麻风腮三联疫苗覆盖率的下降（Public Health England，2013）。但家长们仍然将麻风腮三联疫苗作为引发自闭症的原因（Freed 等，2010）。

公共健康危机和护理人员的恐惧为逻辑错误信息的持续影响提供了一个公众脆弱性的案例。认知科学家和科学哲学家一直声称，人类有一种对观察到的关系寻求因果性解释的内在趋势（Hempel，1966）。然而对世界寻求一种因果性理解的倾向行为，却并未带来对可疑的因果性主张进行仔细审查的天赋。很多有关科学的流行的因果信念实际上是荒谬的，包括疫苗引发自闭症、自由基会引起衰老以及人类免疫缺陷病毒不会导致艾滋病这样的观念（Scufellari，2015）。很多这样的错误观点不仅给个体带来伤害，而且还会阻碍科学和公共政策的进步。

大量研究发现，揭穿谣传的真相并不是一件容易的事（Lewandowsky 等，2012）。对错误信息的修正和撤回很少奏效（见第三十六章）。在人获得一条错误信息后，从记忆中对它的踪迹进行编辑或者清除是一项认知挑战。当牵涉有关因果律的某种争论时，这种持续的现象被称为"错误信息的持续影响"的持续的现象尤其强烈（Johnson 和 Seifert，1994）。实际上，在第二种情形中，撤回错误归因会引发逆火效应。比如，在减少有关二者关联的错误观念的同时，为抵制疫苗的家长提供澄清麻风腮三联疫苗不会引发自闭症的信息实际上会降低他们给孩子注射疫苗的意愿（Nyhan 等，2014）。在本章中，我们记载了那些希望取代错误归因推理的人所面临的挑战，对在这项任务中展现出成功迹象的研究行了综合，并且讨论了未来研究的可能方向。

错误归因及其影响

以前的研究发现，对因果归因的错误信息可以对记忆和推论产生持续的影响。当提供一个涉及因果成分的叙述时（比如，因疏忽而储存在柜子中的易燃物导致了仓库着火），即便在告知这种关系并不存在之后，人们仍然坚持这种看法（比如"该柜子实际上是空的"；Johnson 和 Seifert，1994）。在这些研究中，当回忆起关于这个事件的基本事实或者回答间接的推论性问题时（比如，"是什么导致了黑烟？"），参与者反复地提及被撤回的原因（比如，气瓶和油漆）。即便当人们承认并且记得这种撤回，但是更正"充其量只能让提到"错误归因的人"人数减半"（Lewandowsky 等，2012）。当像塞弗特（Seifert）2002 年这样的研究人员在撤回中包括了对错误归因强有力的否定时（比如，"油漆和气瓶从来没有出现在屋里"），在被提供了撤回之后，受访者甚至更有可能在他们的回应中依赖错误的原因。

在否定错误归因通常会导致失败上，一个广为引述的原因是，对原始信息的重复会启动个体对它的记忆，或者强调它的熟悉性（Weaver 等，2007）。比如，通过澄清并不存在气瓶或油漆来修正以前的陈述就需要重复这样一种观点，即"油漆和气瓶是在场的"。这种重复会让人们更加关注这个被反复提及的原因，尽管事实是它实际上被撤回了。在一项撤回中纳入错误的原因会强化对这种原因的信念。当认知负担很高时（Gilbert 等，1990），或者当记忆过程受损时（Wilson 和 Park，2008），这个过程尤其可能发生。

在不足使人相信的原因上存在着持续的信念的另外一个可能原因是，人类有着对因果性事件建立一种结构化的心智模型的趋势（Johnson-Laird，1983）。当想到仓库大火时，人们可能会对这个事件建立一个内部表征，因而将因素 A（比如，疏忽）描述成导致了因素 B（比如，气瓶和油漆的不恰当储存），因素 B 连带着导致了因素 C（比如，电力故障），这反过来又导致了后果（比如，大火；Lewandowsky 等，2012）。当否定策略驳斥了心智结构的核心部分时（比如，因素 B，气瓶和油漆的在场），人们就在其心智模式中出现了空白，并且不能理解这个事件，除非他们持续维持错误归因（Lewandowsky 等，2012）。在寻求进一步的信息方面缺乏动机或激励时，他们会依赖错误的模式来组织推论而非容忍真空的存在（Johnson 和 Seifert，1994）。当后来被要求回忆原因时，大多数个体仍然依赖被撤回的信息（比如，当问及"是什么导致了大火"，回答说"气瓶"），尽管当直接地提问时，他们能意识到这个撤回（Ecker 等，2011）。

意识到了否认或否定会在接受者的心智模式中产生连贯性的缺口，研究人员开始探索填补这个缺口的方式。也许并不出人意料的是，一种替代性陈述解释了为什么假设的原因是错误的（比如，"没有气瓶或油漆，但是发现了纵火的材料"），是一种填补缺口的方式（Tenney 等，2009）。然而，有些议题限制了替代性陈述技术的有效性。比如，如果一种替代性的因果解释比起初的因果解释更不可信（Johnson 和 Seifert，2012）或者提出了一系列更加复杂的原因（Lombrozo，2006），那么这种替代性的因果解释就不太可能被接受。此外，戴维斯（Davies）1997 年表明，如果初始原因在尚未被认为不足信之前就被纳入了人们所得到的一种解释之中的话，那么与尚未这样做相比，他们似乎不太可能接受这种撤回。然而，当个体认为对所报道的结果产生解释方面存在困难时，对信念的坚持就会减弱。比如，内斯特勒（Nestler）1983 年发现，与被要求对为何会出现这样的结果给出一种解释的受访者相比，那些被要求给出十种解释的受访者在被盘问之后会认为这种结果不太可能发生——因而他们也展现出了对信念的不再坚持。

揭穿麻风腮三联疫苗—自闭症关联的真相：是什么让它如此具有挑战性？

虽然提供替代性的解释可能会降低人们对错误归因的依赖（见第三十六章），但是当一个简单明了的替代性解释并不容易得到的时候，这种方法就不那么有用了。

因为还没有找到自闭症的起因，所以麻风腮三联疫苗—自闭症的错误关联就是这种情况。医学研究人员将自闭症谱系障碍的出现与很多因素关联起来，然而对于其确切的因果机制还一无所知。美国疾病控制与预防中心在 2016 年表示：

我们不清楚自闭症谱系障碍的所有成因。然而，我们已经了解到各种类型的自闭症谱系障碍可能有很多成因。可能还有很多使得一个孩子更可能出现自闭症谱系障碍的不同因素，包括环境因素、生物因素和遗传因素。

虽然遗传因素可能发挥了作用，但是我们仍然不清楚是哪种基因在发挥作用（Freitag 2007）。产前和产后风险，包括父母的高龄（Drukin 等，2008）、孕期糖尿病、失血以及使用像丙戊酸和沙利度胺这样的精神病药物与自闭症存在相关性，然而没有一个被确定为主要原因（Christensen 等，2014；Gardener 等，2009；Strömland 等，1994）。与之类似的是，自闭症与其他非遗传因素（比如，引发出生缺陷的环境因素）之间的因果联系曾经被提出过，但是没有获得实证证据的支持（Arndt 等，2005）。在自闭症上一种确定的单一首要原因的缺乏使得提出一个有效的反动叙事以取代维克菲尔德错误归因的努力变得复杂了。

同时，自闭症诊断量的增加提升了家长们需求因果解释的可能性。美国疾病预防与控制中心报告说："自 20 世纪 60 年代末和 70 年代初开展的最早的流行病学调查以来，自闭症在全球的发病率增加了 20 倍到 30 倍。当时从欧洲开展的研究中得出的患病率估计是 2500 名儿童中有一个自闭症患儿，而到 21 世纪初，从大型调查得出的患病儿童数估计占到所有儿童的 1% ~ 2%。"（Baio，2010，2）这种增加并非反映了自闭症谱系障碍发生率的变化，这可能要归因于"像意识和认知的提升以及诊断实践的变化或者服务可用性这些外在的因素"（Baio，2010，2）。因为自闭症的第一个症状通常出现在注射麻风腮三联疫苗期间，人类从事事后归因、倒因为果思维（在此之后，因而因为这个）的倾向使得这个问题进一步复杂化了。

维克菲尔德的研究的起初前提——所谓的"肠漏症"假设——声称麻风腮三联疫苗所导致的肠道通透性的缺陷会使得毒素进入，然后会影响神经系统。然而，泰勒（Taylor）等人 1999 年基于人口数据的分析没有发现自闭症案例的增加与英国接受麻风腮三联疫苗之间存在关联性。在其他国家——包括美国（Dales 等，2001）、芬兰（Mäkelä 等，2002）以及丹麦（Madsen 等，2002）开展的类似研究没有发现有证据表明自闭症谱系障碍病例聚集于接受麻风腮三联疫苗之后的不同间隔。这项工作的结果，加之对维克菲尔德所用方法的富有说服力的批评（比如，选择和回忆偏见，无法在患者身上定位疫苗病毒；Robert 和 Frank，1998）反驳了麻风腮三联疫苗—自闭症的关联。

尽管如此，对错误归因的简单否定，如我们刚才所提到的那样，很少会消除其对认知结果和行为结果的影响。当奈汉（Nyhan）等人 2014 年为家长们提供了驳斥麻风腮三联疫苗—自闭症关联的主张时，这个策略减轻了疫苗导致自闭症的错误认知，但是同时降低了对疫苗具有最不善意态度的家长注射疫苗的意图。根据作者的看法，这个发现"表明受访者在捍卫他们反疫苗的态度方面想起了对疫苗的其他担忧"（Nyhan 等，2014，840）。相关的研究发现，仅仅反驳自闭症与麻风腮三联疫苗之间的关系对疫苗的态度几乎没有影响（Bode 和 Vraga，2015；Horne 等，2015）。当被告知没有科学证据表明麻风腮三联疫苗导致了自闭症并且用数据表明 97% 的科学家赞同这个结论时，一项研究中的参与者不仅更有可能相信科学家对这种关联表示怀疑，并且没有改变对疫苗注射导致自闭症风险的个人看法（Dixon 等，2015）。此外，这种结果只出现于那些对科学持有恭顺态度的参与者之中。博德（Bode）和弗拉加（Vraga）2015 年还认为简单的否认错误信息，尤其对于疫苗—自闭症这个议题来说可能是无效的。当对转基因食品这个不太众所周知的议题使用类似手法的时候，作者发现那种否定会影响态度。这表明，一旦记忆中纳入了一个对于大肆宣扬的科学话题来说更容易出现的谬误，它就变得十分难以驱除。

确实，一项研究发现，拒绝使用麻风腮三联疫苗的家长对麻风腮三联疫苗的增效剂和防腐剂给健康可能造成的损害、对鸡蛋过敏的儿童的影响以及让幼儿的免疫系统过载的可能性持有消极但复杂的认知（Brown 等，2012）。对反疫苗的家长这个群体来说，麻风腮三联疫苗与自闭症（或者在幼儿期发生的其他疾病）之间的因果联系符合一个对疫苗的可能危害进行编目的现有模式（Smith，1982）。一旦提出了像这样的因果归因，从功能上来说，它就独立于用来支持这个归因的初始证据了。比如，安德森（Anderson）等人1980 年表明，即便对支持性数据的虚构本质进行了彻底的盘问之后，起初被引导着去相信存在因果关系（比如，"因为消防是一项危险的职业，喜欢冒险的人会成为消防员"）的参与者仍然会持有那种看法。简言之，即便用来证明某个因果主张理论的正当性的事实证据被认为是不可信的，就像维克菲尔德的例子那样，起初的观点也可能还会完好如初且易于获取（Anderson，1982）。

当特立独行的科学家所倡导的错误理论被大众媒体大量报道且与已经成熟的科学共识相平衡之时，这个问题就更加复杂了，这显然就是当麻风腮三联疫苗的争议进入媒体议程中所发生的情形。路易斯（Lewis）和施佩尔（Speer）对 2002 年英国媒体报道的内容分析发现，事实是"支持麻风腮三联疫苗的绝大多数研究在媒体报道中消失了，这倾向于简单地对支持和反对疫苗的主张进行平衡"。并不奇怪的是，记者们的平衡行为制造了一种错误认知，即当实际上绝大多数科学家站在疫苗免疫的一方时，科学共同体在根本上是存在分歧的。

虚假均衡会在公众中产生不必要的不确定性（Dixon 和 Clarke，2013；Speers 和 Lewis，2004）。与阅读有关共识立场的单方面叙述的大学生相比，阅读平衡性媒体报道的大学生更有可能认为疫苗免疫是不安全的，并且不太愿意在未来给自己的孩子注射疫苗（Dixon 和 Clarke，2013）。同样怂恿麻风腮三联疫苗—自闭症关联的传播扩散也没有得到反驳，题为"聆听静默"（Hear the Silence）的 90 分钟英国纪实片于 2003 年 12 月在全国范围内播放，它把维克菲尔德描述成了自闭症儿童的绝望家长们的斗士。虽然要求就维克菲尔德的主张提出异议的科学家们出现在播放之后的讨论中，但是他们拒绝这么做。"我们觉得我们应该给一个不值得尊敬的节目留点面子，"一个科学家这样说道（Frankel，2004）。这一决定将驳斥错误假设的任务留给了"一小撮非专家"（Frankel，2004）。可以认为，这个不充分的未被驳斥的节目使得对麻风腮三联疫苗假想的副作用的不必要担心合法化了。

此外，麻风腮三联疫苗争议中牵扯的较高的个人风险以及维克菲尔德假设的新奇性可能加剧了克服二者之间伪造的关联的认知难度。此前的研究表明，当信息起初与焦点事件或结果高度相关时，错误归因的持续影响最有可能发生（Johnson 和 Seifert，1994）。格林瓦尔德（Greenwald）1970 年认为，当原先对逆态度的信息没有加以考虑和拒绝时，预先存在的观念更有可能发生变化。这与麦奎尔（McGuire）1964 年的预防接种理论相一致，该理论认为用具有说服力的诉求来告诫人们以及为他们提供反论会降低其有效性。尽管事实上第一个提出肠道缺陷与发育退化之间可能存在着关联的并不是维克菲尔德及其同事，但是 1998 年的研究却最早把这些自闭症相关症状作为一种环境诱因归因于麻风腮三联疫苗（Clarke，2008）。维克菲尔德假设的新奇性，与对自闭症确证病例的增加进行解释所牵扯的高风险一起，可能导致了他的错误归因的持续存在。

推荐的策略

到此，我们已经表明，在下述四种情况下，涉及错误归因的科学迷思将会持续的可能性会日益增加：当似乎合理的替代性解释不可用时；当人们有相信这种解释的内在原因或动机时；当假的主张通过中介的传播被广为接受时；当议题涉及高风险和标新立异的观念时。以前的研究已经考察了降低错误归因持续影响的一系列技术。通过讲述替代性的故事对撤回所遗留下来的连贯性缺口进行弥合就是这种策略之一。

一般而言，为了有效，一项替代因果解释必须精确、有信息性、清晰、与某些隐性的问题相关（Hilton，1996），并且整合到现有的资源中（Seifert，2002；Johnson 和 Seifert，1994）。此外，如果替代性解释简单、连贯、在可能的情况下涉及机械式推理，并且直接地针对接受者预先存在的观念或长期的方案——尤其是这条信息可能会威胁到一个群体的身份时，那么替代性解释的有效性也可以得到增强。

首先，如果解释很简单——也就是说，涉及较少的原因——并且可以应用于一系列情境下各种情况，那么这种解释就更有可能被接受（Williams 和 Lombrozo，2013）。情况就是如此，因为当缺乏可能性数据时，因果简单性（比如，最小数量的因果性因素）就可以充当对可能性数据缺失的一种现象的存在进行评估的启发式线索（Lombrozo，2007）。提供较简单原因的解释更有可能被视为是真实且精确的。同样，在恰当的时候，所谓的表面简单性——比如利用清晰的语言和图表——就是有效的（Lewandowsky 等，2012）。如果错误归因的论点比替代性论点更简单且更引人入胜，那么它在认知上就会更加有吸引力（Lewandowsky 等，2012）。

此外，解释的一致性会影响替代性解释的质量。人们提出了与奥卡姆剃刀（Occam's Razor）或简约性法则相一致的一系列原则来说明一致性解释的力量：比如，人们偏好最容易或最简约的解释，这种解释所需的假设最少。人们还偏好那些需要更多证据（广义的解释）而非更少证据（狭义的解释）的解释（Read 和 Marcus-Newhall，1993）。当让参与者对一组解释的可能性和可靠性进行打分时，当存在广义的解释时，狭义的解释总是一致地会比不存在广义的解释时得分要低（Read 和 Marcus-Newhall，1993）。如果能遵循这些原则，那么一条信息取代错误信息的可能性要大很多。

如果替代性解释表明了隐含的因果性机制，那么它就会变得更强（Slusher 和 Anderson，1996）。研究表明人们通常要求得到阐明了一个因果事件背后机制的信息（Lombrozo，2006）。尤其是，当提供了一系列混合的证据时（比如，表明特定颜色和尺寸的汽车会有更低油耗的数据），个体多半会忽视这些混杂因素的影响（比如，这个例子中更多颜色），而着眼于明显的关联（比如，只有车的尺寸会影响油耗；Lombrozo，2006）。然而，如果提供了一种机械式解释（比如，颜色通过影响驾驶员情绪而影响油耗），那么对同一个因素的因果性解释就更有可能得到认可（Lombrozo，2006）。

另外，与接受者的既有观念产生共鸣的替代性解释似乎要比与态度不一致的替代性解释更有说服力。因为人们更容易接受与他们的信念相一致的陈述，毫不奇怪的是价值倾向，比如政治意识形态会影响撤回的说服效果（Lewandowsky 等，2005）。比如，对布什总统在 2000 年年初的减税增加了收入的这种误解的撤回只在那些政治定位与正确信息相一致的那些人中有效（Nyhan 和 Reifler，2010）。当他们的价值不协调时（在这个例子，如共和党参与者），就会出现反效应；共和党人会更忠于错误信息（Nyhan 和 Reifler，2010）。

如果人们必须呈现出那些威胁到受众预先存在的观念的证据，它就有可能通过以证实态度的方式引入信息而减少可能的反效果。研究人员反复地表明，通过在与世界观相一致的方面给风险和威胁设置框架，人们就可以强化对目标科学和技术的支持；如果所用的框架不同，就会产生相反的效果（Kahan 等，2011）。比如，如果把对气候变化的反应呈现为核工业的一种商业机会的话，那些因为气候科学挑战了他们的意识形态信念而反对气候科学的保守主义者可能会改变他们的看法（Feygina 等，2010）。即便是在措辞方面做简单的变化，让它对人们的信念不太具有威胁性，这样的做法也会让信息变得更可接受。舒尔德特（Schuldt）等人 2011 年表明，在处理这个有争议的科学话题时，保守主义的智库偏好"全球变暖"这个术语，而自由主义者喜欢"气候变化"。他们的分析揭示出，共和党人更不太可能认同是"全球变暖"而非"气候变化"。与之类似的是，虽然民主党人倾向于在"生物燃料"会对美国的工作职位有积极影响方面表现出较高层次的认同，但当问及"乙醇"时，他们的观点更加不乐观，更多地与他们的民主党同伴持平（Cacciatore 等，2012）。

当科学上合乎情理的替代性因果解释不可用时，比如维克菲尔德麻风腮三联疫苗争议的情况，想修正就变得更加困难。然而，对信息源动机的质疑、强调共识性信息以及改变位于焦点上的因果性主张则大有希望。

如果对错误报告背后的动机进行披露，那么取代一种错误的因果关联可能会更成功。比如，人们可能通过引述维克菲尔德秘密地从牵涉反对麻风腮三联疫苗制造的法律诉讼的律师那里获得了报酬，并且在单剂疫苗中有经济利益这个事实来怀疑维克菲尔德提出麻风散三联疫苗 – 自闭症关联的动机（Deer，2004）。如果人们对信息扩散背后的动机表示怀疑的话，那么他们不相信起初错误信息的意愿很有可能会增加，引发怀疑或增强人们预先存在的怀疑态度的修正可能有助于消除对错误归因的依赖（Lewandowsky 等，2005）。

另外一项有前景的技术可能是，强调关于缺乏因果关系的共识性信息。如前所述的那样，仅仅是对麻风腮三联疫苗会引发自闭症进行否认这一策略并不足以改变信念、态度或意图。然而，纳入视觉上增强的科学共识可能会让修正更难以被忽视。与阅读提到麻风腮三联疫苗 – 自闭症辩论双方的报道的对照组相比，一张科学家们的图片和数据显示，几乎所有科学家都认同麻风腮三联疫苗不会影响自闭症，这会让实验对象不太可能相信疫苗会引发自闭症（Dixon 等，2015）。无论这个形象是一个科学家还是一个群体，这种效果都会持续存在。饼状图也可能起到作用。当展示一个表明大多数科学家都相信疫苗是安全的并且应该注射疫苗的饼状图时，目标对象要比没收到预防接种信息的对照组有更亲疫苗的态度和信念（van der Linden 等，2015）。值得注意的是，这项研究中用到的信息并未直接地提及自闭症，而是相反地强调了疫苗的安全性。

实际上，在驳斥错误信息方面，转变备受关注的因果故事可能是有效的。不是去强调麻风腮三联疫苗的风险，信息应该告诉人们不注射麻风腮三联疫苗的风险。然而，如何呈现信息是重要的。比如，可能需要视觉信息和文本信息的结合。一项研究发现，与对照组相比，看到儿童接种麻风腮三联疫苗图片的家长更可能认为疫苗会导致自闭症（Nyhan 等，2014）。图像并未影响对麻风腮三联疫苗副作用的信念或者给孩子接种免疫的意图。然而，另一项研究发现，当相同的图片与有关疾病的信息搭配起来并且警告说麻风腮三联疫苗可以预防这些疾病时，对接种免疫的态度就比对照组更加积极（Horne 等，2015）。

叙事代表着关注不进行免疫接种所带来的风险的另一种方式。故事和案例在改变人们的信念和态度方面可能是有效的（Moyer-Gusé 和 Nabi，2010；Green 和 Brock，2000）。附和我们之前对起因的强调，对事件提出因果链的叙事在人们如何理解世界方面尤其具有影响力。在一个故事中，叙事的因果性因素被认为要比叙事的其他部分重要很多（Trabasso 和 Sperry，1985）。此外，当因果性信息在一个故事中按逻辑顺序排列的时候，它更容易被回忆起来，并且被认为更能如实地捕捉到现实（Dahlstrom，2010）。

那些持续认为麻风腮三联疫苗会引发自闭症的人传播散布了个人叙事；明星詹妮·麦卡锡（Jenny McCarthy）坚持认为她的儿子被感染了就是一个明显例子。起反作用的个人陈述可能被用来取代这种错误的因果归因。然而，研究表明他们自己的叙事可能不如它们与事实性信息一起出现时有说服力。奈汉（Nyhan）及其同事 2014 年发现，有关一位女士的年轻儿子感染麻疹的故事并不会带来预期效果。然而，它会带来逆火效应，从而使得与对照组中的那些人相比，目标对象会认为麻风腮三联疫苗更有可能引发严重的副作用。然而另一项研究发现，当相同的叙事与患有这种疾病的儿童的图像、对疾病的描述以及一份麻风腮三联疫苗可以阻止这种疾病的陈述结合在一起时，对疫苗的态度会变得更有利（Horne 等，2015）。然而，这两项研究有不同的样本，这使得我们难以知晓研究发现是归因于所提供的信息还是被研究的个体的差异。不过，这些结果表明，叙事与强调不进行注射免疫的风险的事实性信息结合起来可以让人们向着免疫注射安全性的科学共识上迈进。

叙事可能有效的一个原因在于，它们以个人的方式阐释了接种麻风腮三联疫苗的可能后果。支持了这一观察结果的一项研究发现，强调对儿童进行免疫接种的积极结果要比描述因接种免疫而产生的社会性收益更为有效（Hendrix 等，2014）。在实验中，那些收到伴随着免疫接种对他们孩子的益处进行描述标准疫苗信息的人（比如，"因为麻风腮三联疫苗对某些疾病的预防，你的孩子不会错过上学或一些活动"）要比那些仅接收到标准信息的人表达出更大的接种意愿。然而，当增加一种陈述以强调接受免疫的儿童对社区其他成员的益处时（比如，"你的孩子在免疫后不会向没有进行注射的人，包括婴儿、老人和癌症患者，传播麻疹、风疹和腮腺炎"），接种意愿并不会受到影响。虽然强调了对他人益处的信息没有增加家长给其孩子进行免疫接种的意愿，但是以前的研究表明，给自己做出免疫决策的成人实际上会受到这种信息的激励（Hendrix 等，2014）。

未来的方向

虽然截至目前的文献已经给揭穿错误归因解释的真相提供了一些见解，但是还需要开展更多的研究。这种研究可以借鉴我们对充分必要条件的了解。巧妙地呈现这些信息，比如利用图表或叙事，有助于克服错误的印象。正在开展的否定因果性关联的更多研究可以帮我们更好地反驳科学上的错误信息。

首先，如我们在前面注意到的那样，大多数人们对揭开的错误归因如何反应的研究都采纳了一种确定性的因果关系概念（即 A 是导致 B 的充要条件）。因而，如果所提出的因果关系确实不存在，或者如果它无法同时包涵充分性和必要性，那么它就应该被认为是不正确的。然而，鉴于因果性可能被概念化和操作化的更微妙的方式，如何有效地揭露另外类型的错误归因仍然不清楚。比如，当 A 是 B 的贡献性条件（即只有当 C 变化时，A 才会导致 B），声称 A 没有任何边界条件地导致了 B 在概念上就是错误的。在这种情况下，如果给人们提供了引入一系列协变量的撤回，他们会完全记住这些吗，还是会依靠它们来理解因果性关系？

错误因果性的另外一个显著类型与人们对充分必要条件的常见错误理解有关。比如，虽然吸烟被确定为是肺癌的主要起因，但是这只是可能患上该病的一种原因。一系列广泛的环境因素（比如空气污染）和诸如家族肺癌史这样的其他不可控因素也会增加这种风险（Cancer Research UK，201）。然而，由于部分地归因于对这个例子中因果性的理解的缺乏，很多人把吸烟视为肺癌的必要起因（即如果某人有肺癌，他／她一定是个烟民）。结果，因为与吸烟存在着强烈的社会不认同，肺癌患者，无论是烟民还是非烟民，都说受到了临床医生以及他们的家庭成员和朋友的污名化（Cataldo 等，2012）。破除这种类型的被误导的因果性推论就需要更深入的实验性研究。

在一个相关的话题上，我们所知的绝大部分都聚焦于如何撤回错误因果性对人们记忆和推论的影响。然而，同样重要的是，去考察当人们的信念被宣称错误原因的信息所挑战时，人们是否以及如何在正确的因果关系上保留他们的信念。比如，虽然人类活动被公认为是导致近几十年里观察到的气候变化的主要原因，但是有相当大一部分美国公众认为地球变得越来越暖的主要原因是在很大程度上位于人类掌控之外的自然模式的变化。在这种情况下，有可能的是，那些接受人为因素导致气候变化的人会被错误地将气候变化归因于自然模式的陈述所误导。对于这个群体来说，提供过一种合理的替代性解释（即人类活动导致了气候变化）可能不会奏效，因为在这种假设中它已经被"新的"原因取代了。我们需要更深入地研究以理解人们如何摆脱错误信息的影响，并恢复到起初的正确信念上来。

此外，心理学家已经指出了此处值得注意的文献中存在着的差距。以前的研究已经表明，在撤回发生后，预先存在的态度通常会决定一个人对错误归因的信念水平。然而，根据莱万多斯基（Lewandowsky）等人的看法（2012，118）：

> 人们不那么理解的是，撤回是否①对于那些这种撤回违反了他们个人信念的人来说是无法降低他们对错误信息的依赖；或②对所有人都一样，在撤回发生后所观测到的信念差异只反映了撤回之前的差异。

两种可能性都与现有的文献相一致。尤其是，同预先存在的信念不一致的撤回会不太熟悉、比较难以处理、不太一致且在一个人的网络中获得的支持较少，并且不太可能会被视为来自受信任的来源。然而，有关这些差异的证据是稀少且混杂的；同时也需要对诸如智力和记忆这样的其他因素的影响开展深入的研究，以及对错误因果性持续影响的研究。

参考文献

Anderson, Craig A. (1982). Inoculation and counter explanation: debiasing techniques in the perseverance of social theories. *Social Cognition*, 1(2), 126–139. doi:10.1521/ soco.1982.1.2.126.

Anderson, Craig A., Mark R. Lepper, and Lee Ross. (1980). Perseverance of social theories: the role of explanation in the persistence of discredited information. *Journal of Personality and Social Psychology*, 39(6), 1037–1049. doi:10.1037/ h0077720.

Arndt, Tara L., Christopher J. Stodgell, and Patricia M. Rodier. (2005). The teratology of autism. *International Journal of Developmental Neuroscience*, 23(2), 189–199. doi:10.1016/ j.ijdevneu.2004.11.001.

Baio, Jon. (2014). Prevalence of autism spectrum disorder among children aged 8 years—Autism and Developmental Disabilities Monitoring Network, 11 Sites, United States, 2010. *Morbidity and Mortality Weekly Report: Surveillance Summaries*, 63. doi:24670961.

Bode, Leticia, and Emily K. Vraga. (2015). In related news, that was wrong: the correction of misinformation through related stories functionality in social media. *Journal of Communication*, 65(4), 619–638. doi:10.1111/jcom.12166.

Brown, Katrina F., Susannah J. Long, Mary Ramsay, Michael J. Hudson, John Green, Charles A. Vincent.

(2012). UK parents' decision–making about measles–mumps–rubella (MMR) vaccine 10 years after the MMR–autism controversy: a qualitative analysis. *Vaccine*, 30(10), 1855–1864. doi:10.1016/j.vaccine.2011.12.127.

Cacciatore, Michael A., Dietram A. Scheufele, and Bret R. Shaw. (2012). Labeling renewable energies: how the language surrounding biofuels can influence its public acceptance. *Energy Policy* 51 (December), 673–682. doi:10.1016/ j.enpol.2012.09.005.

Cancer Research UK. (2014). Lung cancer risks and causes. http://www.cancerresearchuk.org/about-cancer/type/lung–cancer/about/lung–cancer–risks–and–causes#family.

Cataldo, Janine K., Thierry M. Jahan, and Voranan L. Pongquan. (2012). Lung cancer stigma, depression, and quality of life among ever and never smokers. *European Journal of Oncology Nursing* 16(3), 264–269. doi:10.1016/j.ejon.2011.06.008.

Centers for Disease Control and Prevention. (2016). Autism spectrum disorder (ASD): facts about ASD. http://www.cdc. gov/ncbddd/autism/facts.html.

Centers for Disease Control and Prevention. (2016). FastStats: immunization. http://www.cdc.gov/nchs/fastats/ immunize.htm.

Christensen, Jakob, Therese Koops Grønborg, Merete Juul Sørensen, Diana Schendel, Erik Thorlund Parner, Lars Henning Pedersen, and Mogens Vestergaard (2013). Prenatal valproate exposure and risk of autism spectrum disorders. *JAMA*, 309(1), 6.

Clarke, Christopher E. (2008). A question of balance: the autism–vaccine controversy in the British and American elite press. *Science Communication* 30(1), 77–107, doi:10.1177/1075547008320262.

Dahlstrom, Michael F. (2010). The role of causality in information acceptance in narratives: an example from science communication, *Communication Research*, 37(6), 857–875. doi:10.1177/0093650210362683.

Dales, Loring, Sandra Jo Hammer, and Natalie J. Smith. (2001). Time trends in autism and in MMR immunization coverage in California. *JAMA*, 285(9), 1183–1185. doi:10.1001/ jama.285.9.1183.

Davies, Martin F. (1997). Belief persistence after evidential discrediting: the impact of generated versus provided explanations on the likelihood of discredited outcomes. *Journal of Experimental Social Psychology*, 33(6), 561–578. doi:10.1006/jesp.1997.1336.

Deer, Brian. (2004). Revealed: MMR research scandal. *The Sunday Times*. http://briandeer.com/mmr/lancet–deer–1.htm Dixon, Graham N., Brooke Weberling McKeever, Avery E. Holton, Christopher Clarke, and Gina Eosco (2015). The power of a picture: overcoming scientific misinformation by communicating weight–of–evidence information with visual exemplars. *Journal of Communication*, 65(4), 639–659. doi:10.1111/jcom.12159.

Dixon, Graham N., and Christopher E. Clarke. (2013). heightening uncertainty around certain science:

media coverage, false balance, and the autism−vaccine controversy. *Science Communication*, 35(3), 358−382. doi:10.1177/1075547012458290.

Dixon, Graham N., and Christopher E. Clarke. (2013). The effect of falsely balanced reporting of the autism−vaccine controversy on vaccine safety perceptions and behavioral intentions. *Health Education Research*, 28(2), 352−359. doi:10.1093/her/cys110.

Durkin, Maureen S., Matthew J. Maenner, Craig J. Newschaffer, Li−Ching Lee, Christopher M. Cunniff, Julie L. Daniels, et al. (2008). Advanced parental age and the risk of autism spectrum disorder. *American Journal of Epidemiology*, 168(11), 1268−1276. doi:10.1093/aje/kwn250.

Ecker, Ullrich K. H., Stephan Lewandowsky, and Joe Apai. (2011). Terrorists brought down the plane! —No, actually it was a technical fault: processing corrections of emotive information. *The Quarterly Journal of Experimental Psychology*, 64(2), 283−310. doi:10.1080/17470218.2010.497927.

Editors. (2010). Retraction−leal−lymphoid−nodular hyperplasia, non−specific colitis, and pervasive developmental disorder in children. *The Lancet*, 375(9713), 445. doi:10.1016/ S0140−6736(10) 60175−4.

Feygina, Irina, John T. Jost, and Rachel E. Goldsmith. (2010). System justification, the denial of global warming, and the possibility of "system−sanctioned change." *Personality and Social Psychology Bulletin*, 36(3), 326−338. doi:10.1177/0146167209351435.

Frankel, Glenn. (2004). Charismatic doctor at vortex of vaccine dispute experts argue over findings, but specialist sees possible MMR link to autism. *The Washington Post*, July 11.

Freed, Gary L., Sarah J. Clark, Amy T. Butchart, Dianne C. Singer, and Matthew M. Davis. (2010). Parental vaccine safety concerns in 2009. *Pediatrics*, 125(4), 654−659. doi:10.1542/peds.2009−1962.

Freitag, C. M. (2007). The genetics of autistic disorders and its clinical relevance: a review of the literature. *Molecular Psychiatry*, 12, 2−22. doi:10.1038/sj.mp.4001896.

Gardener, Hannah, Donna Spiegelman, and Stephen L. Buka. (2009). Prenatal risk factors for autism: comprehensive meta−analysis. *The British Journal of Psychiatry*, 195(1), 7−14. doi:10.1192/bjp. bp.108.051672.

Gilbert, Daniel T., Douglas S. Krull, and Patrick S. Malone. (1990). Unbelieving the unbelievable: some problems in the rejection of false information. *Journal of Personality and Social Psychology*, 59(4), 601−613. doi:10.1037/0022−3514.59.4.601.

Green, Melanie C., and Timothy C. Brock. (2000). The role of transportation in the persuasiveness of public narratives. *Journal of Personality and Social Psychology*, 79(5), 701−721. doi:10.1037/0022− 3514.79.5.701.

Greenwald, Anthony G. (1970). When does role playing produce attitude change? toward an answer. *Journal of Personality and Social Psychology*, 16(2), 214−219. doi:10.1037/h0029831.

Hempel, Carl Gustav. (1966). *Philosophy of natural science*. Englewood Cliffs, NJ: Prentice–Hall.

Hendrix, Kristin S., Maria E. Finnell, Gregory D. Zimet, Lynne A. Sturm, Kathleen A. Lane, and Stephen M. Downs. (2014). Vaccine message framing and parents' intent to immunize their infants for MMR. *Pediatrics*, 134(3), 675–683. doi:10.1542/peds.2013–4077.

Hilton, Denis J. (1996). Mental models and causal explanation: judgements of probable cause and explanatory relevance. *Thinking & Reasoning*, 2(4), 273–308. doi:10.1080/ 135467896394447.

Horne, Zachary, Derek Powell, John E. Hummel, and Keith J. Holyoak. (2015). Countering antivaccination attitudes. *Proceedings of the National Academy of Sciences of the United States of America*, 112(33), 10321–10324. doi:10.1073/ pnas.1504019112.

Jain, Anjali, Jaclyn Marshall, Ami Buikema, Tim Bancroft, Jonathan P. Kelly, and Craig J. Newschaffer. (2015). Autism occurrence by MMR vaccine status among US children with older siblings with and without autism. *JAMA*, 313(15), 1534–1540. doi:10.1001/jama.2015.3077.

Johnson, Hollyn M., and Colleen M. Seifert. (1994). Sources of the continued influence effect: when misinformation in memory affects later inferences. *Journal of Experimental Psychology: Learning, Memory, and Cognition*, 20(6), 1420–1436. doi:10.1037/0278–7393.20.6.1420.

Johnson–Laird, Philip Nicholas. (1983). *Mental models: towards a cognitive science of language, inference, and consciousness*. Cambridge, MA: Harvard University Press.

Kahan, Dan M., Hank Jenkins–Smith, and Donald Braman. (2011). Cultural cognition of scientific consensus. *Journal of Risk Research*, 14, 147–174.

Lewandowsky, Stephan, Werner G.K. Stritzke, Klaus Oberauer, and Michael Morales. (2005). Memory for fact, fiction, and misinformation. *Psychological Science*, 16(3), 190–195. doi:10.1111/j.0956–7976.2005.00802.x.

Lewandowsky, Stephan, Ullrich K. H. Ecker, Colleen M. Seifert, Norbert Schwarz, and John Cook. (2012). Misinformation and its correction: continued influence and successful debiasing. *Psychological Science in the Public Interest*, 13(3), 106–131. doi:10.1177/1529100612451018.

Lewis, Justin, and Tammy Speers. (2003). Misleading media reporting? The MMR story. *Nature Reviews. Immunology*, 3(11), 913–918. doi:10.1038/nri1228. p.916.

Lieu, Tracy A., G. Thomas Ray, Nicola P. Klein, Cindy Chung, and Martin Kulldorff. (2015). Geographic clusters in under immunization and vaccine refusal. *Pediatrics*, 135(2), 280–289. doi:10.1542/ peds.2014–2715.

Lombrozo, Tania. (2006). The structure and function of explanations. *Trends in Cognitive Sciences*, 10(10), 464–470. doi:10.1016/j.tics.2006.08.004.

Lombrozo, Tania. (2007). Simplicity and probability in causal explanation. *Cognitive Psychology*, 55(3), 232–257. doi:10.1016/j.cogpsych.2006.09.006.

Madsen, Kreesten Meldgaard, Anders Hviid, Mogens Vestergaard, Diana Schendel, Jan Wohlfahrt, Poul Thorsen et al. (2002). A population–based study of measles, mumps, and rubella vaccination and autism. *The New England Journal of Medicine*, 347(19), 1477–1482. doi:10.1056/NEJMoa021134.

Mäkelä, Annamari, J. Pekka Nuorti, and Heikki Peltola. (2002). Neurologic disorders after measles–mumps–rubella vaccination. *Pediatrics*, 110(5), 957–963. doi:10.1542/peds.110.5.957.

McGuire, William J. (1964). Inducing resistance to persuasion: some contemporary approaches. In: Leonard Berkowitz, ed., *Advances in experimental social psychology*, Vol. 1. New York: Academic Press, 191–229.

Moyer–Gusé, Emily, and Robin L. Nabi. (2010). Explaining the effects of narrative in an entertainment television program: overcoming resistance to persuasion, *Human Communication Research*, 36(1), 26–52, doi:10.1111/ j.1468–2958.2009.01367.x.

Nestler, Steffen. (2010). Belief perseverance: the role of accessible content and accessibility experiences. *Social Psychology*, 41(1983), 35–41. doi:10.1027/1864–9335/a000006.

Nyhan, Brendan, Jason Reifler, Sean Richey, and Gary L. Freed. (2014). Effective messages in vaccine promotion: a randomized trial. *Pediatrics*, 133(4), e835–e842. doi:10.1542/ peds.2013–2365.

Nyhan, Brendan, and Jason Reifler. (2010). When corrections fail: the persistence of political misperceptions. *Political Behavior*, 32(2), 303–330. doi:10.1007/s11109–010–9112–2.

Owens, Susan R. (2002). Injection of confidence: the recent controversy in the UK has led to falling MMR vaccination rates. *EMBO Reports*, 3(5), 406–409. doi:10.1093/embo–reports/ kvf107.

Public Health England. (2013). Measles cases in England: update to end–April 2013. http://webarchive. nationalarchives.gov. uk/20140714084352/http:/www.hpa.org.uk/hpr/archives/ 2013/news2313.htm.

Read, Stephen J., and Amy Marcus–Newhall. (1993). Explanatory coherence in social explanations: a parallel distributed processing account. *Journal of Personality and Social Psychology*, 65(3), 429–447. doi:10.1037/0022–3514.65.3.429.

Robert, Chen, and DeStefano Frank. (1998). Vaccine adverse events: Causal or coincidental? *The Lancet*, 351(9103), 611. doi:10.1016/S0140–6736(05)78423–3.

Schuldt, Jonathon P., Sara H. Konrath, and Norbert Schwarz. (2011). "Global warming" or "climate change"？Whether the planet is warming depends on question wording. *Public Opinion Quarterly*, 75(1), 115–124. doi:10.1093/poq/ nfq073.

Scufellari, Megan. (2015). The science myths that will not die. *Nature*, 528(7582), 322–325.

Seifert, Colleen M. (2002). The continued influence of misinformation in memory: What makes a correction effective? In: B. H. Ross, ed., *Psychology of learning and motivation: advances in research and theory*. San Diego, CA: Academic Press, 265–292.

Slusher, Morgan P., and Craig A. Anderson. (1996). Using causal persuasive arguments to change beliefs and teach new information: the mediating role of explanation availability and evaluation bias in the acceptance of knowledge. *Journal of Educational Psychology*, 88(1), 110–122. doi:10.1037/0022–0663.88.1.110.

Smith, Mary John. (1982). Cognitive schema theory and the perseverance and attenuation of unwarranted empirical beliefs. *Communication Monographs*, 49, 115–126.

Speers, Tammy, and Justin Lewis. (2004). Journalists and jabs: media coverage of the MMR vaccine. *Communication & Medicine*, 1(2), 171–181. doi:10.1515/come.2004.1.2.171.

Strömland, K., V. Nordin, M. Miller, B. Akerström, and C. Gillberg. (1994). Autism in thalidomide embryopathy: a population study. *Developmental Medicine and Child Neurology*, 36, 351–356.

Taylor, Brent, Elizabeth Miller, C Paddy Farrington, Maria Christina Petropoulos, Isabelle Favot–Mayaud, Jun Li, and Pauline A. Waight. (1999). Autism and measles, mumps, and rubella vaccine: no epidemiological evidence for a causal association, *The Lancet*, 353(9169), 2026–2029. doi:10.1016/S0140–6736(99)01239–8.

Tenney, Elizabeth R., Hayley M. D. Cleary, and Barbara A. Spellman. (2009). Unpacking the doubt in "beyond a reasonable doubt": plausible alternative stories increase not guilty verdicts. *Basic and Applied Social Psychology*, 31(1), 1–8. doi:10.1080/01973530802659687.

Trabasso, Tom, and Linda L. Sperry. (1985). Causal relatedness and importance of story events. *Journal of Memory and Language*, 24(5), 595–611. doi:10.1016/0749–596X(85)90048–8.

van der Linden, Sander L., Chris E Clarke, and Edward W Maibach. (2015). Highlighting consensus among medical scientists increases public support for vaccines: evidence from a randomized experiment. *BMC Public Health*, 15, 1207. doi:10.1186/s12889–015–2541–4.

Wakefield, A. J., S. H. Murch, A. Anthony, J. Linnell, D. M. Casson, M. Malik et al. (1998). Ileal–lymphoid–nodular hyperplasia, non–specific colitis, and pervasive developmental disorder in children. *The Lancet*, 351, 637–641. doi:10.1016/S0140–6736(97)11096–0. p. 637.

Weaver, Kimberlee, Stephen M. Garcia, Norbert Schwarz, and Dale T. Miller. (2007). Inferring the popularity of an opinion from its familiarity: a repetitive voice can sound like a chorus. *Journal of Personality and Social Psychology*, 92(5), 821–833. doi:10.1037/0022–3514.92.5.821.

Williams, Joseph J., and Tania Lombrozo. (2013). Explanation and prior knowledge interact to guide learning. *Cognitive Psychology*, 66(1), 55–84. doi:10.1016/j.cogpsych.2012.09.002.

Wilson, Elizabeth A. H., and Denise C. Park. (2008). A case for clarity in the writing of health statements. *Patient Education and Counseling*, 72(2), 330–335. doi:10.1016/ j.pec.2008.02.008.

推荐阅读

Anderson, Craig A. 1982. Inoculation and counter explanation: debiasing techniques in the perseverance of social theories. *Social Cognition*, 1(2), 126–139. doi:10.1521/ soco.1982.1.2.126.

Bode, Leticia, and Emily K. Vraga. (2015). In related news, that was wrong: the correction of misinformation through related stories functionality in social media. *Journal of Communication*, 65(4), 619–638. doi:10.1111/jcom.12166.

Brown, Katrina F., Susannah J. Long, Mary Ramsay, Michael J. Hudson, John Green, Charles A. Vincent, et al. (2012). UK parents' decision–making about measles–mumps–rubella (MMR) vaccine 10 years after the MMR–autism controversy: a qualitative analysis. *Vaccine*, 30(10), 1855–1864. doi:10.1016/ j.vaccine.2011.12.127.

Dahlstrom, Michael F. (2013). The moderating influence of narrative causality as an untapped pool of variance for narrative persuasion. *Communication Research*, 42(6), 779–795. doi:10.1177/0093650213487374.

Dixon, Graham N., and Christopher E. Clarke. (2013). Heightening uncertainty around certain science: media coverage, false balance, and the autism–vaccine controversy. *Science Communication*, 35(3), 358–382. doi:10.1177/1075547012458290.

Hendrix, Kristin S., S. Maria E. Finnell, Gregory D. Zimet, Lynne A. Sturm, Kathleen A. Lane, and Stephen M. Downs. (2014). Vaccine message framing and parents' intent to immunize their infants for MMR. *Pediatrics*, 134(3), 675–683. doi:10.1542/peds.2013–4077.

Horne, Zachary, Derek Powell, John E. Hummel, and Keith J Holyoak. (2015). Countering antivaccination attitudes. *Proceedings of the National Academy of Sciences of the United States of America*, 112(33), 10321–10324. doi:10.1073/ pnas.1504019112.

Jamieson, Kathleen Hall. (2015). Implications of the demise of "fact" in political discourse. *Proceedings of the American Philosophical Society*, 159, 66–84.

Lewandowsky, Stephan, Ullrich K. H. Ecker, Colleen M. Seifert, Norbert Schwarz, and John Cook. (2012). Misinformation and its correction: continued influence and successful debiasing. *Psychological Science in the Public Interest*, 13(3), 106–131. doi:10.1177/1529100612451018.

Nyhan, Brendan, Jason Reifler, Sean Richey, and Gary L Freed. (2014). Effective messages in vaccine promotion: a randomized trial. *Pediatrics*, 133(4), e835–e842. doi:10.1542/ peds.2013–2365.

第四十六章
在不同国情下克服
传播不确定性的挑战

迈克尔·西格里斯特（Michael Siegrist）
克里斯蒂娜·哈特曼（Christina Hartmann）

摘要： 风险传播的目标是提供有关风险和不确定性的信息，以让人们能够基于他们自己的价值做出最好的决策。多种因素会影响风险传播的成败。本章首先强调决定成功的风险传播的风险传播方法和形式。例如，外行人并不能很好地理解所有的数字表达方式，风险比较有助于他们改善对风险信息的评估。本章还介绍了在不确定性情况下启发法、信任和文化价值对决策的影响。在争议性话题方面，启发法和信任影响了人们阐释不确定性的方式。研究表明在特定情境下，人们会依赖于同他们共有最重要价值观的专家。基于可获得的证据，本章会在最后对不确定性传播提供了一些建议，并且进一步描述了一些研究的途径。

关键词： 风险传播；不确定性；风险比较；启发法；信任；文化价值观

在具有不确定性的情况下做决策是我们日常生活的一部分。我们该乘坐汽车出行还是坐飞机？我们一定要接受特定的医疗吗？我们应该担心气候变化吗？我们应该接受像基因工程这样的新食品技术带来的风险吗？我们需要改变自己的食品选择以降低某些健康风险吗？虽然这些是完全不同的问题，但是它们都有一个共同因素——不确定性。在我们的生活中，我们通常会面临不确定性。情景因素和人格因素决定着我们应对不确定性的策略，包括我们的选择是否仍然与我们自我界定的兴趣相一致。

人们在不确定情况下所做的决定可能会带来重要后果。比如，在 2001 年 "9·11"

恐怖袭击发生后，美国人更多地选择乘坐汽车出行，而非坐飞机。这种出行模式的变化导致了因交通事故的上升而出现的死亡人数的增加（Gigerenzer，2006）。与起初的行为相比，一种感知到的风险可能会导致最终与一种增加了的威胁相关的行为的改变。另外一个根据风险信息而发生行为改变的例子是，1995 年英国的口服避孕药恐慌（Barnett 和 Breakwell，2003）。公告卫生官员公开地向公众提供了有关第三代药片的副作用的风险信息。服用这种药片与血管栓塞和肺动脉栓塞之间可能相关的相对风险被传播了出去，但没有关于绝对风险水平的任何信息。停用口服避孕药或停止其他避孕方法，可能会使女性在随后经历更多的风险（如没服用避孕药而导致的怀孕）。简言之，非最优的风险传播可能会产生额外的危险。

目前，学者们在充分的风险传播的意义上还没有达成共识（Arvai 和 Rivers，2014）。然而，绝大多数学者都接受的是，科学传播的目标是把风险、收益和其他成本告知给公众，以便帮他们做出理性决策（Fischhoff，2013）。不过，有些学者没有认清说服和风险传播之间的区别（Leiss，2014）。比如，过去几十年来的控烟运动或旨在改变消费者食品行为的行动通常不会表现出风险传播的情况，但是会表现出说服性传播的情况。后面这种类型的传播的目标是鼓励人们采取给定的行为，不管这种行为是否符合他们的最佳利益（比如，烟盒上吓人的图片应该会阻止人们吸烟）。然而，说服性传播的目标可能不会帮助人们做出明智的决策。

这种说服性活动需要与风险传播区别开来。风险传播的目标应该是提供让人们能做出明智决策的知识（Fischhoff，1995）。然而，对这些决策的质量进行考察是具有挑战性的。出于这个原因，大量的研究着眼于不同的风险传播格式是否能唤起不同程度的风险认知或关切。很少有研究关注于外行要做出明智的决策需要什么信息这个问题（Siegrist等，2008）。由于把不确定性转发给外行是风险传播的一个重要方面，研究应该更多地集中于如何以人们能够做出理性决策的方式来传输信息。对风险和不确定性进行的传播如果有助于人们做出符合他们自己的、自我界定的利益的选择，那么它就是有效的（Fischhoff 和 Davis，2014）。

在下面的几部分，我们描述了对风险传播的成败具有影响的因素——比如概率性信息的表征样式，是提供相对风险还是绝对风险，以及是否把风险信息置于恰当情境之中。不仅要考虑如何传播风险信息很重要，人们的能力也应该被考虑在内。因而，我们讨论了数学能力对风险传播的重要性，尤其是人们理解数字型信息的能力。人们在不确定情况下做决策时，通常会依赖诸如启发法或者信任这样的思维捷径。我们描述了启发法和信任的重要性，同时解释了启发法可能会导致非最优的决策。这是非常重要的，因为有些研究人员更多地着眼于启发法的积极方面，忽视了可能的偏见。最后，提出了实践上的启示和未来研究的途径。应该注意的是，在美国或欧洲已经开展了绝大多数研究。然而，如果可能的时候，我们会提及在这两个大陆之外开展的研究。

分析系统与经验性系统

有人认为，人们对风险的理解有两个根本不同的方式（Slovic 等，2004）。人们可能会依赖分析系统，它会利用概率信息、形式逻辑和数学算法来评估风险。提供有关风险和不确定性的统计性信息可能有助于人们做出明智的决策。如果人们有动机并且拥有阐释数值型数据的必要技能，他们可能会在做决策时考虑这种信息。然而，分析系统会导致缓慢的决策制定过程。如果人类只依靠这一个系统，那么他们可能不会幸存下来。

因而第二个被标记为经验性系统的过程为决策制定提供了备选的方式。经验性系统让人们做出直觉的、自动且快速的决策。当依赖这个系统时，我们会受到图像、关系或经验的影响。基于经验性系统的决策并不必然是不明智的。不过，经验性系统容易导致具体的偏见；结果，人们可能会做出非最优的决策（Montibeller 和 von Winterfeldt，2015；Kahneman 等，1982）。

影响对风险理解和不确定性传播的因素

要正确地阐释有关风险的信息，就需要有认知技巧。因为风险和不确定性通常是利用数字进行传播的，所以人们的数学技能就非常重要（见本书第四十一章）。除这些在某种程度上可以通过经验来改善的认知技能外，还有另外一个关键因素——不确定性的信息是如何传播的。当人们依赖他们的分析系统做决策时，用来传播不确定性的信息的样式就是至关重要的。还需要考虑是否提供了相对风险信息和风险比较信息，以及个人的计算能力。

传播方法

对概率性信息的正确阐释对很多决策情况来说都是至关重要的。一个很多人非常熟悉的案例就是，对医学测试结果的阐释，比如那些来自乳腺摄影筛查的结果，这通常以概率的形式传播给患者（Siegrist 等，2008；Gigerenzer 等，1998）。贝叶斯推论可以帮助人们在这种情况下做出有用的决策（Gigerenzer 和 Hoffrage，1995）。然而，对启发法和偏见范式的传统进行的研究表明，绝大多数个体在要求解决贝叶斯式问题时会忽视基率（Kahneman 等，1982）。因而，人们过高地估计了积极筛查结果所预示着一种疾病的概率。

风险信息所呈现的方式影响着人们面临贝叶斯式问题时如何采取行动。研究表明，当以自然频率的形式（即在没有乳腺癌的 992 名女性中，仍有 70 名有积极的乳腺筛查结果）而非概率的形式（即如果一个女性没有乳腺癌，那产生积极筛查结果的概率是 7%；Gigerenzer 和 Hoffrag，1995）被提供信息时，在统计学上幼稚的参与者对贝叶斯式问题可以给出高达 50% 的正确答案。相对于概率信息来说，当以自然频率的形式呈现信息时更多的个体会尊重贝叶斯法则，这一发现在其他的研究中也得到了成功的复制（Hoffrage 和 Gigerenzer，1998；Cosmides 和 Tooby，1996）。在中国开展的研究也发现了类似的结果（Zhu 和 Gigerenzer，2006），因而表明在非西方国家也存在着类似的决策制定原则。利用来自一般人群的样本所开展的为数不多的研究之一也表明，利用自然频率统计信息要比利用概率性信息带来更好的估计（Siegrist 和 Keller，2011）。然而，鉴于积极的测试结果，即便利用自然频率时，参与者的绝大多数还是不能正确地计算癌症的概率。自然频率可以有助于人们解决贝叶斯式问题的一个原因是，基率信息被纳入自然概率之中。然而，频率并不总是有用的。如果基率与参与者需要解决的任务无关，鉴于要对一种疗法的益处和副作用进行比较，百分比可能要比频率更有效（Woloshin 和 Schwartz，2011）。

相对风险与绝对风险

在风险传播中需要获得越来越多关注的另外一个重要方面是相对风险和绝对风险之间的差异（Gigerenzer 等，2007）。世界卫生组织的下级组织国际癌症研究机构在一份与消费红肉和加工肉制品相关的癌症风险的新闻稿中引用了下面的相对风险信息："专家得出结论说，每天食用 50 克加工肉制品会让患大肠癌的风险增加 18%。"（International Agency for Research on Cancer，2015）。虽然相对风险信息通常被用于流行病学研究和医学研究以及报纸文章中，但是它在普通人的风险优先顺序方面毫无用处，因为它没有让他们把这个数字放到恰当的情境中。对所研究人群的大肠癌的基率没有任何知识，他们就不能用有意义的方式对日益增加的风险进行阐释。比如，鉴于瑞士男性中患大肠癌的基率是 6.3%，每天减少消费 55 克加工肉制品会让患大肠癌的风险降至 5.2%（Niederer，2015）。虽然相对风险信息被广泛地用于对不确定性进行的传播中，但当目标受众由普通人所组成时，它就不是一个有效的策略。

用相对风险的方式来呈现信息要比用绝对数字来表示同样的信息结果更大，更有说服力。比如，一项给定的疗法会把不良后果的风险从 8% 降到 4%，因而用相对数来说风险降低了 50%，但是用绝对数来说，只降低了 4%。意料之中的是，相对风险信息会增加人们错误地对其进行阐释并且展示出有偏见的反应的可能性。例如，尽管是相同效果的疗法，人们也会去选择用相对数而非绝对数来表达收益的疗法（Malenka 等，1993）。

在这方面，有些研究人员认为应该向人们既传播相对风险的降低也传播绝对风险的降低（Woloshin 等，2008）。然而，实验表明，即便也呈现了绝对风险降低的信息，但是相对风险降低的信息会影响人们的偏好（Gyrd-Hansen 等，2003）。这些结果表明，人们或在阐释绝对风险信息方面存在困难，或是当提供了所有必要的信息时不知道如何评估这两种风险。因而，似乎重要的是，不仅要改善对绝对风险的传播，还要在如何阐释风险信息方面对普通公众进行教育。

风险比较

在特定情境之外去评估风险和不确定性信息非常困难，或者说几乎是不可能的。社会应该愿意接受与核能有关的风险吗？在不对这种具体技术的风险和不确定性与其他能源体系的风险和不确定性进行比较的情况下，几乎不可能给这个问题提供一个有意义的答案。我们应该关注与我们的体力活动水平或营养行为有关的生活方式风险吗？在不与我们在自己的生活中愿意接受的其他风险进行比较的情况下，也不能建构出一个有意义的答案。各种实验表明，当与一种单一选择的评估进行对比时，对多种选择的联合评估会产生更好的决策（Hsee，1998）。因而，每当可能的时候就应该提供风险比较。

人们提出了可以促进风险比较的不同的传播方法。在医学领域中提出了帕林透视量表（Paling，2003）。这种用图形表示的风险传播格式用对数刻度描述了危害，涉及不同的数量级。风险阶梯也有类似的格式，它被用来传播有关环境危害的信息（Lipkus，2007；Ancker 等，2006）。在风险阶梯中，暴露程度（比如氡）以及相关的风险估计（比如，肺癌死亡率）分别被放在底部的低水平和顶部的高水平。这种视觉叙述有助于人们瞄定一个给定风险的上限和下限参照点。可以容易地把参考风险（比如，吸烟导致的肺癌）纳入风险阶梯中。

实验研究表明，帕林透视量表（Siegrist 等，2008）和风险阶梯（Keller 等，2009）都有助于个体评估风险和不确定性信息。虽然图形的格式被推荐给了数学能力较低的人，但是研究表明，当利用帕林透视量表时（Keller 和 Siegrist，2009），有较高数学能力的人要比数学能力较低的人从风险比较中获得更多益处。对于风险阶梯来说，较低数学能力的人从风险信息比较中获益最多（Keller 等，2009）。

数学能力

在阐释风险信息方式方面存在着个体差异。人们的数学技能似乎构成了影响他们理解科学不确定性的能力的核心因素。因而提出了数学能力这个概念，它描述了人们处理基本概率和数值型概念的能力（Fagerlin 等，2005；Lipkus 等，2001）。与计算能力较弱的人相比，计算能力强的人更有可能关注数字，对数字有更好的理解，并且不太容易受到框架效果的影响（Peters 等，2006）。换句话说，与计算能力较高的参与者相比，不相关的情感性考虑对较低计算能力的参与者有更强的影响。眼球追踪研究进一步揭示出，在人们如何处理描述不确定性的图形方法方面，诸如绘画文字，计算能力的高与低是存在差异的（Kreuzmair 等，2016）。通过让部分与整体的关系在视觉上易于利用，绘画文字让信息变得显著起来，并且它们促进了低计算能力的人对数值型信息的非数值型处理。相反，高计算能力的人更多地依赖于绘画文字中描述的数值型信息。

启发法和信任在不确定情况下对决策的重要性

人们早就认识到，当个体在不确定情况下做决策时，他们并不总是会考虑所有的相关信息（Kahneman 等，1982）。近年来的研究着眼于对可能影响人们决策制定过程的简单启发法的识别（Montibeller 和 von Winterfeldt，2015）。这些研究报告说，如果人们利用启发法的话，决策制定可能会受到偏见的支配。此外，当人们做决策时会频繁地依赖于他人，所以社会信任是一个影响个体在面对不确定性时如何反应的重要因素（Earle，2010）。当人们在做决策的过程中依赖于经验性系统时，启发法和信任就变得尤其显著。

启发法

当要求人们在不确定性的情况下做决策时，他们通常依赖简单的启发法。有关启发法和信任的富有影响的研究范式表明，人们不仅频繁地依赖简单的启发法，而且这些决策过程可能还会导致有偏见的选择（Kahneman 等，1982）。人们已经找到了可能会致使普通人和专家都做出有偏见的决策的大量的启发法（Montibeller 和 von Winterfeldt，2015）。因为在风险领域中，有几个研究已经考察了可得性启发法和情感启发法，我们在这里着眼于这两种类型。

如果要求人们去评估他们遇到的不同风险，他们可能会依赖可得性启发法（Lichtenstein

等，1978）。当这种认知捷径发挥作用时，一个人头脑中想到的危害所导致的不良事件情况的数量就会被用作与这种危险相关的死亡人员数量的一个指标。这种解释被用来说明主观风险认知和与具体危害相关的死亡人数客观数量之间存在差异的原因（Lichtenstein 等，1978）。可得性启发法还解释了为何在一项危害方面的经历是提高人们风险认知的一个重要因素（Keller 等，2006）。

情感启发法是人们在对具体危害的风险和收益进行判断时会依赖的另外一种心理捷径（Slovic 等，2004；Finucane 等，2000）。当危险激发出有情感意义标签的图像和关联时启发法就会启动。然后积极或消极的情感就会影响对威胁的评估。情感启发法被用来解释外行对气候变化（Smith 和 Leiserowitz，2012）和新技术（Finucane 等，2000）有关的风险认知。

比如，实验研究表明，当一种新的植物是源于转基因作物而非传统育种方式时，参与者认为它给农民带来益处就不太重要（Siegrist 等，2016）。这项研究表明，参与者会根据所牵涉的技术的不同，对从新植物中获得的经济收益做出不同的评估。调节分析表明，与技术本身有关的情感会影响对新信息（即新植物的收益）的阐释。因而，情感启发法可能会导致有偏见的决策。

并非所有研究人员都认同对启发法的依赖是产生有偏见决策的重要原因。有些学者确信启发法帮助个体做出了明智的决策，当人们依赖启发法时，并不需要担心可能的偏见（Gigerenzer 和 Gaissmaier，2011；Gigerenzer 等，1999）。

信任和文化价值观

一些新技术，如基因技术和纳米技术，以及一些长期的预测，如 50 年或 100 年后气候变化的效应，这些都与高度不确定性相关。同时，当不同的利益相关者提供有分歧的信息时，外行对科学事实进行评估几乎是不可能的。比如，气候变化的案例就呈现出决策制定的过程中有几个重要的挑战。不仅对不确定性进行传播的具体方法是至关重要的，而且传播者的身份以及人们的价值观是否与信息相一致也同样至关重要。

外行应对这种情况的方式是可预测的。他们会相信那些被认为是最可靠的专家。社会信任模型（Earle 等，2007）和文化认知方法（Kahan，2010）都假设共有价值观是非常重要的。我们倾向于信任和相信那些与我们自己的价值观相类似的人给出的论点。对负责监管和使用不熟悉的技术的机构的信任因而与认知到的风险呈负相关（Siegrist 和 Cvetkovich，2000）。信任和认知风险或风险可接受性之间关系的规模和标记在不同情境下是有差异的（Earle，2010）。

在风险认知中，信任的重要意义似乎取决于有关风险知识和问题的重要性。在个体缺乏做决策能力的情况下，信任是最重要的（Siegrist 和 Cvetkovich，2000）。如前所述，与人们在不确定情况下的风险认知和决策制定有关的绝大多数研究都是在美国和欧洲开展的，然而，一些研究结果也被其他国家的研究所证实。比如，在墨西哥、智利、巴西和日本开展的研究都表明了信任在风险认知中的重要作用（Bronfman 和 Vazquez，2011；Nakayachi 和 Cvetkovich，2010）。不过，信任和风险认知之间关系的强度在不同国家间可能是不同的（Viklund，2003）。

信任、信心与合作模型被作为促进对信任研究中的共性和差异理解的综合性方法（Earle 等，2007）。社会信任与信心之间的差异在这个模型中是非常重要的。社会信任被界定为根据对意图或价值观的相似性的判断，是一个人让自己容易受到另外的人所影响的意愿。个体当前最重要的价值观与归属于其他人的价值观之间的感知到的相似性决定了社会信任。信心被界定为根据过去的经历或证据，认为特定的未来事件会像预期的那样发生。当关键且道德上相关的问题岌岌可危时，社会信任要比信心更重要（Earle 和 Siegrist，2006）。一个人的意图和价值观（社会信任）通常比他 / 她的能力更重要。因而，绝大多数人会相信在特定情境下与他们共有最重要的价值观的专家。因而，不同的人会认为不同的专家最可靠。跨文化研究很稀缺，但是在非西方国家（如日本）也发现了价值观在信任中的重要性（Nakayachi 和 Cvetkovich，2010）。

可以在气候变化的辩论中明确地看到价值观在决定信任中的重要意义，以及信任对不确定性的阐释的影响。人们往往通过赞成那些共享他们价值观的政党来表达他们的价值观。在美国，与拥有保守的或共和党立场的人相比，那些拥有自由的或民主的政治倾向的人更有可能报告说，他们的观点与科学共识相一致，并且表达出对气候变化的个人担忧（McCright 和 Dunlap，2011）。类似的是，一项瑞士的研究发现，与拥有更右倾意识形态的人相比，有更左倾意识形态的人更担心气候变化（Tobler 等，2012）。

在类似基因技术（Siegrist，2000）、核能（Visschers 和 Siegrist，2013）以及气候变化（Kahan 等，2012）这样的情况下，人们依靠信任和重要的价值观作为阐释不确定信息的心理捷径。然而，这些结果不支持这样的结论，即对一种危险的知识与人们是否担心那种威胁不相关。在六个文化及政治上存在多样性的国家中开展的研究表明，人们的价值观会影响他们对气候变化的担心。此外，对气候变化起因的知识水平越高，对气候变化的关注程度就越高（Shi 等，2016）。这些结果强调了风险传播给外行提供他们在应对不确定性方面所需认知上的重要性。

实践意义

很多人可能不想让医生、政府机构或有既得利益的其他机构来决定对他们来说什么是好的。他们可能喜欢自己决定什么是他们的最佳利益。在很多情况下，外行需要参考详细的风险信息来做出明智的决策。因而，应该开展研究以提供基于证据的风险传播指导。只开展这种研究是不够的，还需要了解更多的信息。颇具讽刺意味的是，世界卫生组织依靠专家小组来筛查各种风险的证据，但是在向公众传达这些见解时，忽视了成功的风险传播的基础。我们社会的最佳利益可能不能通过在那些降低不确定性的研究中投入更多的经费来满足，虽然不确定性如何成功地传播给公众仍有待研究。尽管在涉及向公众传播不确定性信息的最佳方式上仍然面临着很多开放式的问题，但是基于可用的研究，我们可以得出一些建议。

绝大多数人在理解概率上都存在困难。因而，如果基率对决策来说是最重要的，那么自然频率（即融入了基率的频率）应该是对统计信息进行传播的首选方法。关于对健康风险进行传播的问题，接受者不仅需要用绝对性术语表达的风险，还需要综合考虑的时间框架和作为风险计算基础的人群的特征信息。这些重要的因素通常会被忽略。比如，确诊大肠癌的风险会随着年龄的增加而增加；所考虑的时间框架越长，罹患这种疾病的可能性就越大（比如，一年与一辈子）。此外，在健康统计中，人们的性别和年龄是计算健康风险时的相关因素。因而，在估计个人风险时，依据"平均水平"的风险信息对具体的个体来说并没有用。这些考虑凸显了恰当且个体化的风险信息的普遍缺乏，就像世界卫生组织有关肉类消费的声明中所引述和解释的那样（International Agency for Research on Cancer，2015）。

当提供了风险数据而没有任何参考信息时，人们通常在阐释风险数据方面就存在着困难（比如，风险的基率或者他们愿意接受的风险的可能性）。如果可能，应该提供风险比较信息以帮助人们做出更好的决策。此外，应该提供什么样的风险比较信息并不是件小事，因为对这种信息的选择可能会对人们的风险认知产生影响。

极其重要的是，公众理解与他们的健康或环境有关的重要风险，因为这种意识会影响个体做出什么决策以及他们该如何行事。考虑一下新技术的例子，人们对不确定性的反应会决定这些技术是否可以被公开地接受。因而，人们的消极反应甚至可能会阻止技术进步。在这种情况下，所认知到的收益对于接受一项新技术来说是重要的。比如，研究表明对与基因技术有关的收益的评估会受到人们之前对那种技术的态度的影响（Siegrist 等，2016）——一项被很多人视为非自然的技术，因而激发了负面影响。如果人们对基因技术所提供的益处置之不理，那么公众可能永远都不会接受它。基因技术处于"第二十二条军规"的境地。为增加它的接受度，它就需要提供额外的益处，但是这些益处（至少部分地）被忽视了，因为它们是基因技术的结果。改变针对危险所形成的强烈的态度可能是非常困难的。然而，在文化认知框架下开展的实验表明，可以对所认知到的价值相似性加以改变来增加人们把支持或否定一种决策的论点视为是更可信的可能性（Kahan 等，2010）。这种研究对于改善风险传播来说是重要的。

未来研究的途径

在风险传播中决定对不确定性进行传播的方式仍然是一个研究得太少的问题。在医学领域中，关于在患者和医生身上实现这个目标的最佳方法上已经积累了一些知识（Gigerenzer 等，2007）。然而，大多数研究不是由直接地解决人们喜欢哪种传播格式的描述性问题所指导的，就是由诸如如何说服人们做"正确的事情"这样的规范性问题所指导的。规范性方法在本质上是家长式的，并且可能最符合医生或政府机构的利益，但是可能并不必然地给患者或消费者提供了最优利益。研究人员需要界定有效的风险传播的标准，这会要求对不同的传播策略如何帮助人们做出与他们的价值观相一致的选择进行考察。

未来研究的另外一个重要的目标就是开发出被计算能力较低的人所理解的风险传播方法。需要重申的是，其挑战不是说服计算能力较低的人做出特定的选择，而是让他们做出符合自己最佳利益的决策。

因为，除了几个值得注意的例外，本章中所讨论的绝大多数研究都是在美国或被选择的几个欧洲国家开展的，比如英国、荷兰、德国或瑞士，未来的研究应该考察现有的知识能否也推广到其他文化范围中。

在信任和文化价值领域开展的绝大多数研究都是基于调查的，应该通过其他方法进行补充。尤其是，与调查相比，实验研究更适合于测试因果关系。比如，实验研究可以考察产生一种与某一技术的支持者类似的价值观能否给这种技术带来更高的接受程度。实验研究还可以考察知识、信任和一项危险的认知之间是否存在因果关系。这只是在风险传播研究中应该更多地采用实验方法的两个例子。这些研究对于基于证据的风险传播是非常重要的。

参考文献

Ancker, Jessica S., Yalini Senathirajah, Rita Kukafka, and Justin B. Starren. (2006). Design features of graphs in health risk communication: a systematic review. *Journal of the American Medical Informatics Association*, 13, 608–618.

Arvai, J., and L. Rivers Ⅲ. (2014). *Effective risk communication*. London: Earthscan.

Barnett, J., and Glynis M. Breakwell. (2003). The social amplification of risk and the hazard sequence: the October 1995 oral contraceptive pill scare. *Health, Risk & Society*, 5(3), 301–313.

Bronfman, N. C., and E. L. Vazquez. (2011). A cross–cultural study of perceived benefit versus risk as mediators in the trust acceptance relationship. *Risk Analysis*, 31(12), 1919–1934.

Cosmides, Leda, and John Tooby. (1996). Are humans good intuitive statisticians after all? Rethinking some conclusions from the literature on judgment under uncertainty. *Cognition*, 58(1), 1–73.

Earle, Timothy C. (2010). Trust in risk management: a model–based review of empirical research. *Risk Analysis*, 30, 541–574.

Earle, Timothy C., and Michael Siegrist. (2006). Morality information, performance information, and the distinction between trust and confidence. *Journal of Applied Social Psychology*, 36, 383–416.

Earle, Timothy C., Michael Siegrist, and Heinz Gutscher. (2007). Trust, risk perception, and the TCC model of cooperation. In: Michael Siegrist, Timothy C. Earle and Heinz Gutscher, eds., *Trust in cooperative risk management: uncertainty and scepticism in the public mind*. London: Earthscan, 1–49.

Fagerlin, Angela, Catharine Wang, and Peter A. Ubel. (2005). Reducing the influence of anecdotal reasoning on people's health care decisions: Is a picture worth a thousand statistics? *Medical Decision Making*, 25(4), 398–405.

Finucane, Melissa L., Ali Alhakami, Paul Slovic, and Stephen M. Johnson. 2000. The affect heuristic in judgments of risks and benefits. *Journal of Behavioral Decision Making*, 13(1), 1–17.

Fischhoff, B. (2013). The sciences of science communication. *Proceedings of the National Academy of Sciences of the United States of America*, 110, 14033–14039. doi:10.1073/ pnas.1213273110.

Fischhoff, B., and A. L. Davis. (2014). Communicating scientific uncertainty. *Proceedings of the National Academy of Sciences of the United States of America*, 111, 13664–13671.

Fischhoff, Baruch. (1995). Risk perception and communicating unplugged: twenty years of process. *Risk Analysis*, 15(2), 137–145.

Gigerenzer, G., and W. Gaissmaier. (2011). Heuristic decision making. *Annual Review of Psychology*, 62, 451–482.

Gigerenzer, G., W. Gaissmaier, Elke Kurz–Milcke, Lisa M. Schwartz, and Steven Woloshin. (2007).

Helping doctors and patients to make sense of health statistics. *Psychological Science in the Public Interest*, 8(2), 53–96.

Gigerenzer, Gerd. (2006). Out of the frying pan into the fire: Behavioral reactions to terrorist attacks. *Risk Analysis*, 26(2), 347–351.

Gigerenzer, Gerd, U. Hoffrage, and A. Ebert. (1998). AIDS counselling for low–risk clients. *Aids Care*, 10(2), 197–211.

Gigerenzer, Gerd, and Ulrich Hoffrage. (1995). How to improve Bayesian reasoning without instruction: frequency formats. *Psychological Review*, 102, 684–704.

Gigerenzer, Gerd, Peter M. Todd, and the ABC Research Group. (1999). *Simple heuristics that make us smart*. New York: Oxford University Press.

Gyrd–Hansen, Dorte, Ivar S. Kristiansen, J. Nexoe, and Jesper Bo Nielsen. (2003). How do individuals apply risk information when choosing among health care interventions? *Risk Analysis*, 23(4), 697–704.

Hoffrage, U., and G. Gigerenzer. (1998). Using natural frequencies to improve diagnostic inferences. *Academic Medicine*, 73, 538–540.

Hsee, Christopher K. (1998). Less is better: when low–value options are valued more highly than high–value options. *Journal of Behavioral Decision Making*, 11(2), 107–121.

International Agency for Research on Cancer. (2015). IARC monographs evaluate consumption of read meat and processed meat. Lyon, France.

Kahan, D. M., D. Braman, G. L. Cohen, J. Gastil, and P. Slovic. (2010). Who fears the hpv vaccine, who doesn't, and why? An experimental study of the mechanisms of cultural cognition. *Law and Human Behavior*, 34(6), 501–516.

Kahan, D. M., E. Peters, M. Wittlin, P. Slovic, L. L. Ouellette, D. Braman, and G. Mandel. (2012). The polarizing impact of science literacy and numeracy on perceived climate change risks. *Nature Climate Change*, 2(10), 732–735.

Kahan, Dan. (2010). Fixing the communications failure. *Nature*, 463, 296–297.

Kahneman, Daniel, Paul Slovic, and Amos Tversky. (1982). *Judgment under uncertainty: heuristics and biases*. Cambridge, UK: Cambridge University Press.

Keller, Carmen, and Michael Siegrist. (2009). Effect of risk communication formats on risk perception depending on numeracy. *Medical Decision Making*, 29, 483–490.

Keller, Carmen, Michael Siegrist, and Heinz Gutscher. (2006). The role of the affect and availability heuristics in risk communication. *Risk Analysis*, 26(3), 631–639.

Keller, Carmen, Michael Siegrist, and Vivianne H. M. Visschers. (2009). Effect of risk ladder format on risk perception in high–and low–numerate individuals. *Risk Analysis*, 29, 1255–1264.

Kreuzmair, C., M. Siegrist, and C. Keller. (2016). High numerates count icons and low numerates process large areas in pictographs: results of an eye tracking study. *Risk Analysis*, 36(8), 1599–1614.

Leiss, W. (2014). Learning from failures. In: J. Arvai and L. Rivers Ⅲ, eds., *Effective risk communication*. London: Earthscan, 277–291.

Lichtenstein, Sarah, Paul Slovic, Baruch Fischhoff, Mark Layman, and Barbara Combs. (1978). Judged frequency of lethal events. *Journal of Experimental Psychology: Human Learning and Memory*, 4, 551–578.

Lipkus, I. M. (2007). Numeric, verbal, and visual formats of conveying health risk: suggested best practices and future recommendations. *Medical Decision Making*, 27(5), 696–713. doi: 10.1177/0272989x07307271.

Lipkus, I. M., G. Samsa, and B. K. Rimer. (2001). General performance on a numeracy scale among highly educated samples. *Medical Decision Making*, 21(1), 37–44.

Malenka, D. J., J. A. Baron, S. Johansen, J. W. Wahrenberger, and J. Ross. (1993). The framing effect of relative and absolute risk. *Journal of General Internal Medicine*, 8, 543–548.

McCright, A. M., and R. E. Dunlap. (2011). The politicization of climate change and polarization in the american public's views of global warming, 2001–2010. *Sociological Quarterly*, 52(2), 155–194. doi:10.1111/j.1533–8525.2011.01198.x.

Montibeller, G., and D. von Winterfeldt. (2015). Cognitive and motivational biases in decision and risk analysis. *Risk Analysis*, 35(7), 1230–1251.

Nakayachi, Kazuya, and George Cvetkovich. (2010). Public trust in government concerning tobacco control in Japan. *Risk Analysis*, 30, 143–152.

Niederer, Alan. (2015). Verwurstete Information. *Neue Zürcher Zeitung*, November 5. Paling, John. (2003). Strategies to help patients understand risks. *British Medical Journal*, 327(7417), 745–748.

Peters, Ellen, Daniel Västfjäll, Paul Slovic, C.K. Mertz, Ketti Mazzocco, and Stephan Dickert. (2006). Numeracy and decision making. *Psychological Science*, 17, 407–413.

Shi, J., V. H. M. Visschers, M. Siegrist, and J. Arvai. (2016). Knowledge as a driver of public perceptions about climate change reassessed. *Nature Climate Change*, 6, 759–762.

Siegrist, M., and C. Keller. (2011). Natural frequencies and Bayesian reasoning: the impact of formal education and problem context. *Journal of Risk Research*, 14, 1039–1055.

Siegrist, Michael. (2000). The influence of trust and perceptions of risks and benefits on the acceptance of gene technology. *Risk Analysis*, 20(2), 195–203.

Siegrist, Michael, Marie–Eve Cousin, and Carmen Keller. (2008). Risk communication, prenatal screening, and prenatal diagnosis: the illusion of informed decision making. *Journal of Risk Research*, 11, 87–97.

Siegrist, Michael, and George Cvetkovich. (2000). Perception of hazards: the role of social trust and knowledge. *Risk Analysis*, 20(5), 713–719.

Siegrist, Michael, C. Hartmann, and Bernadette Stterlin. (2016). Biased perception about gene technology: how perceived naturalness and affect distort benefit perception. *Appetite*, 96, 509–516.

Siegrist, Michael, Pascale Orlow, and Carmen Keller. (2008). The effect of graphical and numerical presentation of hypothetical prenatal diagnosis results on risk perception. *Medical Decision Making*, 28, 567–574.

Slovic, Paul, Melissa L. Finucane, Ellen Peters, and Donald G. MacGregor. (2004). Risk as analysis and risk as feelings: some thoughts about affect, reason, risk, and rationality. *Risk Analysis*, 24(2), 311–322.

Smith, N., and A. Leiserowitz. (2012). The rise of global warming skepticism: exploring affective image associations in the United States over time. *Risk Analysis*, 32(6), 1021–1032.

Tobler, C., V. H. M. Visschers, and M. Siegrist. (2012). Consumers' knowledge about climate change. *Climatic Change*, 114(2), 189–209. doi: 10.1007/S10584–011–0393–1.

Viklund, M. J. (2003). Trust and risk perception in Western Europe: a cross–national study. *Risk Analysis*, 23(4), 727–738.

Visschers, V. H. M., and M. Siegrist. (2013). How a nuclear power plant accident influences acceptance of nuclear power: results of a longitudinal study before and after the Fukushima disaster. *Risk Analysis*, 33(2), 333–347. doi:10.1111/J.1539–6924.2012.01861.X.

Woloshin, S., and L. M. Schwartz. (2011). Communicating data about the benefits and harms of treatment a randomized trial. *Annals of Internal Medicine*, 155(2), 87–U70. doi:10.7326/ 0003–4819–155–2–201107190–00004.

Woloshin, Steven, Lisa M. Schwartz, and H. Gilbert Welch. (2008). *Know your chances: understanding health statistics*. Berkeley: University of California Press.

Zhu, Liqi, and Gerd Gigerenzer. (2006). Children can solve Bayesian problems: the role of representation in mental computation. *Cognition*, 98, 287–308.

推荐阅读

Earle, Timothy C. (2010). Trust in risk management: a modelbased review of empirical research. *Risk Analysis*, 30, 541–574.

Earle, T. C., M. Siegrist, and H. Gutscher. (2007) *Trust, risk perception, and the TCC model of cooperation*. In: M. Siegrist, T. C. Earle, and H. Gutscher, eds., *Trust in cooperative risk management: uncertainty and scepticism in the public mind*. London: Earthscan, 1–49.

Fischhoff, B., and A. L. Davis. (2014). Communicating scientific uncertainty. *Proceedings of the National Academy of Sciences of the United States of America*, 111, 13664–13671.

Gigerenzer, G., W. Gaissmaier, Elke Kurz–Milcke, Lisa M. Schwartz, and Steven Woloshin. (2007). Helping doctors and patients to make sense of health statistics. *Psychological Science in the Public*

Interest, 8(2), 53–96.

Kahan, Dan. (2010). Fixing the communications failure. *Nature*, 463, 296–297.

Montibeller, G., and D. von Winterfeldt. (2015). Cognitive and motivational biases in decision and risk analysis. *Risk Analysis*, 35(7), 1230–1251.

Siegrist M., Keller C., Kastenholz H., Frey S., and Wiek A. (2007) Laypeople's and experts' perception of nanotechnology hazards. *Risk Analysis*, 27, 59–69.

Slovic, Paul, Melissa L. Finucane, Ellen Peters, and Donald G. MacGregor. (2004). Risk as analysis and risk as feelings: some thoughts about affect, reason, risk, and rationality. *Risk Analysis*, 24(2), 311–322.

Spiegelhalter D., Pearson M., and Short I. (2011) Visualizing uncertainty about the future. *Science*, 333, 1393–1400.

第四十七章
概述：传播科学的启发法、偏见、价值观和应对的其他挑战

希瑟·埃金（Heather Akin） 阿什利·R. 兰德勒姆（Asheley R. Landrum）

摘要： 本章为综合性的章节，总结了本书第六部分的核心主题。这个部分的综合的副标题就是受众的重要作用，尤其是受众的选择、注意力、偏见和启发法如何影响了复杂科学话题的阐释。我们首先总结了我们称为的"选择现象"以及描述了表明受众和传播者选择的经验洞察力会导致分歧的看法。第二部分的焦点是受众如何对科学信息进行推断，特别是关注到了在这些情境下所依赖的一些偏见和动机。然后讨论了这些现象给科学传播的科学这个领域所带来的独特挑战，包括传播者如何有效地利用科学信息，同时保持精确性和受众的兴趣，以及科学传播者如何必须适应受众对价值观和认知捷径的使用以理解这些问题。

关键词： 启发法；偏见；价值观；选择性接触；证实偏见；选择性判断；科学信息；受众

撰写本书中相关章节的作者分析了媒体、发言人和其他媒介在对围绕着科学的政治辩论、新兴技术的应用以及把科学融入政策中所牵涉的伦理、法律和社会问题进行传播所起到的作用。在这一部分，我们把焦点转向受众视角——也就是说，把个体的信息选择的重要性、认知偏见和他们对启发法及价值观的使用作为科学传播的科学的工具性机制。这些受众层面上的现象的影响是深远的，因为它们直接地影响决策制定者和公众的看法，并可能不好地影响了科学在公民的日常生活中以及决策制定中的使用（见第三十八章）。

与科学的公众认知相关的受众层面的特征可以分成把本书中第六部分的章节联合起来的两组（相关的）现象。第一种就是选择现象：受众对信息的阐释与他们自己选择什么信息来源（Festinger，1957）以及这些信息源有选择地呈现信息的方式（Scheufele）有关。[1] 第二种就是推理现象：信息被受众成员的认知启发法、偏见和价值观所过滤及处理，以至于同样的信息会被不同的个体阐释为意义完全不同的事情（Kunda，1990）。结合在一起的话，这些现象给对科学进行传播带来了挑战，因而也构成了科学传播的科学之研究的一个关键层。

选择现象

本书中一个横向的副标题就是传播学的学术研究需要去应对越来越碎片化且政治化的媒体景观。新的信息环境把选择看到什么信息、如何去判断其合法性以及决定给予它多少关注的更多责任放到了受众的手中。然而，这种判断也受到信源自己一方所做的判断的影响。也就是说，一个信源对呈现什么信息以及如何呈现的选择（比如，议题框架）会严重地影响受众的阐释。

选择性暴露和选择性关注

受众特别优待特定的来源或关注一条信息的具体部分的趋势是选择性暴露理论的基础，在本部分纳塔莉·约米尼·斯特劳德撰写的章节中有所描述（第四十章）。当个体先前的信念以及（或）价值观决定了他们选择关注什么来源和信息并认为它们可靠的时候，选择性暴露就会出现。一个经常被引述的例子就是政治化了的美国有线新闻环境；虽然开明的美国人青睐像微软全国广播公司这样的左倾新闻频道，但是保守的美国人偏好像福克斯新闻这样右倾的来源。这些选择性暴露和选择性关注的例子被解释为能让个体证实当前所持有的信念并且避免认知失调的一致性机制（Festinger，1957）。

信息选择和框架

在接触一条具体的信息方面（无论是刻意的还是偶然事件），受众对素材的评估受到传播者或来源在呈现这个信息时所做的选择的影响。其中一种选择就是如何为信息设置框架。框架在传播学研究中是一个广泛使用的术语，它把议题的（媒体）描述与信息在个体层面上的阐释联系在一起（Scheufele，1999）。詹姆斯·德鲁克曼和阿瑟·卢皮亚（第三十七章）描述了媒体框架如何影响受众对科学信息的处理。利用把框架概念化为更宽泛的"诠释包裹"的社会学中的工作（Gamson 和 Modilgliani，1989），詹姆斯·德鲁克曼和阿瑟·卢皮亚把框架概念化为通过强调具体的细节来提取复杂信息的必要过程，这也被称为强调框架或议题框架（Cacciatore 等，2016）。通过对提供了什么信息进行限制，媒体信息中的强调框架释放出了值得聚焦的议题的细节的信号，这反过来会影响受众相关的判断。例如，新闻机构可以对趋势数据的起点和终点进行选择（比如，自杀率，全球气温随时间的推移而出现的变化）以便用可以导致受众得出特定结论的方式对其进行报道（见第四十二章）。

与之类似的是，强调一个议题在政治上有多么极化的框架，比如强调在一个特殊的能源法案上存在着政治上的极化，会诱使人们仅仅采纳与他们的意识形态相一致的一方的观点，而非在得出结论之前去权衡所有的信息。同时，强调各党派都支持同一个法案会阻止这种效果（Bolsen 等，2014）。当然，强调跨党派的支持并不总是可能的，尤其是当在政治中有"以极化的眼光对特定的科学主张进行描述"的趋势时。实际上，内嵌于强调科学的不确定性或政治上存在分歧的信息之中的线索会导致受众对可信的证据不屑一顾，不论是有意的还是无意的（见第三十七章）。然而，相反的情况也同样是有问题的——可疑的或不精确的科学信息会持续地影响公众对一个具体议题的信念（本书的第二部分也讨论了这个问题）。一个这样的实例就是对麻风腮三联疫苗会引发自闭症的认知。就像李楠、纳塔莉·约米尼·斯特劳德和凯瑟琳·霍尔·贾米森所描述的那样，实证工作为这种信念的持续提供了一种解释。就麻风腮三联疫苗来说，对因果关联的认知可能会持续，因为对某些人来说这是一个极其个人性的议题，认定二者之间有关联的那个研究很有挑衅性，且被广为宣传，这个主张与疫苗上预先存在的消极基膜产生了共振，在替代这种对自闭症的错误认知上，还没有其他可知的清晰起因。

推理现象

正如已经提到的那样，不同的人会用迥然不同的方式来阐释同一条信息（比如，Kahan 等，2009）。虽然受众成员处理一条信息的方式在一定程度上是这条信息的一个函数（比如，信源类型、强调框架、极化的线索），但对那条信息的阐释也受到个体认知偏见和启发法的影响，并且会通过他们自己的个人信念和价值观的视角来加以处理（比如，Liang 等，2015；Broassard 等，2009）。

在信息处理的双系统模型中，利用启发法和偏见所做的直觉判断通常与快速、直观和作为情感信息处理系统的系统 1 相一致，而与缓慢、慎重和作为逻辑系统的系统 2 相反（Kahneman，2011）。每个人都倾向于在此时或彼时启发式地处理信息，包括经验丰富的专家（Tversky 和 Kahneman，1974），并且这样做并不必然是一种缺陷。一方面，认知捷径提供了一种有效地做出快速决策的方式，而另一方面，与协商的、需要付出努力的信息处理相比，启发法往往会产生出更不精确的结论。当我们处理有关科学议题的信息时，就像凯特·肯斯基认为的那样：

我们有对启发式信息处理过程的倾向，我们通过利用认知捷径来理解世界，这使得有时候难以拒绝我们对科学话题的初始感觉，并且思考手头的证据，尤其是当那种证据与我们已经相信的或想相信的东西相冲突时。

很多科学问题的技术性本质，它们在政治上极化的日益增加的趋势，以及科学传播通常涉及复杂的数据和数字，都是促使利用启发法信息处理过程的因素（第四十一章）。

证实偏见

当受众对一系列有关社会和政治议题的信息进行评估时，通常会用到几个特别的启发法和偏见。肯斯基描述了证实偏见如何促使受众首选或偏好与他们现有信念相一致（证实）的信息，同时对驳斥性的证据置之不理。同样的过程被斯特劳德称为"选择性判断"，在这个过程中，"证实性信息随时可以采用并整合进一个人的思维框架中，并且与其对立的一方则立刻被抛弃，或者面临着可以最小化它对个人信念和态度影响的强化的监督"。实际上，证实偏见/选择性判断也通常在文献中被用动机性推理这个更宽泛的术语所提及。

偏见盲点

除了证实偏见，肯斯基还讨论了偏见盲点的影响（Pronin 等，2002），它指的是个体在其他人的判断而非自己的判断中认知到系统性偏见的趋势。因为偏见盲点会影响误解、不信任和寻找共同点的能力，所以在科学与社会的交叉点，这是一个尤其重要的需要克服的挑战。

定量启发法和偏见

对通常内嵌于科学信息中的数值型信息和统计数据进行阐释尤其容易受到启发法和偏见的影响。布鲁·哈迪和贾米森（第四十二章）强调了特定于数值型趋势线的阐释性偏见。跨学科的研究揭示出个体受到具体数据点的更多影响，通常聚焦且偏重于高点和终点（高峰与结束规则），或者最近的数据（近因效应），它们都会扭曲对数据所做的推论。艾伦·彼得斯注意到有较弱数学能力的人比有较强数学能力的人可能更倾向于依靠这些启发法来应对数值型的科学信息（第四十一章）。

在恐惧和不确定性下的启发法和偏见

当受众阐释传达了风险和不确定性的科学信息时，也会暗示出可辨认的启发法和偏见。如迈克尔·西格里斯特和克里斯蒂娜·哈特曼所注意到的那样，风险传播应该"提供让人们能够做出明智的决策的信息"。并且就像本书第 4 部分中（第二十一章）杰弗里·莫里斯所暗示的那样，普通公众和其他的利益相关者往往在风险评估方面期望获得无法给出的确定性。不过，对不确定性的传播聚焦于某些风险是如何未知的，或者甚至是不可知的。阐释取决于个体的数学技能，偏见和启发法，以及相关的自我归因的兴趣和价值观。

罗伯特·勒尔和迪特姆·A. 舍费尔（第四十三章）进一步探讨了与基因修饰有关的几种类型的启发法。作者们讨论了这种恐惧如何诱发了对几种类型的启发法和偏见的使用，包括可得性启发法——利用最容易想起来的证据做判断，情感启发法——利用"情感"而非知识来做判断，以及自然主义谬误——对自然发生的事情在本质上来说是更好的一种信念（比如，什么就应该是什么；Moore 和 Baldwin，1993）。这种最终的偏见与传播有关生物技术的议题尤其相关。作者们认为对"非自然性"的恐惧植根于宗教或道德信念，文化世界观，环境价值观或个人对厌恶的敏感性。勒尔和舍费尔还把对这种启发法的依赖归因于具体的利益群体或渠道把对一种技术的观点宣传为是有风险的动机，然后进一步加强对围绕着恐惧和不确定性的启发法的利用。

共同主题和未来的研究

本部分的章节对给科学传播带来挑战的信息线索、启发法、价值观和偏见提供了学术成果的概括，尤其聚焦于受众如何对信息进行阐释是受到不同的启发法、偏见、价值观和倾向的影响。这些章节强调了这些不同的倾向和偏见给科学传播在理论上和实践上都带来了挑战。这里我们重点强调这些挑战中的两种，并且提出未来研究的方向。

挑战 1：对科学信息进行选择、压缩和设置框架

对任何科学传播者来说，可能最根本的挑战就是以保持科学证据正确的方式压缩

复杂的信息了。过分简化可能会产生误导，就像詹姆斯·德鲁克曼和阿瑟·卢皮亚在第三十七章指出的那样。然而，目前仍不清楚如何可靠地建立一个珍视科学的原则，以及精确地传达证据以及吸引多元受众的框架。受众成员同样容易流失。如果信息过于简单化，精确性就会丧失，并且受众的智慧就会被低估。另外一方面，如果信息太复杂或含有太多的术语，受众成员就会停止阅读。就像《卫报》前科学编辑蒂姆·雷德福（Tim Radford）2011 年在他《记者的 25 条戒律》（*25 Commandments for Journalists*）的第 7 条中表明的那样，"如果有疑问，那就假设读者们一无所知。然而，永远不要错误地假设读者们是愚蠢的。新闻中经典的错误就是高估了读者们知道什么，并低估了读者们的智慧"（para.11）。

这种挑战会被与话题相关的不确定性（无论是真的还是感知到的）和 / 或错误因果性观念所放大。学术研究为这种困境提供了一些基于证据的策略性回应。比如，对科学上撤回的传播就可以遵从陈文培、克里斯托弗·琼斯和多洛雷丝·阿尔巴拉辛所提出的原则（第 36 章）。这些原则中的一部分包括及时且广泛地发布撤回并进行更正，同时还要在各领域中开发、支持和公开宣传针对错误信息的预警系统。彼得斯还分享了传达高度复杂信息的方法：识别传播目标、提供（而非抑制）数值型信息、降低受众的认知负担（传播者应该"做数学题"）、吸收情感性意义以帮助人们处理数值型信息，以及如果不得不提供很多数值型信息的话，要通过关注什么是最重要的信息的方式来帮助读者。勒尔和舍费尔通过利用扩散其他食品技术所设定的先例为克服对转基因食品非自然性的认知提供了一些策略。

在这个领域中仍有工作要做。德鲁克曼和卢皮亚认为，在日益多元且碎片化的媒体环境中，特定信息结构的效能尤为重要。哈迪和贾米森提出了在新媒体环境中非常奏效的传播数值型数据的一些技术。陈文培等人以及李楠等人撰写的相应章节呼吁对选择性过程在当前的媒体环境中如何宣传错误信息以及科学的错误特征进行更多的调查。李楠等人建议研究人员进一步关注如何排除与错误因果性观念相关的逻辑上的错误，比如对充分必要原因的理（误）理解（一个常见的例子是，认为吸烟是肺癌的必要条件）。这些作者还建议在正确信念的情况下对错误归因信息进行实验性分析，或者对一项更正与个人信念相冲突所产生的影响进行试验性分析。西格里斯特和哈特曼敦促对数学能力、信息中价值的相似性、知识以及影响对风险认知的信任的效果进行测试。陈文培等人还提出研究阴谋思维在沟通有关撤稿的信息时的作用。

挑战 2：贯彻与启发法、偏见和价值观共同起作用的传播方法，而不是忽视它们

同样，这部分为从业者提供了可以对通常用于阐释科学问题的价值观和启发法进行控制的一些方针，包括更正错误归因和错误信息。与彼得斯和陈文培等人的建议相一致的是，贾米森和哈迪描述了克服当处理数值型数据时常用偏见的影响的方式，包括对可靠的信源施加影响，对数据进行类推和可视化，引入受众以系统地处理这些信息。总之，这些章节提供的证据表明，比如个人叙事、对数据趋势的中央处理以及价值一致性都是改善科学传播的效能的一些战略。

这些章节还强调需要就规范性对科学信息进行阐释的影响进行调查。斯特劳德认为培养一种正确的欲望可能会导致受众在信息选择和判断方面有较少的选择性。乔森纳·巴伦在第三十八章中提出了类似的论点，因而表明公众熟悉"积极的开放性思维"及其在科学和其他领域的影响，因而它能帮助人们挑战他们已有的信念和结论。斯特劳德表明，自我肯定也可能让人们对与他们的观点相冲突的信息更加开放。这些战略比其他的是否更加有效或更现实都是未来研究的一个重要领域，同样重要的是确定新的策略（规范性和信息性），以尽量减少信息选择性和信念强化。同时，西格里斯特和哈特曼以及巴伦警告说，当信息战略被视为家长式或灌输式时会引发逆火效应。还应该研究对教育或促进精确判断的失败尝试进行解释的实证工作。

鉴于媒体景观越来越多元化、政治化和复杂化，科学传播这个领域必须继续发展更多的个人选择以及会感受到很多科学问题的社会和政治本质的影响（Scheufele，2013）。有些人认为这些现象迎来了一个媒体效应的新时代，研究在很大程度上是以个体偏好而定制的信息为基础的（Cacciatore 等人，2016；Bennett 和 Iyengar，2008）。媒体景观中这些持续的变化可能会通过让受众选择进入同质性内容的"回音箱"（Jamieson 和 Cappella，2008）或"过滤泡泡"（Pariser，2011）而促进错误信息的传播，并进一步加强已有的趋势。

注 释

1. 着眼于传播者或教师对信息进行刻意选择的影响的一篇相关文献例证了在学习时人们所做的阐释（Landrum 等，2015；Shafto 等，2012）。

参考文献

Bennett, W. Lance, and Shanto Iyengar. (2008). A new era of minimal effects? The changing foundations of political communication. *Journal of Communication*, 58(4), 707–731. doi:10.1111/j.1460–2466.2008.00410.x.

Bolsen, Toby, James N. Druckman, and Fay Lomax Cook. (2014). The influence of partisan motivated reasoning on public opinion. *Political Behavior*, 36(2), 235–262. doi:10.1007/s11109–013–9238–0.

Brossard, Dominique, Dietram A. Scheufele, Eunkyung Kim, and B. V. Lewenstein. (2009). Religiosity as a perceptual filter: examining processes of opinion formation about nano–technology. *Public Understanding of Science*, 18(5), 546–558. doi:10.1177/0963662507087304.

Cacciatore, Michael A., Dietram A. Scheufele, and Shanto Iyengar. (2016). The end of framing as we know it ... and the future of media effects. *Mass Communication and Society*, 19(1), 7–23. doi:10.1080/15205436.2015.1068811.

Festinger, L. (1957). *A theory of cognitive dissonance*. Stanford, CA: Standford University Press.

Gamson, W. A., and A. Modigliani. (1989). Media discourse and public opinion on nuclear power: a constructionist approach. *American Journal of Sociology*, 95(1), 1–37.

Jamieson, Kathleen Hall, and Joseph N Cappella. (2008). *Echo chamber: Rush Limbaugh and the conservative media establishment*. New York: Oxford University Press.

Kahan, Dan M., Donald Braman, Paul Slovic, John Gastil, and Geoffrey Cohen. (2009). Cultural cognition of the risks and benefits of nanotechnology. *Nature Nanotechnology*, 4(2), 87–90. doi:10.1038/nnano.2008.341.

Kahneman, Daniel. (2011). *Thinking, fast and slow*. New York: Macmillan.

Kunda, Ziva. (1990). The case for motivated reasoning. *Psychological Bulletin*, 108(3), 480–498. doi:10.1037/0033–2909.108.3.480.

Landrum, Asheley R., Baxter S. Eaves Jr., and Patrick Shafto. (2015). Learning to trust and trusting to learn: a theoretical framework. *Trends in Cognitive Sciences*, 19(3), 109–111. doi:10.1016/j.tics.2014.12.007.

Liang, Xuan, Shirley S. Ho, Dominique Brossard, Michael A. Xenos, Dietram A. Scheufele, Ashley A. Anderson, et al. (2015). Value predispositions as perceptual filters: comparing of public attitudes toward nanotechnology in the United States and Singapore. *Public Understanding of Science*, 24(5), 582–600. doi:10.1177/0963662513510858.

Moore, George Edward, and Thomas Baldwin. (1993). *Principia ethica*. Cambridge, UK: Cambridge University Press.

Pariser, Eli. (2011). *The filter bubble: how the new personalized web is changing what we read and how we think*: New York: Penguin.

Pronin, Emily, Daniel Y Lin, and Lee Ross. (2002). The bias blind spot: perceptions of bias in self versus others. *Personality and Social Psychology Bulletin*, 28(3), 369–381.

Radford, Tim. (2011). A manifesto for the simple scribe—my 25 commandments for journalists. *The Guardian*, January 19 https://www.theguardian.com/science/blog/2011/jan/19/ manifesto–simple–scribe–commandments–journalists.

Scheufele, D. A. (2013). Communicating science in social settings. *Proceedings of the National Academy of Sciences of the United States of America*, 110(3), 14040–14047. doi:10.1073/pnas.1213275110.

Scheufele, D. A. (1999). Framing as a theory of media effects. *Journal of Communication*, 49(1), 103–122.

Shafto, Patrick, Noah D Goodman, and Michael C Frank. (2012). Learning from others the consequences of psychological reasoning for human learning. *Perspectives on Psychological Science*, 7(4), 341–351.

Tversky, Amos, and Daniel Kahneman. (1974). Judgment under uncertainty: heuristics and biases. *Science*, 185(4157), 1124–1131. doi:10.1126/science.185.4157.1124.

总 结
即将来临的科学传播环境的变化

迪特姆·A. 舍费尔（Dietram A. Scheufele） 凯瑟琳·霍尔·贾米森
（Kathleen Hall Jamieson） 丹·卡亨（Dan Kahan）

摘要：我们在不断变化的政治和科学景观内如何最好地对科学进行传播是一个实证问题。我们如何最好地让公众和利益相关者融入对复杂且充满伦理问题的科学的协商之中是一个科学传播刚刚开始时就应当被回答的开放式问题。然而，像在美国这样的国家里日益极化的政治环境、随之而来的即将出现的科学问题的本质以及带来社会应用和启示的诸如"基因编辑"这样的技术的加速都放大了找到答案的重要性。对于驱动基于最佳可用的科学的政策辩论和决策以及在各国之间彼此协调的负责任的技术创新来说，在这些广泛的政治环境中为科学传播发展出有效的方法是极其重要的。

关键词：决策；科学传播；跨国的；政治极化；基因编辑技术

变化的情景……以及科学传播的新现实

在政治中、媒体中以及科学本身之中，世界都在快速地变化着。这些变化既影响了科学的发展，也影响了科学传播实践。这些改变了科学传播氛围的变化包括，科学事业的跨国性质，科学决策的中心从私人空间转向了公共空间，一种极化的媒体和政治环境的出现——充满了渴望对从意识形态上来说，理解起来有困难的科学的有效性进行挑战的党派，并且出现一系列"邪恶的问题"。

跨国科学

有关科学事业跨国本质的证据体现在本书中。书中由日本和美国学者共同撰写的第八章的主题是多功能干细胞，这篇文章已被撤回。虽然发表在英国的期刊上，维克菲尔德撤回的研究宣称麻风腮三联疫苗与自闭症之间的联系（第四十五章）影响了美国的疫苗接种率。出现在英国的疯牛病所带来的回响对全球牛肉的生产都带来了启示。不足为奇的是，在 2015 年宣布暂停使用基因编辑技术的会议是由美国国家科学院、美国国家医学院和中国科学院以及英国皇家学会共同召集的。

有些科学决策的中心从私人空间转向了公共空间

随着有关美国在第二次世界大战期间使用原子裂变的决策发生在公共视野之外，目前正在引起争议的是那些涉及合成生物学的决策，并且全国的新闻机构都在对此进行报道。2015 年在华盛顿特区召开的如何更好地推动人类基因编辑技术向前发展的会议就包括了来自大约 20 个国家的发言人，世界主要学术机构的代表以及大约 75 名记者（Finneran，2016）。不仅会议做了网络直播，而且人们在白天或晚上的任何时间都可以在美国国家科学院、工程院和医学院的网站上观看会议（2015）。

这次会议旨在引导一项由美国国家科学院开展的为期一年的共识研究，为如何进行人类基因编辑及其科学、政治和监管复杂性出台一些建议。然而，华盛顿峰会的组织者在共识研究开始之前就公开表明观点了，呼吁在人类基因编辑上自愿暂停使用基因编辑技术和相关的技术。

与会议的开放性本质一致的是，其结果收到了广泛的宣传。"修改人类基因组中缺陷的技术在过去三年里进展得如此之快，以至于它远超于科学家和伦理学家理解并应对其后果的能力，"《纽约时报》的编委成员这样写道。"一个国际专家小组明智地呼吁暂停使用这种技术来产生未来世代可以遗传的基因变化，"他们这样说，并且对这个工作提出了"广泛的社会共识"（Editorial Board，2015）。

公众和媒体对这种科学审议意见的获取提升了其他精英人士和公众为支持一种结果或另一种结果而动员的能力。所以，比如，在 2010 年美国总统的生物伦理问题研究委员会没能支持暂停或在合成生物学上出台联邦监管措施，而是公开支持"随着时间的推移认真地监督、识别和减轻潜在又可识别的危害的审慎的警觉系统"之后，58 个环保群体共同发布了一封公开信，要求美国联邦官员声明暂停释放合成微生物，直到其风险被完全地评估以及所需的监管措施到位。尤其是，公开信认为：

预防性的监管框架对于阻止最糟糕的可能危害来说是必要的。这要求暂停释放合成的微生物以及商业应用，直到完成了对这种新兴技术的所有环境影响和社会经济影响的彻底研究。在对这种技术的应用和监管进行大规模的公共参与和民主协商之前，这种暂停应该继续保持。这种协商过程必须积极地纳入来自其他国家的声音——尤其是南半球那些国家——因为合成生物学会有全球性影响和意义。（Stein，2010）

极化的政治环境

我们正在见证的第三种变化就是，美国全体选民在党派性上的日益极化。本书的很多章节（比如第六部分）强调了这种趋势，以及它对受众基于既有的价值观、信念，甚至是群体身份如何选择和处理信息的影响。在一定程度上，这个问题在皮尤研究中心的研究发现中非常明显，即政治党派对对方的看法要比一直以来所持有的看法更加负面（Pew Research Center，2016）。一半以上的共和党人士（52%）现在认为民主党人士要比其他美国人更加顽固，70% 的民主党人士也这样看待共和党人士。两党各有大约三分之二（62% 的民主党，68% 的共和党）的人认为对方所提出的政策对国家来说是不利的。

党派性极化使得围绕着科学政策选择而建立政治上的多数派变得比以往更加困难。这也意味着善意的科学传播努力可能会激发回旋镖效应。阿尔·戈尔对气候变化行动的倡议充分地说明了科学传播的直觉性方法会进一步极化已经富有争议的议题。但是日益扩大的党派性隔阂还因为另外一个原因而存在问题：它们影响了我们利用和阐释信息的方式（Scheufele 和 Nisbet，2012），而非让他们更接近一个共识立场（Cacciatore 等，2013），新的信息往往会驱动极度具有党派性的受众让他们在对科学和技术进行评估时产生更大的分歧。

政治极化与为受众的偏好而对信息进行定制的日益碎片化的媒体系统相伴而行（Cacciatore 等，2016）。有时候被称为窄播或微观目标锁定的这种发展模式开始于数十年前，有线网络根据受众的偏好、兴趣或意识形态将受众细分成较小又比较同质的条块，并且给每个条块定制内容（Prior，2017）。不仅诸如脸书或油管这样的社交媒体平台，以及诸如谷歌这样的网络搜索服务的提供者加剧了这种现象，它们不仅为具体受众甚至是受众成员定制内容，而且给受众提供了新且更有效的工具，以让他们只预先选择他们想看到的信息，或者在社交媒体站点上主要同与他们有共同观点和兴趣的朋友进行互动

（Yeo 等，2015；Scheufele 和 Nisbet，2002）。当然，这对科学传播有一些启示，因为现在比以往任何时候都要更容易地避免我们不感兴趣的科学新闻，或者有选择地避免带有我们不认同的科学内容的新闻。重要的是，基于偏好的新闻环境以及在社交媒体上同与我们有共同想法和感觉的人们进行互动增加了社会中不同群体用非常不同的方式对同一科学事实的可靠性和相关性进行阐释的可能性。

邪恶的问题

因为出现在公共议程中的很多科学议题带来了一些问题，这些问题只能通过社会的和个人的价值观与新兴技术的风险和机会之间进行权衡的广泛社会讨论来进行回答，那么极化就是极其有问题的。自从发现核聚变以来，以及用这种能力来制造毁灭地球上所有生命的技术产生以来，科学就面临着这种改变生命的问题，比如那些由一般的合成生物学，尤其是基因编辑技术所产生的问题。确实，在 2016 年 2 月的《全球威胁评估报告》（Worldwide Threat Assessment）中，即便是美国国家情报局局长詹姆斯·克拉珀（James Clapper）2016 年也认为，"刻意或非故意地误用（基因编辑）可能会带来深远影响的经济影响和国家安全影响"。

因而源于科学的新领域的社会辩论，比如用基因编辑技术 /Cas9 来编辑人类基因，通常被描述为邪恶的问题。尤其是：

政府计划的问题——尤其是那些社会或政策计划的问题——界定不清；它们依赖于难以捉摸的政治判断来寻求解决方案（不是"解决方案"。社会问题从来不能被解决。充其量只是一次次地被重新解决）。（Rittel 和 Webber，1973，160）

很多科学传播问题"邪恶的"本质至少是现代科学很多领域的三个相关特征的结果。首先，没有实验室科学家能够用更多的科学证据来对像人类基因编辑这样的领域的突破所带来的大量问题给出答案（Sarewitz，2015）。我们应该对胚胎做研究吗？科学家应该试着制造合成生命吗？这对人类意味着什么（Doudna，2015）？其次，很多伦理学家认为，对诸如人类基因编辑这样的新兴技术的伦理、法律和社会启示开展充分的公共辩论需要目前尚未存在的政治或社会基础设施，即便存在这样的基础设施，它对目前的任务来说也是不充分的。正如伦理学家乔治·霍什夫（George Khushf）认为的那样：

我们正在……以超过我们认真思考且恰当应对能力的速度……接近于伦理问题正在

出现的阶段……我们必须彻底重新评估如何解决伦理问题以及伦理辩论如何为广泛的公众和法律政策提供信息。（Khushf，2006，258）

让这种讨论更加复杂的是，人们并不必然在应该指导决策制定的原则上达成一致这一事实。所以，比如，在 2010 年春季（见 Gibson 等，2010）全世界了解到科学家"首次对一个小的细菌细胞的全部基因组进行了复制和修饰，并将另外一种细菌的活细胞插入其中，从而制造了一个新的、合成的生物"（Presidential Commission for the Study of Bioethical Issues，2010b）之后，请求用预防性原则的一些人（也就是说，"当一项活动给人类健康或环境带来威胁时，应该采取预防性措施，即便在科学上某些因果关系还尚未被完全地证实"；Science & Environmental Health Network，1998）呼吁暂停使用这种技术，但其他人，尤其是美国前总统巴拉克·奥巴马的生物伦理问题研究委员会的成员反而总结说，我们需要的是"一个随着时间的推移认真地监督、识别和减轻潜在又可识别的危害的审慎的警觉系统"（Presidential Commission for the Study of Bioethical Issues，2010a）。

再次，根据定义，邪恶的问题没有一个最佳的解决方案。因而面向创新协商一个负责任的路径就需要对所有相关风险和收益认真地设定优先顺序并进行权衡，包括那些科学共同体可能并不视为有密切关系或正当的风险与收益（美国国家研究委员会，1996）。对像人类基因编辑这样的新兴技术的辩论需要纳入远远位于实验室科学家共同体之外的利益相关者，以及应该解决那些不能被专家共同体专门地进行校准的风险（Jasanoff 等，2015）。

这个争议中的风险很大。CRISPR/Cas9 基因编辑技术的实现不仅能精确地编辑哺乳动物的基因，而且还能编辑人类细胞，并在这个过程中改变人类的遗传特征，用诺贝尔奖得主戴维·巴尔的摩（David Baltimore）2016 年的话说，这带来的问题包括：

如果基因编辑真的应用的话，作为一个社会我们想怎么使用这种能力？如果基因编辑可行的话，我们何时能使用这种基因编辑的技术？什么时候使用它才是安全的？何时可以在疗法上证明使用它是正当的？一个更困难的问题是，我们何时可以准备好说我们出于遗传增强的目的而允许使用基因编辑技术？

科学传播的科学将走向何方？

在持续变迁的政治、科学和政策景观中，我们如何最好地对科学进行传播是一个实证问题。我们如何最好地让公众和利益相关者参与到对复杂且在伦理上令人忧虑的科学进行协商之中是一个开放性问题。回答好这些问题的重要性被即将出现的科学问题的重要本质放大了。

虽然我们承认这些挑战的存在，但是就像我们在绪论部分讨论的那样，我们不应该忘记这样一种事实，即科学社团、大学和从业者在理解如何更好地与公众利益相关者进行传播以及让他们更广泛地参与到有关新兴技术及其社会应用的辩论中已经取得了真正的进展。同时，积习难改，实验室科学家在与公众受众进行传播上所做的很多努力仍然受到绝大多数的科学传播失败都有着单一原因解释的这种有缺陷的期待的指引；作为结果，需要修复这些问题的灵丹妙药。不幸的是，几乎没有（社会上的）科学支持这种关于问题或解决方案的期待。

第一剂灵丹妙药就是寻求救世主。这往往建立在这样的希望之上，即像奈尔·德葛拉司·泰森这样的明星科学家可以继承卡尔·萨根和其他之前的科学普及人士的遗产，并且充当向广泛的人群传播科学的信使和翻译人员。不幸的是，只有非常有限的经验证据表明，像泰森或萨根这样的公共学者能够弥合公众对气候变化接受程度的意识形态上的分歧，甚至能够接触到通常对科学心不在焉或甚至怀有敌意的人群。实际上，对尼尔森收视率和调查数据的分析表明，在福克斯频道上收看奈尔·德葛拉司·泰森《宇宙》（*Cosmos: A Spacetime Odyssey*）纪录片的观众是一小撮对科学非常感兴趣的人，并且这档节目没能到达它所期望的多元和广泛的受众（Akin 等，2016）。

对很多实验室科学家来说，第二剂灵丹妙药是采用来自表演、即兴剧场和公共演出的其他领域的技巧来帮助他们与非科学受众进行更直接且个人化的传播。这在美国科学促进协会、美国国家科学基金会和艾伦·艾达尔科学传播中心之中产生了一些项目，旨在培训科学传播人员以非专家公众受众能够理解的方式解释复杂的科学原则，比如概率推论或随机控制实验。

这两种解决方案（寻找明星科学家作为翻译人员以及产生一大群作为传播者的科学家）取决于对传播失败的单一解释：在向非专家进行传播时，科学家没有能力去传递信息、信任或可信性。虽然这些都是成功的传播的重要障碍，但是在现代的科学传播环境中，它们绝不是唯一的或最重要的障碍。

不幸的是，单一原因解释的简约性也增加了实验室科学家在思考科学传播时转而依靠某种缺失模型的诱惑。知识缺失模型，指的是对外行公众缺乏科学素养的关切（美国国家科学院，2016），已经被信任缺失模型取代了，进而公众对科学事业信任程度的日益下降被视为传播中断的原因（Doudna，2015）。然而，来自综合社会调查（General Social Survey）的数据表明，科学共同体并未面临着公众信任水平的日益下降，并且实际上它位于比较信任的机构名单之中；事实上，它比诸如国会和媒体这样正在广泛公众中丧失信任的其他实体更加值得信任（Scheufele，2013）。

与很多社会问题一样，科学传播的扭曲或中断不存在放之四海而皆准的解决方案。相反，传播环境的配置和不同传播模式的挑战与机遇在不同的新兴技术方面是非常不同的。复杂性至少出现在五个领域。

第一个复杂性即对科学的不同领域进行传播的努力通常在传播过程中关注于非常不同的受众或参与者群体。比如，对气候变化的减缓或适应的公共辩论通常涉及被各种政策建议所影响的大量的公共利益相关者。相反，对麻风腮三联疫苗进行的传播可能更狭隘地聚焦在家长身上，或者不愿意进行接种免疫的有风险的家长身上。

第二个复杂性即科学议题或新兴技术可以以不同的方式放到更宽泛的社会情境中。缺失模型思维上迟迟不能散去的残余之一就是科学传播发生于专家和公众之间这一观点。虽然在某种形式的科学传播中是这种情况，但在其他情况下，科学只是对不同政策选择进行的更广泛的政治辩论或伦理辩论的多种声音中的一种。对家长给他们的孩子进行免疫接种的强制命令或甚至是指南以及围绕着转基因作物和食物的辩论就是最近的两个例子。一旦在公众话语中建立起研究完善并因而极其有效的框架——比如"基因改造食品"，在不理解这些框架以及相关的阐释性基模是如何对信息处理以及相竞争的信息进行阐释产生影响的情况下，要让任何科学传播努力奏效都是不可能的（见第三十七章）。

第三个复杂性与社会情境密切相关，也与科学议题不同程度的基于价值或信仰的极化有关。本书中卡亨撰写的章节（第三章）清晰地表明，基于意识形态或信念的身份是如何让普通公众在诸如水力压裂法这样的议题变得极化的，但是在诸如核能这样的议题的不同受众中是无法产生分歧的。

根据受众及其极化的水平，第四个复杂性是由需要被传播或辩论的科学相关内容的差异所产生的。比如，虽然对医疗行业在癌症治疗方面的共识进行传播可能是有效的，但是很少有证据表明这种行动对政治化了的科学议题有效。一些研究表明，强调科学家在气候变化方面存在共识的信息会增加人们承认存在广泛的科学一致性的比例（van der Linden 等，2015）。然而，对同样的数据进行的分析表明，共识信息似乎在人们对气候变化的信念或支持采取缓解措施上没有太大影响（Kahan，2016）。对概念进行传播，比如科学的自我修正本质、不确定性，或者高调的撤回，而不损害公众对科学事业的信任，对某些科学领域来说同样也是非常困难的。

这给我们带来了第五个复杂性：科学传播的目标是达成各种各样的结果，尤其是在不同的议题上或在议题周期的不同阶段。对科学内容甚至是共识进行的传播是科学传播可能要做到的一小部分。此外，比如，让公众参与到共识会议或有关新兴技术的其他协商活动的努力通常更感兴趣的是提升对合法性的认知以及对这个过程的信任（Dietz 和 Stern，2008）。其他类型的科学传播可能更狭隘地着眼于行为结果，比如提升环境友好型的行为。

表 48.1 阐明了我们在传统上如何看待科学传播。最传统的方法可以在知识缺失模型或科学素养模型这个更宽泛的综合体之下进行总结。它们的焦点依然是从专家到不同受众的自上而下或至少是单向方式的传播科学。其意图是为公众提供最佳可用的科学以让他们做出与自己的日常生活有关的政治选择或决定。素养模型与对个人行为或政策选择有重要启示的确定的科学——比如疫苗安全性——极度相关。

表 48.1　科学传播不断变化的本质

	知识缺失模型	对话和参与模型	"邪恶问题"的公共辩论
行动者	科学家	科学家和参与其中的公众	各种各样的公众利益相关者
方向	传播科学	对科学进行传播	对可能或不可能涉及科学的政治辩论
内容	确定的科学	科学，包括它的"危险和陷阱"	对通常没有科学答案的问题进行伦理、监管和政治辩论

然而，在其他领域，它们越来越被双向的参与模型所取代。像第 6 章所概述的那样，这些参与模型呼吁对科学进行传播而非传播科学。正如美国科学促进会的首席执行官、名誉教授艾伦·莱什纳（Alan Leshner）说的那样，现代科学以及它的应用所带来的社会问题需要科学共同体与各种感兴趣的或被影响的公众进行诚实的双向对话（Leshner，2003）。

然而，与公众参与努力相反的是，围绕着先前讨论过的"邪恶问题"的更广泛的公众辩论很少是由科学共同体发起或引导的。从民主的视角来看，这并不必然是坏事，因为被辩论的那些问题的很多方面是政策问题，而非科学问题，在很多情况下是没有科学答案的。

这给科学传播带来了很多相互依存的复杂性，其中有很多我们只是刚刚开始在经验上理解它们。一个议题的社会情境及其极化程度会限制实际的结果，以及限制实现那些结果的优化内容的选择。更重要的是，很多这些于此讨论的复杂性超出了科学传播的影响范畴之外。比如，在人类基因编辑领域试图让公众参与到科学发展之中的科学家很有可能会遭遇到没有科学答案的宗教、道德和伦理问题。结果，科学传播需要依靠最佳可用的社会科学，以便随着时间的推移在不同的议题中和不同的文化中适应和回应围绕着它的复杂性。

参考文献

Akin, H., Hardy, B. W., Brossard, D., Scheufele, D. A., Xenos, M. A., and Corley, E. A. (2016). The pitfalls of popularizing science beyond the proverbial choir: lessons from Cosmos 2.0. Paper presented at the annual convention of the American Association for the Advancement of Science, Washington, DC.

Baltimore, David. (2016). Why we need a summit on human gene editing. *Issues in Science and Technology*, 32(3), 35.

Cacciatore, M. A., A. R. Binder, D. A. Scheufele, and B. R. Shaw. (2013). Public attitudes toward biofuels: effects of knowledge, political partisanship, and media use. *Politics and the Life Sciences*, 31(1–2), 36–51. doi:10.2990/31_1–2_36.

Cacciatore, M. A., D. A. Scheufele, and S. Iyengar. (2016). The end of framing as we know it ... and the future of media effects. *Mass Communication and Society*, *19*(1), 7–23. doi:10.1080/15205436.2015.1 068811.

Clapper, James. (2016). Statement for the record: worldwide threat assessment of the US intelligence community. Senate Armed Services Committee, February 9. https://www.armed–services.senate.gov/imo/media/doc/Clapper_02–09–16.pdf.

Dietz, T., & P. C. Stern (Eds.). (2008). *Panel on public participation in environmental assessment and decision making*. Washington, DC: National Academies Press.

Doudna, J. (2015). Perspective: embryo editing needs scrutiny. *Nature*, 528(7580), S6–S6. doi:10.1038/528S6a.

Editorial Board. (2015). A pause to weigh risks of gene editing. *The New York Times*, December 18. http://www.nytimes. com/2015/12/18/opinion/a–pause–to–weigh–risks–of–gene–editing.html?_r=0.

Finneran, Kevin. (2016). Responding to CRISPER/Cas9. *Issues in Science and Technology*, 32(3), 33.

Gibson, D. G., et al. (2010). Creation of a Bacterial Cell Controlled by a Chemically Synthesized Genome. *Science*, 329(5987), 52–56.

Jasanoff, S., J. B. Hurlbut, and K. Saha. (2015). CRISER democracy: gene editing and the need for inclusive deliberation. *Issues in Science & Technology*, 32(1), 25–32.

Kahan, D. M. (2016). *"The strongest evidence to date ..."*: *what the van der Linden et al. (2015) data actually show*. Yale Law & Economics Research Paper No. 542. http://ssrn.com/ abstract=2779661.

Khushf, G. (2006). An ethic for enhancing human performance through integrative technologies. In: W. S. Bainbridge and M.

C. Roco, eds., *Managing nano–bio–info–cogno innovations: converging technologies in society*. Dordrecht: Springer, 255–278.

Leshner, A. I. (2003). Public engagement with science. *Science*, 299(5609), 977. doi:10.1126/ science.299.5609.977.

National Academies of Sciences, Engineering, and Medicine. (2016). *Science literacy: concepts, contexts, and consequences*. Washington, DC: National Academies Press.

National Academies of Sciences, Engineering and Medicine. (2015). International Summit on Human Gene Editing. http://www.nationalacademies.org/gene–editing/Gene–Edit–Summit/index.htm.

National Research Council. (1996). *Understanding risk: informing decisions in a democratic society*. Washington, DC: National Academies Press.

Pew Research Center. (2016). Partisanship and political animosity in 2016. http://www.people–press. org/2016/06/22/ partisanship–and–political–animosity–in–2016/.

Presidential Commission for the Study of Bioethical Issues. (2010a). New directions: the ethics of synthetic biology and emerging technologies. http://bioethics.gov/ synthetic–biology–report.

Presidential Commission for the Study of Bioethical Issues. (2010b). Synthetic biology FAQs. http:// bioethics.gov/node/353.

Prior, M. (2007). *Post–broadcast democracy: how media choice increases inequality in political involvement and polarizes elections*. Cambridge, MA: Cambridge University Press.

Rittel, H. W. J., and M. M. Webber. (1973). Dilemmas in a general theory of planning. *Policy Sciences*, 4, 155–169.

Sarewitz, D. (2015). Science can't solve it. *Nature*, 522(7557), 413–414. doi:10.1038/522413a.

Scheufele, D. A. (2013). Communicating science in social settings. *Proceedings of the National Academy of Sciences*, 110(Suppl. 3), 14040–14047. doi:10.1073/pnas.1213275110.

Scheufele, D. A., and M. C. Nisbet. (2002). Being a citizen online—new opportunities and dead ends. *Harvard International Journal of Press-Politics*, 7(3), 55–75.

Scheufele, D. A., and M. C. Nisbet. (2012). Online news and the demise of political debate. In: C. T. Salmon, ed., *Communication yearbook*, Vol. 36. Newbury Park, CA: SAGE, 45–53.

Science & Environmental Health Network. (1998). The Wingspread Consensus Statement on the Precautionary Principle. http://www.sehn.org/wing.html.

Stein, Rob (2010). Presidential commission urges caution on "synthetic biology." *The Washington Post*, December 16. http://www.washingtonpost.com/wp-dyn/content/article/ 2010/12/16/ AR2010121600019.html.

van der Linden, S. L., A. A. Leiserowitz, G. D. Feinberg, and E. W. Maibach. (2015). The scientific consensus on climate change as a gateway belief: experimental evidence. *PLoS One*, 10(2), e0118489. doi:10.1371/journal.pone.0118489.

Yeo, S. K., M. A. Xenos, D. Brossard, and D. A. Scheufele. (2015). Selecting our own science: how communication contexts and individual traits shape information seek-ing. *The ANNALS of the American Academy of Political and Social Science*, 658(1), 172–191. doi:10.1177/0002716214557782.

译后记

这是一部高质量的英文论文集。作者并不是传统意义上我们所了解的那些从事科学传播的学者，因而他们从更广泛的意义上探讨了科学传播的科学。当然，这本书也可以看作是美国科学院连续多次"科学传播的科学"研讨会的部分成果。作者们从为什么要开展科学传播的研究，如何开展，以及目前取得哪些进展，还有哪些亟待研究的问题等多方面提出了非常有见地的想法。从研究的视角来说，科学传播是一个新兴领域，它涉及众多领域，包括传播学、教育学、心理学、政治学、科学史、科学哲学，当然也包括科学本身。因而这本书所覆盖的范围很广，内容亦很丰富。同时本书对于国内从事科学传播研究的人来说也具有重要的参考价值，当然这些理论和问题的落地需要结合中国的具体实际。

本书中文版的出版过程堪称艰难。早在 2018 年左右，我们就看到了这部作品的英文稿，同时也学习了其中部分章节，甚至在撰写论文和评论的过程中也参考了里面的一些重要论点。2020 年 5 月，我们组织了翻译团队，开始分工翻译这个大部头的作品。因为原书的作者有近百位，每一位作者的行文风格又有很大差异，因而我们在翻译的过程中也需要不断地转换，以适应不同作者的写作风格。在过去的三年里全球遭到了疫情的严重干扰，这在某种程度上也给中文版的翻译和出版带来了许多的困难。当然，从另外一个角度来说，这也让我们"在理论上"有更多的时间去打磨译稿。我们的译者团队确实多次反复对译稿进行了修订，以尽量尊重原文的风格，避免一些显而易见的硬伤。

这是一部团队合作的作品。首先从原书来说，它是近百位作者智慧的结晶，每个学者都将自己对科学传播的科学之思考投诸笔端，以文字之力去影响更多的从业者和研究者，甚至是开展这方面实践的人。其次从译稿来说也是如此，我们组织了四人团队，按照原稿的几大部分进行了分工，当然在此基础上我们还发挥了协作的精神，互相审查译稿。具体来说，王大鹏负责第一部分和第六部分，以及序言和最后一部分的翻译工作，谭一泓负责翻译第二部分，宋涛负责第三部分和第四部分的翻译工作，张艺琼负责翻译第五部分，最后的统稿工作由王大鹏完成。在翻译的过程中，徐奇智、田华和朱巧燕三位教授也分别对不同的部分进行了认真细致的审校，再此一并感谢。

这本译稿能够得以出版，还要感谢中国科学技术出版社的单亭老师以及其他几位编辑的努力。三年来，因为工作的调整，译稿经过了好几位编辑之手，但是单亭老师始终在跟进协调，最终才让书稿能够顺利完成所有流程。

因为原稿本身内容丰富，信息量巨大，而译者囿于知识水平有限，在翻译过程中难免会有一些不尽人意之处，还望各位读者和研究人员不吝指教。如有再版可能，我们一定尽力吸纳相关意见，对译稿进行完善。

译者

2023 年 12 月 28 日

本书主编介绍

凯瑟琳·霍尔·贾米森（Kathleen Hall Jamieson），宾夕法尼亚大学安尼伯格传播学院伊丽莎白·威尔·帕卡德教授，并担任安尼伯格公共政策中心沃尔特和利奥诺·安尼伯格主任。她出版的关于政治传播和新闻传播的作品曾 4 次荣获牛津大学出版奖，她还是 FactCheck.org（事实核实网）的联合创始人，人们可以在这个网站上核实政治家所做的主张是否真实。2015 年，她参与开设了 SciCheck（科学核实平台），旨在揭露政治语境中的科学证据的滥用。

丹·卡亨（Dan Kahan），耶鲁大学法学院的伊丽莎白·K. 多拉德法学教授和心理学教授。他是文化认知项目的成员，该项目由一个跨学科团队组成，他们采用实证方法来考察风险认知和科学传播的群体价值所产生的影响。

迪特姆·A. 舍费尔（Dietram A. Scheufele），威斯康星大学麦迪逊分校和莫里奇研究所约翰·E. 罗斯科学传播教授以及维拉斯杰出成就教授。他的研究兴趣聚焦于媒体、政策和公共舆论的结合。舍费尔是美国国家科学院生命科学公众界圆桌会议联合主席，他还担任美国国家科学院发布的共识报告《有效的科学传播：研究议程》的副主编。